MATTHEW OF ORLÉANS

SOPHISTARIA SIVE SUMMA COMMUNIUM
DISTINCTIONUM CIRCA SOPHISMATA ACCIDENTIUM

STUDIEN UND TEXTE ZUR GEISTESGESCHICHTE DES MITTELALTERS

BEGRÜNDET VON

JOSEF KOCH

WEITERGEFÜHRT VON

PAUL WILPERT und ALBERT ZIMMERMANN

HERAUSGEGEBEN VON

JAN A. AERTSEN

IN ZUSAMMENARBEIT MIT

TZOTCHO BOIADJIEV, KENT EMERY, JR.,
ANDREAS SPEER und WOUTER GORIS (Managing Editor)

BAND LXXIV

JOKE SPRUYT (ed.) / MATTHEW OF ORLÉANS (auth.)

SOPHISTARIA sive SUMMA COMMUNIUM
DISTINCTIONUM CIRCA SOPHISMATA ACCIDENTIUM

MATTHEW OF ORLÉANS
(MATTHEUS AURELIANENSIS)

(FL. S. XIII)

SOPHISTARIA

SIVE

SUMMA COMMUNIUM DISTINCTIONUM
CIRCA SOPHISMATA ACCIDENTIUM

EDITED WITH AN INTRODUCTION, NOTES AND INDICES

BY

JOKE SPRUYT

BRILL
LEIDEN · BOSTON · KÖLN
2001

This book is printed on acid-free paper.

Die Deutsche Bibliothek - CIP-Einheitsaufnahme
Mattheus <Aurelianensis>:
Sophistaria sive summa communium distinctionum circa sophismata accidentium / Matthew of Orléans (Matthias Aurelianensis). Ed. with an introd., notes and indices by Joke Spruyt. – Leiden ; Boston ; Köln : Brill, 2001
  (Studien und Texte zur Geistesgeschichte des Mittelalters ; Bd. 74)
  ISBN 90–04–11897–7

Library of Congress Cataloging-in-Publication Data
Library of Congress Cataloging-in-Publication Data is also available

ISSN 0169-8125
ISBN 90 04 11897 7

© *Copyright 2001 by Koninklijke Brill NV, Leiden, The Netherlands*

All rights reserved. No part of this publication may be reproduced, translated, stored in a retrieval system, or transmitted in any form or by any means, electronic, mechanical, photocopying, recording or otherwise, without prior written permission from the publisher.

*Authorization to photocopy items for internal or personal use is granted by Brill provided that the appropriate fees are paid directly to The Copyright Clearance Center, 222 Rosewood Drive, Suite 910 Danvers MA 01923, USA.
Fees are subject to change.*

PRINTED IN THE NETHERLANDS

voor mijn vader en moeder

CONTENTS

Preface	ix
Introduction	1
1. General Background of the *Sophistaria* Treatises	1
2. On the Author and the Date of the Work	3
3. The *Sophistaria* Treatise Found in Toledo 94–26	4
4. The Contents of the *Sophistaria*	14
4.1. On negation	15
4.2. On exclusive words	22
4.3. On 'begins' and 'ceases'	27
4.4. On the distributive sign *omnis*	32
4.5. Some remarks about doctrine	39
5. About the Edition	54
5.1. The manuscripts used for the edition of Matthew of Orléans's treatise	54
5.2. Ratio edendi	59
List of Manuscripts	63
Bibliography	65
Textus	
Argumentum	71
Sigla	81
I De negatione	83
II De dictionibus exclusivis	145
III De dictionibus exceptivis	215
IV De hac dictione 'si'	289
V De 'necessario' et 'contingenter'	367
VI De 'incipit' et 'desinit'	408
VII De hac dictione 'an'	465
VIII De signis distributivis	476

Indices
  Index verborum et rerum notabilium 529
  Index nominum 566
  Index locorum 568
  Index sophismatum 572

PREFACE

Although the identity of its author is as yet unknown to us, it nevertheless seemed a good idea to edit the *Sophistaria*, a work that contains so much information about subjects that were so hotly debated in the thirteenth century. Indeed it has turned out to be an invaluable source of information: it not only gives a good picture about the way in which logic was taught and practised during the "roaring thirteenth", but it also contains a few quite original contributions of its own. Hopefully time will tell us more about its mysterious author, whom we have, following the manuscript Ripoll 109, tentatively given the name Matthew of Orléans.

I would like to thank all the people who have contributed to the completion of this book. I am very grateful to Professor de Rijk for letting me use his transcription of the Toledo, 94-26 manuscript, for his very useful remarks on earlier drafts of this work and all in all, for letting me share in his vast knowledge and experience. I am greatly indebted to the Conservators of the manuscript collections of many libraries, particularly the ones of Toledo, Barcelona, Paris and Vatican City. Professors Kneepkens and Tummers have been very helpful in sharing their information about Priscian and Euclid with me. I am also very grateful to Professor Sten Ebbesen for his comments on an earlier draft of this edition. Thanks are due to the Faculty of Arts and Culture of the University of Maastricht for giving me the time and opportunity to do research on this project. I would also like to express my gratitude to Professor Angel d'Ors, who was so kind as to look for Spanish clues about the identity of our author, and the Revd. Dr Simon Tugwell O.P. for his helpful remarks concerning a possible identification.

I am very grateful to Professor Jan Aertsen, Director of the *Studien und Texte zur Geistesgeschichte des Mittelalters*, and Professor Andreas Speer for giving me the opportunity to publish the manuscript in their series of prestige. Sincere thanks are also due to the publishing house of Brill, and especially to Mrs Marit Alberts-Hess for the great care expended on the publication.

Joke Spruyt

INTRODUCTION

1. *General Background of the* Sophistaria *Treatises*

The present edition is of a tract dating from the thirteenth century, falling under the type that scholars have labelled *Sophistariae* or *Distinctiones* treatises. This genre has its origin in earlier ancient and mediaeval works on logic, and is closely linked up with two other types of treatises on logic that began to appear in the thirteenth century, the so-called *Syncategoreumata*, treatises on syncategorematic words, and *Sophismata*-collections, writings which contain discussions about sentences that are difficult to assign a truth-value to. All these works share a common interest in the particular problems that come up in disputations when ambiguous words or phrases are used. Moreover, the general focus of the works in question is on syncategorematic words.[1]

Generally speaking, the mediaevals' interest in the unravelling of ambiguous expressions goes back to Aristotle, who had stated that in order to solve fallacious arguments, one must attempt to destroy a premise or to draw distinctions (*Soph. el.* 18, 176b33–177a5). The puzzling sentences (*sophismata*) the mediaevals took such great delight in to solve, were, as they duly recognised, to a large extent the result of the role played by syncategorematic words in them, words that is, that have no definite signification when taken in isolation, but need to be interpreted in combination with the categorematic ones, the words that do have a definite signification by themselves. This realisation in itself was one of the main incentives for the mediaevals to devote attention to them separately.

The mediaeval discussions about problems relating to syncategorematic words have a source both in grammatical and logical traditions. The use of *syncategoreuma* as a technical term undoubtedly goes back to Priscian's *Institutiones grammaticae* II 15, p. 54$^{5-7}$, where

---

[1] For a survey of these different types of texts and their origins, see L.M. de Rijk ed., *Some Earlier Parisian Tracts on* Distinctiones Sophismatum (= *Artistarium* V), Nijmegen, 1988, p. ix.

a distinction is made between between the noun and verb on the one hand and the *syncategoreumata* or *consignificantia*, co-significative words, on the other. Another important source for the classification into categorematic and syncategorematic words is provided by Boethius's remarks that prepositions, conjunctions, the expressions *est* and *non est*, and the *signa quantitatis*, the quantifiers, *omnis* ('all', 'every') and *nullus* ('no') should not be counted as parts of speech or word classes (*partes orationis*).[2]

Although Boethius's and Priscian's ideas about the significance of the distinction at issue into two different kinds of terms had some impact in prior periods, it was not until the final quarter of the twelfth century that the first tract on *syncategoreumata* proper appeared. As far as we know, the actual genre of writings dealing with syncategorematic words is to be located in the thirteenth century.

Roughly speaking we can distinguish three kinds of texts that each in their own way deal with syncategorematic terms. Of the first kind are the tracts on *syncategoreumata*. These texts have the syncategorematic terms themselves as their subject-matter; they discuss the signification (*significatio*) of the *syncategoreumata*, as well as the logical, semantic and grammatical rules connected with their use, plus the *sophismata* in which these words play the key role. A second type of text are the *sophismata*-collections, in which the *sophismata* are the starting point for issues that coincide with the ones brought up in the texts on syncategorematic words. These problematical sentences are used to explain difficulties concerning ambiguous terms or phrases. Finally there are the *Sophistariae* (a kind of *Distinctiones*-treatise), tracts on *sophismata* that proceed from familiar distinctions involved in *sophismata*, and use these discussions to handle all sorts of problems connected with the use of syncategorematic words.[3]

---

[2] See H.A.G. Braakhuis, *De 13de eeuwse tractaten over syncategorematische termen. Deel I: Inleidende studie; Deel II: Uitgave van Nicolaas van Nicolaas van Parijs' Sincategoreumata* (diss.), Nijmegen, 1979; Deel I, p. 2.

[3] For this division, see L.M. de Rijk ed., *Some Earlier Parisian Tracts* ... (1988); pp. ix–x.

2. *On the Author and the Date of the Work*

Unfortunately we have no definite information about the author of our treatise. It was attributed to a Magister Mattheus Aurel <ianensis> in Ms. Ripoll Archivo de la Corona de Aragon (Barcelona), 109, and to Magister Matthias in Ms. Toledo, Chapter Library 94-25. From these data we have tentatively called the author Matthew of Orléans.

Apart from the attribution in one of the manuscripts, so far nothing has been found on anyone named Matthew of Orléans. The only piece of information that could be of interest for identifying the author concerns a certain "Matthew of France", who is mentioned in Chapotin's history of the Domican Order in France. This Matthew could have been one of magisters referred to by Jordan of Saxony in a letter to Diane of Andalo about the novices of the Order of Preachers.[4]

There are a number of things to be taken into consideration, however, that make it highly unlikely that our author could be identified with this Mathew of France. For one thing, the Dominican Father is never referred to as Matthias, but always Mattheus, and he is never connected with Orléans. He was abbot of the secular canons established by Simon de Montfort at Castres. There he became a Dominican. He went to Paris in 1217, during the time the Dominicans were dispersed from Toulouse. He remained conventual prior of Paris. Presumably he died not very long after 1224. There is no evidence that he had anything to do with the University of Paris, nor do we know anything about his being a logician.[5]

As far as the date of our tract is concerned, Braakhuis has assumed that it originates from the period between the 1220's and 1230's of the thirteenth century,[6] a conjecture that finds considerable support judging from the way in which the treatise has

---

[4] See Dominique Chapotin O.P., *Histoire des Dominicains de la Province de France. Le siècle des fondations*, Rouen, Imprimerie Cagniard, 1898; pp. 44-52. This information was very kindly handed to me by Professor Angel d'Ors.

[5] I owe this information (handed to me in a private communication) to the Revd. Dr Simon Tugwell O.P. from the Istituto Storico Domenicano in Rome, who was so generous as to explain to me why he thinks the two figures cannot be one and the same.

[6] See H.A.G. Braakhuis, *De 13de eeuwse tractaten...* (1979); Deel I, p. 32.

been organised. The *sophismata* discussed in the treatise are typical examples of the kind of things brought up for discussion during this period. It has a balanced, systematical structure and it is quite an elaborate work, in which all kinds of problems that also feature in the *syncategoreumata* treatises are extensively analysed.

The link of our work with Parisian authors, and its connection with the University of Paris is furthermore suggested by some doctrinal considerations. For example, the way in which the author deals with the rule *ex impossibili sequitur quidlibet* (which he agrees with) and the scope of the term *necessario* — 'to be necessary' (*necesse esse*) is subordinate to 'to be' (*esse*) — are very similar to the positions held by John le Page and Nicholas of Paris, contrary to those of Peter of Spain and Henry of Ghent.[7]

All things considered, we cannot say anything definitive about the author of our work. Hopefully more light can be shed on this matter later on, when more research has been done. In order to be able to do further research on the origins of our tract, it will be useful to present an analysis of the manuscript Toledo 94-26,[8] which is written in the same hand as our Toledo codex. The former also contains a *Distinctiones* treatise, in certain respects very much like the present one.

3. *The* Sophistaria *Treatise Found in Toledo 94-26*

The manuscript has the following *incipit*:

> f. 1ra: Circa signa universalia quatuor proponimus inquirere. Quorum primum est de signis universalibus distributivis substantie, quorum respectus finitur respectu unius verbi, prout adduntur termino simplici. Secundum est de eiusdem prout adduntur alicui termino a

---

[7] For a discussion of these views, see Joke Spruyt, 'Thirteenth-Century Discussions on Modal Terms', in *Vivarium* XXXII,2 (1994), pp. 196-226.

[8] The manuscript referred to is Toledo, Chapter Library, 94-26 (formerly 23-2 and 9-23), ff. 1ra-83va, s. XIII *ad fin.*), ff. 1ra-90rb. The treatise is also found in the manuscripts: Erfurt, *Amplon.* Q. 276, ff. 22ra-62ra (s. XIII *ad. fin.*), Venice, San Marco, *Z. Lat.* 302 (= X 204 = 1873), ff. 1ra-55vb (s. XIV), Rome, San Isidoro, codex 1/10, ff. 1^{a}-69^{b}) — with the remarkable *incipit*: Notandum quod istum tractatum fecit frater Bonaventura de ordine Minorum: Circa universalia *etc.* — (s. XIII *ad. fin.*), and Sankt Florian, Stiftsbibliothek, codex XI 632, ff. 7ra-41rb. (See L.M. de Rijk ed., *Some Earlier Parisian Tracts*... (1988), p. xiv).

quo fit distributio vel ad quem fit relatio vel cui fit copulatio. Tertium est de signis geminatis vel assumentibus '-cumque', quorum respectus adminus in duobus verbis finitur, ut 'quicquid'. Quartum est de signis distributivis accidentis; qualia sunt 'qualelibet' et 'quantumcumque' et 'quotienscumque'.

The treatise opens with a chapter on the *signa universalia*. It is divided into five subparts each covering a question:

1. the question "utrum 'omnis' convenienter possit addi predicato" (ff. 1^{ra-vb}), including a discussion of the sophisma "OMNIS HOMO EST OMNIS HOMO" (ff. 1va–2va);
2. the question "utrum signum universale exigat in esse termino actualiter multa supposita" (ff. 2va–3rb), followed by (a) a discussion of the sophisma "OMNIS HOMO EST OMNIS HOMO" (ff. 3rb–3va) and the related question "utrum terminus substantialis coartetur in propositione negativa" (ff. 3va–4va), (b) a discussion of the "regula appellationum quod terminus accidentalis supponens verbo de futuro supponit pro presentibus vel futuris, similiter verbo de preterito pro presentibus vel preteritis; apponens autem apponit iuxta consignificationem verbi" (ff. 4va–5rb), including an enquiry into the sophisma "ALBUM FUIT DISPUTATURUM" (ff. 5rb–6ra);
3. the question "utrum 'omnis' adiunctum termino generali possit distribuere pro speciebus vel individuis" (ff. 6ra–7va), including a discussion on the sophisma "OMNE ANIMAL FUIT IN ARCHA NOE" (ff. 7ra–7va), followed by the question "utrum 'omnis' tempus verbi confundat" (ff. 7va–8ra);
4. the question "utrum 'omnis' vel 'totus' possit teneri collective vel divisive" (ff. 8ra–9va), containing a separate account of the question "quam fallaciam faciat ista distinctio" (ff. 8^{rb-va}) and discussions of the sophismata "TOTUS SORTES EST MINOR SORTE" (ff. 8va–9rb) and "OMNIS HOMO EST UNUS SOLUS HOMO" (ff. 9rb–9va);
5. the question "utrum 'infinita' possit accipi ut res vel ut modus" (ff. 9vb–11rb), including a discussion of the sophisma "INFINITA SUNT FINITA" (ff. 10va–11rb).

The second part of the chapter on universal signs is devoted to signs added to a composite term. It opens as follows:

f. 11rb: Circa secundum problema principale tria queruntur. Primum est de signo secundum quod additur termino a quo fit disiunctio.

> Secundum est secundum quod additur termino cui fit relatio. Tertium secundum quod additur termino cui fit copulatio.

This part contains three main sections:

1. a section on the question "utrum signum universale possit addi termino disiuncto" (ff. 11ra–13ra), with a discussion of the sophisma "OMNIS PROPOSITIO VEL EIUS CONTRADICTORIA EST VERA" (ff. 12ra–13ra);
2. a section on the distinction "quod 'vel' possit distinguere inter terminos vel propositiones" (ff. 13rb–17ra), containing discussions of the sophismata "TU SCIS AN OMNIS HOMO SIT SORTES AN DIFFERAT A SORTE" (ff. 14ra–15rb), "OMNIS HOMO ET QUODLIBET DIFFERAT AB ILLO EST NON HOMO" (ff. 15rb–15va), "SOLUS SORTES VIDET SE" (ff. 15va–16ra), "AD QUODLIBET ENUNTIABILE SEQUITUR IPSUM ESSE VERUM" (ff. 16ra–17ra).
3. a section dealing with the universal sign "secundum quod additur termino cui fit copulatio". This section covers three questions:
   1) "utrum signum possit addi termino copulato" (ff. 17ra–18rb), with a discussion of the sophisma "OMNIS HOMO ET ALIUS HOMO SUNT" (ff. 17va–18rb);
   2) "utrum copulatio habeat virtutem restringendi terminum distributum" (ff. 18rb–19ra), with a discussion of the sophisma "OMNE VERUM ET DEUM ESSE DIFFERUNT" (ff. 18vb–19ra);
   3) "de distinctione circa li 'econverso'", brought on by the sophisma "OMNIS HOMO EST ANIMAL ET ECONVERSO" (ff. 19ra–20rb).

The third part of the chapter on universal signs is on *signa geminata*. It opens:

> f. 20^{rb-va}: Circa tertium problema sic proceditur. Et queritur de signis geminatis vel // f. 20va // assumentibus '-cumque', ut 'quicumque', et 'quicquid', quorum dependentia adminus in duobus verbis finitur.

The opening is immediately followed by the first question:

1. "utrum accipere sub 'quicquid' rem alterius predicamenti quam substantie facit figuram dictionis" (ff. 20va–24rb). The sophismata brought up for discussion are "QUICQUID AUDITUR A SORTE PROFERTUR A PLATONE" (ff. 21^{rb-vb}) and "QUICQUID DEUS SCIVIT, SCIT" (ff. 21vb–24rb).

The second question runs:

2. "utrum hoc signum 'quicumque' similiter exigit duo verba sicut 'quicquid'" (ff. 24^{rb-vb}), followed by an enquiry into the sophisma "QUICUMQUE DICIT TE ESSE ANIMAL DICIT VERUM" (ff. 24rb–26rb).

The chapter on the universal signs is concluded with a section on universal signs distributive of accidents:

> f. 26rb: Circa quartum, et ultimum, quod est de signis distributivis accidentium, queruntur duo. Quorum primum est utrum aliquod signum possit esse distributivum accidentium ita quod non substantie. Secundum est utrum hoc signum 'quotienscumque' dicat interruptionem.

It contains a discussion of two questions:

1. "utrum aliquod signum possit esse distributivum accidentium" (ff. 26^{va-vb}), followed by a discussion of the famous, tongue-twisting sophisma "QUILIBET QUALELIBET DE QUOLIBET TALI SCIT IPSUM ESSE TALE QUALE IPSUM EST" (ff. 26vb–27rb);
2. "utrum hoc signum quotiens dicat interruptionem" (ff. 27rb–27vb), with a discussion of the sophisma "QUOTIENSCUMQUE FUISTI PARISIUS FUISTI HOMO" (ff. 27vb–28vb) and a short excursion into concerns about the sentence "bis fuisti homo" (ff. 28vb–30ra).

On f. 30ra a new chapter starts:

> Circa naturam negationis septem principaliter inquiruntur. Quorum prima est de quadam distinctione, scilicet quando negatio ponitur in eadem oratione cum verbo et participio, multiplex est oratio ex eo quod potest ferri ad compositionem verbi vel participii. Secundum est de quadam regula, scilicet quando distributio et negatio includuntur [concluduntur *T*] in aliqua dictione, ad nichil fertur unum ad quod non feratur reliquum. Tertium est: quando negatio ponitur in consequente conditionalis, distinguitur quod possit negare consequens vel consequentiam. Quartum est de consimili distinctione cum ponitur in copulativa. Quintum est de hoc quod distinguitur quod possit esse negatio orationis vel termini infiniti. Sextum est de hoc quod distinguitur quod possit esse negatio in genere vel extra genus. Septimum et ultimum de quadam distinctione que fit circa hoc verbum 'negare'.

As pronounced in the opening, this lengthy chapter deals with seven subjects:

1. "utrum valeat illa distinctio quod negatio possit ferri ad compositionem verbi vel participii" (ff. 30^{ra-va}), with a discussion of the sophisma "NEUTRUM OCULUM HABENDO TU POTES VIDERE" (f. 30va–31va);
2. "utrum valeat illa regula quod quando negatio et distributio includuntur in eadem dictione ad nichil fertur unum ad quod non feratur reliquum" (ff. 31va–32rb);
3. "utrum valeat illa distinctio quod negatio posita in consequente possit negare consequens vel consequentiam" (ff. 32^{rb-vb}), with a discussion of the sophisma "NULLO HOMINE CURRENTE TU ES ASINUS" (ff. 32vb–33rb);
4. "utrum negatio possit negare totam copulationem vel partem" (ff. 33rb–34rb), with discussions of the sophismata "NICHIL ET CHIMERA SUNT FRATRES" (ff. 34^{rb-vb}) and "SOLIUS BINARII PARS EST UNITAS ET NULLUS NUMERUS" (ff. 35^{ra-va});
5. "utrum valeat illa distinctio quod possit esse negatio orationis vel termini infiniti", brought on by the sophisma "DUO PATRES ET DUO FILII SUNT TRIA ET NON PLURA" (ff. 35va–36vb);
6. "utrum negatio aliqua possit esse in genere vel extra genus" (ff. 36vb–37va), with a discussion of the sophisma "SI NULLUM TEMPUS EST, ALIQUOD TEMPUS EST" (ff. 37va–38rb);
7. "utrum hoc verbum 'negare' possit dicere negationem huius vel negationem hanc" (ff. 38rb–38vb), with a discussion of the sophisma "TU NON POTES NEGARE TE NON ESSE ASINUM" (ff. 38vb–39va).

The third chapter of the treatise is on exclusive words. It opens:

> f. 39va: Circa dictiones exclusivas septem proponimus inquirere; cuiusmodi sunt 'solus' et 'tantum'. Quorum primum est utrum valeat hec distinctio quod possit fieri exclusio generalis vel specialis. Secundum est utrum valeat hec distinctio quod hoc quod dico 'tantum' quando additur termino accidentali, potest excludere gratia materie vel gratia forme. Tertium est quod quando ponitur in aliquo dicto, potest facere exclusionem a toto dicto vel a parte dicti. Quartum est utrum impediat argumentationes factas ab inferioi ad superius. Quintum est utrum addita signo particulari excludat signum universale, et similiter parti integrali excludat totum. Sextum est utrum addita uni correlativo excludat reliquum. Septimum est de ipsa secundum quod ponitur bis, utrum possit iudicari oratio per unam vel reliquam; et gratia huius queritur de hac distinctione generaliter.

The questions are ordered as follows:

1. "utrum possit fieri exclusio generalis vel specialis" (ff. 39va–40ra);
2. "utrum 'tantum' quando additur termino acccidentali possit excludere gratia materie vel gratia forme" (ff. 40^{ra-vb}), with a discussion of the sophisma "TANTUM UNUM EST" (ff. 40vb–42ra);
3. "utrum possit facere exclusionem a toto dicti vel a subiecto dicti quando in aliquo dicto ponitur" (ff. 42ra–42vb), with a discussion of the sophismata "TANTUM DEUM ESSE DEUM EST NECESSARIUM" and "TANTUM ID QUOD EST HOMO ESSE HOMINEM EST POSSIBILE" (ff. 42vb–43ra);
4. "qualiter argumentationes impediat dictio exclusiva" (ff. 43ra–44ra), with a discussion of the sophismata "TANTUM VERUM OPPONITUR FALSO" (ff. 44ra–45ra) and "IMPOSSIBILE EST SORTEM VIDERE TANTUM HOMINEM NON VIDENTEM SE" (ff. 45rb–46rb);
5. "utrum dictio exclusiva addita parti integrali excludat totum integrale et utrum addita signo particulari excludat signum universale" (ff. 46rb–47rb);
6. "utrum dictio exclusiva addita uni correlativorum excludat reliquum" (ff. 47rb–48ra), with a discussion of the sophisma "SI TANTUM PATER EST, NON TANTUM PATER EST" (ff. 48^{ra-va}) and followed by a consideration of the separate question "utrum 'tantum' possit facere exclusionem ratione forme substantialis vel accidentalis" (ff. 48va–49rb);
7. "utrum quando due dictiones exclusive vel due sincategoremata ponuntur in eadem ratione, oratio possit iudicari per unam vel per alteram" (ff. 49rb–50ra), with a discussion of the sophismata "SOLIS TRIBUS SOLA DUO SUNT PAUCIORA", "SOLUS GENITIVUS PRECEDITUR A SOLO NOMINATIVO" (ff. 50^{ra-rb}) and "SOLA NECESSARIA NECESSARIO SUNT VERA" (ff. 50^{rb-va}).

The next chapter is on exclusives:

> f. 50^{va-vb}: Circa dictiones exceptivas quinque inquirentur. Quorum primum est quam suppositionem habeat terminus positus post dictionem exceptivam. Secundum est utrum sit conveniens tot excipi quot supponi. Tertium est utrum exceptio facta respectu exceptionis sit exceptio simpliciter vel secundum quid. Quartum est de // f. 50vb // quadam distinctione facta circa hoc quod dico 'preter', scilicet quod possit teneri exceptive vel diminutive. Quintum est de hac dictione 'nisi' quod potest teneri exceptive vel consecutive.

The topics as announced come up as follows:

1. "quam suppositionem habeat terminus positus post dictionem exceptivam" (ff. 50vb–51rb), with a discussion of the sophisma "OMNE ENUNTIABILE PRETER VERUM EST FALSUM" (ff. 51^{rb-vb});
2. "utrum sit inconveniens tot excipi quot supponi" (ff. 51vb–52rb);
3. "utrum exceptio facta respectu exceptionis sit exceptio simpliciter vel secundum quid", with some comments on the sophisma "OMNIS HOMO PRETER SORTEM EXCIPITUR" (ff. 52^{rb-vb});
4. "utrum 'preter' possit teneri exceptive vel diminutive" (ff. 52vb–53va), followed by a discussion of the sophisma "DECEM PRETER QUINQUE SUNT QUINQUE" (ff. 53va–54rb);
5. "utrum 'nisi' possit teneri exceptive vel consecutive" (ff. 54^{rb-vb}), followed by a discussion of another distinction "utrum distinctio facta inter consequentiam simpliciter et ut nunc sit competens" (ff. 54vb–55rb), and a discussion of the sophisma "NICHIL EST VERUM NISI IN HOC INSTANTI" (ff. 55rb–56rb).

The fifth chapter of the manuscript is devoted to the verbs *incipit* and *desinit*:

> f. 56rb: Circa ista duo verba 'incipit' et 'desinit' tria proponimus inquirere, divino auxilio mediante. Quorum primum est de ipsorum verborum expositione. Secundum autem utrum hoc verbum 'desinit' ut communiter dicitur vim habeat ampliandi. Tertium autem de quadam distinctione specialiter facta circa circa hoc sophisma 'Sortes desinit esse non desinendo esse'.

The questions are dealt with immediately after the introduction:

1. "de ipsorum verborum expositione" (ff. 56^{rb-vb}), with a discussion of the sophisma "SORTES DESINIT SCIRE SE NICHIL DESINERE SCIRE" (ff. 56rb–58vb);
2. "utrum hoc verbum 'desinit' habeat vim ampliandi" (ff. 58vb–59ra), followed by a discussion of the sophisma "SORTES DESINIT ESSE ALBISSIMUS HOMINUM" (ff. 59ra–60va);
3. "de quadam distinctione specialiter facta circa hoc sophisma 'SORTES DESINIT ESSE NON DESINENDO ESSE'" (ff. 60vb–62ra).

In the next chapter, the verb *est* is under consideration:

> f. 62^{ra-rb}: Quoniam inquisitio veritatis huius orationis et consimilium 'homo est animal nullo <homine> existente' valet ad sequen-

tiam terminandam, ideo ut eius veritas plenius explicetur, hic quatuor inquiruntur. Quorum primum est utrum hec sit vera // f. 62rb // 'homo est animal, homine non existente', hoc est querere utrum homo, vel aliquod universale, habeat aliquod esse, omnibus suis parti<culari>bus interemptis. Secundo queratur utrum sequatur 'homo est animal; ergo homo est'. Tertio utrum, Sorte non existente, hec sit vera 'Sortes est homo'. Quarto utrum sequatur 'Sortes est homo; ergo Sortes est'.

The questions are brought up in the following order:

1. "utrum hec sit vera 'homo est animal', homine non existente" (ff. 62^{rb-vb});
2. "utrum sequatur 'homo est animal; ergo homo est'" (ff. 62vb–63rb);
3. "utrum hec sit vera 'Sortes est homo', Sorte non existente" (ff. 63^{rb-va});
4. "utrum sequatur 'Sortes est homo; ergo Sortes est'" (ff. 63va).

On ff. 63va–65ra the author gives his views on all the questions, paying special attention to the notion of *universale*.

The subsequent chapter deals with modal words, specifically the ones *necessario* and *contingenter*:

> f. 65ra: Circa hoc quod dico 'necessario' tria possunt inquiri. Primum est super hoc quod dicitur quod potest importare necessitatem terminorum vel habitudinis. Secundum de hoc quod dicit<ur> quod potest determinare compositionem vel predicatum. Tertium est utrum habeat virtutem ampliandi.

After the opening paragraph, the subjects come up one by one:

1. "utrum 'necessario' possit importare necessitatem terminorum vel habitudinis" (ff. 65^{ra-va}), with a discussion of the sophisma "OMNIS HOMO DE NECESSITATE EST ANIMAL" (ff. 65va–66rb);
2. "utrum 'necessario' possit determinare compositionem vel predicatum" (ff. 66^{rb-vb}), followed by a discussion of the sophisma "ANIMA ANTISCHRISTI NECESSARIO ERIT" along with considerations "de veritate propositionum contingentium de futuro" (ff. 66vb–68va), after which some more is added on the sophisma "SI SORTES NECESSARIO EST MORTALIS, SORTES NECESSARIO EST IMMORTALIS" (ff. 68va–69ra) and considerations "de hac consequentia 'necessario est mortalis; ergo necessario est aliqualis'" (ff. 69ra–70ra);
3. "utrum 'necessario' habeat virtutem ampliandi", with a discussion of the sophisma "OMNIS ANIMA NECESSARIO EST IUSTA" (ff. 70ra–71rb).

Besides dealing with these questions, which were announced at the beginning of the chapter, the author goes into one other subject-matter:

4. "utrum li 'necessario' quando additur termino disiuncto, possit determinare totum disiunctum vel partes disiunctionis" (ff. 71rb–72ra), followed by a discussion of the sophisma "QUICQUID EST NECESSARIO VERUM VEL FALSUM, EST NECESSARIO VERUM VEL IMPOSSIBILE" (ff. 72^{ra-vb}).

The following chapter is also devoted to modal words, this time to *possibile* and *impossibile*:

> f. 72vb: Deinde queritur circa istas dictiones modales 'possibile' et 'impossibile'. Et primo queritur de quadam distinctione communi utrique, quod est: propositio in qua ponuntur isti modi est duplex, ex eo quod potest dici de re vel de dicto. Secundo de quadam distinctione propria huic quod dico 'impossibile', ex eo quod possit accipi pro impossibile per se vel impossibile per accidens.

The distinctions come up as follows:

1. "utrum li 'possibile' et 'impossibile' dicantur de re vel de dicto" (ff. 72vb–3rb), with a discussion of the sophismata "IMPOSSIBILE EST TE SCIRE PLURA QUAM SCIS" (ff. 73rb–74ra) and "POSSIBILE EST OMNE ANIMAL ESSE HOMINEM" (ff. 74ra–75va);
2. "utrum 'impossibile' possit accipi pro impossibile per se vel pro impossibile per accidens" (ff. 75va–76rb), followed by a discussion of the sophisma "IMPOSSIBILE POTEST ESSE VERUM" (ff. 76rb–79va).

The last extant chapter of this work is devoted to consecutive words:

> f. 79va: Circa dictiones consecutivas quatuor possunt inquiri. Primum est utrum diverse consequentie facte <secundum> diversas habitudines locales impediant argumentum factum a primo ad ultimum. Secundum est utrum valeat hec distinctio quod dictio 'si' potest in quibusdam orationibus dicere consequentiam dicti ad dictum vel dicti ad attributum. Tertium est utrum sit verum quod communiter consuevit dici quod ad impossibile sequitur quidlibet. Quartum est de quibusdam annexis dictionibus consecutivis cuiusmodi sunt 'in eo quod est', et consimilia.

The manuscript only comes round to the first three items:

1. "utrum diverse consequentie facte secundum diversas habitudines locales impediant argumentum factum a primo ad ultimum" (ff. 79va–80ra), with a discussion of the sophisma "SI TU ES UBIQUE, TU NON ES UBIQUE" (ff. 80^{ra-va});
2. "utrum hec dictio 'si' possit dicere consequentiam dicti ad dictum vel dicti ad attributum" (ff. 80vb–81va), followed by a discussion of the sophismata "VERUM EST FALSUM, SI ANTICHRISTUS EST" (ff. 81va–82rb) and "SORTES DICIT VERUM, SI SOLUS PLATO LOQUITUR" (ff. 82vb–83rb);
3. "utrum ad impossibile sequatur quidlibet" (ff. 83^{ra-va}).

In our manuscript as well as in all other copies, the treatise ends abruptly with the words:

> f. 83va: Si obiciatur quod ad impossibile sequitur quidlibet non ad quidlibet impossibile sed ad illud solum quod claudit in se duo contradictoria opposita <...>.

The remainder of the manuscript contains a collection of diverse sophismata (ff. 83vb–90^{r}).

The tract just presented resembles our tract in several ways. As has been said, they are undoubtedly written in the same hand. As to their doctrinal contents, many of the distinctions discussed in the former are also found in our tract. Specimens are the first, second, third and fifth distinctions in the first chapter, on *omnis*, the first and second distinctions of the second chapter, on universal signs added to a composite expression, and all the distinctions concerning the negative particle *non*. Again, the way in which exclusives are dealt with neatly parallels the accounts given in our tract. In both works attention is given to the distinction between *exclusio generalis* and *exclusio specialis*, and that between exclusions *gratia forme* and *gratia materie*, and the question as to how arguments containing exclusive words are impeded. Finally, both works include discussions about the addition of exclusive words to integral parts and to particular signs. So too the chapters on exceptive words are organised in much the same way.

What struck me as interesting is that, like ours, this Toledo tract pays attention to the question as to what sort of truth-value sentences about the future should have. This is a topic that does not come up in the *Syncategoreumata* of the thirteenth-century treatises known to me.

Of course there are differences as well. Matthew's treatise does not go into the question whether a sign can be distributive of accidents. It also lacks remarks on the verb *negare*. Again, a chapter on the verb *est* is missing in Matthew's tract, although the topics that are considered — notably the questions that are brought up by the sophisma *nullo homine currente tu es asinus* as well as speculations about the nature of expressions such as *omnis homo est animal* in the event that no man should exist — do play a role in it, albeit in a different context. Furthermore, our tract does not contain a separate chapter on *possibile* and *impossibile* either.

Apart from these small differences in contents, the organisation of the treatises is different as well. Unlike its counterpart found in Toledo 94-26, Matthew's treatise is organised in much the same way as the *Syncategoreumata* treatises. Finally, the two authors have different opinions on certain subjects, as we shall see later on.

4. *The Contents of the* Sophistaria

Our treatise is divided into eight chapters. The first chapter deals with distinctions concerning the negation, the second discusses the function of exclusive terms, and the third chapter deals with the exceptive terms *preter* ('besides', 'but') and *nisi* ('unless' or 'if not'); the fourth chapter pays attention to the term *si*, chapter five is devoted to distinctions and sophismata surrounding the modal terms 'necessarily' (*necessario*) and 'contingently' (*contingenter*); in chapter six the author talks about rules governing the use of the words 'begins' (*incipit*) and 'ceases' (*desinit*), chapter seven covers the use of the word 'whether' (*an*), while the final chapter brings up all sorts of issues connected with the sign *omnis*. Unlike the *syncategoreumata*-tracts proper, our treatise does not consider the signification of the syncategorematic words separately from the rules and sophismata they feature in, but rather the semantics of these terms are brought up in passing, that is, in the arguments against or in favour of the validity of distinctions and proposed solutions to the sophismata under consideration.

The focus of the entire work is on distinctions (grammatical and logical). These are brought up and assessed on different levels: the work discusses the validity of certain distinctions, and also considers their usefulness when it comes to solving the sophismata they are linked up with. To give a general idea of how the treatise is built up and the kinds of topics dealt with, I shall go over the contents of the chapters on negation (I), on exclusives (II), on *incipit* and *desinit* (VI), and the distributive sign *omnis* (VIII). The first three subjects feature prominently in both continental and British treatises on syncategorematic words, while the latter is the subject-matter of tracts *De distributionibus* on the continent, but is also discussed in *Syncategoreumata*-treatises of British origin. I shall also, wherever possible, look into what other *Syncategoreumata*-treatises and the manuscript Toledo 94–26 have to say regarding these topics.

4.1. *On negation*

The first chapter of our work concentrates on distinctions and sophismata involving the negative particle 'not' (*non*). In the third paragraph (I,3) Matthew introduces a rule concerning the distinction that can be made when a sentence in which both a participle and a verb occur contains a negation. This rule states that when to a certain sentence containing both a verb and a participle a negation is added, this sentence is ambiguous owing to the fact that the negation can cover either the composition found in the verb or the one found in the participle. This rule is discussed along with certain sophismata, of which he simply says that their ambiguity is obvious, and that there is no need to go into their different expositions. Among these sophismata are the well-known ones *nullum caput habens est aliquod caput habens* (which could be translated into both 'no head-haver is some head-haver' and 'the haver of no head is the haver of some head'), *nichil videns est aliquid videns* (which, following Peter of Spain's exposition, can be rendered as 'nothing seeing is something seeing' and 'the seer of nothing is something seeing'), and *a nullo enuntiatum a nullo vere enuntiatur* (a sophisma that is very difficult to translate, but which, maintaining its ambiguity, runs somewhat like this: 'the by none enunciated is by none truly enunciated'). In the subsequent paragraphs arguments are presented against the distinction proposed, of which the first group claims that the negation should always cover the composition found in the verb (I,4–11), while the second group argues that it should always cover the composition found in the participle (I,12–14). The author accepts the rule, and admits that even though it does not really represent a proper solution, the rule under discussion can be used to solve the sophismata introduced at the beginning of the chapter (I,15). Be that as it may, the sophismata *nichil videns est aliquid videns* and *nullum caput habens est aliquod caput habens* are deemed false either way (I,16). On the other hand, according to our author the distinction does apply to the sophisma *nullo homine currente tu es asinus*: if the negation covers the participle the sophisma is false, whereas if it covers the verb the sophisma is true (I,16). In accordance with this same distinction, the outcome is the opposite for the sophisma *a nullo enuntiatum a nullo vere enuntiatur*: this statement is true if the negation covers the participle, but false if it covers the verb (I,17).

The sophismata Matthew brings up in this connection also feature in Peter of Spain's *Tractatus* XII, on distributions. Regarding the sophisma *nichil videns est aliquid videns*, Peter introduces an argument in favour of its being ambiguous, in that the sophisma could be translated into either *nullam rem videns est aliquid videns*, or *nulla res videns est aliquid videns*. This does not solve the sophisma though, according to Peter, because in both cases it is false.[9] On the face of it Peter seems to accept the distinction made by Matthew, that the negation can cover the composition found in the verb or the one found in the participle, but again this does not solve the sophisma *nichil videns est aliquid videns* either, because it is false on both accounts.[10] In the *Syncategoreumata* Peter pays attention to the sophisma *nullo homine currente tu es asinus*. This sophisma he considers false, because the scope of the negation in the sophisma is limited to the participle phrase it is conjoined with.[11] In ms. Toledo (hereafter cited as *Tol.* 94–26) the discussion is found on ff. 30ra–31va. The exposé is much similar to Matthew's, in that the anonymous author accepts the distinction,[12] but judges it inap-

---

[9] *Tractatus* XII, 18, p. 220$^{18-23}$.
[10] *Tractatus* XII, 18, pp. 220^{24}–221^{3}.
[11] Peter of Spain, *Syncat.* II, 30. For the discussion of Peter's solution, see Joke Spruyt, *Peter of Spain on Composition and Negation.* Text. Translation. Commentary (= *Artistarium Supplementa* V), Nijmegen, 1989; p. 171.
[12] *Tol.* 94–26, f. 30^{rb-va}: Omne illud quod inest alicui mediante aliqua natura,

propriate to solve the sophisma *neutrum oculum habendo tu potes videre*, while applicable to the locution if formulated thus *utrumque oculum non habendo tu potes videre*. However, ultimately the use of the distinction to solve the sophisma at issue is rejected.[13]

After replying to the arguments Matthew embarks on a discussion of the rule that the negation in a conditional sentence or consequence (*conditionalis, consequentia*) can cover the entire negation or just one of its parts, a rule that is connected with the sophismata *nullus homo legit Parisius nisi ipse sit asinus* ('no man is reading in Paris unless he is an ass'), *nullus homo est, si aliquis homo est* ('no man is if some man is') and *non animal est, si homo est* ('not an animal is if a man is') (I,27). The question is handled by first looking into the suggestion that the negation should always cover the entire *consequentia* (I,28–33). Next our author gives a different version of the distinction, namely that the negation in a conditional can cover the verb of the consequent either absolutely or in relation to the antecedent (I,34). The master's own solution is presented in I,40. He goes along with the second version of the distinction, i.e. that the negation can cover the composition found in the verb of the consequent either as such or in relation to the antecedent. Owing to this distinction, the author considers the sophismata *nullus homo legit Parisius nisi ipse sit asinus* and *nullus homo est si aliquis homo est* ambiguous. The first sophisma can be analysed into *in hac 'nullus homo etc.' sequitur hoc 'nullum hominem legere Parisius, si ipse non sit asinus'*, in which case it is false, or into *non sequitur 'aliquem hominem legere Parisius, si ipse non est asinus'*, in which case it is true.

In the chapter on conjunctions of Peter of Spain's *Syncategoreumata*, the same sophisma is discussed. Peter's starting point is a distinction

---

inest omni illi quod particpiat illam naturam. Sed negatio est determinatio verbi // f. 30va // ratione compositionis, sive finite sive infinite. Cum igitur participium importet compositionem, licet sub inclinatione infinita — patet, quoniam habet resolvi in verbum, ut 'legens': 'qui legit' —, manifestum quod determinatio potest determinare participium et verbum. Hoc non est dubium. Ergo distinctio bona. Quod concedimus, dicentes quod distinctio bona est in se.

[13] *Tol.* 94–26, f. 31^{ra-rb}: Solutio. Dicendum quod prima [i.e. 'neutrum oculum *etc.*'] // f. 31rb // simpliciter est falsa, sic proposita ... Si autem profertur sic: 'utrumque oculum non habendo ... etc.' posset distingui. Sed distinctio non habet locum, quia semper probat secundum quod fertur negatio ad hoc quod dico 'habendo', et prout negatio sequitur distributionem. Et propter hoc dicendum aliter quod non valet probatio.

that was proposed between reading the sophisma as equivalent to *non aliquis homo legit Parisius, nisi ipse sit asinus*, in which case it would be true, or as implying the locution *si aliquis homo legit Parisius, ipse est asinus*, which is false.[14] In Peter's view, the sophisma is false. Again, as far as the "proof" is concerned, the sentence *non aliquis homo legit Parisius, nisi ipse sit asinus* is ambiguous, he says, and the reading that is supposed to prove the sophisma is not equivalent to the sophisma sentence, and thus does not prove anything.[15] In the *Syncategoreumata* by Nicholas of Paris, the sophisma comes up in the chapter dealing with *nisi*. The author proposes a number of distinctions that are often brought up with regard to the sophisma at issue, among which the ones made by Peter of Spain and our author.[16] No discussion of this sophisma is found in *Tol.* 94–26.

The subsequent problem concerns negations in conjunctions, pertaining to the sophismata *nichil et chimera sunt fratres* ('nothing and a chimaera are brothers'), *nichil et chimera sunt* ('nothing and a chimaera are') and *non Deus est et tu es asinus* ('not God is and you are an ass'). Again the discussion is about scope (I,51). The arguments presented against the proposed distinction all claim that the negation featuring in a conjunction never applies to the entire conjunction, but covers one of its parts only (I,52–56). Two related problems are whether one negation is sufficient to deny a conjunction (I,57–62) and whether the contradictory opposite of a conjunction is formed by the denial of the entire proposition, or of one of its parts (I,63). The author states that should the distinction apply, then the sophismata are ambiguous: they are true if the negation covers the entire conjunction, and false if it applies to one of its parts only (I,64). Matthew dismisses the distinction as it stands, however, saying instead that the negation always applies to the act of a verb, but that this application can be to the act of the verb taken either absolutely or in relation to the other part of the conjunction; the sophismata are indeed ambiguous (I,65). The next eight paragraphs are devoted to a discussion of the various arguments and questions presented (I,66–74).

---

[14] Peter of Spain, *Syncat.* VIII, 65.
[15] Peter of Spain, *Syncat.* VIII, 66.
[16] Nicholas of Paris, *Syncat.*, pp. 239–243.

Nicholas of Paris deals with the sophisma in the section on the conjunction *et* in his *Syncategoreumata*. In his view the distinction at issue is that the sentence can be evaluated in accordance with the force of the negation understood in the word *nichil*, in which case it reads *non est verum quod per istam dicitur 'aliquid et chimera sunt fratres'*, or it can be judged according to the conjunction *et*. On the former reading the sophisma is true, whereas on the second it is false.[17] In *Tol.* 94–26, the sophisma at issue also features, like in Matthew's tract, in the chapter on negation. Moreover, the distinction under discussion is the same as the one in Matthew's treatise, *viz.* whether the negation can deny the entire copulation or just a part.[18] The author of this tract rejects the distinction, and instead claims that the state of affairs *esse fratres* is not attributed to one thing absolutely, but always in relation to something else. Hence if it is denied, it is always denied in comparison. Thus what is denied is the entire copulation. Hence *nichil et chimera sunt fratres* is simpliciter true.[19]

Two other rules Matthew discusses are, first, that two negations equal one affirmation, and, second, that when two universal negative signs are placed in one sentence, the first is equivalent to its contrary opposite, the second to its contradictory opposite. The sophismata under discussion here are *nichil nichil est* ('nothing is nothing') and *a nullo enuntiatum a nullo vere enuntiatur* (I,75). First arguments against the first rule (I,76–81) and then arguments against the second one (I,82–86) are presented. Our author accepts both rules (I,87), and according to the second rule the sophisma *nichil nichil est* is true (I,88). Again the arguments are responded to (I,89–100).

The final subject the author pays attention to is the alleged distinction between the negation of a (single) term and the negation of a proposition, a distinction connected with the sophisma *duo patres et duo filii sunt tria et non plura* ('two fathers and two sons

---

[17] Nicholas of Paris, *Syncat.*, p. 412[5–9].
[18] *Tol.* 94–26, ff. 33[vb]–34[vb].
[19] *Tol.* 94–26, f. 34[va-vb]: Solutio. Dicendum quod, sicut ostensum fuit per primam rationem, illa distinctio non habet hic locum, quoniam non attribuitur esse fratres uni absolute sed semper in comparatione // f. 34[vb] // ad alterum. Et ideo si negetur, non negatur nisi in comparatione. Et ideo semper negatur copulatio, sive a toto copulato. Et ideo vera est simpliciter et distinctio in proposito non valet.

are three and not more'), of which it is claimed that *non plura* ('not more') could be taken either as a negation of a single term, or of a proposition (I,101). Several arguments against the proposed distinction enter the scene, of which the first group sees no reason to make the distinction at all (I,102–105), the second group claims that the negation covers the term only (I,106–107), and the third group states that propositions are the only things the negation covers (I,108–111). The author goes along with the distinction, and thus the sophisma can be either true (if *non-plura* is taken as the negation of a term) or false (if *non-plura* involves the negation of a proposition) (I,112). In the subsequent ten paragraphs the arguments against the distinction are dealt with (I,113–122).

The subject just spoken of brings the author to discuss infinite terms.[20] In general Matthew is concerned with the question what sorts of terms can be made infinite, and specifically whether transcendent terms can be subjected to this operation (I,123). The discussion starts off with arguments in favour of the operation (I,124–129), in which both the grammatical aspects of infinitation are covered (e.g. the signification of the noun in general is left untouched by the negation, and thus there is no problem making transcendent terms infinite), and the logical ones (centred around the opposition between affirmation and negation), and then proceeds to objections against it (I,130–132), and is con-

---

[20] The thirteenth-century dicussions of infinite (or indefinite) terms go back to Aristotle's logic and Boethius's comments upon them. The *Syncategoreumata* devote a lot of attention to the combination of denials and single terms. Of particular interest was the problem whether or not (and if so, in what way) an infinite term should be used for entities only. For the general background and examples of mediaeval discussions on the negation of terms, see L.M. de Rijk, 'The Logic of Indefinite Names in Boethius, Abelard, Duns Scotus and Radulphus Brito', in *Acts of the Tenth European Symposium on Medieval Logic and Semantics* (Nijmegen, 22–26 June 1992), forthcoming. Grammatical appoaches to the problem of infinite names are found in C.H. Kneepkens, 'Orléans 266 and the Sophismata Collection: Master Joscelin of Soissons and the infinite words in the early twelfth century', in Stephen Read ed., *Sophisms in Medieval Logic and Grammar* (= Acts of the Ninth European Symposium for Medieval Logic and Semantics, held at St. Andrews, June 1990), 1993; pp. 64–84. For the great interest the mediaevals attached to a correct understanding of negation and the specific issues connected with the use of negative words for God, see Joke Spruyt, 'Henry of Ghent on the Use of Denials (A Chapter in the History of Negation)', in *Quodlibetaria. Miscellanea studiorum in honorem Prof. J.M. da Cruz Pontes anno iubilationis suae* (= Mediævalia, Textos e Estudos, 7–8), Coimbra, 1995; pp. 441–471.

cluded with arguments that reject the possibility of making terms infinite altogether (I,133–137).

In order to appreciate the notion that transcendent terms can be made infinite, a number of distinctions are brought forward by the master. To begin with there are two types of infinite terms: one kind is an infinite term that does not deny *being* and is applied to beings only, e.g. *non-iustum* ('not-just'), and another kind is the infinite term that does not apply to anything, e.g. *non-ens* ('non-being'), *non-aliquid* ('not-something'). And the latter are infinite terms, which means that transcendent terms can be made infinite (I,138–139). Next the author shows how as regards the transcendent terms *ens* and *aliquid*, one should make a distinction between signifying something *sicut res* ('as some thing') on the one hand and *sicut modus* ('as a mode') on the other. Terms that have the former mode of signification, among which the transcendent terms, pose no problem when it comes to being made infinite, whereas the *signa* signify something as a mode only and hence are excluded from this operation. (I,140). The distinction at issue is well known in *syncategoreumata* treatises of the thirteenth century, and is particularly prominent in the works by John le Page and Nicholas of Paris, but not found in Peter of Spain.[21]

In this connection it is worthwhile mentioning another manner of separating syncategorematic words from the categorematic ones. For instance, the words *negatio* and *non* signify negation, but they do so in different ways. The former signifies negation *per modum conceptus*, whereas the latter signifies negation *per modum affectus* or *per modum exercitus*. While in Matthew's treatise such an identification of *syncategoreumata* is absent, the author does mention a similar distinction in the chapter on *si*, where he looks into the proposition *Sortes dicit verum, si solus Plato loquitur*. In this connection, the sentence *ego dico falsum* is mentioned: according to our author, that sentence is false owing to a contradiction between the *actus exercitus* and *actus conceptus* involved in the utterance of that sentence (IV,87). As Nuchelmans has pointed out, this way of solving that problematic proposition was already known in the *Insolubila Monacensia*.[22]

---

[21] See H.A.G. Braakhuis, *De 13de eeuwse tractaten*... (1979); Deel I, pp. 387–389.
[22] See Gabriel Nuchelmans, 'The Distinction *actus exercitus/actus significatus* in Medieval Semantics', in Norman Kretzmann ed., *Meaning and Inference in Medieval*

To return now to the problem whether transcendent terms can be made infinite, two other distinctions are of importance here. The first is that between a *forma accidentalis* ('accidental form') and a *forma substantialis* ('substantial form') (I,144), and the second is that between the *qualitas generalis* ('general quality') and *qualitas specialis* ('special quality') of a noun. Infinitation bears upon the *qualitas specialis* only (I,145). A related distinction is that between the *forma generalis* and *forma specialis* of a noun. The former is principle of understanding the word,[23] whereas the specific form is that particular quality specifying something as such and such a thing. It is only the latter that is removed by the negation of an infinite noun (I,146). Finally, a distinction that should be taken heed of is that between the *forma* and *suppositum* of a noun. The substantial form can be removed by using an infinite noun, but by the same token so will the suppositum to which that form applied (*primum suppositum*). And in privative nouns, the *suppositum* remains (I,147). The master concludes his response with a remark concerning the difference between the occurrence of infinite verbs and infinite nouns in propositions: whereas the latter remain infinite, the former are transformed into a finite verb (I,148). In the remainder of this chapter Matthew goes into questions concerning the sophisma *tantum chimera est non-ens* ('only a chimera is a non-being') (I,149–163), in which specific attention is given to the problem whether infinite names can be used for non-entities. The master is of the opinion that indeed infinite nouns can be used for both beings as well as non-beings (I,156).

4.2. *On exclusive words*

In his chapter on exclusives, the first distinction Matthew brings up is between exclusions that occur *gratia forme* ('owing to a form') and the ones that occur *gratia materie* ('owing to matter') (II,2).

Philosophy. Studies in Memory of Jan Pinborg (= *Synthese Historical Library*. Texts and Studies in the History of Logic and Philosophy, Vol. 32), 1988, pp. 57–90. For the importance of this distinction in evaluating the mediaevals' conception of the nature and significance of human language, see Irène Rosier, *La parole comme acte*. Sur la grammaire et la sémantique au XIIIe siècle, Paris, 1994, chapter 5.

[23] For an explanation of this expression, see Joke Spruyt, *Peter of Spain*... (1989), pp. 121–122.

After presenting the arguments against the distinction (II,3–12), he gives his solution to the problem whether the distinction should be considered valid or not, including an explanation of how the terms *forma* and *materia* are to be understood in this context (II,13). According to Matthew, the distinction only applies when accidental forms are at issue, like in the sophismata *tantum homo albus currit* ('only a white man is running') and *tantum unum est* ('only one is') (II,14).[24]

The next distinction under discussion is that between general exclusion (*exclusio generalis*) and specific exclusion (*exclusio specialis*) (II,26). The arguments against the distinction (II,27–36) conclude with the suggestion, "Why not allow for an individual exclusion (*exclusio individualis*) as well?" (II,34) and indeed, "Isn't an exclusion always an *exclusio individualis*?" (II,35). Again, if exclusion does admit of an *exclusio generalis*, does this mean that highest genera, too can be excluded (II,36–37)? In order to answer these difficulties, an account is given of what we are to understand by the two types of exclusion: an exclusion is defined as an exclusion of something a subject shares in, either something generic, or something specific (II,38), and thus an individual exclusion as something other than a specific one is ruled out (II,39). A general exclusion occurs when something generically the same and specifically different is excluded, whereas a specific exclusion occurs when something specifically the same and numerically different is excluded (II,40). In the subsequent paragraphs (II,41–48) the remainder of the arguments against the distinction are dealt with.

The chapter on exclusive words in *Tol.* 94–26 also begins with this distinction, first presenting five arguments against it.[25] The distinction is granted by the author, and he adds to his reply an account of how the distinction should be taken, expressed in

---

[24] For background information on the origins and thirteenth-century developments concerning this particular sophisma, including a very helpful catalogue of texts that discuss it, see Sten Ebbesen, '*Tantum unum est*. 13th-century Sophismatic Discussions around the Parmenidean Thesis', in *The Modern Schoolman*, LXXII, January/March 1995; pp. 175–199. A very extensive discussion of the sophisma *tantum unum est* is found in a sophismata collection in Erfuhrt (Bibliothek der Stadt), Q 328, ff. 1–73ᵛ, which Grabmann had attributed to Robert Kilwardby, but which Braakhuis believes to be closely connected with the *Syncategoreumata* by Robert (Roger?) Bacon: see H.A.G. Braakhuis, *De 13de eeuwse tractaten* . . . (1979); Deel I, pp. 84–90. Braakhuis is preparing an edition of this text.

[25] *Tol.* 94–26, f. 39ᵛᵃ⁻ᵛᵇ.

similar terms as Matthew's.[26] The same goes for Peter of Spain's exposition. Nicholas of Paris's view is slightly different, as regards his explanation of an *exclusio generalis*. This type of exclusion is carried out when *tantum* or *solus* is to be translated as *non cum alio*, in which case all things are excluded that are diverse from what is included.[27]

The third subject Matthew discusses is the distinction between an exclusion from the entire dictum, and from one of its parts (II,49). First he gives arguments against (II,50–57) and then an argument in favour of the distinction (II,58). Our author agrees with the distinction, on the basis of a differentiation between the subject of the dictum and the subject of the enunciation. Thus he accepts that the expression *tantum Deum esse Deum est necessarium* ('only God being God is necessary') is ambiguous: it is false if the subject of the enunciation (*Deum esse Deum*) is excluded from — that is to say if it should be taken to mean that *Deum esse Deum* is the only necessary dictum —, thus ruling out the necessity of other dicta, and it is true if the subject of the dictum (*Deus*) is excluded from — in other words if it expresses that only God, and no other being, is necessarily God —, ruling out the necessity of other entities being God (II,59). Likewise the expression *tantum id quod est homo est homo* ('only that which is a man is a man') is taken as ambiguous (II,60). The arguments are dealt with accordingly (II,62–69).

In the *Tol.* 94–26 manuscript, the analyses of these sophismata are discussed under the *questio* whether it is possible to carry out an exclusion from an entire dictum or from the subject of a dictum when that subject is placed in a dictum.[28] Like Matthew, its author accepts the distinction, and judges the sophismata to be ambiguous: they are true if taken in one way, and false in another.[29]

---

[26] *Tol.* 94–26, f. 39vb: Solutio. Dicendum quod distinctio potest bene concedi si intelligatur sicut debet intelligi.... Dicitur enim exclusio generalis quando excluduntur omnia illa que communicant in genere et propinquo et remoto. Dicitur autem specialis quando excluduntur omnia que communicant in specie, et solum illa.

[27] Nicholas of Paris, *Syncat.*, p. 96[4–9].

[28] *Tol.* 94–26, f. 42rb: Et queritur utrum valeat illa distinctio quod possit facere exclusionem a toto dicto vel a subiecto dicti quando in aliquo dicto ponitur.

[29] *Tol.* 94–26, f. 43ra: Solutio. Dicendum quod dicte orationes sunt multiplices dicta multiplicitate; et uno modo vera, alio modo falsa.

Nicholas of Paris deals with the sophisma *tantum id quod est homo est homo* in his chapter on the exclusives *tantum* and *solus*. The principle he starts off with is that an exclusive word can be placed in a locution in two ways: either in subject- or in predicate-position. Depending on what position this word has, different things can be inferred. If the exclusive word is placed in subject-position, you cannot go to a higher term in predicate-position, and vice versa. This rule is supposed to solve the sophisma in question. In the same context the sophisma *sola necessaria necessario sunt vera* is brought up,[30] which we shall look into in below.

In the *Distinctiones*-treatise next a rule is introduced of which Matthew recognises that it pertains to other syncategorematic words as well, *viz.* when one locution contains two syncategorematic words, that locution is ambiguous. The sophismata in which this happens are, among others, *Sortes bis videt omnem hominem preter Platonem* ('Sortes twice sees every man but Plato'), *non omnis homo preter Sortem currit* ('not every man but Sortes is running') and *tu scis an omnis homo sit Sortes an differat a Sorte* ('you know whether every man is Sortes or differs from Sortes'). In this connection several sophismata are discussed (II,70–71). After introducing some arguments against the rule (II,72–74), arguments suggesting that if the rule is to be accepted, why not apply it to locutions in which more than one categorematic word occurs as well (II,75–78), and reasons for dismissing the idea that the rule should apply in the sophismata at issue (II,79–82), Matthew states that he accepts the well-established rule (II,83–86) and answers the arguments accordingly (II,87–93).

A subsequent distinction brought to our attention is connected with the occurrence of sophismata such as *sola contingentia esse vera est verum contingens* ('contingents being true alone is a true contingent') *sola necessaria esse vera est necessarium* ('necessary things being true alone is necessary'), *Sortes scit tantum tres homines currere* ('Sortes knows only three men are running'), namely whether an exclusive word such as *solus* ('alone') or *tantum* ('only') can be used to exclude certain things from a subject with regard to diverse acts or diverse predicates (II,94). For example, is it possible that in the first sophisma the exclusive *sola* is used either with reference

---

[30] Nicholas of Paris, *Syncat.*, pp. 114–115.

to *esse vera* or with reference to *verum contingens* (II,95)? Matthew then presents arguments against the distinction (II,96–101), followed by arguments in favour (II,102–104). According to our author the distinction holds good, and this means that the sophismata are all ambiguous (II,105–106). The arguments to the contrary are solved in II,107–111.

Contrary to Matthew's, Nicholas's account of the first two sophismata (i.e. the ones beginning with *sola contingentia* and *sola necessaria*) is solely based upon the rule of inference that runs: "an inference from an *inferius* to its *superius* in combination with the exclusive word *tantum* is not valid" (*non valet processus ab inferiori ad superius cum hac dictione 'tantum'*).[31] On the basis of that rule, Nicholas claims, both sophismata are false.[32]

The problem Matthew next considers is one that is dealt with in other *syncategoreumata* treatises as well, namely whether an argument from an *inferius* to a *superius* (i.e. from something which falls under a certain term — e.g. an individual falling under a species, or a species falling under a genus — to the term it falls under — i.e. the species or the genus) is prevented by the occurrence of an exclusive word (II,112). After a lengthy discussion, in which first reasons are given why there should be nothing wrong with such an argument (II,113–122) and, furthermore, the problem is addressed what kind of supposition the universals (*termini communes*) immediately following an exclusive word should have (II,123–126), our author explains under which conditions an argument from an *inferius* to a *superius* in conjunction with an exclusive is prevented (II,127–129). He then replies to the reasons his opponents had given for the validity of arguments from an *inferius* to its *superius* (II,130–142). Furthermore, in his view universals coming after an exclusive term have personal supposition, not simple supposition (II,143–144).

The chapter on exclusive words winds up with a number of questions and arguments concerning specific kinds of exclusion, *viz.* whether when an exclusive word used in combination with a particular sign excludes the universal sign (II,145–153), and whether when used in combination with an integral part it excludes

---

[31] Nicholas of Paris, *Syncat.*, pp. 113–114.
[32] Nicholas of Paris, *Syncat.*, p. 116.

the whole that part belongs to (II,154-160). The master presents his views regarding these problems in II,161-90.

4.3. *On 'begins' and 'ceases'*

The chapter on *incipit* and *desinit* opens up with the discussion of the sophisma *Sortes desinit esse non desinendo esse* ('Sortes ceases to be not ceasing to be') (VI,1), and in particular whether the sentence at issue is ambiguous or not (VI,2). First of all arguments are given in favour of the claim that the sentence is not ambiguous at all (VI,3-8), immediately followed by arguments establishing the falsity of the sophisma (VI,9-14) and those establishing its truth (VI,15-18).

In his reply Matthew first goes into a distinction that is commonly made in connection with this sophisma: the sophisma is ambiguous in that the expression *non desinendo esse* can be taken to modify either the verb *desinit*, in which case the sophisma is false, or the verb *esse*, in which case the sentence is true (VI,19). This is indeed the solution Peter of Spain presents.[33] In line with this distinction Matthew answers to the arguments formulated against it (VI,20-24).

Our author, however, does not go along with the distinction in the way it has just been made. Instead he says that the sophisma under discussion is ambiguous owing to the fact that the negation placed in the second part of the sentence can deny that part either absolutely or in relation to the preceding part of the sentence (VI,25), after which he says that some say that the sophisma is false without qualification (VI,26). This being said, he can continue to deal with the arguments establishing the falsity (VI,27-31) and those arguing for the truth (VI,32-35) of the sophisma.

The next question Matthew lays down concerns the combination of verbs such as *incipit* and *desinit* with distributed terms, exemplified in sophismata like *Sortes desinit videre omnem hominem* ('Sortes ceases to see every man'), on the assumption that Sortes ceases to see Plato. The main problem is whether the distribution that follows one of these verbs is immobilised or not. In order to be able to figure out this problem, the discussion continues

---

[33] Peter of Spain, *Syncat.* VI, 31.

with a number of arguments concerning the sophisma *Sortes desinit scire plura quam scit* ('Sortes ceases to know more than he knows'), on the assumption that Sortes knows four enuntiabilia and ceases to know two (VI,36).[34] First arguments are presented to establish the falsity of the latter (VI,37–43), and subsequently arguments to the contrary (VI,44–47). The arguments are concluded with a number of examples of how the sophisma is proved, supplied with arguments that are meant to counter the way of proving the sophisma (VI,48–51).

Matthew's own solution to the sophisma is given in VI,52: the sophisma sentence is false. The master shows how the words *incipit* and *desinit* are connected with a process in time and how the sophisma fails to take this into account (VI,53–62). Subsequently he presents the proper way of analysing the verbs 'begins' and 'ceases': the former always indicates a privation of something in the present and posits something in the future, whereas the latter always indicates a privation of something in the present and posits something in the past. Again, he rejects the idea some people have that one should distinguish between permanent and successive states and adjust the exposition of these verbs according to the sort of state they have bearing upon (VI,63).[35]

The next sophisma that comes up for discussion is *Sortes desinit esse albissimus hominum* ('Sortes ceases to be the whitest of men'), on the assumption that there are now three white men only, of whom Sortes is the whitest, and tomorrow some other man whiter that Sortes will be born (VI,64). Our author first goes over the arguments establishing the falsity (VI,65–71) and those arguing for the truth (VI,72–74) of the sophisma. Then he proceeds to analyse the disproof: the first mode of disproving the sophisma is on the grounds that the superlative exceeds all the things of

---

[34] Both Peter of Spain and Nicholas of Paris discuss the sophisma *Sortes desinit scire quicquid ipse scit* in this connection. Their solutions are similar to the one Matthew gives. See Nicholas of Paris, *Syncat.*, pp. 276–277, and Peter of Spain, *Syncat.* VI, 25–26.

[35] The permanent/successive distinction marks what Kretzmann has called the 'physical strand' (as distinguished from the 'logical' one) in the hybrid approach to the verbs *incipit* and *desinit*; see Norman Kretzmann, 'Incipit/Desinit', in P. Machamer and R. Turnbull eds., *Motion and Time, Space and Matter*, Columbus (Ohio State University Press), 1976; pp. 101–136.

the kind to which it is added, so the superlative 'whitest' exceeds men that are and are not (VI,75); the second is a sloppy argument to the effect that being and non-being are contradictorily opposed and are therefore said of anything, including man (VI,76); and the third argument claims that individuals of the kind *man* are men that are and men that are not (VI,77). In the next paragraphs the issue of supposition of universal terms in combination with the verbs *incipit* and *desinit* is brought up: some people vote in favour of simple supposition and others go for personal supposition (VI,78–79).

In his account of the solution to the sophisma, the master first presents an opinion contrary to his own, stating that the sophisma is false owing to the fact that the term *hominum* supposits for present things only (VI,80). Next he gives another solution, the one he favours himself, to the effect that the sophisma is true because in combination with the verb *desinit* the term *hominum* supposits for two classes of men, present ones and future ones. These two types of supposition are labelled *suppositio actualis* (supposition for present men) and *suppositio potentialis* (supposition for possible, in fact future men) (VI,81). And it is because of the fact that the supposition of the verb *desinit* works in this way, that the disproof of the sophisma is not valid (VI,82). Again, to say that it is true does not amount to saying that one is entitled to infer *Sortes desinit esse albissimus hominum; ergo albissimus hominum qui non sunt* ('Sortes ceases to be the whitest of men; therefore the whitest of men who are not'), nor may we conclude *ergo hominum qui sunt vel qui non sunt* ('therefore the whitest of men who are or who are not') (VI,83). The questions about the sophisma wind up with answers to the arguments that were given with regard to the sophisma (VI,85–93). In conclusion the master states that the term *hominum* does not have simple supposition in combination with the verb *desinit*, but personal supposition (VI,94).

The analysis of this sophisma given by Nicholas of Paris amounts to the same as Matthew's, in that he too first presents a number of arguments to the effect that the sophisma is false, and then gives his own account. His terminology is different from Matthew's, however, in that he speaks of a twofold way of signifying time in verbs such as 'begins' and 'ceases'. The distinction that applies to these verbs is that between signifying the present *per prius* ('primarily') and the future (*desinit*) or the past (*incipit*) *ex consequenti* ('secondarily').[36] The author of *Tol.* 94–26 also presents a number of solutions to the sophisma, of which he favours the one in which it is stated that the verb 'ceases' makes the term it is adjoined to stand for both and future instances.[37] Peter of Spain mentions yet another possible critique of the disproof, stating that there is a fallacy of accident in that in the sophisma the expression *hominum* has simple supposition, whereas in the conclusion 'Therefore of men who exist and who do not exist' it has personal supposition.[38] (Frankly this argument seems somewhat odd, but Peter of Spain does not seem to have any difficulties with it.)

The next problem our tract discusses involves the sophismata *Sortes desinit esse alter istorum* ('Sortes ceases to be one of these two') and *Sortes incipit esse alter istorum* ('Sortes begins to be one of these two') (VI,95). The distinction that is applied in this case is between beginning (*inceptio*) and ceasing (*desitio*) *gratia forme* on the one hand and *gratia materie* on the other (VI,96). Two arguments against this distinction claim that beginning or ceasing is always owing to a form (VI,97; VI,99), and one argument claims that no distinction can be made between the two (VI,98).

In his reply Matthew explains that there are different opinions on the matter. Some people acknowledge the distinction and accordingly consider the sophismata to be true (VI,100). Others state that the sophismata are false owing to an inference from one cause of truth where two are in order — in the inference *Sortes est alter istorum; et ante hoc non fuit alter istorum* ('Sortes is one of these two; and before this he has not been one of these two') there are two causes of truth, either the other of the two existed and the other did not, or neither of the two existed, whereas the conclusion is based upon the assumption that neither of the two existed before (VI,101). Yet another group claims that, owing to the distinction at issue, the sophismata are ambiguous and can thus be either true or false (VI,102). The discussion of the problem

---

[36] Nicholas of Paris, *Syncat.*, p. 264[12–15].

[37] *Tol.* 94–26, f. 60[ra]: Vel potest dici quod in illo processu [sc. in improbatione] est figura dictionis alia de causa, quia cum dicitur 'desinit esse albissimus hominum', iste terminus <hominum> ex primo intellectu supponit pro presentibus, ex consequenti vero pro futuris. . . . Potest enim tertio modo dici, et credo quod melius, quod hoc verbum 'desinit' facit terminum stare pro presentibus et futuris sub copulatione, non sub disiunctione. Ut patet in sua expositione; exponitur enim copulative [copulationem *ms.*].

[38] Peter of Spain, *Syncat.* VI, 24.

is concluded with Matthew's own idea on the subject: the distinction is valid, but one should bear in mind what we are to understand by it. In no way can beginning or ceasing occur owing to matter in itself, but only under such and such a form (VI,103–105).

The next sophisma brought up for discussion is *Sortes desinit scire plura quam Plato* ('Sortes ceases to know more than Plato'), on the assumption that Sortes knows ten enunciables and ceases to know four, and Plato knows ten enunciables and ceases to know two. The proof of the sophisma is established if one takes the comparative *plura* as covering the enunciables the two men *cease to know*, whereas the disproof is based upon taking the comparative *plura* as covering the enunciables the two men *know* (VI,106). As Matthew says, the truth or falsity of the sophisma depends on whether you can say that Plato ceases to know four when ceasing to know two (VI,107). Returning to the distinction as it was presented to us earlier, that is whether *plura* can cover either *desinere* or *scire* (VI,108), Matthew offers a number of arguments suggesting that it is always *desinere scire* the comparison concerns (VI,109–111). His own reply is that indeed the sophisma is ambiguous on account of the distinction mentioned earlier (VI,112), and thus the arguments against the distinction are refuted (VI,113–116). This sophisma is not found in Nicholas of Paris and Peter of Spain, nor in *Tol.* 94–26.

The final sophisma this chapter is concerned with runs *Sortes desinit scire se nichil desinere scire* ('Sortes ceases to know that he ceases to know nothing'), on the assumption that Sortes knows four enunciables, and now knows that he knows them and tomorrow does not know that he knows them. The proof runs:

> Sortes knows that he ceases to know nothing,
> and later on he will not know that he ceases to know nothing.

The disproof runs:

> Sortes ceases to know that he ceases to know nothing;
> Therefore he knows that he ceases to know nothing;
> Whatever is known is true;
> Therefore he does not cease to know the enunciable that he ceases to know nothing. (VI,117).

There are several issues about this sophisma that Matthew will go into, he says (VI,118), namely issues regarding the disproof (VI,119–131), the position itself (VI,132–135) and the possibility and impossibility of the proposition *Sortes desinit scire se nichil desinere scire* (VI,136–140). According to the master the sophisma is simpliciter true and it does not contain in it two contradictory opposites (VI,141–142). Hence the arguments are replied to accordingly (VI,143–152).

Peter of Spain too considers the sophisma to be true, and claims the disproof commits the fallacy of reasoning from something taken in a certain sense to something taken simpliciter.[39] This is also one of the solutions Nicholas of Paris presents,[40] but apart from that he allows for the view that the position should be considered impossible (as was shown in Matthew of Orléans, *Soph.*, VI,136–137).[41] In *Tol.* 94–26, ff. 56vb–58vb the sophisma is extensively discussed, in a way quite similar to Mathew's exposition. It begins with a presentation of the position, considering whether it is a possible or an impossible one. The author's solution is that the position expressed in the sophisma is possible, and that it can be taken as true.[42] He too argues that the disproof commits the fallacy of arguing from something taken *secundum quid* to that same thing taken *simpliciter*.[43]

4.4. *On the distributive sign* omnis

The concluding chapter of Matthew's *Sophistaria* deals with the distributive words (*signa distributiva*), or quantifiers. In the first paragraph, the *signa* are described as words that signify the disposition of a subject.[44] The first problem the master deals with is

---

[39] Peter of Spain, *Syncat.* VI, 28–29.
[40] Nicholas of Paris, *Syncat.*, p. 274^{7}–275^{3}.
[41] Nicholas of Paris, *Syncat.*, p. 275$^{5-17}$.
[42] *Tol.* 94–26, f. 58ra: Dicendum quod ypothesis est possibilis. Et, illa prefecta, accipienda est prima tamquam vera, quoniam vera est, illa ypothesi supposita.
[43] *Tol.* 94–26, ff. 58^{ra-rb}: Hec item bona est: 'Sortem nichil desinere scire est verum; ergo nichil desinit scire'. Sed hic est peccatum: 'nichil desinit scire; ergo non desinit scire hoc enuntiabile *se nichil* // f. 58rb // *desinire scire*, quia hoc quod est 'nichil' non distribuit pro hoc enuntiabili, cum sit eius pars; et etiam nichil est signum sui ipsius (ut dictum est) simpliciter, sed solum secundum quid. Unde cum accipiat ac si fieret distributio pro eo simpliciter cum solum fiat secundum quid, facit fallaciam secundum quid et simpliciter.
[44] It is not until later on that Matthew brings up the distinction between dispositions of a subject *qua* thing, on the one hand, and dispositions of a subject insofar as it is (i.e. functions as) a subject, on the other (VIII,93), when dealing with the sophisma *omnis propositio vel eius contradictoria est vera*. For Peter of Spain's explanation of these expressions, see Joke Spruyt, *Peter of Spain* . . . (1989), pp. 108–109.

whether it could not also be a disposition of a predicate, in other words, whether *omnis* can be added to a predicate as well. The sophisma under discussion here is *omnis homo est omnis homo* ('every man is every man') (VIII,1).

First arguments are laid down to the effect that indeed *omnis* is a disposition of a predicate or can be added to a predicate: *omnis* is a universal disposition and as such always accompanies a universal, hence the predicate (VIII,2); *omnis* is a term that is used in combination with words signifying things that have parts, and so it can be added to a predicate (VIII,3); *omnis* is supposed to remove ambiguity, a phenomenon that is found in the predicate as well as in the subject (VIII,4); it would only be impossible to add *omnis* to a predicate if the predicate were indivisible, but even though the predicate behaves in the manner of a form, nevertheless, because this form is found in a subject, it is divisible as such (VIII,6); by the same token that one can say 'Brunellus is no man', in which the universal negative sign modifies the predicate, the universal affirmative sign *omnis* could also be used to modify the predicate (VIII,7). The first argument to the contrary is borrowed from Aristotle, who says that there is no such thing as an affirmation in which a universal is predicated universally (VIII,8), and the second one recalls the difference between the subject, which can give to understand single things, and the predicate, which gives to understand the common form the single things share in (VIII,9).

The subsequent paragraphs present arguments in favour of the truth of the sophisma (VIII,10–15), four of which take the sophisma as an identity statement (omnis homo = omnis homo) (VIII,10–12;14), one argues from a disjunction (a total disjunct such as *omnis homo vel asinus* is predicated of any one of its parts, so that you can say *omnis homo est omnis homo vel asinus*; and since it is not true to say *omnis homo est omnis asinus*, therefore the statement *omnis homo est omnis homo* is true; VIII,13), and the final one argues that if the proposition *omnis homo est homo* is true, then so is the proposition *omnis homo est omnis homo* (VIII,15). After posing the question whether the distributive sign *omnis* signifies some thing (*res*) or not (VIII,16) and suggesting that it might signify an accident (VIII,17), or not some thing at all (VIII,18), Matthew proceeds to give arguments against the claim that the sophisma *omnis homo est omnis homo* is true: the first (VIII,19) is a repetition of VIII,8; the second claims that one can make a descent under both the subject and the predicate and therefore the sophisma is false (VIII,20), while in the subsequent paragraph it said that some people would deny that a descent can be made under the predicate- as well as the subject-term (VIII,21); the final four arguments too suggest that the term *omnis* does not immobilise the distribution under the predicate-term (VIII,22–26).

Matthew's solution to this sophisma is much the same as Peter of Spain's:[45] the sophisma is false owing to the fact that all the parts of the predicate should be attributed to all the parts of the subject, something one fails to do in the proof of the sophisma. Likewise the author of *Tol.* 94–26 reckons the sophisma as false.[46] Matthew does not go along with the idea that the first occurrence of *omnis* immobilises the second distribution (VIII,27). Again, the sophisma *omnis homo est animal et econverso* ('every man is an animal and the other way round') is false owing to the fact the the conversion applies to the subject- and predicate-terms only, without the quantifier (VIII,28) Moreover, according to our author *omnis* is a disposition of the subject, not the predicate (VIII,30). The arguments and questions are then replied to (VIII,31–45); Matthew takes the signification of *omnis* to be not of some thing (*res*), but the *modus* (modification) of something (*modus rei*).

The next sophisma that is presented is the famous *omnis fenix est* ('every phoenix is').[47] First comes a discussion concerning the problem whether the sign *omnis* requires an actual multitude or not, and secondly Matthew will deal with the truth and falsity of the sophisma (VIII,46). As to the proposed function of *omnis*, several arguments are presented to the effect that the use of *omnis* requires a multitude (VIII,47–57) and moreover, that the use of *omnis* without there being such a multitude causes incongruity (VIII,58–59). That such expressions — *viz.* those in which *omnis* is conjoined with a universal term that does not have more than one suppositum — should be incongruous is then challenged on

---

[45] See Peter of Spain, *Tractatus* XIII, 13, pp. 218^{24}–219^2.

[46] *Tol.* 94–26, f. 1va: Dicendum quod remota omni distributione cum probetur et improbetur oratio secundum quod hoc quod dico 'omnis' est signum, illa oratio ... est simpliciter falsa. Et hoc habetur per verbum Aristotilis et in *Periarmeneias* et in *Prioribus*. Et item eius contradictoria est vera, sicut patet, et contraria; et quedam singulares false, cum multe.

[47] For later thirteenth-century sophismata collections dealing specifically with *omnis fenix est*, see Alain de Libera ed., *César et le phénix*. Distinctiones et sophismata parisiens du XIIIe siècle, Pisa, 1991.

the grounds that incongruity is caused by the repugnancy of accidents, which is not something the expressions at issue suffer from (VIII,60).

Having presented the arguments suggesting that *omnis* requires a multitude, the master proceeds to offer ways of disproving the truth of the sophisma *omnis fenix est* (VIII,61-66), in which some of the arguments presented earlier (to the effect that the use of *omnis* requires an (actual) multitude) are repeated. The upshot of the arguments now is of course that since in *omnis fenix est* such a multitude is lacking, the sophisma must be false. Two of the arguments in the opposite direction are founded on the logical rule that any universal proposition is true whose contradictory opposite is false (VIII,67-68), and one claims that since one is entitled to substitute *omnis fenix est* for *omnis fenix que est, est* ('every phoenix that is, is'), and the latter is true, the sophisma must be true as well (VIII,69).

The master eventually presents his own views on the matter. The sophisma is true. And even though the sign *omnis* does require a multitude in actuality, this is only under the condition that the universal it is added to indeed has an actual multitude of supposita. So Aristotle's rule *dici de omni* — "nothing is to be taken under the subject of which the predicate is not said" — is to be understood under the condition that there is something that can be taken under the subject-term (VIII,70). And in short, Matthew continues, definitions are also to be understood as conditional sentences — to the extent that the expression 'man is a mortal rational animal' is to be taken as 'if man is, he is a mortal rational animal' ('if there is a man, etc.').

As we shall also see later on, in our discussion of some of the doctrinal issues found in Matthew's treatise (see below, 4.6), the idea that definitions are to be taken in a conditional sense fits in with the way in which the sophisma *omnis homo de necessitate est animal* is analysed. Like John le Page and Nicolas of Paris, Matthew is of the opinion that the being of things expressed in a definition is not being simpliciter, but being under a certain condition only.[48]

---

[48] Thus we find a prelude to Ockam's well-known method to overcome the contingency of universal categorical propositions of the present by treating them as conditionals; see Gordon Leff, *William of Ockham. The Metamorphosis of Scholastic Discourse*, Manchester, 1975; p. 275.

The fact that a sentence containing *omnis* does not necessarily involve there being a plurality of things (like in definitions, in which the quantifier *omnis* is to be taken conditionally), accounts for the idea that it does not follow *omnis fenix est; ergo plures fenices sunt*, because the conclusion only follows under the condition that there are many phoenixes (VIII,71). In his final remarks about the subject, Matthew suggests two other ways to discredit the inference *omnis fenix est; ergo plures fenices sunt*. First it could be argued that this inference commits the fallacy of reasoning as if there were one cause of truth where in fact there are two: in the premise *omnis fenix est* the sign *omnis* could be used to distribute only the form which is sufficient for itself, or it distributes that form for a multitude of *suppostita*, whereas the conclusion is drawn as if the sign distributed for the multitude of *supposita* only (VIII,72). In a second way one could argue that the inference commits a fallacy of accident, due to its arguing from distribution for the form to distribution for the supposita (VIII,73). After repeating again his position that the proposition is true owing to the fact that merely a multitude under a condition is required (VIII,74), Matthew replies to the arguments against using *omnis* for something unique (VIII,75–90).

The author of *Tol.* 94–26 does not make use of the expression *multitudo sub conditione* to account for the rectitude of the expression *omnis fenix est*. His answer is merely that if a generic term implies a common form, no matter whether the form has just one suppositum or many, the sign *omnis* can be adjoined to it. This is explained by showing what the term *omnis* means: it does not signify a multitude or a division, but it signifies *quoniam universaliter*, that is to say, it signifies that the predicate applies to whatever is contained under the subject-term. So there is nothing wrong with using expressions such as *omnis sol*.[49] This is precisely why the expression *omnis fenix est* is absolutely true.[50]

---

[49] *Tol.* 94–26, f. 3ra: Et dicimus quod si terminus importet formam communem, sive unum suppositum habeat sive plura, potest supra se recipere signum. Ut patet cum dicitur 'omnis sol'. Et ut pateat solutio obiectorum, solvendum quod hoc signum 'omnis' non significat divisionem sive multitudinem, sed significat quoniam universaliter. Significare autem quoniam universaliter est significare quod predicatum omni contento sub subiecto conveniat, sive sit unum tantum sive plura.

[50] *Tol.* 94–26, f. 3vb: Dicendum quod prima est vera simpliciter cum predicatum conveniat omni contento sub subiecto. Nam cum 'fenix' restringatur ad

While Peter of Spain also contends that there is nothing wrong with the sentence *omnis fenix est*, his account of the matter is phrased in somewhat different terms than Matthew's. What he considers to be the issue here is the following. There are two types of forms: the kind of form which is part of an entity (as my soul is part of me), and the kind of form that can be said of things (such as genera, species and *differentiae*). The individuals of these forms are their matter. The term *omnis*, moreover, is used to express the correspondence of the universal it is adjoined to with its individuals (*adaequatio universalis cum suis individuis*). And since in expressions in which *omnis* is adjoined to a generic term that has one suppositum only (like *sol*, *luna*, and *fenix*), the result is a true expression.[51]

The next problem our author looks into concerns the scope of the distribution when used in combination with a disjunctive proposition, as in *omnis propositio vel eius contradictoria est vera* ('every proposition or its contradictory is true'). The problems he will discuss are whether a disjoined term can be distributed, and whether the proposition just mentioned is true or false (VIII,91). First arguments are presented to show that an entire disjunct can be distributed (VIII,92–96), then arguments to the contrary (VIII,97–102). Next the truth of the proposition is argued for (VIII,103–107), after which arguments to the contrary are given (VIII,108–114).

The solution to the sophisma is given in VIII,115: our author is of the opinion that the proposition is true. Moreover, in his view the distribution does not range over the entire disjunct for each one of its parts: in other words, the entire disjunct cannot be distributed. The distribution applies to *propositio*, not to *propositio vel eius contradictoria*. The solution Matthew presents is contrary to that of Peter of Spain, who in fact gives three interpretations of the sophisma, one of which is true, and two are false.[52] Nicholas of Paris too regards the sophisma as ambiguous: it can be interpreted in two ways, one of which results in a true proposition, the other in a false one.[53]

---

presentia et unum solum sit suppositum presentialiter sub eo contentum, manifestum, cum ipsi conveniat predicatum, quod ipsa est vera.

[51] Peter of Spain, *Tractatus* XII, 7, pp. 213^{25}–214^{6}.
[52] See Peter of Spain, *Syncat.* VIII, 37.
[53] Nicholas of Paris, *Syncat.*, pp. 385–87.

Matthew does not leave it at that, however. Sometimes the entire disjunct can be distributed, and this occurs, he says, "when the extremes are united in a common form, which form receives the distribution and acts as an intermediary passing the distribution over to both extremes". And this happens in sentences such as *quicquid est necessario verum vel falsum, est necessarium vel impossibile* ('whatever is necessarily true or false, is necessary or impossible'), and *quicquid est vel non est, est* ('whatever is or is not, is') (VIII,116). The former sentence is ambiguous, whereas the latter is false (VIII,117–118). Matthew subsequently deals with the arguments intended to prove the sophisma (VIII,119–122) and then with the ones establishing the opposite (VIII,123–129).

Another distinction attention is given to is whether the sign *omnis* can distribute for species or individual things. In this connection the sophismata *omne animal fuit in archa Noe* ('every animal was in Noah's ark'), *omne animal currit* ('every animal is running') and *omne animal preter coloratum currit* ('every animal besides the coloured is running') are brought up for discussion (VIII,130). The author proceeds to give arguments establishing the validity of the distinction (VIII,132–133) followed by objections to the effect that *omnis* distributes individuals only (VIII,134–138) and by those arguing for the view that it is only species that are distributed (VIII,139–146). Having deliberated the pros and cons regarding the discussion at issue, Matthew proceeds to look into the proposition *omne animal fuit in archa Noe*. First the truth (VIII, 147–150), and then the falsity (VIII,151–153) of the sophisma is argued for.

The solution is introduced with a few remarks about the time designated in the sophisma *omne animal fuit in archa Noe*. According to the author, the sophisma can be interpreted in two ways, either by taken it to designate the past without qualification, so that the term *animal* supposits for any animal existing in the past whatsoever. However, the more appropriate way to take utterances, Matthew says, is to judge them in accordance with the time the sentences are understood to be uttered (*sermones iudicandi sunt pro illo tempore pro quo intelliguntur proferri*), in this case the time of the flood. And since Caesar did not exist at that time, the sophisma is obviously not disproved by inferring from the sophisma that Caesar was in the ark (VIII,154). As to the distinction, however, Matthew concedes that following in the footsteps of so many learned men, it should be sustained (VIII,155–156). The arguments are responded to accordingly (VIII,157–170). The way in which the time is restricted ultimately has to do with how one takes the time in question. Hence the sophisma *omne animal fuit in archa Noe* is false when the locution is taken in the absolute sense, but it is true if one takes it to refer to the time of the flood. Again, any objection to the sophisma made with reference to animals that live in water, is dismissed as irrelevant (VIII,171).

Like Matthew, the author of *Tol.* 94–26 considers the distinction to be a valid one, and thus makes the sophisma out to be ambiguous.[54] Peter of Spain also mentions the opinion of *quidam* that the sophisma is ambiguous owing to the distinction in distribution, i.e. either for individual things belonging to certain kinds, or for the kinds of individual things. Thus in the former sense the sophisma would be false, whereas it would be true in the latter sense.[55] He disagrees with this perception of the sophisma, though, and instead deems it to be false due to the fact that it is only individual things that are distributed.[56]

So much for a short survey of four chapters of Matthew's work. In the following section I shall present a few doctrinal features, which could be of interest to determine the intellectual environment the author belonged to.

4.5. *Some Remarks about Doctrine*

There are a few items that are worthwhile to look into separately in Matthew's work, *viz.* discussions concerning modality, questions about how to establish the truth-value of propositions about the past and the future, and considerations about the well-known rule "from the impossible anything follows".

---

[54] *Tol.* 94–26, f. 7^{va-vb}: Dicendum est quod prima est // f. 7vb // duplex predicta duplicitate, intellecta distinctione sicut dictum fuit. Si enim fiat distributio pro individuis, falsa est, quoniam <tunc> 'animal' distribuitur pro omnibus preteritis. . . . Et ideo cum in multis sit instantia, ipsa est falsa in hoc sensu. Si autem fiat distributio pro speciebus, vera est, quia significatur quod de qualibet specie animalis fu[er]it in archa Noe unum individuum. Tunc <autem> non fit distributio pro omnibus individuis, sed pro aliquibus in quibus possit salvari species animalis.
[55] Peter of Spain, *Tractatus* XII, 14, p. 205$^{5-14}$.
[56] Peter of Spain, *Tractatus* XII, 14, p. 205$^{15-19}$.

The modal term *necessario* first receives attention in the chapter on exclusive terms. In this chapter, the sophisma *sola necessaria necessario sunt vera* is brought up for discussion. The author's solution of the sophisma is interesting, because at this point light is shed on how he believes we should use the term *necessario*. One of the deductions he goes into is *sola necessaria necessario sunt vera; ergo sola necessaria sunt vera*, which he considers a fallacious argument. The reason this argument breaks down, he tells us, is

> because it commits the fallacy of arguing from an *inferius* to a *superius* together with an exclusive term. For *being true necessarily* is an *inferius* of *being true*. And it proceeds from the one to the other together with an exclusive term. (II,128)

What Matthew is telling us here is that 'being true necessarily' has a more narrow scope than 'being true'. Both necessary enunciations and contingent ones qualify for the label 'true'. Moreover, the property of *being necessary* appears to be a species of the genus *verum*.

It is interesting to note here that a similar analysis of the sophisma at issue can be found in the *Syncategoreumata* by Nicholas of Paris. The latter brings up the sophisma in connection with the ambiguity of propositions in which two syncategorematic terms are incorporated, due to the fact that one can take either the one or the other syncategorematic term as the primary one.[57]

In Matthew's work the term *necessarium* also comes up further down, when sophismata are looked into that involve the distinction between producing an exclusion of an entire dictum, or of part of a dictum (II,49–69). The propositions Matthew deals with in this connection are *tantum Deum esse Deum est necessarium* and *tantum id quod est homo esse hominem est possibile*. His account of the *significatio* of the term *necessario* is presented later, in the section on the conjunction *si*, when the author looks into the sophisma *si Sortes necessario est mortalis, Sortes necessario est immortalis* (IV,167–206). In order to explain the function and meaning of the modifier *necessario*, Matthew considers a number of implications connected with the latter sophisma.

The first implication he considers is *si Sortes necessario est mortalis, Sortes necessario est aliqualis*. Next he comments upon the proposition *si Sortes necessario est aliqualis, Sortes necessario est*, and finally

---

[57] Nicholas of Paris, *Syncat.*, pp. 122^8–123^{12}.

the question is raised whether the 'positum' *Sortes necessario est* is true at all. After presenting a number of arguments both against and in favour of the truth of the three propositions, he brings forward his own views on these matters (IV,188sqq.). He starts off with the thesis that the positum *Sortes necessario est mortalis* can mean two things. In the first place, the term *necessario* can cover the property of *mortale* owing to a potency (*gratia potentie*), so that the sentence should be taken to mean 'Sortes necessarily has the potency to die' (*Sortes necessario habet potentiam ut moriatur*). On the other hand, the modifier can also cover the property of *mortale* owing to the act (*gratia actus*), so that what is meant is 'Sortes has the potency to die of necessity' (*Sortes habet potentiam ut necessario moriatur*). In the latter case, Matthew tells us, the expression *Sortes necessario est mortalis* is true, but then it does not follow that *Sortes necessario est aliqualis*, because in the antecedent the necessity is connected with an act, whereas the consequent expresses a real necessity. If the former case applies, however, that is to say, if the term *necessario* modifies the property of *mortale* owing to a potency, in that case the positum *Sortes necessario est mortalis* is false, because it expresses two contradictory states of affairs, namely that Sortes *is* of necessity and that he has the potency to die, in other words that he can *not be* as well (IV,188–190).

The distinction just brought forward can also be explained in a different way, the master continues. In this connection he makes reference to the distinction between *necessitas respectiva* and *necessitas simpliciter*. Taken as indicative of a *necessitas simpliciter*, the expression *Sortes necessario est mortalis* is false, and *eo ipso* this goes for *Sortes necessario est aliqualis* as well. Understood as indicative of a *necessitas respectiva*, the expression is true, and is equivalent to *Sortes necessario est mortalis, si Sortes est* (IV,191). According to Matthew, this second type of necessity applies to definitions as well, propositions, that is, in which parts of a definiens are necessarily predicated of their definiendum. In this case too the parts are not applied *simpliciter*, but only under the condition that the *definiendum* exists. So one is not entitled to infer *homo est animal rationale mortale; ergo homo est*, because the defining parts *animal rationale mortale* only have being on the proviso that a man exist (IV,192).

The analysis just presented also applies to the expression *Sortes necessario est aliqualis*, which can indicate a necessity in the absolute sense, or a respective one only. If interpreted in accordance with the latter kind, it follows *si Sortes necessario est mortalis, Sortes necessario est aliqualis*, but taken in the former sense, it does not. However, even if it does follow *si Sortes necessario est mortalis, Sortes necessario est aliqualis*, this does not imply *Sortes necessario est*, because in the final sequence one has proceeded from a necessity *secundum quid* to a necessity *simpliciter* (IV,192).

Apart from the fact that in the chapter on *si* a number of sophismata are discussed that contain the words *necessarium* and *contingens*, our author also devotes a separate chapter to distinctions and sophismata related to the use of the modal terms in declarative sentences. The fifth chapter begins with the problem whether the term *necessario* has ampliative force (*vis ampliandi*). This subject is brought up for discussion by looking into two sophismata, namely *omnis anima necessario est iusta* and *omnis homo necessario est animal*.

The author begins with the first sophisma, *omnis anima necessario est iusta*. It is assumed at the outset that there are but three souls, and all three of them are necessarily just. Furthermore it is assumed that tomorrow there will be a soul that is not just. The question, then, is whether on the basis of these assumptions it is true to say *omnis anima necessario est iusta*. To begin with the author presents five arguments to establish the truth of the sophisma. These arguments all come down to the following: The sentence is formulated in the present tense, and since it is true now that the three existing souls are necessarily just, the expression *omnis anima necessario est iusta* will be true (V,3–7).

The arguments to the contrary start from a different angle. They all extensively deal with the semantics of the term *necessario*, and besides that they are representative of the view that it has ampliative force. Considering the fact that Matthew has a clear position regarding the referential domain of the term *necessario*, it is important to look at the arguments *contra* one by one. In the first argument it is claimed that necessity involves omnitemporality, and since the justice that inhabits the souls at present will not do so always, there is no question of necessity in that respect. Hence the proposition *omnis anima necessario est iusta* is false (V,8). A second argument states that what is the case of necessity, cannot be otherwise. But it is not the case of necessity that all souls are just; indeed, it is already stated as a fact that there will be an unjust soul tomorrow. Therefore the sophisma is false (V,9).

The third and fourth arguments (each in their own way) state that the term *necessario* not only refers to things in the present, but also to things in the future. In other words, according to this line of opposition the term *necessario* has ampliative force. And since it is already assumed that tomorrow there will be an unjust soul, the sophisma is false (V,10–11).

For now the author leaves the solution to the sophisma and proceeds to the problem whether or not *necessario* has ampliative force. This problem is once again dealt with by considering arguments for and against. To start off with the arguments in favour of the claim that *necessario* has ampliative force: the first one states that the term is not confined to one moment in time, and thus it has ampliative force (V,12). The second argument is based upon Aristotle's thesis in *Topica* V 3, 131a16, that opposites are simultaneous. Now since *necessario esse* and *posse non esse* are opposite to each other, and *posse non esse* is not confined to the present, but applies to the past and the future as well, the same must go for *necesse esse* (V,13). In the third argument *necesse est esse* is put on a par with *impossibile est non esse*, of which two expressions the latter has ampliative force. Thus it follows that *necessario* has ampliative force too (V,14). In the final argument it is stated that contrary to 'this is' (*hoc est*), an expression that only applies to something that exists at present, the phrase 'this necessarily is' (*hoc necessario est*) is understood to cover things of any time whatsoever (V,15).

So much for the arguments in favour of *necessario* having ampliative force. In the first argument to the contrary the term *ens necessario* is put forward as being *inferius* to the term *ens*, that is to say, *ens necessario* restricts the notion of *ens*. This means that since *ens* applies to things in the present only, this is all the more true when the term *necessario* is added to it. Hence the term does not have ampliative force (V,16). In the second argument it is taken for granted that *necessario* relates to *ens*, not to both *ens* and *non-ens*. Hence it does not have ampliative force (V,17). The series of arguments ends with the statement that *necessitas* is a *forma*, which is found in what-is (*ens*) only. Therefore *necessario* is not connected with non-existent things, and hence does not have ampliative force (V,18).

After a detour concerning the deduction found in *omnis anima necessario est iusta; ergo omnem animam esse iustam est necessarium* (V,19–23), the master presents his solution to the sophisma *omnis anima necessario est iusta*, given the three assumptions mentioned above. According to Matthew the proposition is true. Moreover, he is of the opinion that the inference *omnis anima necessario est iusta; ergo omnem animam esse iustam est necessarium* is valid as well (V,24). In this connection he mentions a possible argument to the contrary that the expression *omnem animam esse iustam est necessarium* is ambiguous, in that it can be taken *de dicto* or *de re*. If it is taken *de dicto*, the argument runs, the sentence is equivalent to *omnem animam iustam esse iustam est necessarium*, that is to say, the term *animam* refers to the same souls as the ones referred to in the sentence *omnis anima necessario est iusta*. In that case the inference is valid. If, on the other hand, the expression is taken *de re*, that would mean, according to the argument at issue, that the term *animam* refers to future souls as well. And in that case it does not follow *omnis anima necessario est iusta; ergo omnem animam esse iustam est necessarium* (V,25).

Matthew once again emphasises that in his view the argument just presented has no bearing on the issue, because the modifier *necessario* never has ampliative force. In other words, even if the distinction between a *de dicto* and a *de re* reading of the expression *omnem animam esse iustam est necessarium* should apply, it would make no difference in terms of the scope of *necesse esse* (V,26).

It is useful in this connection to present Peter of Spain's solution to the sophisma in comparison. According to the latter, the proposition *omnis anima necessario est iusta* is ambiguous, because the word *necessario* can modify the composition or the predicate. If it modifies the composition, the proposition is false, because in that case *necessario* ampliates the composition so that future cases are covered as well. Thus the proposition also applies to future souls, of which it was assumed that one of them will not be just. If, on the other hand, the term *necessario* modifies the predicate, then the proposition is true, and it means no more than 'every soul is necessarily a just being'.[58]

The sophisma about the soul of the Antichrist is of special importance for our purposes, because it contains a combination of the modal term *necessario* and the future-tense verb *erit*, and it is the starting point in Matthew's work of a more extensive discussion about applying truth-values to sentences about the future.

---

[58] Peter of Spain, *Syncat.* VII, 28.

The distinction which plays a key role in this connection is that the term *necessario* can modify either the act expressed by the verb or the composition found in the proposition (V,37).

The first question raised by the master is whether the following inference is valid: *anima Antichristi erit necessario quando erit; ergo anima Antichristi necessario erit*. As usual a number of arguments *pro* and *contra* are considered. The first 'proof' of the validity of the inference centres round the idea that from '*esse necessario in aliquo tempore* it follows *esse necessario*, and that *quando erit* indicates a certain point in time. Hence it follows *erit necessario quando erit; ergo necessario erit* (V,39). In the second argument in favour of the inference, what is signified by the phrase *quando erit* is identified with a part of time. It is also stated that the nature of any part is identical to the nature of the whole it is a part of. Hence, the argument concludes, since the nature of necessity is predicated of a part of time (*viz*. that part of time expressed in *quando erit*), this same nature is also predicated of the whole (expressed in *erit*) (V,40). Another argument once again puts the expression *quando erit* on a par with an indication of time, and states that like the inference *currit in A; ergo currit*, the inference *anima Antichristi quando erit necessario erit; ergo anima Antichristi necessario erit* is valid (V,42). Finally it is argued that two contradictory opposites cannot be true simultaneously, and that *non erit necessario* and *in aliquo tempore erit necessario* are contradictory opposites. Therefore the inference at issue must be a valid one (V,43).

To conclude his discussion about the inference at issue the master brings forward two arguments to the contrary, both of which reject any inference to the effect that from the fact that a proposition applies to a certain time the conclusion is drawn that it applies always. Such an inference commits the fallacy *secundum quid et simpliciter* (V,44–45).

The final part of the discussion concerns the truth-value of the proposition *anima Antichristi necessario erit*. First of all arguments are brought forward to disqualify the proposition, of which a few are important for our purposes. In the first place it is claimed that the expression *necessarium* is limited to *being*, whereas the soul of the Antichrist is indifferent to *being* and *non-being*. How come 'indifferent'? Well, the soul in question only has potential being, and thus relates to *being* in potency. And whatever relates to something in potency, likewise relates to the opposite of that something in potency. Therefore there is no question of the soul's being necessary (V,54). The second argument considers the soul of the Antichrist to be something that can be generated (*generabile*), and hence not something necessary (V,55). In the third argument the soul of the Antichrist is identified with something that is not ordered to actuality, and thus also has the potency not to be (V,56). The final argument concerns the general problem how to go about ascribing a truth-value to sentences that are concerned with future events. Let us pay attention to the discussion in detail.

The opening of the argument under discussion runs thus:

> Again. Every truth of a proposition is based upon something, for it is because a 'thing'[59] is or is not that a proposition is said to be true or false, as Aristotle has it. Therefore since the Antichrist is not some thing, there cannot be something true of the Antichrist. And therefore, accordingly, the following will be false 'The soul of the Antichrist will necessarily be'. (V,57)
>
> Again. In light of the foregoing there is a problem what the bearer[60] of this truth should be — because truth has being connected to some bearer —, and where the truth should be when it is said 'Caesar has been a man'. (V,58)

From this text it appears that the author intends to look into the bearer of truth of sentences of tenses other than the present. This general discussion is introduced in the next section, in the form of an argument in favour of considering future propositions as true. Although the argument seems somewhat odd, playing on the difference between the existential import of future being and that of past being, it is nevertheless quite clear on the issue of truth itself. Furthermore, in this argument the question of necessity regarding propositions comes up as well.

> Again. There is a problem regarding the truth and falsity of a proposition concerning the future. And since a true proposition about the past is necessary, the problem is whether a true proposition about the future is necessary. And it is argued that this is the case: In the same way as everything is related to being, thus

---

[59] It should be noted that the term 'res' in the truth-defining formula "ab eo quod res est vel non est..." is equivalent to 'state of affairs'. The specific translation, however, depends on the context. Here the only way to translate is 'thing'.

[60] *subiectum* = subject-substrate, bearer (Greek: *hypokeimenon*).

it is related to truth. Therefore what is more related to being, is more related to truth. Now propositions about the future are more related to being than those about the past, because the future at some time will be, whereas the past will never be. And so propositions about the future have more truth than those about the past. Therefore if in enunciations about the past their truth is their necessity, in those about the future too their truth is their necessity. (V,59)

The final argument in favour of allowing truth to be ascribed to expressions concerning the future once again focusses on the relationship between truth and *being*, and, moreover, allows that just like expressions concerning the past and those about the present, sentences about future events can qualify for necessity as well. As can be expected, an analysis such as the one presented to us in the previous arguments is not acceptable to our author, because by granting them one would be committed to the claim that all future events will occur of necessity (V,60).

Before presenting his own ideas on the matter, Matthew first looks at a solution he himself does not agree with, but the likes of which can be found in for example Peter of Spain. According to this account the expression *anima Antichristi necessario erit* is ambiguous, because the term *necessario* can modify either the predicate *erit* or the composition found in the proposition. If it modifies the predicate *erit*, the sentence is equivalent to *anima Antichristi est necessario futura*, that is, *esse futurum inest necessario anime Antichristi*. And in this way the sophisma is false. If the term *necessario* modifies the composition, on the other hand, the sophisma is equivalent to *hec est necessaria 'anima Antichristi est futura'*, or *hec compositio que componit hoc cum hoc, est necessaria*. And considered in this latter sense, the sophisma is true (V,61).

It should be noted that Peter of Spain uses a distinction between modification of the composition and of the predicate to solve the sophisma. Nevertheless, his conclusion regarding its truth or falsity is exactly opposite to the one just shown to us by Matthew of Orléans. According to Peter, the sophisma is to be handled as follows. If the term *necessario* modifies the composition, he says, it has ampliative force, and thus the sentence expresses that the soul of the Antichrist exists today, tomorrow, and at any other future time. This is patently false, Peter states. If *necessario* modifies the predicate *erit*, on the other hand, then the sentence merely says that the soul of the Antichrist will necessarily be a *being*. And this is correct, he claims, because every soul is a being of necessity.[61]

In whatever way the distinction mentioned above is interpreted, and regardless of how the truth-value is assigned to the sophisma on the basis of that distinction, Matthew of Orléans does not agree with it. On the contrary, he is of the opinion that while certain expressions featuring the term *necessario* or *de necessitate* are indeed ambiguous (in propositions such as *omnis animal de necessitate est animal, Sortes de necessitate est animal, anima Antichristi de necessitate erit*), the reason for them being ambiguous is other than on account of the distinction just mentioned. Instead of taking the distinction between the modification of the composition and the modification of the act (or the predicate) as a starting point for the discussion of enunciations featuring *necessario*, Matthew applies a distinction between *necessitas simpliciter* ('absolute necessity') and *necessitas sub conditione* ('conditional necessity'). These two kinds of necessity are on a par with the types of necessity distinguished by Nicholas of Paris and John le Page, *viz.* between *necessitas absoluta* and *necessitas respectiva*, respectively. In the first case necessity is ascribed to the *being* of something. Thus the sophisma would be equivalent to 'the future being of the soul of the Antichrist is necessary'. Obviously this is false. If the necessity is a conditional one, on the other hand, all the sophisma says is that 'if the soul of the Antichrist will be, it will be necessarily' (V,66).

In the text that remains to be discussed, Matthew pays attention to the problems he announced earlier, namely (i) to what extent can truth be ascribed to sentences concerning future events, (ii) what is the subject of these kinds of sentences, and (iii) how does the notion of necessity function in sentences about the future. Regarding the first two problems, Matthew proceeds as follows:

> But then there is a problem in what way the truth can be stated of the expression 'anima Antichristi necessario erit', as it has no subject, nor is there anything of the subject. It should be said that since this truth is a truth regarding the future, it does not require a subject actually being, but it requires a subject solely being in potency. And so, because the Antichrist is a being in potency, it will be able to be the subject of that truth. Therefore there is something that is the subject of that truth, namely the potentiality of the Antichrist. But this potentiality is certainly not a potentiality of

---

[61] See Peter of Spain, *Syncat.* VII, 22–23.

> matter, but a potentiality of the efficient cause or the ordering cause. (V,75)

So thus far in order to account for the truth of sentences regarding future events, Matthew relies upon a distinction between two kinds of potentiality, *viz.* a potentiality consisting in matter and a potentiality of an efficient or ordering cause. These two kinds of potency are required in order for there to be a subject-matter ('bearer') at all of sentences that concern past or future states of affairs. In the following lines Matthew explains how these potencies work in the different kinds of sentences:

> In sentences concerning the past, however, the subject of the truth is the potentiality of the subject, which is in fact a potentiality of matter. Hence the subject of the truth 'Caesar was a man' is the potentiality of Caesar, not the one residing in him, but the one residing in matter, because of him after him [i.e. after he has passed away] the potentiality of matter remains. And so that truth has being regarding some matter and subject. But this does not apply to the sentence 'The soul of the Antichrist will be', because that potentiality is an efficient or ordering potentiality, and not a potentiality of matter. (V,75)

In sum: in true expressions about the present, the subject of truth is some actually existing subject while true expressions about the past have a material potentiality as their subject of truth, and, finally, in true expressions about the future the subject is an efficient, or ordering potentiality. Obviously then in our master's view, expressions concerning the future can somehow qualify for a truth-value, albeit a truth-value of a special type.

In what follows, Matthew has something to say about the necessity involved in true expressions that concern a future state of affairs. In answer to the objection made earlier about applying truth to such sentences, Matthew says that the truth in propositions concerning the future is not identical with the necessity of what is signified by it, contrary to propositions concerning the past, which are necessarily true. The reason that in the past there is such a connection between truth and necessity is because the truth of such sentences is based upon some truth which is as it is of necessity. The same applies to true sentences concerning the present. For sentences concerning the future things are different. Their truth is based upon something that is indifferent, not determined with regard to a *this* or *that*, this something being a potency or a will. Hence the truth of such sentences is absolutely indifferent. For the will can vary, and *eo ipso* the truth (V,76).

Thus the necessity of true expressions can be identified with something immutable. And while sentences concerning the future can be true, their truth is based upon an efficient potentiality, which is identified with will. And the potentiality or will upon which the truth of these types of propositions is based is indeterminate, and thus subject to change. Hence that their truth should be a necessary one is out of the question.

In the subsequent paragraphs Matthew brings up a possible objection against the claim that the potency of will is indeterminate, because, it is argued, the will is always directed towards something coming about. It is in this connection that our author makes reference to the providence of God.

> But then someone will object that, should the potency of the will be indifferent as regards *this* and *that*, in that case it will not be a *potentia ordinata*. To claim this will not do, for its potency is an ordered potency whose act of ordering concerns itself, and one must claim that all things are ordered according to this kind of ordering. And so it does not relate indifferently to what is and what is not. (V,77)

In accordance with this objection, the author brings to mind the problem Boethius confronted us with regarding the nature of God's Providence. The point is that if you assume that God foresees something to happens and then it does not, you will be stuck with the notion that God's Providence can fail. And this is something nobody would wish to accept. Thus the only way out of the difficulty is to say that if God foresees something in the future, this something will come about of necessity. Thus nothing is indifferent to either coming about or not coming about, and in this way chance and fortune are removed. (V,77)

In the following text section, our author explains how we are to consider the Providence of God. The potency involved is indeed an ordered potency, but not in such a way that it involves necessity. For this potency, he says, has a twofold relationship. One is towards that which it resides in as its bearer, and taken in this way it is ordered as a necessity, and cannot be changed. The other relationship it has is towards that which it resides in as an intention, and taken in this way this potency can be impeded by the relationship as by the effect of things. However, the master continues, this variety does not occur on account of the efficient cause, but on account of reality. So reality can sometimes prevent things from happening while the potency for those things to happen remains the same (V,78).

What the comments by the author in fact account for is why it can happen that while there is always a potency to bring something about, this potency can sometimes be prevented from bringing about what it is ordered towards. The impediment referred to here is one that originates from things in reality. But then how are we to understand God's creative power? In his explanation Matthew refers to the distinctions made by Boethius in *De consolatione philosophiae* V. According to Boethius there are two ways of identifying God's *providentia*. In one sense, that is, the type of *providentia* by which God foresees the sublunary things, God's *providentia* is not something that creates: as such this *providentia* does not create things, but is created by the things.[62] Hence its being depends so to speak on the potentiality of things. And it is because these things are under a potentiality to be or to not be, this *providentia* has foreseen these things under the aspect of their potentiality to be and not to be, and not under the aspect of their necessity to be. Hence it is not necessary that all future things come to be, because in this sense the *providentia* does not create things but is itself created by the things (V,80). Thus God's providence is saved from any necessity, because it only relates to things being possible, and not to any concrete existence. God foresees things in their potentiality to come about.

Finally Matthew also deals with the problem that because truth is based upon being, the truth of all propositions, regardless of whether they concern things in the past, the present or the future, will be necessary truths. The *being* involved in propositions concerning the past and the present on the one hand and propositions concerning the future on the other is not the same, he replies. The former involve *being* under the aspect of necessity, whereas the latter only involve *being* under a condition. Hence the truth in these two different kinds of propositions is not the same either (V,81).

---

[62] What is at issue here is the *providentia* taken as actually foreseeing things, in which act the potential things are constitutive elements.

In *Tol.* 94–26, the sophisma *anima Antichristi necessario erit* is also brought up for discussion in an account of the distinction between the term *necessario* modifying either the composition or the predicate. Unlike Matthew of Orléans, but in the same spirit as Peter of Spain, its author accepts the distinction, with the following explanation:

> f. 66^{va-vb}: Veritas causatur ex unione forme cum materia. Ergo et necessitas, cum sit species veritatis. Sed duplex forma: forma partis, ut anima, forma totius sive consequens compositum, ut homo. Sed cuilibet istarum formarum respondet sua compositio. Cum igitur in oratione sint iste due forme, erunt et iste due compositiones. Cum igitur veritas et necessitas sint circa compositionem, possunt determinare utramque // f. 66vb // istarum compositionum sive utramque istarum formarum. Sed predicatum dicitur esse forma partis, compositio vero forma totius. Ergo poterit hoc quod dico 'necessario' determinare compositionem vel predicatum.
>
> Quod concedimus, accipiendo hoc modo. Dicimus enim quod semper determinat compositionem. Sed compositio in oratione est duplex, ut visum est. Et si sic intelligatur, distinctio bona est.

Hence the sophisma is ambiguous, the anonymous author says a little later on. There is twofold composition in the expression: one which is measured by the future (which is the principal composition), expressing the ordering of the departure of the Antichrist's soul from non-being to being. The other composition obtains from the part of the predicate, and implies the union of that being with the soul of the Antichrist. In this way the sentence 'the soul of the Antichrist will be' is equivalent to 'the soul of the Antichrist will have being'.[63]

The sophisma can accordingly be interpreted in two ways. If *necessario* modifies the principal composition, the sentence equals 'the soul of the Antichrist will necessarily be led from non-being to being', in which case it is false. If it modifies the other composition, or the predicate, it is true, and equals 'the soul of the

---

[63] *Tol.* 94–26, f. 67vb: Dicendum quod predicta oratio est multiplex dicta multiplicitate. Ad quod intelligendum notandum quod cum dicitur 'anima Antichristi necessario erit', hec est duplex compositio. Una que mensuratur tempore futuro, que est principalis in hac oratione. Que quidem compositio dicit ordinationem exitus anime Antichristi de non esse ad esse. Est iterum alia compositio que se tenet a parte predicati, per quam importatur unio ipsius esse ad animam Antichristi. Unde is est sensus 'anima Antichristi necessario erit', idest: habebit esse.

Antichrist will have necessary being', that is to say, it will be immutable.[64]

Like in Matthew's treatise, in *Tol.* 94–26 the question is considered how we should look upon sentences about the future. At one stage it is claimed by an opponent that potency of the First Cause is ordinated and whatever is in potency in this manner, will happen of necessity, and moreover, His Providence cannot fail.[65] The response is given in terms of an explanation of the term *potentia*. Whatever is received in something, is received in accordance with the possibility of the receiver, and not of what is received. And so despite the fact that the potency of the First Cause is ordinated and necessary as such, nevertheless its influence is received in the things that are caused in accordance with the possibility of those things.[66]

A final doctrinal item that could tell us something about Matthew's intellectual environment is his way of dealing with the famous logical rule "from the impossible anything follows", in the edition discussed in IV,141–142. Elsewhere I have analysed his position in more detail.[67] Suffice it to say here that Matthew is in favour of the rule, on the proviso that we differentiate between a consequence on the basis of a relationship between terms (*consequentia per habitudinem terminorum*) and a consequence on the basis of some supposition (*consequentia ex preconcessione sive suppositione*). It is not in the former case that from the impossible anything follows, but only in the latter.

---

[64] *Tol.* 94–26, ff. 67vb–68rb: Potest ergo hoc quod dico 'necessario' determinare primam compositionem. Et sic est falsa, et est sensus 'anima Antichristi erit', idest: necessario ducetur de non esse ad esse; quod est falsum, immo hoc est contingens.... Si autem // f. 68ra // determinat aliam compositionem, // f. 68rb // sic dicitur determinare predicatum. Et tunc est vera, et est sensus 'anima Antichristi necessario erit', idest: habebit esse necessarium; et sic est vera: anima Antichristi habebit <esse> immutabile.

[65] *Tol.* 94–26, ff. 68^{rb-va}: Sed ... potentia // f. 68va // Primi [prima *T*] <Efficientis> est ordinata et que sunt in potentia ordinata, de necessitate evenient.... Item. Eius providentia non potest falli.

[66] *Tol.* 94–26, f. 68va: Ad hoc dicendum quod omne quod recipitur in aliquod, recipitur secundum possibilitatem recipientis et non recepti ... Licet ergo potentia <Primi> sit ordinata quantum est de se et necessaria, verumtamen eius influentia recipitur in causatis secundum causatorum possibilitatem.

[67] Joke Spruyt, 'Thirteenth-century Positions on the Rule "Ex impossibili sequitur quidlibet"', in Klaus Jacobi ed. *Argumentationstheorie. Scholastische Forschungen zu den logischen und semantischen Regeln korrekten Folgerns*, Leiden etc., 1993; pp. 161–193.

54   INTRODUCTION

As the analysis of other thirteenth-century authors of the rule under consideration has shown, Matthew's outlook appears to be more in line with the authors Nicholas of Paris and John le Page than with the likes of Peter of Spain. In combination with some other views, notably on modality, it is quite possible that our author had connections with the University of Paris. It is too early to tell, however, what the extent of this connection to the Parisian environment has been.

5. *About the Edition*

5.1. *The manuscripts used for the edition of Matthew of Orléans's treatise*

T = Spain, Toledo, Chapter library (formerly Biblioteca del Cabildo), shelf-mark 94–25 (s. XIII *ad. fin.*).

Kristeller[68] has gives a description of the collection *Biblioteca del Cabildo*, now *Archivo y Biblioteca Capitulares*. According to his information, there is one printed catalogue of this collection, which only describes a portion of the manuscripts. The most complete catalogue is a handwritten inventory. No mention is made of our manuscript in the list given by Kristeller.[69]

Our manuscript **T** contains 81 unnumbered folios, of two columns each, preceded by two folios. On the first folio on the top we find 10 lines written in a different hand, a list of questions about negation. Slightly below these lines is written:

9----------ZZ, with a slanted line through '9' and 'ZZ'.

On the next folio some written words are scattered, which give the impression of someone trying out his pen. On the subsequent folio the treatise starts, which takes up the entire manuscript. It opens with a nice drawing of a person holding up the letter 'Q'. The treatise is written in a neat, clear hand. Many words are

---

[68] *Iter Italicum*. A finding list of uncatalogued or competely catalogued humanistic manuscripts of the Renaissance in Italian and other libraries, compiled by Paul Oskar Kristeller, 6 vols., London (The Warburg Institute)/Leiden (Brill) 1963–1997; Vol. III, pp. 634–635.

[69] See Paul Oskar Kristeller, *Latin Manuscript Books before 1600*. A list of printed catalogues and unpublished inventories of extant collections, 4th revised and enlarged edition by Sigrid Kraemer, München, 1993; pp. 814–815.

written in full. Some pages have notes written in the margin in a different hand. The manuscript has the following *incipit*: Quoniam ignoratis communibus...

R = Spain, Barcelona (Archivo de la Corona de Aragón), codex Ripoll 109 (s. XIII *ad. fin.*).
This manuscript has been described by Zacharias García S.J.[70] It covers 315 folios and contains different treatises. An analysis is presented below.[71] The entry 'cat.' in the analysis refers to the catalogue by García.

ff. 1ra–133va
author: Giles of Rome
title ms.: liber egedii super librum helencorum, summa super libro elenchorum
contents: Commentary on Sophistici Elenchi
incipit: Ex illustri prosapia oriundo domino philippo...

ff. 134ra–157ra
author: anonymous
contents: Logical questions
incipit: Nos gravamen questionum plurimarum et difficultatem attendentes...

ff. 175ra–180vb
author: Bernard of Sanciza
contents: Commentary on Isagoge
incipit: Suis preclare indolis Bacallariis et scolaribus predilectis (...) Bernardus de sanciza origine biterrensi Salutem. Gaudeo...

ff. 181ra–228vb
author: William of Saint-Amour (presumably)
title ms.: Glose tocius libri priorum

---

[70] 'Bibliotheca Patrum Latinorum Hispaniensis. II. Band. Nach den Aufzeichnungen Rudolf Beers bearbeitet und herausgegeben von Zacharias García S.J.', in *Sitzungsberichte der Kaiserlichen Akademie der Wissenschaften in Wien*. Philosophisch-Historische Klasse. 169. Band, 2 (1915).

[71] This information was gathered from the "De Rijk files", now available on the *Internet* under the title *Researchproject of L.M. de Rijk and E.P Bos: Medieval Logical Manuscripts* (http://www.leidenuniv.nl/philosophy/*).

contents: Commentary on Prior Analytics
incipit: Secundum quod vult philosophus in secundo metaphisice absurdum est simul querere scientiam et modum sciendi, nam in adquisitione scientie...

ff. 228vb–253ra
author: William of Saint-Amour
contents: Commentary on Posterior Analytics
title ms.: Glose tocius libri posteriorum
title ms.: Philosophus tercio de anima tradens modum cognoscendi...

ff. 254ra–277vb
author: Thomas Aquinas
contents: Commentary on Posterior Analytics
title ms.: Scriptum... de libro posteriorum (cat.: principiorum) alique lecciones
incipit: Sicut dicit aristoteles in principio metaphysice...

ff. 278ra–309vb
author: Matthew of Orléans
contents: Distinctiones circa sophismata
title ms.: Communes distinctiones circa sophismata, summa
incipit: Quoniam ignoratis communibus (cat.: quibus) necesse est...

ff.: 310ra–315rb
author: Rothbertus de Aucumpno
contents: Commentary on Sophistici Elenchi
title ms.: Glose super elenchos
incipit: <Q>uoniam......... libro qui dicitur liber Elenchorum...

Our treatise is written in a spiky hand, the lines written closely together, on 29 folios of two columns each. At the end of the treatise we find some 'doodles' and a cute little drawing of a monk's face, with the words "hic est <...> (?)" written underneath.

V = Italy, Vatican City (Biblioteca Apostolica Vaticana), shelf mark Vat. lat. 4546 (s. XIII–XIV).

INTRODUCTION 57

The manuscript used is not listed in the printed catalogue.[72] As is well known, the printed catalogue of this library is as yet far from complete. I have followed the description given in the "De Rijk files".

ff. 1^r–11^r
author: Matthew of Orléans (?)
contents: Sophistaria
title ms.: De terminis communibus in arte sophismatum
incipit: illegibile

ff. 12^r–305^v
author: Matthew of Orléans
contents: Distinctiones circa sophismata
incipit: Quoniam ignoratis communibus circa artem necesse est ipsam artem ignorare, sicut vult Aristotiles in libro Elenchorum, et in arte sophistica necesse est ipsa communia cognoscere, ne ipsis ignoratis tota scientia ignoretur, propter hoc aliquid de communib<...>

Our treatise covers 293 folios in all, of one column each. It is written in a large hand, with a lot of space in between the lines. A large part of ff. 126^r–127^r is illegible.

P = France, Paris (Bibliothèque Nationale B.N. Lat. 16.618 (anno 1325)
An extensive description of this manuscript has been given by De Libera.[73] I shall give a short survey of its contents.
The manuscript contains 165 folios. It contains a collection of texts of a different nature, written in different hands. With the

---

[72] See *Iter Italicum. A finding list of uncatalogued or competely catalogued humanistic manuscripts of the Renaissance in Italian and other libraries*, compiled by Paul Oskar Kristeller, 6 vols., London (The Warburg Institute)/Leiden (Brill), 1963–1997; Vol. II, pp. 310–388, 581–588; Vol. VI, pp. 318–354.

[73] Alain de Libera, 'La littérature des *Sophismata* dans la tradition terministe parisienne de la seconde moitié du XIIIe siècle', in M. Asztalos ed., *The Editing of Theological and Philosophical Texts from the Middle Ages. Acts of the Conference Arranged by the Department of Classical Languages, University of Stockholm, 29–31 August 1984* (Acta Universitatis Stockholmiensis. Studia Latina Stockholmiensia 30), Stockholm (Almquist & Wiksell International), 1986; pp. 213–244.

exception of ff. 137^r–142^v, the folios are written on in two columns. On f. 165^r the compilation is attributed to a Durand de Petite Sorbonne: "De parva sorbonna Durandus compilavit". De Libera has pointed out that this inscription refers to the first part of the manuscript only.

ff. 1^r–39vb
    author: Durandus de la petite sorbonne
    title: Compilatio Durandi super logicam
    contents: Commentaries on Aristotle, including on

ff. 26ra–39vb
    a Commentary on the *Peri Hermeneias*

ff. 40^r–114ra
    contents: collection of grammatical texts, rules and sophismata
    incipit: Sicut dicit Remigius...

ff. 119^r–136vb
    author: Matthew of Orléans
    contents: Sophistaria
    incipit: Quoniam ignoratis communibus necesse est artem ignorare...

ff. 137^r–152vb
    author: unknown
    contents: Sophismata collection

ff. 153–161
    author: unknown
    contents: Commentary on *De anima*.

The manuscript does not give a complete version of our treatise. For one thing, it ends in the middle of the chapter on exclusives (III,68), to begin again in the chapter on *si* (IV,5). Moreover, of that same chapter paragraphs 37–167 are missing, as well as I,56 and II,46, and the manuscript goes no further than IV,192.

By the looks of them, none of the corrections in any one of the manuscripts have been made by others than the scribes themselves. Particularly the manuscripts **T** and **V** contain many corrections. Especially **T** has the tendency to think ahead, so to speak, and so quite often has to correct himself.

5.2. Ratio edendi

The aim of this edition is to present a version of the text that is as coherent as possible. Unfortunately, none of the manuscripts used for the edition are perfect. Nevertheless, there are good reasons, all things considered, to prefer **T** (supported by **V**) to the other text witnesses. Not only does **T** usually have the correct reading, of all the manuscripts it is the one that has the least omissions. **V** has been chosen as the second manuscript. Although a few paragraphs are missing in **V**, namely VI,73–74 and VII,9, it seems very close to **T** and occasionally has a better reading than **T** or can provide something that is missing from the latter. Text witness **R** also has quite a few omissions: apart from a number of haplographies, the paragraphs V,5, VIII,9 and VIII,141 are missing entirely in **R**. However, it is not nearly as bad as **P**. Besides, **P** is far from complete. It has been consulted, however, because every once in a while it has the best version. For example, in I,141 **P** has 'aliquo modo' where the others read 'alique', in I,162 **P** has 'recessum' where the others read 'conversionem', in II,26 **P** has 'ista' where the others have 'alique', in II,38 **P** has the expression 'excludat' where the others have 'excluditur', in II,107 **P** reads 'non tamen' where the others have 'et non', in IV,15 **P** leaves out the superfluous 'solutioni', and in IV,20 **P** reads 'et similiter' where the others have 'similiter est'.

The choice of **T** (and **V** in its footsteps) can be argued for by giving some examples of bad readings in the manuscripts **R** and **P**. To begin with some examples of **R**'s misreadings: in I,89 **R** has 'imponitur' instead of 'ponitur'; in II,5 **R** reads 'negatur' for 'distinguitur'; in II,6 **R** has 'terminum' instead of 'termino'; in II,18 **R** provides the incomprehensible 'scilicet' instead of 'd'; in II,116 **R** reads 'superius' instead of 'inferius'; in II,121 **R** privdes the ending of the sophisma with the superfluous 'movetetur' instead of 'currit'; in II,126 **R** changes 'non totaliter' into 'totaliter non'; in II,48 **R** mistakes 'istorum' for 'instrumentorum'; in II,66 **R** substitutes 'tenet' for 'removet'; in II,67 'est distinguere' is changed into 'diminuere'; in II,70 **R** changes 'dictio' into 'homo'; in II,74 **R** fantasises 'sumitur terminus' into 'subicitur currens'; in II,145 'tamen' is changed into 'non' and 'scilicet' into 'sor'; in II,172 **R** reads 'alii' instead of 'a'; in IV,11 'denotat' is changed into 'deberet'; in IV,78 'et non' is read as 'vel'; in IV,122 'consequendi' is rendered as 'contingendi'; in VI,33 **R** has the nonsensical 'et non cum sic interponit'; in VI,44 'desiniens' is mistaken for 'adveniens'; in VI,48 'terminus autem' is misread as 'terminatur'; in VI,91 we see 'excendit' and 'excenditur' instead of 'excedit' and 'exceditur'; in VI,100 **R** reads 'sor sit' instead of 'sit forma'. And to list but a few examples (taken from the first chapter) of **P**'s sloppiness: in I,17 **P** has 'due negationes latet(!)' instead of 'due negationes late'; in I,19 when talk is about affirmation, **P** provides 'negatio' after 'illa est'; in I,21 **P** reads 'et non' where the others have 'sicut'; in I,22 **P** reads 'affirmativa sicut' what should be 'negativa sicut'; in I,42 **P** has the nonsensical 'ex consequenti' instead of 'in consequente'; in I,47 **P** reads 'distribuitur autem aposita in consequente' instead of 'sicut <distinguitur> a negatione consequentis'; in I,61 the obvious reading of 'et' is substituted by 'nec'; in I,105 'negatio partis orations' is carelessly rendered by **P** as 'pars negationis orationis'; in I,106 'plura' is read as 'plato'.

The basic source of the present edition is **T**. Thus **T**'s readings have been dismissed only in those cases where they obviously do not make any sense, or where **T** has minor errors (among which omissions). Furthermore, **T**'s spelling-mistakes have been corrrected and variations in spelling have been harmonised: 'imo'/'ymo'/'immo' is rendered as 'immo', 'thopicis' as 'Topicis', 'set' as 'sed', 'reffer...' as 'refer...', 'referrat' as 'referat', 'relinquid' as 'relinquit', 'secc...' as 'sec...', 'summo' as 'sumo', 'verumptamen' as 'verumtamen', and 'Antechristus' as 'Antichristus'. In a few cases in which none of the readings seems correct, emendations have been made by the editor. There is one particular case where all the manuscripts have a less common reading, namely *virtus ampliandi* instead of *vis ampliandi*. Because these expressions occur interchangeably in all the manuscripts, **T** has been followed. So the expressions can be found in this edition as well.

All the titles, chapter- and paragraph-numbers in the text have been inserted by the editor. Punctuation has also been adapted to facilitate reading of the text. The critical apparatus has been construed on the basis of a number of guidelines. It is intended as a means to enable the readers to reconstruct the text as read by the manuscripts not followed. The apparatus is negative, that is to say that for every reading made note of, the manuscripts that have it are not listed, but only the alternatives found in the other ones. Only in **T** a **T^m** occurs, that is notes in the margin written by a different hand than **T** itself. (The corrections made by the copyist of **T** himself have not been listed.) No note has been made of insignificant spelling differences, transpositions (unless they make a difference in sense), additions or omissions of inessential conjunctions (such as 'et'), omissions or additions of the verb 'est' in combination with 'dicendum', different uses of the demonstrative pronouns ille/iste/ipse/is, trivial variants (such as ergo/igitur, scilicet/videlicet, quod/quia (in expresssions as 'signum est quod/quia'), quia/cum/quoniam/si, cum/quando/si, ut/sicut/quod, sic/ita, dico/dicimus/dicendum est/dicendum, valet/tenet, sciendum/notandum, ex eo quod/eo quod, ex hoc quod, nec/neque, autem/vero), and the copyists' own corrections of their mistakes. If a certain significant mistake in spelling occurs regularly, say in **T**, only one entry is made in the apparatus, followed by the note *sic saepius T*.

To sum up, I shall present a few examples of how an entry in the critical apparatus should be read:

'1 notandum] solvendum *VR*':
line 1: 'notandum' is handed down by **T** and **P**, the manuscripts **V** and **R** have 'solvendum' instead.

'2 non ... esse] etc. *VR om. P*':
line 2: from 'non' to 'esse' is handed down by **T**, the manuscripts **V** and **R** have 'etc.' instead, from **P** 'non ... esse' is missing.

'3 una expositivarum] *coni.* unum exponentium *T* una expositiva *V* una expositarum *R*':
line 3: 'una expositivarum' is conjectured by the editor, **T** has 'unum exponentium', **V** has 'una expositiva' and **R** has 'una expositarum', while **P** is deficient.

The sign *codd.* is used when all the manuscripts have the reading involved. This sign is used for **T**, **R**, **V**, and **P** in that part of the treatise when **P** is still with us. Afterwards the sign is used for just **T**, **V** and **R**.

LIST OF MANUSCRIPTS

Legendum:

Int. 2   = *Introduction*, section 2
Int. 2, n. 8 = *Introduction*, section 2, note 8
Int. 2.4   = *Introduction*, section 2.4

BARCELONA, Archivo de la Corona de Aragón
cod. Ripoll 109: Int. 2, Int. 5.1–2

ERFURT, Wissenschaftliche Allgemeinbibliothek
cod. Amplon. Q. 276: Int. 2, n. 8

PARIS, Bibliothèque nationale
cod. B.N. Lat. 16.618: Int. 5.1–2

ROMA, Collegio di San Isidoro,
cod. 1/10: Int. 2, n. 8

SANKT FLORIAN, Stiftsbibliothek
cod. XI 632: Int. 2, n. 8

TOLEDO, Biblioteca del Cabildo (= Archivo y Biblioteca Capitulares)
cod. 94–25: Int. 2, Int. 5.1–2
cod. 94–26: Int. 2, Int. 3, Int. 4.1–6

Città del VATICANO, Biblioteca Apostolica Vaticana
cod. Vat. lat. 4546: Int. 5.1–2

VENEZIA, Biblioteca Nazionale Marciana
cod. Z. Lat. 302 (= X 204 = 1873): Int. 2, n. 8

BIBLIOGRAPHY

Primary sources:

ARISTOTELES
Auctoritates Aristotelis:
Jacqueline Hamesse, *Les* Auctoritates Aristotelis. *Une florilège médiéval étude historique et édition critique.* Philosophes médiévaux, Tome XVII, Louvain (Publications Universitaires), 1974.
BOETHIUS
Anicii Manlii Severini Boetii Commentarium in Librum Aristotelis PERI HERMENEIAS. Recensuit Carolus Meiser, Pars prior versionem continuam et primam editionem continens, Lipsiae 1877.
Anicii Manlii Severini Boetii Commentarium in Librum Aristotelis PERI HERMENEIAS. Recensuit Carolus Meiser, Pars posterior secundam editionem et indices continens, Lipsiae 1880.
Anicii Manlii Torquati Severini Boetii De institutione arithmetica libri duo, De institutione musica libri quinque. Accedit Geometria quae fertur Boetii. E libris manu scriptis edidit Godofredus Friedlein, Lipsiae 1867. Reprint Frankfurt am Main (Minerva), 1966.
Anicii Manlii Severini Boetii De topicis differentiis libri IV, ed. J.P. Migne, Paris 1874. (repr. Turnhout 1979) = *Patrologia Latina* Vol. 64, 1173C–1216D.
A.M. Severino Boezio De hypotheticis syllogismis. Testo, traduzione, introduzione e commento di Luca Obertello. *Logicalia.* Testi Classici di logica, collana diretta da Domenico Pesce. Brescia (Instituto di Filosofia dell'Università di Parma) 1969.
Boethius De consolatione philosophie, ed. E.K. Rand. Boethius Tractates, The consolation of philosophy, Cambridge Mass. (Harvard University Press; The Loeb Classical Library), 1990.
DONATUS
Donati De partibus orationis Ars minor, ex recensione H. Keil, *Grammatici Latini*, Vol. IV, Lipsiae 1864, 355–366.
Donati Grammatici Urbis Romae Ars Grammatica, ex recensione H. Keil, *Grammatici Latini* Vol. IV, Lipsiae 1864, 367–402.
NICHOLAS OF PARIS
Syncategoreumata (see below, H.A.G. Braakhuis).
PETRUS HISPANUS
Peter of Spain Tractatus called afterwards Summule logicales. First Critical Edition from the Manuscripts with an Introduction by L.M. de Rijk, Ph.D., Assen (Van Gorcum), 1972.
PETRUS HISPANUS
Peter of Spain Syncategoreumata. First Critical Edition with an Introduction and Indexes by L.M. De Rijk. With an English Translation by Joke Spruyt, Leiden etc. (Brill), 1992.
PRISCIANUS
Prisciani grammatici Caesariensis Institutionum grammaticarum libri XVIII, ex recesione M. Hertz, Lipsiae 1855–59, Vol. I–II (repr. Hildesheim) *Grammatici Latini*, ex. rec. H. Keil, Vol. II–III.

Books and articles referred to:

H.A.G. Braakhuis, *De 13de eeuwse tractaten over syncategorematische termen*. Deel I: Inleidende studie; Deel II: Uitgave van Nicolaas van Parijs' *Sincategoreumata* (diss.), Nijmegen, 1979.

Dominique Chapotin O.P., *Histoire des Dominicains de la Province de France. Le Siècle des Fondations*, Rouen (Imprimerie Cagniard), 1898.

Sten Ebbesen, '*Tantum unum est*. 13th-century Sophismatic Discussions around the Parmenidean Thesis', in *The Modern Schoolman*, LXXII, January/March 1995; pp. 175–199.

C.H. Kneepkens, 'Orléans 266 and the Sophismata Collection: Master Joscelin of Soissons and the infinite words in the early twelfth century', in Stephen Read ed., *Sophisms in Medieval Logic and Grammar* (= Acts of the Ninth European Synposium for Medieval Logic and Semantics, held at St. Andrews, June 1990), 1993; pp. 64–84.

Norman Kretzmann, 'Incipit/Desinit', in P. Machamer and R. Turnbull eds., *Motion and Time, Space and Matter*, Columbus (Ohio State University Press), 1976; pp. 101–136.

Paul Oskar Kristeller, *Iter Italicum. A finding list of uncatalogued or competely catalogued humanistic manuscripts of the Renaissance in Italian and other libraries*, compiled by Paul Oskar Kristeller, 6 vols., London (The Warburg Institute)/Leiden (Brill), 1963–1997.

Paul Oskar Kristeller, *Latin Manuscript Books before 1600. A list of printed catalogues and unpublished inventories of extant collections*, 4th revised and enlarged edition by Sigrid Kraemer, München, 1993.

Gordon Leff, *William of Ockham. The Metamorphosis of Scholastic Discourse*, Manchester, 1975.

Alain de Libera, *César et le phénix. Distinctiones* et *Sophismata* parisiens de XIIIe siècle, Pisa (Scuola Normale Superiore), 1991.

Alain de Libera, 'La littérature des *Sophismata* dans la tradition terministe parisienne de la seconde moitié du XIIIe siècle', in M. Asztalos ed., *The Editing of Theological and Philosophical Texts from the Middle Ages. Acts of the Conference Arranged by the Department of Classical Languages, University of Stockholm, 29–31 August 1984* (Acta Universitatis Stockholmiensis. Studia Latina Stockholmiensia 30), Stockholm (Almquist & Wiksell International), 1986, pp. 213–244.

Gabriel Nuchelmans, 'The Distinction *actus exercitus/actus significatus* in Medieval Semantics', in Norman Kretzmann ed., *Meaning and Inference in Medieval Philosophy. Studies in Memory of Jan Pinborg* (= *Synthese Historical Library*. Texts and Studies in the History of Logic and Philosophy, Vol. 32), 1988, pp. 57–90.

L.M. de Rijk ed., *Some Earlier Parisian Tracts on* Distinctiones Sophismatum (= *Artistarium* V), Nijmegen, 1988.

L.M. de Rijk, 'The Logic of Indefinite Names in Boethius, Abelard, Duns Scotus and Radulphus Brito', in *Acts of the Tenth European Symposium on medieval Logic and Semantics* (Nijmegen, 22–26 June 1992), forthcoming.

Irène Rosier, *La parole comme acte. Sur la grammaire et la sémantique au XIIIe siècle*, Paris, 1994.

BIBLIOGRAPHY

Joke Spruyt, *Peter of Spain on Composition and Negation*. Text. Translation. Commentary (= *Artistarium Supplementa* V), Nijmegen, 1989.

Joke Spruyt, 'Thirteenth-century Positions on the Rule "Ex impossibili sequitur quidlibet"', in Klaus Jacobi ed., *Argumentationstheorie. Scholastische Forschungen zu den logischen und semantischen Regeln korrekten Folgerns*, Leiden etc., 1993, pp. 161–193.

Joke Spruyt, 'Thirteenth-century Discussions on Modal Terms', in *Vivarium* XXXII,2 (1994), pp. 196–226.

Joke Spruyt, 'Henry of Ghent on the Use of Denials (A Chapter in the History of Negation)', in *Quodlibetaria. Miscellanea studiorum in honorem Prof. J.M. da Cruz Pontes anno iubilationis suae* (= Mediævalia, Textos e Estudos, 7–8), Coimbra, 1995, pp. 441–471.

TEXTUS

ARGUMENTUM

I. DE NEGATIONE

De distinctionibus que fiunt ex virtute negationis	3
Utrum negatio possit ferri ad compositionem verbi vel ad compositionem participii	4
De rationibus monstrantibus quod negatio semper ferenda sit ad compositionem verbi	4–11
De rationibus monstrantibus quod negatio semper ferenda sit ad compositionem participii	12–14
Solutio	15–17
Respondetur ad rationes	18–26
Utrum valeat hec distinctio quod negatio possit esse totius consequentie aut partis ipsius	27
De rationibus monstrantibus quod hec distinctio nulla sit	28–31
De rationibus monstrantibus quod negatio semper ferenda sit ad consequentiam	32–33
Utrum valeat hec distinctio quod negatio potest negare verbum consequentis absolute vel in comparatione ad antecedens	34
De rationibus monstrantibus quod hoc modo non valeat distinctio	35–37
Utrum conditionalis multiplex possit distingui a negatione antecedentis	38–39
Solutio	40–47
Respondetur ad rationes	48–51
Utrum valeat hec distinctio quod negatio possit negare totam copulationem vel partem	51
De rationibus monstrantibus quod non valeat illa distinctio	52–56
Utrum copulativa possit negari per unam negationem	57–62
Utrum contradictoria copulative sumatur per negationem totius aut partis	63
Solutio	64–67
Respondetur ad rationes	68–74
Utrum due negationes equipolleant affirmationi	75
De rationibus monstrantibus quod due negationes non equipolleant affirmationi	76–81
De alia regula	82–86
Solutio	87–88
Respondetur ad rationes	89–100
Quomodo distinguuntur orationes ex eo quod poterit esse negatio termini vel negatio orationis	101

De rationibus monstrantibus quod non sit
   distinguere inter negationem orationis et
   negationem termini 102–105
De rationibus monstrantibus quod semper
   debeat fieri negatio termini 106–107
De rationibus monstrantibus quod semper
   debeat fieri negatio orationis 108–111
Solutio 112–113
Respondetur ad orationes 114–122
De terminis infinitis 123
Utrum termini transcendentes possint infinitari 124
De rationibus quod sic 124–129
De rationibus in contrarium 130–132
Qui termini possint infinitari 133–137
Solutio 138
Respondetur ad rationes 140–148
De hoc sophismate 'tantum chimera est non-ens' 149
Utrum terminus infinitus possit predicari de non ente 150
De rationibus quod non 150–153
De rationibus in oppositum 153–155
Solutio 156–163

II. DE DICTIONIBUS EXCLUSIVIS
Utrum possit fieri exclusio gratia forme vel gratia
   materie 2
De rationibus monstrantibus quod illa distinctio non
   valeat 3–12
Solutio 13–18
Respondetur ad rationes 19–25
Utrum hec dictio 'tantum' possit facere generalem
   exclusionem vel specialem 26
De rationibus monstrantibus quod illa distinctio
   non valeat 27–35
Utrum dictio exclusiva addita uni generali generalissimo
   excludat alterum 36–37
Quid appellatur 'exclusio generalis' et 'exclusio
   specialis' 38–39
Respondetur ad obiecta 40–48
Utrum possit fieri exclusio a toto dicto vel a parte dicti 49
De rationibus monstrantibus quod illa distinctio
   non valeat 50–57
De quadam ratione ad oppositum 58
Solutio 59–61
Respondetur ad rationes 62–69
De quadam alia distinctione 70–71
De rationibus monstrantibus quod illa distinctio
   non valeat 72–74

Utrum ista distinctio possit fieri per dictiones cathegorematicas sicut per dictiones sincathegorematicas	75–78
Utrum ista distinctio valeat in proposito	79–82
Solutio	83–86
Respondetur ad rationes	87–93
De quadam alia distinctione	94–95
De rationibus monstrantibus quod ista distinctio non valeat	96–101
De rationibus ad oppositum	102–104
Solutio	105–106
Respondetur ad rationes	107–111
Utrum dictio exclusiva impediat argumentum ab inferiori ad superius	112
De rationibus monstrantibus quod non	113–122
De suppositione termini positi post dictionem exclusivam	123–126
Solutio	127–129
Respondetur ad rationes	130–142
De suppositione termini positi post dictionem exclusivam	143–144
De modis excludendi specialibus	145
De rationibus monstrantibus quod dictio exclusiva addita signo particulari excludat signum universale	146–149
De rationibus ad oppositum	150–153
Utrum dictio exclusiva addita parti integrali excludat totum integrale	154
De rationibus monstrantibus quod non	155–160
Utrum dictio exclusiva addita particulari signo excludat signum universale	161–162
Respondetur ad rationes	163–169
Utrum dictio exclusiva addita parti excludat totum	170–171
Respondetur ad rationes	172
De nonnullis aliis questionibus	179–184
Solutio	185

III. DE DICTIONIBUS EXCEPTIVIS

A. *DE HAC DICTIONE 'PRETER'*	1
De hoc sophismate 'omnis homo differt ab omni homine preterquam a se'	2–3
Utrum in hoc sophismate tot excipiantur quot supponuntur, et utrum eodem modo	4
De rationibus quod sic	4–8
De rationibus in oppositum	9–10
Quomodo referat relativum	11–17
De veritate et falsitate huius propositionis 'omnis homo differt ab omni homine preterquam a se'	18

De rationibus probantibus eius falsitatem	18–22
De rationibus probantibus eius veritatem	23–24
Solutio	25–30
Respondetur ad questiones	31–42
Utrum hec dictio 'preter' possit teneri exceptive vel diminutive	43
Utrum distinctio supradicta teneat	44–51
De hac propositione 'decem preter quinque sunt quinque'	52
De rationibus probantibus quod sit vera	52–55
De rationibus in oppositum faciendis	56–61
Solutio	62
Respondetur ad rationes in oppositum factas	65–78
Quomodo fit exceptio respectu huius predicati 'excipere'	79
Utrum in hac propositione 'omnis homo preter Sortem excipitur' Sortes excipitur simpliciter	80
De rationibus quod sic	80–83
De rationibus in contrarium faciendis	84–85
Utrum respectu huius predicati 'excipere' potest fieri exceptio simpliciter	86
De rationibus quod sic	86–89
De rationibus in contrarium	90–91
De veritate et falsitate huius propositionis 'omnis homo preter Sortem excipitur'	92–95
Solutio	96–97
Respondetur ad rationes	98–108
De suppositione termini positi post dictionem exceptivam	109–117
De quantitate propositionum exceptivarum	118–123
Solutio	124–127
Respondetur ad rationes in contrarium factas	128–137
Utrum exceptum contineatur in suppositione termini a quo fit exceptio	138
Utrum hec sit congrua 'omnis homo preter pedem est albus'	139–142
Utrum hec sit congrua 'omne coloratum preter unum currit'	143
Solutio	144–149
Utrum a distributione immobili possit fieri exceptio	150–153
Solutio	154
Respondetur ad rationes	155–158
B. *DE HAC DICTIONE 'NISI'*	159
De hoc sophismate 'nichil est verum nisi in hoc instanti'	160
Utrum prima sit multiplex	161–166
Utrum hec dictio 'nisi' possit teneri exceptive vel consecutive	167–174

De falsitate huius propositionis 'quicquid est verum est verum in hoc instanti'	175–178
De modo probandi	179–182
Solutio	183–187
Respondetur ad rationes in contrarium factas	188–197

IV. DE HAC DICTIONE 'SI'

Utrum diversitas consequentiarum impediat processum a primo ad ultimum	2–6
Utrum debeat esse locus ab ultimo ad primum, vel a primo ad medium, et sic de aliis terminis in sillogismo	7–8
Utrum in arte dialetica utendum sit ypotetico sillogismo	9–10
Utrum hec dictio 'si' equivocatur	11–12
Solutio	13–17
Respondetur ad rationes	18–27
De hoc sophismate 'si nichil est, aliquid est'	28
Utrum valeat hec consequentia 'si nichil est, nichil esse est verum'	29–33
Utrum valeat hec consequentia 'si nichil esse est verum, aliquod enuntiabile est verum'	35
De rationibus quod sic	34–37
De rationibus in contrarium faciendis	38–41
De veritate et falsitate huius propositionis 'si nichil est, aliquid est'	42
De rationibus probantibus quod sit vera	42–44
De rationibus ad oppositum	45–48
Respondetur ad rationes	49–62
De multiplicitate orationum	63–64
Utrum hec sit vera 'Sortes dicit verum, si solus Plato loquitur'	65
De rationibus probantibus quod sit vera	65–68
De rationibus ad oppositum faciendis	69–71
Utrum hec sit multiplex 'Sortes dicit verum etc.'	72–78
Utrum sit ibi fallacia accidentis	79–84
Solutio	85–86
Respondetur ad rationes	87–102
De hoc sophismate 'verum est falsum, si Antichristus est'	103
Utrum hec sit multiplex 'verum est falsum etc.'	103–108
Utrum ex contingenti sequatur impossibile	109–113
Respondetur ad questiones	114–127
Utrum ex impossibili sequatur quidlibet contingens	128
De rationibus probantibus quod ex impossibili non sequatur quidlibet	129–134
De rationibus probantibus quod ex impossibili sequatur quidlibet	135–140
Solutio	141–142

Respondetur ad rationes	143–146
Utrum hec dictio 'si' habeat virtutem confundendi	147–149
Solutio	150–153
Respondetur ad rationes	154–156
Utrum implicatio que est sub conditione implicet rem suam simpliciter	157–159
De reduplicatione que fit ex diversis consequentiis	160
Utrum hec sit multiplex 'aliqua in eo quod conveniunt, differunt'	161–165
Solutio	166
De diversis consequentiis	167
Utrum teneat hec consequentia 'si Sortes necessario est mortalis, Sortes necessario est aliqualis'	168
De rationibus quod sic	168–171
De rationibus ad oppositum	172–174
Utrum hec sit vera 'si Sortes necessario est aliquale, Sortes necessario est'	175
De rationibus quod sic	175–178
De rationibus ad oppositum	179–180
Utrum hec sit vera 'Sortes necessario est mortalis'	181
De rationibus quod sic	181–183
De rationibus ad oppositum	184–187
Solutio	188–192
Respondetur ad rationes	193–202
Ad rationes in contrarium	203–206

V. DE 'NECESSARIO' ET 'CONTINGENTER'

De hoc sophismate 'omnis anima necessario est iusta'	2
Utrum hec dictio 'necessario' habeat vim ampliandi	3
De rationibus probantibus quod hec sit vera 'omnis anima necessario est iusta'	3–7
De rationibus ad oppositum	8–11
Utrum hec dictio 'necessario' habeat virtutem ampliandi	12–18
Utrum sequatur 'omnis anima necessario est iusta; ergo omnem animam esse iustam est necessarium'	19
De rationibus quod sic	19–21
De rationibus ad oppositum	22–23
Solutio	24–27
Respondetur ad rationes	28–36
Utrum hec dictio 'necessario' possit determinare compositionem vel actum	37–38
Utrum teneat argumentum probationis huius sophismatis 'anima Antichristi necessario erit'	39
De rationibus quod sic	39–43
De rationibus in contrarium	44–45
Utrum hec sit multiplex 'anima Antichristi necessario erit'	46

De rationibus quod non	46–52
De ratione ad oppositum	53
De veritate et falsitate huius propositionis	
'anima Antichristi necessario erit'	54–58
De veritate et falsitate enuntiationis de futuro	59–60
Solutio	61–66
Respondetur ad rationes	67–81
Que orationes dicuntur modales	82–86
De hoc sophismate 'impossibile potest esse verum'	87
Utrum valeat quedam distinctio	88–91
De rationibus probantibus quod hec est vera	
'impossibile potest esse verum'	92–96
De rationibus probantibus quod hec est falsa	
'impossibile potest esse verum'	97–99
Solutio	100–108

VI. DE 'INCIPIT' ET 'DESINIT'

De quadam distinctione	2–8
De rationibus probantibus quod hec sit falsa	
'Sortes desinit esse, non desinendo esse'	9–14
De rationibus probantibus quod hec sit vera	
'Sortes desinit esse, non desinendo esse'	15–18
Solutio	19
Respondetur ad rationes	20–35
De comparatione huiusmodi verborum 'incipit' et	
'desinit' ad terminum distributum	36
De rationibus probantibus quod hec sit falsa	
'Sortes desinit scire pauciora quam scit'	37–43
De rationibus probantibus quod hec sit vera	
'Sortes desinit scire pauciora quam scit'	44–47
De modo probandi	48–51
Solutio	52–63
De suppositione termini communis positi post	
ista verba 'incipit' et 'desinit'	64
De falsitate prime	65–71
De veritate prime	72–74
De modo improbandi	75–77
De suppositione huius termini 'hominum'	78–79
Solutio	80–84
Respondetur ad rationes	85–94
De quadam distinctione	95
Utrum possit fieri inceptio vel desitio gratia forme	
vel gratia materie	96
De rationibus monstrantibus quod hec distinctio	
non valeat	97–99
Solutio	100–102
Respondetur ad rationes	103–105

De hoc sophismate 'Sortes desinit scire plura quam Plato'	106–111
Solutio	112–113
Respondetur ad rationes	114–116
De hoc sophismate 'Sortes desinit scire se nichil desinere scire'	117–118
De modo improbandi	119
De rationibus probantibus quod valeat modus improbandi	120–127
De rationibus ad oppositum	128–131
Utrum hec positio sit possibilis 'Sortes desinit scire se nichil desinere scire'	132–135
De possibilitate et impossibilitate huius propositionis 'Sortes desinit scire se nichil desinere scire'	136–140
Solutio	141–142
Respondetur ad rationes	143–152

VII. DE HAC DICTIONE 'AN'

De positione huius sophismatis 'tu scis an de mentiente sit falsum Sortem esse illum'	3–5
De veritate et falsitate prime	6
De rationibus probantibus quod prima sit falsa	6–12
De quadam consecutione	13–14
De hac dictione 'an'	15–19
Solutio	21–24
Respondetur ad rationes	25–29

VIII. DE SIGNIS DISTRIBUTIVIS

De hac dictione 'omnis'	2
Utrum hoc signum 'omnis' possit addi ad predicatum sicut ad subiectum	2–9
De veritate et falsitate huius propositionis 'omnis homo est omnis homo'	10
De veritate ipsius	10–15
Utrum hoc signum 'omnis' significet rem aliquam	16–18
De falsitate prime	19–26
Solutio	27–30
Respondetur ad rationes	31–45
De hoc sophismate 'omnis fenix est'	46
Utrum hoc signum 'omnis' exigat multa supposita actu	47–60
De rationibus probantibus quod hec sit falsa 'omnis fenix est'	61–66
De rationibus in contrarium	67–69
Solutio	70–74
Respondetur ad rationes principales	75–90
De hoc sophismate 'omnis propositio vel eius contradictoria est vera'	91

ARGUMENTUM

Utrum totum disiunctum possit distribui	92
De rationibus quod sic	92–96
De veritate et falsitate huius propositionis	
'omnis propositio vel eius contradictoria est vera'	103
De rationibus probantibus quod sit vera	103–107
De rationibus in contrarium	108–114
Solutio	115–129
Utrum hoc signum 'omnis' possit distribuere	
pro speciebus vel pro individuis	130
De hoc sophismate 'omne animal fuit in archa Noe'	131
De distinctione supposita	132–133
De rationibus monstrantibus quod semper	
fiat distributio pro individuis	134–138
De rationibus monstrantibus quod semper	
fiat distributio pro speciebus	139–146
De veritate et falsitate huius propositionis	
'omne animal fuit in archa Noe'	147
De rationibus probantibus quod prima sit vera	147–150
De rationibus probantibus quod prima sit falsa	151–153
Solutio	154–156
Respondetur ad rationes	157–171

SIGLA

T	codex *Toledanus* (*Bibl. Capit.* 94–25, s. XIII *ad fin.*), ff. 1ra–81rb
T^m	manus in margine codicis *T*
V	codex *Vaticanus* (*Vat. Lat.* 4546, s. XIII–XIV), ff. 12^r–305^v
R	codex *Ripolliensis* (Archivo de la Corona de Aragon, Barcelona, 109, s. XIII *ad fin.*), ff. 278ra–309vb
P	codex *Parisiensis* (*B.N. Lat.* s. 16.618, anno 1325), ff. 119ra–136vb
add.	addidit
exp.	expunxit
codd.	omnes codices
[. . . . . .]	delevit
<. . . . . .>	supplevi
. . .	usque ad

I DE NEGATIONE

1 [T1ʳᵃ] [V12ʳ] [R278ʳᵃ] [P119ʳᵃ] Quoniam ignoratis communibus necesse est artem ignorare, sicut vult Aristotiles in libro *Elenchorum*, et in arte sophistica necesse est ipsa communia cognoscere, ne ipsis ignoratis tota scientia ignoretur, propter hoc aliquid de communibus determinare intendimus secundum possibilitatem nostri ingenii. Et non ad propria circa queque sophismata descendendum est nec nova et inaudita dicere volumus, sed communes distinctiones que sepe accidunt in sophismatibus, sicut posuerunt antecessores nostri, intendimus, ut in hoc possint minores proficere et per hoc ad maiora devenire.

2 Dicemus ego primo de distinctionibus que fiunt ex virtute negationis. Secundo inquiremus circa virtutem negationis infinitantis et de possibilitate termini infiniti.

De distinctionibus que fiunt ex virtute negationis

3 Notandum ergo pro regula quod:

Quando in aliqua oratione sunt due compositiones, altera participii, altera verbi: cum advenit negatio, tunc est oratio multiplex ex eo quod illa negatio potest ferri ad compositionem participii vel ad compositionem verbi.

---

3 *De soph. el.* 11, 172a27. (*Auct. Arist.* 37, 13).

---

2 communibus] circa artem *add.* V   3 est] ipsam *add.* V totam *add.* R   4 est] sic *add.* P   4 ipsa communia] ipsam R communia P   5 ne] *om.* P   5 tota scientia] totam scientia *corr. ex* totam scientiam R   5 ignoretur] ignoratur RP   7 et] *om.* P   7 circa queque] *om.* R   8 descendendum est] descendendo VRP   8 et] nec P   8 volumus] intendimus V   9 distinctiones] questiones T   9 sepe] sepius TV   10 in hoc] *om.* R   12 distinctionibus . . . negationis] virtute negationis de distinctionibus que sunt P   12 ex] *om.* R   13 inquiremus] inquiramus V   13 circa virtutem] de virtute T   13 infinitantis] infinitante P   14 et . . . infiniti] *om.* P   17 altera . . . verbi] una verbi et una participii P   18 advenit] eis *add.* P   18 illa] *om.* VP   19 ad compositionem] *om.* R

Et secundum hoc distinguuntur huiusmodi [V12ᵛ] orationes multiplices UTRUMQUE OCULUM NON HABENDO TU POTES VIDERE; A NULLO ENUNTIATUM A NULLO VERE ENUNTIATUR; NICHIL VIDENS EST ALIQUID VIDENS; NULLUM CAPUT HABENS EST ALIQUOD CAPUT HABENS, et si qua sunt similia. Et quia in illis est manifesta multiplicitas, non oportet manifestare.

*Utrum negatio possit ferri ad compositionem verbi
vel ad compositionem participii*

*De rationibus monstrantibus quod negatio
semper ferenda sit ad compositionem verbi*

4 Sed quod ista distinctio nulla sit videtur, et quod negatio semper ferenda sit ad compositionem verbi. [T1ʳᵇ] Affirmatio et negatio sunt opposita. Sed opposita nata sunt fieri circa idem. Quare affirmatio et negatio habent fieri circa idem. Sed affirmatio habet fieri circa compositionem verbi. Ergo et negatio semper feretur ad compositionem verbi. Et ita non est dicere quod negatio possit ferri ad compositionem participii.

5 Item. Negatio est remotio alicuius ab aliquo, sicut vult Aristotiles. Quare circa illud quod proprie significat inherentiam alicuius cum aliquo, habet esse negatio. Sed hec est compositio verbi, et non compositio participii. Quare circa compositionem [V13ʳ] verbi solum habet esse negatio. Et ita non est dicere quod habeat esse circa compositionem participii.

---

13 Cf. Arist. *Categ.* 5, 4a10–11 (transl. Boethii)   18 *De int.* 6, 17a25–26.

1 huiusmodi] generaliter *P*   3 a... enuntiatur] etc. *P*   4 est... habens] etc. *P*
4–5 et... similia] *om. P*   5 qua] aliqua *T*   5–6 et... manifestare] *om. R*
5 multiplicitas] distinctio *V*   11 nulla sit] non valeat *P*   11 videtur] probo *RP*
12 semper] specialiter *V*   12 ferenda sit] fertur *P*   12 verbi] videtur *add. P*
13 fieri] esse *P*   14 quare... idem] *om. VRP*   14 affirmatio] semper *add. P*
15 et] *om. R*   15 semper feretur] solum feretur *V* habet ferri *R* est ferenda *P*
16 ad] circa *VP*   16 verbi] solum *add. R*   16–17 non... participii] non distinguitur *R* est nulla distinctio *P*   19 aristotiles] a quo *P*   19 illud] circa *add. P*
19 significat inherentiam] significatur inherentia *P*   20 cum] ab *RP*   20 habet esse] est ferenda *P*   21 compositio] *om. P*   22 habet esse] est ferenda *P*
22 et ita] *om. P*   22–23 non... participii] d. n. *R*

6 Item. Negatio est remotio veritatis vel falsitatis in oratione. Unde cum est oratio falsa, si adveniat negatio, tunc removetur falsitas et ponitur veritas. Et similiter si sit vera, per appositionem negationis removetur veritas. Ergo idem est subiectum veritatis et falsitatis et affirmationis et negationis. Sed hec est compositio verbi, et non participii. Quare circa compositionem verbi habet esse negatio, et non circa compositionem participii.

7 Item. Adverbium significat dispositionem rei verbi. Est enim adverbium vi verbi adiectivum. Quare sicut adiectivum nominis semper habet esse circa nomen, similiter adiectivum verbi habebit esse circa verbum et non circa participium. Quare negatio significata per hanc dictionem 'non' semper habebit esse circa verbum et non circa participium. Et ita non est dicere quod negatio possit esse circa compositionem participii.

8 Item. Omnis negatio aut est negatio termini infiniti aut **[V13ᵛ]** est negatio orationis. Tunc igitur queratur de illa negatione que est in illis predictis orationibus: aut est negatio termini, aut orationis, que facit propositionem negativam. Et manifestum est quod non est negatio termini, quia sic faceret terminum infinitum. Quod non est verum. Ergo est negatio orationis. Sed talis negatio habet esse circa compositionem verbi. Ergo illa negatio semper fertur ad verbum et non ad participium.

9 Item. Omnis inclinatio rei tendit ad suum optimum, sicut vult Aristotiles. Sed optimum negationis est compositio verbi. Quod

---

9 Priscianus, *Inst. gramm.* II, 16, p. 54¹¹.   24 Cf. Arist., *De caelo et mundo* II 5, 288a2-3: "Natura ex possibilibus facit semper quod optimum est." (*Auct. Arist.* 3, 57).

---

1 remotio] remotiva *V*   1 vel] et *TVP*   2 cum] si *TP*   2 adveniat] superveniat *VRP*   2-3 removetur falsitas] erit vera *P*   3 et ... veritas] et econverso *P om. R*   3 et] *om. RP*   3 similiter ... veritas] *om. P*   3 appositionem] additionem *V*   5 et negationis] *om. R*   5 est] solum *add. P*   6 quare] solum *add. P*   6-7 quare ... participii] ergo etc. *R om. V*   7 et ... participii] *om. P*   7 significat dispositionem] est dispositio *R*   8 rei] *om. P*   9 adverbium] *om. R*   10 similiter] ita *RP*   10 adiectivum verbi] adverbium *TV* sive adverbium *add. P*   10 habebit esse] habebit *om. R*   11-12 esse ... habebit] *om. T* esse circa verbum *P*   11-12 et ... verbum] *om. TR*   14 esse ... participii] fieri ad participium vel ad verbum *P*   16 orationis] que facit propositionem negativam *add. TV*   16 tunc ... alterum termini] *om. P*   17 predictis] *om. R*   17 aut] est negatio *add. R*   18 propositionem] orationem *R*   20 orationis] que facit orationem negativam *add. R*   21 circa] principalem *add. T*   21 ergo ... verbum] et ita solum fertur ad verbum *R* ergo illa negatio numquam fertur ad participium *P*   21-22 et ... participium] *om. TR* sed semper fertur ad verbum *P*   23 inclinatio rei] inclinatio *corr. ex* negatio *P*   22 suum] verum *add. P*   23 optimum ... est] *om. P*

patet: optimum enim rei est quod habet esse meliori modo quo potest. Sed tunc habet negatio esse meliori modo quo potest, cum fertur ad compositionem verbi, quia optimum negationis est compositio verbi. Ergo negatio semper fertur ad compositionem verbi.

10 [P119ʳᵇ] Item. Quedam sunt adverbia que habent esse **[T1ᵛᵃ]** circa actum verbi, quedam autem sunt que habent esse circa compositionem verbi. Et illa adverbia que habent esse circa actum, non denominant propositionem. Ut patet, cum dicitur 'Sortes currit bene', hec **[V14ʳ]** propositio non dicitur bona. Sed adverbia que habent esse circa compositionem, denominant propositionem, ut ab hoc quod dico 'necessario', 'contingenter', dicitur propositio necessaria et contingens. Cum ergo negatio que significatur per hanc dictionem 'non' semper denominet propositionem, solum habebit esse circa compositionem verbi. Et ita non dicetur quod habeat esse circa compositionem participii. Et ita habebit solum esse circa compositionem verbi.

11 Item. Sicut se habent dispositiones actus ad actum, ita se habent dispositiones compositionis ad compositionem. Sed sic se habent dispositiones actus ad actum quod semper actum determinant. Ergo et dispositiones compositionis ita se habebunt ad compositionem quod semper determinabunt compositionem. Quare negatio, cum sit dispositio compositionis, semper fertur ad compositionem verbi, et non ad compositionem participii.

---

1 rei] *om. T*   1 quod] cum *TV* quia tunc *P*   2 habet] potest *P*   2 negatio] *om. R*   2 quo potest] *om. P*   3-4 compositionem verbi] verbum *R*   3 quia] quare *R*   4 fertur] feratur *V* habet ferri *P*   6 verbi] *om. TP*   6 autem sunt] *om. RP*   7 verbi] *om. T*   7 adverbia] *om. P*   8 denominant] habent denominare *P*   9 dicitur] esse *add. R*   10 esse] *om. R*   10 compositionem] compositiones *P*   10 denominant] denominat *T* habent determinare *P*   11–14 ut . . . propositionem] *om. R*   11 ab . . . dico] hec *P*   12 propositio] *om. TR*   12 cum ergo] prout *V*   12–13 negatio . . . non] hec negatio *P*   13 denominet] denotet *P*   13 solum . . . esse] et ita semper *R* solum denotabit *P*   14–15 et . . . participii] *om. codd.*   15 et . . . verbi] *om. RV*   16 habebit solum] non dicetur quod habeat *T*   20 et] *om. TP*   20 habebunt] habent *R*   22 compositionem verbi] verbum *RV*   23 et . . . participii] solum *VRP*

De rationibus monstrantibus quod negatio semper ferenda sit ad compositionem participii

12 Sed contra. Omne motum ad aliquid per naturam, invento termino ad quem movetur, quiescit et non fertur ultra. Sed negatio naturaliter movetur ad compositionem. Ergo inventa compositione quiescit et ultra non movetur. Cum ergo in predictis orationibus prius inveniat compositionem participii quam compositionem verbi, sistet ibi et ultra non fertur ad compositionem verbi. Et ita non est dicere quod illa negatio feratur ad compositionem **[V14ᵛ]** verbi.

13 Item. Eadem est compositio in participio et in verbo. Cuius signum est quod idem est dicere 'currens' et 'qui currit'. Sed que sunt indifferentia secundum speciem: quod potest unum illorum, et alterum. Quod igitur potest compositio verbi, potest compositio participii, et econverso. Cum ergo compositio verbi possit finire negationem et, **[R278ʳᵇ]** ipsa inventa, non fertur ulterius ad compositionem participii, hoc idem similiter potest compositio participii. Quare finitur negatio per compositionem participii et, ipsa inventa, non fertur ulterius ad compositionem verbi. Et ita idem quod prius, quod non fertur illa negatio ad compositionem verbi.

14 Item. Cum aliquid se habet per indifferentiam **[T1ᵛᵇ]** ad multa: cum adiungitur alteri illorum ad quem se habet per indifferentiam, non amplius se habet per indifferentiam. Cum igitur se habeat negatio per indifferentiam ad compositionem verbi

---

4 Cf. Arist., *De caelo et mundo* I 9, 279b1–2: "Omnia quae moventur, quando veniunt ad locum proprium, quiescunt." (*Auct. Arist.* 3, 31)

3 sed contra] ad oppositum sic proceditur quod semper negatio ferenda sit ad compositionem participii item *T* item *P* 3 motum] moverat *P* 3 per naturam] illo ad quod *P* ad quod *V* 4 negatio] necessario et *add. V* 5 compositione] illa *V* 6 movetur] fertur *RP* 6 in ... orationibus] *om. RP* 7 prius] primo *P* 7 compositionem] *om. VRP* 8 sistet ... et] sistet in illa et *V* inventa illa *R* quiescit et *P* 8 ultra] ulterius *R* 8 fertur] movetur *V* 9 illa] *om. V* 9 feratur] fertur *V* habet ferri *R* 11 in ... verbo] participii et verbi *P* 12 et] *om. V* 12–13 que ... indifferentia] quod est indifferens *P* 13 potest] dicere *add. P* 13 possit] potest *P* 16 ipsa] qua *R* 16–17 ad ... participii] *om. P* 17 participii] negatio *add. V* 17 hoc idem] eam finire *P* 17 potest] possit *V* poterit *R* 18 quare ... verbi] *om. P* 18 finitur] fertur *R* 18–19 per ... verbi] *om. RP* 19 idem] *om. P* 20 prius] videtur *add. P* 20 quod ... verbi] *om. R* 20 illa] *om. P* 21 habet] habeat *TV* 22 multa] aliqua duo *V* 22 se] sese *T* 22 habet] habeat *P* 23–24 cum ... indifferentiam] *om. R* 24 ad compositionem] *om. V*

et ad compositionem participii: cum alteri illorum adiungitur, non amplius se habet per indifferentiam, immo specificatur et non est amplius indifferens. Cum igitur prius adiungatur compositioni participii quam compositioni verbi, non amplius habebit ferri ad compositionem **[V15ʳ]** verbi. Et ita semper fertur ad compositionem participii, et non ad compositionem verbi.

Solutio

15 Solutio. Dicimus quod predicta distinctio est conveniens. Quamvis non sit propria solutio predictorum sophismatum, tamen apparens est et probabilis circa illa et sibi similia. Tamen aliter et aliter est veritas et falsitas in predictis orationibus secundum lationem negationis. Hec enim est falsa 'utrumque *etc.*' secundum quod fertur negatio supra verbum, ut sit sensus *tu non potes videre habendo utrumque oculum*. Vera est autem secundum quod fertur negatio ad participium, ut sit sensus *non habendo utrumque oculum tu potes videre*.

16 In hiis autem 'nullum caput habens <*etc.*>', 'nichil videns *etc.*' semper est prima falsa, singulares autem sunt duplices et false, cum fertur negatio ad verbum, vere autem cum fertur negatio ad participium. Sensus autem manifesti sunt. **[P119ᵛᵃ]** Econverso autem est in hoc sophismate NULLO HOMINE CURRENTE, TU ES ASINUS. Falsa enim est, et similiter singularis cum negatio fertur ad participium. Sed est vera cum fertur negatio **[V15ᵛ]** ad verbum.

---

1 illarum] illorum *TVR*   2 amplius] magis *P*   2 immo] sed *P*   4 compositioni] *om. RP*   4 verbi] ideo *add. P*   4 amplius] se *add. R*   4 habebit ferri] habet ferri *V* fertur *P*   6 ad ... verbi] ad compositionem *R* verbi *P*   8 est] bona et *add. P*   10 sibi] *om. RP*   11 est] et *TVR*   11 orationibus] sophismatibus *P*   12 lationem] allationem *R* latentionem *P*   13 supra] circa *P*   13–15 supra ... ad] *om. R*   15 participium] vera *add. R*   15 non habendo] *om. P*   15 habendo] habens *TV*   16 tu ... videre] etc. *TR*   17 in ... autem] hec autem *V om. P*   17–18 nichil ... etc.] *om. VP*   18 prima] *om. VP*   18 sunt] *om. TR*   19 *prius* cum] secundum quod *VP*   19 *alterum* cum] secundum quod *VP*   19 negatio] *om. TV*   21 autem est] est *TP* autem sunt *R om. V*   21–22 tu es asinus] etc. *R*   22 enim] autem *P om. T*   22 singularis] singulares *T*   23 sed ... vera] vera autem *RV* vera *P*   23 negatio] *om. VRP*

17 In hac autem A NULLO ENUNTIATUM A NULLO VERE ENUNTIATUR est falsitas cum negatio fertur ad verbum, quia tunc equipollet huic 'a quolibet enuntiatum ab aliquo vere enuntiatur vel dicitur'; secundum quod due negationes late ad eandem compositionem equipollent affirmationi. Et etiam per aliam regulam, quia

> *Quando duo signa universalia negativa sunt in eadem oratione,* **[T2ra]** *primum equipollet suo contrario, reliquum suo contradictorio.*

Et sic ille due sunt contradictorie 'a nullo enuntiatum etc.', 'ab aliquo enuntiatum a nullo vere enuntiatur'. Et hoc modo improbatur. Secundum autem quod fertur negatio ad participium, vera est. Et tunc feruntur negationes ad diversa neque faciunt affirmationem. Et sic non contradicunt iste due 'a nullo enuntiatum *etc.*', 'ab aliquo enuntiatum *etc.*', quoniam utraque est negativa.

Respondetur ad rationes

18 Ad primum [4] igitur quod obicitur, dicimus quod aliquotiens contingit duplicem affirmationem esse in oratione, quarum altera est principalis et totius orationis, altera autem est affirmatio intellecta circa subiectum vel circa predicatum, secundum quod denotatur aliquid eis **[V16r]** inesse secundum quod ponitur alterum alteri inherere. Verbi gratia, cum sic dicitur 'Socrates qui currit, disputat', hic est duplex affirmatio. Similiter hic est duplex affirmatio: 'Socrates qui est albus, est homo'. Et altera est ipsius orationis, altera est alicuius circa subiectum. Similiter per participium datur intelligi quedam affirmatio que non est affirmatio ipsius orationis, sed affirmatio alicuius in subiecto. Et hoc significat Priscianus,

---

1 autem] *om. R* est aliter *add. P*   1 a...enuntiatur] etc. *R*   1 vere] dicitur *add. T*   2 falsitas] falsa *P*   3 huic] isti *VRP*   3 vel dicitur] *om. V*   4 late] latet (!) *P*   5 equipollent] equipollet *P*   5 etiam] *om. RT*   5 quia] quoad *V*   6 sunt...eadem] ponuntur in aliqua *P*   8 et sic ille] sic ille *TR* ut sic cum ille *P*   8 sunt] *om. P*   9 enuntiatur] dicitur *T*   10 autem] *om. P*   11 neque] *om. P*   12 et sic] ut *P*   15 obicitur] queritur *P*   17 est] *om. T*   17 est] *om. R*   17 est affirmatio] *om. P* vel *add. T*   18 intellecta] implicata intelligitur *T* est intellecta *P*   19–20 secundum...inherere] *om. T*   18 quod] hoc *P*   19 aliquid...alterum] *om. VP*   19 inesse] *om. RP*   20 inherere] inesse *R*   20 sic dicitur] dicit *R* dicitur *P*   21 hic...affirmatio] *om. TVP*   22 albus] homo *P*   22 homo] albus *P*   23 similiter] *om. P*   24 quedam] *om. P*   24 ipsius] *om. P*

dicens quod 'currens' idem est quod 'qui currit'. Et quia cuilibet affirmationi respondet sua negatio, contingit negare compositionem participii et compositionem verbi. Unde quod obicitur quod affirmatio est circa compositionem verbi, intelligendum est de affirmatione que est totius orationis, et non de illa que est alicuius in subiecto. Et ei soli non respondet negatio, sed alii.

19 Et per hoc patet solutio ad aliud [5], quod in oratione contingit esse duplicem inherentiam, et est una principalis predicati cum subiecto, altera est alicuius circa subiectum vel circa predicatum. Et prima habetur per verbum, reliqua per participium. Solvendum est ergo per interemptionem quod non solum inherentia est alicuius cum aliquo circa compositionem verbi, sed etiam circa compositionem participii. Et potest ferri negatio ad utrumque. Et distinguendum est sicut visum est.

20 [V16^v] Ad aliud [6] dicendum est quod non solum circa compositionem verbi habet esse veritas vel falsitas, sed etiam circa compositionem participii. Verbi gratia, si Sortes non currit, hec est falsa 'Sortes currens est homo'. Et non est falsa propter inherentiam predicati cum subiecto, sed propter aliquid quod affirmatur [T2^{rb}] circa subiectum mediante compositione que datur intelligi in participio. Quare falsitas habet esse circa compositionem participii, et similiter veritas. Contraria enim nata sunt fieri circa idem. Et sic ad compositionem participii potest ferri negatio.

21 Ad aliud [7] dicendum quod negatio habet semper esse circa compositionem verbi sive rem verbi sive circa tale quid quod est eiusdem nature cum verbo. Unde sicut adiectivum nominis habet esse circa rem ipsius aut circa aliquid quod est eiusdem

---

1 Cf. *Inst. gramm.* XVII, 82, p. 1546-12.

---

3 compositionem] *om. VR*   4 affirmatio est] *om. R*   5 totius] affirmatio *P*   5 orationis] *om. R*   5 est] negatio*(!) add. P*   8 et est] et *V om. P*   9 altera] reliqua *TV* autem *add. V*   10 et prima] sed prima *V* una inherentia *P*   11 ergo] *om. P*   12 est] *om. P*   12 cum] ab *P*   12 etiam] est *P*   16 verbi] et participii *add. V*   16 habet esse] est *RP*   17 currit] sit *TVP*   18 currens...homo] est currens *P*   20 datur] dicitur *T*   21 in participio] per participium *RP*   21 quare] quia *T* et *add. V* ergo *P*   22 similiter] ita *P*   22 contraria enim] cum contraria *V*   22 enim] *om. RP*   22 fieri] esse *P*   23 et] *om. P*   24 semper] *om. P*   25 sive...verbi] *om. VP* verbum *R*   26 est...verbo] sit eiusdem nature cum ipso *R* habet naturam verbi *P*   26 unde...*ad finem 21*] *illegibilis in R*   27 rem ipsius] nomen *P*

nature cum ipso (sicut pronomen), similiter hec dictio 'non', cum sit adverbium et adiectivum verbi, habet esse circa verbum aut circa tale quid quod est eiusdem nature (sicut participium). Unde eadem est compositio ipsius verbi et compositio ipsius participii. Et sic potest esse negatio circa compositionem participii.

22 Ad aliud [8] dicendum quod huiusmodi **[V17ʳ]** negatio est negatio orationis, et non est negatio termini. Sed negatio orationis est duplex, sicut affirmatio; nam si unum oppositorum est multiplex, et reliquum. Est enim negatio orationis aut quia negatur inherentia predicati ad subiectum; et hec est negatio **[P119ᵛᵇ]** a qua est oratio negativa, sicut ab illa affirmatione dicitur affirmativa. Est iterum negatio orationis quando negatur aliquid in subiecto; et ab hac non dicitur oratio negativa, prout ab affirmatione sibi opposita non dicitur affirmativa.

23 Ad aliud [9] dicendum est quod optimum negationis est compositio que possit finire ipsam, et non hec compositio vel illa, sicut optimum ponderosi est esse deorsum, non tamen hic vel ibi. Quia igitur compositio participii potest finire negationem sicut compositio verbi (sicut visum est), et equaliter est optimum negationis. Et sic potest ferri ad ipsam negatio sicut ad compositionem verbi.

24 Ad aliud [10] dicendum est quod negatio habet esse circa verbum gratia compositionis et non gratia actus, sicut obiectum

---

9 Cf. Arist. *Topica* I 15, 106b14–15: "Quot modis dicitur unum oppositorum, tot modis dicitur et reliquum." (*Auct. Arist.* 36, 18) Cf. etiam *Eth. Nichom.* V 1, 1129a18, 24–25: "Si unum oppositum dicitur multis modis, et reliquum." (*Auct. Arist.* 12, 83)   17 Cf. *De caelo et mundo* III 2, 301b23–25: "Omne leve sursum et omne grave deorsum." (*Auct. Arist.* 3, 80) Cf. *De caelo et mundo* IV 1, 308a29–31: "Leve dicitur quod sursum movetur, grave vero quod deorsum." (*Auct. Arist.* 3, 87)

---

1 sicut pronomen] *om. P*   2 et... verbi] *om. P*   2 aut] vel *P*   3 tale quid] tale *T* aliquid *V om. P*   3 est... nature] habet naturam verbi *P*   3 sicut] et non(!) *P*   3–5 unde... participii] *om. P*   4 ipsius] *om. T*   6–7 est negatio] negatur inherentia *P*   9 negatur] negat *R* negetur *T*   10 inherentia] inherentiam *R*   10 ad subiectum] cum subiecto *P*   10 est] dicitur *P*   12 est iterum] et est *V* est autem alia *P*   12 quando] per quam *P*   13 negativa prout] affirmativa(!) sicut *P*   15 aliud] quod obicitur *add. P*   16 compositio] *om. P*   17 esse] *om. R*   18 negationem] compositionem *P*   19 sicut... est] *om. P*   19 equaliter] ibi *add. R*   20 ipsam] participium *VP*   22 dicendum est] est *T* autem *R*   22–23 esse... verbum] ferri ad compositionem verbi *P*   22 circa] supra *V*   23 obiectum] oppositum *V*

est, et numquam determinat actum. Unde non ponimus quod cum additur participio quod **[R278ᵛᵃ]** adveniat supra ipsum gratia sui actus, sed per compositionem **[V17ᵛ]** que in ipso intelligitur, que eadem est cum compositione verbi. Et sic semper habet esse negatio circa compositionem, et non circa actum. Et sic procedebant rationes ad hoc.

25 Ad aliud [11] **[T2ᵛᵃ]** dicendum est quod negatio se habet per indifferentiam ad hoc quod prius inveniat compositionem participii quam compositionem verbi, et primo negat illam quam prius invenit. Et ita, cum possit utramque invenire primo quantum est de se, utramque potest negare. Et si prius inveniat compositionem participii, ibi sistit et ultra non movetur. Sed quia sic est, indifferenter potest ferri ad compositionem participii vel ad compositionem verbi.

26 Et sic intelligenda est distinctio. Non enim ponendum est quod, cum adiungitur participio, quod ulterius ad verbum feratur, vel econverso; sed quia negatio illa libera est: quantum est de sua libertate, potest ferri ad hanc compositionem vel ad illam. Propter hoc ponunt aliqui quod hec non est multiplex NICHIL VIDENS EST ALIQUID VIDENS; NULLUM CAPUT *etc.*, sed singulares sunt **[V18ʳ]** multiplices. Et sic solvendum est ad alias tres [12–14] rationes.

---

2 cum additur] quando inveniat *P*   3 que...intelligitur] se intellectam *P*
4 cum compositione] quod compositio *P*   5 procedebant] procedunt *P*   6 ad hoc] *om. V*   8 per indifferentiam] indifferenter *P*   9 primo] prius *P*   10 utramque] utrumque *V*   10–11 primo quantum] priusquam *V*   11 utramque] utrumque *V*   12 participii] quam verbi *add. RP*   12 ibi sistit] illa *add. R*   12 et...movetur] nec fertur ultra *R* nec fertur ulterius *P* et cum facta negatio fertur ultra ad compositionem verbi cum possit finiri per ipsam similiter si prius adveniat compositionem verbum ibi sistit et ultra non fertur *add. V* ad compositionem verbi cum possit finiri per illam similiter si prius adveniat compositionem verbi ibi sistit et ultra non fertur *add. P*   13 indifferenter] indifferens *TV*   13 ferri] addi *P*   13 vel] et *V*   13–14 ad compositionem] *om. RP*   15 intelligenda est] intelligitur *R*   16 adiungitur] aiungitur(!) *T* additur *P*   16 ulterius] ultra *P* non *add. VR*   17 quia] quod *P*   17 quantum est] et *P*   20 caput] habens est aliquod caput habens *add. V* habens *add. P*   20–21 sed...multiplices] *om. P*   21 et sic] *om. P*   21 alias] lias (!) *R*

*Utrum valeat hec distinctio quod
negatio possit esse totius consequentie aut partis ipsius*

27 Consequenter dicendum est de alia distinctione que solet fieri. Et datum est pro regula quod:

Quandocumque fit aliqua conditionalis in qua fertur negatio ad consequens, tunc est oratio multiplex eoquod potest esse negatio totius consequentie aut partis ipsius.

Et secundum hoc distinguitur hec multiplex NULLUS HOMO LEGIT PARISIUS, NISI IPSE SIT ASINUS. Et hec similiter NULLUS HOMO EST, SI ALIQUIS HOMO EST. Et hec similiter NON ANIMAL EST, SI HOMO EST. Si cadat negatio supra totam consequentiam, tunc est sensus 'nullus homo *etc.*' idest: *non est verum quod dicitur per hanc propositionem 'aliquis homo legit Parisius nisi ipse sit asinus'*; et sic est vera. Si vero cadat negatio supra partem, tunc est sensus *sequitur quod si homo non est asinus quod nullus homo legit Parisius*; et sic est falsa. Et per hoc manifesti sunt sensus in aliis.

De rationibus monstrantibus quod hec distinctio nulla sit

28 Sed quod negatio non possit cadere supra totam consequentiam videtur. Negatio habet removere speciales significationes et non habet removere generales intentiones. Cuius signum est quod congruitas et incongruitas causantur ab intentionibus generalibus. Sed negatio non habet removere congruitatem et **[V18ᵛ]** incongruitatem; habet **[T2ᵛᵇ]** autem removere veritatem et falsitatem, propter hoc quod radicata sunt supra significationes speciales. Cum ergo consequentia habeat esse circa intentiones generales,

---

3 dicendum est] queritur *RP*   3 alia] illa *RP*   4 et] *om. VRP*   5 quandocumque] quando *VRP*   7 ipsius] totius *P*   8 hec] esse *add. P*   10 similiter] *om. V* etiam *R*   11 negatio] *om. V*   11 totam] *om. TVP*   11 tunc] hiis *add. T* sic *add. P*   12 homo] est *add. R*   12 idest] *om. VRP*   13 propositionem] *om. VRP*   13 parisius] *om. P*   13 nisi...asinus]*om. RP*   14 negatio] *om. V*   15 et...falsa] *om. TR*   16 manifesti...sensus] est sensus etiam manifestus *R*   18 totam] *om. TVP*   19 videtur] quod *add. P*   19–20 habet...intentiones] non habet removere generales significationes sed speciales significationes *R*   20 intentiones] unde non removet significationes generales *add. R*   21 et incongruitas] *om. R*   21 generalibus] *om. R*   22 negatio] *om. T*   22 habet] potest *R*   23 falsitatem] et *add. P*   24 radicata sunt] indicata est *TV* radicata est *P*

non est dicere quod negatio possit negare consequentiam. Et ita negatio non poterit cadere supra totam consequentiam, sed semper negabit partem.

29 Item. Consequentia est quedam [**P120ra**] relatio. Sicut enim relatio finitur in duobus extremis, similiter consequentia finitur in duobus. Sed non negatur relatio nisi secundum quod negantur extremitates in quibus est. Ut si velimus hanc negare 'Sortes est filius Platonis', non est negare nisi negentur extremitates. Quare non est negare consequentiam nisi pro partibus. Quare non differt negare consequentiam et partem consequentie.

30 Item. Consequentia est quoddam totum integrale integratum ex duobus extremis, scilicet ex antecedente et consequente. Ergo que est compositio totius integralis ad suas partes, eadem est compositio totius consequentie ad suas partes. Igitur si ad negationem partis integralis sequitur negatio totius, similiter ad negationem partis consequentie [**V19r**] sequitur negatio totius consequentie. Quare secundum hoc non differt negare totam consequentiam et partem consequentie. Et sic nulla est distinctio.

31 Item. Omnis consequentia ad illationem aliquam reducitur. Unde omnis consequentia nata ex se est transferri in argumentum. Quare habitudo que est illationis ad suas partes, talis est habitudo ipsius consequentie ad suas partes. Cum igitur fit illatio negativa: cum negatio fit pro parte — ut cum dicitur 'nullus homo est asinus; Sortes est homo; ergo Sortes non est asinus' —, <negatur tota illatio>. Similiter cum fiet negatio pro parte consequentie, negabit consequentiam. Et sic iterum non differt negare consequentiam et partem consequentie. Quare nulla est distinctio.

---

1 dicere...possit] *om. R*   2 negatio] *om. RP*   4 enim] autem *RP*   5 finitur...duobus] *om. P*   7 extremitates] eius *add. P*   7 hanc] *bis in R*   8 quare] sed *RP*   9 consequentiam] extremitates *RP*   11 quoddam] quod *TP* quedam *V*   11 integratum] enim *add. P*   12 scilicet] sicut *VRP*   13–14 que...igitur] *om. P*   13 integralis] *om. TRP*   14 compositio] comparatio *P*   14 partes] *om. TV* et totius integralis ad suas partes *add. P*   16 consequentie] *om. R*   17 totam] *om. P*   20 ex se] *om. T* de se *P*   20 transferri] esse transferre *R*   20 in] *om. P*   21 partes] extremitates *V* scilicet extremitates *add. P*   21 talis] eadem *R*   22 partes] extremitates *V*   22–23 fit...negativa] sit illatio negativa *TV* illatio sit negatio *P* illatio sit quelibet negatio *R*   23 fit] sit *TR* est *V*   23 cum] *om. P*   23 dicitur] dicimus *V*   25 fiet] fit *R*   26 negabit consequentiam] negabitur consequentia *V* negatur tota consequentia *P*   27 quare] et sic *RP*

De rationibus monstrantibus
quod negatio semper ferenda sit ad consequentiam

32 Quod autem negatio ferenda sit ad consequentiam probatio. A comparatione una actus ad substantiam dicitur propositio cathegorica una. Similiter propositio conditionalis est una per unitatem consequentie. Que igitur est comparatio actus compositionis ad cathegoricam, eadem est comparatio consequentie ad conditionalem. Igitur si sumenda est negatio in cathegorica ferendo negationem ad compositionem actus, similiter negando consequentiam **[V19ᵛ]** sive conditionalem sumenda est **[T3ʳᵃ]** negatio supra consequentiam. Et ita semper negabitur consequentia et non pars consequentie.

33 Item. A negatione eius dicitur oratio negativa, a cuius affirmatione dicitur oratio affirmativa. Sed ab affirmatione consequentie dicitur conditionalis affirmativa. Hec enim conditionalis est affirmativa 'si tu non es sanus, tu es eger', et tamen est ibi negatio. Et hoc est **[R278ᵛᵇ]** quia ibi remanet conditionalis affirmativa. Ergo a negatione consequentie debet dici oratio conditionalis negativa. Ergo non est negare conditionalem aliquam nisi per negationem consequentie. Et sic semper ferenda est negatio ad consequentiam.

Utrum valeat hec distinctio quod negatio potest
negare verbum consequentis absolute vel in comparatione ad antecedens

34 Solet iterum aliter poni ista distinctio. Et dicitur quod:

---

3 quod] que *P*   3 autem] *om. R*   3 ad consequentiam] ad totam consequentiam *R om. V*   3 probatio] probo *V* patet *P*   4 a...una] ab unitate compositionis *P*   5 propositio] *om. P*   5-6 per...consequentie] ab unitate consequentie *VP* ab unitate substantie *R*   7 cathegoricam] substantiam ad cathegoricam *P*   7 comparatio] *om. P*   8 igitur si] sed semper *P*   8 sumenda...cathegorica] sumenda sit negatio *V* cathegorica sit negatio *R* sumenda est negatio *P*   8 ferendo negationem] *om. P*   9 actus] *om. P*   9 similiter...alterum consequentiam] similiter negando consequentiam ferenda est negatio supra totam consequentiam *R* ergo in conditionali ad consequentiam *P*   11 et...consequentie] *om. P*   11 negabitur] negatur *VR*   12-13 a...affirmativa] circa quod est affirmatio circa illud est negatio *P*   12 oratio] *om. V*   13 consequentie] *om. P*   14 affirmativa] ergo etc. *add. P*   14-15 conditionalis...affirmativa] non est negatio *P*   15 sanus] asinus *P*   15 es eger] non es capra *P*   15 et tamen] cum *T*   16-19 et...consequentiam] *om. P*   16 conditionalis] consequentia *V*   17 conditionalis] *om. R*   18 conditionalem] condictionalem(!) *T*   18 per] secundum   22 iterum...ista] autem alitio modo poni *P*   22 et dicitur] et dicatur *T om. P*

Negatio semper habet ferri ad verbum consequentis

Sed hoc potest esse dupliciter. Quia potest ipsum negare absolute — et sic sunt false —, vel in comparatione ad antecedens — et sic sunt vere. Sensus autem patefient in solutione.

De rationibus monstrantibus quod hoc modo non valeat distinctio

35 Sed quod hoc modo non valet distinctio videtur. Eo modo quo fit affirmatio de aliquo, eodem modo fit negatio de eodem. Sed non est affirmatio consequentis absolute, sed in comparatione ad antecedens. Quare non fiet negatio de ipso absolute. Et ita non est dicere **[V20ʳ]** quod possit negari consequens absolute. Et sic semper negabit in comparatione ad antecedens.

36 Item. Antecedens et consequens dicuntur *ad aliquid*. Dicitur enim consequens antecedentis consequens et dicitur antecedens consequentis antecedens. Sed in eis que vere dicuntur ad aliquid, non fit negatio de uno quin fiat de altero — non enim fit negatio de patre quin fiat de filio; sequitur enim 'si non est pater, non est filius' et econverso —, ergo similiter non est negare consequens quin negetur antecedens. Sed sic semper negabitur consequens in relatione ad antecedens. Quare distinctio nulla.

37 Item. Antecedens et consequens se habent sicut causa et causatum; antecedens enim est causa consequentis. Sed quecumque se habent sicut causa et causatum, ad negationem unius sequitur negatio alterius. Sequitur enim 'non est eclipsis; ergo non

---

2 potest esse] est *P*   4 sunt] *om. T*   4 patefient . . . solutione] patuit inferius *P*   6 valet] sit vera *V* valeat *P*   6 videtur] probatio *P*   6 eo] eodem *V* hoc *P*   7 quo . . . aliquo] quo fit affirmatio *V* affirmatur aliquid *P*   7 fit negatio] debet negari *P*   7 fit . . . eodem] debet negari *P*   8–9 sed . . . *alterum* antecedens] ergo etc. *P*   9 antecedens] semper *add. V*   10 negari] negare *V*   10–11 et . . . negabit] sed *VR*   12 ad aliquid] correlative *P*   12–13 dicitur . . . *alterum* antecedens] dicitur enim antecedens consequentis antecedens et econverso *P*   13 et dicitur] *om. R*   14–18 sed . . . antecedens] *om. P*   15 negatio] *om. V*   17 ergo] *om. R*   18 sed . . . negabitur] sed sic semper negatur *VR* et sic negatur *P*   19 in relatione] absolute vel in comparatione *V* in comparatione *RP*   21 antecedens . . . consequentis] *om. P*   21–22 quecumque . . . causatum] *om. P*   22 unius] cause *P*   23 alterius] causati et sic ad negationem unius sequitur negatio alterius *P*   23 sequitur enim] quod ad negationem cause sequitur negatio causati patet si *P*   23–p. 97,1 ergo non est] *om. P*   23–p. 97,1 ergo . . . interpositio] *bis in R*

est interpositio solis terre', et econverso. Quare ad negationem consequentis sequitur negatio antecedentis, et econverso. Et ita non est negare consequens quin semper negetur per comparationem ad antecedens. Et sic nulla est distinctio.

Utrum conditionalis multiplex possit distingui a negatione antecedentis

38 Deinde queratur, cum conditionalis **[V20ᵛ]** multiplex distinguatur a negatione consequentis, utrum similiter possit distingui a negatione antecedentis, et **[T3ʳᵇ]** utrum possit negari consequentia per negationem antecedentis. Et videtur quod sic, quia: Sicut consequens dupliciter est accipere (aut absolute, aut in comparatione ad antecedens), similiter et antecedens potest sumi dupliciter (aut absolute, aut in comparatione ad consequens). Ergo si adveniat negatio supra antecedens, poterit ipsum negare dupliciter: aut absolute aut in comparatione ad consequens. Et ita, sicut distinguitur oratio ex negatione consequentis, similiter potest distingui ex negatione antecedentis.

39 Item. Sicut, perempto consequente, perimitur consequentia, similiter perimitur consequentia, perempto antecedente. Unde sicut sequitur 'hoc non sequitur ad hoc; ergo non valet consequentia', similiter sequitur 'hoc non antecedit ad hoc; ergo non valet consequentia'. Quare sicut per consequentis negationem potest sumi contradictoria conditionalis et negari consequentia, similiter potest

---

1 Cf. Arist. *Metaph.* VIII 5, 1044b13–15.

1 solis] *om.* R   1 et econverso] non est eclipsis lune P   1–4 quare ... antecedens] *om.* P   3–4 per comparationem] in comparatione R   4 sic ... distinctio] hoc modo nulla est distinctio V ita ut prius P   7 deinde] sed postea P   7 cum] dicitur *add.* P   7–8 conditionalis ... distinguatur] *coni.* conditionalis distinguatur multiplex TR conditionalis sit multiplex V oratio duplex P   8 utrum ... distingui] quare non dicitur duplex P   9 et utrum] quare non P   10 et ... quia] sicut per negationem consequentis P   11 est accipere] potest sumi P   11–12 *prius* aut ... *prius* antecedens] *om.* P   12 et] *om.* R   13 *prius* aut ... consequens] *om.* P   13 ergo] et ita P   15 *prius* aut ... consequens] *om.* RP   15 consequens] antecedens V   15–17 et ... antecedentis] *om.* P   19 consequentia] *om.* TV   19 antecedente] et ita ad negationem antecedentis etc. *add.* P   19 unde] item illud idem videtur quia P   20 sequitur ad hoc] consequitur P   20 valet] est bona P   21 sequitur] *om.* TR   21 hoc] *om.* R   21 antecedit ad hoc] sequitur ad hoc R antecedit P   21 valet] est bona P   22 quare] quia V et sic videtur quia P   23 conditionalis ... consequentia] *om.* P   23–p. 98,1 potest sumi] *om.* P

sumi per negationem antecedentis. Et ita potest negari consequentia per negationem antecedentis, quod est contra Boetium. Propter hoc queritur propter quid sumitur contradictio conditionalis per negationem consequentis potius quam per negationem antecedentis.

Solutio

40 Solutio. Sustinendum est quod hee sint multiplices 'nullus **[V21ʳ]** homo legit Parisius nisi ipse sit asinus', 'nullus homo est si aliquis homo est'. Sed non ponimus distinctionem sicut prius posita est, eoquod possit **[P120ʳᵇ]** esse negatio consequentie aut partis consequentie. Sed ponimus, secundum Boetium, quod illa negatio semper sistit in compositione consequentis. Sed hoc potest esse dupliciter: aut potest sistere in ipso absolute, vel in comparatione ad antecedens. Si absolute, tunc est sensus *in hac 'nullus homo etc.' sequitur hoc 'nullum hominem legere Parisius, si ipse non sit asinus'*; et sic est falsa. Si in comparatione ad antecedens, sensus est *non sequitur 'aliquem hominem legere Parisius, si ipse non est asinus'*; et sic est vera. Similiter in hac 'nullus homo *etc.*', cum negatur consequens absolute, sensus est *sequitur hoc 'nullum hominem esse si homo est'*; et sic est falsa. Cum autem negatur in comparatione ad antecedens, sensus est *non sequitur 'hominem esse, si homo est'*; et sic est vera.

41 Et intelligatur quod iste terminus 'homo' positus in predi-

---

2 *De hyp. syll.* II 1, 7 (ed. Obertello), p. 258⁶⁰sqq.   11 *Ibid.*

3–5 propter... antecedentis] *om. P*   3 hoc] igitur *add. VR*   3 propter quid] quare *V*   3 contradictio] contradictoria *V*   4 per] et *T*   4 consequentis] *om. R*   7 sustinendum] sciendum *V* dicendum *P*   8 legit... asinus] etc. *T* legit *RP*   8 nullus... *alterum* est] *om. T* nullus homo est etc. *P*   9 sed] et *V* tamen *R*   9–10 prius... est] primo posita est *TV* primo ponitur *P*   10 negatio] *om. P*   11 consequentie] *om. V*   11 ponimus] illam *add. P*   11 illa] *om. P*   12 sistit] consistat *V* consistit *P*   12 in... consequentis] ad verbum *P*   12–13 hoc... dupliciter] potest illud negari duobus modis *P*   13 aut... ipso] quia *P*   13 ipso] primo *V*   14 tunc] sic *RP*   14–15 nullus... etc.] *om. TVP*   15 parisius] *om. TV*   15 si... non] nisi ipse sit *P*   16 et... falsa] *om. P*   16 si] et si ponitur *V* si ponatur *R*   17–18 si... vera] *om. P*   18 etc.] est etc. *V* est *P*   19 absolute] sic *add. P*   19 hoc] *om. P*   19–20 si... falsa] ad aliquem hominem esse *P*   21 antecedens] tunc *add. P*   21 si] aliquis *add. P*   21–22 et... vera] *om. P*   23 homo] *om. R*   23–p. 99,1 positus... supponat] sumitur *P*

cato supponat pro hoc vel pro illo. Non ponimus igitur quod negatio cadat supra consequentiam in negando conditionalem. Sed semper cadit supra compositionem consequentis. **[T3ᵛᵃ]** Concedende sunt ergo rationes [28–31] **[V21ᵛ]** que probant quod non valet distinctio primo modo sumpta.

42 Quod autem dicitur [32] quod debet cadere negatio supra consequentiam sicut supra compositionem in cathegorica, dicimus quod non dicitur conditionalis una a consecutione, sed ab ordinatione unius ad alterum, que quidem significatur sic esse per consequentiam. Hec autem ordinatio radicata est supra consequens primo vel in consequente. Et propter hoc habet negari per negationem consequentis, sicut patebit melius inferius.

43 Et per hoc solvendum est ad aliud [33], quia non dicitur conditionalis affirmativa ab affirmatione consequentie, sed ab affirmatione compositionis consequentis. Et ab eius negatione debet dici negativa.

44 Notandum igitur quod in consequente sunt duo: substantia consequentis et ordinatio ipsius. Et propter hoc contingit **[R279ʳᵃ]** ipsum dupliciter negare: aut quantum ad substantiam ipsius, aut quantum est sub ordinatione. Et differt accipere sic et sic, sicut differt dicere causam et substantiam cause. Substantia enim cause non dicitur *ad aliquid*, sed causa sub intentione sua dicitur *ad aliquid*. Secundum hoc ergo contingit negare dupliciter consequens. Aut secundum substantiam ipsius, et secundum hanc acceptionem sumitur absolute, et non per comparationem ad antecedens. Et sic negabitur absolute, non in relatione ad **[V22ʳ]** antecedens.

---

1 hoc ... illo] alio et alio in predicato et in subiecto *P*   1 illo] et *add. R*
1 non ... igitur] non ponimus ergo *R* unde dicimus bene *P*   2–3 in ... consequentis] *om. P*   4 concedende ... ergo] unde sustinenda *R* concedende est(!) igitur *V* et concedo *P*   4 que probant] *om. VP*   4 quod] *om. R*   5 valet distinctio] valere distinctionem *R*   5 primo ... sumpta] *om. R*   6 quod ... dicitur] quod tamen obicitur *V* sed tamen obicitur *R* ad aliud obicitur *P*   8 dicitur conditionalis] est *V* quia consequentia est *R*   8 a consecutione] idem *R* consequentia *P*   8 sed] *om. RP*   9 ordinatione] ordine *T*   9 sic] sicut *P*   10 est] *om. RP*   11 in consequente] ex consequenti(!) *P*   12 patebit] probabitur *T*   13 et ... est] per hoc patet solutio *R*   13 quia] dicendum quod *V* quod *P*   15 compositionis] principalis *R*   15 debet dici] dicitur *V*   16 *ad* negativa: hoc quod dico ... in consequente ratione ... dupliciter potest negari *T*   17 consequente] et in antecedente *add. R*   18 ipsius] eiusdem *P*   18 contingit] convenit *V*   20 accipere ... sic] sic et sic dicere *V* sic et sic accipere sic differt accipere *R* accipere sic vel sic *P*   20–21 sicut ... cause] sic differt dicere causam et substantiam cause *R*   21 substantia] substantiam *T*   21 *alterum* cause] esse *V om. P*   24 secundum] quantum ad *VRP*   25–26 et ... antecedens] *om. RP*

Aut contingit ipsam negare sub ordinatione. Et sic, cum semper sumatur in comparatione ad antecedens, hoc modo semper negabitur in comparatione ad antecedens.

45 Sciendum igitur quod si consequens quantum ad substantiam non dicat relationem ad suum antecedens, tamen dependet eius substantia a substantia antecedentis. Cuius signum est quod etsi 'cultellus', quantum est de sua substantia, non dicat relationem ad ferrum sicut ad suam causam, tamen dependet eius substantia a substantia ferri. Ferrum autem, etsi secundum intentionem cause dependet a cultello, tamen substantia ipsius non dependet a substantia cultelli. Unde causa non dependet a causato quantum ad suam substantiam, sed solum quoad intentionem. Causatum vero utroque modo, scilicet quantum ad substantiam et quantum ad [T3^{vb}] intentionem, dependet a causa. Unde magis dependet causatum a causa.

46 Cum igitur consequens sit sicut causatum, antecedens vero sicut causa, dependet consequens ab antecedente quantum ad substantiam et quantum ad intentionem, etsi non utroque modo dicat relationem. Antecedens vero dependet a consequente quantum ad intentionem solum, et non quantum ad substantiam. Magis igitur dependet consequens [V22^{v}] ab antecedente quam antecedens a consequente. Et quia compositio sive unio se tenet a parte consequentis magis quam a parte antecedentis, propter hoc se tenet compositio a parte consequentis magis quam a parte antecedentis. Et propter hoc ab eius affirmatione dicitur affirmativa et ab

---

1 contingit] potest *RP*   1–2 et ... sumatur] et sic semper sumitur *R* si autem negetur *P*   2 in comparatione] per comparationem *VP*   2–3 hoc ... antecedens] *om. RP*   3 in comparatione] per comparationem *V*   3 ad antecedens: quod causatum a causa ... consequens ab ... dependet dupliciter sed causa a causato uno modo *T*   4 quantum ad] secundum suam *R*   6 cuius] huius *TVP* autem *add. P*   7 etsi] *coni.* si *TVR om. P*   7 dicat] dicit *P*   8 ferrum] suum antecedens scilicet ad ferrum *V*   9 a] tamquam a *P*   9 etsi] si *V*   10 cause] *R*   10 ipsius] ferri *R* eius *P*   11 cultelli] ferri *P*   13 utroque modo] eius ad utrumque *R*   13 scilicet] et *P*   14 dependet a causa] *om. R*   15 causatum a causa] *om. TVR* quia utroque modo sed *(?)* causa a causato quia causa autem cum altero modo scilicet secundum intentionem *add. P*   16 cum ... intentionem] *om. R* quicquid consequens sit causatum antecedens sit causa dependet ergo consequens ab antecedente quantum ad substantiam et intentionem *P*   18 intentionem] interemptionem*(!) V*   18–19 etsi ... relationem] si vero utroque modo dicat relationem *V* et sic non utroque modo dependet antecedens a consequente *R om. P*   19 antecedens ... consequente] sed *R*   22 et] hoc est *add. R*   22 quia] *om. V*   22 sive unio] uno modo *R*   24 consequentis] dependentis *RP*   24 a parte] *om. P*   25–p. 101,3 affirmatione ... eius] *om. P*

eius negatione dicitur negativa. Quod videns Boetius dicit quod a parte consequentis sumenda est negatio conditionalis, et etiam eius contradictoria.

47 Ex hiis patet propter quid non distinguitur oratio a negatione antecedentis sicut a negatione consequentis. Etsi duo liceat sumere in antecedente sicut in consequente, non tamen ita dependet antecedens sicut consequens. Et propter hoc in ipso non est compositio orationis nec negatio eiusdem.

Respondetur ad rationes

48 Quo viso, facile est respondere ad rationes. Ad primam [35] sic. Contingit loqui de consequente dupliciter: aut quantum ad substantiam ipsius, aut quantum ad ordinationem. Et accipiendo ipsum quantum ad substantiam, contingit ipsum affirmare **[P120ᵛᵃ]** sine relatione ad antecedens. Altero autem modo nequaquam. Et sic contingit ipsum negare preter relationem ad antecedens, altero autem modo non.

49 Per hoc patet solutio ad aliud [36]. Consequens enim et antecedens non dicuntur *ad* **[V23ʳ]** *aliquid* nisi quantum ad ordinationem. Et sic non est negare unum quin negetur per relationem ad alterum. Sed quantum ad substantiam non dicuntur *ad aliquid*. Et sic potest unum negari sine altero. Et sic non se habent tamquam causa et causatum nisi secundum ordinationem unius ad alterum. Et sic procedunt ille obiectiones [36–37]. Neque sic est negare unum quin negetur alterum. Sed quantum ad substantiam

---

1 dicitur] *om. R* oratio *add. P*   1 negativa] et non*(!)* ab eius affirmatione affirmativa *add. P*   1 quod videns] *om. R* quare *P*   2 est] affirmatio et *add. R*   2 et etiam] et *VR* vel etiam *P*   4 distinguitur] *om. V*   4 oratio] negatio *TV*   5 antecedentis] posita in antecedente *P*   5 sicut ... consequentis] sed a negatione consequentis *V* distribuitur autem aposita*(!)* in consequente *P*   6 sicut] et *P*   6 ita] *om. R*   8 compositio] contradictoria *V*   10 rationes] obiectiones *V* obiecta *R*   11 sic] dicendum quod *R*   11 de consequente] *bis in R*   13 ipsum] *om. R*   13 ad] suam *add. P*   14–15 sine ... ipsum] vel *P*   15 preter relationem] non propter relationemn *V* non per relationem *R* non in relatione *P*   16 autem modo] *om. R*   17 consequens enim] dicendum est quod consequens *P*   19 quin ... per] quantum negetur per *T* nisi in *P*   20 relationem] comparationem *P*   20 alterum] antecedens *V*   20 sed] *om. R*   21 sic] patet solutio ad aliud quia etsi tamen *add. V* bene *add. R*   22 tamquam] sicut *VRP*   22 causa et] *om. R*   22 secundum] quod dicunt *add. V*   23 obiectiones] rationes *P*   24 unum] *om. P*   24 quin] sic *add. P*   24 alterum] reliquum *P*   24 substantiam] suam considerando dictio*(?)* *add. V*

non contingit unum esse causa alterius. Et sic non est negare unum, etsi alterum negetur.

50 Ad [T4ra] aliud [38] autem quod queritur iam patet solutio, quod non distinguitur a negatione antecedentis sicut a negatione consequentis, etsi duo sint in antecedente sicut in consequente. Et hoc est quia non dependet antecedens a consequente sicut consequens ab antecedente, sicut visum est. Et hec de ista distinctione sufficiant.

Utrum valeat hec distinctio quod negatio possit negare totam copulationem vel partem ·

51 Queritur postea qualiter sumenda sit contradictoria copulative: utrum possit sumi per unam negationem, vel de necessitate sumatur per plures. Et ad quid ferenda sit illa negatio: utrum supra copulationem vel supra partes [V23v] copulationis, quoniam distinguuntur huiusmodi orationes multiplices NICHIL ET CHIMERA SUNT FRATRES; NICHIL ET CHIMERA SUNT; NON DEUS EST ET TU ES ASINUS, ex eo quod ista negatio 'non' potest cadere supra copulationem aut supra partes copulationis. Sensus autem patebunt postea.

De rationibus monstrantibus quod non valeat illa distinctio

52 Sed contra hoc potest obici rationibus primis [28–31] que sunt supra distinctionem immediate precedentem. Et iterum potest improbari hiis rationibus. Negatio est remotio alicuius ab aliquo,

---

1 non contingit] *bis in* P 1–2 non ... negetur] est negare unum etsi non negetur alterum *V* non est negare unum quia negetur alterum *R* est negare unum et non est negare alterum *P* 3 autem] *om.* VRP 7–8 et ... sufficiant] *om.* P 11 qualiter] quomodo *P* 12–13 vel ... sumatur] vel *VP* aut *R* 13 sit] est *R* 13 utrum] aut *RP* 14 supra ... vel] supra copulativam *V* supra totam copulativam *P om.* R 14 copulationem] copulativam *V* totam copulativam *R* 14 copulationis] *om.* V ipsius *R* 15 multiplices] *om.* P 16 nichil ... sunt] *om.* VRP 17 non] *om.* P 17 potest] enim *add.* P 18 copulationem] totam copulativam *P* 18 copulationis] ipsius *R* copulative *P* 18 autem] *om.* P 21 sed] *om.* T 21 potest obici] sic obicitur *P* 21–23 rationibus ... rationibus] *om.* P 21 primis] *om.* V 22 supra] contra *add.* T

sicut vult Aristotiles, quia negatio per diffinitionem ipsius habet esse solum circa quod de altero natum est predicari sive quod de altero predicetur. Ergo cum copulatio non sit nata de altero predicari nec de altero predicetur, nec habebit negatio removere copulationem. Et ideo non est dicere quod negatio possit negare copulationem, sed semper negabit partem aut aliquid in parte. Et sic nulla est distinctio.

53 Item. Negatio significata per hanc dictionem 'non' est negatio sicut modus sumpta. Sed omnis dictio significans rem suam sicut modus habet esse solum circa illud quod in se est natura aliqua et res finita. Et hoc manifestum est in omnibus **[V24ʳ]** dictionibus significantibus aliquid ut modus, sicut hoc signum 'omnis' et similia. Quare hec dictio 'non' solum habet esse circa aliquid quod est natura aliqua et res finita. **[T4ʳᵇ]** Ergo cum copulatio non sit natura aliqua vel res finita nisi per naturam extremorum, non habet esse negatio supra copulationem. Quare neque est dicere quod negatio possit negare totam copulationem, sed semper negabit partem.

54 Item. Duplex est compositio. Una enim est compositio que est unius cum uno. Et hec subdividur quia: quedam est qualitatis **[R279ʳᵇ]** cum substantia — et hec significatur per nomen —; quedam autem est actus ad substantiam — et hec significatur per verbum; est autem alia compositio duorum cum uno vel unius cum duobus vel duorum cum duobus — et hec significatur per

---

1 *De int.* 6, 17a25–26.

1–2 quia...circa] quare negatio non habet removere nisi eius *T* quia negatio vel divisio solum habet esse respectu *R* quia negatio per diffinitionem ipsius habet esse solum eius quod a subiecto habet solum *P*   2 quod...natum] *om. P*   2 est] *om. TVP*   3 altero] aliquo *P*   4 nec...predicetur] *om. P*   5 possit negare] habeat remove *VP* habet removere *R*   6 copulationem] compositionem *V*   6 negabit] removebit *P*   8 significata] sumpta *VP*   8–9 negatio...sumpta] negatio sicut modus significata *T* negatio sumpta sicut modus significata *V* ut modus *P*   9–10 sed...modus] *om. V*   9 rem] vim *P*   10 solum] *om. P*   10 se] solum *add. TV*   11 manifestum] modo *T*   13 omnis] omne *V*   13 similia] hoc signum qualislibet *T*   13 solum] *om. V*   14 aliquid] tale *VR* illud *P*   15 non] *om. R*   15 res] aliqua *add. TV*   16 non] nec *V*   16 esse negatio] esse *R* negatio *P*   16 copulationem] sed supra partem *add. P*   16–17 quare...copulationem] *om. VRP*   18 sed...partem] *om. P*   19 est] *om. P*   19 una...est] quedam *V* quedam est *RP*   19–20 que est] est *V om. P*   20 quedam] hec una *T*   20–21 est...substantia] est compositio qualitatis ad substantiam *P*   23 est autem] iterum est *R*   23 compositio] que est *add. VP*   24 duobus] pluribus *RP*

copulationem. Cum igitur cuilibet compositioni sua respondet divisio, oportet significari divisionem duobus modis, sicut reperitur in divisionibus. Sed hec dictio 'non' significat divisionem respondentem prime compositioni et variatur secundum quod variatur compositio. Aliquando enim facit terminum infinitum, aliquando facit propositionem negativam, sicut hec dictio 'vel' importat divisionem que opponitur compositioni importate per hanc dictionem 'et'.

55 Et secundum hoc manifestum est **[V24ᵛ]** quod hec dictio 'non' non significat negationem que habet esse circa copulationem. Sed non habet removere nisi illud circa quod habet esse. Quare non est ponere quod negatio possit negare copulationem, sed semper negabit partem vel aliquid in parte.

56* Item. Que est proportio divisionis opposite compositioni importate per copulationem ad compositionem actus, eadem est comparatio divisionis importate per hanc dictionem 'non' ad compositionem importatem per copulationem. Sed divisio opposita copulationi numquam habet esse circa compositionem actus. Quare similiter divisio opposita compositioni actus namquam habebit esse circa compositionem actus. Et ita non est dicere quod negatio possit cadere supra copulationem, sed semper negabit partem.

* c. 56 deest a P

Utrum copulativa possit negari per unam negationem

57 Deinde queritur utrum copulativa possit negari per negationem unam, et utrum **[T4ᵛᵃ]** sumatur eius contradictoria per unam negationem. Et videtur quod sic. Propositio una dicitur dupliciter.

---

1 respondet] respondeat *P*   2 sicut] sic *V*   3 sed] *om. RP*   4 et] divisio *add. R*   5 *ad* infinitum*:* et hec respondet illi compositioni que est actus cum substantia *T*   6 facit] *om. R*   6 propositionem] orationem *P*   6 *ad* negativam*:* et hec respondet illi que est qualitatis cum substantia *T*   6 sicut] sed *R om. TP*   10 non] *om. V*   11 sed] negatio *add. V*   11 removere] negare *P*   12 possit negare] negat *V* neget *R* semper removet *P*   13 negabit] *om. VRP*   14 divisionis] disiunctionis *TV*   15–18 eadem... quare] *om. R*   17 opposita] que opponitur *V*   18 circa] supra *T*   18 actus] *om. V*   19–20 habebit... actus] habebit esse supra copulationem *T* possit cadere supra copulationem *R*   21 sed... partem] ideo semper supra partem *V* vel aliquid in parte *add. T*   24 deinde] item deinde *V om. R*   25–26 et... negationem] *om. R*   25 sumatur] ferenda sit *P*   26 dupliciter] multipliciter *VRP*

Dicitur enim aliquotiens una propter simplicem inherentiam alicuius cum aliquo, ut hic 'Sortes currit'. Dicitur autem aliquotiens una, cum multe propositiones per aliquid unum uniuntur. Et hoc modo conditionalis dicitur una. Et hoc significat Aristotiles **[P120ᵛᵇ]** in libro *Periarmenias*, cum dicit quod est quedam enuntiatio simpliciter una, quedam **[V25ʳ]** autem coniunctione una. Sed enuntiatio simpliciter una non solum habet negari per unam negationem sed etiam illa que est una coniunctione. Cum igitur copulativa, etsi non sit una simpliciter, habet tamen unitatem per coniunctionem, sicut per compositionem extremorum, ergo poterit negari per unam negationem. Et ita poterit sumi contradictoria copulative per unam negationem.

58 Si dicatur quod non est una coniunctione, sicut loquitur Aristotiles, sed conditionalis, tunc queritur quomodo differt unitas copulationis et conditionalis, et propter quid sumitur contradictoria conditionalis per unam negationem et non copulative.

59 Item. Propositio copulativa est propositio. Sed eadem est ratio propositionis et unius propositionis et hominis et unius hominis, sicut vult Aristotiles. Cum ergo propositionis unius possit sumi contradictoria per negationem unam et propositio copulativa sit propositio una, poterit sumi contradictoria ipsius per negationem unam.

60 Item. Propositio copulativa non est ita plures quin modo aliquo habeat unitatem. Sed propositioni cuilibet uni eo modo

---

5 *De int.* 5, 17a16–17.   13 *Ibid.*   19 *Metaph.* IV 2, 1003b26–27.

---

2 ut...una] non propter simplicem inherentiam alicuius cum aliquo *add. T*   3 cum multe] sed quia multe *T* cum plures *V* quia multe *P*   3 per...unum] per unum aliquid *T* per aliquid *R* in unum *P*   4 conditionalis] condictionalis(!) *sic saepius T*   4 dicitur] est *R*   5 quod] *om. R*   5 quedam] *om. V*   5 simpliciter] *om. VR*   6 autem] *om. VR*   6–7 simpliciter una] simplex *V* simpliciter *RP*   7–10 sed...extremorum] *om. R*   8 etiam] *om. V*   8 coniunctione] sicut conditionalis *add. T*   8 etsi] *exp. V om. P*   9 habet tamen] cum habeat *P*   9 coniunctionem] copulationem *V*   10 sicut] sive *P*   10 ergo] et ita *V* bene ergo *R om. P*   10 negari] sumi contradictoria *R*   11–12 et...negationem] sed enuntiatio simplex non solum habet negari per negationem unam *R*   11 copulative] *om. P*   13 loquitur] dicit *VRP*   14–15 sed conditionalis] nisi conditionalis *T om. RP*   14 tunc] nunc *T om. R*   15 copulationis et] copulative copulationis et *V*   15 propter quid] quare *P*   15–16 contradictoria] negativa *P*   16 et...copulative] *om. RP*   18 ratio] *om. P*   18–19 et...hominis] *om. V*   19 ergo] huiusmodi *add. V*   19–20 possit sumi] sumenda sit *P*   20–21 propositio...propositio] *om. V*   21 una] *om. TVP*   21 sumi] *om. P*   21 ipsius] copulative *VR om. P*   24 aliquo] *bis in R*   24 uni] *om. P*

quo est una respondet aliqua negatio una. Nam unius affirmationis una est negatio opposita, sicut vult Aristotiles. Ergo propositioni copulative respondet una negatio. Sed hoc modo sumitur eius contradictoria. Et ita contingit sumere **[V25ᵛ]** contradictoriam propositionis copulative per unam negationem.

61 Item. Divisio importata per coniunctionem disiunctivam opponitur compositioni importate per coniunctionem **[T4ᵛᵇ]** copulativam. Sed eadem est unitas in oppositis. Quare per consequentiam econtrario sequitur si unum oppositorum est multiplex, et reliquum, et si unum est simplex, ergo et reliquum. Quare si unum est unum et aliquid simpliciter, et reliquum. Ergo cum oratio disiunctiva possit negari per unam negationem, et oratio copulativa poterit negari per negationem unam.

62 Item. Maior est unio in oratione copulativa quam in oratione disiunctiva. Quod significat Boetius cum dicit quod hoc sapit disiunctiva coniunctio quod ea que disiungit simul esse non permittit. Copulatio autem ponit utrumque extremorum esse. Ergo cum multitudo orationis disiunctive non repugnet quin possit contradictoria ipsius sumi per unam negationem, similiter nec multitudo copulative repugnabit. Et sic poterit sumi contradictoria copulative per unam negationem.

Utrum contradictoria copulative sumatur per negationem totius aut partis

63 Item. Queritur quomodo sumatur contradictoria copulative, utrum scilicet sumatur **[V26ʳ]** per negationem totius aut per nega-

---

2 *De int.* 7, 17b38–39. 15 Cf. *De hyp. syll.* III 11, 7 (ed. Obertello), p. 388⁵⁶⁻⁵⁷.

1 aliqua] *om. VP* 2 negatio] ei *add. P* 2 propositioni] *om. P* 3–4 sed... contradictoria] *om. VP* 4 contingit... contradictoriam] poterit sumi contradictoria *P* 5 propositionis] *om. P* 6 disiunctivam] disiunctivarum *P* 8 in] omnibus *add. R* 10 et] nec(!) *P* 10 et... simplex] sed reliquum non est multiplex si unum *V* sed reliquum non est multiplex sed unum *RP* 10 ergo et reliquum] ergo sit simplex *V* et reliquum *R* ergo et alterum *P* 10 quare] quia *P* 10 quare... reliquum *om. R* 11 et... simpliciter] aliquid simpliciter *T* unum simplex *P* 11 cum] *om. R* 12 negationem] nec repugnet sua multitudo uni negationi *add. T* 12 et] ergo et *V* ergo *R* 12 oratio] *om. V* 14 maior] minor *R* 15 significat] dicit *P* 16 disiunctiva] disiunctua(!) *T* 16 que] inter que *R* 16 permittit] possunt *T* et cum *add. R* 18 multitudo] coniunctio *P* 18 disiunctive] divise *V* 18 repugnet] repugneret *R* 23 sumatur] sumenda sit *P* 24 scilicet sumatur] sumatur *VR om. P*

tionem partis. Si per negationem totius, hoc est impossibile, quia secundum hoc sequeretur duas contradictorias simul esse falsas. Hec enim est falsa 'Sortes est homo et Plato est asinus'. Si fiat negatio totius, falsa est pro negatione huius 'Sortes est homo'. Si autem sumatur contradictoria per negationem partis, aut per negationem prime partis aut per negationem secunde. Si per negationem prime partis, hoc est falsum, quia secundum hoc contingit duas contradictorias simul esse falsas, sic dicendo 'Sortes est homo et Plato est asinus', 'Sortes non est homo et Plato est asinus'. Si per negationem secunde, hoc iterum nichil est, quia idem impossibile sequitur quod prius, hoc modo 'Sortes est asinus et Plato non est homo'. Et intelligatur negatio pro ultima parte. Secundum hoc igitur videtur quod non possit sumi contradictoria copulative aliquo modo.

Solutio

64 Solutio. Dicendum est quod hee distinguuntur [**T5^{ra}**] multiplices predicta distinctione, scilicet quod negatio potest cadere supra totam copulationem aut supra partem. Si cadat supra totam copulationem, tunc est sensus huius 'nichil et chimera sunt': *non est verum quod dicitur per hanc* [**V26^v**] *'aliquid et* [**R279^{va}**] *chimera sunt'*. Et sic est vera. Si cadat supra partem, tunc est sensus [**P121^{ra}**] *aliquid non est et chimera est*. Sed hec est pro parte altera falsa. Et similiter ponendi sunt sensus in aliis orationibus similibus.

---

1 si] dicat aliquis quod *add. P*   2 secundum hoc] si esset verum tunc *P*   2 falsas] veras vel falsas quod est imposibile *P*   3 si] si iterum *V* si item *P*   3–4 fiat . . . homo] *om. P*   4 totius] huius *V*   5 sumatur contradictoria] fiat contradictoria *R om. P*   5 contradictoria] copulative utrum sumatur *add. R*   5 negationem] huius *add. V*   5 aut] igitur *add. T* hoc *add. P*   7 hoc est falsum] hec est falsa *R*   8 duas] *om. T*   8–9 sortes . . . asinus] *bis in P*   9 sortes non] non sortes *R*   9 sortes . . . asinus] *om. P*   10 iterum] *om. VRP*   11 sequitur] sequeretur *P*   11 hoc modo] sic *VRP*   11 et] *om. P*   12 non] *om. VP*   12 intelligatur] intelligi *P*   12 pro . . . parte] pro altera parte *V* per ultimam partem falsa est *P* tantum *add. R*   13 secundum hoc] *om. P*   13 possit sumi] sumitur *T* possit *P*   13 contradictoria] propositionis *add. P*   14 aliquo modo] *om. P*   16 hee distinguuntur] ille sunt *P*   17 distinctione] multiplicitate *V*   17 scilicet] et *R*   18 copulationem] copulativam *V*   18–19 aut . . . copulationem] *om. R*   19 huius] huiusmodi *TRP*   19 sunt] idest etc. *add. R*   21 sunt] fratres *add. P*   21 vera] recta *V* ut ipsi dicunt *add. T*   21 cadat] vero cadat negatio *R* vero cadat *P*   21 partem] sic est falsa et *add. P*   22 et] *om. P*   22 est] *om. P*   22 pro . . . altera] pro altera *R* ex parte altera *P*   23 similiter] sic *P*   23 similibus] *om. VR*

65 Sed videtur nobis quod negatio non possit cadere supra totam copulationem, sed semper circa compositionem actus. Et rationes ad hoc adductas [52–56] concedimus, ponendo distinctionem hoc modo quod:

Negatio semper negat partem et fertur ad compositionem actus.

Sed hoc potest esse dupliciter. Quia potest ipsam negare absolute vel potest ipsam negare in comparatione ad alteram partem copulationis. Si absolute, falsa est hec 'non Deus est et tu es asinus'; et tunc negatur altera pars solum, reliqua vero affirmatur. Si autem negetur in comparatione ad alteram partem copulationis, tunc est sensus *non est verum 'Deus est' cum hoc quod est 'et tu es asinus'*; et sic est vera. Similiter intelligendum est in aliis.

66 Ad aliud quod queritur [63] qualiter sumendo sit contradictoria copulative, notandum est quod copulatio aliquando copulat suas extremitates respectu alicuius tertii, ex quibus fit unum. Et tunc est copulativa una et veritas ipsius est una, ut si dicamus sic 'duo et tria sunt quinque'. Et tunc est sumere contradictoriam **[V27ʳ]** copulative per unam negationem. Aliquando autem est copulatio plurium, ex quibus pluribus non fit unum, ut si dicam sic 'Socrates et Plato currunt'. Et tunc sunt ibi plures veritates et non **[T5ʳᵇ]** una. Et quia negatio contradictorie debet removere veritatem et falsitatem in oratione, propter hoc oportet quod ibi sint multe negationes ad removendum huiusmodi plures veritates.

---

1 sed] hoc modo non ponimus distinctionem *add. T*   1 videtur] enim *add.* 2 totam copulationem] copulationem *TP* totam copulativam *V*   3 ad] distinctionem: eodem modo corrigitur quo di...o precedens est con...*T*   5 et] semper *add. P*   6 ipsam] ipsum *T*   7 potest...negare] *om. VRP*   7 alteram] aliam *TR*   8 copulationis] *om. P*   8–10 si...copulationis] *om. R*   9 et... affirmatur] *om. P*   10 autem negetur] autem *P om. V*   10 copulationis] *om. P*   11 sensus] hec vera *V*   11 non est verum] non est *T* non est verum quod *P*   11 est] *om. TV*   11 cum...est] *om. RP*   12 similiter] et sic *RP*   12 in] de *V*   13 aliud] hoc *V* aliud autem *P*   13 queritur] obicitur *V*   14 copulatio] *om. V* copulativa *P*   15 suas extremitatas] sua extrema *P*   15 alicuius tertii] tertii *T* eorum *V*   16 ipsius] *om. V* ipsius orationis *R*   16 est una] unitas *add. T*   16 ut] unde *RP*   17 sic] *om. TR*   17 sumere contradictoriam] sumenda contradictoria *RP*   18 autem] *om. TR*   18 est] sit *R*   19 copulatio] oratio copulativa *R*   19 non] *om. R*   19 fit] efficitur *P*   19 ut] unde sicut *R*   20 veritates] unitates *T* veritates vel falsitates *P*   21 non] est ibi veritas *add. T*   21 debet] habet *V*   21 removere] negare vel removere *P*   22 in...hoc] *om. T*   23 multe] plures *VRP*   23 negationes] *om. R*   23 huiusmodi] *om. VR*

Et sic non est sumere contradictoriam per unam negationem, sed per plures. Intelligendum tamen est secundum quod exigit rei contradictio.

67 Ex hoc patet propter quid conditionalis potest negari per negationem unam et potest habere contradictoriam unam, copulativa autem non, quia veritas conditionalis est veritas una, in copulativa autem sunt multe veritates. Manifestum est igitur quod differt sumere contradictoriam huius 'aliquid et chimera sunt' et huius 'si homo est, animal est', sicut visum est.

Respondetur ad rationes

68 Dicendum igitur ad primum [57] quod differt unitas conditionalis et copulative, quoniam unitas conditionalis est unitas rei et ordinationis et sermonis. Una enim pars conditionalis ad alteram naturaliter ordinatur virtute rei et sermonis. Et propter hoc ibi est una veritas. Sed unitas copulationis est unitas sermonis et non rei vel ordinationis. Neutra enim dependet ab altera, immo utraque ponit rem suam simpliciter. Et propter hoc ibi sunt plures veritates.

69 Et hoc intelligitur de illa **[V27ᵛ]** in qua ex copulatis non fit unum. De illa enim intendimus. Maior igitur est unitas conditionalis quam copulative. Et propter hoc potest sumi eius contradictoria per negationem unam, sed copulative non potest. Non ergo sufficit quelibet unitas ad sumendum contradictoriam, sed unitas rei. Et sic intelligit Aristotiles in libro *Periarmenias*, cum

---

1 negationem] nec est contradictoria una ipsius *add. T*   2 per plures] sed sunt plures contradictorie ipsius *T*   2–3 intelligendum ... contradictio] *om. P*   4 propter quid] qualiter *P*   4–5 per ... unam] una negatione *RP*   6 veritas] *om. RP*   7 multe veritates] multe *R* plures negationes *P*   8 contradictoriam] conditionalis et copulative et differt sumere *add. P*   8 aliquid] nichil *R*   8 sunt] tres*(!)* vel aliquid et chimaera sunt *add. V* fratres *add. RP*   9 si ... est] aliquid est chimera *RP om. V*   11 unitas] veritas *VRT*   12 unitas] veritas *TVR*   12 unitas] veritas *TVR*   13 enim] igitur *T* autem *VR*   13 conditionalis] *om. VRP*   14 naturaliter] *om. V*   14–15 et ... veritas] *om. RP*   15 unitas] veritas *V om. P*   15 unitas] veritas *VP*   16 ordinationis] ordinis *TV*   16 neutra] neutrum *V*   16 altera] altero *V*   16 immo] et ita *R*   16 utraque] utrumque *V*   18 intelligitur] intelligendum *R* intelligendum est *P*   18 in qua ex] *coni.* ex qua *T* in qua *VRP*   18 copulatis] copulativis *P*   19 de ... intendimus] *om. VP*   19 enim] *om. R*   19 maior igitur] cum ergo maior *V* maior *R*   20 et] *om. VR*   20 eius contradictoria] *om. P*   21 unam] *om. R*   21 copulative] copulativa *V*   22 unitas] *om. R*   22 sumendum] sumendam *V* sustinendam *R*   23 unitas rei] exigitur unitas rei et sermonis *T*

dicit quod quedam est enuntiatio simpliciter una, quedam coniunctione una.

70 Ad aliud [58] dicendum est quod differt dicere 'enuntiatio' et 'propositio'. Enuntiatio enim dicit rem suam absolute, propositio vero dicit rem suam prout est ordinabilis ad sillogismum. **[T5ᵛᵃ]** Dico ergo quod plures non est propositio quantum est de se. Si enim sit plures, hoc est quia enuntiatio est. Propositio enim plures non est ordinabilis in sillogismum. Quod manifestum per diffinitionem sillogismi. Est enim sillogismus oratio in qua quibusdam positis *etc*. Intelligens ergo Aristotiles in libro *Elenchorum* de propositione prout est ordinabilis in sillogismum, quelibet talis propositio est una. Cuius signum est quod plures interrogatio ut una peccat proprie contra sillogismum in eo quod non est ibi una interrogatio sive una propositio.

71 Ad aliud [59] dicendum est quod eadem est ratio propositionis et unius propositionis. Talis autem non est copulativa. Et propter hoc non exigitur ut talis sit ratio ipsius et unius propositionis. Vel brevius, ut dicatur **[V28ʳ]** quod cum dicit Aristotiles quod eadem est ratio propositionis et unius propositionis, intelligit de propositione una simpliciter. Et talis non est copulativa.

72 Ad aliud [60] dicendum est quod copulativa aliquo modo est una, sicut iam dictum est. Sed hec unitas non sufficit ad habendum **[P121ʳᵇ]** contradictoriam unam.

73 Dicendum est ad aliud [62] quod disiunctio, sicut vult Boetius, non comparat suas extremitates ad predicatum simul ita

---

1 *De int.* 5, 17a9–10.   9 *Anal. Priora* I 1, 24b18–20.   18 *Metaph.* IV 2, 1003b26–27.

1 quod] *om. V*   1 simpliciter una] simplex una *R om. VP*   1 quedam] *om. V*   3–4 enuntiatio ... propositio] enuntiationem et propositionem *VP*   4 enuntiatio enim] quia enuntiatio *VR*   5 dicit rem suam] *om. VRP*   5 prout est ordinabilis] in comparatione *VP bis in R*   7 quia] inquantum *P*   7 est] *om. VRP*   8 in] ad *RP*   8 manifestum est] patet *VR* videtur de propositione *P*   10 intelligens] intelligit *R*   10 ergo] igitur *V* autem *R*   10–11 de ... prout] secundum quod *P*   11 in] ad *P*   11 talis propositio] oratio facta *V* talis autem propositio *R* propositio talis *P*   12 interrogatio] interrogationes *VP*   13 proprie] *om. R*   13 ibi] *om. V*   14 interrogatio] propria *P*   14 propositio] interrogatio *P*   15 ad ... est] dicendum est ergo *T* dicendum *V* et dicendum est *P*   15–18 eadem ... dicatur] *om. TP*   18 propositionis] vel unus *R*   18 vel ... dicatur] dicimus *R*   18 quod] quia *V*   20 intelligit] intelligendum est *VR* intelligitur *P*   20 propositione] oratione *RP*   22 sicut ... est] *om. VRP*   22 sed hec] et huiusmodi *P*   24 quod] quoniam *T*   24 disiunctio] quoquo modo disiunctiva *R*

quod ponat in utroque, sed in uno ponit et in altero privat. Sicut vult Boetius, dicens quod hoc sapit disiunctiva coniunctio *etc.* Et propter hoc in disiunctiva est simpliciter inherentia unius ad unum. Sicut ergo enuntiationem unam simplicem contingit negare per negationem unam propter hoc quod ibi est simplex inherentia, similiter cum una sit inherentia et simplex in disiunctione, contingit ipsam negare per unam negationem. Verumtamen eadem est unitas utrobique, scilicet in disiunctiva et copulativa.

74 Ad ultimum [63] dicendum est quod "sumendo contradictoriam" sic debet intelligi ut indifferenter possit negari utraque pars copulative vel altera, secundum quod exigit rei conditio. Et ad hoc est persuasio Aristotilis ubi docet sumere contradictoriam propositionis preponendo ei sic negationem 'omnis homo iustus est', 'non omnis homo iustus est'. Et potest illa negatio totum negare vel partem. **[T5ᵛᵇ]** Similiter cum totum copulatum reducatur ad naturam totius **[V28ᵛ]** in quantitate, debet sic sumi contradictio ut indifferenter negetur utraque pars vel altera secundum quod exigit rei conditio. Unde cum est copulativa falsa pro utraque parte, debet fieri negatio pro utraque. Si autem sit falsa pro altera parte, debet fieri negatio pro illa parte pro qua est falsitas. **[R279ᵛᵇ]** Et sic numquam contingit duas contradictorias simul esse falsas. Patet etiam quid supra hoc intelligimus.

---

2 Cf. *De hyp. syll.* III 11, 7 (ed. Obertello), p. 388[56-57]. 12 *De int.* 7, 18a5–7.

1–2 sicut...boetius] *om. RP* 2 dicens quod] quod *TV om. P* 2 coniunctio] quod ea que disiungit *add. T* 3 simpliciter] solum *T* simplex *V* 5 ibi] in illa *P* 6 una] *om. P* 6 disiunctione] disiunctiva *VR* 7 verumtamen] non *P* 7 eadem est] una est *R om. V* 8 est...copulativa] *om. V* 8 unitas] in sermone *add. T* 8 utrobique...in] *om. R* 9 ad...quod] in *V* 11 vel altera] *om. P* 12 est persuasio] consentit *R* modus *add. P* 12 ubi] qui *P* 13 propositionis] *om. TP* universalis *R* 13 preponendo ei] *om. P* 13 negationem] *om. P* 14 negatio] *om. R* 15 partem] pro parte *T* 15 reducatur] reducit *R* habeat reduci *P* 16 in quantitate] integralis *P* 16 contradictio] contradictoria *VP* copulative *add. P* 18 est] sit*(!) P* 18–19 utraque...pro] *om. R* 19 utraque] parte *add. P* 19 altera parte] aliqua *T* altera *V* 20 pro] altera scilicet *add. P* 20 est falsitas] falsa fuit *P* 21 numquam] una non *V* non *RP* 21 duas] *om. TR* 22 patet...intelligimus] *om. P*

Utrum due negationes equipolleant affirmationi

75 Deinde queritur super hoc quod dicitur quod:

Due negationes equipollent affirmationi.

Et hoc proprie queritur in hiis sophismatibus NICHIL NICHIL EST; NULLUS HOMO NULLUM ANIMAL EST; A NULLO ENUNTIATUM A NULLO VERE ENUNTIATUR. Et similiter de alia regula, que annexa est istis, quod:

Quando duo signa universalia negativa ponuntur in aliqua locutione, primum equipollet suo contrario, reliquum suo contradictorio

De rationibus monstrantibus quod due negationes non equipolleant affirmationi

76 Et primo videtur quod due negationes non faciant unam affirmationem. Affirmatio et negatio sunt opposita contradictorie. Sed in genere oppositorum contradictorie opposita sunt que magis differunt et maxime. Sed nulla opposita privative, contrarie et relative **[V29ʳ]** cum geminantur, dant intelligi suum contrarium. Ergo cum contradictorie opposita maxime differant, unum geminatum non ponit alterum. Quare per hoc duplex negatio non ponit affirmationem.

77 Item. Qualitas addita qualitati augmentat et crescit et non operatur in contrarium. Sed negatio est qualitas quedam. Quare negatio addita negationi augmentat et crescit et non operatur in

---

2 dicitur quod] *om. P* 3 equipollent affirmationi] faciunt affirmationem *V* equivalent affirmationi *R* facient unam affirmationem *P* 6 enuntiatur] dicitur *P* 6 similiter de] queritur postea *R* etiam de *P* 6 alia] illa *T* ista *V om. P* 6–7 que . . . quod] quam assignant ibi *P* 8 aliqua] eadem *R* 8 locutione] oratione *VP* 12 faciant] possint facere *VR* 14 sed . . . sunt] *om. P* 14–15 que . . . differunt] *om. P* 15 et maxime] *om. RP* 15 opposita] oppositio *T* 15–16 privative . . . relative] privative sed neque contrarie neque relative *R* contrarie vel privative vel relative *P* 16 cum geminantur] geminata *P* 16 intelligi] intelligere *VP* 16 suum contrarium] suum oppositum *R* sua opposita *P* 17–19 ergo . . . affirmationem] ergo neque unam contradictorie oppositum dabit intelligere suum oppositum ergo etc. *P* 20 qualitas] quantitas *T* 20 augmentat et] augmentata *T* augmentatur et *V* magis augmentat *P* 20 et] *om. P* 21–p. 113,1 sed . . . alterum contrarium] *om. R* 22 augmentat et crescit] augmentatur et crescit *V* augmentabit primam *P*

contrarium. Sed si non operatur in contrarium, non efficit affirmationem. Quare duplex negatio non ponet affirmationem.

78 Item. Que est proportio affirmationis ad affirmationem, eadem est negationis ad negationem. Sed affirmatio addita affirmationi ipsam augmentat et non removet. Quare similiter negatio addita negationi ipsam augmentat et non removet. **[T6ra]** Et ita secundum hoc non est ponere quod duplex negatio ponet affirmationem.

79 Item. Unumquodque conservatur in esse per sibi conveniens in natura. Unumquodque enim quod fit, per sibi conveniens in natura fit, sicut vult Aristotiles in septimo *Metaphisice*. Cum ergo negatio magis conveniat cum negatione quam cum affirmatione, magis conservabitur natura negationis a negatione quam ab affirmatione. Ergo per hoc duplex negatio magis **[V29v]** facit orationem negativam quam affirmativam. Et sic duplex negatio non ponit affirmationem.

80 Item. Privans aliquid in esse nichil confert ad esse ipsius. Sed negatio privat affirmationem in esse, et hoc est quia negatio removet affirmationem. Quare negatio non confert aliquid ad esse ipsius affirmationis. Ergo negatio non confert esse affirmationi. Et ita duplex negatio non ponit affirmationem.

---

11 Cf. *Metaph*. VII 7, 1032a16–26: "Et generationes naturales quidem hee sunt quarum generatio ex natura est, 'ex quo' fit, quam dicimus materiam, 'a quo' natura quid entium, 'quid' vero homo aut planta aut aliud talium ... universaliter vero est 'ex quo' natura et 'secundum quod' natura (ut planta aut animal et 'a quo' secundum speciem dicta natura aut conformis (ea vero in alio); homo namque hominem generat". (*Arist. Lat.*, p. 133)

---

1 non] ne *R*   1 efficit] faciet *P*   2 quare ... affirmationem] ergo etc. *P*   2 ponet] potest facere *V* efficit *R*   3 proportio] propositio(!) *V* comparatio *P*   4 est] comparatio *add. RP*   4 sed] sic *add. Vc* sic addita *add. V*   5 quare similiter] ergo *P*   6 ipsam augmentat] *om. P*   6 et ... removet] ergo sic negatio addita negationi augmentabit negationem *V* non *P*   6–7 et ... negatio] *om. P*   7 ponere] dicere *V*   7 ponet] ponat *V* ponit *R* faciet *P*   9 conservatur] servatur *T* salvatur *P*   9 esse] eo *P*   9 per] quod est *add. R om. P*   10 unumquodque enim] unde unumquodque *R*   10–11 quod ... fit] unumquodque fit per sibi conveniens *R*   11 septimo] sexto *P*   12 conveniat] communicat *TVR*   13 conservabitur ... negationis] salvabit eam in esse *P*   13 a] cum *R*   14 ab] cum *R*   14 ergo ... alterum negatio] et ita relinquit quod due negationes *P*   15 facit] faciet *V*   16 ponit] facit *R* faciunt *P*   17 aliquid in esse] aliquid *TR* esse alicuius *P*   18 negatio ... esse] privat affirmationem in esse *P*   18–19 et ... affirmationem] *om. P*   19 non] nichil *P*   19 ad] in *T*   20 ipsius] *om. P*   20 ergo ... affirmationi] *om. RP*   20 negatio] *om. V*   21 duplex ... affirmationem] ut prius *P*

81 Item. Quod non ponit aliquid, non ponit aliquid alteri inherere. Sed omnis affirmatio ponit aliquid inesse alteri. Quare quod non ponit aliquid, non ponit affirmationem. Sed negatio nichil ponit. Quare negatio non ponit affirmationem. Et sic duplex negatio non ponit affirmationem.

De alia regula

82 Postea queritur de alia regula. Et videtur quod:

Secundum signum debeat equipollere suo contrario,

et quod debeat remanere universale. Predicatum digniorem locum obtinet in oratione. Sed locus nobilior magis conservat suam rem in esse quam ignobilior. Quare signum magis conservat positum a parte predicati quam **[P121ᵛᵃ]** illud quod positum est a parte subiecti conservatur. Si ergo fiat transmutatio circa utrumque, minus transmutabitur a parte predicati quam positum a parte subiecti. Quare magis debet secundum signum manere **[V30ʳ]** universale quam primum, et sic solum debet transmutari **[T6ʳᵇ]** qualitas, sed primi signi debet qualitas et quantitas transmutari.

83 Item. Sicut se habet signum universale affirmativum ad signum universale affirmativum, ita negativum ad negativum, dummodo remota sit virtus negationis que transmutat in affirmationem. Ergo cum signum universale affirmativum positum in subiecto non transmutet signum universale affirmativum positum in predicato

---

1 alteri] alicui *P*   2 alteri] alicui *P*   4 nichil ponit] est huiusmodi *P*   4 ponit] ponet *V*   4–5 et ... affirmationem] et sic idem quod prius *R om. P*   9 quod debeat] sic debet *V*   9 universale] signum *add. V*   10 obtinet] optinet *RP*   10 locus] huiusmodi *R*   10 conservat] servat *R* continet *P*   11 signum] predicatum *TVP*   11 conservat] servat *R*   12 illud ... est] illud *V* positum *P*   13 conservatur] positum observatur *V om. RP*   13 circa utrumque] in utroque *P*   14 transmutabitur] mutabitur signum positum *P*   14 positum] illud quod positum est *T om. V*   15–17 magis ... transmutari] signum universale positum a parte predicati mutabit a parte qualitatis tantum signum vero positum a parte subiecti mutabitur et a parte qualitatis et a parte quantitatis *P*   15 signum] *om. R*   16 sic] similiter *V*   16 transmutari] circa predicatum *add. R*   17 primi signi] per signum *R*   19 signum universale] *om. RP*   19 ita] universale *add. R* similiter se habet signum *P*   20 dummodo] dum vero *P*   20 sit] *om. V*   20 que ... affirmationem] *om. P*   20 transmutat in affirmationem] transmutet in affirmationem *V* transmutatur in affirmatione *R*   21 ergo] sed *V*   21 universale] *om. R*   22 universale affirmativum] *om. VP*   22 predicato] quantum ad qualitatum sed *add. R*

quantum ad quantitatem, similiter signum universale negativum positum in subiecto non debet transmutare signum universale negativum positum in predicato quantum ad quantitatem. Et ita remanet universale et equipollebit suo contrario, et non suo contradictorio.

84 Item. Videtur quod primum signum non debeat transmutari, quia omne quod transmutatur, ab altero transmutatur, et omne quod movetur, ab altero movetur, sicut vult Aristotiles in *Phisicis*. Igitur si transmutatur signum primum, hoc est ab altero, et non est ponere nisi a signo posito in predicato. Sed hoc non videtur esse possibile, quia nullum posterius agit in illud quod precedit. Agens enim semper precedit et agit in illud quod sequitur. Quare signum positum in predicato non agit in signum positum in subiecto. Ergo ipsum non transmutat. Neque **[V30ᵛ]** est ponere aliud quod transmutat ipsum. Quare ab aliquo non transmutatur. Et sic remanet signum universale negativum. Et sic nulla est regula.

85 Item. Queritur cum habeamus signum universale negativum distributivum totius universalis, propter quid non est reperire signum universale negativum distributivum totius integralis, cum sit reperire signum affirmativum, sicut in toto universali. Item. Queritur, cum habeamus signum universale negativum, propter quid non habemus signum particulare negativum, cum sit reperire signum particulare affirmativum, sicut quoddam signum universale affirmativum.

---

8 *Phys.* VII 1, 242b24.

---

1 quantitatem] transmutabitur *add. R*   1 similiter] *om. RP* videtur quod *add. VP*   1–3 signum ... quantitatem] *om. R*   2 debet transmutare] debeat transmutare *V* transmutet *P*   3 quantitatem] licet quantum ad qualitatem transmutet *add. V*   4 remanet] remanebit *V* signum *add. VP*   4 universale] affirmativum *add. P*   6 debeat] aliquo modo *add. P*   7 quia] quod *V*   7 altero] alio *R*   8 altero] alio *R*   9 phisicis] topicis *P*   9–11 hoc ... possibile] *om. V*   9 altero] alio signo *R*   10 ponere] ibi ponere aliquo *P*   11 esse] *om. P*   11 quia] *om. TV*   11 nullum ... precedit] omne agens precedit illud in quo agit *P*   11 illud] *om. R*   11–12 quod ... sequitur] *om. P*   12 illud] hoc *T* id *V* illo *R*   12 sequitur] subicitur *TV*   13 quare] quia *V*   13 signum positum] signo posito *P*   15 aliud] aliquid *R*   16 et sic] *om. P*   17 item] *om. P* super hoc *add. VR*   17 habeamus] habemus *P*   18 est reperire] habemus reperire *RP*   20 sit reperire] ibi reperiatur *V* ibi reperitur *R* utrobique inveniatur *P*   20 affirmativum] universale distributivum *add. R* universale *add. P*   21 cum ... negativum] *om. P*   22 cum ... reperire] cum sit *R* sicut habemus *P*   23 signum] *om. R*   23–24 sicut ... affirmativum] *om. P*

86 Item. Queritur propter quid potius efficitur signum universale negativum per negationem huius signi particularis 'ullus' quam per negationem huius signi 'aliquis'. Et hoc est querere propter quid ex hac dictione [T6ᵛᵃ] 'non' et hoc signo 'aliquis' non efficitur signum universale negativum, sicut ex negatione et hoc signum 'ullus'.

Solutio

87 Solutio. Ad hoc dicimus quod duplex negatio equipollet affirmationi, sustinendo aliam regulam quod:

Quando duo signa etc.

Secundum hoc solvuntur ista sophismata: NICHIL NICHIL EST; NULLUS HOMO NULLUM [V31ʳ] ANIMAL EST; A NULLO ENUNTIATUM A NULLO VER DICITUR. De hac autem A NULLO ENUNTIATUM *ETC.* dictum est superius.

88 Sciendum [R280ʳᵃ] igitur quod hec 'nichil nichil est' equipollet huic 'quidlibet aliquid est'. Hec autem per quam improbatur 'nichil nulla substantia est', equipollet isti 'quidlibet aliqua substantia est'. Sicut igitur non sequitur 'quidlibet est aliquid; ergo quidlibet est aliqua substantia' — immo est ibi fallacia consequentis a superiori ad inferius affirmando —, eodem modo non sequitur 'nichil nichil est; ergo nichil nulla substantia est'. Similiter dicimus quod secundum predictas rationes hec est vera 'nullus homo nullum animal est', et equipollet isti 'omnis homo aliquod animal

---

14 Videas supra, I,17.

---

2 particularis] *om. P*   2 ullus] nullus *TR*   3 aliquis] aliquid *P*   4 ex hac dictione] *om. P*   4 et hoc signo] *om. P*   4 signo] signum*(!) V*   4 aliquis] aliquid *P*   5 efficitur] fit *VR* est *P*   5–6 sicut . . . ullus] et propter quid fit signum ex hac dictione non et hac ullus *V* sicut hoc quod est nullus *P*   5 et] *om. T*   8 solutio] *om. R*   8 hoc] quod *R*   8–9 equipollet affirmationi] facit affirmationem *R*   9 sustinendo] sustinendam est et *V* et sustinendum est *R* sustinenda est *P*   9 aliam regulam] alia regula *VR* regulaque est *P*   11 hoc] has *V* illam *R*   11 solvuntur ista sophismata] solvitur hoc sophisma *P*   12 a . . . enuntiatum] *om. P*   13–14 dictum est superius] habitum est superius *R* ut visum est superius *P om. T*   16 huic] isti *VR*   16 hec] per hoc *V om. R*   16–18 autem . . . aliquid] *om. R*   16 quam] quod *V*   19 quidlibet . . . substantia] quidlibet aliquid est aliqua substantia est *R*   21 est] *om. RP*   22 predictas] dictas *R*   23 equipollet . . . aliquod] *om. R*

est'. Sed ulterius non sequitur 'ergo nullus homo nullus asinus est', sicut non sequitur 'omnis homo est aliquod animal; ergo omnis homo est asinus'; immo peccat secundum consequens.

Respondetur ad rationes

89 Ad primum [76] quod obicitur dicendum est quod si affirmatio et negatio opponuntur contradictorie, tamen affirmatio et negatio geminata non opponuntur contradictorie. Sciendum igitur quod ex uno contradictorie oppositorum non fit alterum. Tamen ex duplici negatione fit affirmatio. Quare unum contradictorie oppositorum geminatum ponit alterum, et non oppositum **[V31ᵛ]** contrarie vel relative vel privative. Causa huius est quia unum contrariorum cum geminatur, non removet seipsum. Unde nigredo addita nigredini crescit, et similiter egritudo. Sed negatio, cum sit cuiuslibet remotio, cum advenit supra seipsam, seipsam removet, sed in remotione unius contradictorie oppositi **[T6ᵛᵇ]** ponitur alterum. Et propter hoc ex duplici negatione fit affirmatio.

90 Ad aliud [77] dicendum quod duplex est qualitas. Est enim qualitas positiva et qualitas remotiva. De qualitate positiva verum est quod ipsa geminata crescit. Sed de qualitate remotiva non est verum, immo secundum naturam sue remotionis potest in contrarium operari. Et talis qualitas est negatio.

---

1 est] *om. T* 1–2 sed...animal] *om. R* 3 asinus] aliquis asinus *R* 5 quod obicitur] *om. P* 5 si] licet *P* 6 opponuntur contradictorie] opponitur *R* 6–7 affirmatio...opponuntur] affirmatio et negatio geminate non opponuntur *T* affirmatio et negatio geminata non opponantur *V* non negata vel geminata opponitur affirmationi *R* negatio geminate non opponitur *P* 7 contradictorie] et affirmationi *P* 7 igitur] est ergo *R* tamen *P* 8 alterum] reliquum *P* 8 tamen] cum *VP* 9 quare] verumtamen *V* tamen *R* unde licet *P* 10 oppositorum] oppositum *R* 10 geminatum] *om. R* 10 et non] non tamen *R* 10 oppositum] opponit *V* 11 vel] nec *P* 11 vel] nec *P* 11 privative] opponit *add. V* 12 contrariorum] oppositorum *add. R* 12 cum geminatur] geminatum *RP* 12 nigredo] privatio *P* 13 nigredini] privativi *P* 13 et similiter] ut *P* 14 cuiuslibet] alicuius *P* 14 seipsam removet] oppositum ponit *P* 15 sed...oppositi] si a(?) privative et remotive unius contradictorie oppositorum *P* 15 ponitur] imponitur(!) *R* et ponitur *P* 16 fit] potest fieri *R* 16 affirmatio] sicut negatur unum contrarium immediate ponitur alterum *add. V* si negetur unum contrarie immediatorum ponitur alterum *add. R* 17 dicendum] notandum *RP* 17 enim] *om. TV* 18 qualitas] *om. T* 19 geminata] augmentata *V* 19 qualitate] *om. P* 20 secundum] per *P* 20 remotionis] privationis *R*

91 Ad **[P121ᵛᵇ]** aliud [78] dicendum quod affirmatio addita affirmationi, cum sit qualitas positiva, augmentatur. Sed negatio addita alteri diminuitur et non crescit. Et propter hoc non est eadem proportio affirmationis ad affirmationem et negationis ad negationem. Et ideo interimenda est illa proportio.

92 Ad aliud [79] dicendum est quod si negatio communicat cum negatione magis quam cum affirmatione, tamen negatio negationis magis convenit **[V32ʳ]** cum affirmatione quam cum negatione. Et propter hoc magis ponit affirmationem quam negationem, et tunc negatio negationis magis est conveniens in natura cum affirmatione quam cum negatione. Et propter hoc magis conservat illam in esse.

93 Similiter solvendum est ad aliud [80] quod negatio negationis non privat affirmationem in esse, immo ponit ipsam in esse. Unde si negatio privat affirmationem secundum se et ipsam non ponat in esse, tamen negatio negationis non privat ipsam, sed ponit in esse.

94 Item ad idem [81]. Etsi negatio nichil ponat, tamen negatio negationis aliquid ponit. Et propter hoc talis negatio ponit aliquid alteri inherere et facit affirmationem.

95 Ad aliam regulam [82] dicatur quod signum universale se habet ad naturam totius integralis. Sed negatio adveniens supra totum integrale ipsum destruit pro aliqua parte, et non pro qualibet. Cum igitur negatio cadat supra signum universale negativum, ipsum negat et destruit, sed non negat pro qualibet parte, sed pro aliqua. Et sic non est ibi negatio negationis pro qualibet parte sed pro aliqua. Ideo non negatur pro qualibet parte. Et propter hoc non ponit quamlibet sui partem sed aliquam. Et propter hoc

---

2 positiva] cum sit qualitas positiva *add. R*   2 augmentatur] crescit *RP*   3 alteri] negationi *R*   4 eadem] talis *P*   5 et ideo] unde *P*   5 proportio] propositio*(!)* *V*   6 si] licet *R*   6 communicat] conveniat *P*   7 negatio] *bis in R* negativa *T*   10 tunc] etiam *V om. R* sic *P*   10 est...natura] convenit *P*   11 cum] *om. TV*   11–12 conservat...esse] conservat in esse affirmationem quam negationem *P* conservantur in esse *T* conservatur negatio *V*   13 ad aliud] *om. TR*   14 in esse] *om. P*   15 privat] privet *R* servat*(!)* *P*   16 in esse] *om. T*   16 sed] immo *R*   17 in esse] *om. R*   18 item ad idem] ad aliud dicendum est quod *RP*   18 etsi] quod si *T*   18 ponat] ponit *RP*   19 talis negatio] *om. TVP*   19 ponit] potest ponere *VP*   20 facit] facere *VP*   21 dicatur] dicendum *VR* intelligendum *P*   21 signum] totum *R*   23 et] sed *P om. V*   24 signum] *om. V*   26–27 et...aliqua] *om. T*   27 aliqua] tantum *add. R*   27 ideo...parte] *om. P*   27 negatur] tenetur *T*   28 sui] *om. P*

equipollet signo particulari affirmativo. Et est simile cum negatio additur supra signum **[V32ᵛ]** universale affirmativum, ipsum **[T7ʳᵃ]** negat pro aliqua sua parte, et non pro qualibet. Et propter hoc equipollet signo particulari negativo. Idem enim est 'non omnis' et 'aliquis non'. Sed negatio ultimi signi non cadit supra signum universale affirmativum quod precedit. Et hoc est quia negatio non revertitur. Et propter hoc non negat universalitatem ipsius, sed transmutatur eius qualitas per rationem dictam superius. Et sic remanet signum universale affirmativum. Ultimum autem fit signum particulare affirmativum. Et sic posuerunt sophiste quod primum equipollet suo contrario, secundum suo contradictorio. Et hec est ratio regule.

96 Ad illud [82] quod primo obicitur dicendum est quod si predicatum dignius sit quam subiectum, tamen possibile est aliquid accidere predicato quod non accidit subiecto. Unde virtus negationis subiecti potest cadere supra predicatum etsi negatio predicati non possit cadere supra subiectum, et per virtutem negationis transmutatur in signum particulare affirmativum.

97 Ad aliud [83] dicendum est quod non est eadem proportio signi universalis affirmativi ad signum universale affirmativum, et signi universalis negativi ad signum universale negativum. Ideo interimenda est illa proportio.

98 Ad aliud [84] dicendum est quod ultimum signum non agit in primum, sed primum agit in seipsum. Cum enim negatio cadens **[V33ʳ]** supra negationem ponat affirmationem, cum signum universale negativum cadat supra reliquum facit affirmationem. Et sic efficitur affirmationem et remanet universale. Concedendum est igitur quod non transmutatur ab altero signo, sed a seipso

---

1 equipollet] equivalet *R* 1 est...negatio] simile est negatio cum *V* similiter est negatio *P* 2 additur] adveniat *P* 2 affirmativum] negativum *R* 3 sua] sui *P* 4 equipollet] equivalet *R* 4 idem...est] sed idem est *V* et idem sit enim *R* et idem est *P* 6 affirmativum] negativum *TVP* 7 universalitatem] universale *P* 10 signum] *om. T* 10 sophiste] in sophismate *R* 10 quod] et *R* 11 secundum] reliquum *R* 13 illud] aliud *RP* 13 primo] *om. R* 15 accidit] accidet *VP* 16-17 negatio predicati] *om. TVR* 17 per virtutem] quia virtus *R* 17 negationis] cadit supra ipsum et *add. R* 19 eadem] eidem *T* 20 signum universale] *om. R* 20 affirmativum] negativum *P* 21 signum universale] *om. R* 22 illa proportio] proportio *T om. VP* 24 sed] si *P* 24 cadens] adveniat *P* 25 ponat] ponit *RP* 26 cadat] *om. V* cadens *P* 27 affirmationem] affirmativum *TP* 28 transmutatur] mutatur *R* 28–p. 120,1 ab...non] *om. V* 28 altero] ultimo *P* 28 sed] et *P*

transmutatur, non primo, sed ex consequenti. Et possibile est quod aliquid agat in seipsum, non primo, sed ex consequenti, sicut manifestum est in operibus anime et intellectus.

99 [R280ʳᵇ] Ad aliud [85] quod obicitur dicendum est quod ad destructionem totius integralis non sequitur destructio cuiuslibet partis sue. Et quia signum universale denotat quod nichil sit sumere sub subiecto de quo non dicatur predicatus vel a quo **[T7ʳᵇ]** non removetur predicatus, et hoc non est in toto integrali. Et hoc est quia ad destructionem ipsius non sequitur destructio cuiuslibet sue partis. Et propter hoc non est signum universale negativum distribuens totum integrale. Est autem **[P122ʳᵃ]** signum universale negativum destribuens totum universale. Et per hoc patet propter quid non est signum particulare negativum in toto universali, quia ad negationem partis universalis non sequitur negatio totius, sed ad positionem partis sequitur positio totius. Et propter hoc est ibi signum particulare affirmativum.

100 Ad aliud [86] quod queritur dicendum est, **[V33ᵛ]** sicut vult Priscianus, quod hoc signum 'ullus' dependet ex infinito omnium numero. Et propter hoc magis determinate se habet ad quodlibet ens quam hoc signum 'aliquis'. Unde hoc signum 'aliquis' magis determinatum est ad partem. Propter hoc negatio adveniens supra hoc signum 'ullus' infinitationem illam reducit ad multitudinem et efficit signum universale negativum. Et fit negatio pro quolibet, sicut hoc signum 'ullus' prius se dabat intelligere pro quolibet, sed hoc signum 'aliquis' non se dabat intelligere pro quolibet, immo magis determinate pro aliquo solum. Et propter hoc ex ipso et negatione non poterit fieri signum universale negativum.

---

18 *Inst. gramm.* XVII, 46, p. 135²⁶.

---

1 et] hoc *add. TV* 2 seipsum] seipso *TVP* 2 sicut] et sic *V* 3 manifestum] verum *T* 3 est] quod *add. TV* 3 et] est *TV* 4 quod obicitur] *om. P* 6 sue] *om. P* 8 et] sed *RP* 9 ipsius] totius *P* 10 signum] *om. P* 11 totum integrale] in toto integrali *R* 12 totum universale] ipsum *R* 12 per] propter *VR* 14 partis] totius *add. P* 16 ibi] hic *R* 16 affirmativum] tamen non est signum particulare et hoc est quia ad negationem partis sequitur negatio totius sed ad positionem partis sequitur positio totius et propter hoc est ibi signum particulare *add. R* 17 aliud] autem *add. T* 18 priscianus] pris *sic saepius T* 18 dependet] pendet *V* 18 ex] et *P* 19 determinate] indefinitive(!) *P* 20 aliquis] aliquid *sic saepius P* 22 signum] quod dico *P* 22 ullus] infinitum *add. TV* 22 infinitationem] infinitantem *TVP* 23 et] eius quod *add. P* 23 fit] sic est *P* 24 ullus] nullus *TR* 25 sed ... quolibet] *om. R* 25 quolibet] numero *add. P* 26 ex] de *TVP* 27 poterit] potest *P*

I DE NEGATIONE 101 – 103

Quomodo distinguuntur orationes ex eo quod poterit esse negatio termini vel negatio orationis

101 Deinde queritur quomodo distinguuntur quedam orationes ex eo quod potest esse negatio termini vel negatio orationis. De qua <distinctione> pauca querenda sunt. Et secundum hoc distinguitur hec multiplex DUO PATRES ET DUO FILII SUNT TRIA ET NON PLURA, ex eo quod hec dictio 'non plura' potest dicere negationem termini vel negationem orationis. Sensus autem patebunt posterius.

De rationibus monstrantibus quod non sit distinguere inter negationem orationis et negationem termini

102 Sed quod ista distinctio non valeat videtur. Aristotiles in secundo *Periarmenias* docet consequentias ex virtute negationis, dicens quod ex hac **[V34ʳ]** 'homo est non iustus' sequitur 'homo non est iustus'. Ergo cum hoc quod est 'non iustus' dicat negationem termini, hoc autem 'non est iustus' dicat negationem **[T7ᵛᵃ]** orationis, ad negationem termini sequitur negatio orationis. Quare non differt negare terminum et negare orationem. Et sic distinctio nulla.

103* Item. Inter ea quorum uno posito ponitur alterum, non cadit distinctio, sicut non debet fieri distinctio inter hoc quod est 'homo' et hoc quod est 'animal'. Quare cum sic se habeant negatio termini et negatio orationis, quia una posita ponitur altera, sicut visum est, inter ipsa non cadit distinctio. Et sic distinctio nulla.

---

13 *De int.* 10, 19b30–31.

---

3 queritur] de alia distinctione scilicet *add. R*   3 quedam] alique *T*   4 termini] *om. P*   5 hoc] hanc distinctionem *P*   7 plura] et consimiles est enim illa oratio multiplex *add. P*   7 dicere negationem] esse negatio *P*   8 negationem] *om. P*   8 posterius] inferius *P*   11 ista] hec *P*   11 non valeat] nulla sit *V*   12 periarmenias] ubi *add. R*   12 ex virtute] *om. R*   12 negationis] infinitantis *P*   13 dicens] dicit *R*   13 ex hac] hec oratio *P*   13 sequitur] infert hanc *P*   13 homo] *om. R*   14 hoc quod est] *om. P*   15 termini...negationem] *om. V*   15 iustus] iustum *T*   15 dicat negationem] *om. V*   16 negationem] orationis non sequitur negatio termini sed ad negationem *add. R*   17 negare] *om. RP*   17–18 distinctio nulla] non valet predicta distinctio *P*   19 ponitur] ponit *T*   19 alterum] reliquum *P*   20 debet fieri] cadit *V*   20–21 hoc...homo] hominem *P*   20 est] dico *V*   21 hoc...est] *om. P*   21 animal] quare posito uno ponitur alterum *add. R*   21 se] *om. P*   22 negatio] *om. P*   22 una posita] uno posito *R*   22 altera] alterum *R*   23 cadit] est *R*   23 et...nulla] *om. P*

* cc. **103** et **104**: inverso ordine in R

104 Item. Omnis divisio habet esse inter opposita. Sed omnis distinctio est divisio. Ergo omnis distinctio habet esse inter opposita. Sed negatio termini et negatio orationis non sunt opposita, immo unum est de essentia alterius. Quare inter ipsa non debet esse distinctio. Et sic non valet distinctio quod possit esse negatio termini vel negatio orationis.

105 Item. Inter totum et partem non cadit distinctio. Sed negatio termini et negatio orationis se habent sicut totum et pars; est enim terminus pars orationis. Similiter negatio termini est negatio partis orationis. Quare inter ipsa non cadit distinctio. Et sic non est distinguere.

De rationibus monstrantibus quod semper debeat fieri negatio termini

106 [V34ᵛ] Item. Videtur quod semper debeat fieri negationem termini. Omnis enim negatio finita per compositionem qualitatis ad substantiam est negatio termini et non orationis, sicut patet cum dicitur 'non-homo'. Ergo cum ista negatio 'non-plura' sit negatio compositionis qualitatis ad substantiam — et hoc manifestum est, quia non est ibi aliqua alia compositio preter compositionem huius quod dico 'plura' —, quare illa negatio erit semper negatio termini.

107 Item. Pro eodem supponit terminus in antecedente et in consequente. Unde sicut iste terminus 'homo' supponit pro sup-

---

2 divisio] distinctio *P*   2 habet esse] *om. R*   3 divisio] quedam *add. VP*   3 distinctio habet] divisio debet *P*   5 unum] unum magis *V* potius unum *P*   5 debet...distinctio] cadit distinctio *T* est distinguere *P*   6 et...distinctio] *om. VRP*   6-7 quod...orationis] *om. RP*   7 negatio] *om. V*   9 negatio] *om. P*   11 negatio...orationis] pars negationis orationis*(!) P*   11 ipsa]talia *P*   11 et sic] quare *V*   11-12 et...distinguere] *om. RP*   14 fieri] *coni.* dicere *TVR* esse *P*   15 termini] in propositis *add. P*   15 enim] *om. TRP*   16 ad substantiam] cum substantia *T*   16 et non orationis] *om. VRP*   16 sicut] ut *RP om. V*   16 patet] in omnibus talibus *add. RP*   17 dicitur] sic dicimus *R*   17 homo] non animal *add. RP*   17 ergo] quod *R*   17 cum ista] si hec *P*   17 sit] est *P*   18 compositionis] finita per compositionem *VP* infinita per compositionem *R*   18 ad substantiam] cum substantia *R*   18 manifestum] *om. P*   19 alia] *om. VR*   19 preter compositionem] nisi *P*   20 quod dico] nominis *R*   20 plura] plato*(!) P*   20-21 quare...termini] quare ista negatio est negatio termini *R* et hec negatio termini *P*   21 termini] quare non est dicere quod ista negatio possit esse negatio orationis *add. R* quare non est dicere quod possit esse negatio orationis *add. P*

positis, cum sic dico 'omnis homo est animal', similiter in consequente supponit pro eisdem, cum sic dicimus 'ergo Sortes est animal, ergo Plato est animal'. Sed cum sic dicimus 'duo patres et duo filii sunt tria et unum', per hoc quod est 'unum' copulatur unitas termini. Ergo cum pro eodem fiat [T7^(vb)] negatio per hoc quod est 'non plura', fiet negatio termini et non negatio orationis. Et sic non est distinguere.

De rationibus monstrantibus quod semper debeat fieri negatio orationis

108 Sed quod semper debeat fieri negatio orationis videtur. Eadem est significatio dictionis in genere et in qualibet eius specie. Sicut enim nomen in genere significat substantiam cum qualitate, similiter omnis species nominis significat substantiam cum qualitate. Quare eadem est significatio coniunctionis et cuiuslibet coniunctionis. Ergo cum coniunctio per propriam eius [V35^r] significationem habeat annectere sententias et orationes, et quelibet [R280^(va)] eius species habebit annectere sententias et orationes. Sed si fiat negatio termini per hoc [P122^(rb)] quod est 'non plura', non annectit orationem sive sententias orationi, sed terminum. Ergo non fiet negatio termini, immo semper negatio orationis.

109 Item. Copulatio est quedam relatio. Sed relatio non potest sumi nisi per duas extremitates; extremitates enim sunt sub eadem parte orationis. Unde si unum est in genere substantie, et alterum; et si unum est qualitas, et alterum. Quare extremitates copulationis

---

1 animal] *om. P*   2 supponit] fit suppositio *P*   2 eisdem] suppositis *P*   2 sic] ergo *V om. P*   2 ergo] quod *R*   3 animal] *om. TVP*   3 est] etc. *add. TV* similiter iste terminus *add. T*   3 animal] *om. VP*   4 per...unum] per hunc unum *P om. T*   4 copulatur] tantum *add. T*   6 fiet] fiat *R*   7 est distinguere] valet distinctio *P*   9 debeat fieri] fit *P*   9 orationis] item quod hoc quod dico non plura sit negatio *add. V* et quod hoc quod est non plura sit oratio *add. P*   10 dictionis] coniunctionis *P*   10 et] coniunctionis *add. P*   11 in genere] *om. R*   12 omnis] eius *V* quelibet *RP*   14 ergo...significationem] sed significatio coniunctionis in generali *P*   14 per...eius] propriam *R*   15 habeat] suam scilicet *R* est *P*   15 orationes] quare *add. P*   15 eius] coniunctionis *P*   16 sententias et orationes] *om. TV* orationes *R*   17 per...plura] *om. T*   18 sive sententias] *om. RP*   19 immo semper] sed *RP*   19 negatio] *om. P*   20 sed relatio] *om. V* sed sicut relatio *R* relatio enim *P*   21 sumi] fieri *R*   21 duas extremitates] duo extrema *P*   21 extremitates] habet fieri *add. R*   21 extremitates...orationis] sic nec copulatio sed extrema sunt sub una specie entis *P*   21-22 enim] autem relationis *R*   22 qualitas] sub genere qualitatis *R* in genere qualitatis *P*   23-p. 124,1 quare... entis] *om. P*   23 copulationis] compositionis *V*

sunt sub eadem parte entis. Ergo si unum est complexum, et alterum; et si unum est incomplexum, et alterum. Sed cum alterum extremorum copulationis sit oratio, necesse est alterum esse orationem. Sed hoc non est possibile nisi sit negatio orationis. Quare semper fiet negatio orationis.

110 Item. Quod est proprium alicuius, non separatur ab ipso. Cum ergo proprium coniunctionis sit annectere sententias — et hoc significat Priscianus, cum sic dicit 'heu hodie homo *etc.*', quod si addatur coniunctio, necesse est aliam orationem subsequi —, quare coniunctioni est proprium annectere orationes et non terminos. Et sic non est distinguere quod possit terminos annectere vel orationes, immo semper orationes.

111 Item. Cum hoc quod dico [**V35ᵛ**] 'plura' dicat rem suam in respectu ad hoc quod precedit, sed precedit oratio, quare dicit respectum ad orationem. Sed pro eo pro quo dicit respectum, fit negatio. Quare per hoc quod dico 'non [**T8ʳᵃ**] plura' fit negatio orationis. Et sic non est distinguere.

Solutio

112 Solutio. Dicendum est quod sustinenda est distinctio, etsi non solvat sophisma, ex eo quod hoc quod dico 'non plura' dicere potest negationem termini vel negationem orationis. Si dicat negationem termini, sic dicunt quod verum est, et est sensus *duo patres*

---

8 *Inst. gramm.* XVII, 12–13, p. 116[11-13].

---

1 parte entis] specie generis *R*   2 incomplexum] simplex *P*   3 copulationis] compositionis *V* orationis copulative *P*   3 oratio] *om. P*   5 orationis] et non termini *add. R* et termini *add. P*   6 ipso] cuius est proprium *add. R*   7 annectere sententias] coniungere orationes *RP*   8 priscianus] ponendo orationem in qua sunt partes orationes preterquam coniunctio *add. P*   8 cum...etc.] dicens heu hodie homo etc. *R om. P*   8 homo] *om. V*   9 addatur] apponeretur *P*   9 coniunctio] *om. P*   9 est] esset *P*   9 aliam] alteram *R*   10–11 quare...terminos] sed si fiat negatio termini non coniunget orationes *P*   10 annectere] coniungere *R*   11–12 et...orationes] quare numquam erit negatio termini *P*   11 annectere] coniungere *VR*   12 orationes] quare non valet distinctio *add. P*   13 cum] *om. P*   13 dico] non *add. P*   13 dicat] dicit *P*   14 quare] ergo *P*   15 respectum] relationem *TV*   15 sed...respectum] *om. R*   15 pro quo] ad quod *P*   15 fit] in ipso *add. TV*   17 et...distinguere] quare non valet huiusmodi distinctio *P*   19 solutio] ad hoc *add. V*   19 dicendum est quod] *om. P*   19 etsi] sed si *V*   20 solvat] solum *R*   20 sophisma] *om. TVR*   20 quod] per *add. TV*   20 dico] est *V*   22 sic dicunt] tunc dicunt *R* tunc dico *P*

et duo filii sunt tria et non plura; et est idem 'non plura' et 'unum'. Et non attendatur vis in termino infinito, quia postea de ipso inquiremus. Si autem sit negatio orationis, sensus est *duo patres et duo filii sunt tria et non sunt plura*; et sic falsa, et sic improbatur.

113 De alia distinctione que est ibi ex eo quod potest esse copulatio inter terminos vel inter propositiones, dicetur postea; predicta enim distinctio non solvit sophisma per se, sed preexigit distinctionem que modo tacta est.

Respondetur ad rationes

114 Ad illud [102] autem quod obicitur quod ad negationem termini sequitur negatio orationis, dicendum quod in terminis dicentibus multitudinem ad negationem termini non sequitur negatio orationis. Ut patet: non enim sequitur 'non omnis homo currit; ergo **[V36ʳ]** omnis homo non currit'. Cum ergo hoc quod dico 'plura' dicat multitudinem, differunt in ipso negatio termini et negatio orationis. Et propter hoc est distinguere, sicut visum est. Verbum autem Aristotilis intelligendum est in terminis qui non dicunt multitudinem, sicut patet per exempla que ponit.

115 Per hoc patet solutio ad alterum [103], quod non sequitur semper ad negationem termini negatio orationis, ut in terminis dicentibus multitudinem. Propter hoc in ipsis est distinguere quod

---

3 Videas infra, I,150sqq.   6 Videas infra, IV,109.

---

1 et] sunt *add. TV*   1 et] quod *P*   1 et] quod *RP*   1 unum] quia ex hoc sequitur quod non sunt quatuor *add. P*   2 infinito] *om. R*   2 postea] post hec *TV*   2 ipso] hoc *P*   3 sit] fiat *R*   3 orationis] tunc *add. P*   4 sunt tria] etc. *P*   4 plura] plures *R*   5 est ibi] est cum ista *VR* accidit in sophismatibus *P*   5 ex eo] *om. P*   6 dicetur] docetur *V* dicimus *R*   7 predicta enim] predicta *TV* et dicatur quod predicta *R*   7 *ad* distinctio: nam prout dicit negationem termini ... est falsa nisi in ... aliqua dispositione *Tᵐ*   7 per se] *om. P*   7 preexigit distinctionem] exigitur distinctio *V* exigitur alia distinctio *R* etiam exigitur alia distinctio *P*   8 que ... est] *om. P*   8 modo tacta] nominata *T*   10 illud] aliud *TV*   10 autem] *om. P*   10 quod ... dicimus] *om. V*   11 termini] non *add. Rᵏ*   11 dicendum quod] ut patet *R*   11–13 in ... orationis] non est verum *P*   12 multitudinem] multiplicitatem *T*   13 orationis] quoad negationem termini non sequitur negatio orationis *add. V*   13 non omnis] non *VR* omnis non *P*   15 dico] non *add. P*   15 differunt] differt *R*   15 in ipso] *om. P*   16 et negatio] *bis in V*   16 negatio] *om. P*   16 distinguere] duplex *P*   17 autem] *om. R*   17–18 qui non dicunt] non dicentibus *P*   19 solutio] sic *V*   19 alterum] ultimum *V* aliud *R*   19 quod] quia *P*   21 distinguere] eo *add. R*

possit esse negatio termini vel negatio orationis. Sed in aliis in quibus una sequitur ad alteram, non est distinguere. Et propter hoc aliquando valet, aliquando non.

116 Ad aliud [104] dicendum est quod non semper exigitur quod divisio fiat per opposita, sed per divisa et separata potest fieri aliquando, ut si dicam 'hominum alius Sortes, alius Plato'. Similiter distinctio exigit quod disparata sint ea inter que est distinctio. Sed sic se habent **[T8ʳᵇ]** negatio termini et negatio orationis. Disparata enim sunt. Et propter hoc inter ipsa potest fieri divisio vel distinctio.

117 Per hoc patet solutio ad aliud [105], quare inter totum et partem potest cadere distinctio. Unde si unum est de essentia alterius, tamen sunt disparata. Et propter hoc inter ipsa potest cadere distinctio. Supposito ergo quod negatio termini sit **[V36ᵛ]** pars negationis orationis — quod forte non est verum —, tamen inter ipsa potest cadere distinctio.

118 Ad aliud [106] dicendum est quod termini accidentales dicunt ex virtute sua quandam compositionem. Quod significat Priscianus cum dicit quod idem est 'album' et 'id quod est album'. Sciendum igitur quod in hoc quod est 'plura' potest intelligi quedam compositio verbi mediante qua **[P122ᵛᵃ]** finietur illa negatio secundum quod fit negatio orationis, ut sit sensus *duo patres et duo filii sunt tria et non sunt plura*. Et ita illa negatio non semper sistit in hoc quod dico 'plura', quia sic esset negatio termini sem-

---

19 Cf. *Inst. gramm.* II, 18, p. 55⁶.

---

1 negatio] *om. P*   2 una] unum non *P*   2 alteram] alterum *P*   2 propter hoc] sic *R*   3 aliquando] aliquotiens *R*   3 valet] est distinctio *P*   3 aliquando] aliquotiens *R* autem *add. P*   4 semper] *om. R*   5 quod] omnis *add. R*   5 divisio] vel distinctio *add. P*   5 fiat] fiant(!) *V*   5 sed] semper *add. V* aliquando fit *add. P*   5 et] sive per *P*   5 separata] non *add. R*   6 fieri] *om. R*   6 aliquando] aliquotiens *R*   7 disparata] distincta V distincta et separata *P om. R*   7 sint... distinctio] inter ea est distinctio sicut separata *R*   7 est] fit *P*   8 habent] habet *TP*   9 disparata] distincta *VP*   9 fieri] esse *P*   11 ad aliud] *om. TVP*   11 quare] quod *VR om. P*   12 potest cadere] cadit *R*   12 distinctio] divisio *V*   12–14 unde... distinctio] *om. R*   13 tamen sunt] cum sint *V*   13 disparata] et aliquomodo diversa *add. P*   13 propter hoc] ita *P*   14 supposito ergo] et propter hoc supposito *V* unde supposito *R*   15 pars negationis] negatio *R*   16 potest... distinctio] poterit distinguere *V*   18 ex virtute sua] ex virtute sue rei *R* de natura sua *P*   18 quod] quam *V*   19 cum dicit] *om. R*   19 et] quod *P*   20 in] *om. R*   20 hoc quod] *bis in R*   20 est] dico *P*   20 plura] cum sit terminus accidentalis *add. P*   21 verbi] *om. R*   21 finietur] finitur *P*   23 sunt] *om. P*   23 negatio] secundum quod *add. R*   23 semper] *om. R*   24 dico] est *P*   24 termini] infiniti *add. VR*

per, sicut obiectum est. Sed poterit fieri per compositionem illam que ibi intelligitur. Et sic aliquando erit negatio orationis, aliquando autem termini.

119 Ad aliud [107] dicendum est quod hoc quod dico 'non plura' dupliciter potest accipi: secundum se — et tunc est oratio indifferens ut possit esse negatio termini vel negatio orationis — vel potest intelligi in comparatione ad antecedens — et sic potest fieri negatio termini solum. Sed sic non iudicamus de ipsa oratione, sed iudicamus de ipsa secundum possibilitatem ipsius et secundum possibilitatem termini.

120 Ad aliud [109] dicendum est quod extremitates copulationis aliquando sunt **[V37ʳ]** termini, aliquando orationes. Et quando unum extremum copulationis est terminus, necesse est alterum extremum esse terminum, quando alterum est oratio, necesse est alterum esse orationem. Et propter hoc, quia extremum illius orationis a parte ante potest esse terminus vel oratio indifferenter, et **[R280ᵛᵇ]** similiter a parte post ut aliquando sit terminus —et hoc quando fit negatio termini —, aliquando oratio — et hoc quando fit negatio orationis. Sciendum est igitur ad obiectum quod duplex est sententia: est enim quedam sententia que est cum vero et cum falso, et hec est sententia complexi, est autem alia sententia que est sine vero et falso, et hec est sententia incomplexi. Et propter hoc utramque sententiam potest **[T8ᵛᵃ]** coniungere indifferenter.

---

1 obiectum] habitum *P* 1 illam que ibi] aliam que *TVP* 2–3 aliquando... termini] aliquando autem non *V* et aliquando termini *R* 5 accipi] sumi *R* scilicet *add. P* 5 tunc] sic *P* 5 oratio] negatio *R om. P* 7 intelligi in comparatione] considerari in relatione *VR* intelligi per relationem *P* 7–8 potest fieri] debet esse *P* 8 solum] *om. P* 8 iudicamus] intendimus *T* 9 iudicamus] intendimus *T* 9–10 ipsius... possibilitatem] *om. P* 12 copulationis] termini *T* 12 aliquando] sunt *add. P* 13–14 necesse... esse] oportet quod aliud sit *P* 14 alterum] autem *P* 14 oratio] negatio orationis *V* orationis *R* 15 extremum] extremitates *R* 16 a parte ante] aliquando *R* 17 et] erit *add. P* 18 et hoc] ut *P* 18–19 termini... negatio] *om. R* 18 aliquando] vero *add. P* 19 et hoc] ut *P* 19 sciendum] solvendum *P* 19 est igitur] est *VP* tamen *R* 20–21 est... complexi] quedam complexi *T* quedam complexa *R om. P* 21–23 est... incomplexi] quedam incomplexi *T* quedam incomplexa *R* et est alia sine vero et falso et hec est in(*!*) incomplexa *P* 23 incomplexi] et quia coniunctio non semper querit coniungere sententiam veram vel falsam immo aliquando sine vero vel falso *add. P* 23 utramque... indifferenter] potest coniungere complexum incomplexo aliquando incomplexum incomplexo *V* utramque potest coniungere scilicet sententiam *R* indifferenter potest complexum cum complexo vel incomplexum cum incomplexo coniungere *P*

121 Ad aliud [110] solvendum est per interemptionem, quoniam non semper est oratio extremum copulationis, sed aliquando terminus. Et propter hoc non coniunget semper orationes, sed aliquando terminos. Concedendum est ergo quod extrema relationis semper sunt sub eadem differentia entis, ut si unum complexum est, et reliquum. Sed non oportet quod semper sint orationes, immo possunt esse aliquando termini, aliquando orationes. Et sic [**V37ᵛ**] potest hoc quod dico 'plura' esse terminus vel oratio.

122 Similiter solvendum est ad aliud [111], quod hoc quod dico 'non plura' non semper dicit respectum ad orationem, sed aliquando ad terminum. Et propter hoc negabitur aliquando sicut terminus, aliquando sicut oratio. Et sic potest esse distinctio et solvere sophisma cum alia predicta distinctione.

De terminis infinitis

123 Postea queritur de secundo proposito. Et primo queritur utrum transcendentes termini possunt infinitari, et qui termini habent infinitari et qui non. Secundo queritur utrum terminus infinitus possit predicari de non ente.

Utrum termini transcendentes possint infinitari

De rationibus quod sic

124 Quod autem transcendentes termini possint infinitari videtur. Negatio faciens terminum infinitum querit compositionem qualitatis ad substantiam. Ergo si hec est causa sufficiens ad hoc quod possit esse terminus infinitus, cum in omnibus terminis tran-

---

1 quoniam] quod *VR*   2 oratio] *om. V*   3 semper] *om. R*   3 aliquando] *om. P*
4 ergo] etiam *R om. V*   5 differentia] specie *P*   5 si] sit *R*   5 complexum] contrariorum *T*   6 est] *om. R*   7 possunt esse] sunt *P*   7 sic] similiter *TP*
8 dico] non *add. R*   9 solvendum] dicendum *P*   9 ad aliud] *om. P*   9 hoc quod dico] *om. P*   10 respectum] relationem *R*   11 negabitur] negatur *R* tenetur *P*
11–12 sicut ... aliquando] *om. R*   13 alia] *om. V*   15 postea queritur] querendum est *P*   15 de ... queritur] *om. P*   16 possunt] possint *V*   16–18 et ... ente] *om. P*   16 termini] prius *add. R*   17 queritur] *om. TVP*   21 quod autem] et quod *P*   22 infinitum] ut intellectum(!) *V*   22 querit] *om. R*   23 hec] *om. P*
23 ad hoc quod] quare *P*   24 esse ... infinitus] terminus infinitari *P*   24 omnibus] *om. R*   24 terminis] *om. P*

scendentibus sit compositio qualitatis ad substantiam — cum enim sint nomina, oportet quod in ipsis fit compositio qualitatis ad substantiam —, videtur quod termini transcendentes possint infinitari.

125 Item. Sicut se habet negatio faciens propositionem negativam ad compositionem actus, sic se habet negatio faciens terminum infinitum ad **[V38ʳ]** compositionem qualitatis cum substantia. Cum ergo negatio faciens propositionem negativam possit addi cuilibet compositioni actus, tam generali quam speciali — ut convenienter dicatur 'Sortes non est' et 'Sortes non currit' —, ita negatio faciens terminum infinitum poterit addi cuilibet compositioni qualitatis cum substantia, sive generali sive speciali. Et ita nominibus transcendentibus poterit addi negatio. Quare secundum hoc termini transcendentes poterunt infinitari.

126* Item. Termini infiniti inventi sunt ad significandum **[T8ᵛᵇ]** initia motuum, ut patet cum sic dicitur 'ex non-igne fit ignis'. Sed duplex est motus. Est enim quidam motus cui subicitur aliquid et qui fit supra aliquid preexistens. Et talis motus est generatio sive alteratio. Est autem alius motus qui non est ex aliquo preexistenti. Et talis motus est creatio; fit enim creatio non ex aliquo preexistenti. Ergo cum termini infiniti inventi sint ad significandum initia motuum, ex hoc erit ponere duplicem terminum infinitum, ut unus sit qui non relinquat aliquid — et talis significat initium motus qui est creatio —, alius autem sit qui relinquit aliquid — et talis significat initium motus qui est generatio. Cum igitur non sit **[V38ᵛ]** terminus infinitus qui non relinquat aliquid preter hoc

---

1–3 cum ... substantiam] *om.* P   3 possint] possunt V possit*(!)* P   4 propositionem] orationem P   6 cum substantia] ad substantiam P   7 cum ergo] sed ita se habet P   7 faciens propositionem] faciens orationem R orationis P   7 negativam] ad compositionem quod P   8 tam] tam cum R   8 quam] quam cum R   9 convenienter] cum P   9 dicatur] dicitur RP   9 sortes ... et] *om.* R   9 est] currit T   9 currit] est T   9 ita] et R ergo et P   10 compositioni] ut convenienter dicatur sortes et non est *add.* R   11 qualitatis ... speciali] nominis VP *om.* R   12 negatio] *om.* VP   13 termini transcendentes] *om.* P   14 inventi] innati TV   15 patet] *om.* VRP   15 sic] *om.* P   16 est enim quidam] unus TR   17 qui ... preexistens] supra quod aliquid est existens T qui fuit supra aliquod preexistens V   17 preexistens] et talis est motus *add.* R   17–19 et ... preexistenti] *om.* V   18 sive] vel R et P   18 preexistenti] preiacenti T   19 enim existenti *add.* V   20 inventi] innati TV   20 sunt] sint RP   21 initia] initium R   21 ex] secundum V per R   22 significat] est significans P   22 initium] *om.* R   23 qui est] ut P   23 alius ... sit] est autem alius R et alius sit P   23 relinquit] relinquat V   24 significat] terminus significat V significans P   24 initium] *om.* R   24 qui est] ut P   24 generatio] vel alteratio *add.* P   25 terminus infinitus] terminus V *om.* R   25 non] *om.* R

quod dico 'non ens', necesse est ponere ut iste terminus 'ens' possit **[P122ᵛᵇ]** infinitari, ut dicatur 'ex non ente fit ens', 'ex nichilo fit aliquid', sicut cum dicitur communiter quod ex non igne fit ignis. Et ita secundum hoc termini transcendentes possunt infinitari.

* cc. 126 et 127: inverso ordine in R

127 Item. Quecumque opponuntur sicut affirmatio et negatio, quod ponitur per unum necesse est privari per alterum. Sed 'ens' et 'non ens' opponuntur sicut affirmatio et negatio; non enim est ponere quod alio genere oppositionis opponuntur. Quare quod ponitur per unum, privatur per reliquum. Cum ergo per hoc quod dico 'ens' ponitur quidlibet, et per hoc quod dico 'non ens' privatur quidlibet. Sed hoc modo est terminus infinitus. Quare oportet ponere quod termini transcendentes possunt infinitari.

128 Item. Omnis negatio finita in termino sumpto secundum se et non lata ad compositionem facit terminum infinitum, ut si dicatur 'homo est non iustus'. Sed cum dicimus 'homo est non ens', hic est negatio finita in termino non lata ad compositionem. Ergo huiusmodi negatio facit terminum infinitum. **[V39ʳ]** Quod autem non sit lata ad compositionem manifestum est, quoniam regula est quod:

Negatio non revertitur.

Item. Si illa negatio feretur ad compositionem, illa propositio esset negativa. Quod est contra Aristotilem, qui dicit **[T9ʳᵃ]** in libro

---

23 Cf. *De int.* 10, 19b30–31.

---

1 non] *om.* TVR 1 ponere ut] quod R 1 iste terminus] hoc quod dico P 2 infinitari] esse terminus infinitus TVR 2 ut] sic *add.* V 2 nichilo] ullo R 3 cum ... communiter] communiter dicitur V dicitur P 3 quod] *om.* R 4 et ... hoc] quare videtur quod P 4 possunt] poterunt R 7 necesse ... privari] privatur P 7 alterum] reliquum V 8 opponuntur] opponitur V 8 non enim] quia non P 8 est] *om.* R 9 opponuntur] opponitur T 9 quare] quia V 10 privatur] ponitur R 10 cum ergo] sed P 10–11 hoc ... dico] *om.* P 11 ponitur] privatur R 11 et] ergo P 11 hoc ... dico] *om.* P 11 non ens] ens R 12 privatur quidlibet] *om.* R 12 hoc modo] ita R 12 quare oportet] ergo necesse est P 13 oportet ... infinitari] etc. T 13 termini] *om.* V 14 finita] sumpta R 14 sumpto] *om.* R 15 et] *om.* P 15 compositionem] aliquam compositionem verbi P 15 facit] est faciens P 16 dicatur] dicimus V sic *add.* R 16 cum] sic *add.* P 17 termino] et *add.* V 18 huiusmodi ... infinitum] non ens poterit infinitari P 19 autem] *om.* P 19 compositionem] aliquam *add.* P 19 manifestum est] patet P 20 est] *om.* R 22 illa negatio] *om.* TV 22 feretur] fertur TV esset lata P 22 compositionem] ut *add.* V iam *add.* P 22 esset] est TP 23 negativa] negatio R 23 qui dicit] dicit enim VR dicit ibi P

Periarmenias quod hec est affirmativa de predicato negato, 'hoc est non-iustum'.

129 Item. Affirmatio et negatio habent esse de eodem. Sed hoc quod est 'ens' et hoc quod est 'non ens' opponuntur sicut affirmatio et negatio. Quare cuius est positio per unum, eiusdem erit privatio per alterum. Sed positio huius quod est 'ens' est positio termini. Quare eius privatio est privatio termini. Quare cum sic dicimus 'non ens' erit negatio termini. Sed talis negatio facit terminum infinitum. Quare hoc quod est 'non ens' erit terminus infinitus. Quare termini transcendentes possunt infinitari.

De rationibus in contrarium

130 Si hoc dicatur, contra. Dicit Aristotiles quod ad signum non est addenda negatio. Sed hoc est intelligendum de negatione termini infiniti, quoniam ad signum non est addenda negatio que facit terminum infinitum. Sed hoc est propter hoc quod signum **[P281ra]** transcendit quodlibet genus. Quare cum huiusmodi nomina 'ens', 'aliquid' transcendant quodlibet genus, non poterunt infinitari.

131 Item. Terminus infinitus **[V39v]** relinquit aliquid. Quare si est ponere quod ens posse fieri terminum infinitum, oportet quod ipsum relinquat aliquid. Sed si relinquat aliquid, illud est ens. Quare ponitur ens et non ens. Sed hoc est impossibile. Quare

---

12 Cf. *De int.* 10, 20a7–9.

---

3 sed] *om. TVR*   4 hoc...est] *om. P*   4 hoc...est] *om. P*   4 opponuntur] opponitur *V*   5–6 quare...alterum] *om. P*   5 cuius] cum *R*   5 positio] compositio *T* privatio *R*   5 eiusdem] eius *V*   6 erit] *om. T*   6 privatio] positio *R*   6 sed] quare si *R*   6 positio...est] per hoc quod dico *P*   7 quare] et *R*   7 quare...termini] *om. P*   7 est] erit *V*   7–8 quare...dicimus] ergo per hoc quod dico *P*   8 dicimus] dicitur *V*   8 ens] hec *add. V*   8 sed...negatio] et privatio termini *P*   8 talis] illa *V*   9 hoc quod est] *om. P*   9 est] dico *RV*   10 quare termini] et ita nomini *P*   10 possunt infinitari] erunt termini infiniti *R*   12 si] item si *TR*   12 dicatur] concedatur *V*   12 dicit] enim *add. P*   13–15 sed...infinitum] *om. P*   14 est addenda] potest addi *V*   15 est...quod] non est ponere nisi *R* non est nisi quia *P*   16 transcendit] transcendat *V*   16 quodlibet genus] quidlibet *P*   16–17 genus...quodlibet] *om. V*   17 quodlibet] *coni.* quidlibet *codd.*   19 item...aliquid] *om. RP*   19–20 quare...infinitum] *om. RP*   20 si] non *T*   20 posse...infinitum] infinitetur quare *T*   20–21 oportet...aliquid] *om. P*   21 quod] ut *V*   21 sed...aliquid] *om. V*   21 aliquid] esse *add. T*   21 illud est] tunc est *V* erit *P*   22 ens] si privat ens *add. P*   22 ponitur] ponit *VRP*   22 non] privat *P* semper *add. R*

impossibile est quod hoc quod dico 'ens' sit terminus infinitus, et similiter alii termini transcendentes.

132 Item. In quolibet termino infinito privatur forma et remanet suppositum. Secundum hoc ergo non potest terminus infinitari in quo est eadem forma cum supposito et in quo impossibile est formam separari a supposito manente supposito. Ergo cum hoc quod dico 'ens' non habeat formam differentem a supposito, ideo est aliquid simplex predicabile de quolibet ente supposito. Possum enim dicere 'Prima Causa est ens'; 'Intelligentia est ens'. Quare videtur quod hoc quod dico 'ens' non possit infinitari, neque termini transcendentes.

Qui termini possint infinitari

133 Queritur qui termini possint infinitari. Dicitur enim quod negatio infinitans removet formam a supposito, remanente materia. Sed hoc non videtur possibile, quia forma **[T9rb]** est principium intelligendi unumquodque quod est et principium essendi. Quare quod privatur a forma, privatur a principio intelligendi. Ergo si terminus infinitus privatur **[V40r]** a forma, non erit intelligibile. Quare non erit intelligibile quod possit esse terminus infinitus.

134 Item. Forma substantialis dat esse ei cuius est forma. Sed hoc quod dat alicui esse, non potest ab ipso privari. Quare forma

---

1 quod... ens] hoc quod dico ens *V* ut *R om. P* 1 sit... infinitus] esse terminum infinitum *V* sit infinitus *P* 2 similiter] sunt *add. R* 3 infinito] *om. P* 4 non... terminus] ille terminus potest *VR* solum ille terminus potest *P* 5 est eadem] differt *VP* non differt *R* 5 cum] a *VRP* 5 impossibile] possibile *VP* 6 a supposito] supposito *P om. VR* 6 manente] remanente *R* 7 habeat] habet *T* 7 supposito] uno *add. V* 7 ideo est] immo sic *V* ideo fit *P* 8 aliquid] quid *VP* ibi quid *R* 8 ente supposito] ente simplici *V* enti(!) *P* 9 prima causa] privatio *P* 9 quare] *om. VP* 10 quod dico] *om. R* 10 infinitari] aliquo modo *add. P* 10 neque] non similiter *T* nec *R* 13 queritur qui] sequitur qualiter *V* item queritur qui *R* queritur quomodo *P* 13 dicitur enim] et dicitur *R* quia dicitur *P* 14 a] *om. R* 14 materia] supposito sive materia *V* sine forma *R* 15 non... possibile] videtur impossibile *VRP* 15 quia] sic *P* 16 unumquodque... est] in unoquoque *T* unumquodque *VP* 16 et] quare *add. T* 16 principium] *om. P* 17 privatur] ab esse sive *add. R* 17 intelligendi] et essendi *add. P* 18 privatur] privetur *R* 18 erit] est *R* 19 intelligibile] intelligere *P* 19 quare... intelligibile] *om. P* 19 possit esse] sit *V* possit *P* 20 infinitus] infinitari *P* 21 substantialis] essentialis *R* 21 esse] *om. R* 21 ei] rei *V* 22 hoc] *om. PR* 22 ab ipso] ab eo *T* eo *P* 22–p. 133,1 forma substantialis] *om. R*

substantialis non potest privari a termino. Sed non fit terminus infinitus nisi per privationem forme. Quare aliquis terminus substantialis non poterit infinitari.

135 Item. Forma non potest privari nisi ab eo cuius est forma. Ergo si terminus substantialis infinitetur, privatur forma a suppositis eius quod est. Quare iste terminus 'non homo' supponeret solum pro eis qui fuerunt homines. Quare non poterit predicari nisi de hiis quibus convenit fuisse homines. Et sic, sustinendo hunc terminum 'non homo' secundum quod est terminus infinitus, hec erit falsa 'asinus est non homo'. Quod est contra communiter loquentes. Propter hoc queritur quid sit dicere quod forma privatur et remanet materia, et utrum intelligitur de materia que est subiectum generationis et corruptionis cuiuslibet, vel de illa que est de suppositione termini, vel de **[P123ra]** aliquo alio.

136 Item. Si terminus infinitus privat formam et retinet **[V40ᵛ]** materiam: cum hoc quod est 'mortuum' additum huic quod est 'homo' privet formam et non materiam, tunc adveniens hoc quod est 'homo' facit terminum infinitum. Et ita hoc quod dico 'homo mortuus' esset terminus infinitus. Quod falsum est. Similiter sicut convenienter dicitur 'asinus est non homo', ita convenienter diceretur 'asinus est homo mortuus'. Quod falsum est.

137 Et propter hoc queritur qualiter differat privatio termini infiniti, ut huius quod est 'non homo', a privatione importata per

---

1 fit] est *P*   2 per privationem] a privatione *R*   2-3 aliquis ... substantialis] aliquis terminus *T* terminus *P*   3 non] *om. P*   3 infinitari] privari sive infinitari *R*   4 forma] ergo si infinitetur ille terminus homo privabitur forma a suppositis huius quod est homo *add. P*   5 terminus ... infinitetur] sit terminus infinitus *T* terminus substantialis infinatur *V* si infinitetur ille terminus homo *P*   5 privatur] privabitur *P*   5 forma a suppositis] a forma gratia eius *T*   6 eius ... est] eius quod est homo *V* huius quod est homo *P*   6 supponeret] supponit *P*   7 predicari] privari *RP*   8 convenit] contingit *P*   8 et sic] ergo *P*   8 sustinendo] sumendo *V*   11 loquentes] item *add. R*   11 quid] hic *add. R*   11 privatur] privetur *TR*   13 et] vel *R*   13 cuiuslibet] *om. RP*   13-14 illa ... suppositione] qua vel de suppositione *T* qua vel de quo supposito *V* qua vel de supposito *P*   14 termini] termino *P*   15 privat] privet *P*   15 retinet] relinquit *P*   16 materiam] materia *VR*   16 cum] *om. P*   16 est] dico *P*   16 mortuum] *om. R*   17 privet] privat *T*   17-18 privet ... homo] *om. P*   17-18 hoc ... est] hoc quod dico *V* huic termino *R*   18 facit] faceret *P*   18 et ... infinitus] *om. P*   18 homo] *om. TRP*   19 similiter] sequitur etiam quod *V* sequeretur enim quod *P*   20 ita] vel *V* sicut *R*   20 diceretur] dicitur *VP*   21 falsum] inconveniens *P*   22 et ... hoc] propter hoc *V* item hic *P*   22 queritur] generaliter *add. R*   22 qualiter] in quo *P*   22 differat] differant *R*   23 ut] *om. V*   23-p. 134,1 importata per hoc] eius *P*

hoc quod dico 'mortuum'. Item. Queritur cum terminus infinitus possit poni in oratione, propter quid verbum infinitum non possit **[T9ᵛᵃ]** poni in oratione.

Solutio

138 Solutio. Dicimus quod termini transcendentes possunt infinitari. Notandum tamen est quod duplex est terminus infinitus. Est enim quidam terminus infinitus in quo privatur forma et remanet materia. Et talis terminus infinitus relinquit aliquid, nec habet predicari de non ente, sed de ente solum. Quod significat Aristotiles per quasdam consequentias quas ponit in secundo *Periarmenias*. Dicit enim quod sequitur 'hoc est non iustum; ergo non est iustum'. Et intelligendum est propter hoc quod hec 'hoc non est iustum' non ponit aliquid esse, hec autem 'hoc est non iustum' ponit aliquid. Et secundum hoc **[V41ʳ]** manifestum est quod terminus infinitus relinquit aliquid. Est autem alius terminus infinitus qui nichil ponit et in hoc privatur forma et materia, et nichil relinquit nec habet predicari de ente. Et talis terminus est 'non ens' et hoc quod dico 'non aliquid', non prout est modus sed sicut res, sicut iam videbitur.

139 Sciendum est igitur quod sic sumendo terminum infinitum quod non relinquit aliquid, sicut positum est, sic possunt 'ens' et

---

11 *De int.* 10, 19b30–31.

---

1 dico] est *R*   1 item] et *R*   1–2 cum ... oratione] *om. RP*   2 propter] *om. R*
2 verbum] nomen autem *P*   2–3 non ... oratione] potest poni in oratione *P*
3 oratione] similiter *add. R*   6 infinitus] *om. V*   8 talis] hic *TVR*   8 aliquid] *om. R*   10 per] secundum *R*   10 quasdam] *om. P*   10 consequentias] convenientias *T*   11 enim] *om. TR*   11 non est] est non *P*   11 est non] non est *P*
12 intelligendum] hoc *P*   12 propter hoc quod] quia *P*   12 hec] ista *P*
12 hoc] *coni.* homo *V om. cett.*   13 esse] *om. RP* scilicet subiectum *add. V*   13 hoc] *om. R*   14 aliquid] scilicet hominem esse *add. TV*   15 relinquit] ponit *P*   15 aliquid] est autem terminus infinitur qui nichil relinquit *add. R*   15 alius] aliter *T om. V*   16 ponit] relinquit *P*   16 in] *om. V*   16 et nichil] *bis in R*   16–17 nichil ... nec] *om. P*   17 habet] talis non potest *P*   17 de ente] de non ente *V* nisi de non ente *P*   17 teminus] terminus infinitus *V* ille terminus *P*   18 et ... dico] *om. TP*   18 non aliquid] *om. R*   18 est modus] modus *R* dicit modum *P*   19 sicut res] res *R* prout dicit rem *P*   19 sicut ... videbitur] sicut videtur *V* videtur et hoc videtur *R*   20 est igitur] autem *T* ergo *R* est ergo *P*   20 sic] *om. VRP*
21 quod] quo *R*   21 non ... aliquid] non relinquit *R* nichil relinquit *P*
21 sicut ... est] *om. VRP*   21 sic possunt] potest *VRP*   21 ens] et unum *add. P*

'aliquid' infinitari. Sumendo autem altero modo non potest, quia sic poneret duo contradictorie opposita, sicut obiectum est. Et hoc modo sumendo terminum infinitum est sicut initium motus qui est creatio, sic dicendo 'ex non-ente fit ens'. Altero autem modo sumendo est sicut initium motus qui est generatio vel alteratio, ut cum dicitur 'ex non-igne fit ignis', 'ex non-aere fit aer'. Concedendum est igitur rationes [124–129] per quas ostensum est quod hoc quod dico 'ens' possit infinitari.

Respondetur ad rationes

140 Ad primum [130] in contrarium dicendum est quod etsi hoc quod dico 'ens' transcendat quodlibet genus, tamen significans est sicut res aliqua, et non sicut modus. Et propter hoc potens est ut per ipsum finiatur negatio sine aliquo **[V41ᵛ]** extra. Et sic **[T9ᵛᵇ]** potest esse terminus infinitus. Sed hoc signum 'omnis' et 'aliquis', etsi transcendant quodlibet, tamen, cum non significent rem aliquam sed significant rem suam sicut modus, et ita non potest in ipsis finiri negatio sine aliquo extra. Et hoc exigit negatio que facit terminum infinitum. Et propter hoc non possunt esse termini infiniti nec aliquod aliud signum. Et sic patet qui termini possunt infinitari et qui non, quoniam termini qui significant aliquid sicut res, et non sicut modus. Tamen intelligendum est quod hoc quod dico 'aliquid' potest infinitari secundum quod dicit 'aliquid' ut res. Et hoc modo convertetur cum ente, sicut dicit

---

23 Cf. *Metaph.* IV 2, 1003b22–23: "Ens et unum convertuntur." (*Auct. Arist.* 1, 90)

---

1 altero] alio *RP* 2 duo ... opposita] duas contradictoire oppositas *R* 3 infinitum] *om. R* 3 est sicut] est *TV* dicitur *P* 4 dicendo] quidem *P* 4 ens] ex nichilo fit aliquid *add. P* 4 ens ... fit] *om. R* 4 antero] alio *P* 5 est sicut] *coni.* est *TV* dicitur *P* 5 alteratio] altero *T* 6–8 ut ... infinitari] *om. P* 7 per] contra *V* 7–8 per ... dico] *om. R* 10 ad ... modu] *om.* 10 etsi] *om. VR* 11 quodlibet genus] *om. V* quodlibet *R* 12 sicut] *om. R* 12–13 potens est] possit *V* 13 finiatur] sumatur *P* 13 sine ... extra] sine altero ultra *V* sine altero extra *R om. T* 13–14 et ... infinitus] *om. P* 15 transcendant] transcendat *V* 15 quodlibet] quidlibet *P* 15 tamen] *om. R* 15–16 cum ... aliquam] non cum rem significat *R* cum non significat rem suam *P om. V* 16 sed ... suam] *om. P* 16 significat ... suam] significat rem suam *T om. R* 16 sicut modus] ut *P* 16 ita] sic *R* ideo *P* 17 in ipsis] ex illis *P* 17 finiri] esse *TV* 17 sine ... extra] sine altero extra *VR om. T* 17 et ... negatio] *om. TV* 19 aliquod aliud] etiam aliud *TV* 19 sic] secundum hoc *VRP* 21 aliquid sicut] ut *P* 21 sicut] ut *P* 23 sicut] sicut quod *V* secundum quod *P* 23–p. 136,1 sicut ... conventuntur] *om. P*

Aristotiles quod 'ens' et 'unum' et 'aliquid' convertuntur.

141 Ad alia duo [131–132] solvendum est **[R281ʳᵇ]** quod terminus infinitus relinquit aliquid, et privatur forma et remanet materia. Hoc autem non est intelligendum de quolibet termino infinito, sed solum de illis terminis infinitis qui significant initia motuum alterationis, sicut sunt termini accidentales, sicut 'non album', 'non iustum', et aliqui termini substantiales qui possunt transmutari secundum formas accidentales, sicut 'ignis', 'aer'. Unde si igneitas vel aereitas sint forme essentiales, non proprie sunt forme substantiales, **[V42ʳ]** sed aliquo modo accidentales. Unde duplex est qualitas in elementis: una substantialis et altera accidentalis. Et cum ex uno fit alterum, ibi est generatio quantum ad formas substantiales, et alteratio quantum ad formas accidentales.

142 Ad aliud [135–136] quod queritur de termino infinito qualiter infinitetur, sciendum quod in termino infinito privatur forma a qua imponitur terminus et etiam debitum suppositum. Unde cum terminus substantialis infinitatur, non est natura aliqua determinata ad aliquod ens. Ideo se habet per indifferentiam ad quodlibet, et de quolibet potest predicari, tam de ente quam de non ente, dummodo **[P123ʳᵇ]** illud de quo dicitur non habeat in se formam repugnantem, ut aliquis homo, sicut Sortes **[T10ʳᵃ]** et Plato. Et hoc manifestum est quoniam convenienter dicitur 'asinus est non-homo', 'lapis est non-homo' et similiter 'chimera est non-homo'. Et hoc significat Aristotiles in libro *Periarmenias*, dicens

---

24 *De int.* 3, 16b15–16.

---

3 aliquid] et secundum hoc in quolibet termino infinito *R*   3 et] unde *R*
3 privatur forma] privatur a forma *T* privat formam *P*   4 est] *bis in V*   5 solum]
om. P   5 terminis infinitis] terminis *T om. P*   5–6 initia motuum] motus *T*
6 sunt] *om. T*   6 sicut] ut *P* sunt *add. R*   7 substantiales] ut *P*   8 formas] formam(!) *P*   8 unde si] unde sicut *T* item si *R*   9 essentiales] substantiales *TP*
9 proprie] solum *T*   10 forme] *om. P*   10 aliquo modo] alique *TVR*   11–12 una ...
accidentalis] scilicet substantialis et accidentalis *P*   12 cum] *om. R*   12 ibi est]
inest *V*   13 et ... accidentales] quantum autem ad accidentales est ibi alteratio
R quantum ad acidentales forme est alteratio *P*   14 aliud] id *V* dicimus *add. T*
14 queritur] obicitur *R*   15 infinitetur] infinatatur *R*   15 termino] substantiali
add. P   16 forma] substantialis *add. P*   16 a qua] qua *R*   16 etiam debitum]
deficit *P*   17 cum ... infinitatur] cum terminus substantialis infinitus *T* terminus substantialis infinitatur *P*   17 natura aliqua] eius materia aliqua *R* ab aliqua natura *P*   18 quodlibet] quamlibet *T*   19 tam] ponitur *add. R*   20 dicitur]
predicatur *P*   20 habeat] habet *R*   21 sicut] et *T*   21–22 sicut ... manifestum]
bis in R   22 convenienter dicitur] contradicitur *TV*   24 dicens] ubi dicit *P*

quod verbum infinitum est in quolibet quod est et quod non est. Et magis intelligendum est de nomine, cum nomen non habeat in se compositionem que trahat ad esse, sicut verbum.

143 Et propter hoc si verbum se habeat per indifferentiam, cum infinitatur, ad ens et ad non ens, magis ponendum est de nomine infinito. Non enim possum **[V42ᵛ]** intelligere quod cum sic dico 'non homo', quod privetur forma et remaneat materia ipsius, quia ille non haberet predicari nisi de eo cui nata est convenire illa forma. Et ita hec esset falsa 'asinus est non-homo', sicut etiam hec est falsa 'asinus est homo mortuus'. Dicatur igitur quod privatur totum illud quod est speciale in ipso, scilicet forma specialis et materia specialis, generale tamen subiectum remanet, quod est in omni nomine, et qualitas generalis que est in quolibet nomine.

144 Secundum hoc tamen videtur quod sit nomen. Habet enim illud quod complet nomen in esse, scilicet qualitatem generalem et substantiam generalem. Propter hoc sciendum est quod duplex est qualitas nominis, scilicet generalis et specialis. A generali habet quod sit nomen, a speciali habet quod sit nomen tale. Dico ergo quod prima qualitas est in nomine infinito, qualitas autem specialis non est in ipso. Unde possumus dicere quod est nomen. Intelligendum tamen est verbum Aristotilis, cum dicit quod non est nomen: et non negat quin sit nomen, sed negat ipsum esse nomen tale quod possit esse subiectum enuntiationis simpliciter.

---

22 *De int.* 2, 16a30.

---

1 est] similiter *P*   2 et magis] hoc enim *P*   2 nomine] infinito quam de verbo *add. P*   3 trahat] ipsum *add. P*   3 sicut] ad *add. V*   4 se habeat] habet esse *R*   4 per indifferentiam] indifferenter *P*   5 cum] *om. V* quando *P*   5 infinitatur] infinitetur *T* infinitur *V*   5 ad] *om. P*   5 magis] multo magis *P*   5 est] *om. TV*   6 infinito] dico subtantiali *add. R*   6 possum] possunt *R*   6 quod] *om. P*   7 dico] *om. R*   8 ille] *om. TVR*   8 nisi] *om. R*   8 nata] *om. R*   9 esset] erit *P*   10 etiam] *om. VRP*   10 dicatur] dico *R*   11 totum illud] totum illius *V* forma ipsius *R P*   11 in ipso] *om. TP*   12–13 generale ... remanet] cum remanet generale positum *R* et remanet subiectum generale *P*   13 remanet] *om. V*   13 omni] quolibet *P*   13 qualitas generalis] qualitatem generalem *V*   15 secundum] et propter *P*   15 tamen] *om. RP*   15 sit] sicut *R*   15 enim] *om. R*   16 scilicet] *om. V*   17 generalem] *om. R*   18 nominis] in nomine *P*   18 scilicet] *om. TR*   19–21 dico ... nomen] *om. V*   20 in] *om. P*   21 possumus ... quod] dicendum est quod nomen infinitum *P*   22 tamen] autem *P*   22 est] *om. T*   22 cum] qui *T*   23 et] quia *V om. P*

Unde sciendum est quod non negat quin terminus infinitus significet aliquid, sed dicit quod non significat aliquid finitum. Et in hoc deficit a nomine simpliciter. Nomen enim finitum **[V43ʳ]** est et habet qualitatem generalem et **[T10ʳᵇ]** specialem. Et propter hoc est nomen simpliciter.

145 Sed secundum hoc videtur alicui quod 'ens' non sit nomen simpliciter, cum non habeat nisi qualitatem generalem. Et propter hoc sciendum est quod si sua qualitas sit generalis ad quoblibet ens, tamen est determinata ad ens et specialis, quod non reperitur in termino infinito. Secundum hoc patet quod terminus infinitus nomen est. Non tamen est nomen sicut accipit logicus in primo *Periarmenias*; ibi enim accipit 'nomen' finitum quod est subiectum enuntiationis simpliciter, et tale non est nomen infinitum. Et propter hoc dicit quod non est nomen. Cuius signum est quod reponit nomen adiectivum sub nomine infinito, et non tangit ipsum sub nomine proprio, removendo ipsum a diffinitione nominis simpliciter.

146 Ad aliud [133] quod obicitur dicendum est quod non removetur quelibet forma in nomine infinito, sed solum forma specialis. Et secundum hoc remanet in ipso principium intelligendi aliquod. Et quod obicitur quod forma generalis est principium intelligendi, sciendum est quod est principium intelligendi sicut nomen infinitum et non sicut nomen, et quando privatur illa forma, iam **[V43ᵛ]** non intelligitur sicut nomen finitum.

147 Ad aliud [134] dicendum est quod forma substantialis potest privari a termino in quo est, supposito non manente, sed, ipso manente, non potest. Et dico quod in termino infinito non

---

1 sciendum est quod] est quod *R om. P* 1 quin] quod *T* 1 significet] significat *P* 2 aliquid finitum] qualitatem specialem *T* finitum *V* simpliciter infinitum *R* 3 deficit] differt *V* 3 finitum] simpliciter finitum *P* 3 est] *om. TV* 5 simpliciter] simplex *T* 6 sed] *om. P* 6 alicui] *om. P* 6 ens] *om. P* 7 nisi ... generalem] qualitatem specialem *P* 8 sua] una *P* 8 sit] est *TV* 8 generalis] huius nominis ens *P* 9 et] sic *add. P* 11 est] *om. T* 11 nomen] simpliciter *add. RP* 11 sicut] quod *T* 11 logicus] aristotiles *P* 11 primo] libro *P* 12 enim accipit] accipitur *R* 12 quod] secundum quod *R* 13 tale] nomen *add. V* 16 nomine proprio] voce propria *RP* 18 aliud] illud *P* 19 in] a *TR* 20 secundum] propter *VR* 21 aliquod] aliquid *TVR* 21 quod] si *P* 21 generalis] specialis *TVR* 22 est] tamen *add. R* 22 quod] specialis *add. P* 23 sicut] *om. T* 23 et ... nomen] *om. T* 23 nomen] finitum *add. R* 23 quando] quia *T* cum *R* 24 iam] ideo *T* 24 sicut] *om. T* 24 finitum] infinitum *R* 26 in quo est] substantiali *P*

remanet primum suppositum, immo totum simul interimitur. Per predicta patet qualiter differat privatio importata per hoc quod dico 'non-homo' et per hoc quod dico 'mortuum', et propter quid convenienter dicatur 'Cesar est homo mortuus', non tamen convenienter dicitur 'asinus est homo mortuus', quia hoc quod dico 'mortuum' privat formam et relinquit suppositum; et propter hoc non potest predicari nisi de eo cui nata est [P123ᵛᵃ] convenire sua forma, 'non-homo' autem privat totum.

148 Ad aliud [137] dicendum est quod verbum infinitum retinet compositionem generalem. Si autem ponatur [T10ᵛᵃ] in oratione, iam appropriatur illa compositio et fit specialis, et ita transit in verbum finitum. Unde dico quod verbum infinitum potest poni in oratione, sed transit in naturam [R281ᵛᵃ] verbi finiti et non remanet verbum infinitum. Sed nomen infinitum significat rem suam absolute et non per relationem ad alterum per quod possit finiri. [V44ʳ] Et propter hoc cum ponitur in oratione, non fit finitum, sed remanet infinitum.

De hoc sophismate 'tantum chimera est non-ens'

149 De predictis patet. Potest queri de hoc sophismate TANTUM CHIMERA EST NON-ENS. Et hanc dicimus esse falsam. Et interimenda est media probationis, hec scilicet 'nichil aliud a chimera est non ens'. Sicut enim unum ens est aliud ab alio ente, sic unum non ens est aliud ab alio non ente, et econverso. Et propter hoc

---

1 simul] simpliciter *R*   1 interimitur] perimitur *P* scilicet forma specialis et subiectum speciale et remanet generale *add. T*   2 patet] solutio *add. T*   2 qualiter] quomodo *P*   3 per] *om. R*   3 mortuum] homo mortuus *P*   4–5 non ... mortuus] *om. R*   5 asinus] non *add. P*   5 quia] eo quod *R*   6 mortuum] mortuus *P*   6 privat formam] dicit privationem *P*   6 relinquit] remanet *RP*   6 suppositum] suum suppositum *R* materia *P*   7 potest] convenienter *add. V*   8 sua] illa *RP*   8 autem] aut *P om. R*   9 est ... infinitum] *om. V*   10 si autem] si *VP* unde si *R*   10 ponatur] apponatur *T* ponitur *V*   11 fit specialis] sic specialis *V* specificatur *P*   12 potest] bene potest *P*   13–14 transit ... infinitum] non remanet infinitum immo statim transit in verbum infinitum *P*   15 per relationem] in relatione *P*   16 cum ponitur] *om. P*   16 oratione] et *add. R*   16 fit] sit *R* sicut *P*   17 remanet] sicut *P* verbum *add. R*   17 infinitum] verbum *add. R*   19 de predictis] circa predicta *P*   19 patet] *om. TV*   19 de] in *TVR*   20 esse falsam] *om. R*   20 interimenda] intelligenda *T*   21 probationis] propositionis *V*   21 a] quam *T*   22 ens] non ens *V*   22 ente] non ente *V*   22 sic] sicut *V*   22 non] *om. V*   23 non] *om. V*   23 et econverso] *om. P*   23 hoc] *om. TRP*

dicimus quod hec est vera 'aliud a chimera est non ens', scilicet Cesar. Qualiter autem relatio ponat suas extremitates in esse, non est presens intentio.

Utrum terminus infinitus possit predicari de non ente

De rationibus quod non

150 Deinde queritur utrum terminus infinitus possit predicari de non ente. Et propter hoc queritur de hac 'Cesar est non-homo'. Et videtur quod sit falsa. Dicit Aristotiles in secundo *Periarmenias* quod non sequitur 'homo non est iustus; ergo homo est non-iustus', quoniam hec 'homo est non-iustus' ponit hominem esse, hec autem 'homo non est iustus' nichil ponit. Secundum hoc manifestum est quod omnis propositio in qua predicatur terminus infinitus ponit **[V44ᵛ]** esse de subiecto. Sed hec est talis 'Cesar est non homo'. Quare hec oratio ponit Cesarem esse. Et ita sequitur 'Cesar est non homo; ergo Cesar est'. Sed hec est falsa. Quare et prima. Et ita terminus infinitus non poterit predicari nisi de eo quod est.

151 Item. Omnis privatio vera ponit subiectum esse; sequitur enim 'hoc est cecum; ergo hoc est'. Quare cum omnis terminus infinitus sit privatio, non habebit de aliquo predicari nisi illud sit. Et ita terminus infinitus non potest predicari de non ente.

152 Item. Quod non est aliquo modo ens, de ipso non predicatur

---

8 *De int.* 10, 19b30–31.

2 ponat] *coni.* querat *TVP* exigit *R*   2 in] *om. P*   3 presens intentio] ad presens intentio *R* presentis intentionis *P*   6 deinde] item secundo *T*   7 propter] secundum *RP*   7 hac] ista oratione *R*   8 secundo] libro *P*   9 homo] hoc *R*   9 iustus] iustum *R*   9 ergo . . . alterum iustus] *om. V*   9 homo] hoc *R*   10 iustus] iustum *R*   10 quoniam . . . iustus] *om. V*   10 homo] hoc est quia illa *P om. R*   10 iustus] cum hec homo est non iustus *add. T*   11 nichil ponit] ergo homo est non iustus et hoc est quia hec homo est non iustus *V*   11–12 secundum . . . manifestum] et ita videbitur *P om. V*   13 de] in *TVR*   14 quare . . . oratio] quia *R* quare *P*   14 sed] *om. P*   16 quare et] ergo *VP*   16 et ita] quare *RP*   16 poterit] potest *T*   17 nisi . . . est] de eo quod non est *R*   18 privatio vera] vere privatio *T* privatio *RP*   18 ponit subiectum] relinquit subiectum *VP* reducit subiectum in *R*   19 hoc] *om. TV*   19 quare cum] cum autem *V*   19 omnis] *om. RP*   20 privatio] finita *add. V* finiti *add. R* finiti termini *add. P*   21 et . . . ente] *om. P* sed solum de ente et sic erit falsa cesar est non homo *add. V*   22 ens] *om. T*   22 predicatur] potest predicari *R*

ens **[T10ᵛᵇ]** vel aliquid entis. Hoc dicit Aristotiles in capitulo primo *Prime philosophie*. Ergo cum Cesar non sit aliquo modo ens, de ipso non est predicabile ens vel aliquid entis. Sed privatio ponit ens. Quare privatio aliqua non poterit de Cesare predicari. Ergo hoc quod dico 'non homo', non predicabitur de Cesare. **[V45ʳ]** Et ita hec est falsa 'Cesar est non homo'.

153 Item. Omnia opposita sunt sub eodem genere. Quare si unum est ens, et reliquum. Et hoc manifestum est. Sicut enim sequitur 'Sortes est sanus; ergo Sortes est', similiter sequitur 'Sortes est eger; ergo Sortes est'; et sicut sequitur 'hoc est album; ergo hoc est', similiter sequitur 'hoc est nigrum; ergo hoc est'. Ergo cum hoc quod dico 'homo' et 'non homo' opponantur sicut privatio et habitus, habent esse circa idem ens. Ergo sicut sequitur 'Cesar est homo; ergo Cesar est', similiter sequitur 'Cesar est non homo; ergo Cesar est'. Et ita terminus infinitus non potest predicari nisi de eo quod est.

De rationibus in oppositum

154 Ad oppositum. Quecumque opponuntur sicut affirmatio et negatio, alterum illorum predicatur de quolibet. Quare aut 'homo' aut 'non homo' de Cesare predicatur. Sed hec est falsa 'Cesar est homo'. Ergo hec est vera 'Cesar est non homo'. Et ita terminus infinitus predicatur de non ente.

155 Item. Videtur hoc idem quia: Dicit Boetius quod imperator qui non est, **[V45ᵛ]** est non homo. Et ita hoc quod est 'non

---

1 *Metaph.* IV 2, 1003b26–29.   23 *In Arist. Periherm.* II, p. 62⁸⁻⁹ (ed. Migne 424D9–10).

---

1 hoc ... philosophie] *om.* TR   1 capitulo primo] tertio P   2 ergo ... ens] *om.* TP   3 de ... entis] *om.* TVP   3 sed ... ens] sed privationes sunt aliquid entis P *om.* VR   4 quare] ergo VP   6 et ita] ergo P   7 quare] quia R   8 est] sit T   10 et sicut] similiter P   10 et ... alterum hoc est] *om.* TR   11 sequitur] *om.* V   12 opponantur] opponuntur TR opponitur P   13 ens] *om.* P   15 ita] sic sequitur quod P   15 non potest] habebit R   16 nisi] *om.* R   18 ad oppositum] si hoc dicatur contra V item ad oppositum R   18 sicut] ut P   19 alterum ... predicatur] illa dicuntur sub disiunctione P   19 predicatur] predicabitur V   19–20 quare ... aut] sed sic se habent homo et P   20 de ... predicatur] ergo dicuntur de quolibet sub disiunctione P   21 est] non *add.* V   21 ergo ... ente] *om.* P   22 predicatur] predicabitur V   23 item ... ente] *om.* P   23 videtur ... quia] *om.* T

homo' poterit predicari de Cesare, sive de non ente. Et quia sunt multa alia convenientia circa hoc, et etiam infinita, ista sufficiant.

Solutio

156 Dicimus ergo eodem modo quo superius dictum est [154–155], quod terminus infinitus substantialis potest predicari de eo quod est et de eo quod non est, nisi subiectum illud sit in quo nata est forma privata esse, sicut 'Sortes' vel 'Plato' vel aliquod huiusmodi quod sit ens. Terminus vero accidentalis predicatur solum de eo quod est. Et hoc est quia terminus accidentalis cum infinitatur, removet formam accidentalis suppositi in eodem. Et propter hoc huiusmodi terminus infinitus accidentalis relinquit ens actu **[P123^{vb}]** et non habet predicari nisi de eo quod est. Et propter hoc hec est falsa 'Cesar est non-iustus'. Sed in termino substantiali non potest privari forma quin privetur suppositum. **[T11^{ra}]** Et propter hoc totum privatur, remanet tamen substantia generalis, vel aliquod ens in anima, quod indifferenter se habet ad ens et ad non ens. Et propter hoc **[V46^{r}]** dicitur quod hec est vera 'Cesar est non homo'.

157 Ad aliud [150] quod obicitur patet solutio, quia intelligit Aristotiles de terminis infinitis accidentalibus. Et huiusmodi termini semper relinquunt ens et habent predicari solum de ente. Et in hiis exemplificat. Et sic opponendo in omnibus rationibus [151–154]

---

2 alia] *om. R*   2 convenientia] contraria *V*   2 et... infinita] *om. R* ideo *P*   2 etiam] *om. V*   4 dicimus ergo] solutio dicimus *R* eo modo] eodem modo *R om. P*   4 quo superius] quod sicut *P*   5 quod] et quia *R*   5 potest predicari] predicatur *P*   5 de] ente sive de *add. R*   6 et de eo] vel de eo *R om. P*   6 subiectum] tale subiectum *RP*   6 in] de *V*   7 forma] illa *add. T*   7 privata] in *add. R*   7 vel] et *RP om. T*   7 vel] et *P*   8 quod sit ens] *om. P*   8 accidentalis] per se *add. R*. terminus infinitus *om. P*   10 removet formam] removetur forma *TV* privatur forma *P*   10 suppositi in eodem] supposito manente secundum substantiam *P*   10 hoc] *om. V*   11 huiusmodi] *om. P*   11 infinitus] *om. P*   12 et... hoc] unde *P*   14 potest privari] *om. V* potest predicari *P* privetur suppositum] etiam predicetur suppositum illius forme *P*   15 hoc totum] hoc suppositum totum *T* forma *R om. V*   15 aliquod] aliquid *P*   16 quod] *om. P*   16 et] vel *R*   16 et... ens] *om. V*   16 ens] hens*(!) T*   17 hec] ista *R*   17 est] *om. T*   19 obicitur] obicit *TP*   19 patet... quia] dicendum quod *R*   19 intelligit] innuit *R*   20 de] in *TVR*   20 termini] *om. TRP*   21 habent predicari] predicantur *P*   21–22 in hiis] sic *V*   22 exemplificat] exemplificant *V*   22 et sic] *om. R* similiter *P*   22 opponendo] opponitur *V* solvendo *R*

proceditur ac si iste terminus 'non homo' esset terminus privativus, ut privetur forma solum.

158 Sed queritur, cum fiant termini infiniti per privationem et negationem indifferenter — sicut cum dicitur 'iniustum', 'non-iustum', et hoc est in terminis accidentalibus solum —, queritur quare non similiter fiunt termini privatorii per privationem in terminis substantialibus, ut possemus dicere 'inhomo', 'non-homo', sicut dicimus 'iniustum' et 'non-iustum'.

159 Item. Quidam sunt termini accidentales qui habent significari per privationem et negationem, ut 'non-iustus', 'iniustus' et 'non-doctus', 'indoctus' et similia, quidam significantur per negationem tantum et non possunt significari per privationem. **[R281ᵛᵇ]** Unde non dicitur convenienter 'inalbum', 'inmusicum'; convenienter tamen dicitur 'non-album', 'non-musicum'.

160 [V46ᵛ] Ad quod dicendum est quod forma substantialis non potest privari a supposito, ipso manente. Sed cum sit privatorius, privat formam termini, et remanet suppositum. Sed hoc non contingit in terminis substantialibus, sed in terminis accidentalibus solum. Et propter hoc non potest esse privatio circa terminos substantiales nec sunt termini substantiales privatorii, sed termini accidentales solum.

161 Ad aliud [159] dicendum est quod sunt quidam termini quorum causa non est natura aliqua sed solum privatio sui opposti est causa ipsorum, quidam sunt autem termini quorum causa est natura aliqua, ut causa 'iniusti' non est natura aliqua, sed solum privatio iusti. Unde solum per recessum a iustitia fit aliquid

---

1 proceditur] procedit *P* enim *add. VRP* 1 iste terminus] *om. P* 1–2 privativus ut] privationis neque *R* privationis et *P* 2 privetur] privatur *TRP* 3 sed] si *add. V* 3 queritur] quia *R* 3 cum] cum aliquotiens *V* quare aliquotiens *P om. R* 4 iniustum] iniustus *P* 4 non] est *add. V* 5 iustum] iustus *P* 5 est] fit *R om. T* 5 queritur] item queritur *T* et *P* 6 fiunt] sunt *T* fiat *P* 6 termini privatorii] termini privativi *T om. P* 6 per privationem] *om. P* 7 possemus dicere] possumus dicere *R* dicetur *P* 8 sicut . . . iustum] *om. TR* 9 item] queritur quare *add. P* 9 habent significari] possunt fieri termini infiniti *P* 10 negationem] indifferenter *add. P* 10 non iustus] non iustum *RP* 11 doctus] doctum *P* 11 indoctus] indoctum *P* 11 et similia] *om. P* 11 significantur] autem *V* vero *P* 12 tantum] solum *P* 12 possunt significari] *om. P* 13 non] *om. P* 15 quod] primum *P* 16 supposito] subiecto *TVP* 17 privat formam] privatur forma *RP* 17 termini] tantum *P* 18 terminis] *om. P* 20 terminos] *om. V* 20 nec . . . privatorii] *om. P* 21 termini] circa terminos *P* 22 termini] *om. T* 24–25 quidam . . . aliqua] *om. TP* 24 termini] *om. V* 24 causa] non *add. R* 25 iniusti] iniustitie *P* 26 iusti] *om. P* 26 recessum] conversionem *TVR*

iniustum et per recessum a bono fit aliquis malus. Sed causa nigri est natura aliqua, scilicet **[T11ʳᵇ]** intensio qualitatis vel aliquod huiusmodi, et non privatio albi.

162 Sciendum est igitur quod illa accidentia quorum causa alterius est natura aliqua, alterius autem non sed solum privatio, habent significari per privationem. Et hoc magis videtur in accidentibus anime quam in accidentibus corporis, ut *iustus-iniustus, doctus-indoctus, sapiens-insipiens, sciens-* **[V47ʳ]** *-insciens*, et multa alia. Sunt autem alia accidentia quorum utrumque est natura aliqua. Et talia non habent per privationem significari, ut *album, nigrum, musicum*.

163 Plura de hiis possunt dici. Sed quia talia infinita sunt, circa hoc ista sufficiant.

---

1 iniustum] non iustum *R* 1 recessum] conversionem *TVR* 1 causa nigri] nigrum *VR* 2 scilicet] ut *T* 2 intensio] intentio *P* 2 qualitatis] causalitatis *V* 4–5 causa alterius] oppositorum *R* causa *P* 5 alterius ... non] *om. P* 5 autem] oppositum *add. R* 6 habent] habet *T* et debent *add. P* 6 significari] infinitari *V* 6 privationem] solum *add. P* 6 magis] maxime *P* 6 videtur] reperitur *V om. P* 7 anime ... accidentibus] *om. V* 7 quam ... corporis] *om. P* 7 iustus] iustum *TVR* 7 iniustus] iniustum *TVR* 8 indoctus] indotus(!) *T om. R* 8 insipiens] insapiens *om. R* 8 sciens ... alia] *om. P* 8 insciens] nesciens *V om. R* 9 sunt ... alia] aliqua autem alia sunt *T* alia autem sunt *P* 9 accidentia] necessaria *T* 10 et ... non] nec *V* que non *R* non *P* 10 ut] scilicet *T* 10 nigrum] niger *V* 11 musicum] quia simul esset natura et non natura secundum illud quod est contra naturam quod est impossibile hoc maxime est in accidentibus corporis *add. T* non musicum *add. V* 12 de hiis] *om. V* hic *P* 12 talia infinita] *om. V* infinita *R* multa infinita *P* 13 ista] ita *T*

II DE DICTIONIBUS EXCLUSIVIS

1 Sequitur ut dicamus de virtute exclusionis. Et primo dicamus de distinctionibus que fiunt virtute ipsius. Secundo dicamus quas argumentationes habeant impedire et de virtute excludendi.

Utrum possit fieri exclusio gratia forme vel gratia materie 5

2 Primo igitur dicamus de ista distinctione que solet poni communiter quod:

Potest fieri exclusio gratia forme vel gratia materie.

Et secundum hoc distinguuntur huiusmodi orationes TANTUM UNUM EST; SI TANTUM ALTER ISTORUM EST, NON TANTUM ALTER ISTORUM 10 EST, NON TANTUM PATER EST; TANTUM C IGNORATUM AB UTROQUE SCITUR A SORTE, et similia. Sensus autem patebunt postea.

De rationibus monstrantibus quod illa distinctio non valeat

3 Sed quod ista distinctio non valeat videtur. Dictio exclusiva habet excludere **[V47ᵛ]** diversum. Sed omnis diversitas est a parte 15 forme, omnis autem idemptitas a parte materie. Ergo si excludatur aliquid, hoc erit a parte forme. Et ita omnis exclusio fiet a parte forme.

---

2 ut dicamus] ut dicatur *T om. P*   2 de] ex *P*   3 distinctionibus] distributionibus *V*   3 fiunt] sunt *P*   3 dicamus] inquerendum *R om. P*   4 impedire] expedire*(!) P*   4 et] *om. T*   6 dicamus] queratur *P*   6 ista] hac *P*   6 communiter] *om. TR*   10 est] tantum alterum est *add. P*   10 est] *om. T*   11 tantum c] omne *V* tantum a *R*   11 utroque] istorum *add. RP*   12 autem] *om. P*   12 postea] inferius *P*   14 dictio] omnis dictio *P*   15 diversum] diversa *R*   15 sed] *om. P*   16 omnis autem] et *VRP*   16 excludatur] dictio exclusiva excludat *V* dictio exclusiva excludit *R* exclusio excludat *P*   17 hoc erit] per diversitatem illud excludit *RP* sed diversitas est a parte forme *add. P*   17 et ita] ergo *P*   17 omnis] semper *VR*   17 fiet] erit *T*   18 forme] et non ratione materie *add. V* et non a parte materie non valet ergo distinctio *add. P*

4 Item. Omnis exclusio fit ratione eius quod non est idem cum subiecto; excluditur enim aliud. Quare per illud quod distinguitur unum ab alio fit exclusio. **[T11ᵛᵃ]** Sed per formam distinguitur unum ab alio; est enim forma principium distinguendi rem a re. Quare semper ratione forme fit exclusio et non ratione materie.

5 [P124ʳᵃ] Item. Dictio exclusiva excludit aliud a subiecto secundum quod subicitur. Sed subiectum secundum quod subicitur non subicitur solum pro materia, sed etiam pro forma. Ergo non solum fiet exclusio gratia materie sed etiam gratia forma, et ita utriusque. Et sic nulla distinctio.

6 Item. Ubi est eadem causa, et idem effectus. Ergo cum in quolibet termino sit aliquid pro materia et aliquid pro forma, tunc cuicumque termino additur exclusio, erit distinguere sic. Et ita **[V48ʳ]** hec poterit distingui 'tantum homo currit', ex eo quod potest fieri exclusio gratia forme vel gratia materie. Quod falsum est. Quare nulla erit distinctio.

7 Item. Queritur propter quid fiat exclusio circa terminos accidentales plus quam circa terminos substantiales. Et videtur quod non debeat fieri circa terminos accidentales, sicut nec circa terminos substantiales. Sicut enim humanitas est forma substantialis huius quod est 'homo', quia ab ipsa imponitur terminus, et similiter

---

1 ratione] a parte *P* 2 subiecto] vel a predicato quia semper *add. P* 2 enim] *om. P* 2 per] a parte illud vel *P* 2 illud] fit semper per *add. R* 2–3 quod ... alio] *om. P* 3 fit exclusio] *om. R* 4 distinguitur] negatur*(!) R* 4 alio] altero *VP* semper] solum *add. V* 5 semper ... materie] ratione materie non fit exclusio solum *T* 5 ratione forme] per formam *RP* 5 fit exclusio] erit distinguere *P* 5 ratione] gratia *V* 6 exclusiva] addita subiecto *add. P* 6 excludit] habet excludere *P* 7 subicitur] est enim dispositio subiecti secundum quod subicitur cum denotat propositionem *add. V* est enim dispositio subiecti secundum quod subicitur cum denominat propositionem *add. P* 7 sed ... subicitur] *om. TP* 7 secundum quod] quando *R* 8 sed etiam] nec solum *P* 8 forma] sed pro utroque*(!) P* 9–10 non ... utriusque] semper ratione utriusque fiet exclusio *P* 9–10 gratia ... utriusque] ratione forme vel gratia materie sed gratia actus*(!) V* 9 sed etiam] vel *R* 9 et ita] ergo *R* 10 et ... distinctio] *om. TR* 10 sic nulla] non valet *P* 11 ubi] ubicumque *P* 11 et idem] ibi est *V* ibidem est *P* 11–12 in ... sit] quilibet terminus habeat *T* 13 tunc] *om. P* 13 cuicumque] quilibet *R* 13 termino] terminum*(!) R* 13 additur] addatur *T* 13 exclusio] semper *add. P* 13 sic] *om. T* 14 hec] *om. TP* 14 poterit distingui] erit distinguere *P* 14 tantum] *om. R* 14–15 ex ... materie] *om. P* 16 quare ... distinctio] ergo distinctio nulla *P om. TR* 17–18 fiat ... accidentales] est talis exclusio in terminis accidentalibus *P* 18 plus] post *VR* potiens *P* 17–18 circa ... accidentales] in terminis accidentalibus *P* 19 debeat fieri] fit *P* 19 terminos] *om. P* 20 enim] *om. P* 20 est] dico *RP* 21 quia ... terminus] *coni.* propter quid ab ipso imponitur terminus *R* propter hoc quia ab ipso imponitur homo et non potest imponi ab alia qualitate *P om. TV* 21 similiter] eodem modo *P*

unitas est forma substantialis huius quod est 'unum', et ab ipsa imponitur terminus. Ergo si hec non distinguitur multiplex 'tantum homo currit', similiter videtur quod hec non debet distingui vel esse multiplex 'tantum unum est'.

8 Item. Si ratione materie fit exclusio et non ratione forme, tunc hec esset vera, hominibus albis currentibus et hominibus nigris currentibus, 'tantum homo albus currit'. Unde sicut hec est vera 'tantum homo currit', ponatur quod nichil currat nisi homo, similiter et hec 'tantum homo albus currit', predicta positione retenta. Quod falsum est. Quare nulla est distinctio.

9 Item. Videtur quod ratione materie debet fieri exclusio, quia dictio [V48ᵛ] exclusiva excludit ratione diversitatis importate per hoc quod dico 'aliud'. Ergo cum hoc quod dico 'aliud' dicat diversitatem in substantia — sicut patet per Porphyrium dicentem quod differentia que facit aliud, facit differre substantiam —, manifestum est tunc quod semper debet excludi a differentiis substantia, et non forma. Quare semper fiet exclusio ratione suppositi, et non ratione forme.

10 Item. Quecumque sic se habent quod eorum idem est [T11ᵛᵇ] esse: quicquid aliud est ab uno est aliud ab altero, sicut quod est aliud ab homine est aliud a risibili. Et hoc est quia sunt

---

14 *Isag.* 9¹⁴⁻¹⁵.

---

1 unitas] albedo *RP*   1 huius...unum] albi *P*   1 unum] album *R*   1 et ab] quia sub *T*   2 terminus] et similiter albedo est forma substantialis huius quod est album et ab ipsa imponitur terminus sicut ab humanitate *add. V* sicut homo ab humanitate *add. R*   2 ergo] videtur ergo quod *V*   2 sicut] si *R*   3 videtur quod hec] nec ista *RP*   3-4 debet...multiplex] sit multiplex *R om. V*   4 unum est] album currit *P*   5 fit] fiet *V* solum possit fieri *P*   5 et] ita quod non *P*   6 hec] *om. V*   6 esset] est *R*   6 et] omnibus *add. R*   7 currit] cum homo albus sit homo et homo niger sit homo *add. P*   7 sicut] si *R*   8 tantum...currit] *om. P*   8 ponatur] predicta positione manente *P*   8 nisi homo] preter hominem *P*   9 currit] *om. V*   9 predicta] prima *V*   10 quod...est] quare cum non sit hoc ponere *P*   10 quare...distinctio] videtur quod non sit ponere quod possit fieri exclusio sic vel sic *P om. TR*   11 debet...exclusio] debet semper fieri exclusio *V* deberet fieri exclusio *R* fiat *P*   11-12 quia...exclusiva] hec dictio tantum *P om. R*   13 dicat] denotat *V* importet *P*   13-14 diversitatem] vel differentiam *add. P*   14 sicut] et hoc *R*   14 dicentem] qui dixit *V* qui dicit *P*   15 differentia] differentie *VR*   15 que facit] que faciunt *VR* facit *P*   15 facit differre] faciunt differre *RV om. P*   15 substantiam] in substantia *VP*   15-16 manifestum est] quare videtur *P*   16 a differentiis] differentiis in *VR* ratione differentie *P*   17 non] in *add. RV* ratione *add. P*   17 ratione suppositi] gratia materie *R*   18 forme] materie *P*   20 quicquid] quod *TR*   21 quod] quicquid *V*

[R282^ra] idem in substantia. Ergo cum materia et forma sint eadem in substantia et faciant unum, quicquid est aliud ab uno est aliud ab altero. Ergo quod est aliud a forma est aliud a materia, et econverso. Ergo cum dictio exclusiva excludat aliud, quod excludetur a materia, excludetur a forma, et si fiat exclusio gratia materie, erit exclusio gratia forme. Et ita nulla est distinctio.

11 Item. Cum fit exclusio ab aliquo subiecto, oportet quod in ipso sit aliquod principium intelligendi. Hoc autem est forma. Quare a subiecto sub [V49^r] forma fiet exclusio. Et ita semper fiet exclusio gratia forme, et non materie. Et sic nulla est distinctio.

12 Item. Omnis dictio exclusiva habet excludere tale quid quod potest participare predicatum cum subiecto. Est enim exclusio privatio concomitantie. Ergo si forma non est susceptibilis alicuius predicati secundum se sed forma cum supposito, videtur quod gratia forme non possit fieri exclusio, sed semper ratione forme cum materia. Quare secundum hoc nulla est distinctio quod possit fieri exclusio sic vel sic.

Solutio

13 Solutio. Ad intelligentiam huius distinctionis notandum est quod dictio exclusiva habet excludere opposita. Sed oppositum alicuius est accipere dupliciter. Aliquid enim est oppositum alii in

---

1 sint] sit *TP* 2 idem] eadem *T* 2 faciant] faciunt *TRP* 2 quicquid] quod *TR* 2 aliud] *om.* *V* 2–3 ab ... aliud] *om.* *P* 3 est aliud] erit *V* 3 ergo quod] quicquid *V* 4 cum] si *P* 4–5 cum ... et] *om.* *R* 4 quod] quicquid *V* quod ... et] *om.* *P* 5 excludetur] excludit *V* 5 excludetur] excludet *V* 5 fiat exclusio] sit exclusio *TR* excludat *P* 6 materie] unius *V* 6 erit exclusio] fiet *V* vel *R* 6 forme] alterius *V* 6 nulla est] nulla erit *T* non valet *P* 7 cum ... exclusio] exclusio cum sit *T* cum sit exclusio *R* 8 principium intelligendi] primum *T* per quod intelligatur *add.* *RV* 9 quare] quia *TVP* 9 et ... materie] *om.* *R* 10 gratia] ratione *VP* 10 non] ratione *add.* *P* 10 et ... distinctio *om.* *TP* 11 dictio exlusiva] exclusio *T* addita subiecto *add.* *P* 12 cum subiecto] quod in subiecto est *T* cum ipso *VR* 13 susceptibilis] participabilis *P* 14 secundum se] *om.* *TR* 14 cum] in *VRP* 14 quod] solum *add.* *R* 15–16 semper ... materia] sed gratia materie sub forma *P* 15 gratia] ratione *V* 16 cum materia] in termino *V* 16–17 quare ... *alterum* sic] *om.* *R* 16–17 quod ... *alterum* sic] *om.* *P* 19 solutio] ad istam distinctionem patet solutio *R* 19 ad ... distinctionis] *om.* *R* 20 habet] debet *P* 20 opposita] a subiecto *add.* *V* subiecti vel predicati *add.* *P* 21 est accipere] sumere *P* 21 aliquid] aliquando *P* 21 est oppositum] apponitur *VP* 21 alii] alicui *R* 21–p. 149,1 in supposito] pro supposito(!) *V* pro supposito *P* et non pro forma *add.* *P*

supposito, ut *homo* et *asinus* opponuntur in supposito et possunt convenire in accidente. Aliquotiens autem est aliquid oppositum alii pro forma, ut *homo albus, homo niger*. Dico igitur quod cum additur forma accidentalis alicui subiecto, tunc contingit aliquid **[V49ᵛ]** dupliciter excludere ab ipso: aut quod est aliud **[P124ʳᵇ]** in supposito, aut quod est aliud pro forma. Quare dictio exclusiva addita termino accidentali potest excludere aliud a supposito vel aliud a forma. Et si excludatur aliud a supposito, tunc dicitur fieri exclusio gratia materie. Si autem excludat aliud a forma, tunc dicitur fieri exclusio gratia forme. Et quia **[T12ʳᵃ]** non est accipere aliud in termino substantiali secundum se, ideo quicquid est aliud a supposito, est aliud a forma. Propter hoc non est ita quod distingueret in termino substantiali.

14 Et propter hoc hec non est multiplex 'tantum homo currit'. Hec autem est multiplex 'tantum homo albus currit', et hec similiter 'tantum unum est'. Et sic patet propter quid non habet fieri hec distinctio circa terminos substantiales, sed solum circa terminos accidentales.

15 Hec igitur est multiplex 'tantum unum est', quia in hoc quod dico 'unum' intelligitur duplex forma: substantialis scilicet, que datur intelligi in hoc quod dico 'id quod est', et forma accidentalis, que datur intelligi in hoc quod dico 'unitas'. Potest igitur excludi aliud a forma substantiali, et tunc excluditur non-ens;

---

1 ut] cum dicitur *add. V* 1 opponuntur] habent enim oppositio *V* sunt opposita *P* 2 convenire] communicare *P* 2 aliquotiens] aliquando *P* 4 additur] advenit *VP* 4 forma] aliqua forma *V* 5 excludere ab ipso] accipere ab eo *V* excludere in ipso *R* sumere ab ipso *P* 5 aut quod] dicitur autem quia *V* aut quia *RP* 6 in supposito] a supposito *VP* 6 quod] quia *VR* 6 aliud] *om. R* 6 pro forma] a forma *R* ab ipso ratione forme *P* 6 quare] quia igitur *V* cum ergo *P* 6 exclusiva] excludit aliud *add. V* excludat aliud ab ipso *add. P* 7 potest excludere] poterit 7–9 a...materie] ab subiecto ratione suppositi aut aliud ab ipso ratione forme *P* 8 et...supposito] *om. R* 8 supposito] subiecto ratione suppositi *P* 9 fieri exclusio] excludere *P* 9 gratia] ratione *VP* 9–10 materie...gratia] *om. R* 9 a forma] ab ipso ratione forme *P* 10 fieri exclusio] facere exclusionem *P* 10 gratia] ratione *VP* 10 quia] ita *add. V* 11 accipere] dupliciter sumere *P* 11 in] a *R* 11 ideo] non ideo *T* 11 quicquid] quid *T* 12 propter hoc] quia *R* 12 ita] dupliciter *R* 13 in] aliud a *R* 14 hec...multiplex] sicut hec *P* 16 similiter] *om. P* 16 est] et hec tantum album et multe alie *add. V* et hec tantum album currit et consimiles *add. P* 16–18 et...accidentales] *om. RP* 17 circa] in *V* 19 hec igitur] et similiter *R* 19 est] sit *R* 20 quod dico] termino *P* 20 intelligitur] est *P* 20 forma] *om. P* 20 scilicet] una *P* 21 datur intelligi] intelligitur *P* 21 in] per *VP* 21 id] eo *T* 21–22 id...dico] *om. V* 21 et forma] alia *P* 22 datur intelligi] intelligitur *R* potest intelligi *P* 22 in] per *P* 23 excluditur] hoc quod dico *add. V*

et sic est vera et sic probatur. Et sic dicitur fieri **[V50ʳ]** exclusio gratia materie. Vel potest excludi aliud a forma accidentali, et sic excluditur multitudo aut id quod est sub multitudine; et sic est falsa et sic improbatur. Et sic dicitur fieri exclusio gratia forme.

16 Similiter hec est multiplex 'tantum alter istorum est', quia potest fieri exclusio gratia forme vel gratia materie. Si gratia materie, tunc excluduntur alia supposita ab hoc quod dico 'alter'. Et sic est vera, et est sensus *tantum alter istorum est, non ergo uterque istorum est*. Si fiat exclusio gratia forme, tunc excluditur forma opposita et tunc sequitur 'tantum alter istorum est; non ergo leo vel asinus'. Et sic falsa est, et sic tenet improbatio. Eodem modo intelligendum est in hoc sophismate 'tantum alter istorum est homo vel asinus' et in hoc 'si tantum alter istorum est, non tantum alter istorum est'.

17 Similiter hec est multiplex 'si tantum pater est, non tantum pater est', quia potest fieri exclusio vel gratia materie vel gratia **[T12ʳᵇ]** forme. Si gratia materie, tunc excluditur aliud in supposito, quia filius est aliud in supposito a patre. Sic dictio exclusiva addita huic quod **[V50ᵛ]** est 'pater' excludit filium. Et sic non valet prima consequentia 'si tantum pater est, filius est'. Et sic in primo antecedente includuntur duo opposita, et sic falsa est prima et antecedit oppositum ad oppositum. Si autem fiat exclusio gratia forme, sic implicat in se duo contradictorie opposita. Ratione enim exclusionis excluditur illud quod est sub opposita forma, et sic ponitur nichil aliud a patre esse. Aut ratione forme respective, que dicitur *ad aliud*, ponitur esse illud quod est sub opposita forma, et ita ponitur aliud a patre esse. Et sic implicat

---

1 sic] tunc *T*   1 sic probatur] est probabilis *R*   2 materie] forme *V*   2 sic] tunc *T*   3 est] *om. T*   4 et sic improbatur] *om. VR*   4 gratia] ratione *V*   5 est] *om. V*   5 multiplex] duplex *P*   5 est] *om. P*   6–7 si ... materie] *om V*   7 tunc] *om. P*   7–9 supposita ... alterum istorum est] *om. P*   8 est] *om. T*   8 est] et *add. R*   8–9 ergo ... est] *coni.* leo vel asinus *TVR*   9 fiat exclusio] *om. P*   9 tunc] *om. P*   10 leo vel asinus] *coni.* uterque istorum *TV* uterque *R om. P*   11 sic ... improbatio] improbata *P*   11–12 eodem ... intelligendum] similiter *P*   12 sophismate] *om. P*   15 similiter ... multiplex] *om. R*   15 hec est multiplex] in hoc *V*   16 gratia ... forme] ratione forme vel ratione *V* tunc *add. R*   17 excluditur] dicitur excludi *P*   17 in] a *VP*   18 in ... patre] a supposito patris *RP*   18 sic] ideo *P*   19 huic ... pater] patri *R*   21 antecedente] non *add. TP*   21 includuntur] excluduntur *P*   21 opposita] contradictorie opposita *R*   22 oppositum] suum oppositum *RP*   22 autem] *om. VRP*   23 forme] sic in antecedente *add. P*   24 opposita] *om. R*   25 ponitur] predicatur *P*   25 aut ratione] ratione enim *VR*   26 ponitur] predicatur *P*   26 esse] *om. P*   27–p. 151,2 sic ... esse] *om. R*

in se primum antecedens duo contradictorie opposita, scilicet *aliud a patre esse* et *nichil aliud a patre esse*. Et ita non est mirum si ex ipsa sequantur duo contradictorie opposita. Et sic est vera et potest antecedere unum oppositum ad aliud oppositum.

18 Similiter hec est multiplex 'tantum c ignoratum ab utroque istorum scitur a Sorte', quia potest excludi aliud in supposito. Et sic fit exclusio gratia materie, et est sensus *tantum c ignoratum* etc., *et non d scitur a Sorte vel b vel aliquid huiusmodi*. Vel potest fieri exclusio gratia forme, et est sensus *tantum c ignoratum* **[V51ʳ]** etc., *et non b ignoratum vel d ignoratum*. Sensus autem satis plani sunt et propter hoc dimittimus.

Respondetur ad rationes

19 Ad aliud [3] ergo quod primo obicitur, sciendum quod semper excluditur illud quod est diversum. Sed aliquotiens excluditur illud quod est diversum etiam a forma substantiali. Et quia suppositum et forma substantialis sunt idem, propter hoc dicitur fieri exclusio gratia materie. Aliquotiens autem excluditur diversum a forma accidentali. Et quia huiusmodi forma non est idem quod suppositum, dicitur exclusio fieri gratia forme.

20 Unde non est intelligendum quod fiat exclusio gratia materie ita quod sit materia sine forma, sed intelligendum est de materia que idem est quod suppositum sub forma substantiali. Et sic patet quod si semper fiat exclusio gratia forme, tamen aliquando dicitur esse gratia materie et aliquando gratia forme. Similiter

---

1 primum antecedens] *om. P*   2 ita] sic *R* ideo *P*   3 sic] prima *add. R*   3 vera] falsa *R*   3–4 et ... *alterum suppositum*] *om. P*   4 aliud] suum *R*   4 oppositum] *om. V*   5 similiter] item *TV*   5 c]a *R*   6 in] a *R*   7 fit] est *P*   8 d] scilicet(!) *R*   8 b] Plato *R*   8 huiusmodi] tale *P*   9–10 etc. ... ignoratum] et non b vel d *T*   10 sensus ... dimittimus] etc. *P om. TR*   13 ergo] dicendum *V om. RP*   13 primo] *om. TVR*   13 sciendum] solvendum *V* solvendum est *R* dicendum *P*   13 semper] *om. R*   14 excluditur] exclusio excludit *R*   15 illud ... est] *om. P*   14 est] *om. R*   14–15 sed ... etiam] sed aliquando excluditur diversum in forma substantiali *P om. TR*   15 a] in *T*   15 quia] *om. TP*   17 materie] *om. P*   17 aliquotiens] aliquando *V*   17 excluditur diversum] fit exclusio *VR*   17 a] in *T*   18–19 non ... suppositum] et suppositum non sunt idem *VR* non idem quod suppositum *P*   19 dicitur] autem *add. R*   19 gratia] ratione *V*   19 forme] materie *T*   20 non] eo *add. R om. T*   20–23 materie ... gratia] *om. R*   21 ita ... sit] *om. P*   21 sine] sub *T*   23 patet ... fiat] potest fieri *V*   23 forme] et *add. R*   24 dicitur esse] fit *P*   24 esse] fieri *R*   24 et] *om. RP*   24 similiter] autem *add. R*

dicendum est ad aliud [4] quod si fiat exclusio per principium distinguendi quod est forma, nichilominus **[T12^va^]** tamen fit exclusio gratia materie, sicut visum est.

21 Per hoc patet solutio ad aliud [5], quia semper fit **[P124^va^]** exclusio a supposito secundum quod est sub forma. Tamen 'aliud ab ipso' contingit esse dupliciter: secundum quod potest subici **[V51^v^]** sub forma substantiali tantum vel sub utraque. Sed si non subiciatur nisi sub forma substantiali, tunc **[R282^rb^]** non est multiplex, quia non est dupliciter sumere 'aliud ab ipso'. Si autem subiciatur sub utraque forma, tunc est multiplex. Et ex hoc patet qualiter semper fit exclusio a supposito sub forma; non tamen distinguitur. Et etiam patet propter quid hec non distinguitur 'tantum homo currit', cum substantialis sit ibi forma et materia.

22 Ad aliud [8] dicendum est quod cum sic dicimus 'tantum homo albus currit', semper fit exclusio ab hoc toto subiecto 'homo albus'. Sed quia 'aliud ab ipso' est dupliciter, scilicet in supposito et in forma accidentali, propter hoc potest fieri exclusio dupliciter: vel ratione suppositi vel ratione forme. Et sic non sequitur aliquod inconveniens.

23 Ad aliud [9] dicendum est quod hoc quod dico 'aliud', secundum quod est de expositione dictionis exclusive, non solum dicit diversitatem in substantia sed etiam in accidente. Unde hic sumitur communiter, et non secundum quod dicit differentiam substantialem, sicut accipitur a Porphyrio. Et sic poterit aliud

---

24 *Ibid.*

---

1 si] quamvis *VR* tunc *P*   2 distinguendi] intelligendi *R* et *P*   2 quod... nichilominus] *om. P*   2 tamen] cum *P om. R*   4 hoc] etiam *add. P*   4 quia] quod *P*   5 supposito] subiecto *V*   5 tamen] cum *R*   6 ab ipso] *om. P*   7 tantum] vel accidentali *add. P*   7–8 sed... nisi] si ergo solum subicitur *V* si solum subiciatur *R* si autem subiciatur *P*   8 sub] pro *VR*   8 multiplex] distinguenda *R*   9 dupliciter] *om. P*   9 sumere] accipere *V*   10 et... hoc] sic *R om. V*   11 qualiter] quomodo *R*   11 semper] *om. RP*   11 fit] fiat *P* fit... distinguitur] tenet dicta distinctio *R*   12 et etiam] et iterum *V* etsi *P*   12–13 et... materia] *om. R*   13 cum substantialis] et *V*   13 materia] et sic quodammodo tenet dicta distinctio *add. V*   15 homo albus] *om. R*   16 sed] et *P*   16 est dupliciter] duplex *R* est duplex *P*   17 potest] oportet *P*   18 dupliciter] *om. R*   18 vel] *om. R*   18 ratione] gratia *P*   18 suppositi] substantie *R*   18 ratione] gratia *P*   18–19 et... inconveniens] *om. R*   19 aliquod] aliquid *P*   21 de] in *P*   22 diversitatem in] diversum a *P*   22 etiam] *om. TV*   22 hic] ibi *RP*   23 et non] *om. T*   24 substantialem] et non *add. T* tantum *add. P*   24 sicut] secundum quod *V*   24 poterit] potest *P*

excludi in supposito aut aliud in accidente, sumendo large hoc quod [V52ʳ] dico 'aliud'.

24 Ad aliud [10] dicendum est quod "quicquid est aliud a forma est aliud a materia" intelligendum est de forma substantiali, et in tali forma non est distinguere, sed in forma accidentali. Ad aliud [11] patet solutio per ea que dicta sunt.

25 Ad aliud [12] dicendum est quod quocumque modo fiat exclusio, semper excluditur tale quid quod potest participare predicatum cum subiecto. Unde cum dicitur fieri exclusio gratia forme, hoc non est quia forma excluditur — quia hoc est impossibile, cum non possit privari a substantia nec possit participare predicatum cum subiecto —, sed intelligendum est istud sicut dictum est.

Utrum hec dictio 'tantum' possit facere generalem exclusionem vel specialem

26 Deinde queritur de alia distinctione que solet fieri, quod:

Hec dictio 'tantum' potest facere generalem exclusionem vel specialem.

Et habet poni supra sophismata secundum quod videbitur expedire [T12ᵛᵇ] et secundum quod dabitur a respondente, quoniam non solvuntur ista sophismata per hanc proprie, sed alique argumentationes.

---

1 in] a *R* 1 aliud] *om. V* 1–2 hoc ... dico] modo *P* 2 aliud] et sic quodammodo tenet dicta distinctio *add. V* et sic improbatur *add. R* 4 est ... materia] et de hoc *R* 5 in] de *V* 5 distinguere] distinctio *P* 5 sed ... accidentali] *om. P* 5 in] de *V* 7 quocumque] quo *P* 8 excluditur] debet excludi *VR* 9 cum] non *VRP* 10 hoc ... est] *om. VRP* 10 quia hoc] quod *R* 11 cum] quod *V* 11 substantia] subiecto *V* 11 participare] *om. P* 12 cum subiecto] *om. T* 12 istud] illud *P om. V* 16 solet fieri] solet poni *VR* est *P* 17 hec ... facere] potest facere dictio exclusiva *P* 18 et] non *add. P* 18 supra] multa *add. P* 18 sophismata] sophisma *TR* 18 secundum quod] sicut *P* 19 et ... respondente] *om. RP* 20 ista] aliqua *TVR* 20 proprie] distinctione *P om. R* 20 alique] aliquas *R* 20 argumentationes] orationes *P* fiunt *add. V*

De rationibus monstrantibus quod illa distinctio non valeat

27 Sed quod ista distinctio nulla sit videtur. Que est proportio generis ad species et speciei ad genus, eadem est proportio generalis ad speciale et specialis ad generale. Sed inter **[V52ᵛ]** genus et speciem non est distinguere. Et ita non est distinguere quod possit fieri exclusio generalis vel specialis.

28 Preterea. Inter ea, quorum uno posito, ponitur alterum, non est distinguere. Sed sic se habent generale et speciale, quoniam, facta exclusione generali, fit specialis. Ergo inter ipsa non est distinguere, quia autem, facta generali, ibi fiat specialis. Dicitur exclusio generalis cum excluditur diversum genere, dicitur exclusio specialis vero cum excluditur diversum specie. Sed quecumque sunt diversa secundum genus, sunt diversa secundum speciem. Quare cum excluditur diversum genere, excluditur diversum specie. Sed cum excluditur diversum genere, fit exclusio generalis; cum excluditur diversum specie, fit exclusio specialis. Quare cum fit exclusio specialis fit generalis.

29 Item. Quod semper fiat exclusio generalis videtur. Dictio exclusiva vult excludere diversum. Ergo magis diversum et maxime diversum, quia si simpliciter ad simpliciter, et magis *etc*. Sed maxime **[V53ʳ]** diversum est diversum genere. Ergo si excludit

---

2 ista] *om. T*   2 nulla sit] non valeat *P*   3 speciei] specierum *T*   4 speciale] specialem *P*   4 specialis ad generalem] econverso *VR*   4 generale] generalem *P*   5-6 et...specialis] ergo nec inter generalem et specialem et sic nulla est distinctio *RV* ergo non est distinguere inter generalem et specialem *P*   7 preterea] item *VP*   7 alterum] reliquum *V*   8 est distinguere] cadit distinctio *VRP*   8 habent] habet *R*   8 generale et speciale] generale ad speciale *R* generalis et specialis *P*   9 ergo] quare *R*   9-10 inter...distinguere] non valet distinctio *P*   9 ipsa] ipsas *V*   10 distinguere] distinctio *TP* quod possit fieri generalis exclusio vel specialis *add. V*   10 quia] quod *VP*   10 ibi] *om. VR* specialis] videtur *add. TV* patet *add. P*   10 dicitur] fieri *add. V*   11 cum] quando *RP*   11 dicitur exclusio] *om. T*   12 vero] *om. VRP*   12 quecumque] que *VR*   13 diversa] differentia *T*   13 secundum speciem] specie *RP*   14 quare cum] quandocumque *R* ergo quandocumque *P*   14 excluditur...generalis] *om. P*   14 excluditur...specie] dicitur exclusio specialis *R*   15 exclusio] *om. V*   15 cum excluditur] quando vero fit exclusio *R*   16 exclusio] *om. VR*   17 fit] exclusio *add. V*   17 generalis] et sic nulla sit distinctio *add. R* et sic non valet distinctio *add. P*   18 videtur] patet *VR*   18-19 dictio...vult] quod exclusio vult est *T*   19-20 et...diversum] maxime debet excludi *P*   20 quia...etc.] *om. R*   20 si] *om. V*   20 ad] aut *V*   20 etc.] aut magis et maxime aut maxime *V* ad magis et maximum ad maximum *P*   21 maxime diversum] maxime *T* maximum diversum *R* genere *add. P*   21 excludit] excluditur *VRP*

diversum, excludit diversum genere. Sed excludendo diversum genere fit exclusio generalis. Quare semper fit exclusio generalis.

30 Item ad idem. Dictio exclusiva excludit aliud ratione diversitatis importate per hoc quod dico 'aliud'. Unde 'idem' est idem quod 'non cum alio'. Ergo cum hoc quod dico 'alius' sit terminus communis cui precedit negatio, confundetur pro quolibet supposito ipsius. Ergo pro alio genere et pro alio specie. Ergo semper excluditur diversum genere. Sed sic fit exclusio generalis. Quare semper fit exclusio generalis.

31 Item. Si fit exclusio specialis, excluditur diversum specie. Sed si excluditur diversum specie, et diversum genere excluditur, quia si illud quod minus videtur inesse inest, **[T13ra]** et illud quod magis videtur inesse inest. Sed magis videtur excludi diversum genere quam diversum specie, cum sit maxime diversum. Ergo si excluditur diversum specie, excluditur diversum genere. Ergo si fit exclusio specialis, fit exclusio generalis. Et sic nulla est distinctio.

32 Item. Dictio exclusiva ratione huius quod est 'aliud' excludit. Sed hoc quod dico **[V53v]** 'aliud' dicit diversitatem in substantia, hoc autem quod dico 'alter<atum>' dicit diversitatem in accidente. Sed diversitas in substantia est maxime diversitas. Ergo semper excluditur maxime diversum. Sed hoc est diversum genere. Ergo semper excluditur diversum genere. Sed sic fit exclusio generalis.

---

21 Cf. *Isagoge Porphyrii* (translatio Boethii) 8[19-21]: "Differentiarum enim aliae quidem alteratum faciunt, aliae vero aliud; illae vero quidem quae faciunt aliud, specificae vocantur; illae vero quae alteratum, simpliciter differentiae." (*Arist. Lat.*, p. 15)

---

1 diversum] aliquid *P*   1 excludit] excluditur *VRP*   1–2 sed ... generalis] *om. R*   1 excludendo] quando excluditur *P*   2 genere] *om. V*   2 quare] ergo *P*   2 fit] fiet *VP*   3 ad idem] *om. VR*   3 aliud] *om. R*   4 unde idem] quia solus *P*   4 idem] tantum *TVR*   6 cui precedit] quem precedit *TV* et precedat ipsum *P*   7 ipsius] suo *V om. R*   7 alio] aliquo *V*   7 et ... genere] *om. P*   7 alio] aliquo *V*   8 sed ... generalis] *om. R*   8–9 quare ... generalis] *om. V*   10 si fit] cum fit *V* si fiat *R*   10 excluditur] *om. P*   11 excluditur] *om. T*   11 et] *om. R*   11 excluditur] *om. T*   12 quia] item *V* quare *R*   12–13 et ... inest] etc. *T* et illud quod magis *V*   13 excludi] quod excluditur *P*   14 quam ... specie] *om. P*   14 cum ... diversum] *om. R*   15 ergo ... genere] *om. R*   16 ergo ... generalis] *om. P*   16 exclusio] *om. T*   16 et ... est] quare non valet *P*   19 sed] secundum *V*   19 hoc ... dico] hoc quod est *R om. P*   20 autem] *om. P*   20 dicit diversitatem] *om. P*   21 sed ... diversum] *om. P*   21 in substantia] substantie *R*   22 excluditur] excludit *VRP*   23 excluditur ... generalis] *om. VRP*

Quare semper fit exclusio generalis. Et sic iterum nulla est distinctio.

33 Item. Inter ea quorum unum est de essentia alterius, non est distinguere. Sed generale est de essentia specialis, et econverso. Ergo inter ipsa non est distinguere.

34 [P124^vb] Item. Queritur propter quid non potest fieri exclusio individualis, sicut generalis et specialis. Et videtur quod debeat fieri. Dictio enim exclusiva excludit aliud. Sed 'aliud' dicitur tripliciter, scilicet aliud genere, aliud specie, aliud numero. Quare sicut potest fieri exclusio generalis excludendo diversum genere et specialis excludendo diversum specie, similiter potest fieri exclusio individualis excludendo diversum numero.

35 [V54^r] Item. Videtur quod semper debeat fieri exclusio individualis, quia omne quod fit in individuo fit, et non in genere vel in specie. Quod patet: cum generatur homo, non generatur species nec genus, sed individuum. Quare cum fit exclusio, fit individualis, et non specialis vel generalis.

Utrum dictio exclusiva addita uni generali generalissimo excludat alterum

36 Item. Cum dicitur fieri exclusio generalis cum excluditur diversum genere, queritur utrum dictio exclusiva addita uni generi

---

1 quare] ergo *V*   1 quare...generalis] *om. P*   1 fit] fiet *V*   1 et...est] ergo non valet *P*   1 et...distinctio] *om. R*   1 iterum] *om. VR*   2 essentia] esse *T*   3 distinguere] eo quod possit fieri exclusio sic vel sic *add. R*   3 essentia] esse *T*   3 et econverso] *om. P*   4 ipsa] ea *P*   3 distinguere] quod possit fieri distinctio generalis vel specialis *add. V* eo quod possit fieri distinctio generalis vel specialis *add. R*   5 potest] possit *P*   5–6 potest...individualis] distinguitur ex eo quod possit fieri numeralis vel individualis *V*   6 sicut] distinguitur quod potest esse exclusio *add. V*   6 et] vel *VR*   6 debeat fieri] sic *T* debereat(!) distingui quia *R* debet fieri sic *P*   7 dictio enim] quia dictio *V* dictio *R*   7 aliud] *om. R*   8 scilicet] *om. RP*   9 fieri exclusio] excludi *VR*   9 exclusio...excludendo] *om. V*   9 diversum] aliud *V*   9–10 et...specie] aliud specie *V om. TR*   10 similiter] quare *V* sic *R* ita *P*   10 fieri exclusio] excludi *VR* aliud numero *add. R*   11 individualis...numero] numeralis excludendo aliud numero et ita erit distinguere quod possit fieri exclusio numeralis sicut distinguitur quod possit fieri exclusio generalis vel specialis *V* quare potest fieri exclusio individualis cum excluditur diversum numero *R*   12 debeat] debereat(!) *R*   13 individualis] numeralis *V*   13–16 quia...individualis] *om. R*   13 non] nichil fit *V*   14 vel] nec *P*   14–15 quod...cum] cum enim *P*   15 nec genus] *om. TV*   15 cum fit] fit *V* cum fiat *P*   16 vel] nec *P*   18 cum dicitur] cum dicatur *T* dicitur *VP*   18 cum excluditur] cum excludatur *T* excludatur *R* cum excluditur *P*   19 utrum] ergo cum *P*   19 addita uni] additur *P*   19–p. 157,1 generi generalissimo] *om. R*

generalissimo excludat alterum. Et videtur quod sic. Quia si dictio exclusiva excludit diversa et maxime diversa sunt genera generalissima: quia neutrum est sub altero nec ipsa sub eodem, dictio exclusiva addita uni excludit alterum. Et ita sequitur 'tantum substantia; non ergo qualitas'.

37 Sed contra. Dictio exclusiva addita alicui non excludit aliud quod [T13rb] sequitur ad ipsum. Verbi gratia, dictio exclusiva addita huic quod est 'homo' non excludit animal, quia hoc quod est 'animal' sequitur ad hominem. [R282va] Sed bene sequitur 'substantia est; ergo quantitas est et qualitas est', quia [V54v] non est substantia preter quantitatem et qualitatem. Quare dictio exclusiva addita huic quod est 'substantia' non excludit quantitatem. Et ita non sequitur 'tantum substantia; non ergo quantitas'. Quare dictio exclusiva addita uni generi generalissimo non excludit alterum.

Quid appellatur 'exclusio generalis' et 'exclusio specialis'

38 Supra hoc queritur quid appellatur 'exclusio generalis' et quid 'exclusio specialis'. Ad quod dicendum est quod dictio exclusiva excludit alia a subiecto que conveniunt cum subiecto. Est enim dictio exclusiva privatio concomitantie. Sed omne quod convenit

---

1 excludat] habeat excludi *P* 1–5 et... qualitas] *om. R* 1 quia si] *om. V* quia cum *P* 1–2 dictio exclusiva] *om. P* 2 diversa] diversum *P* 2 et... sunt] ergo cum maxime sint diversa *V* sed maxime diversa sunt *P* 2 genera] *om. T* 3 quia] cum *V* 3 est] *om. VP* 3 eodem] tertio *V* alio *P* 4 addita] *om. V* 4 uni] genero generalissimo *add. P* 4 alterum] reliquum *P* 4 et... sequitur] sequitur ergo *P* 5 substantia... qualitas] qualitas currit non ergo substantia *P* tantum qualitas non ergo substantia *add. V* 7 ipsum] illud *R* 7–9 verbi... hominem] *om. R* 7–9 dictio... hominem] non sequitur tantum homo non ergo animal *P* 8 excludit] hoc quod dico *add. V* 8 quia] et *V* 10 substantia] qualitas *P* 10 quantitas est] quantitas *T* qualitas est *R* substantia est *P* 10 et... est] et qualitas etc. *T* et ergo qualitas est *V* ergo quantitas est *R om. P* 10–11 quia... substantia] cum non sit qualitas *P* 11 quantitatem et] *om. VRP* 11 quare] ergo *P* 11–12 quare... quantitatem] *om. VR* 12 substantia] qualitas *P* 12 non... quanitatem] habet excludere substantiam *P* 13 ita] *om. R* 13 non... quare] *om. P* 13 quantitas] qualitas *VR* 14 generi] *om. T* 14 excludit] excludet *V* habet excludi *P* 17 supra] super *VP* 17 hoc] etiam *add. P* 17–18 quid exclusio] quid *T* exclusio *V om. R* 18 ad... est] ad quod notandum est *V* ad quod dicendum *R* solutio *P* 19 alia] aliud *P* 19 subiecto] substantia *T* 19 que] quod *P* 19 conveniunt] habent conveni *R* convenit *P* 19 subiecto] aliquo in substantia *R*

cum aliquo, convenit cum eo aut in genere aut in specie, et non in individuo, quia nulla conveniunt in individuo, cum non sit predicabile de pluribus. Et ita dictio exclusiva solum excludet illud quod convenit cum subiecto in genere, aut illud quod convenit cum subiecto in specie; si primo modo fit exclusio generalis, si secundo modo fit exclusio specialis. Et sic patet quod non dicitur 'generalis' quia excludat diversum genere, nec 'specialis' quia excludat diversum specie. Sed sicut visum est ponendum est. Patet etiam propter quid non fit tertia differentia exclusionis que est individualis, quia nulla convenientia est in individuo.

39 Item. Exclusio individualis sive exclusio specialis eadem est, quia cum fit exclusio specialis, excluditur idem specie quod est aliud numero. Et in hoc excludendo fit exclusio specialis, et non individualis.

Respondetur ad obiecta

40 Quo viso, respondendum est ad obiecta. Dicendum est igitur ad primum [27] quod generalis **[V55ʳ]** exclusio et specialis non se habent aliquo modo sicut inferius et superius, nec sicut species et genus, immo totaliter disparata sunt. Est enim exclusio generalis cum excludit idem genere et diversum specie. Unde cum excluditur asinum ab eo quod est *homo*, tunc fit exclusio generalis. Est autem exclusio specialis cum excludit idem specie et diversum numero, ut cum excluditur Plato ab eo quod est Sortes. Et

---

1 cum...aut] cum ipso aut *P om. R*   2 in] *om. T*   2 nulla] plura *add. P*   2 conveniunt] communicant *P*   2 in individuo] per individuum *R* quia communicant per individuum *add. V*   3 solum] aut *VP*   4 convenit] communicat *V*   4 cum subiecto] in subiecto *V om. R*   4 in] cum *V*   4 illud...convenit] quod convenit *T* illud quod communicat *V*   5 cum subiecto] *om. TRP*   5 si... exclusio] primo modo *T* primo modo fit exclusio *P*   5–6 si...exclusio] secundo modo *T* si secundo *R* secundo modo *P*   6 sic] secundum hoc *V*   6 dicitur] exclusio *add. R*   7 excludat] *TVR*   8 excludat] excluditur *TVR*   8 sed] intelligendum est *add. P*   8 sicut...alterum est] sicut visum est *R* eodem modo quod dictum est *P*   9 etiam] ergo *VR*   9 propter quid] quare *VP* quod *R*   9–10 tertia...individualis] exclusio individualis *VR*   10 quia...individuo] *om. VR*   11 item...individualis] *om. VR*   11 exclusio...est] fit exclusio individualis cum fit specialis *P*   13–14 et...individualis] *om. P*   16 igitur] ergo *V om. P*   18 aliquo...sicut] *om. R*   20 excludit] excluditur *RP*   21 excluditur asinum] excludit aliud *TVP*   21 eo...est] hoc quod dico *R*   21 fit] est *VP*   22 exclusio] *om. R*   22 cum excludit] quando excluditur *V* cum excluditur *R*   23 numero] in numero *V*   23 ut] unde *V*   23 eo...est] hoc quod dico *R*   23 sortes] fit exclusio specialis *add. VR*

sic nulla est comparatio generalis exclusionis ad specialem sicut generis ad speciem. Et propter hoc si non est distinguere inter genus et speciem, potest tamen distingui quod potest fieri **[T13ᵛᵃ]** exclusio generalis vel specialis.

41 Ad aliud [28] dicendum est quod si fiat generalis exclusio, non fit exclusio specialis. Unde ad generalem exclusionem non sequitur specialis. Non enim ponimus, sicut supponebat illa ratio, quod fit generalis exclusio quia excluditur diversum genere, quia si hoc esset, bene concederem quod si fierit generalis exclusio, fieret exclusio specialis. Sed sic **[V55ᵛ]** non est ponendum, immo ponendum est quod fit generalis exclusio quia excluditur illud quod convenit in genere cum subiecto, sed non sequitur si sit idem genere quod sit idem specie. Et propter hoc non sequitur specialis exclusio ad generalem. Et sic valebit illa distinctio.

42 Ad aliud [29] dicendum est quod dictio exclusiva non excludit diversum genere nec addita generi excludit alterum, sicut videbitur, sed semper excludit diversum specie vel diversum numero cum excludit illud quod convenit cum subiecto in genere vel in specie. Et propter hoc dictio exclusiva non querit **[P125ʳᵃ]** diversitatem maxime ad excludendum. Et ita non excludit diversum genere, nec semper fit exclusio generalis.

43 Ad aliud [30–31] dicendum est quod hoc quod dico 'aliud', secundum quod est de intellectu dictionum exclusivarum, non dicit quamlibet diversitatem, sed diversitatem respectu idemptitatis quam habet circa illud quod excluditur cum subiecto a quo

---

2 si] licet *P*   2–3 est...speciem] est distinguere inter genus *T* fit distinctio generis aut non fit distinctio generis ad speciem *V* sit genus ad speciem distincio *R*   3 potest...distingui] est tamen distinguere *V* est tamen fieri distinctio *P*   3 quod...fieri] inter *R* quod possit esse *P*   4 exclusio] *bis in V*   4 exclusio...specialis] generalem et specialem *R*   5 dicendum] solvendum *T*   6 exclusio] *om. TRP*   6–7 unde...specialis] *om. R*   7 ponimus] dicimus *P*   8 quia] cum *R*   8 diversum...alterum quia] *om. V*   9 hoc] ita *VP*   10 exclusio] *om. TP*   11 ponendum est quod] *om. P*   12 convenit] communicat *V*   12 cum subiecto] subiecto *V* cum substantia *R*   12 non] *om. V*   12 sequitur] quod si aliquid *add. P*   12 sit] fiat *R*   13 sit] fiat *R*   13 propter hoc] sic *P*   14 specialis...generalem] generalis exclusio ad specialem *V* semper generalis exclusio ad specialem *R*   14 et...distinctio] *om. VR*   14 sic] ita *P* rationem *add. T*   15 quod] hec *add. R*   16 alterum] aliud genus *P*   16 sicut] *bis in V*   17 diversum] *om. P*   18 excludit] excludat *R*   18 cum subiecto] *om. T*   19 querit] exigit *R*   20 maxime] maximam *VR*   20 ita] ideo *V*   20 excludit] excluditur *TRP*   21 semper] *om. P*   21 fit] fiet *V*   23 est] *om. R*   23 dictionum exclusivarum] dictione exclusive *P*   24 sed diversitatem] *om. R*   24 respectu] repectu(!) *T om. P*   25 circa illud] respectu illius *R* illud *P*   25 cum subiecto] ab eo *P*

fit exclusio. Hec autem non est quelibet idemptitas, sed idemptitas in genere vel in specie. Et propter hoc si negatur hoc quod dico 'aliud', non negabitur pro qualibet diversitate, sed secundum quod exigit conditio sermonis. Ut si illud **[V56ʳ]** quod excluditur convenit cum subiecto in specie, excluditur diversum numero; si autem communicet cum subiecto in genere, excluditur quodlibet diversum in specie. Vel aliter, ut si dicatur quod si hoc quod dico 'aliud' dicat quamlibet diversitatem, tamen si negetur, non negabitur pro qualibet diversitate. Et hoc est quia per prius et posterius dicitur de aliis. Et hoc patet in suo contrario. Quia enim hoc quod est 'idem' dicitur per prius **[T13ᵛᵇ]** et posterius de suis suppositis, propter hoc si negatur, non negabitur pro quolibet suo supposito. Non enim sequitur 'non est idem; ergo non est idem specie vel genere'.

44 Ad aliud [32] dicendum est quod hoc quod dico 'aliud' prout est de intellectu dictionis exclusive accipitur communiter, et non dicit diversitatem solum, sed communiter diversitatem et in substantia et in accidente. Potest enim excludi substantia a substantia et accidens ab accidente.

45 Ad aliud [33] dicendum est quod generalis exclusio non est de essentia specialis exclusionis, nec econverso. Unde solvendum est per interemptionem ad illam rationem. Inquantum autem similiter se habent generalis exclusio et specialis, visum est. Et sic inter ipsas est distinguere.

46 Ex iam **[V56ᵛ]** dictis patet solutio alterius questionis [34], quare non distinguitur quod possit fieri exclusio individualis, quia nichil communicat in individuo — et oportet quod illud quod

---

1 hec] hanc*(!)* *V*   3 qualibet diversitate] qualibet alietate *VP* quolibet altero *R*   5–7 diversum ... specie] speciem *P*   6 cum subiecto] *om. TR*   6 quodlibet] *om. V*   7 si] *om. VP*   7 si] et *add. V om. P*   8 negatur] negetur *P*   8 negabitur] negatur *TR* aliter *add. P*   9 posterius] et *add. R*   10 aliis] illis *V*   10 enim] *om. VRP*   11 est] dico *V*   11 prius] dicitur de illis ut patet in suo contrario quia hoc quod dic iudem dicitur per prius *add. R*   11 suis] *om. R*   12 negetur] negatur *TVP*   12 negabitur] negatur *V*   13 non enim] unde non *P*   13 non ... ergo] hoc *R*   15 dico] est *RP*   16 exclusive] genere artificis *add. R*   17–18 solum ... substantia et] sed communiter dicit etiam diversitatem *P om. TR*   18 in] *om. TR*   18–19 potest ... accidente] *om. R*   18 substantia] subiecto *T*   21 exclusionis] *om. TRP*   21 nec econverso] *om. RP*   22 illam rationem] rationem alteri *R*   22 inquantum autem] qualiter ergo *P*   22–24 inquantum ... distinguere] *om. V*   23 similiter] *om. P*   23 habent] habeant *P*   23–24 et ... distinguere] *om. P*   25 alterius questionis] *om. R*   26 quare non distinguitur] quod non dicitur *VR*   26 quod ... individualis] exclusio individualis *VR* exclusio esse individualis *P*   26–27 quia ... cummunicant] quia nichil communicet *V* cum nichil cummunicet *R* quia nulla cummunicant *P*

excluditur communicat cum eo a quo fit exclusio —, et quia eadem est exclusio individualis et specialis. Et si obiciatur quod 'aliud' dicitur tripliciter, dicendum quod verum est. Sed non excluditur quodlibet aliud, sed aliud quod communicat cum subiecto. Hoc autem non potest esse nisi in genere vel in specie. Et propter hoc non potest fieri exclusio nisi dupliciter.

47 Ad aliud [35] dicendum quod semper fit exclusio in individuo et omne quod est ut *hoc aliquid*. Sed hec exclusio potest alternari ut aliquando sit generalis, aliquando specialis.

48 Ad aliud [36] autem quod queritur utrum dictio exclusiva addita uni generi generalissimo excludat alterum, dicendum quod non. Et causa huius iam dicta est, quia oportet quod illud quod excluditur [R282^vb] a subiecto communicet cum subiecto vel in genere vel in specie. Sed genera generalissima non sunt huiusmodi, et causa est quia unum genus generalissimum non communicat cum altero, quia nec unum est sub altero nec ambo sub eodem. Propter hoc dictio exclusiva [V57^r] addita uni generi generalissimo non excludit alterum. Rationem [37] autem ad hoc adductam concedimus.

Utrum possit fieri exclusio a toto dicto vel a parte dicti

49 Deinde queritur de alia distinctione que solet poni quod potest fieri exclusio a toto dicto vel a parte dicti. Et secundum hoc

---

1 communicat] communicet *V* 1 eo a quo] aliquo *V* 1 et] iterum *add. P* 1–2 et ... specialis] *om. VR* 2 obiciatur] obicitur *V* 3 tripliciter] multipliciter *R* 3–4 sed ... excluditur] tamen non exigitur *R* 4 quodlibet] quod hoc *R* 4 sed aliud] sed hoc *R om. V* 4 cum subiecto] in substantia *R* 5 autem] tamen *T* 6 fieri exclusio] esse *R* 6 dupliciter] scilicet generalis vel specialis *add. V* 7 individuo] ... est] individuo et omne quod fit ut *V* individuo et secundum hoc quod fit individuo *R* respectu huius quod est *P om. T* 9 aliquando] aliquotiens *R* 9 aliquotiens *R* 9 specialis] sed illud hoc aliquid potest esse sub eadem specie vel genere et quia sic potest variari potest esse exclusio generalis vel specialis *add. P* 10 autem] *om. VR* 12 huius] iam *VR* 12 est] superius *add. P* 12 oportet quod] *om. TVR* 13 subiecto] substantia *R* 13 communicet] communicat *TVR* 13 subiecto] illo *V* illa *R* 13 vel] *om. VR* 14 genera ... huiusmodi] genus non fit huiusmodi *R om. TP* 15 et ... quia] *om. TRP* 15 unum] *om. V* 15–16 unum ... eodem] *om. R* 15 communicat cum] est sub *P* 16 quia] et *R om. VP* 16 nec] *om. V* 16 nec ... eodem] plura sunt sub tertio *P* 16 altero] aliquo *V* ambo] altero(!) *V* 17–18 generi generalissimo] *om. TR* 18 excludit] excludet *P* 18 adductam] factam *P* 21 de ... poni] super hoc quod dicitur *T* 21 poni] fieri *RP* 21 quod] aliquando *add. P* 22 hoc] hanc distinctionem *P*

distinguitur hec multiplex TANTUM DEUM ESSE DEUM EST NECESSARIUM, et hec [T14ra] TANTUM ID QUOD EST HOMO ESSE HOMINEM EST POSSIBILE. Sensus autem patebunt inferius.

De rationibus monstrantibus quod illa distinctio non valeat

50 Sed quod hec distinctio non valeat videtur. Eadem est veritas propositionis et dicti. Unde propositionis vere dictum est verum et propositionis false dictum est falsum. Cum ergo multiplex, consequitur veritatem et falsitatem. Si est propositio non multiplex, et dictum non est multiplex. Sed hec non est multiplex 'tantum id quod est homo est homo', neque hec similiter 'tantum Deus est Deus', ex eo quod possit fieri exclusio ab hoc vel ab illo. Quare similiter hec non erit multiplex 'tantum Deum esse Deum est necessarium', nec ista 'tantum id quod est homo *etc.*', ex eo quod possit fieri exclusio a toto dicto vel a parte dicti.

51 Item. De eodem de quo est affirmatio in propositione est affirmatio in dicto. Sicut enim [V57v] in hac 'Sortes currit' affirmatur cursus de Sorte, similiter in hac 'Sortem currere est verum' affirmatur cursus de Sorte. Sed illud de quo est affirmatio est subiectum. Quare idem est subiectum [P125rb] propositionis et dicti. Ergo si exclusio fit a subiecto, ab eodem fit in dicto et in propositione. Sed in hac 'tantum Deus est Deus' fit exclusio a parte dicti, et non a toto dicto. Et sic nulla est distinctio.

52 Item. Nulla dictio denominans orationem est proprietas

---

1 multiplex] multiplices *R* duplex *P*   2 et hec] *om. T*   2 id] idem *V*   3 possibile] verum *R*   3 patebunt inferius] videbuntur inferius *V* postea patebunt *R*   5 sed] *om. T* et *R*   5 hec] *om. T* dicta *R*   7 consequitur] sequitur *V* sequatur *P*   8 et falsitatem] *om. V*   8 si est] sicut *R*   9 et] erit *T*   9 est] *om. T*   9 tantum] deum *add. R*   10 est homo] *om. P*   10–11 neque ... illo] *om. T*   11 ex ... illo] *om. R*   12 hec] dictum *P*   12 non] *om. V*   12–13 esse ... necessarium] etc. *T*   13–14 ex ... dicti] *om. R*   15 propositione] de eodem *add. V*   17 similiter] et *add. P*   17 in hac] *om. R*   18 affirmatur] affirmatio etc. *TP*   20 si ... fit] cum exclusio fiat *P*   20 fit] fiet *RP om. V* exclusio *add. R*   21 deus] tantum id quod est homo est homo non *add. P*   21 fit] aliqua *add. T*   21 exclusio] nisi *add. P*   22 a ... dicti] ab hoc quod dico deus sive ab uno termino *VR* a termino *P*   22 dicto] copulato *P* ergo similiter fit exclusio in dicto a parte dicti et non a toto dicto *add. R* ergo similiter in dicto non fiet exclusio a toto dicto sed solum a toto uno sicut a parte dicti *add. P*   22 sic] secundum hoc *R*   22 est] hec *add. V* predicta *add. P*   23 item] ad idem *P*   23 nulla] *om. VR*   23 orationem] non *add. VR*

orationis sed termini, sicut patet inducendo in omnibus, scilicet in signis, in negatione et dictionibus modalibus. Ergo cum dictiones exclusive denominent propositionem, erunt dispositiones termini et non orationis. Quare non est distinguere quod possit esse exclusio a toto dicto, quia sic esset dispositio orationis. Ideo semper fiet exclusio a parte dicti. Et sic nulla est distinctio.

53 Item. Omnis exclusio fit a subiecto. Sed totum dicti non subicitur, sed pars dicti. Ergo a toto dicto non fiet exclusio, sed a parte dicti. Et quod dictum non subiciatur probatio. Si enim subiciatur, tunc hec **[V58ʳ]** oratio 'omnem hominem currere est verum' non esset sillogizabilis, quia non contingit aliquid sumere sub subiecto, cum sit dictum singulare. Regula enim est quod:

Dictum universale in appellatione dicti positum est singulare.

Hoc autem est falsum. Docet enim Aristoteles in libro *Periarmenias* sillogizare per omnes differentias casus. Quare non **[T14ʳᵇ]** subicitur totum dictum, sed pars dicti. Quare non fit exclusio a toto dicto, sed a parte dicti. Et sic nulla est distinctio.

54 Item. Videtur quod a parte dicti non possit fieri exclusio, quia dictio exclusiva excludit ab eo quod est ordinabile ad predicatum, mediante compositione huius verbi 'est'. Tria enim exiguntur ad exclusionem, scilicet quod excluditur et a quo excludatur et respectu cuius fit exclusio, scilicet predicatum. Sed nullus obliquus est ordinabilis ad predicatum, mediante hoc verbo 'est', quoniam

---

14 *De int.* 12.

1–2 scilicet ... signis] et *R*   2 signis] singulis *T*   3 denominent] denominant *TR*   3 termini] *om. R*   4 non est distinguere] non est dicere *T* nec est distinguere *R* nec erit distinguere *P*   5 a ... dicto] respectu totalis dicti *P*   5–6 ideo ... dicti] sed semper respectu partis dicti *P*   7 omnis ... subiecto] non potest fieri exclusio nisi a subiecto *P*   7 totum dicti] dictum *TVR*   8 dicti] eius *P*   8 dicto] *om. R*   10 subiciatur] subicitur *TR* subiceretur *P*   10 oratio] propositio *R*   11 contingit] continget *P*   11 aliquid] aliud *T*   13 dictum] *om. R*   13 dicti] *om. R*   14 in ... periarmenias] *om. R*   15 per ... casus] ex modalibus ubi dicta sunt *P*   15 quare] quia *R*   16 toto] *om. T*   17 sed] exclusio *add. T*   17 sic ... est] ita non valet *P*   19 excludit] semper *add. P*   21 a ... excludatur] illud a quo fit exclusio *R* a quo fit exclusio *P*   22 fit exclusio] *om. T*   22 scilicet predicatum] *bis in R*   22–23 nullus ... ordinabilis] obliquus non potest ordinari *P*   23 ad ... mediante] cum *P*   23 hoc verbo] compositione huius verbi *V*   23–p. 164,1 quoniam ... esset] cum sit ibi *V* quoniam ibi sit *R* quia sic esset *P*

ibi esset incongruitas. Hec enim est incongrua: 'Deum esse <Deum est>' et 'homo esse homine *etc.*'. Quare ab illis non fit exclusio. Et sic non est dicere quod possit fieri exclusio a parte dicti vel a toto dicto, immo semper fit a toto dicto.

55 Item. Si dictum semper subicitur, et a subiecto fit exclusio, ergo semper **[V58ᵛ]** fiet exclusio a toto dicto. Quod vero semper subicitur dictum videtur. Dicit enim Aristotiles in secundo *Periarmeneias* quod sicut in illis de inesse res subicitur et esse vel non esse predicatur, sic in modalibus esse vel non esse subicitur — et per hoc tangit dictum — et modi predicantur. Sed hec est modalis 'Deum esse Deum *etc.*', et hec 'hominem esse hominem *etc.*'. Quare in hiis semper subicitur totum dictum. Et sic semper fiet exclusio a toto dicto.

56 Item. Si unum oppositorum est multiplex, et reliquum, sicut vult Aristotiles in *Topicis*. Sed ille *de necessario* et *de impossibili* opponuntur, sicut patet ab Aristotile in secundo *Periarmenias*. Quare iste due opponuntur 'tantum Deum esse Deum est necessarium' et 'tantum Deum esse Deum est impossibile'. Similiter iste due opponuntur 'tantum id quod est homo esse hominem est verum',

---

7 Cf. *De int.* 12, 21b27sqq.   15 Cf. Arist. *Topica* I 15, 106b14–15: "Quot modis dicitur unum oppositorum, tot modis dicitur et reliquum." (*Auct. Arist.* 36, 18) Cf. etiam *Ethic. Nichomach.* V 1, 1129a18, 24–25: "Si unum oppositum dicitur multis modis, et reliquum." (*Auct. Arist.* 12, 83)   16 Cf. *De int.* 13.

---

1 enim] *om. R*   1–2 deum...etc] cum deum esse homo esse hominem *V* hominem esse animal *R* deum esse hominem *P*   2 est] et *T*   2 illis] obliquis *P*   2 exclusio] sed obliquus est pars dicti *add. P*   3 et...fieri] ergo *P*   3 dicere] distingere *VR*   3–4 vel...dicto *om. RP*   3 vel] et non *T*   4 immo] sed *P*   4 fit] *om. VRP*   4 toto] totali *P*   5 si] *om. R*   5 dictum semper] idem *V*   6 ergo] *om. P*   6 toto] *om. R*   7 semper] *om. R*   7 dicit...aristotiles] per aristotilem *P*   7 enim] *om. VR*   7 secundo] libro *R*   8 periarmeneias] qui dicit *add. P*   8 sicut] quemadmodum *P*   8 subicitur] *bis in V*   8 et] *om. TVR* vere(?) *P*   8 vel] et *V*   10 et...dictum] *om. RP*   10 predicantur] vero sunt appositiones et predicantur *V* vero sunt appositiones *RP*   11 modalis] talis *V*   11 deum...*alterum* etc.] tantum illud quod est homo etc. et hec deum esse deum est necessarium *R* deum esse deum etc. et hec illud quod est homo verum est esse hominem *P*   12 quare...dictum] *om. R*   12 in hiis] hic *R*   12 totum] *om. P*   12–13 sic...dicto] ita non est distinguere immo semper fiet exclusio a toto dicto *V* ita non est distinguere eo quod possit fieri exclusio a parte dicti vel a toto dicto *R* ita fiet exclusio a toto dicto *P*   14 si] *om. P*   14–15 sicut...topicis] sicut vult Aristotiles *V om. TR*   16 patet ab aristotile] vult aristotiles *T* patet *P*   16 secundo] libro *V*   18 et] hec *add. R*   18–19 due opponuntur] due *VR om. P*   19 id] ad *R*   19 verum] et hec *add. R*

'tantum id quod est homo esse hominem est impossibile'. Quare si una non est multiplex, nec altera. Sed hec non est distinguenda 'tantum Deum esse Deum est impossibile', nec hec similiter 'tantum Deus est Deus', **[V59ʳ]** ex eo quod possit fieri exclusio ab hoc vel ab illo. Nec similiter 'tantum id quod est homo esse hominem est impossibile', sed simpliciter erit falsa in utroque sensu. Quare similiter in opposita non est multiplicitas. **[T14ᵛᵃ]** Et sic nulla est distinctio.

57 Item. Quicquid est verum de toto dicto est verum de parte dicti. Unde dictum non est verum nisi quia aliquid est verum de parte dicti. Unde hec 'Sortem currere est verum' non est vera nisi quia aliquid est verum de parte dicti. Quare non differt dicere aliquid de toto dicto et de parte dicti. Quare non est distinguere quod possit exclusio a toto dicto vel a parte dicti. Quare nulla est distinctio.

De quadam ratione ad oppositum

58 Sed quod ista distinctio sit conveniens videtur quia: Duplex est subiectum in huiusmodi orationibus, scilicet subiectum dicti et subiectum enuntiationis. **[P125ᵛᵃ]** Et ita ibi sunt duo **[R283ʳᵃ]** actus, scilicet actus qui dicitur de subiecto dicti, et actus compositionis qui dicitur de dicto. Quare si semper fit exclusio a subiecto respectu alicuius actus et ibi sint duo actus et duo subiecta, et a

---

1–2 quare ... altera] *om.* TP   2 una] unum R   2 altera] reliquum R   2 hec ... distinguenda] ille non distinguitur P   3 deum] homo V   3 deum] hominem V   3 nec ... similiter] neque hec V et P   4–5 deus ... similiter] *om.* RP   4 deus est deus] deum esse deum est verum V   4–6 ex ... impossibile] *om.* V   6 sed ... falsa] immo simpliciter sunt false V quia simpliciter false sunt P   7 in ... multiplicitas] opposite non erunt multiplices V sic opposite non erunt multiplices R nec sibi opposite P   7 multiplicitas] quare non est distinguere hanc tantum deum esse deum est necessarium nec hanc tantum id quod est homo esse hominem est possibile *add.* T   8 et sic] quare VR   8 nulla est] non valet P   9–10 est ... quia] *om.* V   10–11 unde ... dicti] *om.* R   11–12 unde ... dicti] *om.* R   12 est] sit P   12–13 quare ... dicti] *om.* R   13 aliquid] veritatem P   14 dicto ... dicti] et parte dicti V   14 quod ... dicti] sic vel sic P   14 quare] et sic R   14–15 quare ... disctinctio] *om.* P   17 sit conveniens] valeat P   18 huiusmodi orationibus] huiusmodi propositionibus R talibus orationibus P   19 enuntiationis] et hoc est totale dictum *add.* P   19 ita] tunc T sic P   20 scilicet ... duo actus] *om.* R   20 dicti] *om.* T   20–21 compositionis ... dicto] totalis dicti scilicet actus compositionis principalis P   21 semper fit] fiat P   21 subiecto] et *add.* T   22–p. 166,1 alicuius ... respectu] *om.* V   22 et] cum P   22 actus ... duo] *om.* P   22 et a] et de R ab eis P

duobus subiectis potest fieri exclusio indifferenter et respectu actuum indifferenter. Quare cum possit duos sensus habere, erit distinguere in talibus orationibus. Et in talibus docet Aristotiles distinguere. Quare secundum hoc erunt huiusmodi orationes multiplices, ex eo quod possit fieri exclusio a toto dicto vel a parte dicti. Quod concedimus.

Solutio

59 Ponendum est igitur secundum hanc rationem hanc esse multiplicem 'tantum Deum esse Deum est necessarium', ex eo quod potest esse exclusio a toto dicto vel a parte dicti. Si a toto dicto, est sensus *tantum hoc dictum 'esse Deum' est necessarium*; et tunc excluduntur alia **[V59ᵛ]** dicta et sequitur 'non ergo hominem esse animal est necessarium'; et sic est falsa, et sic improbatur. Vel potest fieri exclusio a parte dicti, et est sensus 'tantum Deum *etc.*' *non ergo hominem esse Deum est necessarium nec asinum vel alia huiusmodi*; et sic est vera, et sic probatur.

60 Eodem modo distinguenda est hec 'tantum id quod est homo *etc.*', ex eo quod potest fieri exclusio a toto dicto vel a parte dicti. Si a toto dicto, tunc est sensus *non ergo hoc dictum 'asinum esse*

---

3 Cf. *Soph. El.* 17, 175a39–40.

---

1 indifferenter] *om. R*   1–2 et... indifferenter] *om. RP*   2 actuum] illorum actuum *V*   2 cum... habere] *om. V*   2 duos... habere] duos sensus et diversos habere *R* haberi diversi sensus *P*   2 erit] videtur quod debeat *VR*   3 in... orationibus] predicta multiplicitate *VR* in huiusmodi orationibus et consimilibus *P*   3–4 et... distinguere] et hec vult aristotiles docens distinguere in talibus orationibus *V* quod vult aristotiles *R om. P*   4–5 quare... multiplices] *om. P*   4 secundum... dicti] valet predicta distinctio *V*   5 ex... possit] et ita poterit *P*   5 toto] *om. TR*   8 ponendum est] possibile est *T* et ponimus *VR*   8 igitur] *om. VR*   8 secundum] per hanc totam *V* per *P om. R*   8 rationem] orationem *VR*   8 hanc] *om. VR*   9 multiplicem] distinguendam *T*   9 esse... necessarium] etc. *T*   10 vel... dicto] *om. TP*   11 est] et est *T* sic est *P*   11–12 et... sequitur] *om. R*   12 sequitur] improbatio *add. V*   13 et... improbatur] et sequitur improbatio *R om. TV*   13–14 vel... dicti] si a parte dicti fiat exclusio *P*   14 etc.] esse deum est necessarium *P*   15 est necessarium] etc. *T*   15 nec... huiusmodi] *om. P*   15 vel] et *VR*   15–16 et... vera] *om. R*   17 eodem modo] similiter *P*   17 distinguenda... hec] distinguitur hec multiplex *R* hec est multiplex *P*   18 etc.] esse hominem est verum *VR*   18 ex eo] *om. T*   18–19 ex... dicti] *om. P*   18–19 vel... dicto] *om. T*   19 si] fiat exclusio *add. P*   19 tunc] et *T om. RP*   19 est] *om. P*   19–p. 167,2 non... dicti] *om. P*   19 hoc dictum] *om. R*   19 asinum] hominem *VR*   19–p. 167,1 esse animal] *om. R*

animal' est verum, et excluduntur alia dicta et sic est falsa. Vel potest fieri exclusio a parte dicti, et tunc est sensus *tantum id quod est homo esse hominem est verum, et non asinum esse hominem est verum*, et sic de aliis, et sic est vera.

61 Orationes **[T14ᵛᵇ]** autem similes eodem modo distinguuntur. De alia autem distinctione que est huic correlativa, quod potest intelligi de re vel de dicto, habetur inferius.

Respondetur ad rationes

62 Ad primum [50] quod obicitur solvendum est quod dictum ultra illud quod habet appositionem, **[V60ʳ]** habet quandam novam compositionem sive additionem quandam. Unde super ipsum cadit quedam affirmatio sive quedam compositio respectu cuius potest fieri exclusio, ut cum dicimus 'Sortem currere est verum'. Unde in ipso non est solum illa compositio quam habet a propositione, quia si sic, respectu illius semper fieret exclusio et non esset distinguenda. Et propter hoc quia in propositione est una sola compositio et unum subiectum, propter hoc non distinguitur propositio. Tamen dictum distinguitur quia ultra propositionem habet possibilitatem plurium subiectorum, sicut visum fuit in opponendo, et alteram compositionem respectu cuius potest fieri exclusio. Tamen illa compositio non ponit veritatem alteram

---

7 Videas infra, V,25–26.

---

1 verum] necessarium *V* 1–4 excluduntur ... aliis] *om. R* 1 alia] *om. T* 2 tunc] *om. T* 2–3 id ... verum] hoc dictum id quod est homo esse hominem est possibile et non aliud dictum et sic excluduntur alia dicta et sic sequitur non hoc asinum esse animal est possibile *P* 3 est verum] *om. T* 3 esse hominem] *om. T* 5 orationes ... similes] alie orationes *P* 6 autem] *om. TVR* 6 que ... correlativa] non habebitur scilicet *P* 7 potest] possit *P* 7 habetur] habebitur *T* dicetur *P* 9 primum] dicendum *add. V* ergo *add. P* 9 solvendum] dicendum *P* 10 illud] hoc *T* 10 appositionem] ad propositionem *P* 11 novam ... quandam] compositionem sive novam conditionem quandam sive additionem *R* 11 quandam] *om. P* 12 cadit] affirmatur *T* 12 sive quedam] sive *T* et quedam *R* 12 compositio] nova *add. P* 13 cuius] illius *V* 14 in ... illa] in ipso solum non est illa *T* in ipso non est sola *R* hic non est solum *P* 15 a propositione] appositione *R* a sua propositione *P* 16 non] numquam *P* 17 sola] *om. T* 17 et] ita non est nisi *add. P* 18 propositio] hec propositio *R* tantum deus est deus *add. V* 20 alteram] aliam *R* 20 ompositionem] quam habet propositio *add. P* 21 ponit ... alteram] poterit alterari veritatem *P* 21 alteram] aliquam *V*

vel falsitatem, sed solum exprimit ita esse sicut per dictum significatur. Et propter hoc sequitur 'si propositio est vera, dictum est verum', non tamen sequitur 'si propositio est non multiplex, dictum est non multiplex'.

63 Ad aliud [51] dicendum quod in hac 'Deum esse Deum est necessarium', et in hac 'id quod est homo esse hominem est verum' est duplex affirmatio, scilicet affirmatio dicti, que significatur per hoc verbum 'est', et affirmatio de parte dicti, que significatur per hoc verbum 'esse'. Et respectu **[V60^v]** cuiuslibet potest fieri exclusio.

64 Sed tunc videbitur quod illa propositio sit plures, cum ibi sit duplex affirmatio. Propter hoc sciendum quod non est ibi duplex affirmatio eque et primo, sed est ibi una per alteram. Et ita illa duplex affirmatio utrobique est una, quia ubi unum propter alterum utrobique est unum. Dicendum est igitur quod quantum ad affirmationem de parte dicti, de eodem est affirmatio **[P125^{vb}]** in dicto et in parte propositione, quoniam de subiecto uno, sed in dicto est altera affirmatio ultra et de alio, et propter hoc ultra subiectum propositionis est subiectum aliud, scilicet dictum propositionis quod est subiectum affirmationis ultime. Et propter hoc distinguitur dictum, et non propositio.

65 Ad aliud [52] dicendum quod secundum quod fit exclusio a dicto dictum est subiectum unum et induit **[T15^{ra}]** naturam incomplexi. Sicut enim incomplexum potest induere naturam complexi — ut honestas, cum queritur quid est summum bonum in vita —, sic complexum potest induere naturam incomplexi. Et

---

1 ita esse] illud esse *V om. R*   2 hoc] non *add. T*   3 non ... sequitur] *om. T*   3 si] quod si *VR*   3 est] sit *VP*   4 dictum ... non] quod dictum non sit *VRP*   6 est ... hac] *om. T*   6 et ... hac] *om. P*   6–7 esse ... verum] etc. *T*   7 verum] possibile *P*   7 scilicet affirmatio] una totius *P*   8 verbum] quod dico *P*   8 affirmatio de] aliud a *P*   8 que] et hoc *P*   9 et] sed *P*   9 cuiuslibet] utriusque *R*   11 tunc videbitur] videtur *R*   12 sit ... affirmatio] sint plura subiecta et plura predicata *P*   13 per alteram] pro altera *R*   13 et ita] est *P*   14 duplex] *om. P*   15 est] *om. T*   15 unum] tantum *add. P*   16 de eodem] eadem *P*   16 affirmatio] et de eodem *add. P*   17 parte] *om. P*   17 quoniam ... uno] *om. P*   18 altera] alia *P*   18 ultra] *om. P*   18 hoc] quod *add. P*   19 dictum propositionis] dicti *T* dictum *RP*   20 quod ... ultime] *om. R*   20 affirmationis] sive compositionis *add. P*   20–21 et ... dictum] *om. R*   21 distinguitur] habet distingui *P*   21 et non] non autem *P*   22 aliud] *om. P*   22 quod] dictum est *add. R*   23 dictum ... subiectum] subicitur *P*   23 induit] inducit *P*   24 incomplexi] sive termini *add. P*   24 enim] neque *R*   24 potest] habet *T*   25 complexi] et sic dictum *add. T*   25 ut] *om. R*   25–26 ut ... incomplexi] *om. V*   25 queritur] dicitur *P*   26 vita] et respondetur honestus *add. P*

sic fit cum dictum subicitur. Et sic exclusio potest fieri ab ipso, et sic denotabit propositionem et erit dispositio termini.

66 Ad aliud [53] dicendum est quod de propositionibus modalibus possumus **[V61ʳ]** iudicare aut secundum quod sunt enuntiationes, et sic in illis subicitur totum dictum — et hoc modo determinavit Aristotiles in secundo *Periarmenias* de ipsis; dicit enim quod in illis subicitur dictum et predicatur modus —, aut possumus iudicare de ipsis secundum quod sunt propositiones, et sic in illis subicitur subiectum dicti. Cuius signum est quod illud est subiectum sub quo fit assumptio in sillogizando, sed in sillogizando fit assumptio sub subiecto dicti. Et secundum hoc est ponere quod aliquando subicitur subiectum dicti, loquendo de subiecto propositionis, aliquando subicitur totum dictum, loquendo de subiecto enuntiationis. Et sic potest fieri exclusio dupliciter. Et sunt sillogizabiles hoc modo, alio autem modo non. Quomodo autem intelligitur verbum Aristotilis in secundo *Periarmeneias* visum est.

67 Ad aliud [54] dicendum est quod obliquus semper habet ordinationem cum hoc verbo 'esse' et non cum hoc verbo 'est', quia sic esset ibi incongruitas, sicut obiectum est. Sed contingit ipsum ordinari dupliciter: mediate vel immediate. Mediate **[R283ʳᵇ]** cum pars dicti subicitur, immediate cum totum dictum subicitur.

68 Ad **[V61ᵛ]** aliud [56] dicendum quod licet hec 'tantum Deum esse Deum est impossibile' et similiter hec 'tantum id quod est homo esse hominem est impossibile' sunt false, nichilominus sunt distinguibiles ex eo quod potest fieri exclusio a toto dicto vel

---

6 Cf. *De int.* 12, 21b27sqq.   16 *Ibid.*

---

1 sic fit] sic *V* ita est *P*   1 et sic] et *R om. V*   2 sic] *om. P*   4 possumus iudicare] potest iudicari *P*   4 iudicare] dupliciter scilicet *add. P*   6 secundo] libro *VR*   6 de ipsis] in secundo *add. V om. R*   6–7 dicit ... quod] cum dicit quia *P*   7 et ... modus] modus vel predicatur *R*   8 iudicare] loqui *P*   8 secundum quod] prout *R*   9 in illis] *om. V*   9 subicitur] totum dictum vel *add. R*   9 illud est] nullum est *R om. T*   11 dicti] et non sub totali dicti *add. P*   11 secundum ... ponere] per hoc ponit *R om. P*   11 quod] quia *P*   12 subicitur] erit subiectum *P*   13 aliquando] deinde autem *P*   13 subicitur] erit subiectum *P*   14 sic] *om. T*   14 exclusio dupliciter] enuntiabile *T*   14 et] nec *T*   15 hoc] uno *P*   15 autem] *om. TVR*   15 non] sunt *T*   15 quomodo autem] qualiter *P*   16 secundo periameneias] libro periarmeneias *P* sicut *add. R*   17 aliud] autem *add. P*   19 esset ibi] accidet *P*   19 sicut] sic *T*   19 est] fuit *V*   20 ordinari] ordinare *V*   21 totum] *om. V*   22 licet hec] si hec *V* si ille propositiones *P*   23 impossibile] necessarium *V*   23 et similiter] *om. P*   24 impossibile] in omni sensu *add. P*   25 sunt] distinguende vel *add. P*

a parte dicti. Dicit enim Aristotiles quod si oratio in utroque sensu sit falsa, nichilominus distinguenda est ne videatur redargutus. Et sic distinguende sunt predicte orationes.

69 Ad aliud [57] dicendum est quod si quicquid est verum de toto dicto est verum de parte dicti, tamen aliquid est aliud a dicto et aliquid est aliud a parte dicti. Unde alia dicta sunt alia a dicto, et alii termini sunt alii a subiecto dicti. Unde **[T15ʳᵇ]** non est idem 'aliud a dicto' et 'aliud a parte dicti'. Et quia dictio exclusiva excludit aliud, propter hoc, si fiat exclusio a dicto, non fiet a parte dicti vel si fiet a parte dicti, non fiet a dicto. Et sic est distinguere inter ipsa. Et rationem [58] ad oppositum concedimus, quia ostendit veritatem.

De quadam alia distinctione

70 [V62ʳ] Deinde queritur de illa distinctione que solet poni quod:

> *Quando dictio exclusiva bis ponitur in oratione, scilicet a parte subiecti et a parte predicati, tunc est oratio multiplex, eoquod potest iudicari per unum vel per alterum.*

Et secundum hoc distinguitur hec multiplex SOLA DUO SUNT PAUCIORA SOLIS TRIBUS, **[P126ʳᵃ]** et hec SOLUS NOMINATIVUS PRECEDIT SOLUM GENITIVUM.

---

1 Cf. *Soph. El.* 17, 175a39–40.

---

1 oratio] *om. TR*   1 sensu] modo *R*   2 sit falsa] sunt false *R* sit vera *P*   2 distinguenda est] distinguenda *T* distinguende sunt *R*   2 ne ... redargutus] ut aristotiles reddat gutus *P*   3 predicte] huiusmodi *P*   4 quicquid] quid *T*   5 tamen] respectu *V*   5 aliud] est *add. V*   6 aliquid ... aliud] aliud *T om. P*   6 alia dicta] *coni.* dicta TV alia *P om. R*   6 alia] dicta aliud *P*   6 dicto] toto dicto *R*   7 alii] *om. P*   8 quia] *om. P*   9 excludit] exigit *R* excludat *P*   9 fiat exclusio] excludat aliud *P*   9 fiet] excludet aliud *P* exclusio *add. V*   10 vel ... dicti] *om. P* 10 fiet] fiat *V*   10 dicti] propter hoc *add. R*   11 rationem] rationes *P*   12 ostendit veritatem] concludit veritatem *V* secundum veritatem procedunt *P*   14 poni quod] fieri *TR*   16 in oratione] *om. TVR*   16 scilicet] et hoc *P*   17 et] vel *TVP*   18 unum] unam *P*   18 alterum] alteram *P*   19–20 sola ... tribus] solis tribus sola duo sunt pauciora *P*   21 genitivum] solum indicativum precedit solum imperativum sola assumptio precedit solam conclusionem *add. P*

71 Et quia ista distinctio communis est ad omnes dictiones sincathegorematicas —distinguitur enim oratio in qua ponitur duo sincathegorematica, ex eo quod potest iudicari per unum vel per alterum, sicut accidit sepe in hiis sophismatibus SORTES BIS VIDET OMNEM HOMINEM PRETER PLATONEM; NON OMNIS HOMO PRETER SORTEM CURRIT; TU SCIS AN OMNIS HOMO SIT SORTES AN DIFFERAT A SORTE, et plura alia —, propter hoc queramus de ipsa et de natura eius primo communiter. Deinde descendamus prout est in exclusionibus, sicut in predictis orationibus.

De rationibus monstrantibus quod illa distinctio non valeat

72 Sed quod ista distinctio non valeat videtur. Dicit enim Aristotiles in libro *Periarmenias* quod propter nostrum affirmare, vel negare, non est oratio vera vel falsa. **[V62ᵛ]** Ergo cum iudicare de aliquo sit affirmare vel negare, propter nostrum iudicare non mutabitur veritas vel falsitas orationis. Quare iudicare sic vel sic non operatur ad veritatem vel falsitatem orationis. Et ita non est distinguere quod oratio possit sic vel sic iudicari.

73 Item. Omne iudicium est postquam terminatur consensus vel dissensus. Quare circa quod habet esse consensus vel dissensus, circa idem habet esse iudicium. Ergo cum circa compositionem habeat esse affirmatio vel negatio, sive consensus vel dissensus, circa compositionem habet esse iudicium. Quare a parte compositionis iudicanda est oratio, et non a parte dictionum sincathegorematicarum.

---

11 Cf. *De int.* 9, 18b38–39: "Propter nostrum affirmare, vel negare, nihil sequitur in re." (*Auct. Arist.* 32, 17)

1 quia ista] hec *P*   1 communis] conveniens *R*   2 distinguitur enim] distinguatur *T*   2–3 duo sincathegorematica] dictio *T* due dictiones singathegorematices *P*   3 unum] unam *P*   4 alterum] alteram *P*   4 sicut] et hoc *P*   4 in sophismatibus] in sophismatibus ut in hiis *P*   5 platonem] plato *V*   5 non] *om. R*   5–6 non ... currit] *om. P*   5 sortem] sor *V*   7 et ... alia] *om. P*   7 alia] et *add. TP*   7 ipsa] hac distinctione *P*   7–8 eius ... communiter] huius prepositionis preter *R*   8 exclusionibus] orationibus *P*   9 sicut ... orationibus] *om. R*   11 sed] *om. T*   11 enim] *om. VRP*   13 vel] neque propter *V* vel propter *R*   13 est ... falsa] mutatur veritas vel falsitas in oratione *V*   14 de aliquo] *om. P*   14 sit] per nostrum *add. T*   14–15 propter ... quare] *om. T*   15 mutabitur ... orationis] non dicitur oratio vera vel falsa *P*   16 ad] *om. VR*   16 orationis] *om. P*   17 oratio] *om. TVR*   18–19 omne ... quare] item iudicium est post consensum vel dissensum *P om. T*   18 postquam] primo cum *R*   21 affirmatio ... sive] *om. P*   22 habet] habebit *P*   23 iudicanda est] contingit iudicari *P*

74 Item. Omne iudicium est affirmatio vel negatio. Ergo circa quod habet esse **[T15ᵛᵃ]** affirmatio vel negatio, circa idem habet esse iudicium. Cum ergo circa compositionem habeat esse affirmatio vel negatio, et circa compositionem habet esse iudicium. Quare non est iudicare orationem per dictiones sincathegorematicas. Et sic non est **[V63ʳ]** distinguere quod possit iudicari oratio per unum vel per reliquum.

Utrum ista distinctio possit fieri per dictiones cathegorematicas sicut per dictiones sincathegorematicas

75 Item. Queritur utrum ista distinctio possit fieri per dictiones cathegorematicas sicut per dictiones sincathegorematicas. Et videtur quod sic. Iudicium habet fieri per ea ex quibus componitur res composita. Quod patet: si velimus iudicare de domo, iudicabimus de ipsa inspiciendo in partibus suis. Et illa scientia que docet rem resolvere ad principium ex quibus composita est dicitur scientia iudicandi, sicut scientia *Priorum* et *Posteriorum*. Ergo cum oratio componatur ex dictionibus cathegorematicis et non ex dictionibus sincathegorematicis, iudicabitur oratio per dictiones cathegorematicas et non per dictiones sincathegorematicas. Quare talis distinctio potest fieri tam per dictiones cathegorematicas quam sincathegorematicas.

76 Item. Iudicium habet fieri per aliquid quod est de re. Ergo per illud quod magis est de re, magis habet fieri iudicium, quia si simpliciter ad simpliciter, et magis ad magis *etc*. Ergo cum

---

2 quod] illud quod *P* 2 circa idem] circa illud *V om. P* 4 vel] et *P* 4 et] *om. P* 4 compositionem] illud *R* 4 habet] erit *P* 4 esse] fieri *TP* 5 iudicare] distinguere *TRP* 5 orationem] orationes *R* 5–7 et... reliquum] *om. P* 6–7 non... reliquum] idem quod prius *R* 10 possit... per] possit esse per *R* habeat fieri circa *P* 11 sicut... sincathegorematicas] *bis in V* 11 per] circa *P* 11 dictiones] *om. RP* 12 fieri] esse *R* 12 per] de re penes *P* 12 componitur] est *TR* 13 quod patet] ut *P* 13 iudicabimus] iudicamus *VR* 14 inspiciendo] *om. T* 14 in... suis] de partibus suis *V* per partes *P* 14 et] hoc etiam patet quia *add. P* 15 rem] totum *P* 15 ad] in *P* 15 quibus] est res *add. R* 15 composita est] componitur *VP* 15 dicitur] *om. R* 16 scientia] relutoria et *add. P* 17 componatur] sit composita *R* 17–18 cathegorematicis... dictionibus] *om. R* 17 et non ex] potius quam *P* 18 oratio] *om. P* 19 et non] potius quam *P* 19–20 quare... cathegorematicas] *om. P* 20 cathegorematicas] sincathegorematicas *R* 21 sincathegorematicas] cathegorematicas *R* 22 est] sit *P* 23 per] propter *V* 23 re] per illud magis *R* magis *P* ergo per illud quod est *add. T* 23 quia] et *T* 24 etc.] et maxime ad maxime *VP om. T* 24 ergo] et ita *P*

dictiones cathegorematice magis sint de **[V63ᵛ]** esse orationis quam dictiones sincathegorematice, magis habebit iudicari oratio per dictiones cathegorematicas quam per dictiones sincathegorematicas. Quare distinguere quod possit oratio iudicari sic vel sic, magis debet fieri in dictione cathegorematica quam in dictione sincathegorematica.

77 Item. Sicut diversimode possunt ordinari dictiones sincathegorematice et potest una preponi alii, et propter hoc potest oratio diversimode iudicari, sic dictiones cathegorematice diversimode possunt ordinari, ut aliquotiens a parte subiecti, aliquotiens a parte predicati. **[R283ᵛᵃ]** Et sic est distinguere in dictionibus cathegorematicis sicut in sincathegorematicis. Et sic est indifferenter iudicare orationem per dictiones cathegorematicas vel per sincathegorematicas.

78 Item. Iudicium de re oportet fieri per illud quod facit magis cognoscere ipsam rem. Non enim est iudicare nisi de re cognita. Ergo cum dictiones cathegorematice magis faciant cognoscere rem quam dictiones sincathegorematice, cum magis attendatur **[T15ᵛᵇ]** veritas vel falsitas circa istas, magis erit iudicare orationem per dictiones cathegorematicas quam sincathegorematicas.

---

2 dictiones] *om. TP*   2 habebit] habebunt*(!) V*   3 per] *om. V*   3 dictiones] *om. TV*   4 quare] non est *add. V* est *add. R*   4–6 quare ... sincathegorematica] et ita ut prius *P*   4 quod] eo quod *R*   4 sic] sed *add. V*   5–6 in dictione cathegorematica] dictionibus cathegorematicas *V*   5–6 dictione sincathegorematica] sincathegorematica *T* dictionibus sincathegorematicis *V*   7 sicut] et *add. T*   7–10 dictiones ... ordinari *om. V*   8 potest] *om. R*   9 diversimode] sic vel sic *P om. R*   9 sic] ita similiter *P*   10 ut] *om. P*   10 a parte subiecti] in subiecto *P*   10–11 subiecti ... parte] *om. R*   11 a parte predicati] *P*   11 predicati] qualitatis *R*   11–12 et ... sincathegorematicis] *om. P*   12–13 et ... cathegormeticas] *om. V*   12 est indifferenter] non differt *R* oportet *P*   13 orationem] orationes vel propositiones *R*   13 per] penes *T*   13 vel] sicut *P*   13–14 vel ... sincathegorematicas] *om. T*   15 iudicium ... fieri] iudicium de re oportet facere *T* iudicium de re debet fieri *V* oportet quod iudicium fiat *P*   16 ipsam] *om. TVR*   16 non enim] quia non *P*   17 ergo ... cathegorematice] *om. R*   17 cum] *om. P*   17 faciant] faciunt *TR*   17 rem] orationem *TV*   18 dictiones] *om. TRP*   18 cum] et *VP*   18 attenda-tur] attenditur *P*   19 falsitas] orationis *add. P*   19 circa ... orationem] *om. P*   19–20 per ... sincathegorematicas] in dictionis*(!)* sincathegoremeticis *P*   20 quam] per *add. V*

Utrum ista distinctio valeat in proposito

79 Deinde queritur utrum ista distinctio valeat in proposito vel non. Et videtur quod non. Si aliquid participet aliqua duo, ita quod unum per prius **[P126ʳᵇ]** et alterum **[V64ʳ]** per posterius, debet iudicari per illud quod per prius participat. Verbi gratia, possumus dicere quod homo est rationalis vel quod est sciens vel virtuosus; et si queratur 'qualis est homo?', dicetur 'rationalis' vel 'sciens' vel 'virtuosus'. Ergo si aliqua oratio participet rectum et obliquum, cum per prius participet rectum quam obliquum, sicut dat Aristotiles intelligere in libro *Periarmenias*, cum removet nomen obliquum a diffinitione nominis, manifestum est quod debet semper iudicari oratio per rectum et non per obliquum. Et sic debent huiusmodi orationes iudicari semper per le 'sola' aut per le 'solus', et non per le 'solis' aut per le 'solum'.

80 Item. Omne iudicium habet semper fieri per dignitates et per illud quod est dignius, sicut patet per Aristotilem. Cum enim vult iudicare de sillogismo utrum sit conveniens vel non, tunc iudicat eum per dignitates que sunt *dici de omni* et *dici de nullo*. Ergo cum rectus sit dignior obliquo et dignitas orationis habebit orationes iudicare, oratio habebit iudicari per rectum, et non per obliquum. Et sic nulla est distinctio.

81 Item. Iudicium debet fieri **[V64ᵛ]** penes res que sunt in apprehensione, et oportet quod res apprehendantur primo et de ipsis apprehensis fit iudicium. Ergo cum rectus prius sit in appre-

---

10 *De int.* 2, 16a30–b1.   16 Cf. *Anal. Post.* I 7, 75a39–b2.

2 deinde] item *P*   2 ista] hec *P*   2 vel non] *om. VRP*   3 non] sic *R*   3 aliqua] *om. P*   3 ita quod] *om. P*   4 alterum] reliquum *VR*   5 per] *om. TVR*   6 vel] et similiter *V* et *RP*   6 vel] et *R*   7 dicetur] quoniam *R om. P*   7 vel] et non *T* et *R* quam *P*   8 vel virtuosus] *om. P*   9 per] *om. P*   9 quam] per *add. R*   10 dat ... intelligere] dicit aristotiles intelligere *T* intelligit aristotiles *R* dicit aristotiles *P*   10 libro] secundo *V*   10 cum] et *T*   11 semper] simpliciter *V*   12 debent] dicuntur *T* dicunt *R*   13 semper] *om. P*   13 sola ... le] *om. VRP*   13 solus] solum *T* solas *V* sola *R*   14 et ... solum] *om. RP*   15 semper] *om. VRP*   16 patet per aristotilem] dicit aristotiles *R*   17 conveniens] contingens *VR*   17 non] necessarius *V*   17 tunc] *om. P*   18 eum] de ipso *P*   19–20 et ... iudicare] *om. T*   19–20 habebit ... iudicare] *om. RP*   20 oratio ... predicari] *om. V*   20 habebit] habet *R*   22 item] omne *add. P*   22 iudicium] rerum *add. P*   22 debet] habet *RP*   22 penes ... que] secundum quod finit *V* secundum quod sunt *RP*   22–23 in apprehensione] apprehensionem *V*   23 et oportet] oportet enim *VP*   23 primo] *om. V*   23 et] postea *add. P*   23 de] ex *TV*   24–p. 175,1 ergo ... iudicium] *om. R*   24 prius] prior *P*

hensione quam obliquus, prius debet fieri iudicium per rectum quam per obliquum. Et sic iudicande sunt orationes per rectum, et non per obliquum. Et sic nulla est distinctio.

82 Item. Si aliqua duo ita se habeant quod unum faciat se cognoscere et alterum, reliquum autem faciat se cognoscere [T16ra] tantum: si iudicetur aliquid per illa, debet iudicari per illud quod facit se cognoscere et alterum. Sed rectus facit se cognoscere et obliquum, sicut testatur Aristotiles in primo libro *De anima*, dicens quod rectus est iudex sui ipsius et obliqui. Obliquus autem se ipsum facit cognoscere tantum. Quare semper debet oratio iudicari per rectum, et non per obliquum.

Solutio

83 Solutio. Dicendum est quod predicte orationes [70–71] sunt multiplices predicta multiplicitate. Et primo manifestatur in hac SORTES BIS VIDET OMNEM HOMINEM PRETER PLATONEM. Dicendum enim quod duplex est, eoquod potest [V65r] iudicari per le 'bis', et sic precedit distributio importata per le 'bis', et sequitur exceptio; et quia exceptio negationem importat, sequitur illa negatio distributionem et fit negatio pro qualibet parte distributionis. Et sic est sensus: *Sortes bis videt omnem hominem alium a Platone et bis non videt Platonem*. Et quia illa distributio precedit negationem, non immobilitatur, immo fit negatio pro qualibet parte ipsius. Et sic sequitur improbatio 'ergo una vice non vidit Platonem et alia vice non vidit Platonem'. Et sic est falsa. Vel potest iudicari per exceptionem ita ut precedat virtus exceptionis distributionem et negatio exceptionis distributionem precedat. Et est sensus *Sortes bis vidit*

---

8 *De anima* I 4, 411a5–6. (*Auct. Arist.* 6, 21)

1 obliquus] obliquum *T* 1 debet] oportet *P* 2 quam] et non *V* 3 et non] magis quam *P* 3 et ... distinctio] *om. TVP* 4 ita] sic *V om. P* 4 faciat] facit *R* 5–6 reliquum ... tantum] *om. R* 6 aliquid ... illa] per aliquid illorum *R* 6 debet] oportet *P* 7–10 et ... cognoscere] *om. R* 7 et] alterum scilicet *add. P* 8 testatur] vult *VR* 8 primo libro] primo *VP* libro *R* 9 ipsius] *om. TR* 9 autem] *om. P* 10 ipsum] *om. TVR* 10 tantum] *om. P* 10 oratio] *om. P* 14 manifestatur] manifestabitur *T* manifestum est *R* manifestetur *P* 15–16 dicendum enim] dicitur *TRP* 16 duplex] multiplex *VRP* 16 eoquod] quia *VP* et *R* 17 distributio] distinctio *T* 18 importat] propter hoc *add. P* 19 et] sic *add. P* 19 distributionis] distribuens *R* 21 distributio] distinctio *TV* 24 non ... et non bis] *om. R* 24 vidit] videbit *V* 25 ita] *om. P* 25 ita ... virtus] intellecte *V* 24 et] sic *add. V* 26 exceptionis] *om. T* 26 sensus] sortes bis vidit omnem hominem preter platonem idest *add. T*

omnem hominem alium a Platone et non bis vidit Platonem. Et tunc immobilitatur distributio et non sequitur 'non bis vidit Platonem; ergo una vice non vidit Platonem et alia vice non videt Platonem', immo peccat secundum figuram dictionis ab immobili ad mobilem. Et sic est vera et sic probatur.

84* Similiter dicendum [**V65ᵛ**] est quod hec est multiplex NON OMNIS HOMO PRETER SORTEM CURRIT, ex eo quod negatio potest advenire prius quam exceptio et sic immobilitat distributionem. Et sic fit exceptio a distributione immobili. Et sic est incongrua. Est enim regula quod:

> *Hec dictio 'preter' vult invenire distributionem mobilem* [**T16ʳᵇ**] *et reddere eam immobilem*.

Vel potest intelligi exceptio prius advenire, et sic congruenter fit exceptio a distributione antequam immobilitatur distributio. Et sic iudicatur per exceptionem. Et sic est congrua. Primo autem modo iudicatur per negationem.

* cc. 84 et 85: inverso ordine in P

85 Similiter hec distinguitur multiplex TU SCIS AN OMNIS HOMO SIT SORTES AN DIFFERAT A SORTE, eoquod potest iudicari per hanc dictionem 'an' aut per distributionem. Si iudicatur per distributionem, tunc precedit negatio in distributione ipsam distributionem. Et tunc fit disiunctio inter contradictorie opposita et sic habet veritatem, et est sensus *tu scis an omnis homo sit Sortes an omnis homo differat a Sorte*. Et non sequitur improbatio, immo peccat [**V66ʳ**] secundum fallaciam consequentis a duabus causis veritatis ad unam. Vel potest iudicari per hanc coniunctionem 'an', et sic precedit distributio negationem. Et sic fit disiunctio inter inventa, et

---

1 tunc] sic *P*   2 non] *om. R*   2 non...platonem] *om. P*   2 vidit] videbit *V*   3 non...platonem] *om. TVR* vidit platonem *P*   3 videt] videbit *V*   6 dicendum...est] distinguitur hec *P*   8 advenire] adveniens esse *V*   8 immobilitat distributionem] immobilatur distributio *V*   9 et...exceptio] et sic exceptio *T* et fit exceptio *bis in R* et distribuitur exceptio *P*   9 distributione] diffinitione *T*   9 et...incongrua] *om. R*   10 quod] *om. P*   13 intelligi...prius] prius intelligi exceptio *TR* prius exceptio intelligi *P*   13 congruenter] ante *P*   14 antequam] ante *P*   14 immobilitatur] immobilitetur *V*   15 congrua] incongrua *P*   19 an...sorte] etc. *V*   20 aut per] vel *P*   20-21 si...distributionem] *om. T*   21 ipsam] et *R om. V*   22 sic] *om. TR*   22-23 habet veritatem] vera est *V*   25 veritatis] *om. TRP*   26 hanc coniunctionem an] distributionem *TVR*   26-27 et...negationem] *om. P*   27 negationem] disiunctionis *add. T*   27 inventa] contradictorie opposita *VR* opposita *P*

est sensus *tu scis an omnis homo sit Sortes an omnis homo non differat a Sorte*. Et sic est falsa et sequitur improbatio.

86 Similiter in proposito hec est multiplex SOLA DUO SUNT PAUCIORA SOLIS TRIBUS, et hec SOLUS NOMINATIVUS PRECEDIT SOLUM GENITIVUM, ex eoquod potest iudicari per le 'sola'; et tunc cadit negatio **[R283ᵛᵇ]** ipsius supra le 'sola' et remanet le 'solis' non expositum. Nec sequitur 'sola duo *etc.*; ergo sola duo sunt pauciora tribus', immo peccat secundum consequens a duabus causis ad unam. **[P126ᵛᵃ]** Et est simile argumentum 'non solus Sortes currit; ergo Sortes currit'. Sed a parte de 'sola duo' potest fieri descensus et potest sequi 'sola duo *etc.*; ergo duo sunt pauciora solis tribus'. Non enim cadit sic negatio aliqua supra le 'sola' **[V66ᵛ]** que impediat suam expositionem. Et sic est falsa. Vel potest iudicari per le 'solis', et tunc cadit negatio ipsius supra le 'sola' et non remanet le 'sola' inexpositum et non potest fieri descensus in ipso, immo si fiat, **[T16ᵛᵃ]** peccat secundum consequens a duabus causis ad unam, sicut premissum est in predicto exemplo. Et sic le 'solis' remanet inexpositum et sic fit descensus in ipso sic 'sola duo sunt *etc.*; ergo sola duo sunt pauciora tribus'. Et sic est vera et sic probatur. Eodem modo intelligendum est in hac 'solus nominativus precedit solum genitivum', et eodem modo est veritas et falsitas.

Respondetur ad rationes

87 Ad primum [72] ergo sciendum est quod propter hoc quod sic iudicamus vel sic non est oratio vera vel falsa. Sed dico quod

---

1–2 an ... sorte] omnis homo an sit sortes *V* non differat a sorte omnis homo si sit sortes *R*   2 et sequitur] et tenet *V om. R*   3 similiter] dicendum quod *add. V* dicendum est quod *add. R*   3–4 sola ... tribus] solis tribus sola duo sunt pauciora *P*   4 solis tribus] etc. *R*   4 hec] similiter *add. R*   4–5 precedit ... genitivum] *om. V*   6 supra] negationem du(?) solis vel *add. P*   6 sola] solum *TRP* solis *V*   6 solis] solus *TRP*   7 sola] *om. P*   8 secundum consequens] *om. TV*   8 causis] *om. V*   10 sortes] non *add. P*   10 de] du *P*   10 duo] *om. P*   10 potest] posset *P*   12 aliqua] *om. RP*   12 sola] solum *TRP*   13 impediat] expediat *P*   13 suam] *om. R*   13 et] sed *R*   14 potest] *om. T*   14 solis] solum *T*   15 non] *om. TVP*   15 et ... expositum et] *om. P*   16 si fiat] *om. R*   16 peccat] peccatum est *R*   17 premissum] tactum *V*   18 et sic] sed *V*   18 solis] solum *T*   18 inexpositum] expositum *T*   18–19 et ... alterum duo] *om. R*   19 tribus] etc. *add. V*   20 est] *om. VR*   20–21 in hac] hec *P*   24 primum ... est] primum ergo obiectum dicendum *V* obiecta respondendum est et dicendum *P*   24 sciendum] solvendum *R*   24–25 quod sic] si *P*   25 iudicamus] sic *add. P*

sic se possunt dictiones sincathegorematice habere in oratione quod poterit oratio sic diversimode significare, non quia hoc faciat nostrum iudicium, sed quia illa oratio sic diversimode **[V67ʳ]** accepta aliud et aliud dat intelligere, secundum quod diversimode fit iudicium. Unde propter nostrum iudicare non est veritas vel falsitas, sed iudicare nostrum ita fit diversimode secundum quod diversimode apprehendit intellectus ut iudicet de apprehensis.

88 Ad aliud [73] dicendum est quod iudicium orationis non sistit in dictionibus sincathegorematicis, sed ulterius terminatur ad compositionem. Sed quia compositio diversificata est secundum diversam ordinationem dictionum et illa diversificatio attenditur circa dictiones sincathegorema011 et ab ipsis proveniet secundum quod sic diversificatur compositio, diversimode iudicamus de ipsis. Cum hoc sit primo in dictionibus sincathegorematicis, propter hoc a parte illarum iudicamus differenter orationem et distinguimus ab ipsis, et non a compositione.

89 Ad aliud [75] dicendum est quod dictiones cathegorematice habent situm determinatum in oratione. Et ideo non possunt diversimode ordinari quin semper loco debito ordinentur et intelligantur, ut substantia ante actum, sicut **[V67ᵛ]** vult Aristotiles; et etiam Priscianus. Et propter hoc sua diversa ordinatio non diversificat compositionem. Et sic non est diversimode iudicare orationem a parte illarum. Sed dictiones sincathegorematice non habent inter se ordinationem, et propter hoc possunt diversimode ordinari. Ex quarum diversa ordinatione diversimode iudicatur oratio. Et propter hoc est distinguere **[T16ᵛᵇ]** quod possit iudicari

---

20 Cf. *Rhet. ad Alex.* 25, 1435b5–11.   21 *Inst. gramm.* XVII, 105–106, p. 164[16–20].

---

1 sic] ita diversimode *VP* ita *R*   2 significare] significari *VR*   2 faciat] facit *R*   3 quia illa] sola *V* a qua *R* illa *P*   4 quod] hic *add. P*   5 fit] sit *V*   5 unde] et non *P*   5 iudicare] iudicium *VRP*   5 est] ibi *add. VR*   6 iudicare] iudicium *P*   6 fit] *om. P*   6 diversimode] acceptum *add. P*   7 apprehendit] apprehendat *R*   7 ut] quod *V*   8 quod iudicium] *bis in V*   9 terminatur] fertur *P*   10 quia] *om. P*   10 diversificata est] diversificatur *VR*   12 ipsis] ipsa *T*   12 proveniet] provenit *T*   13–14 de ipsis] *om. R*   14 cum... in] et quia secundum hoc proveniat ex *P*   14 sincathegorematicis] et *add. R*   15 differenter] indifferenter *TVP*   18 possunt] ita *add. P*   19 quin] quoniam *P*   19 loco] in loco suo *P*   19 et] vel *TV*   19 intelligantur] intelliguntur *T*   20 ut] a *P*   21 et... priscianus] et priscianus *RP om. T*   22 compositionem] orationem *R*   22 iudicare] iudicari *R*   24 inter] in *TP*   24 ordinationem] sicut cathegorice *add. P*   24 propter] secundum *V*   24–26 possunt... hoc] *om. R*

oratio sic vel sic in dictionibus sincathegorematicis, et non in cathegorematicis.

90 Ad primum [76] **[P126ᵛᵇ]** quod obicitur contra hoc dicendum est quod contingit orationem iudicare per ea ex quibus componitur, sicut fuit ostensum. Sed ea ex quibus componitur oratio, quedam sunt de esse ipsius, quedam autem de bene esse ipsius. Et ita contingit resolvere in ea que sunt de bene esse ipsius et iudicare per illa. Huiusmodi autem sunt dictiones sincategorematice. Et propter hoc contingit orationem diversimode iudicare per illa.

91* Ad aliud [77] dicendum quod si diversimode ordinantur dictiones cathegorematice, tamen semper intelliguntur sub ordinatione sibi innata, secundum quod dicit Priscianus quod omnis constructio ad intellectum referenda est. Ad aliud [78] dicendum est quod si ex ordinatione cathegoricarum dictionum causaretur veritas vel falsitas cum diversimode ordinarentur adinvicem sicut dictiones sincathegorematice, magis esset oratio iudicanda a parte illarum **[V68ʳ]** quam a parte dictionum sincathegorematicarum. Sed quia non est sic, propter hoc non iudicatur oratio a parte illarum sicut a parte dictionum sincathegorematicarum.

* cc. **91 et 92: inverso ordine in VRP**

92 Ad aliud [79] dicendum est quod semper iudicanda est oratio a parte recti. Si autem iudicetur per obliquum, hoc est secundum quod ad naturam recti reducitur. Unde hoc quod dico 'solis' potest reduci ad rectum iudicium et cedet hoc quod est 'sola' in obliquum. Et est sensus *sola tria sunt plura solis duobus*. Et sic iudicatur per le 'solis'. Vel potest obliquum removere, et sic iudicatur

---

12 *Inst. gramm.* XVII, 187, p. 201[11-12].

---

1 oratio] prima *T* 1 vel sic] *om. TV* 3 primum] aliud *R* 4 iudicare] iudicari *T* 4 componitur] terminatur *R* 6 esse] essentia *VR* 6 autem] sunt *R om. TP* 7 ipsius] *om. TVP* 8 autem] *om. VRP* 9 orationem] *om. RP* 9 iudicare] iudicari *TR* 10 si] *om. T* 10 ordinantur] ordinentur *V* 12 innata] debita *P* 12–13 secundum...est] *om. T* 13 constructio] pars orationis *R* 13 intellectum] vocis *add. P* 13 est] ad aliud per ea que dicta sunt patet solutio *add. RP* 14 cathegoricarum] illarum *T* 15 vel] et *R* 15 cum] quod *R* 15 sicut] quoad *V* quemadmodum *P* 16 oratio] *om. R* 17 a...sincathegorematicarum] illarum *P* 18 iudicatur] distinguitur si *V* 18 oratio] *om. TR* 18–19 a...illarum] *om. TVR* 22 si...iudicetur] vel *T* 22 iudicetur] iudicatur *R* 22 hoc est] *om. T* 23 naturam] materiam *V* 23 recti] propriam *P* 23 solis] solum *TV* 24 iudicium] *om. TP* 24 cedet] reducitur *V* cedit *R* 26 solis] solas(!) *V* 26–p. 180,1 solis...le] *om. T*

per le 'sola'. Et sic, quia alternatim potest alter esse rectus, alter esse obliquus, propter hoc alternatim potest iudicari per rectum vel per obliquum.

93 Et sic intelligenda est distinctio. Unde concedende sunt rationes que probant quod semper debeat fieri iudicium a parte recti **[V68ᵛ]** et non a parte obliqui. Et cum iudicatur per le 'solis', ad rectum reducitur et le 'sola' reducitur ad obliquum. Unde quod obicitur, quod per obliquum non est iudicanda oratio, hoc est verum ipso manente obliquo, sed potest reduci ad naturam recti.

De quadam alia distinctione

94 Deinde queritur de alia distinctione quod:

Hec dictio 'tantum' potest excludere alia a subiecto respectu diversorum actuum vel predicatorum.

Secundum hoc distinguuntur hec multiplex: SOLA CONTINGENTIA ESSE VERA EST VERUM CONTINGENS; **[T17ʳᵃ]** SOLA NECESSARIA ESSE VERA EST NECESSARIUM; SORTES SCIT TANTUM TRES HOMINES CURRERE, et similia.

95 Distinguitur enim hec multiplex 'sola contingentia *etc.*', ex eo quod potest fieri exclusio ab hoc quod dico 'contingentia' respectu huius **[R284ʳᵃ]** predicati 'esse vera', vel respectu huius predicati 'verum contingens'. Et eodem modo alia. Similiter dis-

---

1–3 et... obliquum] *om. TR*   2–3 rectum... obliquum] unum vel per alterum *P*   4 distinctio] quod alternatim potest esse rectus alter et alter obliquus propter hoc alternatum potest iudicari per unum et per alterum *add. R*   5 que... quod] in proposito quia oratio *P*   5 debeat... iudicium] fiet iudicium *V* fiat iudicium *R* iudicanda est *P*   6 solis] solum *TRP*   7 le] li *R om. P*   7 reducitur] *om. P*   8 obicitur] queritur *TV*   8 non] numquam *V*   8 iudicanda est] potest iudicari *P*   9 obliquo] cum autem iudicatur oratio per primum non remanet obliquus *add. P*   9 potest reduci] reducitur *P*   12 alia distinctione] hoc quod dicitur *P*   13 hec... tantum] dictio exclusiva *P*   13 dictio] *om. V*   13 excludere... a] facere exclusionem suam ab aliquo *P*   14 actuum] accidentium *T*   15 distinguuntur] distinguitur *codd.*   16–17 esse... necessarium] necessario sunt vera *R*   17 est] *om. V*   17 necessarium] verum *P*   19 enim] igitur *P*   19 multiplex] *om. T*   19 sola... etc.] sortes scit tantum tres homines currere *V*   19 ex eo quod] quia *V*   20–21 ab... vel] *om. V*   21 predicati] nominis *P*   22 et] sic *add. P*   22 eodem modo] eadem *R*   22 alia] distinguuntur *add. P*

tinguitur hec multiplex 'Sortes scit tantum tres homines currere', quia potest fieri exclusio respectu huius verbi 'scit' vel respectu huius verbi 'currere'. Sensus autem postea patebunt.

De rationibus monstrantibus quod ista distinctio non valeat

96 Sed quod non valeat ista distinctio videtur. Exclusio est privatio concomitantie. Idem enim est 'tantum' et 'non cum alio'. Quare respectu cuius habet fieri concomitantia, et exclusio. **[V69ʳ]** Ergo si respectu eius quod dicit rem suam in altero fit concomitantia, et exclusio. Non enim est concomitantia aliquorum nisi in aliquo tertio quod ab utroque participetur. Quare non fiet exclusio nisi respectu huius quod dicit rem suam in altero. Ergo cum hoc quod dico 'esse' non dicat rem suam in altero, respectu illius non fiet exclusio, nec respectu huius quod dico 'currere', cum non dicat rem suam in altero. Et ita semper fit exclusio respectu huius verbi 'scit' et respectu huius predicati 'est verum contingens'.

97 Item. Exclusio fit respectu eius quod unitur cum subiecto, mediante compositione verbi. Sed cum tria exigantur ad exclusionem — scilicet quod excluditur et a quo (et illud est subiectum) et respectu cuius **[P127ʳᵃ]** (et hoc est predicatum) —, ergo cum predicatum sit illud quod unitur cum subiecto, mediante compositione verbi, respectu ipsius uniti cum subiecto per compositionem fiet exclusio. Sed hoc est actus qui significatur per hoc verbum 'scit' et non per hoc verbum 'currere'. Quare semper fiet exclusio respectu ipsius. Et sic nulla est distinctio.

---

1 multiplex] *om. R*   2 verbi] quod est *add. P*   3 postea] inferius *P*   3 patebunt] et qualiter vere sunt et false *add. V* et qualiter sint vere et false *add. P*   5 valeat] valet *VRP*   5 ista] *om. TR*   5 videtur] omnis *add. RP*   6 enim] autem *R*   6 est] dictu *add. R*   6 et] quod *RP*   7 habet] potest *VP*   8 dicit] dicat *R*   8 fit] dicitur *P*   9 et exclusio] *om. TP* ergo si respectu eius quod dicit rem suam altero *add. R*   10 participetur] participatur *RP*   10 fiet] erit *P*   11 huius] eius *VR*   11 dicit] dico esse *TP*   11 cum] ob *V*   12 dico] est *V*   12 illius] ipsius *R*   13 fiet] erit *P om. V*   13 exclusio] *om. TV* similiter *add. P*   13–14 nec...altero] *om. V*   13 quod dico] verbi *P*   14 fit] fiet *P*   15 scit] cum dicat rem suam in altero *add. V*   15 et] non *add. P*   15 predicati] quod dico *P*   15 est] esse *RP om. V*   16 eius] ipsius *T* huius *V*   16 cum] ipso *add. V*   17 sed cum] secundum quod *VR* sed *P*   17 exigantur] exiguntur *P*   18 scilicet] *om. VR* illud *add. P*   18 excluditur] a subiecto est exclusio *add. V*   18 et] illud quod est exclusio et *add. R*   18 et...subiectum] *om. TP*   21 verbi] *om. VR*   21 uniti cum] a *T* uniti actus cum *V*   21 per compositionem] mediante compositione verbi *R*   22 sed] et huiusmodi predicatum *P*   24 nulla est] non valet *P*

98 Item. Exclusio finitur per illud respectu cuius fit. Omne enim dependens ad respectum alicuius sive ad alterum finitur per illud a quo dependet. Sed **[V69ʳ]** nullum ens infinitum potest finire aliud infinitum. Quare nullum ens infinitum potest finire exclusionem. Ergo cum hoc verbum 'currere' significet rem suam infinite, respectu ipsius non fiet exclusio; nec similiter respectu huius verbi 'esse', **[T17ʳᵇ]** cum sit infinit<iv>um. Et ita semper fiet exclusio respectu huius verbi 'scit' vel respectu eius quod est 'esse verum contingens'.

99 Item. Omne ens in potentia ad esse querit exire in esse secundum illud quod nobilius est et magis completum. Sed dictio exclusiva antequam excludat est in potentia ad excludendum. Quare cum excludit, vult excludere respectu illius quod magis nobile est et completum et magis finitum. Ergo cum hoc verbum 'scit' sit magis nobile et completum et magis finitum quam hoc verbum 'currere', semper fiet exclusio respectu ipsius. Et ita semper fiet exclusio respectu huius verbi 'scit' et non respectu huius verbi 'currere'. Similiter, cum hoc predicatum 'verum contingens' dicat rem suam complete magis quam hoc verbum 'esse', respectu ipsius semper fiet exclusio. Et ita nulla est distinctio.

100 Item. Dictiones exclusive semper **[V70ʳ]** excludunt ratione negationis vel virtute negationis quam in se habent. Quare eadem est natura exclusionis et negationis. Et ubi unum propter alterum utrobique unum. Ergo cum natura negationis semper feratur ad verbum finitum, et exclusio semper finitur per verbum finitum, et non per verbum infinit<iv>um. Et ita semper fiet exclusio

---

1 per illud] respectu illius *T*   1 fit] exclusio *add. P*   2 respectum ... ad] *om. P*   4 aliud] aliquid *V*   4–5 quare ... exclusionem] *om. P*   5 cum] *om. V*   5–6 significet ... infinite] sit infinitum *P*   6 similiter] est *T*   7 verbi] verbum *T*   7 sit] ita *add. P*   8 vel] et *P*   8 eius ... est] huius quod est *R* eius predicati *P*   8 est] *om. P*   9 esse] *om. TVR*   9 contingens] *om. VP*   10 in potentia] impositum *R*   10 ad] aliquid *add. P*   11 secundum] per *VP*   11 et] per *add. P*   12 ad excludendum] excludendi *T* excludendum *R* ad excludendi(!) *P*   13 excludit] excludet *V* excludat *R*   13 magis nobile] magis nobilius *V* nobilius *RP*   14 completus] completius *P*   14 et ... finitum] *om. VP*   15 magis nobile] melius *P*   15 et] magis *add. P*   15 magis] etiam magis *VR om. P*   16–17 ipsius ... respectu] *om. P*   18–20 similiter ... exclusio] *om. P*   18 predicatum] esse *add. R*   19 dicat] significat *R*   19 esse] currere *V* quare *add. R*   21 item] cum *add. T*   22 vel] et *R*   22 vel ... negationis] *om. P*   22 quare] quia *T*   23 est natura] ratio *P*   23 unum] enim(!) *P*   24 unum] tantum *add. RP*   24 natura] *om. P*   24 semper ... ad] vult finiri per *P*   25 verbum] et numquam *add. V*   25–26 et ... infinit<iv>um] *om. P*   25 finitur] finietur *VR*   26 fiet] fiat *P*

respectu huius verbi 'scit' vel respectu huius quod dico '<est> verum contingens'. Et sic nulla est distinctio.

101 Item. De eodem est negatio et exclusio. Quod patet: cum sic dicitur 'tantum Sortes currit' — <cuius> est sensus *Sortes currit et non alius* —, fit negatio pro aliis et excluduntur alia a Sorte. Cum ergo negatio fit semper respectu eius quod de altero denotatur predicari — quod patet per eius diffinitionem: negatio est remotio alicuius ab aliquo —, manifestum est quod semper fiet exclusio respectu eius quod de altero denotatur predicari. Hoc autem est hoc verbum 'scit' vel hoc quod est 'verum contingens'. Quare respectu ipsorum semper fiet exclusio. Et ita nulla est distinctio.

De rationibus ad oppositum

102 Quod autem teneat distinctio videtur. <Cum> ens in potentia <sit> *ad aliquid*: si sint **[V70ᵛ]** plura per que possit finiri, eodem modo finitur per unum et per alterum. Sed dictio exclusiva est ens in potentia ad hoc quod excludat respectu eius vel respectu illius. Et **[T17ᵛᵃ]** sic est distinguere in illis orationibus quod possit fieri exclusio a subiecto respectu eius vel illius.

103 Item. Si unum exponentium est multiplex, et reliquum. Sed hec 'tantum Sortes scit *etc*.' exponitur per hanc 'Sortes scit tres homines currere' et per negationem. Ergo cum illa negatio possit negare hoc verbum 'scit' vel hoc verbum 'currere', quia potest esse sensus *Sortes non scit* etc. vel sic *Sortes scit non currere* etc., et hec erit multiplex 'Sortes scit tres homines currere'. Similiter

---

1 respectu] *om.* P 1 quod dico] quod est R verbi est P *om.* T 2 et ... distinctio] *om.* P 3 et exclusio] *om.* V 5 alius] aliud a sorte cum P 5 alia] alii P 6 cum ergo] et T sed RP 6 denotatur] notatur P 7 est] enim *add.* P 8 est] *om.* T 9 denotatur predicari] predicari R habet predicari P 10 hoc] *om.* P 10 quod] verbum P 10 est] dico V 11 nulla est] non valet P 13 autem] *om.* R 13 teneat] valeat P 13 distinctio] *om.* TV 14 si] sed R *om.* T 14 possit] posset V 15 finitur] potest finiri P 15 et ... alterum] sicut per alterum P *om.* R 16 ens in potentia] possibilis T 16 excludat] vel *add.* V 16–17 eius ... illius] huius vel illius VR illius vel illius P 17 illis] huiusmodi P 18 eius ... illius] eius vel respectu illius V huius vel illius R illius vel illius P 19 unum exponentium] una expositarum VRP 19 reliquuum] reliqua VRP 20 tantum] *om.* V 20 etc. ... scit] *om.* V 21 per negationem] non scit plures quam tres currere P 21 illa] *om.* P 22 scit ... currere] vel illud P 23 sic] potest esse sensus talis P *om.* V 23 scit] plures homines quam tres *add.* P 24 et] ergo similiter P 24 scit] tantum *add.* P 24 similiter] cum *add.* VR

in hac 'non alia quam contingentia', 'non alia quam necessaria', potest negatio referri ad hoc verbum 'esse' vel ad hoc quod est 'verum contingens'. Et ita hec erit multiplex 'sola contingentia *etc.*', et hec 'sola necessaria *etc.*', ex eo quod potest fieri exceptio respectu eius vel illius.

104 Item. Si dictio exclusiva semper excludat alia a subiecto respectu predicati, cum ibi sint plura predicata quorum utrumque potest predicari, manifestum est quod respectu utriusque potest fieri **[R284ʳᵇ]**exclusio. Et sic erit distinguere **[V71ʳ]** quod possit fieri exclusio respectu huius verbi 'scit' vel respectu huius verbi 'currere'. Et similiter in hac 'sola necessaria *etc.*' et in hac 'sola contingentia *etc.*'. Quod concedimus.

Solutio

105 Dicendum est igitur quod hec est multiplex 'Sola contingentia esse vera *etc.*', **[P127ʳᵇ]** ex hoc quod potest fieri exclusio ab hoc quod dico 'contingentia' respectu huius quod dico 'esse vera' — et tunc est sensus *verum contingens est sola contingentia esse vera*; et tunc sequitur 'non ergo necessaria sunt vera'; et sic est falsa et tenet improbatio — vel potest fieri exclusio respectu huius quod est 'esse verum contingens' — et tunc est sensus *sola contingentia esse vera est verum contingens et non est verum contingens alia esse vera*, immo verum necessarium, quia verum necessarium est necessaria esse vera; et sic est vera et sic probatur. Eodem modo distinguenda est hec 'sola necessaria esse vera est verum necessarium'. Et eodem sensu est veritas et falsitas.

---

1 contingentia] vel *add.* R   1 necessaria] etc. *add.* VRP   2 potest] possit VR cum possit P illa *add.* V   2 quod] verbum P   2 est] dico V   3 verum contingens] *om.* P   3 et ita] et VR similiter P   4 hec] similiter *add.* P   5 eius vel illius] illius vel huius V huius vel respectu illius R   6 semper] *om.* P   6 alia] aliud R opposita P   6 a subiecto] subiecti P   7 predicata] vel plura *add.* VRP 8 potest] per se *add.* V   8 potest] poterat(!) T   10 huius] *om.* P   11 in hac] similiter V   12 concedimus] solutio *add.* R   15 esse vera] *om.* TR   15 etc.] est verum contingens P *om.* V   15–17 ex... *alterum* vera] *om.* V   17 tunc] *om.* T   18 non... sunt] necessaria non sunt P   19 tenet] sequitur T   20 est esse] dico TV est R   20 contingentia] etc. *add.* V etc. idest contingentia *add.* P 21–22 non... immo] alia quam contingentia esse vera non est verum contingens quia P   21–22 non... *alterum* vera] *om.* R   22–23 est... vera] non verum contingens sed est verum necessarium P   23 sic probatur] unde *add.* T tenet probatio P   24 verum] *om.* TR   24 necessarium] contingens P   25 eodem sensu] eadem P

106 Distinguenda est igitur hec 'Sortes scit tantum tres homines currere', quia potest fieri exclusio respectu huius verbi 'scit'; et est sensus *Sortes scit tres homines currere et non scit plures currere*, et hec non ponit quod plures non currant. Unde non sequitur quod si non **[V71ᵛ]** sciat plures currere, quod propter hoc plures non currant. **[T17ᵛᵇ]** Et sic est vera, et sic tenet probatio. Vel potest fieri exclusio respectu huius verbi 'currere'; et est sensus 'Sortes tantum scit etc.' idest: *Sortes scit tres homines currere et scit plures non currere*; et ex hac sequitur quod plures non currant, quia quod scitur est verum. Et sic falsa est et contra positum, et hoc modo improbatur.

Respondetur ad rationes

107 Ad aliud [96] quod primo obicitur dicendum quod significare rem suam in altero, hoc est dupliciter. Est enim significare rem que est in altero et prout est in altero, et est significare rem que est in altero et non prout est in altero. Verbi gratia, hoc quod dico 'album' significat rem que est in altero prout est in altero, et hoc quod dico 'albedo' significat rem que est <in altero> non tamen prout est in altero. Dico igitur quod licet hoc verbum 'esse' non significet rem suam prout est in altero, tamen significat quod est in altero, et similiter hoc verbum 'currere'. Et ita respectu ipsorum poterit fieri concomitantia et exclusio.

108 [V72ʳ] Ad aliud [97] dicendum est quod aliquid unitur alteri, mediante compositione, <dicitur> dupliciter, scilicet mediante

---

1 distinguenda est igitur] similiter distinguitur *P*   2 et] tunc *add. P*   2–3 et...scit] tantum *R*   3 currere] *om. TP*   4 non] *om. V*   4 quod] quin *R*   4–6 unde...currant] *om. RP*   6 sic] *om. P*   7 et] tunc *add. P*   8 tantum] *om. RP*   8 plures] quam tres *add. P*   9–10 quia...verum] *om. R*   9 quod] quicquid *P*   10 contra positum] per positionem *P*   10 hoc modo] sic *RP*   13 primo] ulterius *T om. RP*   14 rem] suam *add. P*   15 altero] et sicut verbum modi finiti ut currit *add. T*   15–16 et...alterum altero] *om. RP*   16 et] *om. T*   16–17 hoc...altero] *om. P*   17–18 prout...que est] *om. T*   18 significat] significet *V*   18 rem] suam *add. R*   18 rem que] illud quod *V*   18–19 non tamen] et non *TVR*   19 altero] hoc quod dico albedo significat rem suam que est in altero hoc est dupliciter est enim signnificare rem suam que est in altero et non prout est in altero *add. R* alio modo est significare rem suam in altero et prout est in altero et hoc modo significat album *add. P*   19 dico igitur] dicendum est ergo *P*   19 licet] etsi *VP* si *R*   20 significet] significat *R*   20 altero] suam rem significat *add. P*   20 quod] rem suam que *P*   24 alteri] alii *T*   24 dupliciter scilicet] *om. VR*

compositione finita vel mediante compositione infinita. Ut potest cursus uniri Sorti dicendo sic 'Sortes currit', vel sic dicendo 'Sortem currere'. Dico igitur quod si hoc verbum 'esse' vel hoc verbum 'currere' non uniatur, mediante compositione finita, tamen unitur, mediante compositione infinita. Et sic respectu ipsorum potest fieri exclusio.

109 Ad aliud [98] dicendum est quod si hoc quod dico 'esse' et si hoc quod dico 'currere' infinit<iv>a sint quantum est de se, tamen finiuntur per ea quibus adiunguntur et per ea de quibus dicunt rem suam. Et propter hoc respectu ipsorum potest fieri exclusio.

110 Ad aliud [99] dicendum est quod exclusio querit excludere aliquid solum respectu eius quod de altero dicitur. Et dico quod sicut hoc verbum 'currit' significat aliquid quod de altero dicitur, similiter hoc verbum 'currere', non tamen eodem modo. Unde etsi unum significet rem suam nobilius quam alterum, non tamen illud quod sit nobilius significat. Et sic dico quod hoc verbum 'esse' non est ignobilius quam hoc verbum 'est' etsi non significat ita nobilius. Unde potest **[T18ra]** unum finire equaliter exclusionem et alterum. Et similiter **[V72v]** intelligendum est de hoc verbo 'scit' et de hoc verbo 'currere'.

111 Ad alia [100–101] autem duo solvendum est quod negatio potest finiri per verbum infinit<iv>um, sicut per hoc verbum 'est' et per hoc verbum 'scit'. Et etiam verbum infinit<iv>um significat aliquid quod potest ab altero removeri. Et propter hoc potest fieri negatio respectu ipsius et similiter exclusio. Et propter

---

1 mediante compositione] *om. P*   1 ut potest] ut patet *VR* quia potest *P*   2 vel] potest uniri illi *add. P*   3 verbum] quod dico *VR*   3 esse...verbum] *om. V*   3 hoc verbum] hoc quod est *R om. P*   4 uniatur] unitur *TVR*   4 mediante...unitur] *om. V*   7 si] licet *R om. P*   7 hoc...dico] *om. P*   8 si...dico] *om. VP*   8 currere] *om. V*   8 sint] sunt *TP*   10 dicunt] dicuntur *V*   10 propter hoc] ita *P*   10 hoc] per ipsa potest fieri exclusio et *add. V* per ea potest fieri exclusio et *add. R*   10 respectu ipsorum] respective solum *P*   14 sicut] *om. R*   14–15 quod...dicitur] de aliquo *P*   15 hoc verbum] *om. P*   15 tamen] cum *T*   16 unde etsi] unde si *V* etsi tamen *P*   16 significet...nobilius] ...(?) nobiliori modo significatur *P*   16 nobilius] altero vel *add. T*   17 illud] aliud *V* aliquid *R*   17 significat] significatur *T*   18 ignobilius] nobilius *V*   18 verbum] verbo *V*   18 est] esse *R*   19 unde] et *VR*   19 finire] facere *VR*   20 et] si non significet ita nobilius potest unum finire equaliter exclusionem et *add. R*   20 similiter] ita *V*   22 autem] *om. R*   23 potest] non potest *V*   23 verbum] *om. TP*   24 etiam] *om. V* ita *R*   25 quod] quia *P*   25 removeri] quia significat compositionem *add. T*

hoc est distinguere in huiusmodi orationibus, sicut visum est. Et rationes [102–104] ad oppositum concedimus.

Utrum dictio exclusiva impediat argumentum ab inferiori ad superius

112 [P127ᵛᵃ] Deinde queritur qualiter dictio exclusiva impediat argumentum et quales argumentationes impediat. Et dicitur quod impedit argumentum ab inferiori ad superius. Et secundum hoc solvuntur hec sophismata: TANTUM VERUM OPPONITUR FALSO; TANTUM ID QUOD EST HOMO ESSE HOMINEM EST VERUM; TANTUM ID QUOD EST HOMO ESSE HOMINEM EST POSSIBILE; SOLA NECESSARIA NECESSARIO SUNT VERA, et plura alia.

De rationibus monstrantibus quod non

113 Sed quod dictio exclusiva non impediat hunc processum videtur quia: Si dictio exclusiva impediat argumentum ab inferiori ad superius, cum ubicumque est eadem causa, ibi est idem effectus. Ergo si dictio exclusiva **[V73ʳ]** impediat argumentum ab inferiori ad superius, ubicumque addetur inferiori et superiori, impediet argumentum, et si alicubi non impediat, nec usquam impediet. Sed hic non impedit 'tantum homo; ergo tantum animal', quia oppositum huius non potest stare cum primo. Ergo nec usquam impediet. Quare ab inferiori ad superius cum dictione exclusiva tenebit argumentum.

---

1 orationibus] locutionibus *V om. TP*   4 queritur] secundo *add. T*   4 impediat] expediat *P*   5 impediat] habeat impedire *V*   6 impedit] *om. P*   7 solvuntur] ad *add. V* sequuntur *P*   7 tantum ... falso] *om. R*   8–9 tantum ... possibile] *om. R*   10 plura alia] similia *R*   12 impediat] expediat *P om. R*   12 hunc processum] argumentum tali processu *R* huiusmodi processum *P*   13 quia] sic *P*   13 dictio exclusiva] *om. VRP*   13–14 argumentum ... superius] huiusmodi processum *P*   14 cum] quia *R om. P*   14 ubicumque] ubi *R*   14 est] *om. P*   14 ibi] *om. RP*   15 ergo si] ubicumque ponitur *V*   15 dictio exclusiva] *om. P*   15 impediat] impedit *V*   16 superius] quia ubi est eadem causa ibi est idem effectus *add. V*   16 ubicumque ... argumentum] *om. V*   16 inferiori] inferior *R*   16 superiori] superior *R*   17 nec usquam] numquam *V*   17 impediet] *om. VRP*   18 hic] dictio exclusiva *V*   18 impedit] hoc argumentum *add. V*   19 huius] conclusionis prime *P*   19 stare] *om. V*   19 ergo] *om. T* cum huiusmodi non impediat *add. R*   21 tenebit] tenet *P*

114 Item. Unumquodque agens magis agit in suum propinquius quam in illud quod est ab eo remotum. Ergo si dictio exclusiva adiuncta inferiori et superiori ex eadem parte argumentum ab inferiori ad superius non impediet — ut cum dicitur 'tantum homo; ergo tantum animal', vel sic 'tantum Sortes currit; ergo tantum Sortes movetur' —, et dictio exclusiva posita ex altera parte quam inferius et superius **[R284ᵛᵃ]** argumentum factum ab uno ad alterum non impediet. Et ita semper tenebit huiusmodi processus. Propter hoc queritur propter quid dictio exclusiva posita ex altera parte quam inferius **[T18ʳᵇ]** et superius impedit argumentum ab uno **[V73ᵛ]** ad alterum, posita vero a parte eadem non impedit.

115 Item. Si dictio exclusiva impedit argumentum factum ab inferiori ad superius, hoc non est nisi virtute negationis. Sed quod virtute negationis non impediat videtur. Nulla dictio importans negationem ex consequenti impedit argumentum ab inferiori ad superius. Si tu instes in proposito, non est instantia. Ut patet in omnibus: hec dictio 'album' importat negationem ex consequenti. Sequitur enim 'hoc est album; ergo non est nigrum'. Similiter hoc quod est 'sanum' importat negationem, et huiusmodi. Quare huiusmodi dictiones non impediunt argumentum ab inferiori ad superius, immo sequitur 'est homo albus; ergo est animal album'. Ergo si dictio exclusiva importat negationem ex consequenti, non impedit argumentum ab inferiori ad superius, immo semper tenebit argumentum. Et propter hoc queritur unde est hoc quod hec dictio 'tantum' magis impediet argumentum ab inferiori ad superius quam alie dictiones que de se dant intelligere negationem.

---

1 unumquodque] omne *P*   1 suum] sibi *P om. R*   2 propinquius] propinquum *R*   2 illud ... eo] illud quod est sibi *V* sibi *P om. R*   3 adiuncta] addita *R*   3 ex eadem parte] *om. R*   4 ab ... superius] *om. V*   4 impediet] impedit *V*   5 vel] nec *T*   5–6 vel ... movetur] *om. P*   6 sortes] tantum *add. V*   6 et] *om. TR*   6 ex] ab *R*   7 quam ... et] argumenti inferiori ad *R*   7–8 argumentum ... alterum] *om. R*   8 ita] *om. R*   10 ex] in *P*   10 impedit] impediat *P*   10 argumentum] factum *add. P*   11 posita] positum *TVR*   13 factum] *om. P*   14 non est nisi] est *P*   15 impediat] possit *TR*   15 videtur] sic *add. P*   16–17 argumentum ... superius] huiusmodi argumentum *P*   17–18 et ... omnibus] ut patet in *V*   17 est] contra *add. T*   17 ut patet] *om. T*   17–18 in omnibus] in accidentibus *P om. T*   18 hec dictio] hoc quod est *V*   20 hoc ... est] *om. P*   20–21 quare huiusmodi] quidam *V om. RP*   21 impediunt] processum sive *add. P*   21–22 ab ... superius] *om. TVR*   22 est] *om. T*   23 ex consequenti] *om. P*   24–25 immo ... argumentum] *om. R*   25 unde ... quod] propter quid *RP*   26 argumentum ... superius] argumentum *TR* huiusmodi argumentum propter negationem   27 quam] dat *add. P*   27 de se] *om. P*

116 Item. **[V74ʳ]** Ens in potentia solum non removet illud quod est ens actu. Nam agens supra alterum est nobilius et magis completum quam illud supra quod agit. Ens autem in potentia non est nobilius quam illud quod est ens actu. Et propter hoc non habet ipsum removere. Ergo cum negatio sit ens in potentia solum in dictione exclusiva, inferius autem et superius actu sint, non habebit illa negatio removere inferius et superius. Quare tenebit argumentum ab inferiori ad superius.

117 Item. Quod non potest facere magis completum et nobilius, non potest facere aliquid quod est minus tale. Cum ergo minori modo significetur negatio per hanc dictionem 'non' quam per dictionem exclusivam: si hec dictio 'non' argumentum ab inferiori ad superius non impediat — quia bene sequitur 'homo non currit; ergo animal non currit', quoniam oppositum conclusionis non potest stare cum prima —, manifestum est quod dictio exclusiva minus impedit illud argumentum. Ergo ab inferiori ad superius cum dictione exclusiva tenebit **[T18ᵛᵃ]** argumentum.

118 Item. Omnis negatio aut est termini aut orationis. **[V74ᵛ]** Ergo si dictiones exclusive important negationem, aut erit negatio termini aut orationis. Sed non est negatio termini, quia sic faceret terminum infinitum. Quod est falsum. Item non est negatio orationis, quia sic faceret orationem negativam. Quod est falsum. Quare cum pluribus modis non sit negatio, videtur quod **[P127ᵛᵇ]** dictiones exclusive non important negationem. Quare virtute negationis non impediet argumentum ab inferiori ad superius. Propter autem aliud non possunt impedire. Quare numquam impediunt.

119 Item. Omnis argumentatio radicatur supra intentiones generales que sequuntur rem a parte qua est incorruptibilis. Sed nulla

---

1 item] omne *add.* *RVP*   2 est] debet esse *P*   2–3 et . . . completum] *om.* *T*   4 illud . . . est] *om.* *P*   5 potentia] non est ens in potentia *add.* *V*   6 sint] sunt *TV*   7 inferius] superius(!) *R*   8 tenebit] neque *T* tenet *R*   10 quod est] *om. P*   10 tale] completum et minus nobilius *P*   12 si] sed *V*   13 quia bene] immo bene *R* bene enim *P*   16 impedit] impediet *V*   16 argumentum ergo] ergo argumentum *R*   16 ergo] *om.* *V*   17 argumentum] *om.* *V*   18 omnis] *om.* *T*   18 est] negatio *add.* *RP*   18 aut] est negatio *add.* *R*   19 important] importent *V*   20 aut] erit negatio *add.* *R*   20 negatio] *om. RP*   22 orationem] propositionem *P*   23 sit] fit *R*   24 important] importent *V*   25 virtute negationis] propter negationem *P*   25–26 argumentum . . . superius] huiusmodi argumentum *P*   26 propter . . . aliud] propter quod alia *R*   26 possunt] simul *add.* *V*   26 numquam] non *T* neque *R*   27 impediunt] impedietur *R* impedit *P*   28 radicatur] reducitur *P*   29 sequuntur] consequuntur *P*

negatio removet generales intentiones. Cum enim intentiones generales sint principia congruitatis et incongruitatis et negatio non removeat congruitatem vel incongruitatem, non habebit removere intentiones generales. Ergo cum habitudo localis radicatur supra has intentiones, non habebit negatio removere argumentum. Quare ab inferiori ad superius cum dictione exclusiva tenebit argumentum.

120 Item. Argumentum ab inferiori [V75ʳ] ad superius est necessarium. Sed quod est necessarium semper erit verum. Quare semper erit verum argumentum factum ab inferiori ad superius. Ergo cum affirmetur utrumque sive negetur, semper tenebit argumentum ab inferiori ad superius. Quare dictio exclusiva hoc argumentum non impedit.

121 Item. Si huiusmodi processus non teneat, tunc operatur fallaciam consequentis. Sed hoc non videtur, quia dicit Aristotiles quod decipimur secundum consequens quando credimus consequentiam converti que non convertitur. Ergo si in huiusmodi processu sit consequens, oportet quod sequatur econverso. Sed non sequitur econverso. Non enim sequitur 'tantum Sortes movetur; ergo tantum Sortes currit'. Quare huiusmodi processus non operabitur fallaciam consequentis.

122 Item. Si hic esset ponere consequens: cum locus secundum consequens sit pars accidentis, esset ibi aliquo modo ponere fallaciam accidentis. Quod cum sit falsum relinquitur quod in illo processu non est ponere fallaciam consequentis neque est [V75ᵛ] ponere alium locum sophisticum. Quare dialeticum est [T18ᵛᵇ] et ita necessarium.

---

14 *Soph. El.* 5, 167b1–2.

---

1 cum enim] quare cum *V* cum *P*   1 generales] *om. TP*   2 et] cum *V* et cum *RP*   3 removeat] removet *TV*   3 vel incongruitatem] *om. V*   3–4 non ... intentiones] *om. R*   5 has intentiones] negationes *T* huiusmodi intentiones *P*   5 removere] et impedire *add. P*   5–6 quare ... argumentum] *om. P*   8 verum] necessarium *VRP*   8–9 quare ... superius] et non potest impedire *P*   9 verum] necessarium *bis in V*   10–11 ergo ... superius] *om. TP*   10 cum] sive *R*   10 negetur] utrumque *add. R*   11 hoc] *om. V* huiusmodi *P*   13 teneat] inest *T* valet *R* tenet *P*   13 tunc] *om. RP*   15 quando] eo quod *P*   17 processu] processibus *P*   17 sed non] non enim *V*   19 currit] movetur*(!) R*   20 operabitur] operatur *R*   21 esset ponere] esset *T* sit ponere *P*   21 locus secundum] *om. P*   22 esset ibi] oporteret ibi *V* hic erit *P*   23 in illo] nullo *T*   23–24 in ... processu] hic *P*   24 est] erit *P*   24 ponere] aliquo modo *add. P*   24 est] ibi aliquo modo *add. P*   25 alium] alterum *VR*   25 quare] argumentum *add. P*   25 est] *om. R*   26 ita] *om. P*

De suppositione termini positi post dictionem exclusivam

123 Deinde queritur quam suppositionem habet terminus communis positus post dictionem exclusivam, ut cum dicitur sic 'tantum homo currit'. Et hoc queritur proprie in hac oratione TANTUM VERUM OPPONITUR FALSO. Et est prima questio utrum habeat simplicem aut personalem. Si personalem, aut ergo confusam aut determinatam. Non confusam; hoc supponimus, cum non sit ponere a quo confundatur.

124 Si determinatam, contra. Terminus communis habens determinatam suppositionem indifferenter potest supponere pro uno aut pro pluribus, et licet facere descensum pro supposito indifferenter sub disiunctione. Ut cum sic dicitur 'homo currit', potest inferri 'ergo Sortes vel Plato'. Ergo si terminus communis positus post dictionem exclusivam habeat determinatam, licebit facere descensum pro aliquo supposito sub disiunctione. Et ita licebit inferre 'tantum verum *etc*.; ergo tantum hoc verum vel illud *etc*.' Que omnes sunt false. Ergo illa **[V76ʳ]** erit falsa. Nec etiam secundum hoc erit reperire aliquam indefinitam exclusivam veram, ut habeat hec 'tantum homo currit' vel aliquid huiusmodi. Quod est falsum. Quare terminus communis positum post exclusionem non poterit habere personalem suppositionem.

125 [R284ᵛᵇ] Item. Si habeat simplicem, contra. Quod terminus habeat simplicem suppositionem hoc cognoscimus per naturam predicati. Unde quando predicatum est tale quod inest subiecto non pro supposito sed pro forma ipsius, tunc terminus habet simplicem suppositionem, ut si dicamus 'homo est species'. Sed quando predicatum est tale quod inest subiecto pro supposito, tunc habet terminus personalem suppositionem. Sed cum sic dicimus 'tantum verum opponitur falso', tunc est subiectum sumptum pro supposito et est predicatum talis nature quod inest subiecto pro supposito, et non pro forma. Et similiter cum sic dicimus 'tantum homo currit'. Quare iste terminus 'verum' non poterit habere simplicem suppositionem.

126 Item. Pro eodem supponit terminus in exclusiva et in preiacenti. Ergo si in hac **[V76ᵛ]** 'verum opponitur falso' et in hac 'homo currit' subicitur subiectum pro **[T19ʳᵃ]** supposito et non pro forma, et habet personalem suppositionem, et in exclusiva habebit personalem suppositionem et non simplicem. Propter hoc queritur quam suppositionem debeat habere.

Solutio

127 Ad primum [112] dicimus quod ab inferiori **[P128ʳᵃ]** ad superius cum dictione exclusiva non tenet argumentum dummodo inferius et superius non ponantur ex eadem parte cum dictione exclusiva. Secundum hoc igitur est solvere quod non valet hec argumentatio 'tantum verum opponitur falso; ergo tantum verum et falsum opponuntur', quia, cum opponi sit superius quam opponi falso: cum procedit ab eo quod est 'opponi falso' ad hoc quod est 'opponi' cum exclusione, procedit ab inferiori ad superius cum exclusione.

---

1 si] sic *T* cum *P*   2 inest] est in *T*   3 tunc] *om. V*   3–6 tunc...et] *om. R*   3 terminus] communis *add. P*   3 cum sic] cum *V* quando *P*   4 tunc...est] subiectum est sumptum pro supposito et ibi *P om. TR*   5 talis] tale *V*   6 sic] *om. P*   7 iste...verum] terminus communis positus post dictionem exclusivam *P*   7–8 poterit habere] habet *P*   9 pro eodem] eodem modo *P*   9 supponit terminus] supponunt termini *P*   10 si] cum *P*   11 subicitur] teneatur *P*   12 et... suppositionem] ergo similiter et in hac tantum homo currit tantum verum opponitur falso debet habere personalem suppositionem *P om. T*   14 debeat habere] habeat *V*   14 habere] solutio *add. P*   16 dicimus] dicendum est *P*   17 cum... exclusiva] *om. T*   17 tenet] valet *R*   18 superius] inferius(!) *V*   18 ponantur] ponuntur *R*   18 ex] in *P*   18 parte] orationis *add. V*   19 hec argumentatio] hoc argumentum *VRP*   21 opponi] componi *V*   22 cum procedit] procedendo *P*   22 procedit] procedat *T*   22 falso...opponi] *om. R*   22–23 hoc...est] *om. P*   23 exclusione] dictione exlusiva *VRP*   24 exclusione] dictione exclusiva *V*

II DE DICTIONIBUS EXCLUSIVIS 128 – 130

128 Similiter dicendum est quod, hac distincta 'sola necessaria necessario sunt vera', ex eo quod potest iudicari per le 'sola' aut per le 'necessario' (per regulam dictam superius), **[V77ʳ]** non valet hoc argumentum 'sola necessaria necessario sunt vera; ergo sola necessaria sunt vera', immo peccat secundum fallaciam consequentis ab inferiori ad superius cum exclusione. Nam *esse verum necessario* est inferius quam *esse verum*. Et procedit ab uno ad alterum cum exclusione.

129 Similiter hac distincta, sicut prius visum est, 'tantum id quod est homo esse hominem est verum', non valet ulterius hoc argumentum 'tantum id quod est homo esse hominem est verum; ergo tantum id quod est homo esse hominem est possibile', quia *esse verum* est inferius quam *esse possibile*. Et propter hoc procedit ab inferiori ad superius cum exclusione. Et est peccatum secundum consequens.

Respondetur ad rationes

130 Quod tamen obicitur [113] quod non sequitur econverso, solvendum est quod quelibet exclusiva habet in se duas propositiones, unam affirmativam, alteram negativam. Et quantum ad affirmativam sequitur ab inferiori ad superius cum exclusione, ut patet si exponatur hec argumentatio 'tantum Sortes currit; ergo tantum Sortes movetur'. Et tunc est ibi reperire affirmationem et negationem. Et quantum ad affirmativam bene sequitur; bene enim sequitur 'Sortes currit; ergo **[V77ᵛ]** Sortes movetur'. Sed

---

1 similiter ... quod] in *V*   1 hac distincta] hec est distinguenda *R* de hac *P*   3 dictam] dicendum *add. V*   3 superius] *om. P*   3 non] nec *P om. R*   4 valet] *om. R*   5-6 secundum ... consequentis] *om. R* secundum consequens *P*   6 exclusione] dictione exclusiva *VP*   8 cum exclusione] *om. P*   9 similiter] dicendum est quod *add. R*   9 hac distincta] hec est distinguenda *R* hec distincta est *P*   9 sicut ... est] superius *P*   9 prius] superius *R*   10 esse ... verum] esse hominem est etc. *T* etc. *RV*   10 verum] et *add. P*   11 tantum ... verum] *om. V*   11 homo] *om. P*   13 esse] hoc quod est *RV om. T*   13 quam] ad *P*   13 esse] *om. TRV*   13-15 et ... consequens] *om. P*   13 procedit ... conclusione] non valet *R*   14 et] sed *R*   17 quod tamen] ad illud autem *P*   18 quelibet exclusiva] exclusiva quelibet *TV* exclusiva dictio quelibet *R*   19 unam] alteram *VR*   19 affirmativam] et *add. P*   19-20 ad affirmativam] est de affirmativis *R* bene *add. P*   20 sequitur] argumentum *add. P*   21 exponatur] sic exponitur *V*   21 hec argumentatio] hoc argumentum *V* exclusiva *P*   22 et ... ibi] et tunc erit ibi erit(!) *R* in illa enim est *P*   23 ad affirmativam] ad affirmativas *T* ad affirmationem *V* est de affirmatione *R*   23 sequitur] tenet *P*   23-24 bene ... sequitur] enim *P om. R*

quantum ad negativam non tenet; non enim sequitur 'nullus alius a Sorte currit; ergo nullus alius a Sorte [T19rb] movetur', immo est ibi argumentum ab inferiori ad superius. Et sic sequitur econverso; bene enim sequitur 'nullus alius a Sorte movetur; ergo nullus alius a Sorte currit'. Et ita patet quod secundum quod dictio exclusiva operatur consequens sequitur econverso.

131 Ad aliud [115] notandum quod dictio exclusiva non impedit argumentum nisi virtute negationis quam habet in se. Sed negatio non semper impedit argumentum ab inferiori ad superius. Sed quando negatio respicit inferius et superius sicut illud quod negatur et non sicut illud a quo fit negatio, tunc impedit argumentum. Verbi gratia, si sic dicatur 'Sortes non est homo; ergo Sortes non est animal' non tenet argumentum, quia negatio illa respicit inferius et superius sicut quod negatur. Sed si sic dicatur 'homo non currit; ergo animal non currit', tunc non impeditur argumentum; et hoc est quia illa negatio respicit inferius et superius sicut illud a quo fit negatio.

132 Similiter dico quod dictio exclusiva non impedit argumentum ab inferiori ad superius nisi cum illa negatio respicit inferius et superius sicut illud quod negatur. Sed hoc [V78r] contingit solum cum est dictio exclusiva a parte subiecti solum, inferius autem et superius a parte predicati. Et propter hoc quotiens sic accidit, totiens impedit<ur> argumentum ab inferiori ad superius, quia ubicumque est eadem causa, ibi est idem effectus. Et propter hoc patet quod dictio exclusiva non habet impedire argumentum

---

1 negativam] negativas *TR* negationem *P* 1 tenet] sequitur *P* 1 enim] *om. R* 1 nullus] non *P* 2 immo] et sic *P* 5 nullus] non *P* 5 secundum quod] quando *VRP* 6 operatur consequens] impedit argumentum *P* 7 notandum] dicendum *P* 7 impedit] expedit *P* 8 in] inter *R* 9–11 ab ... argumentum] *om. V* 10 et superius *om. T* 10 illud ... negatur] illud quod negat *T* illa que negantur *P* 11 illud a quo] ea ex quibus *P* 12 verbi gratia] *om. P* 12 si sic dicatur] sicut cum dicemus *T* ut cum dicimus *P* 12 sortes] *om. P* 12 sortes] *om. P* 13 illa] hic *P* 14 quod] illa que *P* 14 negatur] negantur *TP* 15 tunc] hic *P* 15 impeditur] impedit *T* 15–16 et hoc est] *om. P* 16 illa] *om. P* 16 negatio] non *add. P* 16 respicit] hic *add. P* 16–17 illud ... negatio] illa que negantur *P* 18–20 similiter ... negatur] *om. P* 18 quod dictio] *bis in V* 19 cum] *om. T* 20 illud ... negatur] illa que negantur *V* 20 sed hoc] hoc *V* hoc autem *R* hoc enim *P* 20 contingit] in illis orationibus *add. P* 21 cum] quotiens *R* in quibus *P* 21 solum] *om. P* 21 inferius autem] inferius *V* et inferius *RV* 22 superius] sunt *add. P* 22 quotiens] cum *V om. R* 22 sic] hic *P* 23 accidit] et *add. VR* 23 totiens impedit] impedit *T* quotiens impedit *V* impedit totiens *RP* 23 ab ... superius] *om. P* 24–p. 195,1 quia ... cum] *om. V* 24 ubicumque] ubi *P* 24 ibi est] et *R* ibidem est *P* 25 habet impedire] impedit *R* 25 argumentum]

cum ab eadem parte sumitur qua inferius et superius. Et propter hoc bene tenet hec argumentatio 'tantum homo; ergo tantum animal'.

133 Ad aliud [114] dicendum est quod ad hoc quod aliquid agat in alterum oportet quod agens se habeat ad passum in debita proportione ut precedat agens et sequatur passum. Sed cum negatio respicit inferius et superius sicut illud a quo fit negatio, tunc precedit inferius et superius et sequitur negatio, et propter hoc non potest agere circa ipsam. Et ita non negantur inferius et superius, immo remanent affirmata. Et propter hoc non est argumentum ab inferiori ad superius negando, immo potius affirmando. Sed cum negatio respicit inferius **[T19ᵛᵃ]** et superius sicut illud quod negatur, tunc precedit negatio et agit supra utrumque.

134 Similiter dico quod cum dictio exclusiva et inferius et superius ponantur ex eadem **[V78ᵛ]** parte, tunc sequitur illa negatio inferius et superius, et respicit utrumque sicut illud a quo fit negatio, et non potest agere supra utrumque. Cum autem ponuntur inferius et superius a parte predicati, tunc illa negatio precedit utrumque, et fit argumentum ab inferiori ad superius negando. Quod ergo obicitur **[P128ʳᵇ]** quod unumquodque magis agit in eo quod sibi propinquius est, verum est, si in debita proportione se habeant. Sed non sic se habet **[R285ʳᵃ]** negatio.

135 Ad aliud [115] dicendum quod huiusmodi adiectiva 'album', 'nigrum', 'sanum', et similia important negationem. Sed huiusmodi negatio non est alicuius quod intelligitur in subiecto vel in predicato vel alicuius in oratione, sed est negatio eius quod est

---

ab inferiori ad superius cum dictione exclusiva et inferius et superius ponuntur *add. P*   1 cum] ibi *add. R*   1 cum... superius] *om. P*   1 sumitur qua] sunt *R*   1 qua] quantum *T*   2 bene] *om. P*   2 hec argumentatio] huiusmodi argumentum *P*   5 oportet] debet *P*   5 ad] in *P*   5 debita] debito(!) *P*   6 precedat] precedit *T* precedens sit *P*   8 et superius] *om. P*   9 circa ipsam] circa istam *R* in ipsa *P*   9 negantur] negatur *RV*   9 superius] *bis in R* quia sequitur negatio *add. R*   10 immo] potius *add. P*   10 argumentum] *om. VR*   11 ad superius] *om. R*   11 immo] sed *RP*   12 respicit] respicat *T*   13 illud... negatur] illa que negantur *P*   14 cum] *om. R*   14 et] cum *R*   14 et superius] *om. P*   15 ex] in *P*   16 et... superius] *om. R*   17 utrumque] et ita negatur inferius et superius *add. VP*   17–18 cum... ponuntur] sed cum ponit *VP*   19 utrumque] et negatur utrumque *add. V* et negantur *add. R*   19 fit] tunc est *P*   19 negando] cum negatione *V*   20 obicitur] obiectum est *P*   20–21 magis... eo] agit in illud *P*   21 verum est] manifestum est quod *R*   21 in] *om. VRP*   22 habet negatio] habent negatio et affirmatio *R*   23 adiectiva] adiectio *T*   24 sanum] egrum *add. V*   24 sanum... similia] *om. R*   25 intelligitur] intelligatur *T*   26 eius] huius *R*

extra, scilicet sui oppositi. Et propter hoc, quia non respicit huiusmodi negatio aliquo modo inferius et superius sicut illud quod negatur, propter hoc non potest impedire argumentum.

136 Ex hoc patet que dictiones importantes negationem ex consequenti impediant argumentum, **[V79ʳ]** quoniam ille dictiones quarum negationes negant aliquid intra circa inferius et superius. Et talis est negatio intellecta in dictionibus exclusivis. Et propter hoc talis negatio solum habet impedire argumentum.

137 Ad aliud [116] dicendum est quod *esse in potentia* hoc est duplex. Est enim aliquid in potentia ita quod nullo modo est actu. Et tale ens in potentia non removet quod est ens actu. Est aliter aliquid in potentia cum est aliquid in potentia aliquo modo, simpliciter tamen est actu. Et tale ens in potentia potest removere aliquid quod est actu. Et taliter se habet negatio in dictionibus exclusivis. Est enim ibi in potentia quantum ad vocem, tamen quantum ad rem intelligitur actu. Ut patet si exponatur. Et hoc modo potest impedire argumentum.

138 Ad aliud [117] dicendum est quod hec dictio 'non' aliquando impedit argumentum ab inferiori ad superius, et aliquando non impedit, sicut iam dictum est. Et sicut negatio **[T19ᵛᵇ]** non semper impedit argumentum, sic nec dictio exclusiva semper impedit argumentum, sed aliquotiens sic, aliquotiens non.

139 Ad aliud [118] dicendum est quod eodem modo quo est negatio in dictione exclusiva, **[V79ᵛ]** est negatio orationis et facit propositionem negativam. Unde cum non fit ibi negatio nisi ex consequenti, non oportet quod faciat propositionem negativam primo, sed solum ex consequenti. Sed quod obicitur quod omnis negatio aut est termini aut orationis, dicendum est quod hoc

---

1 quia] *om. R*   1 huiusmodi] illa *VRP*   4 que] quod *R*   4 importantes] important *V*   5 impediant] impediunt *R*   5 dictiones] negationes *P*   6 intra] sicut extra *add. R*   6 circa] *om. R*   7 intellecta] *om. R*   8 solum] *om. RP*   9 esse] aliquid *add. P*   10 enim] *om. P*   10 est] *om. VRP*   11 ens] esse *P*   11 quod est ens] aliquid quod sit *R* illud quod est *P*   11 est] et est *P autem add. R*   11 aliter] *om. P*   12 aliquid] esse *add. P*   12 cum est aliquid] illud quod est *P*   13 tamen] cum *R*   13 est] ens *add. P*   14 est] ens *add. VR*   15 ibi] aliquid *add. P*   16 actu] *om. TP*   20 negatio] *om. TVR*   20 non] nec *V*   21 semper] *om. V*   21 sic] similiter *P*   21 semper impedit] impedit *T* non impedit *P om. R*   22 argumentum] *om. R*   22 aliquotiens] aliquando *RP*   22 sic aliquotiens] *om. V*   22 aliquotiens] aliquando *RP*   23 quod] *om. T*   25 propositionem] orationem *P*   25 cum] et(!) *P*   25 fit] sit *R*   25 negatio] *om. V*   26 propositionem] orationem *V*   27 sed] et *T*   28 negatio] huiusmodi *add. P*   28 est] negatio *add. VR*   28 aut] negatio *add. VR*

intelligendum est de negatione actualiter existente, et non de negatione existente in potentia. Et talis est negatio huius dictionis 'tantum'. Et propter hoc non exigitur ut sit negatio termini vel negatio orationis nisi ex consequenti, prout habet intelligi.

140 Ad aliud [119] dicendum est quod negatio non removet intentiones generales primo, sed primo removet res. Et removendo res removet comparationem rei ad rem. Et hanc comparationem sequitur habitudo localis. Et propter hoc ex consequenti removetur habitudo localis. Et ita destruitur argumentum. Preterea dicendum quod huiusmodi habitudo non fundatur supra intentiones que sunt principia congruitatis vel incongruitatis. Hec enim sunt accidentia consequentia partes orationis. Et propter hoc licet negatio intentiones huiusmodi non removeat, tamen poterit removere habitudines locales et intentiones supra quas radicatur, cum huiusmodi habitudines et intentiones **[V80ʳ]** ab ipsis rebus innascuntur; et propter hoc rebus destructis destruuntur.

141 Ad aliud [120] dicendum quod argumentum ab inferiori ad superius est necessarium et semper est conveniens, intelligendo tamen inferius et superius secundum quod remanent sub debita dispositione et comparatione. Sed cum advenit negatio supra inferius et superius, non se habent cum debita comparatione sub qua unum ponit alterum. Et propter hoc non tenet argumentum. Vel aliter, ut dicamus quod cum fit argumentum ab inferiori ad superius negando, non remanent inferius et superius sicut prius, immo quod prius **[T20ʳᵃ]** fuit inferius modo est superius, et quod fuit superius modo est inferius, per hanc regulam quod:

Si aliqua duo se habeant sicut superius et inferius, negatione addita utrobique quod erat inferius fiet superius et econverso.

---

1 intelligendum est de] exigitur in *P*   1 actualiter] actu *VP*   1 de] in *P*   1-2 de . . . existente] *om. V*   3 ut] quod *VRP*   3 negatio] *om. P*   6 generales] *om. TP*   6 res] rem *P*   7 res] rem *P*   8 sequitur] consequitur *R*   9 localis] *om. VRP*   9 preterea] postea *R*   9 dicendum] *om. R*   10 huiusmodi] *om. TV*   11 enim] actualiter(?) *V*   12 licet] si *VP*   13 huiusmodi] has *VRP*   13 tamen] non *R*   13 removere] *om. R*   14 supra] super *V*   14 radicatur] iudicatur *V* fundantur *P*   14 cum] et *P*   15 innascuntur] innascantur *R*   16 hoc] non *add. R*   17 argumentum] argumentatio *P*   18 necessarium] necessaria *P*   18 intelligendo] intelligendum *P*   19 tamen] quod *add. R* est hic *add. P*   19 secundum] et *T*   20 advenit] convenit *V*   21 cum] sub *R*   21 comparatione] proportione *R* dispositione *P*   23 ut dicamus] dicendum est *P*   23 fit] sit *V*   25 immo] sed *R*   25 est] fit *VP*   25-26 quod . . . inferius] et econverso *RP*   26 modo est] remanet *V*   26 hanc] dictam *P om. VR*   26 regulam] scilicet *add. P*   27 duo] ita *add. R*   27 addita] adveniente *P*   28 fiet] fit *RP*

Et sic non est iam argumentum ab inferiori ad superius.
142 Ad aliud [121–122] patet superius solutio.

De suppositione termini positi post dictionem exclusivam

143 Ad aliud [123] dicendum est quod terminus positus post dictionem exclusivam **[P128ᵛᵃ]** si sit communis, habet personalem suppositionem et non **[V80ᵛ]** simplicem. Et rationem ad hoc concedimus. Et licet facere descensum sub illo termino quantum est de se. Quodsi autem non fiat, hoc est ex parte dictionis exclusive, quia cum fit exclusio a toto, pro paucioribus fit exclusio quam cum fit exclusio a parte. Et hoc est quia plura sunt alia a toto quam a parte. Et propter hoc si fiat tale argumentum 'tantum homo; ergo tantum Sortes', vel sic 'tantum verum opponitur falso; ergo tantum hoc verum opponitur falso', fiet peccatum secundum consequens a superiori ad inferius affirmando, causa predicta.

144 Vel aliter, ut dicatur quod terminus communis positus post exclusionem habet duplicem suppositionem, scilicet primam, quam habet ex primo intellectu et preiacenti — et sic habet personalem suppositionem —, et secundam, quam habet ex consequenti et intellectu exclusionis — et sic habet suppositionem confusam et mobilem, cum ipsum precedat distributio universalis negativa, ut cum sic dicitur 'nichil aliud ab homine', et sic 'nichil aliud **[V81ʳ]** a vero'. Quod autem non fiat descensus, hoc est propter augmentum distributionis et quia pro paucioribus fit distributio in prima quam in conclusione. Quantum autem est de prima sup-

---

2 ad...solutio] *om. P* 2 patet...solutio] est solutio superius *V* dicendum est sicut prius *R* 6 rationem] factam *add. P* 7 et] unde bene *P* 7 termino] *om. P* 8 quodsi] *coni.* quod *TVR* si *P* 8 hoc est] *om. R* 8 ex] a *RP* 9 quia] patet quod *R* 9 a] pro *R* 10 exclusio] *om. RP* 10 et...quia] et licet esse *R* quia *P* 10 sunt] *om. R* 10–11 a...parte] a parte quam a toto *R* 13 ergo] *om. P* 14 superiori ad inferius] ab inferiori ad superius *R* vel ab inferiori ad superius negando *add. VP* 14–15 causa predicta] causa iam predicta *R om. T* 16 ut] *om. R* 17 exclusionem] dictionem exclusivam *VRP* 17 scilicet] *om. TP* 18 ex] de *T* 18 et preiacenti] *om. P* 19 et] *om. P* 19 secundam] secundum *T* 20 et] in *add. V* 20 exclusionis] expositionis *R* 20 suppositionem] *om. P* 22 homine] currit *add. VP* 22 aliud] *om. T* 23 quod] si *P* 23 propter] *om. P* 24 quia] quod *TP* 24 fit] fiat *P* 25 autem] *om. RP*

positione potest fieri descensus sub disiunctione, et sic est ibi veritas 'hoc verum vel illud opponitur falso'. Et quantum ad hanc suppositionem non habet exclusio virtutem supra subiectum. Et sic patet solutio ad obiecta [123–126].

De modis excludendi specialibus

145 Deinde queritur utrum dictio exclusiva addita particulari signo excludat signum universale, et utrum addita parti integrali excludat totum integrale, et econverso. Habet autem hoc queri in hiis sophismatibus: SI TANTUM **[R285ʳᵇ]** ALTER ISTORUM EST, NON TANTUM ALTER ISTORUM EST.

De rationibus monstrantibus quod
dictio exclusiva addita signo particulari excludat signum universale

146 Quod autem dictio exclusiva addita signo particulari excludat signum universale videtur. Dictio exclusiva addita alicui excludit **[T20ʳᵇ]** aliud ab ipso. Est enim 'tantum' idem quod 'non cum alio'. Ergo cum signum universale sit aliud a signo particulari, dictio exclusiva addita signo **[V81ᵛ]** particulari excludit signum universale. Et ita sequitur 'tantum alter; non ergo uterque', 'tantum aliquis homo; non ergo omnis homo'.

147 Item. Dictio exclusiva addita alicui non solum excludit diversum in substantia, sed etiam excludit illud quod est sub

---

1 potest] tamen *add. V* 1 disiunctione] distributione *V* et hec esset veritas *add. V* 1–2 sic ... veritas] sic erit ibi veritas *V* hec erit vera *R* sic est veritas *P* 2 vel illud] et illud verum *V* 3 exclusio] dictio exclusiva *P* 3–4 et ... obiecta] *om. VR* 6 deinde] postea *R* 7 et utrum] *om. R* 7 parti] excludat totum et utrum addita parti *add. P* 8 et econverso] scilicet utrum addita toti integrali excludat partem *add. V* utrum addita toti integrali excludat partem *R om. P* 8 habet ... queri] primum autem queritur *V* et primo queritur *R* primum autem hoc queritur *P* 9 in hiis] in istis *R* de illis *P* 9 sophismatibus] orationibus *V* 9 est] vel *add. R* 10 tantum alter] uterque *T* 13 autem] *om. TP* 13–14 dictio ... videtur] *bis in R* 13 particulari] non *add. P* 14 signum] totum *V om. P* 14 universale] *om. V* 15 ipso] subiecto *R* illo *P* 15 tantum] solus *TV* 15 idem] *om. R* 16 signo] *om. TV* 17 excludit] excludet *RP* 17 signum] *om. V* 18 alter] istorum *add. P* 18 uterque] istorum *add. P* 19 homo] *om. P* 19 homo] *om. P* 21 diversum] *om. P* 21 in substantia] a subiecto *R* 21 etiam excludit] etiam *V om. P*

opposito accidente. Ut patet: bene enim sequitur 'tantum homo albus; non ergo homo niger'. Ergo etsi eadem sit res sub signo particulari et universali, cum tamen sit sub oppositis dispositionibus et diversis, dictio exclusiva addita uni excludit alterum.

148 Item. Dictio exclusiva addita minori excludit maiorem multitudinem. Bene enim sequitur 'tantum duo; non ergo tria'. Ergo cum signum particulare se habeat ad signum universale sicut minor multitudo ad maiorem multitudinem, et dictio exclusiva addita signo particulari excludit signum universale. Et ita sequitur 'tantum alter; non ergo uterque', 'tantum aliquis; non ergo omnis'.

149 Item. Signum universale et signum particulare se habent sicut totum integrale et pars integralis. Totum enim in quantitate ad naturam totius integralis reducitur. Ergo cum dictio exclusiva addita parti integrali **[V82ʳ]** excludat suum totum integrale — bene enim sequitur 'tantum paries; non ergo domus' —, et dictio exclusiva addita signo particulari excludit signum universale.

De rationibus ad oppositum

150 Ad oppositum dicendum hiis rationibus. Dictio exclusiva est privatio concomitantie. Quare eorum quorum est concomitantia, solum potest esse exclusio. Ergo si signi particularis et signi universalis non est concomitantia — non enim convenienter dicitur 'omnis homo et aliquis homo sunt' —, manifestum est quod dictio exclusiva addita signo particulari non excludit signum universale.

---

1 patet ... enim] patet bene *V om. P*   2 albus] currit *add. V*   3 oppositis] diversis *V om. R*   4 et] *om. R*   4 uni] particulari *P*   4 excludit] excludet *RP*   5-6 excludit ... multitudinem] multitudini excludit maiorem *V* multitudini habebit excludere maiorem *P* ut patet *add. V*   6 enim] *om. VP*   6 tantum] *bis in P*   7 particulare] universale et particulare *P*   7 se ... universale] sit *V* se habeant *P*   8 multitudo ad maiorem] et maior *P*   8 multitudinem et] *om. RP*   9 signo] *om. P*   9 excludit] excludet *RP*   9 signum] *om. P*   10 aliquis] homo *add. R*   10 omnis] homo *add. VR*   11 universale ... particulare] particulare et universale *TR* universale et particulare *P* ita *add. R*   12 totum ... integralis] partes integrales et totum integrale *R* totum integrale et sua pars *P*   12 enim in quantitate] enim integrale *T* autem in quantitate *RP*   14 excludat] excludit *T* excludet *R*   14 suum ... integrale] totum integrale *TR* suum totum *P*   15 enim] *om. P*   15 paries] est *add. V*   15 et] ergo *R*   16 exclusiva] *om. P*   16 excludit] excludet *P*   16 signum] *om. P*   18 dicendum ... rationibus] sunt rationes *T* sunt tales rationes *P om. R*   18-19 dictio ... est] *om. R*   19 quare] quia *R*   19 eorum] *om. P*   19 et] *add. VR*   20 potest esse] solum est *P*   20 si] cum *P*   20 et] vel *T*   21 est] possit esse *P*   22 et] vel *R* est *P*   22 sunt] *om. P*   22 manifestum est] quare patet *P*   23 excludit] excludet *RP*   23 signum] *om. P*

151 Item. Dictio exclusiva addita alicui non excludat aliquid quod de ipso predicatur vel de quo ipsum predicatur. Sed aliquid sub signo particulari potest predicari de aliquo sub signo universali, quia hec est vera 'omnis homo est aliquis homo'. Quare dictio exclusiva addita signo particulari non excludit signum universale.

152 Item. Termini [T20ᵛᵃ] contradictionis magis communicant quam termini [P128ᵛᵇ] sillogismi, quia contradictio est unius et eiusdem totaliter, sillogismus autem non totaliter, quia sic esset petitio principii. Ergo cum dictio [V82ᵛ] exclusiva addita uni termino sillogismi non excludit alterum — quod patet: non enim sequitur 'tantum homo; non ergo animal' —, quare dictio exclusiva addita uni termino contradictionis non excludit alterum. Sed sic se habent hoc quod est 'omnis homo' et 'aliquis homo' et quodlibet signum universale et particulare. Quare dictio exclusiva addita uni non excludet alterum. Quare non sequitur 'tantum aliquis; non ergo omnis', nec sequitur 'tantum alter; non ergo uterque'.

153 Item. Si aliqua duo sic se habeant quod, uno posito, ponitur alterum, dictio exclusiva addita uni non excludit alterum. Verbi gratia, posito homine, ponitur animal. Et propter hoc dictio exclusiva addita uni istorum non excludit alterum. Unde non sequitur 'tantum homo; non ergo animal', nec sequitur 'tantum animal; non ergo homo'. Cum ergo, posito universali signo, ponitur signum particulare — bene enim sequitur 'omnis homo; ergo aliquis homo', 'uterque; ergo alter' —, manifestum est quod dictio exclusiva addita uni non excludit alterum. Et ita non sequitur 'tantum aliquis homo; non ergo omnis homo', 'tantum alter; non ergo uterque'.

---

1 excludat] excludit *V* habet excludere *P*   2 predicatur] predicetur *V* potest predicari *R*   4 quia] quare *R*   4 hec est vera] hoc est verum *TR*   5 signo particulari] uni *VRP*   5 signum universale] alterum *VRP*   7 termini] non *T*   8 totaliter] etc. *R*   8 non totaliter] non *VP* totaliter non(!) *R*   10 sillogismi] singulari *V*   10 patet] in *add. V*   10–11 non...sequitur] *om. V*   11 dictio exclusiva] *om. TV*   12 excludit] excludet *VP*   12–15 sed...alterum] *om. P*   13 est] *om. V*   16 aliquis] homo *add. VR*   16 sequitur] similiter *V*   18 sic] si *T*   18 habeant] habent *TR*   18 ponitur] ponatur *V*   19 uni] alicui illorum *P*   19 alterum] reliquum *P*   22 homo] currit *add. TR*   22 animal] *om. P*   24 enim] *om. RP*   25 homo] *om. P*   25 uterque] homo *add. R*   26 excludit] excludet *RP*   26 alterum] reliquum *P*   27 aliquis] omnis *R*   27 homo] *om. P*   27 omnis] aliquis *R*   27 homo] *om. P*

Utrum dictio exclusiva addita parti integrali excludat totum integrale

154 [V83ʳ] Deinde queritur utrum dictio exclusiva addita parti integrali excludat suum totum integrale, et econverso. Et hoc habet queri in hoc sophismate: TANTUM NON HOMINES SUNT ANIMALIA.

De rationibus monstrantibus quod non

155 Quod dictio exclusiva addita parti integrali non excludat totum integrale videtur. Dictio exclusiva non excludit aliquid quod sit idem in substantia cum termino a quo fit exclusio, cum querit excludere aliquid. Sed pars integralis et suum totum sunt idem in substantia, et unum est de substantia alterius. Quare dictio exclusiva adiuncta uni non excludit alterum. Quare addita parti non excludit totum.

156 Item. Nichil ens non potens esse sine altero potest excludi ab eodem. Sed sic se habent pars integralis et suum totum. Non enim potest esse totum sine sua parte nec pars sine suo toto. Quare unum non excluditur ab altero. Quare dictio exclusiva addita parti non excludet totum.

157 Item. Si dictio exclusiva addita parti integrali **[T20ᵛᵇ]** excludat totum: cum animal sit pars integralis hominis — integratur enim esse eius ex genere et differentia —, **[V83ᵛ]** tunc dictio exclusiva addita huic quod est 'animal' excludet hoc quod est 'homo'. Quod non contingit ponere. Quare dictio exclusiva addita parti non excludet totum.

158 Sed tunc queritur, supposito quod dictio exclusiva excludat totum addita parti, utrum addita toti excludat partem. Et videtur quod sic. Sicut totum est aliud a parte, et propter hoc dictio exclusiva addita parti excludit totum, sic pars est alia a

---

2 addita] *om. R*   3 integrali] non *add. T*   3 excludat] excludet *T*   3 suum] *om. TRP*   3 et] secundum *add. R*   4 animalia] sed *add. V*   6 integrali] *om. TR*   7 integrale] *om. TVP*   7 exclusiva] addita alicui *add. P*   8 sit] est *P*   8 in substantia] *om. R*   8 querit] querat *VRP*   9 et ... totum] *om. P*   10 substantia] essentia *T*   11 adiuncta] addita *P*   11 excludit] excludet *P*   11 alterum] reliquum *V*   12 excludit] excludet *VP*   13 esse sine] sub *R*   15 sua] sui *R om. TP*   15 suo] *om. TP*   17 parti] integrali *add. V*   19 excludat] excludet *VR*   20 enim] *om. P*   20 eius] hominis *P*   20 tunc] ergo *add. T* si *add. R*   21 excludet] excludat *R*   21-22 hoc ... est] *om. R*   22 quod] et *T*   26 sicut] *om. V*   26-27 et ... totum] *om. R*   27 sic] sicut *V*

toto. Sequitur enim 'Sortes est aliud a Platone; ergo Plato est aliud a Sorte'. Et similiter sequitur 'totum est aliud a parte; ergo pars est alia a toto'. Quare sicut dictio exclusiva addita parti excludit totum, sic addita toti excludit partem.

159 Item. Nichil est in parte quod non **[R285ᵛᵃ]** sit in toto. Sed aliquid est in toto quod non est in parte. Quare maior diversitas est totius ad partem quam partis ad totum. Ergo si ratione diversitatis fiat exclusio, dictio exclusiva addita toti magis debet excludere partem quam econverso. Sed si hoc, tunc cum hoc quod est *homines* sit pars integralis huius quod est **[V84ʳ]** *non-homines* — quia hoc quod dico non-homines habet in se homines et asinos, et ex hiis integratur —, dictio exclusiva addita huic quod est 'non-homines' excludit 'homines'. Et ita sequitur 'tantum non-homines sunt animalia; non ergo homines sunt animalia'. Quod est contra positum.

160 Item. Que est relatio partis ad totum, eadem est relatio totius ad partem. Ergo si relatio partis ad totum non impedit quin dictio exclusiva addita parti excludat totum, nec relatio totius ad partem impediet quin dictio exclusiva addita toti excludat partem. Et sic idem quod prius.

Utrum dictio exclusiva addita particulari signo excludat signum universale

161 Ad primum [145] dicimus quod signum universale et signum particulare dupliciter possunt considerari, scilicet ut sunt res vel

---

1-3 sequitur...toto] *om. R*   2 et...sequitur] ergo a simili *P*   3 sicut] si *P*   4 excludit] excludat *P*   4 sic] sicut *V*   5 parte...toto] toto quod non sit in parte *TVP*   5 quod non] quin *P*   6 toto] parte *T*   6 toto...parte] *coni.* parte quod non est in toto *codd.*   8 fiat] sit *T* fit *V*   8 debet] habet *P*   9 sed] et *P*   9 tunc cum hoc] cum hoc V hoc *P om. R*   10 est] dico *P*   10 est] dico *RP*   11 quia] ita quia *V* quare *R* et *P*   11 dico] est *V*   11 non homines] sit pars integralis huius quod dico non homines et quia hoc quod est non homines *add. V*   11 habet] habeat *P*   11 habet...homines] *om. R*   11 asinos] et multos alios *add. R*   12 integratur] integrantur quare *R*   12 est] dico *P*   13 excludit] excludet *R*   14 sunt animalia] *om. P*   14-15 quod...positum] *om. P*   16 relatio] comparatio *P*   16 relatio] *om. P*   17 relatio] comparatio *P*   18 dictio...addita] dictiones exclusive addite *VR*   18 parti...addita] *om. T*   18 excludat] excludant *VR*   19 impediet] impediat *R* impedit *P*   19 exclusiva] *om. P*   20 prius] scilicet quod dictio exclusiva addita toti excludet partem *add. V* solutio *add. R* et quando additur toti excludet partem *add. P*   23 considerari] accipi *P*   23 scilicet] *om. R*   23 sunt] *om. P*   23 vel] et *R*

ut sunt modi quidam intelligendi subiectum. Dico ergo quod considerando ipsa prout sunt res: cum eadem sit res unius **[P129ra]** et alterius, sic potest unum de altero predicari et dictio exclusiva **[V84v]** addita uni non excludit alterum. Si autem considerantur prout sunt modi oppositionis, sic dictio exclusiva addita uni excludit alterum. Et sic potest sequi 'tantum aliquis homo; non ergo omnis homo', 'tantum alter istorum est; non ergo uterque istorum est'.

162 Distinguatur ergo hec propositio multiplex 'tantum alter istorum est' et simililiter hec 'si tantum alter istorum est, non tantum **[T21ra]** alter istorum est', alia distinctione pretacta, quod:

Potest fieri exclusio gratia materie vel gratia forme.

Uno modo tenet probatio, alio modo non.

Respondetur ad rationes

163 Ad aliud [146] ergo quod primo obicitur, dicendum quod signum particulare uno modo est aliud a signo universali, alio modo non. Si enim considerentur sicut modus, sic unum est aliud ab altero et sic opponuntur. Et sic dictio exclusiva addita uni excludit alterum. Si autem considerentur ut res, sic unum non est aliud ab altero, immo idem. Et sic unum non excluditur ab altero.

---

1 sunt] *om. P* 1 quidam] *om. R* 1 considerando] sumendo *R* accipiendo *P* 3 sic] *om. T* 3 et] dico quod *add. P* 4–6 si . . . alterum] *om. TVP* 6–8 et . . . alterum est] *om. P* 9 distinguatur] distinguitur *R* 9–10 distinguatur . . . istorum] *om. V* 9 multiplex] *om. TP* 10 et . . . alterum est] *om. V* 10 similiter] *om. TR* 10 si . . . est] *om. T* 11 alia] *om. RP* 11 pretacta] predicta *RP* scilicet *add. P* 13 tenet probatio] sequitur improbatio *V* probatur *R* tenet *P* 13 modo] autem *P* 13 non] improbatur *R* 15–17 ad . . . non] *om. P* 15 aliud] illud *V* 15 aliud . . . obicitur] primum obiectum *R* 15 obicitur] ostenditur *T* 16 particulare] universale *R* 16 universali] particulari *R* 16 alio] autem *add. V* 17 considerentur] considerantur *RV* accipiuntur *P* 17 sicut modus] prout sunt modi *RP* oppositi *add. P* 17–18 sic . . . opponuntur] *om. P* 18 opponuntur] opponitur *V* 19 excludit] excludet *V* 19 alterum] et sic potest sequi tantum aliquis non ergo omnis tantum alter istorum non ergo uterque istorum *add. P* 19–20 si . . . idem] *om. P* 19 considerentur] considerantur *TR* 19 ut] sicut *V* prout sunt *R* 19 sic] *om. V* 20–21 et . . . altero] ad aliud quod obicitur dicendum est quod si considerentur prout sunt modi sic unum aliud ab altero et sic opponuntur et sic dictio exclusiva addita uni excludit alterum si autem considerentur prout sunt res sic unum non est aliud altero et sic uno modo excluditur unum ab altero alio autem modo non *P*

164 Per hoc idem solvitur ad aliud [147] quod licet semper sequatur 'tantum homo albus; non ergo homo niger', tamen non semper sequitur 'tantum aliquis homo; non ergo omnis homo', 'tantum alter; non ergo uterque'. Et hoc est quia **[V85ʳ]** 'album' et 'nigrum' semper opponuntur et semper significant rem suam sicut modi oppositi. Sed signum universale et signum particulare non semper significant rem suam ut modi oppositi. Et propter hoc non semper excluditur unum ab altero.

165 Ad aliud [148] dicendum quod signum universale et signum particulare non se habent sicut maior et minor multitudo nisi secundum quod significant rem suam sicut modus. Et hoc modo sumendo: quemadmodum dictio exclusiva addita minori multitudini excludit maiorem, sic dictio exclusiva addita signo particulari excludit signum universale.

166 Similiter dicendum est ad aliud [149] quod signum particulare non est pars signi universalis nisi secundum quod utrumque sumitur sicut modus. Et hoc modo sumendo potest unum ab altero excludi sicut totum integrale a parte.

167 Ad rationes [150–153] ad oppositum similiter solvendum est una via. Dicendum est ad primum [150] quod hoc quod est 'omnis homo' et 'aliquis homo', sumendo ipsa secundum se, possunt adinvicem concomitari. Quod autem incongrue dicatur 'omnis homo et aliquis homo sunt', hoc non **[V85ᵛ]** est nisi quia ex hoc sequitur quod idem copulatur sibi. Cum hec enim 'omnis homo est' ponat Sortem esse et aliquem hominem esse, tunc sequitur 'Sortes et Sortes sunt', 'aliquis homo et aliquis homo sunt'. Et sic idem sibi copulatur. Et propter hoc dico quod possunt **[T21ʳᵇ]** adinvicem copulari quantum est de se, non autem copulantur propter inconveniens quod sequitur.

---

1 ad aliud] *om. TP*   2 sequatur] sequitur *R*   2 albus] currit *add.*   2 non ergo] bis in *V*   3 semper] *om. P*   3 homo] *om. T*   3 homo] *om. T*   4 album] albus *V*   5 nigrum] niger *V*   5 et] sic *add. P*   5 semper] etiam *V*   6 sicut] ut sunt *P*   6 oppositi] *om. R*   6–7 sed...oppositi] *om. VP*   7 propter] per *P*   8 excluditur] exigitur *R*   10 particulare] *om. R*   10 maior] multitudo *add. V*   11 sicut modus] ut modi *R* ut sunt modi *P*   12–14 quemadmodum...universale] *om. P*   13 dictio exclusiva] exclusio *V*   15–17 similiter...sumendo] *om. P*   16 signi] *om. T*   17 et] *om. VR*   19 ad] in *T*   19 oppositum] autem *add. P*   19 similiter] *om. RP*   19 solvendum] dicendum *V*   20 una] in hac *P*   23 ex hoc] *om. R*   24 copulatur] copuletur *V*   24 cum] quoniam *P*   24 enim] *om. P*   25 ponat] ponit *T* poat(!) *V* hanc *add. R*   25 tunc] ergo *P*   27 sibi] ipsi *add. R*   27 propter hoc] sic *V*   28 autem] tamen *V*

168 Ad aliud [151] dicendum est quod signum particulare non predicatur de signo universali nisi secundum quod sunt res, et non secundum quod sunt modi. Et sic dictio exclusiva addita uni non excludit alterum, sed secundum quod sunt modi.

169 Ad aliud [152] per hoc idem dicendum est quod non sunt termini contradictionis hoc quod est 'omnis homo' et 'aliquis homo' nisi secundum quod sunt res. Et sic sunt idem nec dictio exclusiva addita uni excludit alterum. Et sic sequitur unum ad alterum, sicut obiectum fuit.

Utrum dictio exclusiva addita parti excludat totum

170 Ad aliud [154] quod queritur utrum dictio exclusiva addita parti excludit totum, intelligendum est quod **[V86ʳ]** dictio exclusiva excludit diversum dupliciter. Et est aliquid diversum dupliciter: est enim aliquid diversum primo et est aliquid diversum ex consequenti. Et potest aliquid excludi primo et potest aliquid excludi ex consequenti. Verbi gratia, pars primo est diversa a parte, secundo modo totum. Appellatur enim 'diversum' primo quod per se differt ab aliquo. Totum autem est diversum a parte ex consequenti, et hoc est quia per se non differt a parte, immo per alterum. Non enim differt totum a parte nisi quia pars a parte.

171 Secundum hoc dicendum est quod totum excluditur a parte, sed non primo, sed ex consequenti. Quia enim dictio exclusiva addita alicui parti excludit alias partes, et partibus exclusis excluditur totum, propter **[R285ᵛᵇ]** hoc dictio exclusiva addita

---

1–4 ad...alterum] *om. P* 1 dicendum est] *om. V* 2 nisi] *om. R* 2 et non] sed *R* 4 sed...modi] *om. RP* 5 aliud] *exp. V* 5 per] *om. P* 5 per...est] dicendum *TR* 7 nec] et sic non *P* 8 excludit] excludet *VP* 8 et sic] sed *P* 13 excludit] excludet *V* 12 quod] cum *add. TR* cum dicitur *add. P* 13 excludit] excludat *TRP* addit(!) *V* 13 dupliciter] *om. RP* 13 et...dupliciter] *om. T* 14 aliquid] ad(!) *V* 15 et potest] potest autem *VR* 15 potest...excludi] *om. P* 16 pars] *om. R* 17 secundo...totum] *om. VRP* 18 per se] primo *VRP* 19 a parte] ab ipso *V* ab illo alio *R* 19 immo] sed *R* 20 alterum] aliud scilicet per alteram partem *P* 20 non...*alterum* parte] *om. P* 20 a parte] differt *R* 21 secundum hoc] ergo *P* 21 dicendum est] patet *V* 22 sed] *om. RP* 22 enim] *om. P* 23 alicui] *om. P* 23 parti] primo *add. P* 23 alias partes] partem *P* 23–24 partibus...excluditur] per consequens *P* 24–p. 207,3 propter...excluduntur] et in tali exclusiva non oportet quod illud quod excluditur sit diversum in substantia ab eo quod excluditur *P*

alicui parti excludit totum. Unde quia per se non excluditur ab illa, non oportet quod sit aliud in substantia; sed exigitur ut partes sint aliud in substantia quia primo et per se excluduntur. Et sic solvitur ad primum [155].

Respondetur ad rationes

172 Ad aliud [158] dicendum est quod pars et totum possunt **[V86ᵛ]** considerari dupliciter, scilicet quantum ad substantiam aut quantum ad intentionem totius et partis. Si secundo modo, unum non potest esse sine altero nec potest excludi ab altero, immo posito uno ponitur alterum. Sed quantum ad substantiam sunt diversa non primo sed ex consequenti, sicut visum est. Et sic potest unum excludi ab altero.

173 [P129ʳᵇ] Ad aliud [157] dicendum est quod duplex est pars integralis. Est enim quedam pars integralis integrans aliquid in esse **[T21ᵛᵃ]** et dans ei esse naturale. Et hoc modo paries est pars integralis domus. Et huiusmodi pars una sola comparatione se habet ad totum, scilicet in relatione partis ad totum. Est autem altera pars integralis que non dat esse naturale, sed dat esse in genere et esse rationis. Et hoc modo *animal* est pars integralis *hominis*. Et hec pars non solum comparatur ad illud cuius est pars in ratione partis, sed etiam comparatur sicut totum ad ipsum totum. <Et> ipsum totum dico 'universale'. <Et> quia dictio exclusiva addita parti subiective non excludit universale, et propter hoc dictio exclusiva addita huic quod dico 'homo' non **[V87ʳ]** excludit animal.

---

1 quia] quod *VR* 1 excluditur] excludit *T* 3 substantia] subiecto *R* 7 dupliciter] *om. V* 7 scilicet] aut *P* 7 substantiam] substantias *R* 7 aut] et *VR* 8 intentionem] intentiones *R* 8 totius et partis] *om. P* 8 si...modo] et tunc *V* et sic *RP* 8–9 unum...nec] *om. V* 9 potest] unum *add. R* 9 immo] semper *add. RV* 12 altero] non primo sed ex consequenti sicut visum est *add. P* 14 est...integralis] *om. V* 14 integrans] constituans *P* 14 aliquid] aliud *T* 15 esse] actuali *add. P* 15 ei] sibi *T* 16 pars] in *add. T* 17 in] *om. V* 17 relatione] ratione *T* comparatione *P* 18 altera] alia *VRP* 18 naturale] suo toti *add. P* 18 in genere] generale *R* 19 et] dat *add. R* 19 et] quia *T* 21 ratione] relatione *VP* 21 ipsum] ipsam *T* suum *V* 22 totum...universale] *om. T* 22 ipsum totum] *om. RP* 22–23 quia...universale] *om. TRP* 24 quod dico] parti *T* 24 dico] est *RP* 24 homo] *om. TR* 25 animal] prime vero parti addita semper excludit totum *T*

174 Contra hoc quod dictum est videtur esse ratio Aristotilis in libro *Topicorum*, ubi dicit quod peccant qui ponunt partem esse genus totius, ut *corpus* esse genus *animalis*, cum sit pars ipsius. Sed intelligendum est istud verbum: si comparatur semper sub habitudine partis, quia sub habitudine partis non potest pars esse genus totius. Sed quia, ut dictum est, non refertur ad ipsum sub hac habitudine solum, propter hoc potest esse genus ipsius. Ex hoc patet qualiter habeat intelligi, et de qua parte dicitur quod dictio exclusiva addita parti integrali excludat totum.

175 Ad aliud [158] autem quod queritur utrum dictio exclusiva addita toti excludat partem, dicendum quod non. Et ad illud quod obicitur quod si totum est aliud a parte sequitur quod pars sit alia a toto, dicendum quod si pars primo esset alia a toto, bene esset verum quod obicitur quod totum esset aliud a parte. Sed dico quod non est ita, sicut iam visum est. Non enim est pars alia a toto nisi quia est alia a parte. Huius autem causa non reperitur a parte comparationis que est totius ad partem. Non enim est totum diversum a parte, cum nichil sit in parte **[V87ᵛ]** quod non sit in toto.

176 Ad aliud [160] autem notandum quod per relationem que est partis ad totum non excluditur totum a parte, quia cum illa eadem sit comparatio totius ad partem, similiter possit excludi pars a toto, sicut obiectum est. Sed propter hoc quod pars est

---

2 Cf. *Topica* IV 5, 126a27–28: "Pars nullo modo praedicatur de suo toto." (*Auct. Arist.* 36, 65)

---

1 contra] sed contra *R* contra illud *P*   2 ubi dicit] cum dicit *VP* dicentis *R*   2 quod] isti *add. R*   2 peccant] peccat *P*   2 ponunt] ponit *P*   3 ut] qui ponit *add. P*   3 esse] est *TV*   4 comparatur] comparetur *VR*   4 sub habitudine] secundum habitudinem *R* in habitudine *P*   5 quia ... partis] et quia sub habitudine *R om. TV*   6 ut ... est] animal *P*   6 refertur] comparatur *P*   6 ipsum] hominem *P*   7 hac habitudine] habitudine partis *P*   7 ipsius] totius *V*   8 qualiter] hoc *add. R*   8 dicitur quod] quia *V om. R*   9 integrali] *om. P*   9 excludat] excludit *VP*   10 autem] dicendum *T et V ad R*   12 si] *om. RP*   12 est] esset *V*   12 sequitur] et *R* ergo *P*   12–14 sequitur ... parte] *om. V*   13 sit] est *RP*   13–15 dicendum ... sed] *om. P*   14 quod obicitur] *om. R*   14 esset] est *R*   15 iam ... est] visum est *R* visum *P*   15 non enim] nec secundum *R*   16 nisi] primo sed *T*   16 huius] hec *P*   16 causa] *om. P*   17 totius] non *add. V*   18–19 totum ... toto] pars alia a toto nisi pars est alia a parte *V*   18 diversum] aliud *R*   18 parte] *coni.* toto *codd.*   19 quod non] quin *V*   19 toto] *coni.* parte *codd.*   20 autem] etiam *P* quod queritur *add. V*   20 per] secundum *R*   21 ad totum] *om. V*   21 illa] *om. P*   22 totius] a toto *VRP*   22 possit] posset *VRP*   23 est] fuit *VP*   23 sed ... quod] quia *P*   23 pars] diversa *add. V*

diversa a parte, dictio exclusiva addita uni parti excludit alteram et ex consequenti excludit totum.

177 Quibus visis dicendum est quod hec est vera 'tantum non-homines sunt **[T21ᵛᵇ]** animalia', quia, demonstratis hominibus et asinis, possumus dicere quod sunt non homines. Dicit enim Aristotiles quod, demonstratis duobus quorum alterum est bonum, alterum non-bonum, possumus dicere quod ista sunt non bona. Similiter possumus dicere de homine et asino quod sunt non-homines. Et ita cum hec sit vera 'tantum homines et asini sunt animalia', et hec habebit veritatem 'tantum non homines sunt animalia'.

178 Ad improbationem autem dicendum est quod non sequitur 'tantum non-homines sunt animalia; ergo homines non sunt animalia', immo peccat secundum consequens a duabus causis veritatis **[V88ʳ]** ad unam. Hec enim 'tantum non-homines sunt animalia' habet duplicem causam veritatis, quia aut negatur forma sub pluralitate, removendo formam ab omnibus suppositis huius termini 'homines' — et sic sequitur improbatio et sic prima est falsa —, vel potest negari pluralitas termini solum — et sic non supponit solum pro eis qui non sunt homines, sed etiam pro hominibus; et hoc modo prima vera est. Cum igitur infertur 'non ergo homines', infertur ac si negaretur forma sub pluralitate. Et propter hoc procedit a duabus causis veritatis ad unam. Sicut nec sequeretur 'ista sunt non bona; ergo hoc est non bonum, et illud est non bonum', immo peccat secundum consequens a duabus causis ad unam.

---

5 Cf. *De int.* 14, 23b33–24a3.

---

1 parte] et *add. P* 1 excludit] excludet *P* 1 alteram] alterum *TRP* 2 excludit] excluditur *VP* 4 demonstratis] eorum *add. P* 5 possumus] possunt *R* 6 alterum] *om. P* 6 est] sit *VR* 7 non bonum] non *P* 7 quod] *om. P* 7–8 ista...quod] *om. R* 9 cum hec sit] hec est *R* cum hec possit esse *P* 9 asini] asinus *TR* 10 et] similiter *add. P* 10–11 et...animalia] *om. V* 12 improbationem] probationem *VR* 12 autem] *om. R* 15 veritatis] *om. TVP* 16 quia] *om. P* 17 pluralitate] pluralitato(!) *V* 18 termini] non *R* 18 sequitur improbatio] sequitur probatio *V* improbatur *P* 19 termini] *om. P* 20 eis] hiis *TVR* 21 hominibus] omnibus *R* 21 non] *om. T* 22 infertur] *om. V* 22 negaretur] negatur *TV* 23 causis veritatis] causis *RP* 23–26 sicut...unam] *om. V* 23 nec] non *RP* 24 sequeretur] sequebatur *R* sequitur *P* 25 bonum] simpliciter non valet predicta argumentatio *add. P* 25–26 immo...unam] *om. R*

De nonnullis aliis questionibus

179 Deinde queritur utrum dictio exclusiva superfluat in arte. Et videtur **[P129ᵛᵃ]** quod sic, quia si dictiones exclusive invente sunt ad faciendum discretionem, cum discretio fiat per pronomina, et illa inventa sunt ad faciendum discretionem, sicut vult Priscianus. Ut si dicam 'ego curro', sensus est 'et nullus alius', ita bene. Ergo cum in arte superfluat facere per duo quod potest fieri per unum, videtur quod in arte dictiones exclusive superfluant. Propter hoc queritur qualiter **[V88ᵛ]** differat discretio importata per dictiones exclusivas et per ipsa pronomina.

180 Item. Queritur, cum exclusio et exceptio maxime communicent — cuius signum est quod exceptio **[T22ʳᵃ]** negativa convertitur cum exclusione; unde sequitur 'nullus homo preter Sortem currit; ergo tantum Sortes currit' —, propter quid exclusio significetur per duas partes orationis, scilicet per pronomen et per adverbium, exceptio autem solum significatur per unam partem orationis, scilicet per prepositionem.

181 Item. Queritur utrum a nominibus transcendentibus possit fieri exclusio. Et hoc est querere utrum convenienter dicatur 'tantum ens est'. Et videtur quod non, **[R286ʳᵃ]** quia ad exclusionem tria exiguntur, scilicet illud a quo fit exclusio et illud quod excluditur et illud respectu cuius. Ergo cum non sit aliquid quod possit excludi ab ente, quia nichil est aliud ab ipso, et dictio exclusiva velit excludere aliud, videtur quod ab ente non possit fieri exclusio.

---

5 Cf. *Inst. gramm.* XVII, 88, p. 157⁸⁻⁹.

---

2 utrum] et videtur quod *T*   2 dictio... superfluat] dictiones exclusive superfluant *V*   2–3 et... sic] *om. T*   3 si] cum *P om. R*   3 exclusive] *om. R*   3 sunt] sint *P*   4–5 cum... discretionem] *om. R*   4 pronomina] pronomen *TP*   5 illa] pronomina *P*   5 discretionem] hoc *V*   6 ut si dicam] cum dicitur *R*   6 est] ego curro *add. P*   6 alius] vel *add. P*   6 bene] curro quod nullus alius ita bene *add. P*   7 per duo] *om. V*   7 unum videtur] secundum *P*   8 in arte] *om. R*   11 communicent] communicant *TVR*   12 est quod] est quoniam *VR* quoniam *P*   12 exceptio] exclusiva *TV*   13 convertitur] communicat *R*   13 exclusione] exclusiva *V*   13 unde] nam bene *R* bene *P*   14 tantum] solus *P*   14 currit] item queritur *add. R*   14 quid] vero *add. V*   15 significetur] significatur *VR*   15 pronomen] nomen *VRP*   16 per adverbium] verbum *P*   16 solum] *om. TRP*   16 significatur] *om. P*   16–17 unam... per] *om. R*   17 orationis] tantum *P*   18 possit] posset *R*   19 convenienter] competenter *P*   21 fit exclusio] excluditur *P*   21 illud] *om. V*   22 et illud] et *V om. P*   22 cuius] fit exclusio *add. R*   23 et] cum *T*   23 dictio exclusiva] *bis in R*   24 velit excludere] excludit *R* vult excludere *P*

182 Item. Quod potest aliquid in predicato, poterit aliquid in subiecto, cum esse subiectum nichil diminuat de esse termini. Et similiter quod non potest aliquid in predicato, nec in subiecto potest aliquid. Ergo cum ab ente non **[V89ʳ]** possit fieri exclusio a parte predicati — quoniam inconvenienter dicitur 'hoc est tantum ens' — hoc supposito, manifestum est quod ab ipso posito a parte subiecti non poterit fieri exclusio. Et ita inconvenienter dicitur 'tantum ens est'.

183 Sed contra. Dictio exclusiva vult excludere aliud. Ergo cum non-ens sit aliud ab ente, dictio exclusiva addita huic quod est 'ens' habet quod possit excludere, scilicet non-ens. Quare convenienter dicitur 'tantum ens est'.

184 Item. Sicut se habet unum ens ad alterum ens, ita se habet unum non-ens ad alterum non-ens et hoc ens ad hoc non ens, ita ens ad non ens. Sed dictio exclusiva addita huic enti hoc ens excludit et hoc non-ens. Unde bene sequitur 'tantum Sortes est; ergo Plato non est; ergo Cicero non est'. Et alterum est ens et alterum non ens. Quare similiter dictio exclusiva addita huic quod est 'ens' excludit non ens. Et ita secundum hoc convenienter dicitur 'tantum ens est'. Quod concedimus. Non tamen convenienter dicetur 'hoc est tantum ens'.

---

1 quod] non *add. R* 1 poterit] non potest *R* potest *P* 2 cum...termini] ergo cum esse diminuat de termino *R* et econverso *P om. T* 3–4 nec...aliquid] *om. V* 4 aliquid *om. R* 4–5 cum...predicati] dictio exclusiva non possit excludere ab ente posito in predicato *P* 4 possit] potest *TV* 6 supposito] suppono *VP* 6–7 manifestum...poterit] ergo similiter non poterit in subiecto *P* 7 exclusio] *om. V* ab ente *add. P* 7 inconvenienter] convenienter *V* incompetenter *P* 8 dicitur] dicetur *P* 9 sed...*ad finem 183*] item sicut se habet unum ens aliud ens sic se habet non ens ad alterum non ens et ad hoc ens et ad hoc non ens ita ens addita relinquit hoc non ens unde bene sequitur tantum sortes est non ergo plato est ergo cum non est et aliud tantum ens est et alterum est non ens quare dictio exclusiva addita huic quod est ens excludet non ens et ita convenienter dicetur tantum ens est quod concedimus tamen inconvenienter dicetur hoc est tantum ens *R* 10 cum non ens] conveniens *V* 10–11 ens...non ens] res non sit aliud ab ente hoc suppono neque ens poterit excludi ab ente et ita dictio exclusiva addita huic quod est ens poterit excludere non ens *P* 10 ente] hoc esse *V* 10–11 huic...ens] enti *T* 11 quod] quid *T* 13 sicut...*ad finem 186*] dictio exclusiva vult excludere aliud ergo cum non ens sit aliud ab ente dictio exclusiva addita addita huic quod est ens habet aliquid quod possit excludere quare convenienter dicitur tantum ens est quod iterum concedimus *R* 13 se habet] et *VP* 15 ita] se habet *add. P* 15 ens] entem *V* 16 excludit] excludet *V* 17 ergo...est] et cesar *P* 17–18 et...non ens] *om. P* 18 huic] ei *P* 19 excludit] excludet *VP* 20 dicitur] dicetur *VP* 20–21 tantum...dicetur] *om. V*

Solutio

185 Solutio. Ad primum [179] dicendum est **[V89ᵛ]** quod dupliciter contingit facere discretionem. Contingit enim facere discretionem alicuius in se et contingit facere discretionem alicuius respectu actus et non in se. Et quia quod contingit intelligere, contingit significare, oportet quod hiis duobus modis significetur **[T22ʳᵇ]** discretio, nec in arte superfluit significare utrumque, cum diverse sint et neutra sub altera, et una significatur per exclusionem, alia vero per pronomen. Unde dico quod exclusio significat discretionem substantie respectu actus, et non in se. Unde cum sic dicitur 'tantum Sortes currit', sensus est *Sortes currit et nullus alius currit*, et non est sensus *Sortes est et nullus alius a Sorte est*. Pronomen vero significat discretionem substantie in se. Et hoc significat Priscianus cum dicit quod pronomina sunt discretiva personarum, et cum dicit 'nemo dicit', 'ego sum', ad pronomen referens **[P129ᵛᵇ]** verbum.

186 Ex hoc patet propter quid invente sunt dictiones exclusive et quod non significant idem quod pronomen. Nec in arte superfluunt, immo sunt necessarie causa dicta. Quod obicitur ergo quod **[V90ʳ]** frustra fit in arte per duo quod potest fieri per unum, dicendum est hoc esse verum. Et si per pronomen significaretur utraque discretio, iam superfluerent dictiones exclusive. Sed non est sic, sicut visum est.

187 Ad aliud [180] dicendum est quod cum dictiones exclusive faciant discretionem substantie respectu actus, habent relationem

---

14 Cf. *Inst. gramm.* XVII, 88, p. 157⁸⁻⁹.   15 Cf. *Inst. gramm.* XVII, 78, p. 152¹⁶⁻¹⁷.

---

2 solutio] *om. P*   3 discretionem] exclusionem *R*   4 in ... alicuius] *om. R*   4–5 respectu ... se] in relatione ad predicatum sive ad actum *P*   5 quod] *om. P*   5 contingit] sic *add. P*   5 contingit] sic *add. P*   6 significare] et propter hoc *add. P*   6 oportet ... hiis] et quia istis *V*   6 significetur] significatur *V*   7 discretio] tunc *add. V*   7 superfluit] superfluat *T*   8 et] *om. P*   8 alia] altera *VR*   9 pronomen] nomen *V*   10 actus] actu(!) *V*   10 sic] *om. P*   11 tantum] solus *P*   12 sortes est] *om. TVR*   12 nullus ... sorte] non aliud *T* non alius *VR*   13 hoc] modo *add. R*   14 cum dicit] dicens *P*   14 quod] *om. V*   14 et] etiam *add. R*   16 verbum] verba *P*   18 quod] om. *V*   18 nec] et quod non *P*   19 immo ... dicta] *om. P*   20 fit] est *RP*   20 in arte] *om. T*   20 duo] facere *add. R*   21 hoc esse] quod hoc est *R*   21 per] *om. R*   22 significaretur ... discretio] significet utramque discretionem *R*   22 iam] *om. P*   24 est ... cum] quod *V* est quod *RP*   25 faciant] faciunt *RP*   25 habent] enim *add. R*   25–p. 213,2 habent ... actus] *om. P*   25 relationem] sui intellectuum add. *R*

ad substantiam et ad actum, ut aliquando faciant discretionem substantie respectu actus — et sic significatur exclusio per hanc dictionem 'solus' —, et aliquando faciant discretionem actus respectu substantie — et sic significatur exclusio per hanc dictionem 'tantum'. Et propter hoc necesse fuit significare exclusionem per duas partes orationis, scilicet per nomen et per adverbium. Et per nomen significatur ut faciat discretionem substantie, et per adverbium ut faciat discretionem actus. Sed dictio exceptiva una sola comparatione se habet ad exceptum sicut retorsiva ipsius. Et propter hoc significatur exceptio per unam partem orationis solum.

188 [V90ᵛ] Ad aliud [181] dicendum quod ab hoc quod est 'ens' potest fieri exclusio a parte subiecti, et non a parte predicati. Et causa huius est quia aliquid potest predicari de duobus oppositis; verbi gratia, contingit dicere 'album currit', 'nigrum currit'. Sed duo opposita non possunt predicari de eodem. Non enim contingit dicere 'Sortes est albus; Sortes est niger' simul. Quia ergo dictio exclusiva est privativa concomitantie et opposita **[T22ᵛᵃ]** possunt concomitari respectu alicuius actus, ad denotandum quod aliquid insit enti et quod non insit non enti, additur dictio exclusiva huic quod est 'ens'. Et propter hoc convenienter dicitur 'tantum ens est' et excluditur non-ens. Sed quia duo opposita non possunt predicari de aliquo simul, similiter non possunt concomitari in ipso, immo unum expellit reliquum per naturam propriam.

189 Propter hoc ad denotandum quod aliquid ita insit uni et suum oppositum non insit eidem, superfluit dictio exclusiva cum de **[V91ʳ]** se ipso hoc denotet. Quia igitur cum ens predicatur de aliquo, removetur 'non-ens', et sequitur 'hoc est ens; ergo hoc

---

2 substantie] *om. R*   2 exclusio] respectu *add. V*   3 faciant] facient *V om. P*   4 sic] si *T*   4 sic...exclusio] hoc *P*   7 significatur] *om. V*   7 substantie] respectu actus *add. P*   7–8 substantie...actus] *om. R*   8 faciat] faciant *P*   8 actus] respectu substantie *add. P*   9 exceptum] exceptionem *P*   9 retorsiva] casus *add. R*   10 per...partem] sub una parte *T* solam *add. P*   10 solum] *om. P*   14 contingit dicere] contingit *T* contradicere *R*   14 currit] currere contingit *T*   15 currit] currere *T*   16 sortes] ergo *TP*   16 simul] *om. TVR*   17 privativa] privatio *TRP*   17 et] hoc quod est ens et hoc quod est non ens *add. R*   18 actus] quia ens et non ens possunt concomitari respectu alicuius actus ideo *add. P*   21 excluditur] negatur *T*   22 simul] *om. TRP*   23 ipso] uno *add. P*   23 expellit] repellit *P*   25 et] quod *R*   26 eidem] *om. TVR*   26 superfluit] superfluum *T* superfluum est addi *P*   26 dictio] dictionem *P*   27 se] *om. TR*   27 predicatur] denotetur *R*   28 sequitur] *om. R*   28 hoc] quod *add. R*

non est non-ens', superfluit addere dictionem exclusivam. Et propter hoc inconvenienter dicitur 'hoc est tantum ens'. Similiter quia bene dicitur 'hoc est album; ergo hoc non est nigrum', superfluit dicere 'hoc est tantum album' ad removendum nigrum.

190 Ad aliud [183] quod postea obicitur, dicendum quod, sicut obiectum est, quod non-ens est aliud ab ente, et propter hoc dictio exclusiva addita huic quod est 'ens' excludit non-ens et habet quod excludat. Nec est simile a parte predicati et a parte subiecti, sicut visum est.

---

1 superfluit] superfluum est *P*   1 dictionem exclusivam] exclusionem *V* negationem *R*   2 inconvenienter] *om. P*   2 dicitur] diceretur *P*   2 tantum] non *R*   2–4 ens...tantum] *om. P*   3 dicitur] sequitur *R*   5 aliud] illud *T*   5 quod...obicitur] *om. R*   5 postea] *om. V*   6 quod] *om. P*   6 hoc] *om. V*   8 quod] quid *TV*   8 a] ex *T*   8 a] ex *T*

III DE DICTIONIBUS EXCEPTIVIS

A. DE HAC DICTIONE 'PRETER'

1 Deinde queritur de hac dictione 'preter'. Et primo queratur de ea in suis sophismatibus. Dicendum est pro regula quod:

Quando tot excipiuntur quot supponuntur, tunc est oratio falsa,

quoniam implicat in se duo contradictorie opposita, cum de eodem affirmet et neget.

De hoc sophismate 'omnis homo differt ab omni homine preterquam a se'

2 Et secundum hoc potest queri de hoc sophismate: OMNIS [V91ᵛ] HOMO DIFFERT [P286ʳᵇ] AB OMNI HOMINE PRETERQUAM A SE. Improbatur enim sic: Tot excipiuntur quot supponuntur. Ergo locutio est falsa.

3 Sed solvunt quidam quod non excipiuntur et supponuntur eodem modo quia: Per hoc quod est 'omnis homo' supponitur sub quadam multitudine; sed per terminum designantem exceptum, ut per hoc quod est 'se', supponitur sub divisione; et propter hoc non excipiuntur et supponuntur eodem modo, quod exigitur ad hoc quod habeat falsitatem. Propter hoc queritur utrum tot excipiuntur [T22ᵛᵇ] quot supponuntur, et utrum eodem modo. Secundo queritur utrum relativum referat suum antecedens sine signo vel cum signo. Tertio queritur de veritate et falsitate prime.

---

3 primo] *om. R*   3 queratur] queramus *VR*   4 dicendum est] deinde *T* notandum *R*   4 pro] de *T*   5 quando] cum *T*   5 tunc] *om. RP*   5 oratio] illatio *R*   6 implicat] multiplicat *T*   6 de] ab *TVP*   9 potest queri] queritur *RP*   10–11 improbatur] probatur *R*   11 locutio] ipsa *VP*   14 eodem modo] *om. V*   14 quia] et *R*   14 supponitur] supponuntur *T* homo *add. R*   15 quadam] *om. P*   15–17 multitudine ... modo] *om. V*   16 supponitur] excipiuntur *T*   18 tot] quot *R*   19 utrum] utrumque *T om. RP*   20 secundo] et *P*   20 queritur] modo *T*   20 referat] exigat *R*   21 tertio] et *P*

*Utrum in hoc sophismate tot excipiantur quot supponuntur,
et utrum eodem modo*

De rationibus quod sic

4 Ad primum sic proceditur. Pronomen quantum est de se non significat aliquid intelligibile, cum in se non habeat illud quod est principium intelligendi unumquodque, scilicet qualitatem. Quod igitur intelligatur, hoc habet per naturam sui antecedentis, a quo accipit modum aacipit modum significandi et predicandi. Quod significat Priscianus, cum dicit quod pronomina, si careant demonstratione et relatione, inutilia sunt. **[P130ra]** Ergo hoc pronomen 'se' non intelligitur per se sed per naturam sui antecedentis, scilicet huius quod est 'omnis homo' ad quod **[V92r]** refertur. Sed ubi unum propter alterum, utrobique unum, ut dictum est in *Topicis*. Quare idem est modus intelligendi hoc quod est 'omnis homo' et terminum designantem exceptum, scilicet hoc quod est 'se'. Ergo et significatum est idem huius quod est 'omnis homo' et huius quod est 'se', et eodem modo. Quare tot excipiuntur quot supponuntur, et eodem modo.

5 Item. Regula est quod:

Loco relativi idemptitatis licet suum antecedens ponere.

Unde bene sequitur 'omnis homo currit et ille disputat; ergo omnis homo disputat'. Ergo loco huius quod est 'se', cum sit relativum idemptitatis, licebit ponere suum antecedens. Licebit ergo inferre 'omnis homo differt ab omni homine preterquam a se; ergo omnis homo differt ab omni homine preterquam ab omni homine'. Sed

---

9 Cf. *Inst. gramm.* XII, 3, p. 578[18-24]; XVII, 60, p. 144[5-7].   13 Ubi?

---

4 se] non notificet sive *add. R*   5 significat] dat *P*   5 intelligibile] intelligere *P*
6 scilicet] secundum *R*   7 igitur] autem *V* ibi *R* ergo *P*   7 habet per] est *R*
7 naturam] materiam *V* natura *R*   7 a] de *T*   8 significandi] subiciendi *V*
8 et] modum *add. V* vel *P*   9 careant] cadent a *TR* cadant a *P*   10 inutilia] cassa et vana *R*   10 ergo] cum *add. T*   10 pronomen] de *add. V*   11 per] de *VRP*   11 naturam] materiam *V*   13 utrobique] tantum *add. RP*   13 dictum est] habetur *R*   14 hic] in hac *P*   15 terminum ... exceptum] termini designantis exceptionem *P*   15 hoc] huius *P*   16 ergo ... idem] igitur significat(!) idem est *V* ergo significatum est idem *R* unde idem significatur *P*   16 huius] per hoc *VRP*   17 et] *om. T*   17 huius] per hoc *VRP*   17 et] *om. V*   20 relativi] et *add. V*   22 homo] *om. T*   22 loco] in loco *R*   23 licebit] liceat *R* licet *P*   24-25 omnis homo] omnis *V om. P*   25 preterquam ... homine] *om. P*

in hac excipiuntur eadem et supponuntur, et eodem modo. Quare et in hac 'omnis homo differt ab omni homine preterquam a se', cum non differat dicere.

6 Si dicatur quod illa regula non intelligitur de relativo idemptitatis **[V92ᵛ]** reciproco, nec loco ipsius licet ponere suum antecedens — unde non sequitur 'omnis homo videt se; ergo omnis homo videt omnem hominem' —, contra. Relativum idemptitatis reciprocum se habet ad relativum idemptatis per **[T23ʳᵃ]** additionem. Unde addit reciprocationem supra ipsum. Sed hec additio non diminuit de natura relationis, quia si diminueret, iam non sequeretur 'est relativum reciprocum, ergo est relativum'; immo peccaret secundum quid et simpliciter. Quod falsum est. Quare ibi salvatur natura relationis sicut in relativo non reciproco.

7 Sed idem manens idem semper natum est est facere idem, sicut dictum est in *Topicis*. Quare si relativum non reciprocum per naturam relationis supponit idem et eodem modo quo et suum antecedens, similiter hoc idem faciet relativum reciprocum. Quare eadem, et eodem modo, supponuntur et excipiuntur. Propter hoc queritur, si loco relativi non reciproci licet ponere suum antecedens, sicut sustinetur in sophismatibus, propter quid non liceat hoc loco relativi reciproci, et quomodo impediat hic sua reciprocatio.

8 Item. Hoc relativum 'se' refert suum antecedens secundum quod illud dat intelligere, quia si aliter referet, iam daret ei alterum modum intelligendi et supponendi. Quod non est ponere. Ergo cum suum **[V93ʳ]** antecedens det se intelligere sub multitudine, et hoc relativum 'se' referet ipsum secundum quod sub multitudine

---

15 Ubi? Cf. *De gen. et corr.* II 10, 336a27–28.

---

1 in hac] hic *P*   1 et] *om. V*   1 quare et] quia *TP*   4 si] sed *V*   4 intelligitur] intelligenda est *R*   5 nec...licet] quia in loco ipsius non licet *R*   7 contra] hoc est *add. TP* hoc *add. V*   7 relativum] est *add. V*   9 ipsum] ipsam relationem *P*   10 natura] reciprocationis vel *add. R*   10 iam] *om. R*   11 ergo... reciproco] *om. R*   13 sicut...reciproco] *om. V*   14–16 sed...relationis] *om. RV*   16 supponit] supponat *P*   16–17 supponit...reciprocum] *om. R*   16 quo et] quod *P*   17 antecedens] et *add. V*   17 faciet] facit *P*   18 supponuntur] suponitur *R* tot supponuntur *P*   18 et] quot *P*   19 non] *om. R*   19 reciproci] non *add. V*   19 licet] liceat *P*   19–21 licet...reciproci] *om. R*   20–21 non...hoc] non *T om. V*   21 loco relativi] relativo *P*   21 hic] *om. TR*   24 illud] quod *add. R*   24 dat] se *add. P*   24 referet] referat *TR*   24–25 ei...modum] eodem modo *R*   26 det] dat *VRP*   27 quod] non *add. P*

intelligatur. Quare dat multa intelligere secundum quod sub multitudine significantur. Ergo cum supponuntur sub multitudine, sub multitudine referuntur. Et sic supponuntur et excipiuntur eodem modo.

De rationibus in oppositum

9 Ad oppositum sunt rationes. Pronomen significat discretionem; unde semper facit discretionem substantie. Quod significat Priscianus, cum dicit quod pronomina sunt discretiva personarum. Et hoc patet per diffinitionem ipsius, quia cum ponitur pro nomine, certas significat personas. Ergo cum hoc relativum 'se' sit pronomen, refert semper sub discretione, vel semper refert discretum suppositum. Quare si referatur ad multitudinenem ut ad hoc quod est 'omnis homo', non refert sub multitudine, sed sub discretione. Et sic eadem supponuntur et excipiuntur, non tamen eodem modo. Et sic improbatio nulla est.

10 Item. Pronomina inventa sunt ad removendum ambiguitatem. **[T23rb]** Quod significat Priscianus, cum dicit quod si dicamus 'Aiax venit ad Troiam **[V93v]** et Aiax fortiter pugnavit', dubium est utrum de eodem Aiace sit sermo. Si vero dicamus 'Aiax venit ad Troiam et ille fortiter pugnavit', iam certum est quod pro eodem intelligitur, quia pro **[P130rb]** Thelemoneo. Ergo cum ambiguitas sit in pluribus, manifestum est quod pronomen aliquod non supponit pro pluribus, nec dabit aliquid intelligere sub mul-

---

8 *Inst. gramm.* XVII, 88, p. 157⁷⁻⁹. 17 *Inst. gramm.* XVII 56, p. 142⁷⁻¹¹.

1–2 intelligatur ... multitudine] *om. V* 1 dat] det *T* 1 multa] *om. R* 2 significantur] significatur *V* intelligitur vel significatur *R* 2 cum supponuntur] cum supponatur *V* semper ponatur *R* supponuntur *P* 2 sub multitudine] *om. V et P* 3 referuntur] referatur *V* semper refertur *R* 3 supponuntur et excipiuntur] supponitur et excipitur *R* 6 rationes] sic *add. P* 8 dicit] dicitur *T* 8 discretiva] disiunctiva *V* 9 quia cum ponitur] quo est poni *T* quia imponitur *V* 9 pro] in *R* 9–10 certas ... personas] etc. *TV* 11 refert] referat *V* 11 semper] *om. R* 11 discretione] disiunctione *V* 11 vel] *om. V et R* 13 refert] referet *P* 14 sic ... excipiuntur] ita si eadem excipiuntur et supponuntur *P* 14 non tamen] *om. P* 15 et sic] *om. P* 15 improbatio] distinctio *V* 16 sunt] *om. P* 17 dicamus] dicatur *P* 18 et] *om. R* 18 et ... pugnavit] etc. *T* 19 sit] fiat *R* fuit *P* 19 dicamus] dicatur sic *R* dicatur sic *P* 20 iam] *om. T* 20 certum] notum *V* 21 quia] scilicet *V* 21 thelemoneo] tali *R* 22 est] *om. TR* 22 aliquod] *om. P* 23 supponit] supponet *T* 23 dabit] dat *V* 23 aliquid] *om. P* 23–p. 219,1 sub multitudine] multitudinem *P*

titudine, quia sic non removeret ambiguitatem. Ergo hoc quod dico 'se' non potest supponere nisi sub discretione. Hoc autem quod dico 'omnis homo' supponit sub multitudine. Quare non excipiuntur et supponuntur eadem et eodem modo. Et sic nulla est improbatio.

Quomodo referat relativum

11 Secundo queritur utrum relativum referat suum antecedens cum suis dispositionibus, scilicet cum signo. Et quod sic videtur. Relativum idemptitatis refert idem in substantia. Sed omnis dispositio est idem in substantia cum disposito, et non facit numerum **[V94ʳ]** cum ipso. Quare relativum refert suum antecedens cum qualibet dispositione.

12 Item. Due sunt differentie relativorum, scilicet relativum idemptitatis et **[R286ᵛᵃ]** relativum diversitatis. Et dicitur 'relativum diversitatis' quia refert diversum in substantia, et dicitur 'relativum idemptitatis' quia refert idem in substantia. Patet igitur sic comparatio, quod sicut se habet relativum diversitatis ad suum antecedens, sic se habet relativum idemptitatis ad suum antecedens. Ergo si relativum diversitatis semper refert diversum in substantia secundum quod est sub signo — ut cum dicitur 'omnis homo et alius homo currunt' sensus est: *omnis homo currit et alius ab omni homine currit* —, ergo relativum idemptitatis semper refert suum antecedens cum signo.

---

1 ambiguitatem] immo faceret confusionem *add. P*   1–2 hoc . . . dico] *li P*   2 potest supponere] ponit supponere *T* poterit intelligi sub mudlitudine quia sic non removeret ambiguitatem ergo hoc quod dico se non supponit *V* supponit *RP*   2 nisi] *om. R*   3 dico] est *TRP*   3 supponit] nisi *P*   4 excipiuntur et] *om. V*   4 eadem et] *om. T*   4 modo] quo accipiuntur *add. V* item *add. R*   7 secundo] *om. V*   7 suum] *om. T*   8 cum] sub *TVP*   8 suis] *om. VR*   8 dispositionibus] naturalibus *add. V*   8 signo] et modo *add. T*   9 substantia] subiecto *P*   10 idem] eadem *P*   10 disposito] supposito *RP*   11 cum] in *P*   11 quare] quod autem *R*   11 relativum] *om. V* semper *add. P*   12 qualibet] sua *P*   13 sunt] *om. V*   13 relativorum] primo *add. T*   14 relativum] *om. V*   14–15 relativum . . . relativum] *om. R*   15 quia] quod *RP*   15 et dicitur] *om. T* dicitur *R*   16 quia] quod *RP*   16 refert] eandem vel *add. R*   16 in substantia] *om. V*   16 patet igitur] et patet *V* tunc patet *R*   16–17 patet . . . quod] sed *P*   19 diversitatis] *om. V*   19 semper] *om. P*   19 in substantia] a subiecto *T* a substantia *V* a suo antecedente *add. P*   20 dicitur] sic dicimus *V* dicimus sic *R*   21–22 alius . . . currit] asinus *V*   21 homo currunt] currit *P*   21 alius] *om. V* homo *add. R*   22 ergo] similiter *add. P*   22 semper] *om. P*   22 suum] *om. V*   23 cum] a *V*   23 signo] significato *T* sua dispositione *P*

13 Item. Duplex est dispositio termini. Est enim quedam dispositio termini que disponit terminum a parte qua est res quedam, sicut sunt huiusmodi 'album', 'nigrum', quedam vero est dispositio que disponit terminum a parte qua est subiectum. Ergo cum relativum referat subiectum cum dispositionibus que disponunt terminum a parte qua est res, ut cum sic dicimus 'homo est albus et ille est niger' — quoniam si non **[T23ᵛᵃ]** referat cum dispositionibus suis, **[V94ᵛ]** iam hec esset possibilis 'homo est albus et ille est niger', sicut hec 'homo est albus <et> homo est niger'; quod non est ponere —, quare similiter relativum refert ipsum cum suis dispositionibus que disponunt ipsum a parte qua est subiectum.

14 Item. Relativum refert subiectum secundum quod ad actum aliquem ordinatur. Cuius signum est quod relativum non potest poni in eadem clausula cum suo antecedente. Quare magis habebit ipsum referre cum dispositionibus que disponunt ipsum secundum quod ad actum aliquem ordinatur quam cum aliis dispositionibus. Ergo cum signum sit huiusmodi dispositio — quod patet per eius diffinitionem "dici de omni est quando nichil est sumere sub subiecto de quo non dicatur predicatus" —, manifestum est quod relativum magis refert subiectum cum signo quam cum aliis dispositionibus.

15 Ad oppositum sunt rationes. Relativum habet referri ad suum antecedens ut per ipsum finiatur. Quod enim pronomen referat aut demonstraret, causa est quia pronomen **[V95ʳ]** de se non intelligitur nec finitur nisi per naturam sui antecedentis. Quare

---

1 termini] enim *T om. V*   1 quedam dispositio] una *P*   2 quedam] *om. V*   3 sunt] *om. P*   3 huiusmodi] huiusmodi nomina adiectiva *T* adiectiva ut *R*   3 album] albus *R*   3 nigrum] niger *R*   3–4 quedam...disponit] quedam dispositiones que disponunt *T* et quedam dispositiones sunt que disponunt *V* et sunt quedam dispositiones que disponunt *R*   5 subiectum] antecedens suum *R*   6 terminum] partem *V*   6 sic dicimus] dicitur *VP*   7 et] *om. RP*   7 referat] refert *T* referet *VR*   8 et] *om. VR*   9 hec] et hec *P om. T*   10 similiter] *om. R*   11 suis] ipsis *P om. TR*   12 subiectum] et sic idem quod prius *add. P*   15 quare] quia *R*   15 habebit] habet *RP*   16 referre] referri *T*   16 cum] *coni.* sub *codd.*   17 ordinatur] ordinantur *V*   17 quam...dispositionibus] *coni.* quam cum illis que ipsum disponunt secundum quod est res *P om. TVR*   19–20 dici...predicatum] *om. T*   19 est] *om. VP*   19–20 quando...predicatus] etc. *RP*   20 predicatum] predicantur *V*   21 magis refert] *om. V*   21 subiectum] suum antecedens *P*   21 cum] sub *V*   23 rationes] sic *add. R*   23 referri] ferri *R*   24 ut] patet *add. R*   24 autem] enim *TV* est *R*   25 referat aut demonstret] referat aut demonstrat *R*   25 quia] per *add. R*   25 de se] *om. R*   26 finitur] nomen *add. R*

per hoc illud solum quod natum est finire aliquid, natum est referri per relativum. Sed nichil significans aliquid sicut modus natum est finire aliquid, cum de se sit infinitum. Quare nichil significans aliquid sicut modus natum est referri per relativum. Sed signum est huiusmodi. Quare relativum non potest referre subiectum cum signo.

16 Item. Relativum non refert quidlibet, sed solum id quod significat aliquid sicut res, quod significatur per eius diffinitionem: est enim relativum antelate rei recordativum. Ergo cum nullum signum significet aliquid sicut res sed solum sicut modus, nullum relativum habebit referre signum. Quare non est dicere quod relativum refert subiectum cum signo.

17 Sed secundum hoc patet hoc sophisma: OMNIS HOMO EST, [P130ᵛᵃ] ET ILLE EST ALIQUIS HOMO, quoniam secundum quod relativum refert signum, improbatur, cum infert 'omnis homo est, et ille est aliquis homo; ergo omnis [V95ᵛ] homo est, et aliquis homo est ille'. Habet etiam illud queri in hoc sophismate: OMNIS PROPOSITIO VEL EIUS CONTRADICTORIA EST VERA. Quod solvunt [T23ᵛᵇ] quidam per fallaciam consequentis ab insufficienti, sicut manifestabitur, et in pluribus sophismatibus secundum quod se offert.

---

9 Priscianus, *Inst. gramm.* XVII, 56, p. 141[20–21].

---

1 per] secundum *R*   1 solum] *om. P*   2 relativum] hoc autem non est signum *add. RP*   2 sed] quia *P*   2–3 sed ... infinitum] *om. R*   2 nichil] nullum *T*   3–5 quare ... huiusmodi] *om. TR*   4 relativum] relationem *V*   5 sed ... huiusmodi] hoc autem est signum *V*   5 potest referre] refert *P*   6 cum] sub *P*   6 signo] cum signum significet sicut modus *add. T*   7 quidlibet] quodlibet *R*   7 quod] est *add. R*   8 quod significatur] que significatur *R* sicut patet *P*   9 antelate rei] rei late *R*   9 ergo cum nullum] sed *P*   10 significet ... sed] *om. P*   10 modus] et non sicut res quare *add. P*   11 signum] *om. R*   12 refert] referat *VP*   12 cum] sub *P*   13 patet] parit *VR*   13 hoc] illud *P*   14 et ... homo] *om. R*   14 quoniam secundum] *om. V*   14–15 quoniam ... est] *om. R*   14–17 quoniam ... sophismate] *om. P*   16 et ... *alterum* est] *om. R*   17 sophismate] et etiam hic *add. R*   18 vera] falsa *P*   18 quod] quoniam *VRP*   19 insufficienti] inferiori *P*   20 manifestabitur] videbitur *R*   20 pluribus] *om. TP*   21 offert] offerunt *V* officeret *P*

De veritate et falsitate huius propositionis
'omnis homo differt ab omni homine preterquam a se'

De rationibus probantibus eius falsitatem

18 Ad tertium sic proceditur. Et videtur quod sit falsa. Si aliqua oratio a parte subiecti habeat falsitatem, et a parte predicati. Si verificetur per exceptionem, non poterit verificari per exceptionem unam. Ratio enim est quod oratio habens plures causas falsitatis, non poterit verificari per exceptionem unam. Verbi gratia, hec propositio 'omnis homo videt omne animal' potest habere falsitatem a parte subiecti et a parte predicati. Unde si Sortes non videat omne animal, falsa est, item si omnis homo non videat Brunellum, falsa est. Et si ita contingat quod debeat verificari per exceptionem, non poterit verificari per exceptionem unam. Ergo cum hec propositio 'omnis homo differt ab omni homine' habeat dupliciter falsitatem, scilicet a parte subiecti et a parte predicati — hec enim est falsa 'omnis homo **[V96ʳ]** differt a Sorte', hec iterum est falsa 'Sortes differt ab omni homine' —, manifestum est quod non poterit verificari per exceptionem unam. Cum igitur ibi sit exceptio una, tamen ipsa est falsa simpliciter.

19 Item. Videtur quod hec sit falsa 'Sortes differt ab omni homine preterquam a se'. Regula enim est quod:

Hec dictio 'preter' vult invenire distributionem mobilem et reddere eam immobilem.

Unde si fiat a distributione immobili exceptio, oratio est falsa vel incongrua. Sed in hac 'Sortes differt ab omni homine preterquam a se' fit exceptio a distributione immobili. Quare ipsa est falsa vel incongrua, cum cadat hec dictio 'preter' a suo intellectu.

---

4 et] enim *P*   5 oratio] propositio *R*   5 falsitatem] veritatem *P*   5 et] vel *R*
6 verificetur] iudicetur *T*   7 ratio] regula *R*   7–8 ratio...unam] *om. P*   10 et] vel *R*   10 a] ex *T*   10 unde] vel *P om. T*   10 si] quia *P*   11 falsa est] *om. P*
11 item] *om. T* et *R* vel *P*   11 si] quia *P*   12 falsa est] falsa *T om. P*   12–13 et... unam] *om. P*   12–13 quod...exceptionem] *om. VR*   13 poterit] potest *VR*
15 dupliciter] duplicem *P om. T*   15 scilicet] *om. TV* unam *P* scilicet *R*   15 et] vel *R* alteram *P*   16 a sorte] ab omni homine *T*   17 est falsa] *om. TR*   18 ibi] *om. R*   19 tamen] tantum hic *R*   19 est] erit *RP*   20 falsa] simpliciter *add. R*
20 sortes] omnis homo *P*   21 se] sorte *P*   21 enim] *om. TVR*   22 eam] *om. P*
24 distributione] distinctione *V*   24 falsa vel] *om. T*   25 sortes] omnis homo *P*
26 se] sorte *P*   27 vel incongrua] *om. TRP*   27 a suo] *om. P*   27 intellectu] vel incongrua *add. VR*

20 Quod immobilis sit distributio videtur. Regula est quod dictio confundens terminum communem distributum immobilitat distributionem. Ut patet in hac dictione 'non', que confundit terminum et nata est immobilitare distributionem, ut cum dicitur 'non omnis homo currit'. Ergo cum hec dictio 'differt' confundat terminum communem positum post se — quod patet: bene enim sequitur 'Sortes differt ab asino, ergo differt a Brunello'— sed non sequeretur nisi hec dictio 'differt' **[T24ra]** confunderet terminum **[V96v]** communem.

21 Preterea. Reputat hanc Aristotiles pro falsa in libro *Elenchorum* 'Sortes est alius ab omni homine'. Que non esset falsa nisi hec dictio 'alius' confunderet terminum pro quolibet suo supposito. Ergo cum 'alius' et 'differens' idem significent, habebit confundere hoc verbum 'differt'. Quare natum est immobilitare distributionem. Ergo cum sic dicitur 'Sortes differt ab omni homine', immobilitatur illa distributio. Quare ab ipsa non potest fieri exceptio. Et ita hec est falsa vel incongrua 'Sortes differt *etc.*'.

22 Item. In propositione exceptiva affirmativa removetur predicatum a termino designante exceptum. Hec enim est regula:

Dictio exceptiva ponit predicatum in aliis et removet ab excepto.

Sed in hac **[R286vb]** 'Sortes differt ab omni homine *etc.*' predicatur hoc quod est 'differre ab omni homine', substantia autem significata per terminum designantem exceptum est hoc quod est 'Sortes', quia li 'se' supponit pro Sorte. Quare ab ipso removetur predicatum. Et ita sequitur 'Sortes differt ab omni homine *etc.*;

---

10 *Soph. El.* 5, 166b33–36.

---

1 quod] quare *R*   1 sit] est *R*   1 videtur] quia *R*   2 communem] non *add. TR*   2 immobilitat] immobilat *V*   4 et ... distributionem] vel discretionem *R om. P*   4 dicitur] dicimus *V*   5–7 confundat ... differt] *om. V*   6 enim] *om. R*   7 differt] *om. T*   7 a brunello] ab animali *R*   7 sed] et *VRP*   7 non] *om. V*   8 hec dictio] li *P*   8 confunderet] confundaret *R*   9 communem] *om. P*   10 pro] esse *V*   11 alius] alter *VR*   11 que] sed *P*   11 esset] est *R*   12 alius] alter *VRP*   12 confunderet] confundaret *R*   12 suo] *om. TVP*   13 alius] *coni.* alter *codd.*   13 differens] differt *P* et distributum *add. T*   13 significent] sint *P*   13 habebit] habet *TP* habent *R*   13–14 habebit ... differt] li differt confunderet *P*   14 quare] quia quod *R* quia *P*   15 dicitur] dicimus *V*   16 illa] *om. VP*   16 potest] poterit *P*   16 fieri] *om. P*   17 vel incongrua] *om. TVR*   17 etc.] ab omni homine *P*   19 termino] re *P*   19 hec ... regula] regula enim est quod *P*   20 excepto] in affirmativa *add. T*   21 etc.] *om. P*   21 predicatur] ponitur *T*   22 autem] *om. TP*   23 est] *om. TVP*   24 quia] quare *T* et *P*   24 quare] quia *T*   25 predicatum] predicatus *T*   25 ab ... homine] *om. V*   25 etc.] communiter *P*

ergo Sortes non differt ab omni homine'. Quare hec 'Sortes differt ab omni homine preterquam a se', **[V97ʳ]** implicabit in se has 'Sortes differt ab omni homine' et 'Sortes non differt ab omni homine'. Sed hee contradictorie opponuntur. Quare implicabit in se duo contradictorie opposita. Sed talis oratio est impossibilis. Quare ipsa est impossibilis. Ergo hec est impossibilis 'Sortes differt *etc.*'. Quare et prima, hec scilicet 'omnis homo differt ab omni homine preterquam a se'.

De rationibus probantibus eius veritatem

23 Si hoc dicatur, tunc est argumentum in contrarium: Quod non est idem alicui nec pars ipsius, differt ab eodem. Sed Sortes nulli erit idem preterquam sibi, nec pars omnis hominis, quia sic esset pars Platonis. Quare Sortes differt ab omni homine preterquam a se. Et sic prima est vera.

24 Item. Oratio partim vera partim falsa poterit verificari per exceptionem. Sed hec est talis 'omnis homo differt ab omni homine'. Est enim partim vera partim falsa. Quare contingit ipsam verificari per exceptionem, dicendo sic 'omnis **[T24ʳᵇ]** homo differt ab omni homine preterquam a se'. Quare illa oratio habebit veritatem.

---

4 contradictorie = modo contradictorio.

---

1 ergo] et *P*   1 homine] communiter *add. P*   2 ab...se] etc. *TR* ab omni homine etc. *V*   2 has] hanc *TR* has contradictorias *P*   2–5 has...se] *om. V*   3 et sortes] sortes *R* et *P*   5 opposita] hec scilicet sortes differt ab omni homine et sortes non differt ab omni homine *add. V*   6 quare...impossibilis] *om. V* sortes differt ab omni homine preterquam a se *add. P*   7 quare et prima] etiam falsa *R*   7 scilicet] non *R*   8 preterquam a se] etc. *P*   10 dicatur] quod hec est falsa *add. V* quod sit falsa *add. R*   12 nulli...idem] nulli homini est idem *VR* non est idem omni homini *P*   12 nec...hominis] *om. V*   12 omnis hominis] ipsius *P*   15 item] omnis *add. RP*   15 oratio] est *add. R*   15 vera] et *add. R*   16 hec] *bis in R*   17–19 est...homine] *om. R*   17–20 contingit...veritatem] cum ponitur una exceptio erit vera *P*   18 exceptionem] nonnisi *add. V*

Solutio

25 Solutio. Dicimus quod ipsa est falsa. Cum enim ibi sit duplex falsitas, sicut **[V97ʳ]** obiectum est [18], scilicet a parte partium subiecti et a parte partium predicati, **[P130ᵛᵇ]** non contingit ipsam verificari per exceptionem unam. Tunc dicimus ad probationem [24] quod non valet. Immo peccat secundum consequens ab insufficienti. Deberet enim sic dicere "tot excipiuntur quot supponuntur, et eodem modo". Et hoc est falsum, sicut videbitur. Dicimus enim iterum quod hec est vera 'Sortes differt ab omni homine preterquam a se'. Nec quantum ad has est falsitas in prima, sed quantum ad alias que omittuntur.

26 Ad illud [20] quod primo contra obicitur dicendum est quod hoc quod dico 'differt' non immobilitat distributionem. Unde sustinemus hanc pro falsa 'Sortes differt ab omni homine' et quod ex ipsa sequitur 'ergo Sortes differt as se'. Et hoc quod est 'differt' non immobilitat distributionem. Adducitur aliquando ad hoc quedam persuasio. Dicit Aristotiles in libro *Elenchorum* quod si dicatur 'tu habuisti decem et non habes; ergo amisisti decem', non sequitur. Sed bene sequitur 'si hic amisit decem, tunc posset **[V98ʳ]** habere veritatem pro uno'. Quare cum ipsa sit falsa, manifestum est quod, cum hoc verbum 'amisit' sit verbum privatorium, negat distributionem pro quolibet suo supposito. Similiter cum hoc verbum 'differt' sit verbum privatorium, negat distributionem pro quolibet supposito. Et propter hoc illa distributio est

---

17 *Soph. El.* 22, 178a30–33.

---

2 ipsa] prima *R*   2 enim] *om. TRP*   3 est] fuit *P*   3 partium] *om. P*   4 subiecti] *rasura in V*   4 et] vel *R*   4 partium] *om. P*   4 predicati] et ideo *add. P*   5 tunc] unde *R*   5 ad probationem] im probationem *V* ad improbationem *P*   6 consequens] fallaciam consequentis *V* a duabus causis *add. R*   8 et . . . falsum] sed hec est falsa *V* sed hoc est falsum *R*   8 videbitur] obiectum est *P*   9 dicimus . . . iterum] dicimus *T* dicimus enim *R* item dicimus *P*   11 alias] has *P*   12 illud] aliud *R*   12 primo contra] contra primo *T* contra hoc *RP*   12 dicendum] *exp. T*   12 dicendum . . . obicitur] *om. T*   13 dico] est *P*   14 sustinemus] supponimus *R*   14 quod] *om. P*   15 sortes . . . se] sortes etc. *R* a se *P*   15 et] quod *R*   15 hoc . . . est] *om. P* alius *add. R*   16 aliquando ad hoc] *om. VP*   17 persuasio] sicut *add. RP*   17 libro] *om. R*   18 dicatur] dicamus *V* sic *add. P*   18 habes] hodie *P*   19 hic . . . decem] amisisti decem *R*   19 tunc] tamen *R om. P*   21 cum] *om. R*   22 negat . . . supposito] *coni.* distributionem distribuit pro quolibet suo supposito et negat *V* distribuit pro quolibet suo supposito *RP*   22–24 similiter . . . supposito] *om. RP*   24 illa] hic *V*

mobilis, si sic dicatur 'Sortes differt ab omni homine', et potest fieri exceptio ab ipsa. Quod igitur obicitur quod illud quod confundit terminum natum est immobilitare distributionem, dicendum est quod hoc est verum in quibusdam, ut in hac dictione 'non', que indifferenter se habet ad utrumque nec naturaliter ad alterum ordinatur. Sed hoc quod dico 'differt' naturaliter ordinatur ad confusionem universalem et mobilitatem termini, sicut hoc verbum 'amisisti', cum sic dicitur 'tu habuisti decem, et non habes decem; ergo amisisti decem'. Sed inclusio naturalis non inclinatur ad opposita. Et propter hoc non oportet quod immobilet distributionem.

27 Ad aliud [21] dicendum est quod in hac preiacenti 'omnis homo **[V98ᵛ]** differt ab omni homine' predicatur hoc verbum 'differre', hec autem distributio 'ab omni homine' est determinatio ipsius. Et propter hoc, quia dictio exceptiva est retorsiva sui casualis ad actum, refert exceptum ad hoc verbum 'differt', tamen ipsum removens ab excepto. Et propter hoc debet sequi 'ergo Sortes non differt a se', et non sic 'ergo Sortes non differt ab omni homine', quia hoc quod dico 'differre ab omni homine' non predicatur sed hoc quod dico 'differre' solum.

28 Aliam autem rationem [22] per quam ostenditur falsitas ipsius concedimus. Sed hee sunt vere. Sed in hiis non sufficit veritas prime. Vel aliter dicendum quod predicatum removetur ab excepto, non sub obliquitate sub qua dictio exceptiva **[T24ᵛᵃ]** retorquit casuale ad actum, sed sub rectitudine. Ut patet, cum dicitur 'Sortes differt ab omni homine preterquam a se', idest: *ipse non differt a se*.

29 Rationes autem per quas ostenditur veritas ipsius solvimus, dicendo quod prima [23] ratio procedit ac si esset falsitas solum pro hac 'Sortes differt ab omni homine'. Quod non est verum. Immo est ibi falsitas pro hac 'omnis homo differt a Sorte'. Et quantum ad istam non verificatur, sed quantum ad aliam.

---

1 si... dicatur] *om. R*   3 natum] *bis in V*   4 ut] *sed V* scilicet *RP*   4–5 ut... utrumque] *om. V*   6 dico] est *P*   7 mobilitatem] mobilitationem *P*   14 ab... homine] *om. RP*   14 determinatio] *om. R*   15 hoc] *om. V*   15 quia] *om. R*   16 differt] differre *T*   16 tamen] cum *T om. P*   18 sic] sequitur *P*   19 differre] differt *P*   20 dico] est *P*   20 differre] differt *P*   21 autem] *om. TVP*   22 hee] *om. R*   23–26 vel... *alterum a se*] *om. VRP*   29 ratio] non *T*   29 falsitas] ipsius *add. R*   30 hac] parte *add. P*   31 et] sed *P*   32 istam] hanc *TVR*   32 aliam] alteram *P*

30 Ad aliud [24] dicendum est quod illa oratio est verificabilis per exceptionem. Sed hoc non contingit per unam, **[V99ʳ]** sed per duas, cum ibi sit duplex falsitas. Sed verificatur per unam solam. Et propter hoc remanet falsitas in ipsa.

Respondetur ad questiones

31 Sed ad illud quod primo queritur [4–8], utrum ibi supponitur et excipitur eodem modo, dicendum quod non. Non enim supponitur sicut excipitur, quia sub dictione fit exceptio, scilicet per hoc pronomen 'se', suppositio autem sub quadam collectione.

32 Ad illud autem quod obicitur [4] dicendum quod duplex est modus supponendi, naturalis et accidentalis. Et dico quod relativum accipit modum supponendi naturaliter a suo antecedente, quia ab ipso accipit modum intelligendi. Tamen modum accidentalem non accipit. Sed supponere sub collectione aut sub dictione, hoc est modus accidentalis. Et propter hoc non oportet quod si supponatur idem per hoc quod est 'se' et per hoc quod est 'omnis homo', quod eodem modo supponitur per utrumque.

33 Ad illud [7] vero quod queritur quare loco relativi non reciproci recte ponitur suum antecedens, loco vero relativi reciproci non, dicendum quod causa huius est quia tale relativum refert suum antecedens respectu alterius actus et non respectu eiusdem **[V99ᵛ]**. Et propter hoc illa semper procedit in rectum, et semper refert substantiam sicut a qua egreditur actus, et non sicut

---

1 illa] hec *P* 1 est] ibi *add. V* 1 verificabilis] universalis *TVR* 3 duplex] *om. V* 6 illud] aliud *T* hoc *P* 6–7 ibi ... excipitur] ibi excipiuntur et supponunt eadem et *V* ibi excipiuntur et supponuntur *R* tot excipiuntur quot supponuntur et *P* 8 excipitur] excipiuntur *V* 8 fit exceptio] excipitur *T* excipiuntur *V* 8 scilicet] sicut *TP* 9 suppositio] supponuntur *T* supponitur *V om. R* 9 autem] *om. R* 10 ad ... quod] quod autem *V* quod *R* 10 obicitur] ergo *add. R* 11 et] ideo *add. P* 12 supponendi] intelligendi *TR* 12 naturaliter] naturale *V* 12–13 naturaliter ... intelligendi] *om. R* 13 accipit] recipit *P* 14 supponere] suppositionem *P* 14 aut sub] vel *R* 15 dictione] divisione *P* 15 hoc] autem *add. V* 16 supponatur] supponitur *V* 17 quod ... utrumque] et eodem modo *P* 18 ad ... *alterum* quod] tamen dico quod relativum idemptitatis non reciprocum sic habet suppositionem et *V* tamen dico quod relativum idemptitatis non reciprocum sic habet supponere et *RP* 21 eiusdem] actus *add. T* 22 et ... rectum] *om. T* 22 illa] conditio *add. R* 22 semper] *om. P* 22 in rectum] *om. P* 23 actus] et ad quod terminatur *add. P* 23–p. 228,1 sicut ... actum] et non ad quam(!) terminatur *V* ut cum dicitur sortes videt se unde refert subiectum prout

terminantem actum. Et quia talis substantia potest esse universalis vel particularis, multiplicata vel non multiplicata, propter hoc oportet referre **[R287ra]** substantiam prout est sub multitudine intellecta. Et propter hoc loco ipsius licet ponere suum antecedens. Sed loco relativi reciproci non licet, et causa huius est quia refert substantiam sicut terminantem actum. Unde **[P131ra]** virtute reciprocationis denotatur quod eadem sit substantia a qua egreditur actus et ad quam terminatur actus, ut cum **[T24vb]** dicitur 'Sortes videt se'. Unde refert substantiam prout est terminus motus. Sed cuiuslibet motus et actionis terminus est *hoc aliquid*. Et propter hoc refert substantiam sicut *hoc aliquid*, et non sub multitudine. Unde si referat quod est sub multitudine, non tamen refert prout est sub multitudine, sed sub divisione. Et propter hoc **[V100r]** loco ipsius non licet ponere suum antecedens.

34 Et secundum hoc manifestum est quid addat reciprocatio supra relativum, et quod non diminuit de actu referendi. Immo semper refert sicut relativum non reciprocum, tamen in ipso est variatus modus referendi. Unde illa regula quod loco relativi licet ponere suum antecedens, intelligenda est de relativo non reciproco, et non de reciproco, causa predicta.

35 Quod ergo obicitur [9] quod relativum reciprocum est relativum in substantia sicut relativum non reciprocum, dicendum est quod hoc verum, et refert idem in substantia sicut alterum, non tamen eodem modo. Et sic solvendum est ad illud. Sed rationes quibus probatur quod relativum non possit referre aliquid prout est sub multitudine intellectu, sunt generales cuilibet relativo. Et propter hoc oportet solvere ad ipsas, quia sunt sophistice.

---

est terminus motus et actionis sed cuiuslibet motus cuius est actus non sic terminans actus *add. V*   1 esse] substantia *add. VR*   2 multiplicata ... multiplicata] multiplicata *V* multa vel non multa *P*   3 oportet] potest *VR*   3 multitudine] et *add. V*   4 licet ponere] potest poni *P*   5 relativi] *om. T*   5 licet] *om. P*   5 causa ... quia] propter hoc quia est huius causa quia *P*   5 huius] *om. TR*   7 denotatur] notat *T* denotat *V*   8 actus] *om. T*   8 sortes] *om. R*   9 terminus] terminatio *T*   9 sed cuiuslibet] *om. V*   10 et ... aliquid] est terminus et actus est hoc aliquid *R* actus et terminus aliquid *P*   12 quod] hoc quod *P*   12 quod ... multitudine] *bis in V*   12 refert] *om. T* illud *add. P*   13 sed] prout est *add. P*   15 quid] quod *T*   16-17 et ... reciprocum] *om. R*   17-18 est variatus] variatur *P*   18 quod] dicitur quod in *add. R*   21 quod ergo] quod *T* ad aliud quod *P*   21 relativum] idem *P*   22 in substantia] substantie *T om. R*   22 sicut ... reciprocum] cum non reciproco *P*   23 et] quia *P*   23 idem in substantia] unum idem in subiecto *P*   26 intellectu] intelligitur *VR om. T*   27 propter hoc] *om. VP*   27 quia ... sophistice] *om. R*

36 Dicendum est igitur ad illas [9–10] quod relativum quantum est de se semper refertur ad unum aliquid, et non prout est sub multitudine intellectum. Et similiter quodlibet pronomen cum virtute quantitatis communis quam habet a suo antecedente per **[V100ᵛ]** determinationem et relationem, potest supponere pro pluribus et referre aliquid sub multitudine. Quod autem dicit Priscianus, quod significant certas personas et discretas et quod inventa sunt ad removendum ambiguitatem, dicendum est quod intelligit loquendo de ipsis secundum se et secundum propriam naturam, quia quantum ad hoc supponit pro uno tantum, et non pro multis, tamen per determinationem et relationem possunt supponere pro multis.

37 Ad aliud quod queritur tertio [18–22], dicendum quod relativum habet referre suum antecedens cum signo. Sed hoc intelligendum est de relativo non reciproco. Aliter enim perirent multa sophistica.

38 Et secundum hoc solvitur hoc sophisma: OMNIS HOMO **[T25ʳᵃ]** EST, ET ILLE EST ALIQUIS HOMO. Unde dicimus ad improbationem [17] quod non sequitur 'omnis homo est, et ille est aliquis homo; ergo omnis homo est, et aliquis homo est ille'. Et si loco ipsius ponatur suum antecedens, tunc est magis manifestum sic 'omnis homo est, et omnis homo est aliquis homo; ergo omnis homo est, et aliquis homo est omnis homo'. Hic enim est fallacia figura dictionis a confusa **[V101ʳ]** immobili ad determinatam. Similiter est hic 'omnis homo est animal; ergo animal est omnis homo'.

39 Eodem modo solvunt aliqui hoc sophisma virtute relationis: OMNIS PROPOSITIO VEL EIUS CONTRADICTORIA EST VERA. Si loco

---

6 *Inst. gramm* II, 18, p. 55¹³⁻¹⁴ (cf. XII, 3, p. 578¹⁹); XVII, 56, p. 142⁶.

---

2 ad ... aliquid] ad unum ad aliquid *V* aliquid ad unum *R*   3 intellectum] *om. TVR*   4 quantitatis] qualitatis *P*   5 determinationem] distributionem *P*   6 autem] *om. P*   7 et] habet *T* item *add. R* iterum *add. P*   9 intelligit] priscianus *add. T*   9 loquendo de ipsis] de ipsis loquendo *T* de ipsis *P*   9 propriam] impropriam *T* suam propriam *R*   10 quia] et *P*   10 ad hoc] *om. R*   11 determinationem] distributionem *R*   13 aliud] illud *T*   13 dicendum] *om. V*   14 hoc] *om. TRP*   17 solvitur] solvendum est ad *R*   18 dicimus ad improbationem] non valet improbatio *R*   19 quod non sequitur] *om. R*   19 et ... homo] etc. *R*   20 si] *om. TRP*   21 ponatur] ponitur *RP*   21 antecedens] et *add. P*   21 est] fieret *R* fiet *P om. T*   21 sic] *om. T*   22 ergo ... est] *om. V*   23 aliquis] omnis *R*   23 omnis] aliquis *R*   23 enim] non *add. V*   26 aliqui] quidam *R*   27 si] et *P om. V*   27–p. 230,2 si ... vera] *om. R*

relativi ponatur antecedens, tunc dicunt quod est sensus: *omnis propositio vel contradictoria cuiuslibet propositionis est vera*. Cum in hac sint due distributiones, oportet secundam distributionem reddere cuilibet parti prime distributionis, si sufficienter probetur, ut si dicatur 'hec propositio vel cuiuslibet propositionis contradictoria est vera'. Sed sic reperuntur multe false, et propter hoc prima est falsa. Et in probatione ipsius est fallacia consequentis ab insufficienti de aliis accidentibus. Circa ipsam alias habebitur.

40 Rationes igitur quibus ostensum est quod relativum refert suum antecedens cum signo vel sub dispositionibus quibus disponitur, concedo.

41 Ad illud quod obicitur [15] in contrarium, dicendum quod aliquid potest finire alterum dupliciter. Potest enim aliquid finire alterum in se, et potest finire aliquid in altero ut per hoc quod finitur. Similiter dico **[V101ᵛ]** quod si relativum non referat signum per se nec per ipsum posset finiri, tamen per ipsum potest finiri cum altero, **[P131ʳᵇ]** videlicet cum signum finitur in subiecto quod disponit, sic per ipsum potest finiri relativum et referri ad ipsum.

42 Ad aliud [16] dicendum est quod duplex est modus intelligendi sive duplex est dispositio. Est enim quedam dispositio que est modus intelligendi terminum, ut masculinitas et femininitas sunt modi intelligendi in hoc nomine 'lapis' et in hoc nomine 'petra'. Est autem alia dispositio que est modus intelligendi et res aliqua, ut masculinitas vel femininitas sunt res aliqua in hoc nomine 'vir' et in hoc nomine 'mulier', et non sunt solum modi intelligendi.

---

8 Videas infra, VIII,91–129.

---

1 ponatur] suum *add. P*   2 propositio] *om. V*   2 cum] et *P*   3 distributiones] sive divisiones *add. R*   3 distributionem] significare vel *add. P*   4 si] *om. R*   4 ut si dicatur] *om. T*   6 sed] si *P*   6 reperuntur] reperentur *P*   9 igitur . . . ostensum] autem que ostendunt *P*   10 suum] *om. R*   10 vel] et *RP*   10 sub] *om. R*   12 ad illud] *om. TR*   12 in contrarium] *om. R*   13 alterum . . . finire] *om. R*   13 potest enim] quia potest *P*   13 aliquid] ipsum *P*   14 alterum in] secundum *P*   14 in altero] *om. P*   14 per hoc] secundum *P*   15 similiter dico] dico ergo *P*   15 si] etsi *R om. T*   15 referat] refert *TR*   16 per] se *add. P*   16 tamen] nec *R*   16 potest finiri] per se possit idem   17 finitur] finiatur *VP*   18 finiri] diffiniri *P*   18 relativum] ipsum terminum *V*   18 referri ad ipsum] referri per ipsum *R* potest ipsum referri *P*   20 sive] sicut *R*   21 et] vel *TR*   21–22 sunt . . . intelligendi] *om. P*   22 in hoc nomine] *om. P*   23–25 est . . . mulier] et in hoc nomine mulier femina est modus intelligendi et est res aliqua ut masculinitas est res aliqua in hoc nomine vir et femininitas in hoc nomine mulier *P*   23 autem] *om. V*   23 intelligendi] *om. T*   23 et] vel *T*   23–25 et . . . intelligendi] *om. V*   24 sunt res aliqua] *om. T*   25 sunt . . . modi] est solum modus *P*

Sic dico quod signa non sunt modi intelligendi tantum, immo sunt res **[T25rb]** aliqua finita per subiectum cuius sunt dispositiones. Et sic possunt finire relativum et possunt referri per relativum.

Utrum hec dictio 'preter' possit teneri exceptive vel diminutive

43 Queritur super hoc quod dicitur quod:

Hec dictio 'preter' potest teneri exceptive vel diminutive.

Secundum hoc distinguitur hec multiplex: DECEM PRETER QUINQUE SUNT QUINQUE, et per hanc distinctionem solvunt aliqui hoc sophisma. Primo igitur queritur utrum ista distinctio teneat. Secundo queritur aliquid de veritate et falsitate huius orationis.

Utrum distinctio supradicta teneat

44 Ad primum sic proceditur. **[V102r]** Hec dictio 'preter', quocumque modo teneatur, semper est prepositio. Sed omnis prepositio est retorsiva sui casualis ad actum, sicut vult Priscianus. Quare hec dictio 'preter', quocumque modo teneatur, semper retorquet suum casuale ad actum. Sed sic semper removet predicatum ab excepto. Sed sic tenetur exceptive. Quare semper tenetur exceptive et numquam diminutive. Et sic nulla est distinctio.

45 Item. Hec dictio 'preter' semper extrahit partem a toto. **[R278rb]** Sed pars non est extra totum simpliciter. Quare non extrahit partem simpliciter a toto. Ergo si extrahit, hoc est per

---

14 Videas *Inst. gramm.* XIV–XV.

---

1 sic ... intelligendi] *om. R*   1 tantum] *coni.* terminum *TR* alterum *V* solum *P*   2 res] *bis in T*   3 possunt] potest *TR*   3 referri] finire *T*   3 relativum] item *add. V* ipsum *P* postea *add. P*   5 quod] *om. R*   7 secundum] sed in *T* et secundum hoc *R*   7 hec multiplex] hoc modo *T*   8 per] secundum *P*   8 aliqui] *om. P*   8 hoc sophisma] multa sophismata *P*   9 igitur] *om. R*   9 utrum] de hac distinctione utrum *P*   9 teneat] valeat *VRP* vel non *add. P*   9–10 queritur aliquid] *om. P*   10 huius] predicte *P om. T*   10 orationis] decem preter quinque sunt quinque *add. V*   12 proceditur] quod *add. R*   13 teneatur] accipiatur *RP*   13 prepositio] propositio(!) *V*   14 prepositio] propositio(!) *V* semper *add. P*   14 sui] *om. RP*   15 hec dictio] li *P*   15 teneatur] accipiatur *P*   16 suum] *om. RP*   16 semper] *om. T*   17 sed] et *RP*   17 sic] semper *add. T*   17 tenetur] tenebitur *P*   17–18 quare ... exceptive] *om. P*   20 sed ... quare] *om. T*   21–p. 232,1 ergo ... predicatum] *om. V*   21 extrahit] extrahat *P*

relationem ad aliquod predicatum. Quare hec dictio 'preter' semper comparat partem quam extrahit ad aliquod predicatum. Sed sic semper removet predicatum a parte. Quare semper habebit removere predicatum a parte. Sed sic tenetur exceptive. Quare semper tenebitur exceptive, et numquam diminutive. Et sic nulla est distinctio.

46* Item. Hec dictio 'preter' extrahit partem a toto. Sed extrahere partem a toto est diminuere totum pro parte. Quare excipere partem a toto, hoc est diminuere. Quare teneri exceptive est teneri diminutive. Quare teneri exceptive et teneri diminutive convertuntur. **[V102ᵛ]** Quare inter ipsa non est distinguere. Et sic nulla est distinctio.

* c. 46 deest a P

47 Item. Omnis dictio naturaliter inclinatur ad suam significationem. Sed omnis inclinatio naturaliter est ad unum tantum, sicut vult Aristotiles. Quare omnis dictio ad unum tantum ordinatur. Ergo hec dictio 'preter' ad unum tantum ordinatur, et non est ponere quod ad plura ordinetur. Quare aut solum tenetur exceptive, aut solum diminutive, et numquam simul tenetur exceptive et diminutive. Et sic nulla est distinctio.

48 Item. Si hec dictio 'preter' possit teneri exceptive et diminutive, tunc queritur quid istorum primo significat, cum utrumque non possit significare primo. Si primo significet exceptive, tunc arguo: Utrumque istorum **[T25ᵛᵃ]** debet pro eo teneri ad quod primo ordinatur, sicut vult Aristotiles in primo libro *Topicorum*, ut

---

16 Cf. *Ethic. Nicom.* VIII 8, 1159b20–24.   25 Cf. *Topica* VI 4, 142a17sqq.

---

1 aliquod] *om.* P   2 extrahit] excipit TR   2 aliquod] *om.* TP   2 sed] *om.* T et RP   3 a parte] an excepto P   3–4 quare ... parte] *om.* P   4 sed] et P   4 sic] semper *add.* TRP   4–5 quare ... exceptive] *om.* TP   5 tenebitur] tenetur R   5 numquam] non V   5–6 et ... distinctio] *om.* TV ergo distinctio nulla P   7 item] hoc iterum patet V hoc patet alia ratione R   7–8 sed ... toto] *om.* V   8–9 totum ... diminuere] *om.* R   9 hoc] eius V   9–10 quare ... convertuntur] convertatur igitur referri exceptive et teneri diminutive et teneri exceptive V *om.* T   14–15 ad ... significationem] significationi R   14 suam] *om.* TRP   15 ad inclinatio: significatio p. T   15 naturaliter] naturalis TRP   17 ergo ... ordinatur] *om.* P   18 ordinetur] ordinatur T   18 tenetur] tenebitur V   19–20 simul ... diminutive] sic et sic Ṗ   20 et diminutive] *om.* V   20 et ... distinctio] ergo distinctio nulla P   22 queritur quid] alterum T   22 cum] quod R quia P   23 possit] potest VR   23 primo] videtur *add.* R   24 utrumque] unumquodque R   24 istorum] instrumentorum(!) R   24 ad quod] quod TR pro quo V   25 ut] *om.* TVR

si diffiniatur sub toto, debet diffiniri per id ad quod primo ordinatur. Quare si hec dictio 'preter' primo ordinatur ad exceptionem, semper debet teneri pro illa. Et sic semper tenebitur exceptive, et numquam diminutive. Si tu dicas quod primo significat **[V103ʳ]** diminutionem et ex consequenti exceptionem, simili modo secundum hoc diminutive tenebitur, et numquam exceptive. Et sic nulla est distinctio.

49 Item. Idem manens idem natum est facere idem, sicut vult Aristotiles in *Topicis*. Quare si hec dictio 'preter' semper significet idem, ubicumque ponatur, semper erit distinguere quod possit teneri exceptive vel diminutive. Quare secundum hoc hec erit multiplex 'omnis homo preter Sortem currit', ex eo quod hec dictio 'preter' possit teneri exceptive vel diminutive. Que non distinguitur, nec solitum est ipsam distinguere. Quare videtur similiter quod hec oratio non sit distinguenda 'decem preter quinque sunt quinque'. Propter hoc queritur, si ipsa distinguatur, propter quid hec non distinguatur 'omnis homo preter Sortem currit', et ubi teneat ista distinctio, et ubi non.

50 Item. Unumquodque quod per se est ad aliquid faciendum, semper facit illud. Ergo si hec dictio 'preter' per se est ad faciendum exceptionem, ut vult Aristotiles, unde per hanc dictionem 'preter' semper fit instantia, manifestum est quod hec dictio 'preter' facit exceptionem. Sed sic semper tenetur exceptive. Quare semper tenebitur exceptive, et **[P131ᵛᵃ]** numquam diminutive. Et sic nulla est distinctio.

---

8 Ubi? Cf. *De gen. et corr.* II 10, 336a27–28.   21 I.e. dicendo "idem manens idem natum est facere idem".

1 sub toto] subcelare *P*   1 ordinatur] determinatur *V*   2 ordinatur] ordinetur *P*   3 teneri] tenere *T*   3–4 et...exceptive] *bis in R*   4 numquam] non *T*   4 diminutive] et sic nulla est distinctio *add. V*   4 significat] significet *V* ordinatur ad *P*   5 consequenti] ad *add. P*   5 simili] eodem *VRP*   6 hoc] semper *add. P*   6 tenebitur] tenetur *P*   8 est] semper *add. P*   9 semper] *om. R*   9 significet] significat *VR*   10 ponatur] ponetur *P*   11 erit] est *T*   12–13 hec...preter] *om. VRP*   13 possit] potest *TV*   13 que] et *P*   14 solitum] *om. TV*   14 distinguere] *om. R*   14 similiter] *om. P*   15 oratio] *om. VRP*   15–16 preter...quinque] etc. *R* item *add. R*   18 teneat] valeat *VRP*   18 ista] hec *V om. T*   19 est] habet *R*   19 faciendum] *om. P*   20 semper] *om. R*   21 exceptionem] discretionem *T*   21 unde] ut *VR*   21–23 unde...exceptionem] *om. V*   22 preter] semper *add. P*   23 sed] oportet quod *T et VR*   23 semper] *om. V*   23 tenetur] teneatur *T*   23–24 quare...diminutive] *om. P*   24 numquam] non *V*   24–25 et...distinctio] quare distinctio nulla *P*   25 est] dicta *add. V*

51 Item. Sicut se habet dictio exclusiva ad id quod significat, sic se habet dictio exceptiva ad suum significatum. Ergo si dictio exclusiva [V103ᵛ] semper tenetur exclusive, et dictio exceptiva semper tenetur exceptive; aut dicatur propter quid non. Et sic nulla est distinctio, ut videtur.

De hac propositione
'decem preter quinque sunt quinque'

De rationibus probantibus quod sit vera

52 Ad secundum sic proceditur. Videtur quod prima sit vera. Dicit enim Euclides in *Geometria* quod si proponantur due linee quarum una sit maior, altera sit minor, maiorem minori contingit adequari per resecationem. Unde illa propositis duabus lineis [T25ᵛᵇ] *etc.* Similiter propositis duobus numeris quorum alter sit maior, alter minor, contingit maiorem minori adequari proportionaliter. Ergo <si proponantur> decem et quinque, tunc decem contingit adequari quinque. Sed non est possibile nisi resecetur pars illa per quam excedit, sicut est in lineis. Quare hoc quod est decem contingit huic quod est quinque adequari resecando illam partem in qua excedit. Hoc autem est hoc quod est quinque. Ergo ipsum resecando habebit oratio veritatem. Quare hec erit vera 'decem preter quinque sunt quinque'.

---

10 *Geom.* I, prop. 3: "Propositis duabus liniis in equalibus de longiore earum equalem brevioris abscidere." Cf. *Ars geometriae* (translatio Boetii), p. 380⁵⁻⁶ (ed. Friedlein): "Duabus rectis lineis inaequalibus datis a maiore minori aequam rectam lineam abscidere."

---

2 suum significatum] illud quod significat *R*   2 ergo si] sed *R*   3 et] quare *R*   4 tenetur] tenebitur *P*   4 aut... quid] vel tu dicas quare *R*   5 ut videtur] *om. R* item *add. T*   9 ad] circa *P*   9 proceditur] et *add. T*   9 videtur... vera] *om. R*   10 enim] *om. RP*   10 in geometria] *om. RP*   10 proponantur] ponuntur *P*   11 una] altera *R*   11 sit] *om. V*   11 sit] *om. V*   12 per resecationem] *om. P*   12-14 per... adequari] *om. R*   12 unde] ut dicit illa proportio *P*   12 propositis] proportionis *P*   14 proportionaliter] proportionetur *T*   15 tunc] sunt *R*   16 adequari] huic quod est *add. TVR*   16 possibile] adequari *add. VR*   16 resecetur] sequeretur *V* relinquitur   17 sicut] sic *T* visum *add. VR*   19 illam... qua quo] illa in qua *T* illud in quo *VR* illam partem pro qua *R*   19 excedit] sicut visum est *add. V*   19 hoc... hoc] quare hoc quod est decem contingit adequari huic *V*   19 est] dico *T*   20 ergo... veritatem] *om. V*   20 ipsum] hoc *R*   20 resecando] excepto *T*   20 habebit... veritatem] oratio erit vera *P*   20 erit] est *RP*   21 preter... quinque] etc. *R*

53 Item. Decem preter quinque sunt aliquis numerus. Sed nichil est in genere quod non sit in aliqua eius specie. Quare exigitur ut sint **[V104ʳ]** sub aliqua specie numeri. Sed non est reperire speciem numeri sub qua sint aliam a quinario, quod manifestum est deducendo in omnibus. Hec enim falsa est 'decem preter quinque sunt sex', et sic de aliis omnibus. Quare sunt sub specie numeri que est quinarius. Quare hec est vera 'decem preter quinque sunt quinque'.

54 Item. Si aliqua oratio habet falsitatem pro aliqua sui parte, illa remota habet veritatem, quia causa remota, removetur effectus. Sed hec oratio 'decem sunt quinque' habet falsitatem pro quinque, quia hec est vera 'quinque sunt quinque'. Quare, hoc remoto, habebit veritatem. Sed per exceptionem removetur cum sic dicimus 'decem preter quinque sunt quinque'. Quare ipsa habebit veritatem. Ergo hec est vera 'decem preter quinque *etc.*'.

55 Item. Regula est quod:

Oratio partim vera, partim falsa potest verificari per exceptionem.

Ergo cum hec sit talis 'decem sunt quinque', contingit ipsam verificari per exceptionem. Sed hoc modo verificatur sic dicendo 'decem preter quinque sunt quinque'. Quare illa oratio simpliciter est vera.

De rationibus in oppositum faciendis

56 Sed ad oppositum sunt rationes. Si aliqua oratio habeat veritatem pro aliqua **[V104ᵛ]** parte, falsitatem pro aliis partibus,

---

1 aliquis] aliquid*(!)* P   1 nichil] nullum TP   2 quod non] quin P   2 eius] *om.* V   2–3 quare ... numeri] *om.* P   3 numeri] numerali T   4 sint] *om.* P   5 deducendo] ducendo R   6 sex] senarius R   6 sic] similiter V   6 aliis] *om.* P   6 quare] que TP   7 que] quare T   9 habet] habeat RP   9 sui] *om.* RP   10 habet] habebit V   10 habet veritatem] oratio est vera P   11 habet falsitatem] non est vera P   11 pro] hac parte quod*(!)* est *add.* P   12 quia] quare T   12 quia ... quinque] *om.* R   12 hoc remoto] remota est parte P   13 cum sic dicimus] et dicetur P   15 etc.] sunt quinque P   16 *ad* item: regula habetur in secundo priorum de instantivo sillogismo Tm   17 potest] habet T   18–19 ergo ... exceptionem] *om.* R   18 decem] preter quinque *add.* T   18 contingit] continget V   19 verificari] verificare V   19 sic dicendo] si dicatur P   20 preter ... quinque] etc. R   21 est] erit P   23 sed] *om.* T   24 aliqua] una R sui *add.* T   24 aliis partibus] altera T aliis P

remota parte illa pro qua est veritas, magis est falsa. Sed hec 'decem sunt quinque' **[R287ᵛᵃ]** pro aliis partibus a quinque habet falsitatem — ut patet in inductione in omnibus: hec est falsa 'tria sunt quinque', et alie similiter —, et pro quinque habet veritatem. Quare hec est vera 'quinque sunt quinque'. Quare si removetur quinque, magis erit falsa. Sed removetur cum sic dicimus **[T26ʳᵃ]** 'decem preter quinque sunt quinque'. Quare ipsa est falsa simpliciter.

57 Item. Hec est vera 'decem quinque sunt'. Probatio. Distributio de aliquo sumpta vel non sumpta infert subiectum suum simpliciter. Unde bene sequitur 'omnis homo currit; ergo homo currit'. Item bene sequitur 'uterque istorum currit; ergo isti currunt'. Et etiam bene sequitur 'duo homines currunt; ergo homines currunt'. Quare distributio aliqua circa quinque infert quinque simpliciter. Ergo sequitur 'bis quinque sunt decem; ergo quinque sunt decem'. Sed hec est vera 'bis quinque sunt decem'. Ergo hec erit vera 'quinque sunt decem'. Sed regula est quod:

Si aliqua oratio sit vera sine exceptione, falsa erit cum exceptione.

Quare hec erit falsa 'decem preter quinque sunt quinque'.

58 Item. Numerus crescit in infinitum per **[V105ʳ]** additionem. Unde si addatur aliquis numerus alteri numero et fiat maior, remoto numero addito, remanet sub eadem specie numeri sub qua prius continebatur. Ergo si duo addantur huic quod est tria, fit quinarius, et, illis remotis, remanent tria. Sed si quinque addantur huic quod est decem, fient quindecim. Ergo ipsis remotis remanent decem. Ergo hec est vera 'decem preter quinque sunt decem'. Quare hec erit falsa 'decem preter quinque sunt quinque'.

---

1 est] ibi *add. P* 1 veritas] simpliciter *add. P* 1 falsa] simpliciter *add. V* si ponitur *add. R* 1 hec] est falsa *add. T* 2 partibus] *om. R* 3 in inductione] in inducendo *R* in *P* 3–4 hec . . . quinque] tria sunt quinque hec est falsa *TV* hec enim falsa tria sunt quinque *P* 4 veritatem] quare hec est falsa *add. R* 5 si] non *add. R* 6 quinque] *om. R* 7 preter . . . quinque] etc. *R* 9 de aliquo] de qua *V* est de aliquo *R om. T* 9 sumpta . . . sumpta] summa vel non summa *TV* sumpta *P* 10–11 omnis . . . alterum sequitur] *om. V* 11 bene sequitur] *om. R* 11 uterque] utrumque *R* 12 etiam] *om. RP* 12 sequitur] ergo *add. T* 13 circa] summa *T* 13 quinque simpliciter] unde bene sequitur omnis homo currit *V* 14 ergo] simpliciter ergo *V* bene *add. P* 15 vera] *om. V* 15 sunt decem] etc. *R* 15 ergo] quare *V* quare et *P* 16–17 decem . . . falsa erit] *om. V* 16 sed] item *P* 16 est] *om. P* 17–18 si . . . quinque] *om. P* 17 erit] est *R* 18 sunt quinque] *om. P* 19 item] cum *add. VR* 20 unde] *om. TRP* 20 numerus] alicui *add. R* 21 numeri] *om. R* 22 continebatur] continetur *T* erat *R* fuerit *P* 22 ergo] verbi gratia *P* 23 fit] habetur *P* 23 et] *om. R* 24 fient] fiunt *R* 24 remotis] *om. V* 25 decem] *om. P* 26 erit falsa] est vera *R* 26 preter . . . quinque] etc. *R*

59 Item. Si decem preter quinque sunt quinque, decem exceptis quinque sunt quinque. Unde iste converuntur. Sed hec est falsa 'decem exceptis quinque sunt quinque', quia dicit Priscianus quod ablativus absolutus habet resolvi **[P131ᵛᵇ]** per 'si' vel per 'dum' vel per 'quia'. Sed utraque istarum est falsa 'si quinque excipiuntur, decem sunt quinque', quoniam potest ita argui: 'sed quinque excipiuntur; ergo decem sunt quinque'. Sed hec est falsa. Quare hec est falsa 'si quinque excipiuntur, decem sunt quinque', et etiam quelibet aliarum. Quare hec est falsa 'decem exceptis *etc.*', et hec similiter 'decem preter quinque sunt quinque'.

60 Item. Non a quolibet toto fit exceptio, sed a toto **[V105ᵛ]** distributo. Quod patet: non enim dicitur convenienter 'homo preter Sortem currit', tamen convenienter dicetur 'omnis homo preter Sortem currit'. Ergo cum hoc quod est 'decem' sit totum non distributum, ab ipso non poterit fieri exceptio. Quare hec erit falsa vel incongrua 'decem preter quinque sunt quinque'. Si dicatur quod est totum distributum, contra. Nullum distributum recipit supra se distributionem si sit prius distributum. **[T26ʳᵇ]** Quod patet: non enim convenienter dicitur 'omnis homo omnis homo'. Ergo cum hoc quod est 'decem' possit supra se recipere distribributionem, quia convenienter dicitur 'quilibet decem sunt', manifestum est quod non est prius distributum. Et sic ab ipso non poterit fieri exceptio. Et sic prima est falsa, ut prius.

61 Item. Regula est quod:

Quando tot excipiuntur quot supponuntur, locutio est falsa et impossibilis.

---

3 *Inst. gramm.* V, 80, pp. 190¹⁶–191⁷; XVIII, 30, pp. 221²⁵–222³.

---

1 decem] *om. T* 1 exceptis] exemptis *T* 4 ablativus absolutus] absolutus *R* ablativus *P* 4 si] de(!) *V* 4 dum] si *V* 5 si] sed *R* 6 quinque] et quelibet aliarum *add. R* 6 potest] patet *T* 6–7 potest . . . sunt quinque] antecedens potest esse verum consequens impossibile est et omnis talis est falsa *P* 7 sed . . . falsa] *om. P* 7 hec . . . quare] *om. TV* 8 est] erit *V* 9 etiam] *om. RP* 9 aliarum] est falsa sicut patet *add. P* 9 etc.] *om. V* 10 hec] *om. R* 10 decem] quinque *R* 13–14 tamen . . . currit] *om. P* 13 convenienter] bene *R* 13 dicetur] dicitur *V* 15 poterit] potest *R* 15 quare] quia *R* 16 erit] est *RP* 17 est] sit *P* 17 nullum] totum *add. R* 19 non . . . convenienter] quare bene *R* 19 omnis homo] currit *R om. T* 20 ergo] *om. V* 20 cum] etiam *T* 20 supra se] convenienter *R* 21 distributionem] signum distributionis *V* 21 sunt] quare *add. TVR* 22 manifestum] illud *V* 22 est] erit *P* 22–23 ab . . . sic] *om. V* 23 falsa] vel incongrua *add. P* 25 impossibilis] quare *add. T*

Unde hec est impossibilis 'utrumque istorum preter alterum currit'. Sed in hac 'decem preter quinque sunt quinque' tot excipiuntur quot supponuntur, quia cum extrahantur quinque, remanent quinque. Et ita supponuntur quinque et excipiuntur quinque. Quare ipsa est impossibilis.

Solutio

62 [V106ʳ] Solutio. Ad primum dicitur quod prima est multiplex ex eo quod hec dictio 'preter' potest teneri exceptive vel diminutive. Ad cuius intelligentiam notandum est quod totum aliquando subicitur pro se toto, aliquando autem subicitur pro parte aliqua, et non pro toto. Et quia omne quod contingit intelligere contingit significare, circa totum contingit significare quod aliquotiens subicitur pro toto secundum se, aliquando pro parte, ita quod non remaneat in sua totalitate. Sed sic significare totum subici pro parte ita quod non remaneat in sua totalitate, est totum diminuere a ratione ipsius. Significando igitur per hanc dictionem 'preter' totum subici pro parte, et non pro toto, ita etiam quod in sua totalitate non remaneat, est teneri hanc dictionem 'preter' diminutive. Et secundum hoc hec est vera 'decem preter quinque sunt quinque'. Significat enim quod hoc quod est 'decem' subicitur pro parte, et non pro toto, nec remanet in sua totalitate pro existente. Et tunc debet sequi 'ergo decem non sunt quinque', ut ab eo removeatur predicatus cui denotatur non convenire in prima.

63 Aliquando autem subicitur totum pro parte **[V106ᵛ]** aliqua

---

1 utrumque] uterque *RP*   1 alterum] utrumque *VR*   2 *ad* sunt: vel utrum *Tⁿ*   3 supponuntur] ergo est falsa *add. P*   3 quia cum] quoniam *P*   3 extrahantur] excipiuntur *P*   4–5 et . . . impossibilis] *om. P*   4 ita] *om. R*   7 dicitur] dicimus *R* dicendum est *P*   10 autem subicitur] autem *R om. R*   12 contingit significare] *om. RP*   13 se] ut decem excedunt novem *add. T* et *add. R*   13 aliquando] aliquotiens *VP*   13 parte] subicitur *add. R*   14 remaneat] remanet *P*   14 sed sic] hoc est *R*   14–15 sed . . . totalitate] *om. P*   15 subici] subicitur *V*   15 est] et *P*   16 significando] significare *R*   16–17 igitur . . . totum] *om. P*   17 pro parte] *om. V*   17 et . . . toto] *om. R*   17 etiam] *om. P*   17 quod] totum *V*   18 non] *om. V*   18 remaneat] remanet *P*   18 est . . . hanc] per *P*   18 preter] hanc dictionem preter *add. P*   19 hec] *om. V*   19 vera] *om. P*   20 sunt quinque] *om. V*   20 est] dico *V*   21 nec] igitur *add. T* decem *add. V* etiam *add. R*   21 sua] *om. TVR*   23 eo] non *add. T* eodem *VR*   23 denotatur non] non denotatur *TR*   23 in prima] in potentia *V om. R*   24 totum] *om. RP*

et pro alia non, tamen remanet in sua totalitate. Et si extrahatur pars illa pro qua non subicitur ab ipso — verbi gratia, si extrahatur Sortes ab hoc quod est 'omnis homo' —, adhuc remanet hoc totum 'omnis homo' in sua totalitate. Unde etsi non sit Sortes, adhuc est hoc totum 'omnis homo'. Igitur [T26ᵛᵃ] significare totum subici in sua totalitate et non pro parte aliqua, est removere predicatum a parte et ponere in toto. Et hoc non est diminuere. Et sic debet sequi 'omnis homo preter Sortem currit; ergo Sortes non currit, et omnis homo alius a Sorte currit'. Sic igitur significando in hac, scilicet 'decem preter quinque sunt quinque' dico quod hec est falsa, et tunc sequitur 'ergo quinque non sunt quinque'. Et sic intelligimus quod hec dictio 'preter' possit aliquando exceptive, aliquando diminutive teneri.

64 Quod tamen queritur [49] propter quid non distinguitur hec 'omnis homo preter Sortem currit', iam in parte visa est solutio quia: Dico quod teneri diminutive est extrahere partem a toto, sive significare circa totum quod pro parte subicitur, ita quod non pro toto, nec remaneat [V107ʳ] in sua totalitate, ut magis proprie loquimur. Sed hoc non contingit in hac 'omnis homo preter Sortem currit'. Non enim contingit significare circa ipsum quod non subicitur pro toto. Aliquando enim subicitur totum pro toto, non tamen subicitur pro parte, ut si sic dicimus 'omnis homo', est totum in quantitate. Item. Si extrahitur Sortes, adhuc remanet in sua totalitate. Unde si non [R287ᵛᵇ] sit Sortes, adhuc est totum

---

1 et pro] *om. R*   1 alia] aliqua *TP* aliquando *R*   1 tamen] cum *T*   1 si] sic *P*   2 pro...subicitur] *om. RP*   2–3 ab...sortes] *om. R*   2 ad ipso: quia predicatum quod convenit toti diminuto removetur ab eo non diminuto nam licet conveniat ei prout subicitur pro parte et ideo est totum diminutum non tamen convenit ei prout subicitur pro se toto et tunc est non dicendum *Tⁱⁿ*   3 sortes ab] ab ipso *V*   3 homo] currit *add. P*   3 adhuc] *om. R*   3–4 adhuc...totalitate] *om. P*   4–5 unde...homo] *om. P*   5 adhuc] remanet sive *add. R*   5 hoc] *om. T*   5 significare] *om. R*   6 aliqua] alia *V*   7 parte] subiecto *V*   7 non est diminuere] teneri diminutive *P*   8 sequi] *om. V*   8 sortem] non *add. R*   9 sortes] *om. V*   9 homo] *om. V*   10 scilicet] *om. TRP*   10 preter...quinque] etc. *R*   11 tunc] non *add. P*   11 quinque] decem *TV*   12 ad quinque: quia predicatum removetur ab excepto *Tⁱⁿ*   12 intelligimus] est intelligendum *P*   14 ad quod: solutio questionis *Tⁱⁿ*   15 est] patet *R*   17 subicitur] subici *R*   18 pro] *om. R*   18 remaneat] remanet totum *P*   18 magis] *om. V*   20 contingit] est *P*   21 non] *om. T*   21–22 subicitur...tamen] *om. T*   21 sorte] est significare quod non subicitur pro toto *add. R* sed significare quod non subicitur pro toto *add. P*   21 enim] *om. R*   21 totum] *om. VR*   21 toto] quod *add. P*   22 parte] sorte *TV*   23 item] vel *V* et *R*   23 extrahitur] extrahatur *P*   23 sortes] *om. R*   24 est] remanet *P* hoc *add. R*

[P132ra] 'omnis homo'. Et propter hoc non est significare circa ipsum sic quod teneatur diminutive sicut circa totum numerale, quoniam si non sunt quinque, iam non sunt decem. Et propter hoc non distinguitur hec 'omnis homo preter Sortem currit' sicut hec 'decem preter quinque sunt quinque'.

Respondetur ad rationes in oppositum factas

65 Ad primum [44] igitur obiectum dicendum quod hec dictio 'preter' semper retorquet suum casuale ad actum, removendo actum ab ipso, sicut dictum fuit in opponendo. Sed dico quod eius casuale est totum ipsius supra quod denotat diminutionem. Unde in ipso sumitur et circa ipsum denotat quod non subiciatur pro totalitate, sed pro parte. Et quia **[V107ᵛ]** significat quod non recipiat predicatum pro se sed pro parte, debet predicatum removere a toto, et non a parte. Et propter hoc debet sequi 'decem preter quinque sunt quinque; ergo decem non sunt quinque,' et non sic 'ergo quinque non sunt quinque'. Et ita casuale ipsius non est pars, immo totum.

66 Ad aliud [45] dicendum est quod hec dictio 'preter' extrahit partem a toto. Sed hoc contingit dupliciter. **[T26ᵛᵇ]** Contingit enim extrahere partem a toto, removendo predicatum ab ipso quod toti convenit, et iterum contingit extrahere ponendo predicatum in ipso ita quod toti non conveniet. Sed tunc cum est in parte, non finitur eius virtus nisi in toto. Primo modo est extrahere partem a toto, removendo predicatum ab ipso, alio autem modo non. Et propter hoc hec dictio 'preter' non semper removet predicatum a parte, sed aliquando a toto. Et quod obicitur quod non est extrahere partem a toto simpliciter, dicendum est quod

---

2 teneatur diminutive] possit teneri exceptive vel diminutive *P*   3 iam] *om. P*   3 iam non sunt] *om. R*   4 hec] *om. TVR*   5 preter...quinque] etc. *R*   7 obiectum] *om. R*   8 semper] *om. R*   8 suum] *om. P*   10 eius] ipsius *V* ipsum *P*   10 est...ipsius] est ipsum totum *VP* totum est illud *R*   10–11 diminutionem...denotat] *om. R*   11 sumitur] finitur *P*   12 totalitate] sua *add. P*   12 et] sed *VR*   13 predicatum] *om. T*   14–15 decem...sunt quinque] *om. TVR*   19 sed hoc] sed *V* hoc *R*   20 extrahere] removere *P*   20 ab] in *V* de *R*   21 extrahere] removere a toto *P*   22–24 ita...ipso] *om. R*   23 nisi] *om. P*   24 autem] *om. TP*   25 removet] tenet*(!) R*   26 aliquando] removet *add. RP*   26 quod] illud quod *P*   27 est] *om. VP*   27 extrahere] extrahit *P*   27 dicendum est] dicendum *R om. V*

hoc est verum. Et sic extrahere partem a toto non est ipsam separare a toto, sed dissimiliter comparare totum et partem ad predicatum. Et hoc semper denotat in qualibet propositione, quocumlibet modo teneatur.

67 Ad aliud [46] **[V108ʳ]** dicendum est quod non est idem teneri exceptive et diminutive, immo aliud et aliud, sicut visum est. Et quod obicitur quod excipere partem a toto est totum diminuere, dicendum quod hoc est falsum. Non enim quelibet pars interempta totum diminuit, sed solum illa pars sine qua non potest esse. Sic autem non se habet Sortes ad hoc quod est 'omnis homo'. Et propter hoc est sic distinguere quod aliquando teneatur exceptive, aliquando diminutive.

68 Ad aliud dicendum [48] quod hec dictio 'preter' non primo significat exceptionem, nec primo diminutionem, quia sic semper teneretur exceptive, vel semper diminutive, sicut visum est. Sed dicendum quod hec dictio 'preter' dissimiliter nominat totum et partem comparari ad predicatum. Et hoc semper agit. Sed hoc aliquando contingit removendo predicatum a parte et ponendo in toto, et hoc est teneri exceptive, aliquando removendo predicatum a toto et ponendo in parte, et hoc est teneri diminutive. Et propter hoc sua significatio prima bipartitur: aliquando tenetur exceptive, aliquando diminutive. Et sic patet quid significat primo hec dictio 'preter'.

69 Ad aliud [47] patet solutio per hoc idem quia dico quod hec dictio 'preter' semper unum significat, videlicet totum et **[V108ᵛ]** partem dissimiliter comparari ad predicatum, et semper naturaliter ad unam significationem inclinatur.

---

1 hoc] *om. R*   2 separare] separari *TV*   2 sed] *om. R*   2 totum] a *add. T*   2 ad] et *R*   3 predicatum] disparatum *P*   3 propositione] oratione *VRP*   6 et] vel *V*   7 quod] tunc *add. P*   7 excipere] accipere*(!) V*   7 totum] *om. TR*   8 hoc] *om. V*   9 interempta totum] interempteratorum*(!) V*   9 pars] *om. TV*   10 autem] *om. VRP*   10 habet] habeat *R*   10 ad] et *R*   10 quod est] quod dico *R* totum *P*   11 propter hoc] illud *R*   11 hoc] non *add. P*   11 est distinguere] diminuere*(!) R*   11 aliquando teneatur] possit teneri *P*   12 aliquando] vel *P*   14 primo] *om. P*   15 semper] *om. V*   15 est] fuit in opponendo *P*   16 hec dictio] hoc totum *R*   16 preter] *om. P*   16 nominat] primo significat V significat *P om. R*   17 hoc] *om. R*   17 agit] facit *T*   18 contingit] *om. T*   20 a] parte et ponendo in toto et hoc est teneri exceptive aliquando removendo predicatum a *add. P*   21 prima] *om. V*   21 bipartatur] et *add. VR* et ideo *add. P*   21 tenetur] dicitur teneri *P*   24–25 ad... preter] *om. V*   24 dico quod] *om. RP*   27 unam] illam *V om. P*

70 Sed tunc videtur quod eodem [T27**ra**] modo omnis dictio significat unum tantum. Et ita nulla dictio est equivoca. Sed hoc est contra Aristotilem. Et ad hoc dicendum est, sicut michi videtur, quod omnis dictio quantum est de sua prima impositione vocis et de sua prima significatione unum significat. Et adhuc sunt rationes difficiles de quibus fortis alias inquiretur. Sed per similitudinem in rebus et propter defectum nominum imposita est una vox convenienter ad plura significandum. Et sic videtur procedere ratio Aristotilis cum dicit quod cum nomina sint finita, [P132**rb**] res vero infinite, oportuit unum nomen plura significare. Unde iam supponit sua ratio nomina et voces esse, et est sua ratio a posteriori. Et quia de hoc non intendimus, ad presens hec sufficiant.

71 Ad aliud [49] dicendum est quod dictiones exclusive tenentur semper exclusive. Significant enim privationem concomitantie. Et hoc est teneri exceptive. Sed hec dictio 'preter' non significat primo exceptionem, sicut visum est. Et propter hoc [V109**r**] non semper tenetur exceptive, nec semper diminutive, sed aliquando exceptive, aliquando diminutive. Propter quid autem non distinguitur hec 'omnis preter Sortem currit', visum est. Et hec de primo sufficiant.

72 Ad aliud secundo quesitum [52–61] dicendum est quod prima est vera secundum quod hec dictio 'preter' tenetur diminu-

---

3 Cf. *Categ.* 1, 1a1–7.   9 *Soph. El.* 1, 165a10–13.

---

1 sed ... videtur] sed quod dicitur *V* secundum quod dicitur *R* sed quod obicitur *P*   1 dictio] homo*(!) R*   2 tantum] *om. VR*   2 ita] *om. R*   2 est] *om. R*   3 et ad hoc] propter hoc *R om. VP*   3 est] quod *TV* est igitur *P*   4 sua] *om. TV*   4 impositione] positione *T*   5 vocis] nominis *R*   5 et ... prima] ipsa *T*   5 sua] *om. VR*   5 unum] *om. R*   6 rationes] responsiones *R*   7 similitudinem] dissimilitudinem *V*   7 in rebus] et multitudinem rerum *P om. R*   7 et propter] et *V om. R*   8 una] *om. TVR*   8 convenienter] *om. P*   8 convenienter ad plura] ad plura convenienter *T*   8 sic] *om. R*   9 ratio aristotilis] aristotiles *P*   9 cum dicit] dicit enim *VRP*   9 cum] *om. TR*   9 sint] sunt *TR*   10 infinite] infinita *V* propter hoc *add. R*   10 oportuit] oportet *RP*   11 iam] *om. V*   11 iam ... est] *om. R*   11 supponit] supposuit *P*   11 esse] res *add. P*   12 de hoc] ad hoc *R om. T* hoc *P*   12 hec] *om. TVP*   13 sufficiant] sufficiat *TVP*   15 significant enim] et significant *R* et hoc significant quia *P*   15 privationem] cum *add. T*   16 sed] et *T*   17 primo] *om. VRP*   17 exceptionem] *om. R*   17 sicut] iam *add. VR*   18 nec semper] vel *P* tenetur *add. R*   18 aliquando] tenetur *add. VR*   19 exceptive] sic et *P*   19 diminutive] non *P*   19 autem] *om. RP*   20 omnis homo] *om. TRP*   20 sortem] *coni.* sortes *TRP om. V*   20 currit] sicut *add. R*   20 et hec] *om. P*   20 de] *om. R*   21 sufficiant] sufficiunt *T*   22 ad aliud] *om. V*   22 secundo] *om. T*   22 quesitum] positum *R* consequenter *add. T*   22–23 dicendum ... prima] *bis in R*   23 hec dictio] dictio *V om. P*

tive, et non secundum quod tenetur exceptive. Tunc enim denotat ut resummando maiorem numerum aut diminuendo pro parte pro qua excedit maior minorem et maior minori adequatur, quod ostensum est in geometricis demonstrationibus. Et rationes ad hoc adductas concedimus, quia verum ostendunt quodammodo.

73 Ad rationes [56–61] in contrarium dicendum est quod in hac 'decem preter quinque sunt quinque' secundum quod hic ponitur veritas, non removet partem pro qua est veritas. Non enim removet quinque, immo denotat predicatum removeri a toto cui non convenit, secundum quod tenetur diminutive, sicut **[V109ᵛ]** ostensum est. Unde si removet partem, bene concederem quod falsa esset, quia removet partem illam pro qua est veritas. Et sic ratio illa [56] procedit ac si hec dictio 'preter' teneretur exceptive. Et sic concedo quod falsa est.

74 Ad aliud [57] dicendum quod semper **[T27ʳᵇ]** falsa est hec 'decem sunt quinque' et hec 'quinque sunt decem'. Et quod obicitur quod hec est vera 'bis quinque sunt decem', dicendum quod verum est. Sed ulterius non valet 'ergo quinque sunt decem'. Immo peccat secundum fallaciam accidentis. Cum enim sic dicimus 'bis quinque sunt decem', hoc predicatum 'decem' convenit huic quod est 'quinque' gratia collectionis et unionis que est in hoc quod est 'bis', infert autem in conclusione ac si conveniret ei secundum se. Et propter hoc peccat secundum fallaciam accidentis. Et est simile argumentum 'omnis homo est totum in quantitate; ergo homo est totum in quantitate'. Si dicatur quod

---

1 et...exceptive] *om. VRP*   1 denotat] denotatur *TV*   2 resummando] *coni.* reserando *(!) TRP* resumendo *V*   2 aut diminuendo] diminuitur *P*   2 pro] *om. P*   3 maior] maiorem *VR om. P*   3 minorem et maior] *om. TVR*   3 adequatur] adequari *VR*   4 geometricis] geometria *TV*   4 demonstrationibus] demonstratione *T*   5 quia...quodammodo] *om. P*   5 verum ostendunt] utrumque ostenditur *R*   5 quodammodo] quo modo *V* quocumque modo *R*   6 contrarium] quod *add. V*   7 preter...quinque] preter quinque *V* etc. *R*   7 quod] *om. T*   7–8 hic ponitur] verum ostendit *P*   8 veritas] *om. V*   8 partem pro qua] illud pro quo *R*   9 denotat] removet *V*   10 quod] hic ponitur veritas non removet predicatum pro qua est veritas non enim removet quinque immo denotat predicatum removeri a toto cui non convenit secundum quod *add. V*   11–12 si...sic] *om. R*   11 removet] removeat *P*   12 esset] *om. P*   12 removet] removeret *P*   12 illam] alteram *T*   13 ratio illa] ratio *V om. P*   14 quod] semper *add. RP*   14 est] sit *R*   15 semper] *om. VRP*   16 hec] *om. TP*   17 obicitur] dicitur *T*   17–18 dicendum...decem] *om. V*   18 quod] hoc *add. RP*   19–20 immo...decem] *om. V*   19 enim] *om. TR*   20 convenit] *om. R*   21 est] dico *R*   21 collectionis] collationis *P*   21 unionis] distinctionis *V*   21 que...hoc] huius *P*   22 aut in conclusione] *om. P*   22 ei] eis *TR*   23 et propter] secundum *P*   23–24 fallaciam accidentis] accidens *P*   24 et] hoc *add. V*

bene sequitur 'duo homines currunt; ergo homines currunt', dicendum est quod hoc est quia pro eodem sumitur terminus in maiori et in conclusione, quod non convenit ex hac parte.

75 Ad aliud [58] dicendum est quod, retento hoc quod est 'decem' in sua totalitate: si addantur quinque, fiunt quindecim; et similiter, hiis remotis: sumendo hoc modo **[V110ʳ]** quod non diminuitur, remanent decem. Sed non sic habet intelligi in hac 'decem preter quinque sunt quinque'. Cum enim dictio exceptiva exigat totum in parte, denotat quod hoc quod est **[R288ʳᵃ]** quinque referatur ad decem sicut pars diminuta de ipso. Et propter hoc non oportet quod decem remaneant.

76 Ad aliud [59] dicendum est quod hec 'decem preter quinque sunt quinque' non equipollet isti 'decem exceptis quinque sunt quinque' nisi secundum quod hec dictio 'preter' teneatur exceptive. Sed hoc modo prima falsa est. Et sic non est mirum si hec sit falsa 'decem, exceptis quinque, sunt quinque'.

77 Ad aliud [60] dicendum est quod dictio exceptiva non exigit de necessitate totum distributum, sed solum exigit ut habeat suas partes actu. Cuius signum est quod convenienter dicitur 'domus preter parietem est alba'. Similiter cum hoc quod est decem habeat suas partes actu, poterit ab ipso fieri exceptio, et **[V110ᵛ]** si non, sit totum distributum. Unde dico quod non est totum distributum. Quod tamen obicitur quod, si habeat partes actu, inconveniens

---

1 ergo ... currunt] *om. V*   2 quod hoc est] quod est *V*   2 sumitur terminus] subicitur *TP* subicitur currens(!) *R*   4 retento] remanente *VP* si remanet *R*   5 addantur] addatur *V*   6 similiter] in *add. R*   6 remotis] remoti(!) *V*   6 quod] et *P*   6 non] *om. V*   7 diminuitur] diminutivo *P*   7 sic] se *add. R*   8 preter ... quinque] etc. *R*   9 exigat] exigit *T* excipiat *R*   9 totum in parte] partem et totum *TVR*   9 quod] *om. R*   10 referatur] referri *R*   10 de ipso] *om. P*   13 equipollet] equipollent *T*   13 exceptis] remotis *P*   14 teneatur] tenetur *VR*   15 sed hoc modo] et secundum hoc *P*   15–16 et ... sunt quinque] quoniam tot excipiuntur quot supponuntur *P*   16 falsa] similiter *add. R*   16 quinque] ad aliud dicendum quod procedit illa obiectio secundum quod hec dictio preter teneatur exceptive et secundum hec est falsa quoniam tot excipiuntur quot supponuntur *add. T* ad aliud dicendum quod procedit illa obiectio secundum quod hec dictio preter teneatur exceptive et hoc est falsa tot excipiuntur quot supponuntur *add. R*   17 exigit] semper *add. P*   18 distributum] disiunctum *P*   19 actu] *om. R*   19–21 cuius ... actu] *om. P*   20 est] dico *TV*   22 distributum] disiunctum *V* sed solum exigit ut habeat suas partes actu cuius signum est quod convenienter dicitur domus preter parietem est alba similiter cum hoc quod est decem habeat suas partes actu poterit ab ipso fieri exceptio et si non sit totum distributum *add. V*   22 unde ... distributum] *om. T*   23 habeat] suas *add. R*   23 actu] unde *add. P*

III DE DICTIONIBUS EXCEPTIVIS 77 – 80

est addere distributionem, dico quod hoc esset verum si pro **[T27ᵛᵃ]** illis partibus esset distributio quas habet actu. Sed non sic est. Fit enim distributio pro partibus subiectis ipsius. Sed cum sic dicimus 'quilibet decem', habet actu partes integrales ipsius.

78 Ad aliud [61] dicendum quod ultima ratio procedit secundum quod hec dictio 'preter' tenetur exceptive, **[P132ᵛᵃ]** cum dicitur tot excipiuntur quot supponuntur. Et sic dico quod ipsa est falsa.

Quomodo fit exceptio respectu huius predicati 'excipere'

79 Deinde queritur super hoc quod dicitur quod hec dictio 'preter' non excipit simpliciter respectu huius actus 'excipere'. Et secundum hoc solvitur hoc sophisma OMNIS HOMO PRETER SORTEM EXCIPITUR. Et dicitur quod non valet improbatio, immo peccat secundum quid et simpliciter. Unde non sequitur **[V111ʳ]** 'omnis homo preter Sortem excipitur; ergo Sortes excipitur'. Et propter hoc queritur primo utrum predicta oratio ponat Sortem excipi simpliciter. Secundo queritur utrum respectu huius predicati 'excipere' possit fieri exceptio simpliciter, quia dicitur quod non.

Utrum in hac propositione 'omnis homo preter Sortem excipitur' Sortes excipitur simpliciter

De rationibus quod sic

80 Ad primum sic proceditur. Agens per intentionem operatur quod intendit, aut non recte operatur. Ut si aliquis intendat facere

---

1 addere] adducere *R*   1 dico] dicendum *P*   1 esset] est *P*   2 esset distributio] fieret *RP*   2–3 sed...ipsius] *om. V*   3 sic est] licet *P*   3 sed] *om. RP*   3–4 sed...ipsius] *om. V*   4 decem] preter quinque etc. *add. T*   7 dicitur] *om. R*   7 ipsa] prima *RP*   10 deinde] postea *P*   10 dicitur quod] *om. R*   11 preter] *om. P*   11 respectu...excipere] *bis in R*   11 excipere] excipit *P*   12 secundum hoc] secundo *T*   12 hoc] ad *T*   15 preter...excipitur] etc. *V*   15 excipitur] *om. TVR* exigitur *P*   15 excipitur] *om. T*   16 primo utrum] primo *R* utrum *P*   16 oratio] *om. P*   17 secundo] secundum *T*   17 predicati] actus *P*   18 possit] potest *T*   18 quia] et *T*   18 dicitur] obicitur *P*   22–23 ad...intendit] *rasura in V*   23–p. 246,1 ut...operatur] *om. P*

bonum et non facit, non recte operatur. Similiter aliquid intendens agere per aliud operatur quod intendit per illud, aut non recte operatur. Sed proferens hanc orationem 'omnis homo preter Sortem excipitur', intendit excipere aliquid per dictionem exceptivam. Quare aut excipit, aut non recte operatur. Sed non est ponere quod non recte operatur proferens hanc orationem. Quare oportet ut aliquid excipiatur. <Sed> nonnisi Sortes. Quare Sortes excipitur. Et sic sequitur 'omnis homo *etc.*; ergo Sortes excipitur'.

81 Item. Omnis dictio significans rem suam ut modus denominans propositionem, semper ponit illud quod significat simpliciter circa illud quod disponit. Verbi gratia, in omni propositione affirmativa simpliciter **[T27ᵛᵇ] [V111ᵛ]** aliquid affirmatur; similiter in propositione negativa simpliciter aliquid negatur; similiter in omni propositione universali aliquid distribuitur, et sic de aliis. Ergo similiter in omni propositione exceptiva aliquid simpliciter excipitur. Sed hec 'omnis homo preter Sortem' est exceptiva simpliciter, cum ibi sint omnia hec que ad exceptionem exiguntur. Ergo in ipsa aliquid simpliciter excipitur. <Sed> nonnisi Sortes. Ergo Sortes excipitur. Et ita sequitur 'omnis homo *etc.*; ergo Sortes excipitur'.

82 Item. Omne agens imprimit formam aliquam supra illud in quod agit. Sed hec dictio 'preter' est agens supra Sortem, cum sic dicimus 'omnis homo preter Sortem excipitur'. Ergo aliquid imprimit supra ipsum. <Sed> nonnisi exceptionem. Ergo ponit exceptionem circa ipsum simpliciter. Sed tunc simpliciter excipitur. Quare sequitur 'omnis homo *etc.*; ergo Sortes excipitur'.

83 Item. Omne accidens simpliciter denominat illud in quo est sicut in subiecto. Ut si albedo est in pariete, possum dicere quoniam paries est albus. Sed cum sic dicimus 'omnis homo preter Sortem excipitur', significatur esse exceptio in Sorte sicut in subiecto per

---

1–2 aliquid...agere] intendens agere *TVR*   2 aliud] aliquid *VR*   4 excipere aliquid] ad aliquid excipere *P*   5 quare aut] quia *P*   5 recte] *om. P*   6 quare] non *add. P*   7 excipiatur] excipiat *P*   8 sequitur] excipitur *T*   8 etc.] preter sortem exigitur(!) *P*   8 excipitur] exigitur(!) *P*   9 denominans] denotat *R*   9–10 denominans...quod] *om. T*   10 simpliciter] similiter *V*   11 circa...disponit] *om. R*   12 simpliciter] semper *P*   13 similiter] et *VP*   14 distribuitur] distinguitur *V*   15 ergo] *om. R*   16 sed hec] sed *V* secundum hoc ergo *R*   17 sint...hec] ea *V*   18–19 nonnisi...excipitur] *om. R*   19 etc.] preter sortem exigitur(!) *P*   23 dicimus] *om. V*   23 excipitur] exigitur *P*   25 circa] *om. P*   27 accidens] agens *TRP*   27 simpliciter] *bis in T*   28 quoniam] *om. P*   29 homo] *om. P*   29–30 preter...excipitur] etc. *R*   30 sicut] tamquam *VRP*   30 subiecto] nonnisi *add. R*

hanc dictionem 'preter', cum non sit reperire aliud in quo sit. **[V112ʳ]** Quare denotabit Sortem simpliciter excipi. Ergo Sortes excipitur. Et ita tenebit hec argumentatio 'omnis homo preter Sortem excipitur; ergo Sortes excipitur'.

De rationibus in contrarium faciendis

84 Si dicatur hoc, rationes sunt in contrarium. Triplex est agens: agens abiciens tantum, agens imprimens tantum, agens abiciens et imprimens. Et dicitur agens abiciens qui nichil imprimit in subiecto, sed solum removet, ut dolens; agens imprimens dicitur qui formam imprimit in subiecto, sicut pictor, vel aliquid huiusmodi; agens abiciens et imprimens dicitur qui imprimit aliquid in subiecto et aliquid removet ab eodem, ut ignis cum agit in aera, formam aeris removet et formam ignis imprimit. Et ex hoc accipitur ista propositio 'nullum agens abiciens tantum **[T28ʳᵃ]** imprimit formam in subiecto vel aliquid in subiecto'. Et de hac actione intendit auctor *Sex principiorum*, qui dicit quod non omnis actio querit quid agat, sed in quid. Ergo cum hec dictio 'preter' sit agens abiciens tantum, removet **[R288ʳᵇ]** enim predicatum ab excepto nichil imprimens in subiecto, igitur non ponet exceptionem in Sorte. Quare hec oratio 'omnis homo preter **[V112ᵛ]** Sortem excipitur', magis ponit Sortem non excipi quam excipi.

85 Item. Id quod significat ut afficiens tantum, non ponit rem suam simpliciter in aliquo. Verbi gratia, cum indicatio sit in hoc **[P132ᵛᵇ]** verbo 'currit' sicut afficiens, non ponit rem suam simpliciter circa illud nomen. Non enim sequitur 'currit; ergo indicatio

---

16 *Liber Sex principiorum*, cap. 21, p. 39¹⁷. (*Arist. lat.* I 6–7)

---

1 aliud] illud *V*   2 quare ... excipi] sequitur *R*   2 excipi] sequitur *V*   2 sortes] *om. P*   3–4 preter ... excipitur] etc. *RP*   4 excipitur] etc. *V*   6 si] sed si *V*   6 rationes ... contrarium] contra *R*   6 triplex] tripliciter *T* enim *add. P*   8 qui] quod *P*   9 removet] remanet *VP*   9 dolens] dola *T*   10 qui] quoniam *P*   10 vel] et *P*   10 aliquid] *om. R*   11 qui] illud quod *P*   12 aliquid] *om. R*   12 cum] qui *R*   13 et] *om. P*   13–14 accipitur ... propositio] accipio talem propositionem *P*   14 agens] *om. V*   15 actione] ratione *TV*   16 qui] cum *VR*   17 quid] aliquid *R*   17 quid] agit *add. P*   17 hec dictio] hoc quod dico *P*   19 nichil imprimens] *coni.* vel imprimens *TV* et non imprimit *R* et nichil imprimet *P*   20 sorte] forma *TVR*   20–21 preter ... excipitur] etc. *R*   22 significat] signifcatur *TVR* rem suam *add. P*   22 afficiens] abiciens *T*   22 tantum] *om. R*   24 afficiens] abiciens *T*   25 illud nomen] unum *R* illud *P*   25 non enim] unde non *V* ut *R*   25 currit] *om. R*

est', immo est ibi peccatum secundum quid ct simpliciter. Ergo cum hec dictio 'preter' significet rem suam sicut afficiens circa hoc quod dico 'Sortem', non ponit rem suam circa ipsum simpliciter. Et ita non ponetur exceptio simpliciter in Sorte, sed secundum quid. Si igitur inferatur 'omnis homo *etc.*; ergo Sortes excipitur', tunc fit peccatum secundum quid et simpliciter.

Utrum respectu huius predicati 'excipere'
potest fieri exceptio simpliciter

De rationibus quod sic

86 Circa secundum sic proced150itur. Hec dictio 'preter' nata est facere instantiam contra suum totum. Cuius signum est quod habet excipere partem illam qua ponit instantiam contra suum totum. Quare respectu cuius potest fieri instantia et contradictio, respectu eiusdem potest fieri exceptio. Ergo si respectu huius predicati 'excipi' potest simpliciter fieri instantia et contradictio — convenienter enim contradicunt iste 'omnis homo excipitur', 'non omnis homo excipitur' —, **[V113ʳ]** et respectu ipsius simpliciter potest fieri exceptio. Quare respectu huius predicati 'excipitur' potest Sortem simpliciter excipi.

87 Item. Materia non diversificat instrumentum secundum speciem, nec facit ipsum agere secundum quid. Ut patet in artibus, scilicet cum securis secet ligna sive secet lapides, semper agit simpliciter quantum est de se, et est dicere quoniam secet. Ergo cum hec dictio 'preter' **[T28ʳᵇ]** sit instrumentum excipiendi, non diversificatur respectu huius predicati 'excipi', nec aget secundum quid, immo simpliciter. Quare cum sic dicimus 'omnis homo *etc.*',

---

1 est ibi peccatum] peccat *R* peccat ibi *P*   2 sicut afficiens] ut abiciens *T*   3 dico] est *P*   4 ponetur] ponitur *VR* est ponere *P*   4 exceptio] exceptionem *P*   11 contra] circa *TP*   12 excipere] *om. T*   12 illa] ex parte *add. T*   13 instantia] simpliciter *add. R*   14–15 respectu . . . contradictio] *om. R*   15 simpliciter] similiter *V*   16 enim] autem *R*   16 iste] ille due *P*   17 et] *om. R*   17–18 simpliciter potest] similiter poterit *V*   20 instrumentum] excipiendi *add. V*   21 facit] licet *P*   21 agere] agens *V*   21 quid] aliquid *P*   22 scilicet cum] dicet si *V* si *RP*   22 sive] *coni.* cum *codd.*   22 sive] *coni.* si *codd.*   23 secet] secat *VP*   24 hec dictio] hoc quod dico *R*   24 excipicendi] ad excipiendum *P*   25 predicati] verbi *R*   25 excipi] excipitur *R*   25 aget] agit *RP*   26 quare] quia *T*

poterit fieri exceptio simpliciter respectu huius predicati 'excipi'.

88 Item. Oratio exclusiva et universalis negativa exceptiva convertuntur. Unde bene sequitur 'tantum Sortes currit; ergo nullus homo preter Sortem currit'. Similiter sequitur 'tantum Sortes excipitur; ergo nullus homo preter Sortem excipitur'. Ex hoc fiat tale argumentum: Respectu eiusdem actus potest fieri exclusio et exceptio. Sed respectu huius predicati 'excipi' potest fieri exclusio, cum sic dicitur 'tantum Sortes excipitur'. Quare et exceptio. Et ita respectu huius verbi 'excipitur' poterit fieri simpliciter exceptio.

89 Item. Nullum ens eiusdem **[V113ᵛ]** nature cum aliquo diminuit ipsum, quia omne quod diminuit alterum habet oppositam naturam cum eo quod diminuit. Ergo cum hoc verbum 'excipi' sit eiusdem nature cum hac dictione 'preter', quoniam utrumque significat exceptionem, etsi altero modo, quare ipsum non diminuit. Et ita poterit fieri exceptio respectu huius predicati 'excipi'.

De rationibus in contrarium

90 Sed contra. Sicut se habet negatio ut modus ad negationem ut res, ita se habet exceptio ut modus ad exceptionem ut res. Ergo cum negatio ut modus respectu negationis ut res non sit negatio simpliciter sed secundum quid, ut cum dicimus 'non nego Sortem currere', manifestum est quod exceptio ut modus respectu exceptionis ut res non est exceptio simpliciter, sed secundum quid. Et ita cum dicimus 'omnis homo preter Sortem excipitur', non fit exceptio simpliciter respectu huius verbi 'excipitur'.

91 Item. Motus non est motus simpliciter sed secundum quid. Unde generationis non est generatio simpliciter, sed secundum

---

1 poterit] potest *R*   1 predicati] verbi *R*   1 excipi] excipitur *V*   4–5 similiter... sortem excipitur] *om. P*   7 sed] ergo cum *VP*   7 sed...exclusio] *om. R*   7 huius] *om. P*   7 potest] possit *VP*   8 cum] ut cum *VR*   8 exceptio] poterit fieri respectu ipsius *add. P*   8–9 et...exceptio] *om. P*   9 excipitur] excipit *R*   9 poterit] potest *R*   10 nullum] nichil *P*   11 quod diminuit] quod diminuitur *R* diminuens *P*   11 alterum] ab aliquo *R*   12 naturam] rationem *TVR*   12 diminuit] diminuitur *RP*   12 verbum] quod dico *T*   12 excipi] excipitur *V* excipere *P*   14 etsi altero] etsi aliquo *T* et non altero *V*   15 ita poterit] potest *P*   15 predicati excipi] verbi excipitur *V*   17 sed] *om. TV*   17 sed contra] item *R*   18 se habet] *om. TVR*   20 negatio] *om. P*   20–21 nego sortem] neg *rasura in T*   22 ut res] *om. R*   22 est] erit *P*   22 exceptio] respectu exceptionis non est exceptio *add. R*   24 excipitur] excipit *R* sed secundum quid *add. P*   25 item *ad finem 93*] *om. R*

quid, nec corruptionis corruptio. Ergo similiter non est exceptionis exceptio simpliciter, sed secundum quid. Quare cum sic dicimus 'omnis homo preter Sortem excipitur', non fit exceptio simpliciter, **[V114ʳ]** sed secundum quid respectu huius predicati **[T28ᵛᵃ]** 'excipitur'.

De veritate et falsitate huius propositionis 'omnis homo preter Sortem excipitur'

92 Tertio potest queri aliquantulum de veritate et falsitate ipsius. Quod sit falsa videtur. Omnis oratio implicans in se duo contradictorie opposita pro eodem tempore est impossibilis. Sed hec est talis 'omnis homo preter Sortem excipitur'. Implicat enim Sortem excipi virtute exceptionis sive virtute dictionis 'excipere'.

93 Item. Ponit Sortem non excipi, cum dictio exceptiva predicatum ab excepto removeat. Et ita ponit Sortem excipi et Sortem non excipi. Et ita implicat in se duo contradictorie opposita. Quare ipsa est impossibilis.

94* Item. Omnis oratio denotans aliquid inesse alicui vel removeri ab aliquo cum aliqua determinatione oppositum denotante est impossibilis. Sed in hac 'omnis homo preter Sortem excipitur denotatur a Sorte removeri exceptio hac determinatione 'preter' oppositum denotante. Denotatur enim per hanc dictionem 'preter' quod excipitur. Quare ipsa est impossibilis.

* c. 94 deest a R

95 Sed contra. Omnis oratio exceptiva in qua predicatum convenit omnibus aliis ab **[P133ʳᵃ]** excepto et ab excepto removetur, vera est simpliciter. Sed **[V114ᵛ]** hec 'omnis homo *etc.*' est talis. Removetur enim predicatum ab excepto, et convenit aliis. Quod patet per positionem. Quare ipsa est vera et possibilis.

---

1 nec...corruptio] *om. P*   1 est] erit *P*   3 exceptio] *om. V*   4 sed...quid] *om. VP*   8 tertio] item *RP*   8 potest queri] queritur *P*   8 aliquantulum] aliquid *V om. RP*   9 falsa] vera *R*   9 videtur] sic *add. VR*   9 oratio] homo(!) *V*   9 contradictorie] *om. P*   10 pro] in *P*   11 enim] in se *add. P*   12 exceptionis...virtute] *om. P*   12 virtute] *om. R*   12 excipere] exceptive *V*   13 item] non *add. P*   14 sortem] *om. TP*   17 removeri] removens *T* removere *P*   18 aliqua] *om. T*   19 excipitur] *om. T*   21 denotatur enim] quia denotatur *P*   21 preter] *om. T*   24 sed] *om. V*   24 oratio exceptiva] exceptio *R* exceptiva *P*   24 predicatum] predicatus *V*   26 etc.] currit *add. T*   27 enim] *om. T*   27 convenit aliis] convenit ab aliis *R*   28 positionem] probationem *P*   28 est] erit *P*   28 vera] falsa *R*   28 possibilis] sed *add. R* solutio *add. P*

Solutio

96 Ad hoc dicimus quod ad hoc quod oratio sit vera exigitur quod compositio predicati ad subiectum <sit> vera, et exigitur quod actus conceptus non habeat oppositionem cum actu exercito orationis. Et si illa duo concurrant, tunc est oratio possibilis. Ut hec 'homo est animal' habet compositionem veram predicati ad subiectum, et per actum exercitum non ponitur oppositum, nec habet actus exercitus oppositionem cum actu concepto. Sed hec 'nullus homo loquitur' potest habere veritatem quantum est de compositione unius ad alterum. Verumtamen, quia actus exercitus actus habet oppositionem cum actu concepto si proferatur, est impossibilis. Unde in probatione hec est impossibilis 'nullus homo loquitur'. Et hoc est quia de actu exercito ponit aliquem loqui.

97 Similiter dicendum est quod **[T28ᵛᵇ]** hec oratio 'omnis homo preter Sortem excipitur' quantum est de se est possibilis, cum habeat ea que requiruntur ad veritatem exceptive, sicut patet per **[V115ʳ]** positionem. Verumtamen, quia ex actu proferendi exercetur exceptio circa ipsum Sortem, ponitur per exercitium Sortem excipi. Et ita virtute orationis et exceptionis ponitur Sortem non excipi, et per actum exercitum **[R288ᵛᵃ]** Sortem excipi. Et ita ponitur Sortem excipi et non excipi. Et ita sunt duo contradictorie opposita. Et propter hoc illa oratio prolata est impossibilis, cum ponat duo contradictorie opposita esse vera, non prolata vero est possibilis. Et est simile in hac 'nullus homo loquitur'. Dicendum est igitur quod hec est impossibilis 'omnis homo preter Sortem excipitur', cum de ipsa iudicemus prout est in prolatione vel prout est prolata. Et omnes rationes ad hoc concedimus.

---

3 ad subiectum] *om. V* 3 vera] *om. RP* 4 oppositionem] compositionem *V*
7 et] item *T* 7 ponitur oppositum] ponimus excercitum *R* 8 concepto] excepto
T 10 unius ad alterum] predicati ad subiectum *P* 11 habet] potest habere
P 12 impossibilis] falsa *P* 13 ponit] ponitur *P* 13 aliquem] hominem *R*
15 similiter] *om. V* 16 de se] de ipsa *V* de ipsa compositione *R* 18 positionem]
se *P* 18 proferendi] proferenti *P* 19 ipsum] *om. VRP* 20 et ... sortem excipi
et non excipi] *bis in R* 20 ponitur] sequitur *VRP* 21 non] *om. P* 21 actum
exercitum] exercitium *TP* 21 sortem] non *add. P* 21–22 et ... non excipi] *om.
T* 22 duo] *om. R* 23–25 et ... loquitur] *om. V* 23 illa] *om. T* 24 ponat]
ponit *R* 24 esse vera] *om. RP* 25 vero est possibilis] non est impossibilis *P*
25 simile] similiter *P* 27 cum ... iudicemus] et de ipsa iudicimus *P* 28 vel ...
prolata] *om. RP* 28 omnes] *om. VRP* 28 hoc] adductas *add. RP*

Respondetur ad rationes

98 Ad obiectum [95] in contrarium dicendum quod ad hoc quod oratio sit vera non solum exigitur quod ab excepto removeatur predicatum et conveniat aliis. Immo etiam magis exigitur quod per actum exercitum non ponatur oppositum, sive quod actus exercitus non habeat oppositionem cum actu concepto, sicut visum est. Et hoc non reperitur in hac oratione 'omnis homo preter Sortem excipitur'. Et propter hoc ipsa est impossibilis. Unde si sufficeret veritas orationis in compositione predicati ad subiectum: **[V115ᵛ]** cum hoc totum reperiatur in hac oratione, sicut visum est, ipsa esset possibilis.

99 Ad primum quesitum [79] dicendum quod hec dictio 'preter' simpliciter excipit, quantum est de se, semper. Quod tamen impediatur, hoc est aliquando respectu alterius actus cum quo habet oppositionem. Sicut si dicam 'ego dico falsum' et dicam sic 'verum est me dicere falsum', veritas istius orationis non est veritas simpliciter, sed secundum quid. Et hoc est quia oppositionem habet cum re predicati, tamen, quantum est de se, dicit veritatem simpliciter. Et propter hoc, si ulterius inferatur 'ergo ego dico verum', fit fallacia secundum quid et simpliciter. Similiter dico quod in hac 'omnis homo preter Sortem excipitur', et exceptio importata per hanc dictionem 'preter' est exceptio **[T29ʳᵃ]** simpliciter quantum est de se, tamen quia habet oppositionem cum re predicati, scilicet cum hoc verbo 'excipitur' — et quomodo hoc sit videbitur —, diminuitur per ipsam. Et sic fit exceptio secundum quid.

100 Et propter hoc illi qui sustinent ipsam esse veram ponunt ibi fallaciam secundum quid et simpliciter, cum ipsa **[V116ʳ]**

---

2 obiectum] aliud *P*   2–3 quod... oratio] quoad oratione ad hoc quod *V*   3 removeatur] removetur *R*   4 predicatum] predicatus *V*   4 etiam] *om. TV*   5 ponatur] ponitur *P*   6 visum] monstratum *P*   7 in hac oratione] hic *R*   8 excipitur] etc. *T*   10 hac oratione] ipsa *VP*   10 sicut... ipsa] *om. P*   10 visum] dictum *VR*   12 quesitum] *om. T*   13 semper quod] *om. P*   14 impediatur] impeditur *P*   14 hoc est] *om. R*   14 alterius] alicuius *P*   15 sicut] sed *R om. P*   15 dicam] dicatur *P*   15 et... sic] similiter *V* dicatur ergo *P*   18 habet] habeat *R*   18 predicati] predicata *R*   18 se] li verum *add. P*   19 ego] *om. T*   20 similiter] et *R* sed *T*   20–21 dico quod] *om. R*   23 quantum] unde forma *R*   23 tamen] cum *T*   24 predicati] predicata *R*   25 sit] est *R*   25 videbitur] cum *add. T*   25 diminuitur] diminuatur *T*   25 ipsam] ipsum *P*   27 propter hoc] *om. P*   27 qui] *om. R*   27 sustinent] ponunt *T*   27 ipsam] *om. P*   27 ponunt ibi] hic *R* ponunt *P* esse *add. TP*   28 fallaciam] *om. VP*

exceptio sumatur secundum quid et infertur simpliciter. Et propter hoc facit peccatum secundum quid et simpliciter. Et sic habet veritatem iudicando de ipsa propositione secundum se, quia sic est vera. Et non tenet improbatio, quia tunc illud non sufficienter dicimus quod illa est simpliciter falsa et ponit duo contradictorie opposita falsa. De tali casu qui hic solet assignari habebitur alibi, quia est alterius considerationis.

101 Dicendum igitur quod non peccant rationes [86–89] quibus ostenditur quod hec dictio 'preter' simpliciter facit exceptionem quantum est de se. Et ipsas concedimus.

102 Ad aliud quod obicitur in contrarium [84], dicendum quoniam hec dictio 'preter' non est agens abiciens tamquam si sic teneret quod obicitur, immo dico quod est ibi agens abiciens et imprimens. Cuius signum est quod non removet solum aliquid ab aliquo, immo etiam aliquid in aliquo ponit. Quod patet: cum dicitur 'omnis homo preter Sortem currit', removetur cursus a Sorte et ponitur in aliis a Sorte. Et propter hoc quia hec dictio 'preter' agit et imprimit aliquid in subiecto, propter hoc relinquit aliquid supra **[V116ᵛ]** Sortem, scilicet exceptionem. Et sic ponit Sortem excipi.

103 Ad aliud [85] dicendum quod contingit aliquid significari ut afficiens dupliciter. **[P133ʳᵇ]** Significatur enim aliquid ut afficiens tantum et ut modus — et sic indicatio significatur in hoc verbo 'currit' ut afficiens et ut modus tantum —, et significatur aliquid ut afficiens, non tamen ut modus, sed ut res aliqua — et sic

---

1 exceptio] oratio *R*   1 et infertur] et inferatur *T* infertur autem *V* inferatur autem *R*   2 hoc facit] est ibi *P*   2 facit peccatum] peccat *R*   2 sic] solum *add. R*   3 de... propositione] de ipsa oratione *R* illam propositionem *P*   3 se] et *add. V*   4 est] esset *R*   4 et... improbatio] quod tamen *R*   4 quia tunc] quod *R* sed cum *P*   4 sufficienter] insufficienter(!) *V* sufficiat *R* sufficia *P*   5 illa] ipsa *RP om. T*   5 duo] *om. V*   5 tali casu] transcasu *TV* hoc *P*   6 qui] autem quod *P*   6 assignari] poni *R*   6 alibi] alias *P et add. R*   7 quia] *om. V*   7 alterius] ulterius *R*   8–9 quibus ostenditur] ostendentes *P*   9 facit] faciat *P*   10 ipsas] similiter *add. V*   11 in contrarium] *om. T*   11–12 dicendum quoniam] solvendum quod *V* solvendum est quod *R* dicendum *P*   12 tamquam] tantum quia *P*   15 etiam] et *T*   16 dicitur] sic dicimus *VRP*   17 et] quia *T*   18 relinquit] relinquid *T* potest relinquere *VR*   18–19 relinquit... sortem] imprimit aliquid circa subiectum *P*   19 ponit] ponet *T*   21 contingit] cum dicit *P*   21 aliquid] *om. P*   21 significari] significare *TVR*   21–22 significari ut] *om. P*   22 dupliciter] *om. P*   22 significatur... aliquid] potest enim significari aliquid *P*   23 et sic] ut *R*   23–24 et... tantum] *om. V*   23 indicatio] inclinatio *R*   24 significatur] potest significari *P*   25 tamen] solum *R*   25 aliqua] in se *add. VR*   25 et sic] prout *VR*

significatur negatio per hanc dictionem 'non'. Cum enim per se significet et omnis pars orationis facit aliquid intelligere per se in anima, oportet quod ipsa faciat aliquid apprehendere quod per se sit intelligibile ut res. **[T29ʳᵇ]** Sic dicendum est de hac dictione 'preter', quia non solum significat ut afficiens et ut modus, sed etiam ut est res aliqua. Et propter hoc potest ponere aliquid in Sorte, scilicet exceptionem. Et ita sequitur quod Sortes excipitur.

104 Item. Ad secundum quesitum [86–91] dicendum quod respectu huius verbi 'excipitur' non potest fieri exceptio simpliciter, immo ipsum diminuit de exceptione. Et causa huius est quod hoc verbum 'excipitur' ponitur in aliis a Sorte, et a Sorte removetur per exceptionem. Et ita sequitur **[V117ʳ]** quod Sortes non excipitur, et per dictionem exceptivam affirmatur exceptio de ipso respectu huius quod dico 'non excipi'. Et ita fit exceptio respectu 'non exceptionis', sive affirmatur exceptio respectu exceptionis negative. Sed affirmatio de aliquo respectu negationis de eodem non est affirmatio simpliciter, sed secundum quid. Ut cum dicitur 'video me non videre', non sequitur 'ergo video aliquid', immo peccat secundum quid et simpliciter. Et ita exceptio respectu huius verbi 'excipitur' non est exceptio simpliciter, sed secundum quid.

105 Sed quod obicitur [86] quod potest fieri contradictio et instantia respectu ipsius, dicendum quod **[R288ᵛᵇ]** hoc est verum. Et hoc est quia actus contradicendi non habet oppositionem cum illo actu. Sed exceptio habet oppositionem cum ipso, sicut visum est, nec habet fieri exceptio et instantia sive contradictio respectu huius predicati eodem modo, cum exceptio habeat oppositionem

---

1 negatio] *om. P*   1 per...non] ut res aliqua in se per hanc non *R*   1–2 cum...significet] currit enim per se significatur et *R*   2 significet] significatur et *V*   2 et] *om. T*   2 pars] homo partem *R*   2 facit] significat vel facit *R* per se faciat *P*   2 intelligere] cognoscere *P*   2 per se] *om. R*   3 faciat] debet *VR*   4 intelligibile] intelligere *P*   4 sic] similiter *RP*   5–6 non...aliqua et] *om. R*   5 solum] *om. P*   6 etiam ut] ut etiam *T*   6 res] natura *VP*   8 item] *om. R*   8 secundum] secundo *P*   9 verbi] predicati *P*   9 simpliciter] similiter *V*   10 de] simpliciter *R*   10 exceptione] natura exceptionis *P*   11 ponitur] ponit se *VRP*   12 sequitur] sequeretur *P*   12 excipitur] exciperetur *P*   13 et] *om. P*   13 exceptivam] sed *P*   14 et...exceptionis] *om. P*   18 non] nec *R*   18 non...aliquid] ergo video aliquid non sequitur *T*   18 video] videre *P*   18 aliquid] non sequitur *add. V*   20 excipitur] excipi *VRP*   20 exceptio] ergo *P*   21 sed] et *V* ad illud *P*   21–22 sed...ipsius] *om. R*   22 instantia] exceptio *P*   23 et hoc est] *om. P*   23 quia] *om. R*   25 instantia sive] *om. R*   25 sive] et *V*   26 huius] eiusdem *R*   26 predicati] actus *P*   26 habeat] habet *T*

cum re predicati. Unde illa propositio, que est quod respectu eiusdem actus habet fieri instantia et exceptio, habet intelligi: cum non habet exceptio repugnantiam cum predicato.

106 Similiter ad aliud [88] solvendum est quod non sequitur sic si <sit> exclusio respectu alicuius actus, quod propter hoc fit exceptio. Et causa huius **[V117ᵛ]** patet iam per ea que dicta sunt, quia exceptio potest habere repugnantiam cum re predicati, non tamen exclusio. Unde exclusio non habet oppositionem cum hoc verbo 'excipitur'. Et propter hoc, si respectu ipsius fiat exclusio, non tamen exclusio que habet oppositionem cum ipso.

107 Ad aliud [87] dicendum quod, etsi materia non diversificet instrumentum secundum speciem, immo semper agit instrumentum simpliciter quantum est **[T29ᵛᵃ]** de se, tamen potest eius operatio impediri a parte materie, sicut sectio respectu lapidis. Et ita cum sic impediatur, possum dicere quod non agit simpliciter, sed secundum quid. Non tamen est defectus a parte instrumenti, sed a parte materie. Similiter est dicere quod hec dictio 'preter' quantum est de se agit simpliciter et excipit, non tamen fit exceptio simpliciter per ipsam, quia a parte materie impeditur, que repugnat sue actionem diminuendo de ipsa.

108 Ad ultimo quesitum dicta est solutio.

De suppositione termini positi post dictionem exceptivam

109 Deinde queritur quam suppositionem habet terminus positus post dictionem exceptivam. **[V118ʳ]** Et hoc proprie habet

---

1 re predicati] re predicata *R* ipso actu verbi *P* 1 que est quod] cum *R om. TV* 2 eiusdem actus] cuius *T* 2 exceptio] sive contradictio *add. P* 3 habet] habeat *VRP* 3 repugnantiam] oppositionem *P* 5 exclusio] exceptio *R* 5 propter hoc] similiter fiat *P* 6 huius] *om. P* 6 patet] est dicta *T* dicta est *V* 6 iam] *om. RP* 7 repugnantiam] oppositionem *VRP* 7 predicati] predicata *R* 8 exclusio] excipiendo *V* exceptio *R* 8 unde exclusio] *om. V* 8 exclusio] exceptio *R* 9 excipitur] excipi *VR* 9 exclusio] exceptio *R* simpliciter *add. T* similiter *add. V* 10 exclusio que] exclusio quia *V* quia *R* 10 habet] habeat *P* 12 semper ... instrumentum] agit *P* 13–15 tamen ... *alterum* simpliciter] *om. P* 13 operatio] comparatio *R* 14 ita] tunc *VR* 15 impediatur] impeditur *V* impediatus *R* 15 agit] quod *add. V* 16 defectus] distributionem *R* 17 similiter] simpliciter *R* 19 per ipsam] *om. P* 19 quia ... materie] a parte materie quia *R* 19 que] quare *R* 20 diminuendo] diminuens *R* 21 ad] aliud quod *add. VP* 21 ultimo] *om. P* 21 dicta est] posterius patet *P* 23 quam ... terminus] *bis in V* 23 habet] habeat *P* 23 terminus] communis *add. V* 24 et] *bis in R*

queri in hoc sophismate OMNE ENUNTIABILE PRETER VERUM EST FALSUM, et in hoc OMNE ANIMAL PRETER HOMINEM EST IRRATIONALE, et in hoc OMNE COLORATUM PRETER UNUM CURRIT. Queritur igitur de suppositione huius termini 'verum' primo, et utrum teneat hec argumentatio 'omne enuntiabile preter verum est falsum; ergo omne enuntiabile preter hoc verum vel preter illud est falsum'. Et hoc fit in improbatione. Secundo queritur generaliter de propositionibus exceptivis quantum ad quantitatem ipsarum.

110 Quod autem teneat illa argumentatio videtur. Regula est quod:

Terminus non confunditur a signo extra suam cathegoricam posito.

Ergo cum iste terminus 'verum' sit positus in alia cathegorica quam signum, ut patet per expositionem, manifestum est quod ab ipso non confunditur. Ergo cum non sit aliud quod confundat, tenebitur determinate. Sed sub termino habente determinatam suppositionem licet facere descensum pro suppositis sub disiunctione. Ut patet: bene sequitur 'homo currit; ergo iste vel ille'. Quare similiter sequitur 'omne enuntiabile *etc.*; ergo omne enuntiabile preter hoc verum vel illud *etc.*'.

111 Item. Nichil est in genere quod non sit **[V118ᵛ]** in aliqua eius specie. Unde quicquid est animal, est homo vel asinus vel capra *etc.* Quare similiter nichil est verum quod non sit verum hoc vel illud. Quare si omne enuntiabile preter verum est falsum, sequitur 'ergo omne enuntiabile preter hoc verum vel illud.'

112 [T29ᵛᵇ] Item. Pro eodem supponit terminus in una expositiva **[P133ᵛᵃ]** et in altera. Sed in expositiva istius 'omne enun-

---

1-2 verum est falsum] falsum est verum *R*   2-3 preter...hoc] *om. P*   3 coloratum] totum *R*   3 unum] album *P*   4 primo] *om. P*   4 teneat] valeat *R*   4 hec] *om. P*   6 vel...falsum] est falsum vel preter illud *VP*   6 est falsum] *om. R*   7 et hoc] que *V* quod *RP*   7 in improbatione] *om. R*   8 propositionibus] *om. TV*   8 ipsarum] ipsum *R*   9 illa] *om. P*   9 regula] ita *T* quia regula *P*   10 quod] aliquis *add. P*   11 extra suam] ultra suam *T* in aliam *P*   12 in...cathegorica] extra suam cathegoricam *R*   14-15 quod confundat] a quo fundatur *P* rem *add. R*   15 tenebitur] breviter(?) *R*   15 sub termino] subiecto *T*   16 descensum] decensum *sic saepius T*   16 pro] suis *P*   16 sub] in *R*   17 bene sequitur] cum sic dico *TV* sequitur *R*   17 iste] ille vel ille *P*   18 quare] si *add. T*   18 similiter] *om. P*   18 sequitur] sequeretur *P*   18-19 etc....enuntiabile] *om. R*   19 verum] *om. T*   19 vel...etc] vel preter illud *P om. V*   22 vel...etc.] et sic de aliis *R* vel equus *P om. V*   22 similiter] *om. R*   22 verum] *om. T*   23 si] sequitur *V om. T*   23-24 preter...enuntiabile] *om. V*   24 ergo] *om. T*   25 una] *om. P*   26 in altera] expositiva *P*   26 in] *om. P*

tiabile *etc.*' licet facere descensum pro hoc vel pro illo sub hoc termino 'verum', quia equipollet isti 'omne enuntiabile aliud a vero est falsum'. Sed bene sequitur 'aliud a vero; ergo aliud ab hoc vero vel ab illo'. Quare similiter in expositiva sequitur. Et ita tenebit hec illatio 'omne enuntiabile *etc.*; ergo omne enuntiabile preter hoc vel illud'.

113 Si dicatur quod iste terminus 'verum' habeat simplicem suppositionem, et propter hoc non licet facere descensum pro suppositis (sicut si dicatur 'homo est species'), contra hoc est quia: Hec dictio 'preter' est dictio instantiva; unde habet excipere partem que nata est facere instantiam contra totum. Sed pro eodem supponit terminus et eodem modo in utraque opposita. Et propter hoc contradicit terminus designans exceptum **[V119ʳ]** sub termino a quo fit exceptio.

114 <Item. Cum aliquid excipitur ab aliquo>, oportet quod pro eodem supponat terminus designans exceptum et a quo fit exceptio. Igitur si supponat subiectum pro suppositis et non pro se, et terminus designans exceptum subiciet pro suppositis et non pro se. Sed nullus talis terminus habet suppositionem simplicem. Quare huiusmodi terminus non habebit suppositionem simplicem.

115 Item. Cum aliquid extrahitur ab aliquo, oportet quod pro eodem supponat pro quo prius supponebat. Sed hoc quod dico 'verum' extrahitur ab hoc subiecto 'omne enuntiabile'. Ergo eodem modo et pro eodem supponit in hoc subiecto 'omne enuntiabile' et in hoc 'verum'. Sed in hoc termino 'omne enuntiabile' supponit pro suppositis, et non pro se. Quare iste terminus 'verum' supponet pro suppositis, et non pro se. Quare non est ponere quod habeat simplicem suppositionem.

---

1 etc.] *om. TR*   1 pro...illo] *om. TV*   1 illo] illud verum est *R*   1 sub] in *VP*   1-2 hoc termino] hunc terminus *P*   2 quia] quare manifestum est quod *P*   3 est falsum] etc. *P*   3 est...vero] *om. R*   4-5 et...tenebit] *om. P*   5 tenebit] remanebit *T*   5 illatio] argumentatio *P*   5 omne] hoc *V*   6 hoc] hoc verum *R*   7 verum] *om. V*   7 habeat] habet *VP*   8 pro] *bis in P*   9 dicatur] dicemus *V* diceremus *P*   9 hoc est quia] *om. P*   11 contra] suum *add. R*   12 terminus] *om. T*   13 hoc] non *add. R* si *add. P*   13-14 sub termino] *om. P*   13-14 sub...exceptio] et subiectum *V*   15-17 oportet...exceptio] *om. V*   16-17 a...exceptio] subiectum *R*   17 si] similiter *R*   17-18 supponat...exceptum] *om. R*   18-19 subiciet...se] *om. P*   18 pro] se pro suis *R*   18-19 et...se] *om. V*   19 terminus] *om. RP*   20 terminus] verum *add. P*   20 suppositionem...habebit] non supponit simpliciter *V*   22 hoc...dico] ille terminus *P*   23 subiecto] *om. P*   24 et pro eodem] *om. P*   24 supponit] supponet *T*   25 et in hoc] etc. *VR* et prout excipitur *P*   25 verum] omne verum *V om. RP*   25-26 sed...verum] *om. V*   25 termino] subiecto *RP*   25 omne] *om. P*   26-27 quare...se] *om. RP*

116* Item. Regula est quod:

Terminus designans exceptum continetur in suppositione termini a quo fit exceptio.

Unde vult extrahere partem a toto. Ex hoc arguo: Omnis terminus designans exceptum significat particularem respectu termini precedentis. <Sed> nullus talis terminus habet **[T30ra]** simplicem suppositionem. Quare terminus designans exceptum non potest habere simplicem suppositionem.

* cc. 116 et 117: inverso ordine in P

117 [R289ra] Item. Terminus habens simplicem suppositionem supponit essentiam suam respectu predicati, ut cum **[V119v]** dicitur 'homo est species'. Ergo cum iste terminus 'verum' non supponat essentiam suam respectu predicati — non enim est tale predicatum quod ei conveniat gratia essentie sue —, non poterit habere simplicem suppositionem. Et eodem modo potest queri in orationibus predictis, et eedem rationes fieri.

De quantitate propositionum exceptivarum

118 Secundo queritur de quantitate propositionum exceptivarum. Si dicatur quod sit universalis, contra. Propositio universalis dicitur in qua licet facere descensum pro qualibet parte subiecti. Quod patet per diffinitionem eius quod est *dici de omni*, nam *dici de omni* est quando nichil est sumere sub subiecto de quo non dicatur predicatus. Ergo cum sub subiecto propositionis exceptive non liceat facere descensum pro qualibet parte sui — non enim sequitur 'omnis homo preter Sortem currit; ergo Sortes currit' —, manifestum est igitur quod ipsa non est universalis.

---

20 Arist. *Anal. Priora* I 1, 24b28–30.

---

2 continetur in] exigitur sub *P*   4 unde...toto] *om. P*   4 arguo] igitur *add. RP*
5–6 termini precedentis] antecedentis *R*   10 item] regula est quod *add. P*   11 ut]
om. P   11 cum] cum sic *P*   13 supponat] subiciat *VR*   13 tale] talis nature *P*
14 gratia...sue] pro sua essentia *P*   14 non] et sic *P*   16 predicatis] aliis *P*
16 eedem] hee *T*   18 propositionum] istius et aliarum *T* istarum *R* orationis
P   18 exceptivarum] exceptive *P*   19 propositio] *om. TP*   20 qualibet] sui *add.*
P   21 patet] designatur *RP*   21 quod est] *om. P*   22–23 est...predicatus] etc.
R   23 sub] in *P*   23 propositionis] *om. P*   24 liceat] licet *R*   24 sui] *om. P*
25 sortem] *om. P*   26 manifestum...quod] quare *P*   26 non] *om. V*

119 Item. Omnis propositio universalis est sillogizabilis. Sed nulla propositio exceptiva est sillogizabilis. Probatio: In propositione sillogizabili licet aliquid accipere sub subiecto. Unde sillogizare est aliquid accipere sub medio. Cum igitur in subiecto propositionis exceptive non liceat aliquid accipere sub medio [V120ʳ] — regula enim est quia:

Dictio exceptiva vult invenire distributionem mobilem et reddere eam immobilem —;

et illa distributio est immobilis; sed sub immobili distributione non potest fieri descensus; quare sub illo subiecto non fiet descensus, et ita non erit sillogizabilis; quare ipsa non est sillogizabilis.

120 Item. Si esset sillogizabilis, oportet ut subiectum reiteretur sub illa dispositione sub qua significatur. Ut si velimus sillogizare 'omnis homo albus currit', ubi reiteretur subiectum sub illa dispositione 'albus', non fit sillogismus hoc modo 'omnis homo albus currit; Sortes est homo; ergo Sortes currit'. Potest enim conclusio esse falsa, utraque premissarum existente vera. Quare similiter si fiat sillogismus [T30ʳᵇ] ex propositione exceptiva, oportet quod reiteretur subiectum sub sua dispositione sic 'omnis homo preter Sortem currit; Plato est homo preter Sortem; ergo Plato currit'. Sed sic non potest fieri sillogismus. Quare ipsa non est sillogizabilis. Quare neque universalis. Propter hoc queritur, si sit universalis, quare ex illa non fiat sillogismus, et que dispositiones habeant reiterari cum subiecto et que non.

---

1 propositio] *om.* P   1 sed] *om.* T   2 in] sub *RP*   3 licet] contingit *P*   3 accipere] sumere *RP*   4 accipere] sumere *P*   4 cum ... in] sed sub *P*   5 liceat] licet *T* habeat *R* contingit *P*   5 accipere] sumere *P*   5 medio] subiecto *P*   9 et illa] et ita *T* igitur illa *P*   9 sed] et *R*   9 non] *om.* R   10 potest fieri] licet facere *V*   10 quare ... descensus] *om.* P   11 erit] est *RP*   11–22 quare ... universalis] *om.* V   11 ipsa] *om.* P   11 sillogizabilis] universalis *RP*   12 esset] sit *P*   12 oportet] oporteret *P*   12 ut] illud *add.* R   12 reiteretur] teneatur *P*   13–15 sub ... *alterum* albus] *om.* R   13 significatur] tenebatur *P*   13 sillogizare] ex hac *add.* VP   14 ubi reiteretur] oportet quod teneatur *P*   14–15 ubi ... modo] *om.* V   15 albus] aut aliter *R*   15 fit] fieret *R* erit *P*   16 currit] oporet enim quod subiectum reiteratur sub illa dispositione aut aliter non fieret sillogismus hoc modo omnis homo albus currit *add.* R   16 homo] albus *add.* T albus currit sortes est homo *add.* V   17 esse] *om.* V   18 si ... sillogismus] in sillogismis *P*   19 reiteretur] teneatur *P*   19 subiectum] *om.* T   19 sic] sicut *V om.* R   20 est ... sortem] preter sortem est homo *P*   20 homo] *om.* R   22 propter hoc] item *R* super hoc *P*   22 si] quod *R*   22 universalis] sillogizabilis *RP*   23 quare] qualiter *VP*   23 non fiat] fiet *R*   24 reiterari] iterari *P*   24 cum subiecto] *om.* R

121 Deinde potest ostendi generaliter quod omnis propositio exceptiva est impossibilis. Et gratia huius sumatur **[V120ᵛ]** hec propositio 'omnis homo preter Sortem currit' et habeat circumstantias que exiguntur ad exceptionem. Omnis oratio ponens aliquid in aliquo et removens ab eodem est impossibilis. <Sed> omnis oratio exceptiva est huiusmodi. Ergo omnis oratio exceptiva est impossibilis. Probatio: Modus in propositione exceptiva **[P133ᵛᵇ]** est *dici de omni*. Quare nichil est sumere sub subiecto de quo non dicatur predicatus. Ergo cum de subiecto dicatur et per dictionem exceptivam removeatur predicatum ab ipso, et ita idem affirmatur et negatur de ipso, talis propositio est impossibilis. Sed in omni propositione exceptiva subiectum intelligitur sub oppositis dispositionibus. Quod patet, quia per virtutem signi pro omnibus tenetur, per virtutem dictionis exceptive pro omnibus non tenetur. Denotat enim dictio exceptiva quod subiectum non recipiat predicatum pro qualibet sui parte, cum extrahat partem a toto. Quare totalis oratio est impossibilis.

122 Item. Queritur quare solum a propositione universali fiat exceptio. Et videtur quod a propositione indefinita fiat exceptio quia: Si dictio exceptiva inventa sit ad faciendum instantiam, cum contra propositionem **[V121ʳ]** indefinitam contingat instare — ut patet, possumus enim instare contra hanc 'homo currit', dicendo sic 'nullus homo currit' —, quare a propositione indefinita poterit fieri exceptio.

---

1 deinde] verum *T* 1 generaliter] *om. V* 2 impossibilis] possibilis *R* 3 propositio] *om. VRP* 4 circumstantias] omnia illa *T* 4 ponens] penes *V* 6 omnis] *om. P* 6 oratio] propositio *VRP* 6 omnis oratio] omnis *VR* ipsa *P* 7 modus] medie *VRP* 8 quare] quia secundum hoc *R* 8 sumere] *om. P* 9 dicatur] dicitur *TR* 9 cum] *om. R* 9 subiecto] sorte *TVR* 9 dicatur] dicitur *P* 9 et] item *RP* 10 removeatur] removetur *VR* 10 predicatum] *om. TV* 10 ipso] eodem *R* 10 et ita] ergo *RP* 11 et negatur] *om. R* 11 ipso] aut *add. R* 11 propositio est] propositio *R om. P* 12 impossibilis] ut hec Sortes albus niger currit *add. TV* unde hec sortes albus niger currit *add. R* ut hec albus est niger *add. P* 12 exceptiva] *om. R* 13 oppositis] positis *R* accidentalibus *add. T* 13–14 signi...virtutem] *om. V* 15 non tenetur] *om. P* 15 dictio exceptiva] *om. P* 16 recipiat predicatum] recipit *R* recipiet *P* 16 qualibet sui parte] quolibet *T* qualibet parte *V* 16 cum extrahat] cum trahat *V* et excipit *P* 17 totalis] talis *R* 18 item queritur] *om. P* 18 fiat] fit *R* 19 indefinita] *om. R* 19 fiat] possit fieri *RP* 20 quia si] cum si *V* quod *R* quia *P* 20 sit] est *RP* 20 instantia] contra totum *add. R* 21 indefinitam] infinitam possit fieri instantia sive *R* 21–22 ut...instare] sicut *P* 22 enim] *om. R* 22 homo currit] *om. P* 23 nullus] *om. P* 23 indefinita poterit] exceptiva potest *R*

123 Item. Queritur cum dupliciter contingat instare, sicut dicit Aristotiles — contingit **[T30ᵛᵃ]** enim instare in singulari et in universali — cum dictio exceptiva inventa sit ad faciendum instantiam, cum quedam sit dictio exceptiva que denotat instantiam pro parte, videtur similiter quod debeat esse quedam dictio exceptiva que denotet instantiam in toto. Et sic nobis deficiet quedam dictio exceptiva.

Solutio

124 Solutio. Dicimus quod hec est vera 'omne enuntiabile preter verum est falsum'. Et non valet improbatio, immo peccat secundum fallaciam consequentis a superiori ad inferius affirmando. Cum enim sic dicitur 'omne enuntiabile preter verum est falsum', iste terminus 'verum' est superius quam 'hoc verum vel illud'. Et propter hoc, si procedatur sic ab uno ad alterum, peccat secundum consequens. Vel aliter, ut dicamus quod hec 'omne enuntiabile preter verum est falsum' equipollet isti 'omne aliud enuntiabile a vero est falsum et verum non est falsum'. **[V121ᵛ]** Dico igitur quod quantum ad hanc 'verum non est falsum' potest inferri 'ergo hoc verum vel illud verum non est falsum', sed quantum ad aliam non sequitur. Unde non valet hec argumentatio 'omne aliud enuntiabile a vero est falsum; ergo omne aliud enuntiabile ab hoc vero est falsum', nam cum plura sint alia ab hoc vero quam alia a vero, procedit ab inferiori ad superius cum distributione. Et sic est ibi fallacia accidentis. Et sic est ibi fallacia consequentis a superiori ad inferius, et sequitur econverso.

---

1 Cf. *Topica* VIII 2, 157b29–33.

---

1 queritur] *om. V* contingit quirere *R*   1 dupliciter] *om. R*   1 contingat] contingit *P*   1 dicit] vult *V*   2 contingit...instare] scilicet *P*   3 inventa] *om. T*   3 instantiam] exceptionem *TVR*   4 exceptiva] *om. P*   5 similiter] *om. P*   5–6 debeat...sic] *om. P*   6 in] pro *V*   6 deficiet] deficiat *P*   10 non] *om. V*   12 sic] *om. R*   12 preter...falsum] etc. *P*   13 quam] quantum *V* sit *add. P*   14 si] quod *R* cum *P*   14 procedatur] proceditur *V* procedit *RP*   14 alterum] aliud *P*   15 ut] in exceptione *RP*   15 dicamus] dicimus *P*   15 quod] et *R*   16 preter...falsum] etc. *P*   18 non] *om. V*   19 verum] *om. P*   19 aliam] istud *T* aliud *VR*   20 unde non valet] non enim sequitur *P*   21 est falsum] etc. *P*   22 nam cum] quia cum *V* cum *R* quia *P*   22–23 quam...vero] quare *P*   23 et...accidentis] *om. R*   24 accidentis...fallacia] *om. V*   24–25 et...inferius] *om. P*   24–25 a...inferius] *om. R*

125 Secundum hoc ergo patet qualiter iudicandum sit de suppositione huius termini 'verum', quia possumus iudicare de suppositione ipsius secundum relationem quam habet ad predicatum. Et sic habet determinatam suppositionem et licet facere descensum pro hoc et pro illo sub disiunctione. **[289ʳᵇ]** Iudicando tamen de suppositione ipsius secundum relationem quam habet ad dictionem exceptivam, habet confusam suppositionem. Non tamen licet facere descensum propter additionem distributionis. Vel aliter dicendum est quod terminus positus post dictionem exceptivam habet simplicem suppositionem.

126 Sed notandum est quod duplex est suppositio simplex. Quedam est simplex suppositio in qua terminus subicitur pro **[V122ʳ]** sua **[T30ᵛᵇ]** essentia et non pro supposito, ut cum dicitur 'homo est species'. Est autem alia suppositio simplex in qua supponit terminus pro suo supposito, sed non distinguitur utrum pro supposito teneatur aut pro essentia. Ut cum dicitur 'scio hominem esse in Anglia', iste terminus 'homo' non dat se intelligere pro essentia, immo pro supposito. Verumtamen, quia non distinguitur suppositum, immo tenetur pro confusione essentie, dicitur habere simplicem suppositionem. Et huiusmodi suppositio simplex media est inter simplicem et personalem, et abstrahit ab utraque, sicut visum est. Non enim totaliter intelligitur pro supposito, nec totaliter pro essentia, sed partim pro essentia, partim pro supposito. Et sic dictio designans exceptum cum sic dicimus 'omne enuntiabile preter verum est falsum', sive cum dicimus 'omne animal preter hominem est irrationale', habet simplicem

---

1 secundum hoc ergo] et per hoc *V* et secundum hoc *R*   1 iudicandum] videndum *T*   2 iudicare] videre *T*   3 predicatum] dictionem exceptivam *P*   4 et sic] nec *R*   5 et] vel *VR*   5–6 de ... ipsius] ipsa per *P*   6 dictionem exceptivam] dipositionem *P*   7 suppositionem] vel dispositionem *add. R*   8 additionem] hoc augmentatum *V* augmentum *R*   11 suppositio] *om. T* dispositio *R*   12 suppositio] scilicet *add. R*   12 terminus] communis *add. V*   13–14 ut ... species] *om. P*   14–15 in ... supposito] que non est quando terminus subicitur pro sua essentia *P*   15 supponit terminus] subicitur *R*   15 suo] uno *T om. R*   15 distinguitur] pro essentia sive non distinguitur *add. T* sed non distinguitur pro essentia *add. R*   16 pro] sua *add. P*   17 homo] hominem *P*   17 dat se] datur *P*   18 pro] sua *add. P*   18 verumtamen] unde tamen *V*   19 suppositum] ad supponendum *R*   19 essentie] et non *add. R*   20–21 et ... simplicem] *om. P*   20 huiusmodi] hec *VR*   23 nec] non *V*   23 nec ... essentia] *om. R*   23 sed] immo *VRP*   24 dictio ... exceptum] dicitur designans exceptum *P om. T*   24 cum sic] cum *T*   25 sive cum dicimus] sive cum sic dicimus *V* vel sic *P*   25 preter ... falsum] etc. *P*   26 est] rationale vel *add. R*   26 habet] illi non habent *T*

suppositionem. Et talis simplex suppositio non repugnat quin possit teneri pro supposito.

127 Et propter hoc non tenebit improbatio [113], sicut non sequitur **[V122ᵛ]** 'scio hominem esse in Anglia; ergo hunc vel illum', immo fit processus secundum figuram dictionis ex variato modo supponendi. Similiter ex hac parte 'omne enuntiabile *etc.*' <non sequitur> 'ergo omne enuntiabile preter hoc vel illud', sed est ibi processus secundum figuram dictionis ex variato modo supponendi.

Respondetur ad rationes in contrarium factas

128 Ad primum [110] igitur quod obicitur, dicendum quod iste terminus 'verum' non confunditur a distributione. Et ponitur pro regula quod:

Terminus designans exceptum non confunditur a distributione a qua fit exceptio.

Et si confundatur, ut patet in expositione, dicimus quod hoc non est virtute distributionis, immo ex virtute diversitatis importate in subiecto per hoc quod dico 'aliud'. Preterea dicendum est quod non confunditur, nec tenetur determinate, immo habet simplicem suppositionem. **[P134ʳᵃ]** Et visum est propter quid non debeat descendere.

129 Ad aliud [111] quod obicitur quod nichil est in genere quod non sit in aliqua eius specie, solvendum est quod hoc esset verum si illud commune teneretur pro suppositis totaliter, ut cum sic dicitur 'homo currit'. Sed sic non supponit terminus **[T31ʳᵃ]** exceptus.

---

1 et ... supposito] *om. T*   1 simplex] *om. R*   5 illud] hunc *R*   6–9 similiter ... supponendi] *om. RP*   11 primum] illud *P*   11 igitur] similiter *T om. P*   12 non] *om. P*   12 et ponitur] etsi ponatur *P*   12–14 et ... distributione] *om. V*   13 quod] *om. TVR*   16 et si] si igitur *V* si ergo *R*   17 virtute] negationis vel *add. P*   17 immo] sed *P*   17 importate] importata *P*   18 preterea] unde *T* postea *V*   18 est] *om. T*   19 immo] sed *RP*   20 et] ut *R*   20 quid] quod *TRV*   20 debeat descendere] liceat descendere *V* licet facere descensum *P*   22 aliud] illud *P*   22 quod obicitur] *om. P*   23 quod non] quin *P*   23 solvendum est] solet dici *R* dicendum est *P*   24 commune] quod *R*   24–25 ut ... currit] *om. R*

130 Ad aliud [112] dicendum quod si **[V123ʳ]** sequeretur 'aliud a vero; ergo aliud ab hoc vero vel ab illo vero', non tamen sequitur cum distributione, immo fit *consequens* a superiori ad inferius cum distributione. Hec autem est distributio 'omne enuntiabile *etc*.' que cadit supra alietatem importatam per hanc dictionem 'aliud'. Et propter hoc non sequitur illa improbatio.

131 Ad aliud [114–115] dicendum quod non sequitur in qualibet suppositione simplici quod supponat terminus solum pro essentia ita quod non pro supposito, sicut illa que abstrahit a simplici suppositione et personali. Et ita patet quam suppositionem habet terminus positus post dictionem exceptivam. Et sic potest teneri iste terminus 'verum' pro suppositis. Verumtamen habebit simplicem suppossitionem.

132 Ad secundo obiectum [118–122] dicendum quod propositio exceptiva est universalis, ut cum dicitur 'omnis homo preter Sortem currit'. Et notandum quod duplex est propositio universalis. Quedam est universalis a multitudine summa, ut hec 'omnis homo currit', et est quedam universalis a multitudine **[V123ᵛ]** non summa, sed diminuta, sicut est exceptiva. Diminuta est enim diminuta multitudo propositionis universalis per dictionem exceptivam. Unde in exceptiva est multitudo diminuta pro aliqua parte. Et pro illa parte non est universalis, nec potest fieri sumptio illius partis sub subiecto, nec est sillogizabilis quantum ad illam partem.

---

1 dicendum] dicimus *R*   2 ergo ... vero] *om. V*   2 ab] *om. V*   2 vero] *om. VRP*   2 tamen] *om. R*   3 immo] eius enim *R*   3–4 a ... inferius] ab inferiori ad superius *P*   4 est] *om. P*   5 hanc dictionem] hoc quod dico *V* li *R* hoc quod est *P*   6 illa] *om. TVP*   7 qualibet] aliqua *P*   8 suppositione] oratione *R*   8 supponat] teneatur *R*   8 pro] de *R*   9 sicut ... que] sed etiam *T* scilicet in illa que *RP*   10 suppositione] *om. V*   10 et] a *add. R*   10 et ita patet] et sic manifestum est *V* sicut visum est *R* sic manifestum est *P*   10 habet] habeat *P*   11 terminus] communis *add. VR*   12 iste ... verum] li verum *P om. VR*   12 verumtamen] non *R* et *P*   12 habebit] habet *P*   14 ad ... dicendum] secundo quesitum est *R*   14 secundo] secundum *V*   15–16 ut ... quod] *om. P*   15 dicitur] sic dicimus *V*   16 currit] excipitur *R*   16 et] sed *V*   16 et ... *alterum* universalis] *bis in V*   16 propositio] universalis sive propositio universalis *R om. TP*   17 quedam ... universalis] *om. P*   18 et est] quod autem est *V* est autem *R*   18 quedam] *om. V*   18 universalis] *om. P*   19–20 diminuta ... exceptivam] *om. P*   19 enim diminuta] enim *V om. R*   20 universalis] *om. R*   21 exceptiva] exceptione *T*   21 multitudo] exceptio *V* distributio *P*   21–22 diminuta ... sumptio] *om. V*   21–22 pro ... parte] propter aliquam partem *TVP*   22 illa] aliqua *R*   22 parte] pars *P*   22 universalis] sub universali *P*   22 fieri sumptio] esse multitudo *R* fieri assumptio *P*   23 partis] *om. TV*   23 est] *om. R*   23 illam] huiusmodi *P*

133 Ad illud quod obicitur [118] quod universalis est illa in qua licet facere descensum pro qualibet parte subiecti, dicendum est quod hoc est verum de illa que est universalis a mulitudine summa. Sed taliter non est exceptiva universalis, immo est universalis a multitudine diminuta; et pro illa parte a qua diminuitur non licet fieri descensus.

134 Ad aliud [119] dicendum quod ista est sillogizabilis, et debet fieri sillogismus fieri sic 'omnis homo preter Sortem currit; Plato est homo; ergo Plato currit'. Unde debet sumi pro illa pro qua distribuitur subiectum. Et quod obicitur quod debet reiterari subiectum sub sua dispositione, dicendum quod duplex est dispositio. Quedam est dispositio subiecti inquantum subiectum, sicut 'omnis' et 'nullus', et talia signa. Et huiusmodi dispositiones non reiterantur cum subiecto. Verbi gratia, si **[T31ʳᵇ]** fiat sillogismus sic 'omnis homo est animal; Sortes **[V124ʳ]** est homo; ergo Sortes est animal', non debet subiectum reiterari cum dispositione, dicendo sic 'Sortes est omnis homo'. Alie sunt dispositiones subiecti inquantum est res, ut 'albus', 'niger'. Et huiusmodi dispositiones reiterantur cum subiecto, quia sunt idem in substantia cum ipso, ut si fiat sillogismus 'omnis homo albus *etc.*'.

135 Dico igitur quod exceptio non est dispositio subiecti nec fit a subiecto nisi secundum quod ipsum intelligitur sub signi dispositione. Unde gratia signi fit exceptio ab ipso cuius est signum. Quare non convenienter dicitur 'homo preter Sortem currit', sicut convenienter dicitur 'omnis homo preter Sortem currit'. Et propter hoc, sicut **[R289ᵛᵃ]** signum non reiteratur cum subiecto, sic exceptio non debet reiterari. Et sic non debet fieri sillogismus reiterando exceptionem. Immo debet fieri sillogismus dicendo sic 'omnis homo *etc.*; Plato est homo; ergo Plato *etc.*'.

136 Ad aliud [121] dicendum quod cum sic dicitur 'omnis homo preter Sortem', hoc signum 'omnis' non denotat quod subiectum comparetur ad predicatum pro qualibet parte sua, sed solum pro parte illa pro qua contingit sumere sub subiecto. Et quia terminum exceptum non contingit sumere sub **[V124ᵛ]** subiecto propter hoc quod extrahitur a suppositione ipsius, et sic non denotat terminum illum comparari ad predicatum. Unde etsi per exceptionem removetur predicatus ab ipso, non tamen per signum ponitur. Et sic non affirmatur illud de eodem et negatur in propositione exceptiva. Et ita intelligendum in omni propositione exceptiva.

137 Ad aliud quod queritur [123] dicendum quod hec dictio 'preter' extrahit partem a toto. Si igitur notet instantiam extrahendo partem a toto respectu predicati, scilicet denotando instantiam abstrahendo partem a toto, est facere pro parte instantiam, et non pro toto. Et propter hoc hec dictio 'preter' faciet instantiam pro parte, et non pro toto. Quod queritur de hoc, quare non est dictio que significet instantiam pro toto, solvendum est quod dictio exceptiva non habet removere predicatum **[T31ᵛᵃ]** ab omnibus, sed a parte solum. Quare non faciet instantiam pro toto, sed pro parte solum. Item, regula est quod:

Exceptum continetur in suppositione termini a quo fit exceptio.

---

1 sicut] *om. V* cum *add. P*   1 non] *om. P*   2 exceptio] ipsa *P*   2 non] *om. R*   3 debet . . . sillogismus] non debet reitereri *TVR*   3 dicendo] *om. R*   4 etc.] preter sortem currit *P*   4 plato . . . etc.] sed *R*   4 etc.] currit *P*   6 sortem] currit *add. VP*   6–7 denotat . . . predicatum] subicitur *P*   7 sua] sui *VRP*   8 illa pro] illa *V om. RP*   8 contingit] habet *V*   8 subiecto] ipso *P*   9 terminum exceptum] sortem *P*   10 extrahitur] substrahitur *P*   11 terminum] *om. P*   11 etsi] in hac *T*   12 ab ipso] *om. P*   12 tamen] *om. R*   13 ponitur] *om. P*   16 aliud] illud *T*   17–18 si . . . toto] *om. V*   18 scilicet] sed *VR* si *P*   18 instantiam] in *add. P*   19 abstrahendo] extrahendo *V*   19 partem] bis in *R*   19 a toto] *om. R*   20–21 et . . . toto] *om. P*   20 faciet] facit *V*   21 non] *om. R*   21 ad . . . hoc] et queritur *R* ad quod queritur *P*   21 est] sit *R*   22 que significet] faciens *P*   22 solvendum] quod dicendum *R* dicendum *P*   24–25 quare . . . solum] *om. P*   25 item] prima *T*   26 exceptum] exceptio *R*   26 exceptum . . . in] terminus exceptus est de *P*   26 in suppositione] sub sua dispositione *R*

Sed totum non est de suppositione ipsius totius, sed pars. Et propter **[V125ʳ]** hoc totum non potest excipi, sed pars. Et propter hoc non est dictio que significat instantiam pro toto sicut est quedam dictio que significat instantiam pro parte.

Utrum exceptum contineatur in suppositione termini a quo fit exceptio

138 Deinde queritur de hoc quod dicitur quod exceptum continetur in suppositione termini a quo fit exceptio, utrum hoc sit verum. Et hoc queritur in hoc sophismate OMNE COLORATUM PRETER UNUM CURRIT; **[P134ʳᵇ]** OMNIS HOMO PRETER PEDEM EST ALBUS.

Utrum hec sit congrua 'omnis homo preter pedem est albus'

139 Quod hec autem incongrua sit videtur 'omnis homo preter pedem est albus', per predictam rationem quia: Exigitur ut exceptum contineatur in suppositione termini a quo fit exceptio. Sed pes non est de suppositione termini distributi a quo fit exceptio. Ergo non poterit esse terminus designans exceptum cum non sit de suppositione ipsius. Probatio: Totum universale predicatur de quolibet suo supposito. Ergo cum iste terminus 'homo' non possit predicari de pede, non erit de **[V125ᵛ]** suppositione ipsius. Quare non poterit excipi ab illo. Quare predicta oratio est incongrua.

140 Item. Illa pars solum debet excipi a subiecto que possit immobilitare distributionem, quia per illam regulam dictio exceptiva vult invenire distributionem mobilem et reddere eam immobilem. Ergo cum hoc quod est 'pes', si negetur, non possit immobilitare distributionem — unde non sequitur 'pes non est;

---

1 ipsius] *om.* P   2 totum] *om.* V   2–3 propter hoc] ita VR   3 que significat] significans P   3–4 sicut ... significat] *om.* P   4 dictio] dictio exceptiva VRP   4 instantiam] *om.* TP   4 parte] et propter hoc excipitur ut pars que excipitur sit eadem suo toti re et nomine *add.* V   6–8 de ... queritur] quia dictum est superius R   dictum est superius P   7–8 hoc sit verum] hec habeat reiterari P   hoc habeat videre *add.* R   9 unum] album P   11 autem] *om.* RP   11 sit] *exp.* V   12 rationem] regulam V   13 contineatur] sit contentum P   14 exceptio] ergo non potest fieri exceptio *add.* V   15 esse] *om.* R   15 cum] quod TRP   16 probatio] patet P   17 iste terminus] hoc quod est R   18 quare] qualiter P   21 quia] *om.* VRP   21 per] *om.* T   21 illam regulam] *om.* TV   23 si negetur] *om.* TV   24 unde non] non enim VP

ergo non omnis homo est' —, manifestum est quod non poterit fieri exceptio pro ipso. Et ita redit idem quod prius.

141 Item. Sola pars que nata est ponere instantiam contra totum habet excipi a subiecto, cum dictio exceptiva sit dictio instantiva. Ergo cum hoc quod est 'pes' non ponat instantiam contra hoc totum 'omnis homo', manifestum est quod non poterit **[T31ᵛᵇ]** excipi ab ipso. Si igitur excipitur, erit oratio incongrua.

142 Item. Sola pars que habet convenientiam ad subiectum potest excipi a subiecto. Cuius signum est quod Sortes sequitur ad hoc quod est 'omnis homo', propter hoc potest excipi **[V126ʳ]** ab ipso. Sed hoc quod est 'pes' non sequitur ad hoc quod est 'omnis homo', quia non sequitur 'omnis homo est; ergo pes est'. Manifestum est ergo quod non poterit excipi ab ipso.

Utrum hec sit congrua 'omne coloratum preter unum currit'

143 Item. Queritur utrum hec sit congrua 'omne coloratum preter unum currit'. Et videtur quod non quia: Illa pars cuius negatio est contradictoria affirmationi totius excipitur. Cum dictio exceptiva sit dictio instantiva, instantia vero est propositio propositioni contradictoria, contrarietas autem et contradictio est ex eadem re et eodem nomine —, et propter hoc exigitur ut illa pars que excipitur sit eadem suo toti re et nomine. Sed hoc quod est 'unum' non est idem nomine cum hoc quod est 'coloratum', nec eius negatio opponitur ut contradictio affirmationi importate per hoc quod est 'coloratum'. Unde iste due non contradicunt 'omne

---

1 non...homo] omnis homo *V* omnis homo non *R*   1 est] *om. P*   1 manifestum est quod] quare *P*   1 poterit] excipi sive *add. TV*   2 redit] in *add. P*   3 item] *om. T*   3 sola] solum illa *P*   3 ponere] facere *P*   4–5 cum...instantiva] *om. P*   5 non] *om. R*   5 ponat] faciat *P*   6 hoc] *om. P*   6 totum] quod est *add. V*   6 manifestum...poterit] et sic potest *P*   7 igitur] *om. P*   7 erit] est *RP*   7 incongrua] manifestum est quod non poterit excipi ab ipso *add. P*   8 sola] illa *TVP*   9 potest] habet *P*   9 excipi] ab ipso sive *add. R*   9 est] *om. T*   9 sortes] non *add. TR*   10 omnis] *om. TVR*   10–11 propter...ipso] cum sit pars sequens ad ipsum *P*   10 hoc] non *add. T*   13 est] *om. T*   15 congrua] aut non *add. R*   16 quia] *om. RP*   16–17 cuius...contradictoria] contradicit *R* cuius negatio contradicit *P*   18 dictio] *om. RP*   19 contradictoria] contraria *T*   19 contrarietas] *om. P*   19 et] *om. P*   19–20 ex...nomine] eiusdem rei et nominis *RP*   20 illa] *om. RP*   21 nomine] nominatione *P*   22 coloratum] totum *R*   22–24 nec...coloratum] *om. P*   23 opponitur] opposita *R*   23 ut contradictoria] contradicit *R*   24 coloratum...contradicunt] *om. T*

coloratum currit; unum non currit'. Manifestum est <ergo> quod hoc quod est 'unum' non poterit excipi ab hoc quod est 'omne coloratum'. Quare hec est incongrua 'omne coloratum preter unum currit'.

Solutio

144 Ad hoc dicimus quod aliquid continetur in suppositione alterius termini dupliciter, scilicet primo vel ex consequenti. Verbi gratia, sub hoc quod est 'animal' continetur omnis homo, omnis asinus primo, ex consequenti autem Brunellus, Sortes, et sic de aliis. Dico igitur quod dictio exceptiva querit quod illud quod excipitur contineatur in suppositione termini a quo fit exceptio primo vel ex consequenti.

145 Dico ergo quod hoc quod est 'pes' non continetur [R289^vb] in suppositione huius termini 'homo' primo, tamen continetur ex consequenti, scilicet per suppositionem partium; pes enim Sortis supponitur per Sortem et pes Platonis per Platonem. Et ita potest excipi hoc quod est 'pes' ab hoc toto 'omnis homo'. Non tamen intelligendum est quod excipiatur primo ab ipso, sed ex consequenti. Excipitur enim a partibus, [T32^ra] sicut patet in probatione ipsius. Et per illas fit exceptio a toto.

146 Ad aliud [139] quod primo contra hoc obicitur, dicendum est quod Sortes et pes Sortis continentur sub suppositione termini distributi, sicut visum est. Ad illud quod obicitur quod oportet quod totum universale predicetur de quolibet quod continetur in

---

1 currit...non] preter unum *R* 1-3 manifestum...coloratum] *om. R* 3-4 quare...currit] *om. R* 4 currit] ad hoc possit adduci quedam rationes que facte sunt ad aliud *R* ad hoc possit fieri quedam rationes que facte sunt *add. P* 6 hoc] illud quod primo obicitur *R* primum *P* 6 continetur] potest contineri *P* 7 alterius] *om. P* 7 termini] *om. R* 7 scilicet] *om. R* 8 animal] excipitur *add. R* 8 continetur] hoc totum *add. R* 8 omnis] *om. R* 8 omnis] *om. P* 9 primo] et sic de aliis *add. P* 9-10 et...aliis] et sic *P* 10-12 dico...consequenti] *om. P* 10 querit quod] *om. R* 11 contineatur] continetur *R* 11 in] sub *R* 13 ergo] *om. P* 13 est] dico *R* 14 termini] quod est *P* 14 homo] *om. T* 14 tamen] non(!) *R* 14 continetur] *om. P* 15 scilicet] sor(!) *R* 15 pes enim] unde pes *RP* 16 per sortem] pro sorte *TR* 16 et] *om. T* supponitur *add. R* 16 per platonem] pro platone *TR* 17 quod] *om. T* 17 toto] quod est *RP* 18 ab ipso] *om. P* 19-20 excipitur...toto] *om. P* 19 enim] primo *add. R* 20 exceptio] ab ipso *add. R* 21 aliud] illud ergo *P* 22 sub] in *R* 22-23 termini distributi] distributionis *RP* 23 ad illud] *om. RP* 23-24 oportet quod] *om. P* 24 predicetur] predicatur *P* 24 in] sub *P*

suppositione sua, **[V127ʳ]** dicendum est quod hoc verum est si primo contineatur in suppositione sua et per naturam propriam, et non per naturam alterius. Sed sic non est 'pes' de suppositione istius. Et propter hoc non oportet ut de ipso predicetur.

147 Similiter dicendum est ad omnes illas rationes [140-142] que procedunt secundum quod fit exceptio ab aliquo primo. Unde dico quod quando aliquid excipitur ab aliquo primo, oportet ut immobilitare possit distributionem et quod possit facere instantiam contra ipsum, et igitur quod ad ipsum sequatur, sicut visum est in obiciendo. Sed hoc non exigitur cum non excipitur primo sed ex consequenti. Et sic excipitur 'pes' ab hoc quod est 'omnis homo'.

148 Similiter dicendum est quod hec est vera et congrua 'omne coloratum preter unum currit', sicut hec 'omnis homo preter pedem est albus'. Et dico quod hoc quod est 'unum' non excipitur primo ab hoc quod est 'coloratum', sed ex consequenti. Et propter hoc non exigitur quod sit idem re et nomine cum subiecto. **[V127ᵛ]** Sed cum dicitur 'omnis homo preter **[P134ᵛᵃ]** Sortem currit', excipitur hoc quod est 'Sortes' primo, non tamen eius negatio opponitur contradictorie huic quod est 'omnis homo'. Unde iste non opponuntur contradictorie 'omnis homo currit', 'Sortes non currit', cum possint simul esse false.

149 Propter hoc dico quod aliquid opponitur alteri dupliciter, vel primo vel ex consequenti, sicut iste opponuntur 'nullum animal currit', 'omnis homo currit', quia sequitur 'homo currit; ergo animal currit'. Similiter dico quod illa negatio 'Sortes non currit', non opponitur huic 'omnis homo currit' primo, tamen ex consequenti opponitur. Et hoc est quia sequitur 'Sortes non currit; ergo aliquis homo **[T32ʳᵇ]** non currit', quoniam si detur oppositum, non poterit stare cum prima. Et sic poterit ab ipso excipi.

---

1 sua] ipsius P 2 contineatur] continetur R 3 non] *om. R* 5 omnes illas] omnes R alias P 7 primo oportet] oportet primo RP 9 et] *om. V* 9 igitur] etiam VRP 9-10 visum... obiciendo] obiectum est RP 10 hoc non exigitur] sic non excipitur pes P 10 cum non] quando R 10 excipitur] excipiatur T 11 pes] *om. TP* 12 est] ad aliud *add. RP* 12 quod... congrua] *om. R* 15 ab... coloratum] *om. P* 15 est] dico V 15-16 et... sit] unde R 16 re] in re V 17 cum] quid TVR 17 dicitur] dicetur TVR 18 excipitur] exigitur P 18 hoc... est] *om. V* 20 iste] due *add. P* 20 opponuntur contradictorie] sunt contradictoria P 20-21 omnis... false] *om. P* 21 cum... possint] quia possint R 22-24 propter... sequitur] *om. P* 22 alteri] alicui V 23 vel] *om. R* 25 similiter] et sic P 26 huic] quod *add. P* 27 et hoc est] *om. V* 28 aliquis] *om. P* 28 quoniam si detur] sed si sic dicatur P 29 poterit] potest R

Utrum a distributione immobili possit fieri exceptio

150 Deinde queritur quare a distributione mobili non potest fieri exceptio. Datum est autem pro regula istud. Et secundum hoc procedit hoc sophisma NON OMNIS HOMO PRETER SORTEM CURRIT. Et queritur hic utrum a distributione immobili possit fieri exceptio. Et videtur quod sic. Dictio exceptiva querit extrahere partem a toto **[V128ʳ]** actualiter existente in eodem. Ergo cum in distributione immobili sint partes actualiter existentes sicut et in mobili distributione, videtur quod a distributione immobili possit fieri exceptio quemadmodum a mobili. Et ita hec erit congrua, scilicet 'non omnis homo preter Sortem currit'.

151 Item. Negatio non removet congruitatem vel incongruitatem ab oratione. Unde si oratio aliqua ante adventum negationis sit congrua, cum advenit negatio adhuc erit congrua, et si sit incongrua, remanebit incongrua. Sed hec est congrua 'omnis homo preter Sortem currit'. Ergo, adveniente negatione, adhuc erit congrua. Quare hec erit congrua 'non omnis homo preter Sortem currit'. Quare ab immobili distributione potest fieri exceptio.

152 Item. Dictio exceptiva est dictio instantiva, unde inventa est dictio exceptiva ad faciendum instantiam. Quare contra quod potest fieri instantia, et exceptio. Ergo si contra distributionem immobilem, quemadmodum contra mobilem, potest fieri instantia, ab ipsa potest fieri exceptio. Et ita sicut convenienter dicitur 'omnis homo preter Sortem currit', ita convenienter dicitur 'non omnis homo preter Sortem currit'.

---

2 deinde] postea *R*   2 queritur] de hoc quod dicitur quod *add. P*   2 a distributione] ad distributionem(!) *V*   2 potest] possit *R*   3 datum est autem] quia hoc datum est *R* quod datum est *P*   3 istud] *om. RP*   3-4 secundum hoc procedit] secundum hoc fundatur *V* super hoc fundatur *P*   5 hic] *om. RP*   8 et] *om. P*   9 distributione] *om. P*   9 a distributione] ab *P*   10 quemadmodum] et *add. R*   10 quemadmodum a mobili] *om. P*   10 hec] non *add. T*   12 item] preterea *VR*   12 vel] *TVR*   13 ab oratione] *om. RP*   13-14 unde ... negatio] *om. V*   14 adhuc] huc *V*   14 congrua] *om. V*   15 sit] *om. TVP*   15 congrua] incongrua *T*   17 erit] est *RP*   18 potest] poterit *R*   19-20 inventa ... exceptiva] ipsa est inventa *P*   20 contra] circa *P*   21 ergo si contra] similiter si circa *P*   21 contra] circa *P*   22 quemadmodum contra] sicut et circa *P*   23 ab ... exceptio] si circa ipsam potest fieri exceptio *P*   23 potest] poterit etiam *R*   24 ita] sicut similiter *V* sic *R*

153 Item. Eadem est potentia nata ad opposita, sicut vult [V128ᵛ] Aristotiles. Unde eadem est potentia qua possit currere et qua possit non currere. Sed mobile et immobile opponuntur. Quare eadem est potentia ad mobilem suppositionem et immobilem. Ergo si a distributione mobili possit fieri exceptio, et a distributione immobili. Quare hec est vera et congrua 'non omnis homo [T32ᵛᵃ] preter Sortem currit'. De alia distinctione que solet fieri contra hanc orationem ex eo quod oratio potest iudicari per unum sincathegorema vel per reliquum, dictum est alias. Et propter hoc ipsam dimittimus.

Solutio

154 Dicimus igitur quod hec est duplex 'non omnis homo preter Sortem currit' ex eo quod potest iudicari per negationem vel per exceptionem. Si iudicetur per negationem, sic cadit negatio supra distributionem et fit distributio immobilis priusquam ab ipsa fiat exceptio. Et sic est incongrua per regulam que est quod:

A distributione immobili non potest fieri exceptio.

Vel potest iudicari per exceptionem ut prius adveniat exceptio circa distributionem quam negatio. Et sic advenit exceptio supra distributionem mobilem et fit exceptio a distributione mobili. Et sic, cum negatio non removeat congruitatem cum advenit negatio, supra ipsam remanebit congrua. [V129ʳ] Et sic hec erit congrua 'non omnis homo preter Sortem currit'. Et sic probatur cum

---

1 Cf. *Metaph.* IX 2, 1046b4–6: "Potentia rationalis valet ad opposita, irrationalis vero ad unum tantum." (*Auct. Arist.* 1, 222) Cf. etiam *Phys.* II 3, 195a11–12: "Eadem causa est causa contrariorum."

---

1 nata] *om. R*   2 unde ... alterum currere] *om. R*   3 mobile et immobile] mobilitare et immobilitare *P*   4 et] et ad *P*   5 distributione] *om. P*   5 possit] poterit *R*   5–6 a distributione] ab *R*   6 immobili] potest fieri exceptio *add. V*   6 est] erit *R*   7 currit] deinde queritur *add. V*   8 fieri] assignari *V*   8 contra] circa *P*   8 hanc] videlicet *add. V*   8 ex eo quod] quod si *V* scilicet quia *P*   8 oratio] *om. R*   9 vel] et *V*   9 reliquum] relicum *sic saepius T* alterum *VP* aliud *R*   9 dictum est alias] tamen aliter *V*   10 ipsam dimittimus] de ipsa omittimus *P* solutio *add. R*   12 hec] oratio *add. V*   14 iudicetur] accipitur *V*   15 fit] sic est *V*   16 fiat] potest fieri *R*   15–16 et ... exceptio] *om. R*   16 que est] *om. TV*   19 circa distributionem] *om. RP*   19 sic] si *R*   20 et] et sic *P*   21–22 cum ... hec] *om. P*   21 advenit] adveniat *V*   23 non ... currit] *om. P*

dicitur 'hec est falsa "omnis homo preter Sortem currit"'. Quare sua contradictoria est vera, hec scilicet 'non omnis homo preter Sortem currit'. Unde probatur secundum quod prius advenit exceptio quam negatio; sed improbatur secundum quod prius advenit negatio quam exceptio.

Respondetur ad rationes

155 Ad [**R290ra**] aliud igitur [150] quod obicitur quod exceptio querit solum quod illud a quo fit exceptio habeat suas partes actu, quod reperitur in distributione immobili, dicendum est quod exceptio exigit ut illa pars que excipitur sit actu in termino a quo fit exceptio et quod ad illum sequatur. Et quia utrumque istorum non reperitur in distributione immobili, propter hoc ab immobili distributione non poterit fieri exceptio.

156 Ad aliud [151] dicendum quod verum est quod negatio non removet congruitatem vel incongruitatem. Et dico quod iudicando ipsam secundum quod prius advenit exceptio quam negatio, ipsa est congrua. Unde dico quod illa ratio procedit secundum quod iudicatur per exceptionem.

157 Ad aliud [152] dicendum quod duplex est [**V129v**] instantia. Est enim instantia in toto et est instantia in parte. Dico ergo quod contra distributionem immobilem potest fieri instantia in toto. Unde iste contradicunt 'non [**T32vb**] omnis homo currit', 'omnis homo currit'. Sed contra ipsam non potest fieri instantia in parte. Unde iste non contradicunt 'non omnis homo currit', 'aliquis homo currit'. Quia igitur hec dictio 'preter' non facit

---

1 hec...currit] omnis homo preter sortem currit hec est falsa *P*   1 quare] quia *R*   2 hec scilicet] *om. P*   3–4 prius...improbatur] *om. R*   4 sed improbatur] improbatur enim *T* improbatur autem *P*   7 aliud igitur] aliud dicendum *V* illud ergo *P*   7 obicitur] dicendum est *add. P*   8–9 querit...quod] exigit *P*   8 habeat] habere solummodo *P*   9 immobili] et propter hoc a distributione immobili potest fieri exceptio et *add. P*   10 exceptio] *om. P*   10 exigit ut] querit quod *P*   11 exceptio] *om. P*   11 et] ad aliud dicendum *V*   11 quod...sequatur] *om. V*   11 et quia] *TVR*   12 immobili] et *add. TVR*   14 verum est quod] *om. P*   15 vel incongruitatem] *om. TVR*   16–17 quam negatio] *om. TVR*   17 ipsa] illa *R* sic *P*   17 dico...ratio] videtur quod illa non *P*   20 est...instantia] *om. T*   20 instantia] *om. T*   21 distributionem] duplicem *R*   22 iste] iste due *P*   22–24 contradicunt...iste] *om. R*   23–24 sed...alterum currit] *om. P*   25 homo] non *add. R*   25 igitur] *om. V*

instantiam pro toto sed pro parte **[P134ᵛᵇ]** — sed hec non potest fieri instantia contra distributionem immobilem —, propter hoc ab immobili distributione non potest fieri exceptio.

158 Ad aliud [153] dicendum quod duplex est potentia. Est enim quedam potentia ordinata et quedam potentia inordinata. Verbi gratia, potentia qua possum currere est inordinata, et indifferenter se habet ad utramque partem, et indifferenter se habet ad opposita. Est autem alia potentia ordinata ad actum, ut potentia qua sol eclipsatur. Et huiusmodi potentia non se habet indifferenter ad opposita, immo determinata est ad alterum. Similiter dico quod potentia dictionis exceptive ordinata est ad distributionem mobilem. Et ita non se habet per indifferentiam **[V130ʳ]** ad distributionem mobilem et immobilem. Et ita non exigitur quod a distributione immobili fiat exceptio.

B. DE HAC DICTIONE 'NISI'

159 Viso de exceptione importata per hanc dictonem 'preter', videndum est de hac dictione 'nisi'. Et primo que exceptio significetur sive importatur per hanc dictionem 'nisi'. Et queritur de natura ipsius, et utrum possit facere exceptionem. Ad cuius naturam inquirendum est de hoc sophismate NICHIL EST VERUM NISI IN HOC INSTANTI.

De hoc sophismate 'nichil est verum nisi in hoc instanti'

160 Et primo queritur, supposito quod hec dictio 'nisi' possit teneri exceptive vel consecutive, utrum prima sit multiplex, hec

---

1 pro] in *R*   1 pro] in *R*   1 sed] et *RP*   2 fieri instantia] *om. P*   2 hoc] *om. P*   3 ab] *om. RP*   3 fieri] instantia vel *add. T*   7–8 utramque...ad] *om. RP*   8 est...alia] est enim *T* cum autem est *P*   9 eclipsatur] utitur eclipsari *V*   9–10 non...indifferenter] indifferenter non se habet *P*   12–13 et...immobilem] et non ad immobilem *P om. R*   14 fiat] possit fieri *R*   16 viso] dicto *P*   17 videndum] dicendum *P*   17 hac dictione] exceptione importata per hanc dictionem *VP*   17 et sive] quia *R*   18 et queritur] consequenter dicendum est *R*   19 possit] fieri exceptio vel *add. R*   20 est] queritur *TV*   23 queritur] queramus *R* queratur *P*   24 utrum...sit] et hec possit esse *P*   24–p. 275,1 hec scilicet] scilicet *R om. P*

scilicet 'nichil est verum nisi in hoc instanti'. Secundo queritur utrum hec dictio 'nisi' possit teneri exceptive vel consecutive. Tertio utrum hec sit vera QUICQUID EST VERUM EST VERUM IN HOC INSTANTI. Quarto queritur de modo improbandi, utrum teneat vel non.

Utrum prima sit multiplex

161 Circa primum sic proceditur. Ad exceptionem tria requiruntur, scilicet subiectum a quo fit exceptio, illud quod excipitur **[T33ra]** et illud respectu cuius fit exceptio. Et oportet quod illud **[V130v]** quod excipitur contineatur in suppositione termini a quo fit exceptio; hec enim est regula de hac dictione 'preter'. Si igitur hec dictio 'nisi' teneatur exceptive in hac oratione, oportet quod illud quod excipitur contineatur sub subiecto, quia a subiecto fit exceptio. Ergo cum terminus exceptus sit hic hoc quod dico 'in hoc instanti' et non possit contineri sub subiecto, quia subiectum subicitur solum pro enuntiabilibus, cum non sit ponere aliud sub quo possit contineri, oportet ponere quod oratio sit incongrua, vel non ponere quod hec dictio 'nisi' teneatur exceptive. Et sic tenebitur consecutive et numquam exceptive.

162 Si dicat aliquis quod non fit exceptio a subiecto sed a tempore consignificato in verbo, contra. Omne quod excipitur ab aliquo, actualiter est in illo a quo excipitur. Et hoc patet: non enim convenienter dicitur 'homo preter Sortem currit'. Et hoc est quia Sortes non actualiter est sub homine, sed solum potentialiter. Convenienter tamen dicitur 'omnis homo preter Sortem currit'. Et hoc est quia Sortes est actualiter sub omni homine. Sed partes

---

1 nisi...instanti] etc. *P*   1 queritur] queratur *R*   3 sit] est *RP*   4 improbandi] procedendi *P*   4 teneat] valeat *P*   8 scilicet] *om. TVR*   8 subiectum] *om. T*   8–11 illud...preter] *om. P*   9–11 et...exceptio] *om. R*   10 contineatur] contineat *T* sit *R*   11 enim] *om. T*   12 teneatur] continetur *R*   12 oratione] propositione *VRP*   13 contineatur] continetur *R*   13–14 quia...exceptio] *om. RP*   14 sit hic] in *R*   15 subiecto] ipso *RP*   15 quia] quod *R*   16 ponere] sumere *P*   17 possit contineri] contineatur *P*   18 vel non ponere] quare non est ponere *R* aut *P*   18–19 exceptive...tenebitur] *om. RV*   19 et...exceptive] et non exceptive *P om. R*   20 dicat aliquis] dicatur *P*   20 non] numquam *T*   20 a subiecto] *om. R*   21 contra] hoc est *add. VR*   22 illo...excipitur] ipso *P*   22–23 non...convenienter] incompetenter enim *P*   24–26 non...sortes] *om. P*   24–26 sed...homine] *om. V*   24 potentialiter] potentia *R*   25 tamen] enim *T*   26 actualiter] accidentaliter continetur *P*   26 omni homine] illo *R*

temporis non sunt actualiter in tempore, sed solum in potentia. Est enim tempus ens per successionem. Quare a tempore non poterit excipi aliqua pars. **[V131ʳ]** Quare a tempore verbi non poterit fieri exceptio nec a subiecto. Quare cum non sit ponere aliud a quo possit fieri exceptio, non poterit hec dictio 'nisi' teneri exceptive.

163 Item. Omnis exceptio fit a subiecto multiplicato aut confuso. Ergo cum tempus consignificatum in verbo non sit multiplicatum aut confusum, ab ipso non fiet exceptio. Quod autem tempus illud non confundatur nec multiplicatur probatio: Omne multiplicans aut confundens aliquid <immediate> significat aut consignificat illud pro quo fit distributio. Et hoc patet in omnibus signis distribuentibus. Hoc enim signum 'qualislibet' distribuit pro accidentibus et accidens significat, et hoc signum 'omnis' distribuit pro substantiis et substantiam significat. **[T33ʳᵇ]**. Ergo cum hec dictio 'nisi' non significet aut consignificet tempus, non poterit confundere tempus. Sed non est aliud quod possit confundere ipsum tempus. Quare remanet non confusum et non multiplicatum. Sed a tali termino non potest fieri exceptio. Quare a tempore consignificato in verbo non poterit fieri exceptio. Et sic idem quod prius.

164 Item. **[V131ᵛ]** Omne quod excipitur ab aliquo, sequitur ad illud a quo excipitur. Unde solum pars que sequitur ad totum habet excipi a toto. Sed nullum consignificatum sequitur ad illud cuius est consignificatum. Quare nullum consignificatum potest excipi a suo subiecto. Et ita, cum tempus sit consignificatum verbi,

---

1 temporis] ipsius *T*   2 ens] *om. P*   2 per successionem] successivum *R*   2 quare a tempore] e tempore quare *T*   3 quare] et sic *P*   3 verbi] *om. R*   4 poterit] potest *R*   4 nec] ut *T*   4 sit] possit *R*   5 possit fieri] fit *T* fiat *P*   5 nisi] preter *P*   7 fit] est *V*   7 a subiecto] ab aliquo *R*   7 aut] et *TV* vel *R*   8 consignificatum] significatum *P*   10 nec] aut *VR*   12 consignificat] significat *V*   12 illud] *om. R*   12 pro] a *R*   13 distribuentibus] distributis *V* distributionis *R*   13 hoc enim] unde hoc *P*   13 qualislibet] quodlibet *R*   14 et] sed communiter *P*   14 et] similiter *add. RP*   14 omnis] quidlibet *R*   14 distribuit] hoc signum *add. R*   15 significat] secundum gramaticum *add. T*   16 non] *om. R*   16 significet] significat *VR*   16 aut] nec *P*   16 consignificet] consignificat *VR*   18 tempus] *om. VRP*   18 remanet non confusum] non remanet non confusum *R* remanet inconfusum *P*   18 non multiplicatum] immultiplicatum *P*   19 sed] et *R*   19 tempore] termino *R*   20 sic] redit *add. P*   23 excipitur] fit exceptio *P*   23 sequitur] habet sequi *V*   24–25 illud…est] *om. P*   26 subiecto] verbo *P*   26 tempus] tempore(!) *V*   26 sit] *om. T*   26 verbi] in verbo *R*

non poterit excipi a verbo. Quare non fiet exceptio a tempore consignificato in verbo.

165 Item. Sicut sunt accidentia verbi, ita sunt accidentia nominis. Sed sicut se habent accidentia nominis ad nomen, ita se habent accidentia verbi ad verbum. Sed a nomine non potest fieri exceptio gratia alicuius consignificati in ipso. Quare similiter a verbo non potest fieri exceptio gratia alicuius consignificati in ipso. Et ita non est ponere quod a tempore consignificati in verbo possit fieri exceptio.

166 Item. Multa **[R290ʳᵇ]** sunt alia consignificata in verbo quam tempus. Ergo cum ab aliis consignificatis in verbo non possit fieri exceptio, ut a modo et persona et aliis consignificatis, videtur quod similiter a tempore consignificato in verbo non possit fieri **[V132ʳ]** exceptio. Propter hoc queritur propter quid a tempore consignificato in verbo fit exceptio potius quam ab aliis consignificatis.

Utrum hec dictio 'nisi' possit teneri exceptive vel consecutive

167 Circa secundum queritur utrum hec dictio 'nisi' possit teneri exceptive vel consecutive. Et videtur quod non. Dictio exceptiva denotat aliter predicatum comparari ad subiectum quam ad exceptum, quia eius cuius est excipere, eius est retorquere actum aliquem ad subiectum vel econverso. Ergo si nullius speciei coniunctionis est retorquere subiectum ad actum aliquem vel econverso, manifestum est quod **[P135ʳᵃ]** nullius coniunctionis est excipere. Ergo cum hec dictio 'nisi' sit sub aliqua specie coniunctionis, non tenebitur exceptive.

---

1 poterit] potest *V*   1 fiet] potest fieri *V* poterit fieri *P*   3–4 sunt...sicut] *om. P*   4 sed sicut] et sic *V*   4 se habent] *om. V*   6 alicuius] *om. R*   6 consignificati] *om. V*   6 a] in *TR*   6–8 a...ita] *om. P*   7 non...exceptio] *om. TR*   7–8 et ita] quare *V om. R*   8 tempore] parte *T*   8–9 possit fieri] poterit fieri *R* fiat *P*   10 alia] *om. P*   11 quam tempus] a tempore *P*   12 ut] nisi *T*   12–14 ut... exceptio] *om. P*   12 et persona] *om. VR*   12 et] et ab *V* vel ab *R*   12 consignificatis] *om. R*   13 similiter] quod *add. R*   13–15 non...verbo] *om. R*   14 propter quid] quare *P*   15 fit] fiat *R* potest fieri *P*   16 consignificatis] accidentibus *T* accidentibus verbi *V*   18 utrum] et in hunc modum queritur *add. P*   20 quam] *coni.* et *TVR* quantum *P*   21 quia...cuius] igitur est *T* cuius igitur est *R* ergo cum *P*   21 est...eius] *om. R*   21 eius] *om. TP*   22 vel econverso] *om. TVR*   22 ergo si] sed *V* sed manifestum est *P*   23 actum] ad *add. T*   23 aliquem] *om. RP*   23 vel econverso] *om. P*   24 manifestum est quod] ergo *P*   24–26 coniunctionis...exceptive] *deest a P*   25 sub] ab *R*

168* Item. Nullum instrumentum ordinatur ad diversa opera [**T33ᵛᵃ**] quorum neutrum est sub altero. Sed excipere et consequi sunt actus totaliter differentes quorum neutrum est sub altero. Ergo nulla dictio poterit ordinari ad utrumque illorum. Et ita videtur quod hec dictio 'nisi' non possit teneri exceptive et consecutive simul.

* cc. **168–197 desunt a P**

169 Item. Si hec dictio 'nisi' tenetur exceptive et consecutive, tunc queritur ad quid illorum primo ordinatur, quia non est ponere quod ad utrumque illorum primo ordinetur. Si primo ordinetur [**V132ᵛ**] ad exceptionem, tunc arguitur: Omne quod primo ordinatur ad aliud, tenetur pro eo ad quod primo ordinatur, sicut dicit Aristotiles in libro *Topicorum*. Dicit enim quod hoc quod est 'subtelare' debet diffiniri per illud ad quod primo ordinatur. Quare hec dictio 'nisi' semper tenebitur exceptive, et numquam consecutive.

170 Item. Si primo ordinatur ad consecutionem, semper tenebitur consecutive et numquam exceptive. Quare videtur quod hec dictio 'nisi' non teneatur indifferenter, scilicet exceptive vel consecutive, immo semper tenetur exceptive, vel semper consecutive.

171 Item. Omne compositum ex aliquibus tenetur secundum naturam eius quod in ipso est secundum totam essentiam ipsius, vel quod in ipso salvatur secundum totum et movetur secundum motum illius, sicut vult Aristotiles. Ergo cum hec dictio 'nisi' sit composita ex negatione et consequentia vel totaliter salvetur in ipsa consequentia, tenetur secundum naturam consecutionis. Quare hec dictio 'nisi' semper tenebitur consecutive, et numquam exceptive.

---

13 *Topica* VI 6, 145a23–25.   24 Cf. *Topica* V 5, 135b3–6.

---

1 nullum] *om. R*   1 ordinatur] *om. V*   1 opera] operatur *V*   2 est] continetur *V*   2–3 sed … altero] *om. V*   5 non] *om. R*   5 et] vel *VR*   8 et] vel *V*   9 quid] quod *T*   9 primo] prius *V*   10 ponere] dicere *V*   10 illorum] *om. VR*   10–12 si … alterum ordinatur] *om. R*   10 primo ordinetur] *om. T*   12 aliud] aliquid *V*   12 primo *om. V*   14 primo] *om. V*   15 semper tenebitur] tenetur *V*   17 primo] prius *V*   19 teneatur] tenetur *TR*   19 scilicet] *om. R*   20 immo] quare *R*   20 tenetur] sic aut sic *add. V*   20 semper] *om. V*   21 compositum] quod est oppositum *V*   22 essentiam] naturam *R*   23 salvatur] est *R*   23 totum] totam essentiam ipsius et quod in ipso salvatur secundum se totum *R*   23 movetur] *coni.* mobiliter *T* non movetur *V* removetur *R*   25 vel] et *R*   25 salvetur] salvatur *V*   25–26 in ipsa] impositio(!) *T*   26 tenetur] tenebitur *V*   26 naturam] natam(!) *T*

172 Item. Omne ultimo adveniens alicui est informativum eius cui ultimo advenit. Ergo cum in compositione eius quod est **[V133ʳ]** 'nisi' ultimo adveniat consecutio, informabitur tota dictio a consecutione. Sed unumquodque tenetur pro eo pro quo primo informatur. Quare hec dictio 'nisi' semper pro consecutione tenetur. Et ita semper tenebitur consecutive et numquam exceptive.

173 Item. Unumquodque tenetur pro eo pro **[T33ᵛᵇ]** quo est in genere. Ergo cum hec dictio 'nisi' sit in genere partium orationis per consequentiam que per ipsam importatur — et hoc patet quoniam est ordinata in consecutione, et ita cum aliis consecutionibus significant consecutionem —, quare semper tenebitur pro consecutione. Et ita semper tenebitur consecutive et numquam exceptive. Et sic nulla est distinctio.

174 Item. Que est proportio coniunctionis ad propositionem et econverso, eadem est proportio specierum coniunctionis ad species propositionis. Ergo cum nulla species propositionis possit teneri consecutive — et hoc est quia consequi est proprium consecutionis —, et nulla species consecutionis poterit teneri exceptive — quia illud est proprium propositionis —, et sic, cum hec dictio 'nisi' sit species consecutionis, non est dicere quod hec dictio 'nisi' possit teneri exceptive.

De falsitate huius propositionis
'quicquid est verum est verum in hoc instanti'

175 Circa tertium sic proceditur. Videtur quod hec sit falsa 'quicquid est verum est verum in hoc **[V133ᵛ]** instanti'. Omnis propositio vera est vera pro tempore pro quo est propositio. Unde

---

1 omne] ex *add.* V 1 ultimo] ultimum R 1 informativum] informet V in forma R 1 eius] ipsum(!) V 2 eius . . . est] huius quod dico R 4 a] alii(!) R 4 pro] a V 5–6 pro . . . semper] *om.* TV 10 per consequentiam] pro consecutione T 11 ita] etiam R 11 aliis] partibus orationis *add.* V 12 consecutionibus] que V 13 pro . . . tenebitur] *om.* V 13 et . . . consecutive] *om.* R 15 coniunctionis ad propositionem] propositionis ad coniunctionem TR 16–17 ad species] et specierum V 18 consequi] illud T consequentia R 19 et] similiter V 19 poterit] possit T 20–21 cum . . . sit] quia illud sit V 20 quia . . . est] quia est T cum illud sit VR 20 est] proprie *add.* R 20 cum] est R 22 teneri] possit *add.* R 25 proceditur] videtur TV 25 videtur . . . falsa] utrum hec sit vera V 26 instanti] et videtur quod sit falsa quia oportet quod *add.* V 27 vera . . . vera] sit vera V est vera est vera(!) R 27 tempore] illo R

propositio vera que est de presenti, est vera pro presenti, et similiter propositio vera de futuro est vera pro futuro. Sed nulla propositio est propositio pro instanti. Ergo nulla propositio est vera pro instanti. Quare hec est falsa 'quicquid est verum est verum in hoc instanti'.

176 Item. Si aliquid est verum in hoc instanti, instans est mensura illius veritatis. Sed veritas mensuratur ab aliquo pro tempore eodem pro quo est illud a quo mensuratur, et solum pro tali. Unde cum aliquid mensuratur a tempore vel ab aliquo alio, quantum est mensurans, tantum est mensuratum. Unde quantum est tempus, tanta est actio que fit in eo, et econverso. Ergo si veritas mensuratur ab instanti, durabit secundum instantis durationem. Sed instans modo est nunc, et modo non erit. Ergo et veritas modo est, modo non est. Ergo si quicquid est verum est verum in hoc instanti, est verum modo, et modo non erit verum. Et sic omne verum est verum contingens. Quod est inconveniens. Quare hec est falsa 'quicquid est verum est verum in hoc instanti'.

177* Item. Veritas sequitur inherentiam **[T34ra]** predicati ad subiectum. **[V134r]** Sed inherentia predicati ad subiectum non fit pro instanti, sed pro tempore. Quare veritas non est pro tempore, sed pro instanti. Sed quod non est verum pro instanti non est verum in instanti. Quare nichil est verum in hoc instanti. Et sic hec erit falsa 'quicquid est verum est verum in hoc instanti'.

* cc. **177** et **178** desunt a R

178 Item. Quod non est verum in instanti, non est verum in hoc instanti. Sed verum necessarium non est verum in instanti,

---

1 que...vera] *om. R*   1 similiter] *om. V*   2 est] propositio *add. V*   2 pro futuro] de futuro *V*   2 nulla] est *add. R*   3 pro] in *T*   7 mensuratur...aliquo] mensurata ab aliquo est *R*   7 pro] *om. V*   8 a quo] per quod *VR*   9 cum...alio] *om. T*   9 alio] *om. R*   10 unde] et *T*   11 que...eo] que fit in tempore *bis in V* que fit in ipso *R*   11 si] *om. R*   11 veritas] *om. VR*   12 durabit] veritas *add. V* veritas eius *add. R*   13 modo] *om. T*   13 ergo et] quare *VR*   14 modo] eodem modo *T*   14 modo non est] *om. TR*   14–15 ergo...modo] *om. VR*   15 et...verum] *om. V*   15 verum] *om. R*   15 et sic] cum *V* et ita *R*   16 omne verum] *om. V*   16 verum] *om. T*   16 quod] sed *V*   16 quare] et sic *T*   18 sequitur] consequitur *V*   18–19 ad subiectum] cum subiecto *T*   19 predicati ad subiectum] alicuius pro aliquo *T*   20 fit] *om. V*   20–21 quare...instanti] *om. T*   21–22 sed...in instanti] *om. T*   22 quare...instanti] et sic veritas non habet esse in instanti sed in tempore *T*   22–23 et...instanti] quare predicta oratio falsa *T*   25 verum] *om. T*   25 verum] *om. V*   26 hoc] *om. T*   26 verum] nullum *T*   26 necessarium] cum *add. V*   26 non] *om. T*   26 verum] *exp. T*

nec in tempore; sic enim esset corruptibile. Ergo verum necessarium non est verum in instanti. Et sic non omne quod est verum est verum in hoc instanti. Quare hec erit falsa 'quicquid est verum est verum in hoc instanti'.

De modo probandi

179 Circa quartum queritur utrum teneat hec argumentatio 'nichil est verum nisi in hoc instanti; ergo te esse asinum non est verum nisi in hoc instanti'. Et videtur quod non. Iste terminus 'nichil', cum sic dicitur 'nichil est verum nisi in hoc instanti', supponit pro enuntiabilibus veris. Quare cum hoc enuntiabile 'te esse asinum' non sit verum enuntiabile, non assumitur sub hoc quod dico 'nichil'. Quare non sequitur 'nichil est verum *etc.*'. **[V134ᵛ]** Quare non sequitur predicta argumentatio.

180 Item. Pro eodem supponit terminus in uno convertibili et in altero. Sed iste due convertuntur 'nichil est verum *etc.*' et 'quicquid est verum *etc.*'. Ergo cum in hac oratione 'quicquid est verum *etc.*' fiat solum distributio pro enuntiabilibus veris, et similiter in hac 'nichil est verum *etc.*', fiet solum distributio pro enuntiabilibus veris. Quare sub ipsa non licet assumere hoc enuntiabile 'te non esse asinum'. Quare non sequitur predicta argumentatio.

181 Si hoc concedatur, contra. Iste terminus 'nichil' est terminus communis non restrictus ab aliquo. Quare supponit **[R290ᵛᵃ]** pro quolibet enuntiabili. Et ita, cum hoc enuntiabile 'te esse asinum' sit enuntiabile, supponet pro ipso. Quare ab ipso poterit inferri. Quod autem sit terminus non restrictus probatio: Nichil positum in aliquo predicato restringit aliquid quod est in subiecto. Ergo cum hec dictio 'verum' sit terminus positus in predicato, <non> restringet pro enuntiabili tam vero quam falso. Et ita sequitur predicta argumentatio.

---

1 tempore] cum omne quod est in instanti nec in tempore *add. V*   1 sic ... corruptibile] cum omne quod est in instanti est corruptibile *V*   1–2 verum ... instanti] nullum necessarium est verum in instanti *T*   2–3 et ... instanti] *om. T*   3 hec ... falsa] non *T*   6 circa quartum] quarto *VR*   9 *prius* nichil] *om. V*   10 enuntiabilibus] entibus *R*   10 te] Sortem *T*   11 assumitur] fit assumptio *V* assumetur *R*   12 etc.] *om. T*   13 quare ... argumentatio] ergo te esse asinum etc. *V*   14 item] *om. T*   16 hac oratione] oratione *T* hac *VR*   17–19 et ... veris] *om. R*   19 licet] licebit *V*   20 predicta argumentatio] hec argumentatio predicta *V*   22 supponit] supponet *R*   23 quolibet] omni *T*   23 cum] *om. V*   25–28 quod ... falso] *om. TR*

182 Item. Maior [**V135ʳ**] negatio de aliquo relinquit minorem negationem de eodem. Ergo cum per hoc quod dico 'nichil' habetur negatio de quolibet enuntiabili, et etiam de quolibet ente ipsa poneret negationem huius enuntiabilis 'te esse asinum *etc.*'. Quare sequitur 'nichil est verum *etc.*; ergo non te esse asinum est verum *etc.*'.

Solutio

183 Solutio. Ad primum dicendum quod hec est vera 'nichil est verum nisi in hoc instanti' sine distinctione aliqua. Quia tamen distinctio est probabilis, ipsam sustineamus, et rationes in contrarium solvamus. [**T34ʳᵇ**] Dico enim quod hec est multiplex 'nichil est verum *etc.*' sive sophistica, quia hec dictio 'nisi' potest teneri exceptive vel consecutive. Si teneatur exceptive, sic est vera, et tunc est sensus 'nichil est verum nisi in hoc instanti', idest *nichil est verum in alio instanti preterquam in hoc*, cum nichil sit tempus nisi nunc, sicut vult Aristotiles. Si autem teneatur consecutive, adhuc est duplex, quia hec dictio 'nisi' potest denotare consequentiam *ut nunc* vel consequentiam *simpliciter*. Si consequentiam *simpliciter*, tunc debeat quod falsa est, quia tunc denotat consequentiam pro quolibet tempore.

184 Item. In consequentia *simpliciter* exigitur localis habitudo, [**V135ᵛ**] et illa duo non reperiuntur in hac 'quicquid est verum est verum in hoc instanti'. Si autem denotat consequentiam *ut nunc*, tunc est vera, et est sensus 'nichil est verum *etc.*', idest *si aliquid est verum pro tempore quod est nunc, est verum in hoc instanti*. Et

---

16 *Auct. Arist.* 2, 138: "Nihil habemus de tempore nisi nunc et praesens tempus." Cf. Thomas Aquinas *In Phys.* IV, lect. 17, n. 572; Cf. Arist., *Physica* IV 11, 218b33, 219a3–8.

---

2 per] *om. VR*   3 habetur] habeat *V* sit *R*   3 etiam] igitur *T*   3 ente] enuniabili *add. R*   4 poneret] ponet *V*   4 entuntiabilis] *om. TV*   4 te] non *add. TR*   5 te ... asinum] te non esse asinum *T* te esse asinum *VR*   5–6 est verum] *om. R*   8 ad primum] *om. VR*   8 hec] prima *add. V*   9 nisi ... instanti] etc. *VR add. T*   9 quia] quare *V*   10–11 in contrarium] ad hoc *R*   11 solvamus] solvimus *T*   12 sive sophistica] sed sophisticas *V* secundum sophisticas *R*   12 quia] quare *V*   13 teneatur] tenetur *T*   13–14 sic ... et] *om. TV*   14 tunc] *om. R*   15 alio] aliquo *T*   15 preterquam] nisi *R*   19 debeat ... est] prima falsa *R*   20 quolibet tempore] qualibet differentia temporis *R*   22 quicquid] si aliquid *TR*   23 denotat] denotet *R*   25 est ... in] non est verum nisi in *V*

sic non denotatur consequentia respectu cuiuslibet temporis, sed respectu temporis quod est nunc.

185 Sed non videtur quod hec oratio potius habeat falsitatem cum hec dictio 'nisi' tenetur exceptive quam cum consecutive tenetur. Quedam enim sunt que non sunt in tempore pro parte aliqua temporis, sed pro toto tempore continuo, et quedam sunt in tempore pro parte aliqua temporis. Contingentia enim sunt in tempore pro parte aliqua temporis, necessaria vero sunt pro toto tempore et non pro aliqua parte temporis. Contingentia enim sunt pro parte aliqua temporis et non pro toto tempore. Et de hiis que sunt in toto tempore possumus dicere quod sunt in alio tempore ab hoc instanti. Et hoc est quia tempus relatum ad ipsa non recipit prius neque posterius, sed est simul totum respectu ipsorum. Et secundum hoc possumus dicere quod hec est falsa 'nichil est verum *etc.*', quia aliquid est verum et non est verum in hoc instanti solum, sed <etiam> in alio tempore. Unde secundum quod tenetur exceptive hec dictio 'nisi', videtur esse oratio falsa, cum hec sit falsa 'nichil est verum in tempore preterquam in hoc **[T34ᵛᵃ]** instanti'. Et patet per simile, quia motus primi mobilis necessarius est in tempore, **[V136ʳ]** non enim solum in hoc instanti. Et hoc est quia in tempore est secundum totum tempus. Et secundum hoc hec est falsa 'nichil est verum in tempore preterquam in hoc instanti'. — In contrarium autem est ratio Aristotilis, cum dicit quod nichil est tempus nisi nunc.

186 Ad hoc dicimus quod tempus dupliciter potest considerari, aut secundum se, aut secundum quod comparatur ad motum sensibilium et corruptibilium. Considerando autem secundum se, aliquid est temporis preter nunc. Considerando autem ipsum secundum quod comparatur ad motum sensibilium et corruptibilium, sic componitur tempus ex posteriori et priori, et sic est interruptum,

---

23 *Ibid.*

---

1 consequentia] *om. R*   2 respectu ... est] *om. V*   3 sed] *om. V*   3 non] nolus*(!)* *R*   4 tenetur] teneatur *T*   4 cum] hec dictio nisi *add. T*   5 tenetur] *om. V*   9–10 contingentia ... tempore] *om. R*   11 alio] aliquo *VR*   12 tempore] et *add. V*   12 instanti] scilicet in aliquo tempore *add. R*   12–16 et ... instanti] *om. VR*   16 sed ... tempore] *om. R*   17 nisi] nichil *V*   18 falsa] verum *R*   18 preterquam] verum *add. R*   19 per simile] simile *T* similiter *R*   20 enim] *om. V*   22–23 et ... instanti] *om. R*   23 instanti] et hoc est *add. V*   23 autem] tamen *V* vero *R*   27–29 considerando ... corruptibilium] *om. R*   28 autem] quantum *add. V*   29 corruptibilium] et *add. V*   30 sic componitur] si comparetur *R*   30 tempus] *om. V*

et non est aliquid suarum partium nisi nunc. Et sic dicit Aristotiles quod non est tempus nisi nunc. Et sic accipitur tempus secundum quod est mensura contingentium, et non eorum que habent de necessitate esse.

187 Sustinendo igitur distinctionem, dicimus quod a tempore consignificato fit exceptio, et non a distributione illa. Et rationem ad hoc concedimus. Et tempus illud consignificatum in verbo confunditur ab illa distributione non immediate, sed mediate re verbi. Multiplicatur enim subiectum primo, et per multitudinem subiecti est multiplicata res verbi. Et hoc est [V136ᵛ] quia impossibile est eundem actum esse in pluribus subiectis et per multitudinem rei verbi multiplicare tempus quod est mensura illius actus.

Respondetur ad rationes in contrarium factas

188 Et sic solvendum est ad illud [163] quod obicitur contra hoc, quod dictiones confundentes aliquid immediate significant aut consignificant illud pro quo fit distributio, sicut hoc signum 'omnis' immediate distribuit substantias et substantiam significat.

189 Similiter hoc quod dico 'qualislibet' distribuit immediate accidentia et accidens consignificat. Sed hec dictio 'nichil' non immediate distribuit tempus consignificatum in verbo. Et ideo non oportet quod significet vel consignificet tempus. Sed hec dictio 'semper' distribuit pro tempore immediate et tempus significat. Est enim adverbium temporis. [T34ᵛᵇ] Notandum est super hoc quod tempus consignificatum in verbo non est solum sicut modus intelligendi in ipso, sed sicut res quedam, cum sit mensura ipsius.

---

1 *Ibid.*

---

1 et] sic *add. R*   2 nisi nunc] *om. R*   3 et] sed *V*   5 igitur] *om. R*   5 tempore] *om. R*   7 illud] est *add. V*   8 confunditur] *om. VR*   8 ab] de *V*   8 distributione] distinctione *V*   8 non] *om. VR*   8 sed] si *V*   8 re] rei *R*   9 enim subiectum] *om. R*   9 et] non *add. V*   10 est multiplicata] *om. V*   11 esse] erit *V*   11 per] *om. T*   12 tempus] tempore *V*   14 ad] *om. V*   15 significant] significent *V*   16 consignificant] significant *V*   17 immediate] *om. V*   17 significat] significet *V*   18 similiter] et *R*   18 immediate] *om. R*   19 accidentia] pro accidentibus *R*   19 et... alterum non] *om. V*   19 hec dictio] hoc quod dico *R*   21 hec dictio] hoc quod dico *R*   22 semper] nisi *V*   22 distribuit... immediate] non immediate distribuit tempus assignatum in verbo et ideo non oportet quod significet tempus sed hec dictio nisi semper distribuit pro tempore immediate *add. V*   22 et... significat *om. T*   23 notandum] nota *R*   23 est] etiam *VR*   24 consignificatum] *om. R*   25 cum sit] quia est *R*

Alia autem sunt accidentia in verbo, sicut modus intelligendi ipsius et non sicut res aliqua. Et propter hoc non sunt aliqua natura separata ab ipso nomine vel ab ipso verbo, sed cum tempus sit res aliqua **[V137ʳ]** et non sit modus intelligendi solum, habet naturam aliquam separatam a verbo. Et ideo ab ipso potest fieri exceptio, cum sit res quedam et subiectum aliquod habens partes, et multiplicatur pro illis. Ab aliis autem accidentibus verbi vel nominis non potest fieri exceptio, cum non sit natura aliqua secundum se, nec sint aliquod subiectum. Et sic soluta sunt ea [165–166] que queruntur **[R290ᵛᵇ]** propter quid ab aliis accidentibus verbi a tempore non potest fieri exceptio, et propter quid ab aliis accidentibus nominis non fiat.

190 Ad secundum [167] dicendum quod hec dictio 'nisi' potest teneri exceptive vel consecutive. Et secundum hoc sic ponentes respondemus ad rationes [167–174] in contrarium. Notandum igitur quod hec dictio 'nisi' primo et principaliter significat consecutionem. Cuius signum est quod unaqueque dictio pro illo quod primo significat, aut primo dat intelligere, est in genere partium orationis. Et hec dictio 'nisi' per consecutionem quam significat est in genere partium orationis. Ponitur enim sub coniunctione, et est quedam species coniunctionis. Si igitur significaret primo exceptionem, esset in specie prepositionis. Sed non sic est, sed ex consequenti intelligimus quod significat exceptionem. Unde sicut exceptio ponit **[V137ᵛ]** aliquid et aliquid removet, sic hec dictio 'nisi' aliquid ponit et aliquid removet. Unde sensus est huius 'Sortes non currit nisi movetur': *si Sortes currit, Sortes movetur, et si non movetur, non currit.* Et ideo posuerunt quod hec dictio 'nisi' exceptive **[T35ʳᵃ]** potest teneri. Sed hec significatio causata est a consecutione que per ipsam denotatur. Unde consecutio est causa illius exceptionis, ut sic sit reducere ipsam ad naturam exceptionis hoc modo: si omnis alius a Sorte currit et Sortes non currit,

---

1 alia] alii *V*   1 sunt] *om. R*   2 et... alterum aliqua] *bis in T*   2 aliqua natura] illa aliqua *R*   4 sit] sicut *codd.*   6 sit] *om. V*   7 autem] *om. TV*   9 soluta... ea] solvuntur *R*   10 queruntur] querentur *V*   11 propter quid] *om. R*   12 fiat] potest fieri exceptio *R*   14 secundum hoc] *om. V*   14 ponentes] pones *V*   16 igitur] ergo *R om. V*   16 significat] consignificat *V*   18 quod] pro quo *R*   18 aut] ac *V*   18 est] sit *R*   21 significaret] significet *TR*   21 primo] *om. R*   22 esset... prepositionis] *om. VR*   22 sed... est] hoc non est primo *R*   23 exceptionem] hoc modo *add. R*   24 sic] sicut *V*   25 unde] enim *R*   27 movetur] currit *V*   27 currit] movetur *V*   28 potest teneri] *om. V*   30 sic] *om. V*   31 si] sed *R*   31 et... currit] *bis in V*

omnis homo preter Sortem currit, et ita, ex virtute consecutionis et negationis infertur exceptio. Et quia hec duo dat intelligere hec dictio 'nisi', positum est quod hec dictio 'nisi' possit teneri exceptive. Et si hoc est verum, tunc exceptionem non primo significat, sed ex consequenti.

191 Quod igitur obicitur quod [168] hec dictio 'nisi' ordinatur ad duo primo et principialiter, ad hoc dicendum est quod hec dictio 'nisi', cum sit instrumentum, non ordinatur primo et principialiter ad duo, sed ad unum primo ordinatur, ad alterum ex consequenti. Hoc autem non est inconveniens, <scilicet> aliquid ordinari primo ad unum et ad multa per consequens, sicut patet in instrumentis **[V138ʳ]** artificialibus: securis enim primo ordinatur ad sectionem lignorum, potest tamen ad aliud ordinari ex consequenti. Et similiter hec dictio 'nisi' primo ordinatur ad consecutionem, ex consequenti autem potest ordinari ad exceptionem. Et secundum hoc patet solutio alterius [169], quia primo ordinatur ad consecutionem.

192 Quod igitur obicitur [170] quod id quod primo ordinatur ad aliquid semper tenetur pro eo ad quod primo ordinatur, dico quod hoc verum est, quantum est de se, de virtute tamen utentis potest ordinari primo ad id quod dat intelligere ex consequenti. Et sicut hec dictio 'nisi' quantum est de se semper significat consecutionem et tenetur semper consecutive, tamen quantum est de virtute utentis potest teneri exceptive vel consecutive primo.

193 Secundum iam dicta patet solutio ad alia [171–174] que queruntur, secundum quod hec dictio 'nisi' informatur in consecutione, et ita remanet in consecutione secundum suum totum esse. Et ponimus quod hec dictio 'nisi' semper significat consecutionem primo. Et hec est principalis significatio ipsius a qua imponitur. Et hoc modo procedebant obiectiones ipsius que ad hoc inducebantur.

---

2 et] virtute *add. R*   2 hec duo] *om. V*   2 dat] dant*(!) R*   3 positum est] deinde positum *V* positum *R*   4 non] *om. R*   6–7 hec...hoc] *om. R*   7 ad hoc] *om. V*   7 dicendum] concedendum *R*   11 per consequens] ex consequenti *R*   13 sectionem] seccationem *V*   13 ad aliud] *om. V*   14 similiter] sic *R*   15 autem... ordinari] ordinatur *R*   18–20 quod...est] *om. V*   18 primo] *om. R*   20 utentis] intrinseci *V*   22 et] *om. TV*   22 sicut] si *R*   22 significat] dat intelligere *R*   23–24 tamen...consecutive] *om. R*   26 secundum quod] ponimus enim *T*   26 informatur] infertur *V* tenetur *R*   26–27 in consecutione] consecutive *R*   28–29 et...primo] *om. T*   30 procedebant] patebunt *V*   31 inducebantur] adducebantur *R*

194 Ad tertium [175–178] dicendum quod hec est vera 'aliquid est verum in hoc instanti'. Sed instans **[T35ʳᵇ]** dupliciter est accipere. <Uno modo> scilicet secundum quod est aliquid fluens, et hoc modo **[V138ᵛ]** tempus et instans habent partes, sicut punctus fluens idem est quod linea. Est iterum <alio modo> accipere instans, prout est aliquid simpliciter et indivisibile respectu temporis, sicut punctus respectu linee et unitas respectu numeri. Et primo modo instans potest esse mensura prolationis et orationis. Et sic est aliquid verum in hoc instanti. Secundum autem quod est aliquid simpliciter et indivisibile, secundum hoc non est aliquid verum in ipso, cum non sit mensura alicuius prolationis vel actionis nisi actionis que fit subito.

195 Solvendum est igitur quod aliquid est verum pro instanti secundum quod instans est idem quod est tempus. Et sic aliquid est verum in instanti. Secundum autem quod est aliquid simpliciter, sic non est aliquid verum in instanti, nec verum pro instanti. Et sic procedebant rationes. Quomodo autem necessaria vera sunt et in tempore et in instanti, visum est superius. Non enim sunt in tempore pro parte aliqua, sed pro toto tempore. Et sic non oportet ipsa esse corruptibilia.

196 Ad quartum [179–182] dicimus quod non valet improbatio, immo peccat secundum fallaciam consequentis a superiori ad inferius affirmando. Et hoc patet resolvendo ipsas. Cum enim sic dicitur 'nichil est verum nisi in hoc instanti', sensus est *nichil est verum in alio instanti ab hoc, et aliquid est* **[V139ʳ]** *verum in hoc instanti*. Item. Cum sic dicimus 'te esse asinum non est verum nisi in hoc instanti', sensus est *te esse asinum non est verum in instanti alio ab hoc*

---

3 scilicet] *om.* T   4 hoc ... partes] indivisible respectu temporis R   4 habent] habet V   5–7 fluens ... punctus] *om.* R   5 iterum] enim T   6 aliquid simpliciter] quid simplex T   7 numeri] et iterum est alio modo accipere instans *add.* V est iterum alio modo accipere instans secundum quod est aliquid fluens et hoc modo instans habet partes fluens idem est quod linea *add.* R   8 primo] hoc VR   8 modo] est *add.* V   8 instans] est *add.* R   8 prolationis] approbationis(!) T   9 sic] hoc modo R   9–11 hoc ... in] *om.* V   10 aliquid] quid R   12 subito] in subiecto VR   13 solvendum] sciendum V   13 instanti] existenti V   14 instans] in istis R   14 est] *om.* R   15 verum] *om.* R   15–16 secundum ... instanti] *bis in* T   15–16 secundum ... alterum instanti] *om.* V   16 in] hoc *add.* R   17 procedebant] procedunt VR   17 autem] *om.* R   18 vera] *om.* V   18 et] et ita V *om.* T   19 enim] autem R   20 ipsa] est *add.* T   20 ipsa est] ea sint R   22 fallaciam consequentis] consequens R   23 sic] *om.* R   25 in] pro V

instanti, et hoc est verum in hoc instanti. Referendo igitur illas pro negativis tenet argumentatio [182]. Sed pro affirmativis non tenet. Non enim sequitur 'aliquid est verum in hoc instanti; ergo te esse asinum est verum in hoc instanti', immo peccatum est secundum consequens.

197 Sic igitur dicimus quod prima est vera, et non valet improbatio. Quod igitur obicitur quod maior negatio de aliquo relinquit **[R291ra]** minorem negationem de eodem, et quod ibi sit negatio de quolibet **[T35va]** enuntiabili, dicendum est quod, quantum est de virtute negationis, bene sequitur, sed quantum ad affirmativas que in ipsis intelliguntur, non sequitur. Utrum autem iste terminus 'nichil' restringatur, dicimus quod sic, et huiusmodi restrictio non provenit a parte predicati, sed ab ordinatione ipsius ad consecutionem. Non enim pro se toto ordinatur, sed pro enuntiabilibus veris.

---

1 instanti et] quod *V* 1 hoc] *om. TV* 1 in hoc instanti] *om. V* 1–2 illas pro negativis] negativas negativis *T* negatio negationis *V* 2 pro affirmativis] in affirmatione *R* 2 tenet] sequitur *V* vel non sequitur *add. T* 3 asinum] non *add. R* 3 est verum] *om. V* 6 prima est vera] *om. R* 7 improbatio] et quod est vera *add. R* 8 negationem] *om. TV* 11 non sequitur] *om. R* 13 huiusmodi] quidem *add. V* 15 enuntiabilibus] entibus *T*

IV DE HAC DICTIONE 'SI'

1* Consequenter dicendum est de hac dictione 'si' et de virtute ipsius. Primo igitur dicamus secundum quod dicitur quod **[V139ᵛ]** quando hec dictio 'si' denotat diversas consequentias diversis habitudinibus confirmatas, tunc impeditur locus a primo ad ultimum. Et queritur utrum hoc sit verum. Et hoc habet queri in hiis sophismatibus: SI TU ES UBIQUE, TU NON ES UBIQUE; SI TU SCIS TE ESSE LAPIDEM, TU NESCIS TE ESSE LAPIDEM; SI NICHIL EST, ALIQUID EST; SI NULLUM TEMPUS EST, ALIQUOD TEMPUS EST; SI NULLA PROPOSITIO EST VERA, ALIQUA PROPOSITIO EST VERA.

* cc. 1–4 desunt a P

Utrum diversitas consequentiarum impediat processum a primo ad ultimum

2 Quod diverse consequentie non impediant argumentum videtur. Ubicumque est eadem causa, ibi est idem effectus. Quare si diverse consequentie impediant argumentum, ubicumque erunt, diverse consequentie impedient argumentum. Sed hoc est falsum, quia hec argumentatio est necessaria 'si Sortes est homo, Sortes est animal; et si Sortes est animal, Sortes est animatum; et si Sortes est animatum, Sortes non est inanimatum; ergo a primo: si Sortes est homo, Sortes non est inanimatum'. Ergo cum ibi sint diverse consequentie diversis habitudinibus confirmate, manifestum est quod diverse consequentie non impedient **[V140ʳ]** argumentum a primo ad ultimum.

---

2 consequenter] item post hoc *V*   2–3 hac ... ipsius] hiis que incidunt ex virtute huius dictionis si *R*   3 secundum] *om. VR*   3 quod dicitur] *om. R*   4 diversis] *om. R*   5 confirmatas] con *rasura in V*   5 tunc] *om. R*   6–7 hiis sophismatibus] hoc sophismate *R*   7 es ... non es] non est ubique es ubique *V*   8 nescis] *TR*   8 nichil est] non est aliquid *T*   14 ibi est] et *V*   14 quare] quia *R*   14 si] *om. VR*   15–16 ubicumque ... argumentum] *om. R*   16 impedient] impediant *V*   17 quia] quare *V*   17 hec] *om. R*   17 necessaria] bona *R*   18 et] *om. TR*   21 diversis habitudinibus] diversi habitus *T*

3 Item. Dicit Aristotiles quod quicquid sequitur ad consequens, sequitur ad antecedens. Ergo si in hiis consequentiis omnibus ad consequens unius sequitur antecedens alterius, ut patet in inductione omnium, manifestum est quod hec omnia sequuntur ad primum antecedens. Quare etsi sint diverse consequentie, tenebitur argumentum a primo ad ultimum.

4 Item. Quod potest fieri per **[T35ᵛᵇ]** unum, potest fieri per duo. Ergo si ex una consequentia necessaria potest fieri necessarium argumentum — ut cum dicitur 'si Sortes est, homo est; si homo est, animal est; ergo si Sortes est, animal est' —, manifestum est ergo quod ubi erunt plures consequentie necessarie, magis erit argumentatio necessaria. Ergo cum in omnibus orationibus predictis sint plures consequentie necessarie, erit argumentum necessarium. Quare secundum hoc tenebit probatio, nec impedient diverse consequentie huius processum.

5 Item. Consequentie intermedie in loco a primo ad ultimum se habent sicut medium in cathegorico sillogismo. Que igitur est proportio medii ad extremitates in cathegorico sillogismo, eadem est proportio consequentiarum ad **[V140ᵛ]** primum antecedens et ad ultimum consequens in ypotetico sillogismo. Igitur si diversa comparatio medii ad extremitates non impediat cathegoricum sillogismum, nec diverse consequentie impedient ypoteticum sillogismum. Quare diversitas consequentiarum non impediet processum a primo ad ultimum. Quod autem diversitas medii non impediat sillogismum **[P135ʳᵃ]** cathegoricum videtur. Contingit enim sillogizare ex altera affirmativa et altera negativa, et ex una universali et altera particulari. Ergo si aliter sumatur medium in affirmativa et negativa, in universali et particulari, manifestum est quod

---

1 Cf. *Anal. Priora* I 28, 43b40sqq.

---

1 quod] *om. TV* 2 ergo si] cum ergo *R* 4 est] *om. TV* 4 sequuntur] consequuntur *R* 4 primum] ipsum *V* 5 etsi] si *R* 5 tenebitur] semper *add. V* 5 argumentum] locus *R* 7 unum] melius est quod *add. R* 8 potest fieri] fit *V* erit *R* 9 ut] *om. V* 9–10 est...alterum si] *om. R* 10 ergo...animal est] *om. V* 11 ergo] *om. VR* 12 ergo] sed *V* 12 orationibus] *om. R* 13 necessarie] nec *add. R* 13 erit] est *V* 14 necessarium] *om. V* quare predicta argumentatio erit necessaria *add. R* 14–15 secundum...processum] etc. *R* 16 in loco] *om. T* 18 cathegorico] aliquo *V* 19 est] *om. T* 19 ad] ultimum *add. V* 21 impediat] impediat *TRP* 23 quare] cum *V* 24 ultimum] argumentum *add. R* 25 enim] *om. TR* 26 ex] *om. TVR* 27 si] sic *R* 27 si...verumtamen] ergo cum in hiis diversimode sumatur medium *P* 27–28 aliter...particulari] *om. R* 28 in] et *V*

diversificatur medium, cum sillogizaret ex affirmativa et negativa universali et particulari. Verumtamen tenet sillogismus. Quare diversa comparatio medii ad extrema non impedit sillogismum.

6 Item. Consequentia est quedam relatio sive forma respectiva, nam sicut relatio sumitur in duobus et in uno non potest finiri, sic consequentia in uno non potest finiri, sed in duobus. Sed omnis relatio est diversorum. Quare omnis consequentia est diversorum. Ergo diversitas argumentorum sive diversa habitudo non impediet consequentiam. Quare si **[V141ʳ]** diverse consequentie sint, semper tenebit locus a primo ad ultimum.

Utrum debeat esse locus ab ultimo ad primum, vel a primo ad medium, et sic de aliis terminis in sillogismo

7 Item. Queritur, cum in sillogismo sint tres termini, primum, medium et postremum: cum sit quidam locus a primo ad ultimum, quare non sit locus ab ultimo ad primum. Et **[T36ʳᵃ]** videtur quod sic debeat esse, quia sicut aliquando postremum concluditur de primo, sic aliquando concluditur primum de postremo. Item. Sicut contingit devenire a primo ad ultimum, sic contingit devenire ab ultimo ad primum. Non enim est solum via in arte descendendi a genere in genus, sed etiam est via ascendendi ab uno in alterum. Ergo sicut est quidam locus a primo ad ultimum, sic debet esse locus ab ultimo ad primum.

---

1 diversificatur medium] diversificant medie *V* diversificatum est medium *R* 1 sillogizaret] subicitur *V* sillogismo tamen est ex altera *R* 1 affirmativa] *bis in R* 1 negativa] una negativa *R om. TV* 2 verumtamen] autem *R* 2 tenet] remanet *TP* 2 quare] et ita *P* 3 medii ad extrema] *om. P* 3 ad extrema] *om. VR* 3 impedit] impediat *V* argumentum sive *add. R* 4 sive ... respectiva] *om. P* 4 forma] relativa sive *add. R* 5 relatio] multitudo *V* similitudo(?) *R* 5 finiri] fieri *VR* 6 sic] nec *add. R* 6 non ... finiri] tantum *R om. V* 6 sed in duobus] *om. R* 6 sed] et *V* 7 omnis] *om. P* 7-8 quare ... diversorum] *om. P* 7 est] *om. TR* 8 ergo ... argumentorum] *om. R* 8 argumentorum] aliquorum *V* consequentiarum *P* 8 sive] et sic *R* 14 postremum] ultimum *P* 15 quare] propter quid *VRP* 15 sit] est *VRP* 15 locus] quidam *P* 16 sic] *om. P* 16 quia] quare *V* 16 postremum] primum *TVP* 17 de primo] de postremo *TVP* a primo *R* 17-18 sic ... primo] etc. *R* 17 primum de postremo] postremum de primo *TVP* 17 item] preterea *V* 18 devenire] de necessitate *add. V* 18-19 devenire ... primum] de necessitate econverso *V* 19 non ... processum] *om. P* 19 in arte] *om. V* 20 a ... ascendendi] *om. R* 21 quidam] *om. V* 22 debet] deberet *R*

8 Item. Queritur quare non est locus ab ultimo ad medium vel a primo ad medium vel a medio ad postremum, sicut est quidam locus a primo ad ultimum. Et videtur quod sic debeat esse. Nam virtus et necessitas sillogismi totaliter constat circa medium, sive circa comparationem medii ad extrema. Unde unum concluditur de altero per virtutem medii, et a medio est motus ab uno ad alterum et ad utrumque. Ergo secundum hanc viam magis debet esse locus a medio ad **[V141ᵛ]** primum vel a medio ad postremum quam a primo ad ultimum.

Utrum in arte dialetica utendum sit ypotetico sillogismo

9 Deinde queritur utrum in arte dialetica utendum sit **[R291ʳᵇ]** ypotetico sillogismo. Et quod non videtur. Supponamus inventionem sillogismi, quia propter hoc inventus est sillogismus ut possimus concludere aliquid de aliquo, et ut faciat cognoscere aliquid de aliquo. Tunc arguo: Dicit Aristotiles quod superfluit in arte quod fit per duo et potest fieri per unum. Ergo si sillogismus inventus est ad faciendum cognoscere aliquid de aliquo, et hoc contingit per cathegoricum sillogismum, tunc superfluum est ypotetico sillogismo uti. Quare frustra est in arte ypoteticus sillogismus.

10 Item. Omnis intendens finem operatur per illud per quod contingit ad finem suum nobiliori modo devenire. Sed sillogizans finem intendit. Quare **[T36ʳᵇ]** semper operatur per illud per quod nobilius potest finem suum adquirere. Ergo si nobiliori modo

---

15 Cf. *Topica* VI 3.

---

1 est] idem *add. V*   1–2 ab...vel] *om. P*   2 a...vel] *om. R*   2–3 est...locus] *om. R*   3 locus] *om. P*   3 debeat] debet *V* deberet *R*   4 esse] *om. V*   4 constat] consistit *VP*   5 sive] vel *R* sicut *P*   5 comparationem] *om. V*   5 medii ad extrema] extrema medii *V*   7 ab uno] unius *T* uno *R*   7 et ad utrumque] *om. P*   7 secundum...viam] *om. VRP*   8 debet] deberet *R*   8 medio ad primum] primo ad medium *P*   11 dialetica] logica *RP*   11 sit] de *add. R*   13 quia] quod *R* ut *P*   13 inventus est] inveniatur *P*   13 est] sit ut *R*   14 possimus] possemus *R*   14–15 et...aliquo] *om. P*   14 faciat] facit *V*   15–16 tunc...sillogismum] *om. V*   16 et] quod *RP*   17 est] sit *R*   18 est] in *add. P*   19 uti] *om. P*   21 per] *om. TV*   22 contingit] potest *P*   22 ad] *om. RP*   22 suum] *om. P*   22 devenire] devenirat *V* adquirere *RP*   22 sillogizans] sillogismum *V* sillogizare *R*   22–24 sillogizans...si] *om. P*   23 semper] *om. R*   23 operatur] comparatur *T*   23 per *om. R*   24 nobilius] est quia non *add. R*   24 potest] est *R*

devenit ad suum finem per cathegoricum sillogismum quam per ypoteticum, semper operabitur cathegorico sillogismo. Quare non est utendum in arte dialetica ypotetico.

Utrum hec dictio 'si' equivocatur

11 Item. Ponitur quod hec dictio 'si' equivocatur, quoniam denotat diversas habitudines. Sed videtur quod hoc sit falsum. Hec dictio 'si' denotat consequentiam que confirmatur habitudine locali. Sicut patet, si reducatur ad argumentum sic 'si homo est, animal est; sed homo est; ergo animal est'. Et est ibi locus a specie. Et huiusmodi habitudo est idem quod locus. Locus **[V142ʳ]** enim est sedes argumenti. Ab eodem igitur sumendum est conditio et locus. Ergo si locus non diversificatur per diversas habitudines — non enim dicitur 'locus' equivoce de loco a genere vel de loco a specie —, nec hec dictio 'si' equivocatur per diversas habitudines.

12 Item. Si equivocatur, oportet quod operetur actualem multiplicitatem. Ergo cum hec dictio 'si' non operatur actualem multiplicitatem — est enim equivocatio secundum actualem multiplicitatem; non enim potest actu multa significare —, manifestum est quod hec dictio 'si' non poterit equivocari. Quare nec equivocatur hec dictio 'si' propter diversas habitudines. Qualiter autem fiat actualis multiplicitas, alias habebitur, et quid sit dicere potentialis multiplicitas.

---

21 Videas infra, VIII,46–89.

---

1 devenit] advenit *R*   1 suum] *om. P*   1 per] *om. V*   2 semper ... sillogismo] *om. P*   2–3 non ... ypotetico] ypoteticus superfluit *P*   3 dialetica] de *add. T*   3 dialetica ypotetica] logica sillogismo *R*   5 ponitur] ponatur *V*   5 quoniam] quando *VR* cum *P*   5 denotat] deberet(!) *R*   8 reducatur] reducitur *V*   9 sed ... alterum est] *om. V*   9 specie] ad genus *add. V*   10–11 locus ... est] sive *P*   11 sumendum est] sumendum *T* sumendo *V* sumitur *R*   11–12 conditio et locus] conditionem et locum *TVP*   12 non] *om. T*   12 per] proter *RP*   14 nec] non *V*   14 per] propter *P*   16–17 ergo ... multiplicitatem] *om. RP*   16 operatur] possit operari *V*   17 enim equivocatio] causa equivoca *R*   17 actualem] actualiter *P*   18 non] *om. T*   18 non ... significare] *om. V*   18 multa] plura *R*   19–20 quare ... si] *om. T*   20 propter ... habitudines] *om. TV*   21 habebitur] dicetur *P*   21 dicere potentialis] actualis *P*

Solutio

13 Solutio. Ad primum [2] notandum quod in loco a primo ad ultimum exigitur quod omnes consequentie referantur ad primum antecedens sicut ad suam causam, et quod ab ipso egrediatur per naturam eandem. Unde si diverse consequentie egrediantur a primo antecedente diversis habitudinibus confirmate, si tamen per naturam eandem referantur ad primum antecedens et egrediantur ab ipso, non impedietur processus, cum non diversificetur medium secundum substantiam. Sed hoc patet quia: Si sint diverse consequentie, ut 'si Sortes est homo, Sortes est animal; et si Sortes est **[V142ᵛ]** animal, Sortes est animatum; et si Sortes est animatum, **[T36ᵛᵃ]** Sortes non est inanimatum; ergo a primo *etc.*', non tamen impeditur processus. Et hoc est quia per naturam eandem egrediuntur a primo antecedente.

14 Sed in hiis **[P135ʳᵇ]** processibus 'si tu es ubique, tu non es ubique; si tu es ubique, tu es hic *etc.*', 'si tu scis te esse lapidem, tu scis aliquid *etc.*' et in aliis similiter, non referuntur omnes consequentie ad primum antecedens per naturam eandem. Et verum est quod diversificantur consequentie intermedie quantum ad substantiam, que se habent in ratione medii. Et talis diversificatio facit fallaciam accidentis. Et secundum hoc dicimus quod hec est falsa 'si tu es ubique, tu non es ubique', et in probatione est fallacia accidentis ex diversificatione medii.

15 Similiter intelligendum est in hac 'si tu scis te esse lapidem, tu nescis te esse lapidem'; repugnat enim aliqua consequentiarum primo antecedenti. Tamen aliter **[V143ʳ]** ponunt quidam, et

---

2 ad primum] *om.* P   2 notandum] dicendum VRP   3 exigitur] oportet VR   4 suam] primam V   4 quod] *om.* TVP   6 si] sed R *om.* V   7 eandem] *om.* P   7 referantur] referuntur V   7 et] *om.* T   7–8 et … ipso] *om.* P   7 egrediantur] egrediatur T sequuntur V sequatur R   8 ab ipso *om.* R   8 cum] et P   8 diversificetur] diversificatur P   9 sed] secundum R   9 patet] *om.* V   9 quia] quod VRP   9 si] licet hec P   10 ut] *om.* RP   10 et] *om.* TV   11 animatum] animatus P   11–12 sortes … etc.] *om.* R   12 inanimatum] inanimatus P   12 inanimatum] inanimatus P   13 processus] *om.* RP   15–16 si … hic] *om.* P   16 hic] *om.* V   17 tu … aliquid] tu non scis te esse lapidem R   17 etc.] *om.* VR   17 in] omnibus *add.* R   17 similiter] *om.* R   17 omnes] *om.* R   17 et] sed R   19 verum] ideo V   19–20 quantum ad] secundum R   22 ubique … ubique] etc. R   22 tu … ubique] etc. P   23 diversificatione] diversitate V   24 intelligendum] autem T *om.* V   24 est] *om.* T   24–25 lapidem … lapidem] etc. P   25–p. 295,2 repugnat … lapidem] *om.* P   25 enim] ei T   26 tamen aliter] quare V

dicunt quod hec est vera 'si tu scis te esse lapidem, tu non scis te esse lapidem'. Et in primo antecedente includuntur duo contradictorie opposita, scilicet te scire te esse lapidem sive te esse lapidem et te non esse lapidem. Virtute enim scientie relate ad subiectum ponitur te non esse lapidem. Si enim tu scis aliquid, tu non est lapis. Virtute autem scientie relate ad predicatum ponitur te esse lapidem, quia si tu scis te esse lapidem, tu es lapis. Et in illo antecedente implicantur duo opposita. Nec est mirum si opposita sequuntur ad ipsum, cum in ipso intelligantur. Et quamvis ista solutio sit probabilis, tamen priori magis consentimus.

16 Similiter huius sophismatis patuit solutio SI TANTUM PATER EST, NON TANTUM PATER EST in hiis que determinata sunt de exceptione. Similiter dicunt quidam quod hec est vera 'SI NICHIL EST, ALIQUID EST' et hec 'SI NULLA PROPOSITIO EST VERA, ALIQUA PROPOSITIO EST VERA' et hec 'SI NULLUM TEMPUS EST, ALIQUOD TEMPUS EST', et antecedens **[V143ᵛ]** uniuscuiusque istarum implicat in se contradictorie opposita.

17 Sed hoc non videtur michi. Sed qualiter habeat solvi postea dicetur. Per iam dicta **[R291ᵛᵃ]** patet qualiter et quando diverse consequentie impediant **[T36ᵛᵇ]** argumentum. Et solutum est ad primum.

Respondetur ad rationes

18 Ad aliud [3] dicendum quod cum dicit Aristotiles "quicquid sequitur ad consequens, sequitur ad antecedens", intelligit in

---

19 Videas infra, IV,28sqq.   23 Cf. *Anal. Priora* I 28, 43b40sqq.

1–2 lapidem...lapidem] etc. *R*   1 non scis] nescis *V*   2 et] *om. TVP*   2 includuntur] implicat *R* implicantur *P*   2–3 contradictorie] *om. P*   3 scilicet...scire] *om. P*   3–4 sive...lapidem] *om. RP*   4–5 virtute...lapidem] *om. P*   4 ad] ipsum *add. V*   5–7 si...lapidem] *om. V*   5 enim] *om. P*   5 aliquid] *om. R*   7 tu] cum non (!) *V*   8 et] ita cum *add. R*   8 in...antecedente] *om. P*   8 nec] non *R*   9 et] *om. RP*   10 priori] solutioni *add. TVR*   11 similiter] sed *T*   11 patuit] patet *VP*   11 tantum] omni(!) *V*   12 determinata] dicta *RP*   13 exceptione] exclusione *P*   13 vera] falsa *P*   14 hec] similiter *add. R om. P*   15 hec] similiter *add. R om. P*   16 istarum] istorum *V*   18 michi] verum *V*   18 sed] *om. R*   18 postea] *om. TVR*   19 dicetur] *om. R*   19 quando] que *P*   21 primum] sed *add. R*   24 consequens] antecedens *P*   24 antecedens] consequens *P*   24 intelligit] intelligitur *TRP*   24 in] cum *V*

essentiali compositione. Et hoc est cum per naturam eandem egrediantur a primo antecedente, sicut manifestum est per exemplum quod ponit Aristotiles. Et hoc non reperitur in predictis consequentiis.

19 Ad aliud [4] dicendum quod una consequentia est causa quare argumentum sit necessarium, et <si> magis, due, dummodo eadem sit necessitas utrobique. Sed si non sit necessitas in duobus, sive non sit eadem comparatio utrobique et eadem habitudo observata, non tenebit processus. Et quia hoc non est in proposito — si enim iste consequentie in se sint necessarie, non tamen inferunt per naturam eandem —, et propter hoc non valebit processus.

20 [V144ʳ] Ad aliud [5] dicendum quod non quelibet diversificatio medii impedit syllogismum, sed diversificatio medii quantum ad substantiam. Unde etsi in sillogismo negativo affirmetur medium et negatur in premissis, tamen non est diversificatio medii quantum ad substantiam, sed in acceptione solum. Et similiter, si fiat sillogismus ex altera universali et altera particulari, diversificata est acceptio illius medii, et non substantia ipsius. Sed in hoc sophistico sillogismo diversificatur medium quantum ad substantiam. Quod patet: Si sic dicam 'homo est animal; asinus est animal; ergo homo est asinus', diversificatur iste terminus 'animal' quantum ad substantiam, quoniam pro altero accipitur, cum sic dico 'homo est animal' et cum dico 'asinus est animal', et non

---

3 *Anal. Priora* I 28, 44a12–35.

---

1 est] *om. R*   1 naturam] unam *V*   2 sicut] sic *T*   3 ponit] posuit *P*   3 hoc... reperitur] hec non reperitur *V*   3 non] *om. P*   5 una] *om. TV*   6 sit] sive(!) *V* est *R*   6 necessarium] et plures *add. P*   6 due] differentie *V* verum est *P* 6-7 dummodo eadem] si eodemmodo *P*   7 necessitas] in *add. T*   7 sit] est eadem *P*   7 necessitas] diversitas *V om. R*   7-8 necessitas ... eadem] *om. R* 8 non sit eadem] *om. P*   8 eadem] eedem *V*   8 comparatio] compositio *V* 8 utrobique] *om. P*   8 eadem] eedem *V*   9 observata] *om. P*   9 non] et *P* 9 et quia] sed *P*   10 iste] due *add. V*   10 in se] *om. P*   10-11 necessarie... inferunt] *om. V*   10 non] *om. R*   14 impedit sillogismum] facit fallaciam accidentis *R*   15 unde etsi] sed hec diversificatio non est *T*   15 sillogismo negativo] illo cathegorico *P*   15 negativo] necessario *R* quia *add. T*   15 affirmetur] affirmatur *TV*   17 sed] quantum *add. T*   17 et similiter] similiter est *TVR* 18 sillogismus] universalis *TR om. V*   19 illius] *om. RP*   19 ipsius] *om. T*   19 hoc] *om. T*   21 quod ... dicam] si sic dicam quod patet *T*   21 sic] *om. VR*   22 homo] asinus *T*   22 asinus] homo *T*   23 altero] alio *P*   23-24 cum ... dico] *om. R* 23–p. 297,1 cum ... supposito] variatur iste terminus canis in utraque et propter hoc variata est animal et non sumitur pro eodem in ipso *V*   24 et cum dico] *om. P*   24 cum] sic *add. R*

sumitur pro eodem supposito. Similiter si dicam 'canis currit; marina belua est canis; ergo marina belua currit', pro altero accipitur iste terminus **[V144ᵛ]** 'canis' in utraque. Et propter hoc variatur medium et impeditur sillogismus cathegoricus.

21 Ex hoc patet quod diversitas medii impedit cathegoricum sillogismum, et quoniam non quelibet. Similiter dico quod diverse consequentie **[T37ʳᵃ]** impediunt locum a primo ad ultimum, non tamen quelibet, sed que diversificantur quantum ad substantiam, ita quod non pro eodem antecedat terminus et sequatur.

22 Ad aliud [6] dicendum est quod consequentia diversorum est, non tamen quantum ad substantiam, immo est sicut eorundem. Sed est diversorum quantum ad intentiones vel acceptiones **[P135ᵛᵃ]** vel quomodolibet aliter. Et hec diversitas sufficit ad relationem sive ad sumendum relationem. Quod patet, quia Sortes senex differt a se puero.

23 Ad aliud [7–8] dicendum est quod iste processus dicitur a primo ad ultimum quando omnes consequentie intermedie egrediuntur a primo antecedente sicut a sua causa. Et illud primum antecedens est causa omnium consequentiarum et ultimi consequentis. Et ita oritur talis processus a primo antecedente. Et propter hoc dicitur 'locus a primo', et non 'a medio' vel 'a postremo'. Unde necessitas consequentie non causatur a virtute **[V145ʳ]** medii vel ab ordinatione terminorum, sed virtute consequentie. Et propter hoc non dicitur 'a medio' vel 'a postremo', sed dicitur 'locus a primo'. Quod autem obicitur quod virtus sillogismi constat circa medium, hoc intelligitur de cathegorico sillogismo, et non de ypotetico.

---

1 sumitur] subicitur *T* 1 supposito] in ipso *P* 2 marina belua] latrabile *R* animal marinum *P* 2 marina belua] latrabile *P* animal marinum *R* 2 pro altera] non pro eodem *P* 3 utraque] parte *add. R* 4 variatur] variatum est *R* 4 sillogismus cathegoricus] secundum speciem eius *V* 6 et quoniam] tamen *V* 8 quantum ad] secundum *R* 9 ita quod] et cum *P* 9 antecedat] antecedit *P* 9 sequatur] sequitur *P* 11 immo... eorundem] *om. P* 11 sicut] sic *V* 13–14 relationem... ad] *om. P* 14 sumendum] faciendum *RP* 14 quia] *om. R* 14 sortes] semper *add. V* 15 se] ipso *add. V* 17 quando omnes] quoniam *V* 18 antecedente] antecedenti *V* 19–20 et... consequenti] *om. RP* 20 a... antecedente] *om. R* 21 primo] ad ultimum *add. P* 22–24 unde... postremo] *om. R* 23 vel] sed *P* 23–24 sed... consequentie] *om. VR* 25 dicitur] *om. P* 25 locus] *om. VP* 25 a primo] *om. R* ad ultimum *add. P* 25 autem] *om. P* 26 constat] consulit(!) *V* consistit *P* 26 hoc] *om. P* 27 ypotetico] sillogismo *add. R*

24 Ad aliud [9] dicendum quod sillogismus natus est ad faciendum cognitionem. Sed potest aliquid cognoscere dupliciter. Contingit enim aliquid cognoscere in se, et contingit cognoscere aliquid in sua causa. Verbi gratia, solem eclipsari contingit cognoscere in se, et contingit cognoscere ipsum in sua causa, videlicet inspiciendo interpositionem terre. Similiter contingit Achillem cognoscere dupliciter, vel in se vel in altero, ut inspiciendo ymaginem ipsius. Cum igitur istis modis contingat cognoscere rem et sillogismus faciat cognoscere, oportet ut sit quidam sillogismus qui faciat cognoscere rem in se sive conclusionem. Et hoc facit cathegoricus sillogismus. Quod patet cum dicitur 'omnis homo currit; Sortes est homo; ergo Sortes currit'; cognoscitur enim ista conclusio in se. Exigitur iterum ut sit alius sillogismus qui faciat idem cognoscere in altero sive in sua causa. **[T37ʳᵇ]** Et hoc est ypoteticus sillogismus. Non enim facit cognoscere in se, sed solum in altero. Et hoc est quod dicitur quod in consequentia nichil **[V145ᵛ]** affirmatur simpliciter, sed solum in relatione ad alterum. Et etiam illud quod antecedit est causa consequentis. Et sic patet necessitas ypotetici sillogismi et eius inventio. Quod autem obicitur quod videtur superfluere, iam visa est solutio, quoniam non facit eandem cognitionem quam cathegoricus sillogismus, sed alteram, quia si sic, superflueret, sicut dictum est.

25 Ad aliud [10] dicendum quod ad cognitionem que est cognitionis absolute nobilius operatur sillogizans per sillogismum cathegoricum, sed ad cognitionem que est in relatione ad alterum non, immo per ypoteticum. Et propter hoc utendum est

---

1 natus] inventus *P*   1 est] *om. T*   2 potest] contingit *VRP*   3 enim] *om. P*   3 aliquid] ipsum *T*   4 sua causa] suam causam *V*   4 exclipsari] pati *add. V*   4 in ... cognoscere] *om. V*   5 se ... in] *om. P*   5 et] non *add. R*   5 sua causa] suam causam *V* et *add. T*   5–6 videlicet inspiciendo] ut cognoscendo *P*   7 dupliciter vel] *om. VRP*   7 vel] et *R* contingit ipsum cognoscere *add. P*   7 altero] alio *P*   8 contingat] contingit *V*   8 et] cum igitur *T*   9 quidam] *om. P*   10 sive conclusionem] *om. P*   10 facit] cognoscere *add. V*   13 iterum] enim *T* item *R* etiam *P*   13 idem] aliquid V rem *P om. R*   14 sive ... causa] sive in suam causam *V om. RP*   15 non] nam *R*   16 quod] quoniam *T*   17 solum] unum *R om. VP*   17–18 et ... consequentis] *om. P*   17–18 quod antecedit] quod antecedens *T* antecedens *V*   18 sic] *om. R*   18 ypotetici sillogismi] *om. V*   19 et ... inventio] *om. P*   19 autem] *om. TVR*   20 superfluere] superare *T*   21 quam] et *add. T* facit *add. P*   21 si sic] sic *T* sic si *R om. V*   23 ad cognitionem] cognitio *P* quam facit *add. T*   23–24 que ... per] quam facit ypoteticus sillogismus non est nobilius devenit(!) quam *V* que facit ypoteticus sillogismus non est devenire *R* que facit ypoteticus sillogismus non est ignobilior quam *P*   25 cathegoricum] ypoteticum *V*   25–26 sed ... ypoteticum] cum nullus alius faciat rem cognoscere in altero *VR* cum nichil aliud faciat quam rem cognoscere *P*

aliquando ypotetico sillogismo et aliquando cathegorico secundum quod diversificatur cognitio. Et sic patet quod aliquando operatur nobilius per ypoteticum sillogismum.

26 Ad aliud [11] dicendum quod hec dictio 'si' potest equivocari secundum quod denotat diversas habitudines. Quod tamen obicitur quod 'locus' non dicitur equivoce de loco a genere et de loco a specie, solvendum est quod locus habet propriam nominationem a se; quod patet per Boetium. Et propter hoc non accipit totaliter esse suum a diversis habitudinibus. Sed hec dictio 'si' nichil habet **[P291ᵛᵇ]** nisi a suis extremis. Et propter hoc diversificatur eius significatio specialis secundum diversificationem extremorum. Et sic equivocatur secundum quod diversas habitudines denotat. Sed locus non totaliter dependet ab extremis. Et propter hoc non equivocatur secundum diversas habitudines.

27 [V146ʳ] Sed tunc queritur, si hec dictio 'si' equivocatur, qualiter poterit facere actualem multiplicitatem, cum actualiter non possit adiungi diversis. Dico quod potest facere actualem multiplicitatem, non tamen actualiter coniungitur cum diversis. Non enim exigitur ad hoc ut sit actualis multiplicitas quod actu significet multa, neque dicitur multiplicitas actualis quia actu sunt multa, sed dicitur actualis quia ab actu provenit dictionis qui est significare. Provenit enim huiusmodi multiplicitas ex diversa significatione dictionis **[T37ᵛᵃ]** vel orationis. Et ab actu illo dicitur actualis. Et fortasse de hoc alias magis plene habebitur.

---

8 *De top. diff.*, passim.

---

1 aliquando] *om. P*   1–2 cathegorico ... aliquando] *om. V*   2 sic] *om. RP*   5 quod denotat] *om. V*   5 diversas] consequentias vel *add. R*   5 tamen] autem *V om. RP*   7 solvendum] dicendum *P*   7 nominationem] rationem *R*   8 se] et non ab alio *add. P*   9 esse suum] *om. R*   9 habitudinibus] extremorum *add. P*   9–10 sed ... extremis] *om. P*   11–12 eius ... extremorum] *om. P*   11 diversificationem] diversitatem *V*   12 equivocatur] diversificatur *R*   12 secundum ... diversas] secundum diversas *bis in R*   13–14 sed ... habitudines] *om. P*   14 non] *om. V*   15 sed] *om. R*   16 poterit facere] faciat *P*   16–18 cum ... multiplicitatem] *om. P*   17–18 dico ... diversis] *om. R*   18 coniungitur cum] coniungitur *TV* componitur cum *P*   19 sit] *om. V*   19–20 quod ... multiplicitas] *om. P*   20 significet] fiuntur *V*   20 neque] non enim *V*   21 qui] quod *T*   22 provenit enim] unde provenit *P*   24 et] *om. VP*   24 de hoc alias] *om. P*   24 hoc] hac *V*   24 plene] plenarie *P*

De hoc sophismate 'si nichil est, aliquid est'

28 Sed ut predicta sophismata [1] que relinquimus solvamus, queramus de hoc sophismate aliquantulum SI NICHIL EST, ALIQUID EST. De quo queruntur tria. Primo queramus utrum teneat hec consequentia 'si nichil est, nichil esse est verum', quoniam distinguunt quidam quod eius consequens est multiplex, et uno modo sequitur, alio modo non. Et hec est quedam positio supra sophisma. Secundo queritur de illa consequentia 'si nichil esse est verum, aliquod enuntiabile est verum', quoniam dicunt aliqui quod non valet, immo **[V146ᵛ]** peccat secundum quid et simpliciter. Et hec est altera positio. Tertio queramus de veritate et falsitate ipsius.

Utrum valeat hec consequentia 'si nichil est, nichil esse est verum'

29 Ad primum sic proceditur. Dicunt quidam quod non valet hec consequentia 'si nichil est, nichil esse est verum', quia hoc antecedens 'nichil est' nichil ponit, sed hoc 'nichil esse est verum' ponit aliquid, cum sit affirmativa de subiecto negativo, et repugnat cum primo antecedente. Propter hoc dicunt quod hec est multiplex 'nichil esse est verum', ex eo quod illa negatio potest ferri ad hoc verbum 'esse', et sic est affirmativa de subiecto negativo, et ponit aliquid, nec sic tenet **[P135ᵛᵇ]** consequentia. Vel potest ferri ad hoc verbum 'est', et tunc est sensus *aliquid esse non est verum*. Et sic est negativa simpliciter, nec ponit aliquid. Et sic potest sequi ad primum antecedens, quia neutrum aliquid ponit.

30 Sed contra hoc sic obicitur. Contradictorie opposita convertuntur secundum transpositionem veritatis et falsitatis, et affirmationis et negationis. Verbi gratia, 'Sortem currere', 'Sortem

---

2 sed] *om.* VR   2 ut predicta] per tactata(!) V ut pretacta R   2 solvamus] et *add.* V   3 aliquantulum] *om.* P   6 eius consequens] antecedens P   7 non] nam *add.* P   7 positio] distinctio TR   8 secundo] deinde P   8 si...verum] *bis in* R   9 aliqui] quidam R   14–15 quia...verum] *om.* VP   15–17 sed...antecedente] *om.* V   16 negativo] negato P   17–18 propter...verum] *om.* V   19 est affirmativa] affirmatur V est affirmata P   19–20 negativo] negato P   20 tenet] teneat V   20 consequentia] illa *add.* P   21 potest] illa negatio *add.* R   22 sic est] sit R   22 aliquid] *om.* V   23 neutrum] *om.* V   23 aliquid] nichil VRP   24 sed] *om.* P   24 sic] *om.* T   24 contradictorie opposita] contradictoria opponuntur T   25 secundum transpositionem] per contrapositionem P   25 et] *om.* T   25–26 et...negationis] *om.* P   26 verbi gratia] ut patet cum sic dicitur P   26 currere] est verum *add.* P

non currere' convertuntur, si transponitur veritas et falsitas et affirmatio et negatio. Ut si Sortem currere est verum, Sortem non currere est falsum, et si Sortem non currere est falsum, Sortem currere est verum. Sed ista duo opponuntur contradictorie: 'nichil esse' et 'aliquid esse'. Quare convertuntur secundum transpositionem veritatis et falsitatis, et affirmationis et negationis. Convertuntur igitur 'aliquid esse est falsum', 'nichil esse est verum', et 'nichil esse non est [T37^{vb}] verum', 'aliquid esse est verum'. Sed bene sequitur 'si nichil est, [V147^r] aliquid esse est falsum'. Quare a convertibili sequitur 'si nichil est, nichil esse est verum'.

31 Item. Veritas propositionis causatur a veritate dicti. Nam dictum est res propositionis, veritas vero causatur a re. Continuatur enim veritas propositionis in esse propter veritatem dicti. Unde quamdiu dictum est verum, tamdiu propositio est vera. Sed eorum quorum unum est propter alterum et continuatur in esse, est consequentia. Unde quia homo et animal sic se habent et propter hoc ipsorum est consequentia, et sequitur 'si homo est, animal est'. Quare ad dictum propositionis tenebit consequentia qua sequitur 'si nichil est, nichil esse est verum', cum se habeant sicut propositio et dictum.

32 Item. Affirmativa alicuius respectu sui oppositi non est affirmatio simpliciter, sed potius secundum quid. Ut cum dico sic 'video me non videre', hic affirmatur unum oppositum respectu alterius. Et illa affirmatio non est affirmatio simpliciter, sed secundum quid. Et propter hoc est hec possibilis, cum non ponat utraque rem suam, sed alteram. Si igitur in hac 'nichil esse est verum' sit affirmatio: cum hec affirmatio sit respectu sui oppositi, non ponit aliquid simpliciter, sed secundum quid, et erit potius

---

1 currere] est falsum *add. P*   1–3 convertuntur ... falsum] *om. P*   3 non] *om. P*   5 et] *om. P*   6 et] *om. T*   7 convertuntur] sequitur *P*   7 est] *om. V*   7 falsum] ergo et *add. RP*   7 est] *om. V*   7 verum] falsum *T*   8 esse non] non esse non *P*   8 verum] ergo *add. P*   8 verum] sed bene sequitur si nichil est aliquid esse verum *add. V*   9 esse] *om. P*   9 falsum] verum *P*   10 est] *om. V*   11–13 a ... esse] *om. V*   11–12 nam dictum] dictum enim *R*   11 unde dictum *P*   12 vero] dicti *P*   12 a] virtute *P*   12 continuatur] egreditur *P*   13 enim] *om. R*   13 propositionis] *om. P*   13 esse] dicti *add. P*   13 propter] per *V*   13 unde] *om. TVR*   14 eorum] ea *R*   15 continuatur] egreditur *P*   15 est] in *V*   16 unde] et *R om. VP*   16 et] quod *TV om. R*   17 et] quando *P*   17–19 si ... sequitur] *om. P*   18 qua] quare *VR*   22 ut] verbi gratia *VR*   22 cum ... sic] cum dico *P om. V*   23 videre] me *add. R*   24 est affirmatio] *om. P*   24 affirmatio] positio *R om. V*   25 possibilis] impossibilis *V*   26 utraque] utrumque *VR*   26 rem suam] esse suum *R* esse suam *P*   26 alteram] alterum *VR*   26 si igitur] significatio *R*   26 esse] *om. R*   27 hec] *om. TP*   28 et] *om. V*

non positio. Quare positio istius 'nichil esse est verum' non repugnabit cum primo antecedente. Et sic nulla est ratio sue positionis. Et sic sequitur 'si nichil est, nichil esse est verum'.

33 [V147ᵛ] Item. Affirmatio dicitur ad duo, ad affirmationem et ad rem affirmatam. Est enim affirmatio affirmantis actio et rei affirmate actus. Verbi gratia, cum sic dico 'affirmo', hic est affirmatio proferentis, sed cum dico sic 'homo currit', hic est affirmatio rei affirmate. Et ita, cum nulla sit actus duorum, nichil ponit a parte affirmantis, sed solum a parte rei affirmate. Unde affirmatio affirmantis non ponit orationis affirmationem, sed econverso. Quod significat Aristotiles cum dicit quod propter nostrum affirmare, vel negare, nichil **[R292ʳᵃ]** mutatur in re. Ex hoc igitur accipitur quod affirmatio affirmantis non ponit aliquid nisi quodammodo. Sed **[T38ʳᵃ]** cum sic dico 'nichil esse est verum si nichil est', hic est affirmatio affirmantis. Affirmatur enim quod hec 'nichil esse' sit verum, si nichil est. Quare eius affirmatio non ponit aliquid esse simpliciter, sed quodammodo. Quare non habebit repugnantiam cum primo antecedente, quia affirmatio quodammodo et negatio simpliciter non repugnant. Et ita sequitur 'si nichil est, nichil esse est verum'.

---

11 Cf. *De int.* 9, 18b38–39 : "Propter nostrum affirmare, vel negare, nihil sequitur in re." (*Auct. Arist.* 32, 17)

---

1 non positio] quam positio *V*   1 positio] quam positio *add. R*   1 quare positio] *bis in T om. P*   1 nichil...verum] *om. V*   2 primo] *om. P*   2 est] *om. P*   2 positionis] propositionis *V*   3 est] *om. P*   4 item] et illa *P*   4 duo] quantum *add. P*   4 affirmationem] affirmatum *R*   5 affirmatio] *om. TV*   5–6 et rei affirmate] in affirmatione *P*   6 affirmo] hec *add. VR* hoc *add. P*   7 sed] et *P*   7 homo] sortes *V*   8 affirmate] *om. VR*   8–9 et...affirmate] *om. P*   8 nulla] *om. VR*   9–10 sed...affirmantis] *om. T*   10 non] nec *T*   10 ponit...affirmationem] est affirmatio orationis *V*   10 orationis] simpliciter rei affirmate *P*   11 quod] *om. P*   12 vel] propter nostrum *add. R*   12 vel...re] etc. *T*   12 nichil...re] etc. *V*   13 aliquid] simpliciter *add. T*   13 quodammodo] *coni.* quo *codd.*   15 quod hec] *om. P*   16 sit] est *P*   17 esse] *om. TVP*   17 quodammodo] *coni.* quo *TVR* queritur *P*   17 habebit] habet *R*   18 primo] suo *P*   18 affirmatio] est *add. V*   18 quodammodo] quo *codd.*   19 repugnant] repugnaret *V* simpliciter *add. R*

Utrum valeat hec consequentia
'si nichil esse est verum, aliquod enuntiabile est verum'

De rationibus quod sic

34 Circa secundum sic proceditur. Dicunt quidam quod hec consequentia non valet 'si nichil esse est verum, aliquod enuntiabile est verum'. Et dicunt quod veritas illius enuntiabilis 'nichil esse' **[V148ʳ]** non ponit veritatem enuntiabilis simpliciter sed secundum quid, infertur autem simpliciter. Et propter hoc fit peccatum secundum quid et simpliciter.

35 Et ad hanc conclusionem possunt adduci alique rationes. Signum non ducit ad cognitionem sui simpliciter, sed ad cognitionem significati per ipsum. Verbi gratia, speculum non facit cognoscere se primo, sed ex consequenti, alterum vero primo, se vero secundum quid. Similiter urina non dat intelligere sanitatem sui nisi quodammodo; <immo non sanitatem sui>, sed sanitatem alterius, scilicet animalis. Sed hoc enuntiabile 'nichil esse' signum est destructionis cuiuslibet rei et negationis. Quare illam dabit intelligere simpliciter, se autem ex consequenti sive secundum quid. Quare veritas ipsius non est veritas enuntiabilis simpliciter, sed *quo*. Si igitur inferatur veritas enuntiabilis, erit idem peccatum.

36 Item. Illud cuius species per se non est in anima, sed quodammodo, per se non intelligitur. Si enim per se intelligitur, cum omne intelligere sit per speciem eius, species per se erit in anima. Sed nullius signi species per se est in anima. Quare nullum

---

7 non] *om. R*   7 veritatem enuntiabilis] enuntiabile *P*   8 et] *om. TV*   10 hanc] hoc(!) *P*   10 conclusionem] solutionem *R*   10 rationes] quarum hec est una *add. P*   11 signum] significare *P*   11 ad] in *RP*   12 significati] signati *codd.* simpliciter *add. V*   12 speculum] speculatio *R*   13 primo] simpliciter *P om. V*   13 ex consequenti] secundum quid *P om. VR*   13–14 alterum... quid] *om. P*   13 vero] a *V*   13–14 se... quid] sed alterum a se *V*   14 urina] sanitas *R*   14 non] *om. VP*   15 sui] *om. VP*   15 nisi quodammodo] *coni.* nisi *TVP* sed quo *R*   15–16 sanitatem... scilicet] *om. P*   16 alterius scilicet] *om. R*   17 destructionis] diffinitionis *R* distinctionis(?) *P*   17 cuiuslibet] et cuiuslibet *add. R*   17 et] aut *VR*   17 et negationis] *om. P*   17 illam] illud *P*   17 dabit] illud *add. P*   18 ex consequenti] quo *RP om. V*   18–19 sive... quid] secundum quid *V om. RP*   20 si... enuntiabilis] et sic *P*   20 enuntiabilis] essentialis *V*   20 idem] dictum *P*   21 item] verbi gratia *P*   21 cuius] est *add. V*   21 per se] secundum se *V* simpliciter *R*   21 est] sit *VR* intelligitur *P*   22 quodammodo] *coni.* quo sic *saepius codd.*   22 intelligitur] est *P*   22 per] secundum *V*   23 omne] *om. RP*   23 erit] esset *P*   24 sed... anima] *om. R*   24 signi] *om. V*   24 species] *om. T*   24 in anima] eius *V*   24 quare] quia *T*   24–p. 304,1 nullum signum] non *V*

signum per se intelligitur, sed secundum quid. Sed hoc enuntiabile 'nichil esse' est signum. Quare non intelligitur per se, sed secundum quid. Quarer veritas ipsius non erit veritas simpliciter intellecta, sed secundum quid. Si igitur **[V148ᵛ]** inferatur veritas ipsius simpliciter, fit peccatum secundum quid et simpliciter.

37* Item. Si sic dicam 'nullum enuntiabile est verum' — ponatur quod non sint nisi tria enuntiabilia et sint falsa —, non sequitur 'hoc enuntiabile est verum; ergo aliquod enuntiabile **[T38ʳᵇ]** est verum'. Et hoc est quia hoc enuntiabile 'nullum enuntiabile *etc.*' signum est negationis aliorum, et non simpliciter est signum sui, sed quodammodo. Et ita ex sua veritate non sequitur veritas enuntiabilis simpliciter. Sic igitur a simili, cum hoc enuntiabile 'nichil esse' sit signum aliorum, ad veritatem eius non sequitur veritas enuntiabilis, immo peccat secundum quid et simpliciter.

* cc. 37–165 desunt a P

De rationibus in contrarium faciendis

38 Sed ad oppositum est ratio. Omne dictum secundum quid deficit in aliquo a suo <esse> simpliciter. Verbi gratia, cum homo mortuus dicitur 'homo' secundum quid, deficit in aliquo a suo <esse> simpliciter. Si igitur hoc enuntiabile 'nichil esse est verum' est enuntiabile secundum quid, deficit in aliquo a suo <esse> simpliciter, scilicet ab enuntiabili. Sed non deficit in aliquo quod sit in enuntiabili simpliciter. Quare non est ponere quod sit enuntiabile secundum quid, immo simpliciter. Quare ad veritatem ipsius sequitur veritas enuntiabilis simpliciter. Et ita sequitur 'si nichil **[V149ʳ]** esse est verum, aliquid esse est verum'.

39 Quod autem non deficit in aliquo quod sit in suo <esse> simpliciter videtur. Ad hoc quod sit enuntiabile simpliciter exigi-

---

1 sed...quid] *om. V*   2 intelligitur] est *T*   2–3 quare...quid] *om. T*   3 erit] est *P*   3 veritas] *om. V*   4 intellecta] *om. P*   4–5 veritas ipsius] veritas *VR om. T*   5 fit...simpliciter] *om. P*   7 sint] sunt *T*   7 falsa] et *add. V*   8 est verum] *om V*   9 hoc nullum] *om. R*   9 etc.] verum *R*   10 negationis] *om. R*   10 aliorum] simpliciter *add. R*   10 sui] *om. TR*   12 sic igitur] ergo *V*   13 signum] signorum(!) *R*   14 peccat] peccabit *V*   17 sed] *om. T*   17 quid] dicitur secundum quid quid *add. V*   18–20 verbi...simpliciter] *om. R*   22 scilicet...sive] *om. R*   26 nichil] est *add. V*   26 esse est verum] etc. *V*   27 deficit] deficiat *V*   27 in] ab *R*   28 simpliciter] *om. V*

tur solum quod habeat extremitates et compositionem. Igitur cum hoc sit reperire in hoc enuntiabili, quia est ibi compositio finita per extremitates, quare erit enuntiabile simpliciter. Et sic idem quod prius.

40 Item. Hoc enuntiabile 'nichil esse est verum' continetur sub aliqua specie entis simpliciter, quia omne quod est, sub aliqua specie entis continetur. Sed non est ponere quod sub alia specie entis contineatur nisi sub enuntiabili. Quare simpliciter continetur sub enuntiabili. Quare simpliciter est enuntiabile. Quare, ut videtur, ad veritatem ipsius sequitur veritas enuntiabilis simpliciter. Et ita tenebit predicta consequentia.

41 Item. Omnis oratio significativa significat aliquid simpliciter. Unde non est ponere dictum vel orationem que significat quodammodo. Sed hoc enuntiabile est oratio significativa. Quare significat aliquid simpliciter. Sed eius consignificatum consequitur veritas. Quare eius veritas simpliciter est veritas. Et sic **[T38ᵛᵃ]** ad veritatem ipsius sequitur veritas enuntiabilis simpliciter. Quare tenebit hec consequentia 'si nichil enuntiabile est verum, aliquod **[V149ᵛ]** enuntiabile est verum'.

De veritate et falsitate huius propositionis 'si nichil est, aliquid est'

De rationibus probantibus quod sit vera

42 Item. Tertio queritur de veritate et falsitate prime. Quod sit falsa videtur. Consequentia est horum quorum unum ponit alterum, ut cum dicitur 'si homo est, animal est', et 'si homo est, risibile est'. Sed *nichil esse* et *aliquid esse* non sic se habent, immo potius unum removet alterum, quia contradictorie opponitur alteri. Quare ipsorum non est consequentia. Cum igitur denotatur consequentia, prima propositio est falsa.

---

2 quia] nichil esse est verum R 2 quia est] om. V 5 continetur] contingenter est R 6–7 simpliciter... continetur] om. R 7 quod] ipsum V om. R 7 alia] qua R 8 entis] om. T 8 contineatur] contineri V contineatur R 8 nisi] ponatur add. T 8 nisi sub enuntiabile] om. R 8–9 quare... enuntiabili] om. R 11 predicta] om. TR 12 omnis] om. R 12 significat] significaret V 13 unde] quia R 13 dictum] orationem V 13 que] quod quodlibet R 13 quodammodo] sed quod R 16 est veritas] erit R 17 ad veritatem] de veritate T 18 enuntiabile est] est esse V 22 tertio] om. R 23 ponitur] sequitur ad T 25 esse] est R 25 esse] est R 26 alteri] om. V

43 Item. Consequens in conditionali sic se habet tamquam predicatum in cathegorica. Que igitur est natura predicati, eadem est natura consequentis. Cum igitur duo opposita sic se habent in predicando quod unum non possit de altero predicari, sic et in consequendo. Sed hoc quod est 'nichil' et hoc quod est 'aliquid' contradictorie opponuntur, nec contingit alterum de altero predicari. Quare ipsorum non est consequentia.

44 Item. Duo contradictorie opposita numquam vere consequuntur ad idem. Sed 'nichil esse' et 'aliquid esse' opponuntur contradictorie. Quare ipsorum non est consequentia ad aliquid unum. Sed bene sequitur 'si nichil est, nichil est'. Quare alterum oppositorum non sequetur ad illud. Quare etiam sic hec est falsa 'si nichil est, aliquid est'.

De rationibus ad oppositum

45 [V150ʳ] Ad oppositum proceditur sic. Universalis negatio de aliquo relinquit particularem negationem de eodem. Sed in hoc antecedente 'nichil est' est universalis negatio de ente. Quare relinquit particularem negationem de ipso. Et ita sequitur 'si nichil est, aliquid non est'. Sed si aliquid non est, aliquod ens [R292ʳᵇ] non est, per Priscianum. Sed si aliquod ens non est, aliquid quod est, non est. Sed si aliquid quod est, non est, aliquid est et illud non est. Et patet hec consequentia, quia bene sequitur 'Sortes qui currit, disputat; ergo Sortes currit et ille disputat'. Sed si aliquid est et illud non est, aliquid est. Et tenet hec consequentia per locum a toto copulato. Quare a primo: si nichil est, aliquid est.

---

20 *Inst. gramm.* XI, 30 p. 568⁸⁻⁹; cf. *ibid.* XVIII, 75, p. 239⁷sqq.

---

1 tamquam] sicut subiectum et *V* 3 habent] habeat*(!) V* 4 predicando] predicato *R* 5 consequendo] consequente *R* 6 nec] etiam *add. V* 8 contradictorie] *om. T* 9 esse] est *R* 9 esse] est *R* 10 quare] quia *T* 11 unum] unicum *R* 11 alterum oppositorum] alterum oppositum *V* alterorum oppositum *R* 12 sequetur] sequitur *R* 11 quare etiam] et *VR* 11 hec] *om. R* 15 sic] *om. T* 15 negatio] negativa *V* 16 de... relinquit] relinquit aliquid de aliquo *T* 17 est] *om. T* etc. *add. V* 17 universalis] cum *R* 17 quare] *om. R* 18 particularem] partem *R* 18 negationem] negativam *V* negatam *R* 19 est] sed si nichil est aliquid non est *add. T* 20 aliquid] aliquod *VR* 21 aliquid] aliquod *VR* 21 est] *om. V* 22–25 quia... consequentia] *om. V* 24 aliquid] et... consequentia] *om. R*

46 Item. Si nichil est, contradictorie oppositum huius non est. Sed si contradictorie oppositum huius non est, alterum oppositum est; demonstrantur enim duo contradictorie opposita. Sed si alterum ipsorum est, aliquid est. Quare si nichil est, aliquid est. Sed si dicatur quod contradictorie **[T38ᵛᵇ]** opposita non sunt si nichil est, aut quod non est contradictio, contra: Illud principium "de quolibet affirmatio vel negatio" est primum principium entis et non entis, quod est in anima ens. Quod patet, quia illud est primum principium prime philosophie, in qua ens tale est subiectum. Cum igitur tale ens non negetur cum sic dicitur **[V150ᵛ]** 'nichil est', nec negabitur principium quod supra ipsum radicatur. Quare si nichil est, adhuc est illud principium "de quolibet affirmatio vel negatio". Et sic adhuc contingit contradictio. Et sic tenebit predicta argumentatio.

47 Quod autem ens in anima non negetur cum sic dicitur 'nichil est' patet, quia dicit Aristotiles principio quarti *Philosophie prime*, quod negationes entis sunt ens. Quare cum hec sit negatio entis 'nichil est', ponit ens. Sed hoc est ens in anima. Quare non negabit ipsum, nec fiet negatio pro tali ente.

48 Item. Si nichil est, hec propositio 'nichil esse' est. Sed si hec propositio 'nichil esse' est, aliquid est, cum propositio sit aliquid. Quare a primo: si nichil est, aliquid est. Propter hoc ponunt quidam quod hec est vera 'si nichil est, aliquid est', et quod hec ponit duo contradictorie opposita. Per negationem enim ponit destructionem cuiuslibet et ponit nichil, et per prolationem ipsius per suum oppositum ponit aliquid esse. Et ita ponit hec duo

---

16 Cf. *Metaph.* IV 2, 1003b9–11.

---

2 sed] *om. TR* 3 demonstrantur] de materia negatur *V* cum demonstrentur *R* 3 enim] *om. VR* 5 quod] *om. T* 5 si] hec scilicet *V* 6 est] et aliquid est *add. V* etc. *add. R* 6 est] sit ibi *R* 7 primum] *om. VR* 8 non] principium *R* 8 quia] quod *V* 9 principium] principiorum *R* 9 tale] *om. R* 10 non] *om. R* 10 negetur] negatur *T* 10 dicitur] non *add. V* 11 negabitur] negabit *T* 12 illud] *om. T* 13 contingit] continget *V* 13 sic] adhuc *add. R* 15 autem] non *add. V* quod est *add. R* 15 anima] alima(!) *V* 15 cum sic dicitur] rasura in *T* 16 quia...aristotiles] per aristotilem *T* in *add. V* 16 quarti] tertii *codd.* 17 negationes] non *add. V* 18 nichil est] *om. R* 18 ponit] aliquid nichil *add. R* 19 ipsum] ens quod est in anima *add. V* 20–21 sed...est] *om. V* 21 esse] est *T* 22 a primo] *om. T* 22 propter hoc] sed *R* 23 hec est vera] *om. T* 23 est] quod sit vera *add. T* 23 et] *om. T* 24 per...enim] quia per negationem *R* 24 enim] *om. V* 25 et] *om. V* 25 prolationem] relationem *TV* 26 per] ad *T om. V* 26 oppositum] per positionem ipsius *V* positionem ipsius *R* 26 hec] *om. R*

contradictorie opposita, videlicet 'aliquid esse' et 'nichil esse'. Et propter hoc potest sequi utrumque illorum ad antecedens primum, scilicet 'si nichil est, nichil est'; et si **[V151ʳ]** nichil est, aliquid est'.

Respondetur ad rationes

49 Sed hoc non videtur nobis, immo dicimus ad illud argumentum [38] quod si hoc antecedens 'nichil est' ponat aliquid quantum est de se, tamen illa positio non est positio alicuius simpliciter, sed secundum quid. Et propter hoc non sequitur ex illa aliquid esse, immo peccat illa ratio secundum quid et simpliciter.

50 Similiter dicunt aliqui quod hec est vera SI NULLUM TEMPUS EST, ALIQUOD TEMPUS EST, et quod hec 'nullum tempus est' ponit duo contradictorie opposita. Virtute enim negationis illius ponit nullum tempus esse, sed virtute temporis consignificati ponit aliquod tempus esse, cum supra ipsum non cadat negatio. Et propter hoc potest sequi utrumque **[T39ʳᵃ]** simpliciter 'si nullum tempus est, nullum tempus est', 'si nullum tempus est, aliquod tempus est'. Sed hoc non ponimus, immo dicimus quod peccat illa ratio secundum quid et simpliciter, quia tempus consignificatum non est tempus simpliciter, sed secundum quid. Et ita ex illa non sequitur aliquod tempus esse.

51 Simili modo dicitur quod hec est vera SI NULLA PROPOSITIO EST VERA, ALIQUA PROPOSITIO EST VERA. Et virtute negationis prime **[V151ᵛ]** ponitur nulla propositio esse, virtute autem sue positionis et sui ipsius ponitur aliqua propositio esse. Et propter hoc ponit nullam propositionem esse et aliquam propositionem esse. Et sic potest sequi 'si nulla propositio est vera, aliqua propositio est vera'. Sed sicut de aliis dictum est, dicendum est sic quod illa

---

1 contradictorie opposita] opposita *V om. T*   1 videlicet] scilicet *R om. V*   1 esse] que quidem contradictorie opponuntur *add. T*   2 potest sequi] sequitur *T*   3 nichil...est] *om. R*   3 et] *om. T*   6 illud] *om. R*   7 ponat] ponit *VR*   8 positio] propositio *R*   8 positio] propositio *R*   13 opposita] esse *add. R*   13 enim] *om. V*   14 temporis consignificati] ipsius cum signo *R*   18 ponimus] ponemus *R*   22 simili modo] similiter *V*   22 dicitur] dicendum *V*   24 nulla] illa *V*   25 sui] sue *R*   25 aliqua] *om. TV*   25–26 et...esse] *om. R*   26 nullam] illam *T*   26 aliquam] aliam *T*   27 potest sequi] *exp. Vc*   28 vera] propositio est vera *add. V*   28 sed] *om. T et V*   28 dictum] dicendum *R*   28 sic] *om. R*

ratio peccat secundum quid et simpliciter. Non enim propositio ponit se ipsam simpliciter, sed secundum quid.

52 Dico igitur quod hec est falsa 'si nichil est, aliquid est', nec tamen interimo hanc consequentiam 'si nichil est, nichil esse est verum', nec distinguo, immo utroque modo sequitur. Et rationes hoc [29] demonstrantes, quecumque sint, concedo. Tamen dicam ad aliam consequentiam quod non valet hec 'si nichil esse est verum, aliquod enuntiabile est verum', immo peccat secundum quid et simpliciter. Et rationes [34–37] ad hoc concedo. Et quia satis fuit manifestum in opponendo, non indiget maiori inquisitione.

53 Ad aliud [39] quod obicitur solvendum est quod ad hoc quod sit enuntiabile simpliciter, exigitur quod habeat esse completum in duobus, scilicet in esse materiali et in esse formali. Et appellatur esse materiale **[V152ʳ]** enuntiabilis extremitates et compositio in suis extremis finita; et esse formale appellatur significatio sive esse ipsius secundum quod dicitur esse significatum.

54 Dico igitur quod, cum illa duo exigantur ad hoc ut sit enuntiabile simpliciter, si aliquod enuntiabile deficiat ab aliquo istorum, non est enuntiabile simpliciter sed secundum quid. Dico igitur quod si hoc enuntiabile 'nichil esse' non deficiat ab enuntiabili simpliciter in esse materiali, cum sint ibi extremitates et compositio, tamen deficit ab ipso in esse formali. **[T39ʳᵇ]** Et hoc est incomplete significationis, quia non complete significat aliquid per se, sed solum pro altero, scilicet pro aliis enuntiabilibus. Et quia hoc exigitur ad hoc quod sit enuntiabile simpliciter, propter hoc est enuntiabile secundum quid. Et ita ad veritatem ipsius non sequitur veritas ipsius enuntiabilis simpliciter, sed secundum quid. Et propter hoc peccat secundum quid et simpliciter. Et sic patet **[R292ᵛᵃ]** qualiter illud enuntiabile sit enuntiabile secundum quid, et in quo deficiat a suo <esse> simpliciter.

---

3 dico igitur] igitur dicendum est aliter *V* dicendum est igitur *R*   5 nec distinguo] ut distinguitur *R*   6 dicam] dico *R*   9 satis] *om. V*   10 inquisitione] expositione *R om. V*   11 ad aliud] sed ad hoc *V* sed ad aliud *R*   11 quod... est] dicendum est quod obicitur *R*   11 est] *om. T*   11 quod] *om. V*   12 enuntiabile] *om. R*   15 finita] significata *V*   15 significatio] ipsius *add. R*   17 igitur] *om. R*   17 exigantur] exigantur *R*   20 quod] et *V*   20 non] *om. R*   22 hoc] non *add. R*   23 incomplete] in completione *T* complete *V*   23 significationis... complete] *om. R*   23 non] *om. V*   25 quia] propter *add. V*   26–27 secundum... enuntiabilis] *om. R*   26 veritatem] unitatem *T*   27 ipsius] *om. TR*   28 et sic] sicut *R*   29 sit... enuntiabile] non sit enuntiabile simpliciter sed *R*

55 Ad aliud [40] dicendum quod, cum dicitur quod omne quod est sub aliqua specie entis continetur simpliciter, hoc intelligendum est de ente simpliciter. **[V152ᵛ]** Tale enim ens oportet contineri sub aliquo ente. Sed hoc enuntiabile non est ens simpliciter, sed secundum quid, sicut visum est. Et propter hoc non oportet ipsum sub aliqua specie entis contineri simpliciter. Et ita non exigitur quod sit aliquod enuntiabile simpliciter.

56 Ad aliud [41] quod obicitur <quod> omnis oratio significativa significat aliquid simpliciter, dicendum quod hoc est verum. Sed hec significatio non est pro se, sed pro altero extra, scilicet pro significato. Et sic veritas ipsius non est veritas simpliciter, sed secundum quid.

57 Ad tertium [42] quesitum dicendum quod prima est falsa, et rationes [42–44] ad hoc concedo. Ad aliud [45] in contrarium solvendum est quod tenet hec consequentia 'si nichil est, aliquid non est' et ulterius tenet 'si aliquid non est, aliquod ens non est'. Sed tunc dico quod hec est multiplex, scilicet 'aliquod ens non est', eo quod hoc quod dico 'ens' potest esse nomen vel participium. Si sit nomen, tunc dico quod tenet consequentia, sed ulterius non sequitur 'si aliquod ens non est, aliquid quod est, non est'. Et hoc intelligit Priscianus, conservando **[V153ʳ]** hoc quod est 'ens' ad ens participium. Si autem sumatur sicut participium, sic non sequitur 'si aliquid non est, ergo aliquod ens non est', sed ulterius tenebit. Et sic procedit in equivoco illa ratio.

58 Ad aliud [46] dicendum quod hec est falsa 'si nichil est, contradictorie oppositum huius non est', non propter hoc quod non sit, sed propter hoc quod circa idem implicatur forma contradictionis que sibi non convenit. Dico igitur quod si nichil

---

21 *Inst. gramm.* XI, 30 p. 568⁸⁻⁹; cf. *ibid.* XVIII, 75, p. 239⁷sqq.

---

2 est... specie] *bis in* V   2 continetur] *coni.* est ens R *om.* TV   3 ens] *om.* TV   4 est] aliquod *add.* V enuntiabile non est aliquod *add.* R   5 non] *om.* V   6 oportet] sequitur R   8 aliud] dicendum est *add.* VR   8 obicitur] *om.* VR   8 omnis] *om.* R   9 hoc] *om.* R   10 hec significatio] hoc TV   10 pro] per V   10 pro] suo *add.* R   11–12 non... quid] est veritas secundum quid et non simpliciter V est veritas simpliciter R   13 quesitum] *om.* R   13 prima] hec T   14 aliud] illud V quod obicitur *add.* R   15 solvendum est] solvendum T dicendum R   16 tenet] et *add.* VR   17 sed] *om.* R   17 tunc] *om.* T   17 scilicet] si T *om.* R   18 eo quod] ex R   19 sit] *om.* TR   19 tunc] *om.* V   19 dico quod] *om.* T   21 conservando] sumendo R   22 ens ad] currens sicut R   23 ergo] *om.* R   23–24 ens non est] est non ens R   24 et] *om.* T   24 equivoco] equivocationem R   26 huius] eius TR   26 non] nec V   27 circa idem] *om.* V   27 idem] hanc R   28 convenit] contingit T   28 igitur] enim V ergo R

est, contradictio non est. Et ita non est [T39ᵛᵃ] contradictorie oppositum. Et ita non sequitur 'si nichil est, contradictorie oppositum non est'. Sed bene sequitur 'si nichil est, hoc non est', demonstrando ipsum sub forma propria, et non sub forma contradictionis. Et sic cassanda est illa consequentia. Vel aliter, ut dicatur quod hec est vera 'si nichil est, contradictorie oppositum non est', sed ulterius non sequitur 'si contradictorie oppositum non est, alterum est'. Immo oportet sic dicere 'et oportet alterum illorum esse'. Sed hec est falsa, et repugnat cum primo antecedente. Et propter hoc peccat [V153ᵛ] illa ratio secundum fallaciam consequentis ab insufficienti.

59 Quod obicitur [46], quod videtur quod contradictio sit, etsi nichil sit, quia non negatur illud ens supra quod radicatur contradictio —, dicendum quod contradictio dupliciter potest considerari, prout est in genere, vel prout est in specie. Si consideretur prout est in genere, sic radicatur supra ens primum, et sic non descendit ad materiam. Et sic potest esse contradictio. Et si nichil est, tunc considerando prout est in specie, sic descendit ad materiam, et sic radicatur supra ens actu, nec habet esse nisi supra ens speciale. Sed cum ita arguitur 'si nichil est, contradictorie oppositum non est; et si contradictorie oppositum non est, alterum oppositum est', iam descendit ad contradictionem specialem. Et propter hoc oportet quod dicatur quod ens est et contradictio est. Sed hoc est falsum, cum repugnet primo antecedenti.

60 Quod autem queritur [47] utrum negetur ens in anima cum sic dicitur 'nichil est', dicendum quod non, immo remanet ens in anima, sicut ostensum fuit in [V154ʳ] opponendo.

61 Ad ultimum [48] obiectum patet similiter solutio. Dicendum quod hec est falsa 'si nulla propositio est vera, aliqua propositio est vera'. Et dicimus quod tenet hec consequentia 'si nulla

---

1 contradictio] contradictorie V   2 oppositum] non est add. R   3 est] om. T   3 hoc] om. R   3–4 demonstrando ipsum] demonstrato ipso V   4 propria] proprii R   4 et] ita et add. V   6 est] om. V   7 non] om. V   8 oportet] necesse est V necessarium est R   9 cum] om. VR   9 antecedente] antecedenti VR   11 quod] om. T   12 videtur] om. V   12 quod] ibi add. V   13 quia] quod T   13 negatur] exigatur T   14 potest] possunt V   15 specie] sed add. T   17 contradictio] om. V   17–18 et... considerando] tamen R   18 est tunc] sit V   18 considerando] tantum add. V   19 nisi] om. VR   20 cum ita] ita cum V   21 et si] sed R   21 oppositum] opposita(!) R   21 est] om. V   23 quod] et V   23 et] vel VR   24 cum] et V   24 repugnet] repugnat codd.   26 est] om. R   26 quod] om. R   26 immo] bis in V   27 ostensum] obiectum VR   28 similiter] sic T   29 propositio] non add. R   30 hec] prima R

propositio est vera, hec propositio non est vera'. Sed ulterius non valet hec consequentia 'si hec propositio non est vera, sua contradictoria est vera', immo peccat secundum consequens ab insufficienti; oportet enim dicere 'et propositiones sunt'. **[T39^{vb}]** Sed hec est falsa, et repugnat primo antecedenti.

62 Similiter dicendum quod hec est falsa 'si nullum tempus est, aliquod tempus est', et tenet prima consequentia, scilicet 'si nullum tempus est, dies non est'. Sed ulterius non valet hec consequentia 'si dies non est, nox est', immo oportet dicere 'et aliquod tempus est'. Unde non sequitur 'dies non est; ergo nox est' nisi per suppletionem temporis. Et ita oportet apponere hanc 'et aliquod tempus est'. Sed hec est falsa, et repugnat primo antecedenti. Et ideo peccat illa consequentia secundum consequens ab insufficienti.

De multiplicitate orationum

63 Deinde queritur de hoc quod dicitur quod alique orationes sunt multiplices, **[V154^v]** eoquod potest esse consecutio dicti ad dictum vel dicti ad attributum. Et **[R292^{vb}]** secundum hoc distinguuntur huiusmodi orationes: SORTES DICIT VERUM, SI SOLUS PLATO LOQUITUR; VERUM EST FALSUM, SI ANTICHRISTUS EST.

64 Et secundum hoc queritur de hoc sophismate SORTES DICIT VERUM, SI SOLUS PLATO LOQUITUR. De quo queramus tria. Primum est de veritate et falsitate ipsius. Secundo queritur de illa distinctione. Tertio queritur utrum sit ibi fallacia accidentis, que ponitur a quibusdam.

---

1 hec] aliqua *VR*   3 consequens] fallaciam consequentis *V*   4 et] quod *R om. T*   7 scilicet] *om. TV*   9 et] quod *R*   10 est] *om. V*   10 ergo nox est] *om. R*   11 suppletionem] suppositionem *V*   11 et] sed *R*   13 illa consequentia] *om. R*   13 secundum consequens] secundum fallaciam consequentis *V om. T*   13–14 ab insufficienti] *om. V*   16 dicitur quod] *om. VR*   19 huiusmodi] hee *VR*   19 orationes] multiplices *R*   20 est] *om. R*   22–23 tria... est] primo tria *V* tripliciter primo *R*   23 queritur] queratur *R*   24 queritur] queratur *R*   24 sit] est *T*   24 que] secundum quod *VR* a *add. R*

Utrum hec sit vera 'Sortes dicit verum, si solus Plato loquitur'

De rationibus probantibus quod sit vera

65 Ad primum sic proceditur. Dicit Aristotiles in libro *Periermeneias* quod si oratio est falsa, proferens est falsus, si vera est, verus est. Sed solum Platonem loqui verum est, si solus Plato loquitur. Quare proferens hanc orationem est verus. Quare si Sortes dicit illam orationem, scilicet 'si solus Plato loquitur, *etc.*' erit verus. Ergo oratio que hoc significat est vera. Ergo hec 'Sortes dicit verum, si solus Plato loquitur' erit vera.

66 Item. Veritas rei est veritas orationis, et veritas orationis est veritas enuntiabilis. Quod significat Aristotiles cum dicit quod "ab eo quod res est vel non est, dicitur oratio vera vel falsa". Sed ubi unum propter alterum, utrobique unum, sicut vult Aristotiles. Quare si veritas est rei, et orationis; et si est veritas orationis, est veritas **[V155ʳ]** enuntiabilis. Sed veritas rei est solum Platonem loqui, **[T40ʳᵃ]** si solus Plato loquitur, et veritas orationis. Quare erit veritas enuntiabilis. Sed Sortes est enuntians. Quare erit veritas ipsius. Et ita est veritas in ipso, hoc dicendo 'Sortes dicit verum, si solus Plato loquitur'.

67 Item. Veritas rei est adequatio rei, sermonis et intellectus. Unde cum sic est in re, et in intellectu erit sicut per sermonem exprimitur. Quare cum est veritas in re solum Platonem loqui si solus Plato loquitur, et in intellectu erit, sicut per sermonem exprimitur. Ergo cum hoc exprimatur per hanc orationem 'Sortem

---

3 *Metaph.* IX 10, 1051b3–5.   11 *Categ.* 5, 4b8–10; 12, 14b21–3.   13 Ubi?

4 falsus] *om. V*   4 est] *om. R*   4 est] *om. R*   5–6 sed ... verus] *om. V*   5 loquitur] quia plato loquitur *add. R*   6 proferens ... orationem] *om. R*   6–7 quare ... verus] *om. R*   6 dicit] dicat *V*   7 scilicet] *om. T*   8 erit *V*   8 hec] *om. T*   9 si ... vera] etc. *R*   9 loquitur] ergo *add. T*   9 erit] est *V*   10 veritas] idemptitas *R*   10 orationis] propositionis *R*   11 enuntiabilis] enuntiantis *T* orationis *R*   13 utrobique] est *add. T*   14 quare si] sed cum *R*   14 est rei et] rei est veritas *R*   14 orationis] propositionis *R*   15 enuntiabilis] enuntiantis *T* enuntiationis *R*   17 enuntiabilis ... veritas] *om. V*   17 sed] si *T*   18 ipsius] enuntiantis sed sortes est enuntians quare veritas erit ipsius *R*   18 in ipso] ipsius *R*   18 dicendo] quare *add. R*   19 si ... loquitur] etc. *R*   20 rei] *coni.* rerum et intellectuum et *V*   21 erit] est *V*   21 sicut] cum *R om. V*   22 quare ... veritas] sed si solus plato loquitur *R*   22 cum] tunc *VR*   22 in ... loqui] *om. VR*   22 si] sed si *V*   22–23 si ... loquitur] est veritas in re *R*   23 et ... erit] *om. R*   23 erit] *om. V*   23 sicut] cum *T*   24–p. 314,1 ergo ... etc.] quare tunc est veritas *VR*

dicit verum *etc.*', hec oratio simpliciter est vera 'Sortes dicit verum *etc.*'.

68 Item. Omnis oratio habens in se causam sue veritatis est vera simpliciter, ut hec 'Sortem currere quando currit'. Sed hec oratio 'Sortes dicit verum' habet in se causam sue veritatis, quia Sortes dicit verum dicendo solum Platonem loqui. Cuius causa est quia solus Plato loquitur. Quare hec oratio per reflectionem sue cause supra causam, habebit veritatem simpliciter. Quare hec oratio simpliciter est vera 'Sortes dicit verum, si solus Plato loquitur'.

De rationibus ad oppositum faciendis

69 Ad oppositum sunt rationes. Omnis oratio implicans in se duo contradictorie opposita primo vel ex consequenti, est impossibilis, cum ponat affirmationem et negationem **[V155ᵛ]** de eodem. Sed hec oratio 'Sortes dicit verum *etc.*' est talis, quia implicat in se duo contradictorie opposita primo vel ex consequenti. Quod autem implicat in se duo contradictorie opposita videtur quia: Si solus Plato loquitur, Sortes non dicit verum, quia Sortes non loquitur. Et si Sortes dicit solum Platonem loqui, Sortes loquitur. Et ita hec oratio ponit Sortem loqui et Sortem non loqui. Ergo implicat in se opposita. Sed talis oratio est impossibilis. Ergo ipsa est impossibilis.

70 Item. Omnis oratio significans aliquid inesse alicui cum determinatione oppositum denotante est impossibilis, ut hec 'Sortes est albus sine albedine'. Sed hec 'Sortes dicit verum *etc.*' est huiusmodi. Quare hec est falsa 'Sortes dicit verum si solus Plato loquitur'. Quod autem ibi sit determinatio oppositum denotans

---

1 sortes] sed *V*   4 sortem currere] sortes currit *R*   5 dicit verum] currit *R*
5 quia] quod *R*   6 dicit] dicat *VR*   6 cuius] *om. VR*   7 quia] quod *TR*
7 loquitur] loquatur *T*   7 oratio] per resolutionem vel *add. T*   7 per reflectionem] *om. V*   8 sue] *om. R*   8 cause] *om. V*   8 causam] causatum *R*   8 veritatem] causa veritatis *V*   9 oratio] *om. T*   9 simpliciter] *om. TR*   9 dicit...loquitur] etc. *R*   11 in se] *om. T*   12 opposita] vel *add. R*   13 cum] si non *R*   14 oratio] *om. R*   14–15 quia...consequenti] *om. T*   15 opposita] vel *add. R*   16 autem] *om. T*   16 duo] *exp. V*   16 videtur] patet *R*   18 loqui] sic *add. T*   19 sortem] *om. TV*   19 ergo] sic *T*   20 sed] et omnis *R*   20 oratio] *om. R*   22 significans] determinans *R*   23 denotante] denotantem *T*   23 hec] *om. TR*   23 sorte] currit *add. necnon exp. V*   24 hec] in hac *VR*   24 est huiusmodi] aliquid denotatur inesse alicui cum determinatione oppositum denotante quare est impossibilis *VR*
25 quare...falsa] quia hec *V*   25–26 si...loquitur] etc. *R*

videtur, nam per hanc **[T40ʳᵇ]** determinationem 'solus Plato loquitur' significatur quod Sortes non dicat aliquid, et ita quod non dicat verum. Quare per hanc determinationem significatur oppositum principalis inherentie. **[V156ʳ]** Sed omnis talis est falsa. Ergo ipsa est falsa.

71 Item. Omnis consequentia est eorum quorum unum sequitur ad alterum. Unde bene sequitur 'si homo est, animal est; sed homo est; ergo animal est'. Similiter sequitur 'si omnis homo currit, Sortes currit; sed omnis homo currit; ergo Sortes currit'. Ergo cum inter ea quorum denotatur hec consequentia 'Sortes dicit verum, si solus Plato loquitur' non fit illatio, nec unum infert alterum — quia non sequitur 'Sortes dicit verum; ergo solus Plato loquitur' —, relinquitur igitur quod hec est falsa 'Sortes dicit verum *etc.*'

Utrum hec sit multiplex 'Sortes dicit verum etc.'

72 Circa secundum sic proceditur. Et distinguitur hec multiplex 'Sortes dicit verum, *etc.*', ex eo quod potest esse consecutio dicti ad dictum vel dicti ad attributum. Si fiat consecutio dicti ad dictum, falsa est, et est sensus *Sortes dicit verum si solus Plato loquitur*, et conditionatur hoc quod est 'Sortem dicere verum' ad hoc quod **[R293ʳᵃ]** est 'solum Platonem loqui'. Si fiat consecutio dicti ad attributum, sensus est *Sortes, si solus Plato loquitur, dicit verum*. Eodem modo distinguitur hec multiplex 'verum **[V156ᵛ]** est falsum, si Antichristus est'.

73 Quod ista distinctio non valeat videtur. Eadem sunt extrema conditionis illative et conditionis consecutive. Cuius signum est quia omnis consequentia reducibilis est ad illationem. Ergo cum omnis illatio sit dicti ad dictum et non dicti ad attributum, relinquitur quod omnis consequentia est dicti ad dictum. Et sic non

---

2 dicat] dicit *TR*   4 oppositum] significatio *R*   5 ergo ipsa] quare *R*   6 eorum] horum *T*   8 sequitur] bene sequitur *V om. R*   10 cum] *om. R*   10 hec] hic *V om. R*   12 sequitur] Sortes dicit verum si solus Plato loquitur non fit illatio nec unum infert alterum quia non sequitur *add. T*   13 igitur] relinquitur *add. V*   13 est] sit *R*   17 etc.] si etc. *T* si solus plato loquitur *R*   20 hoc ... est] hec *V* hoc *R*   21 est] *om. R*   21 fiat consecutio] *om. T*   22 est] sortes dicit verum etc. idest *add. V*   25 videtur] *om. R*   26 illative] relative *R*   27 est] *om. T*   28–29 et ... dictum] *om. R*   29 est] sit *V*

est ponere quod possit esse consequentia dicti ad attributum, immo semper dicti ad dictum.

74 Item. **[T40^va]** Triplex est actus anime: apprehendere, componere et conferre. Et ordinati sunt isti actus adinvicem, ita quod prius est apprehendere, deinde componere, tertio conferre. Unde anima prius apprehendit, post apprehensa componit, composita confert. Ex hoc accipitur quod eorum quorum est compositio est illatio sive collatio. Igitur cum consecutio sumatur ab actu anime qui dicitur 'conferre', relinquitur quod eorum quorum est collatio, illorum est consecutio. Sed complexorum est collatio, sicut visum est. Quare et consecutio. Quare semper erit consecutio **[V157^r]** dicti ad dictum, et numquam dicti ad attributum.

75 Item. Consecutio est relatio; est enim forma respectiva que dicitur relatio. Sed extremitates relationis sunt sub eadem specie entis. Ergo consequentie partes debent esse sub eodem ente sive sub eadem differentia entis. Ergo cum ens complexum et ens incomplexum non sint sub eadem parte entis et non poterunt esse extremitates consequentie, immo si alterum est incomplexum, et utrumque, et si alterum est complexum, et utrumque, quare secundum hoc non est dicere quod possit esse consequentia dicti ad dictum vel dicti ad attributum, immo semper dicti ad dictum vel attributi ad attributum.

76 Item. Omnis coniunctio vult coniungere similia. Ergo cum incomplexum sit dissimile complexo, non erit consequentia complexi ad incomplexum. Et sic nulla est distinctio.

77 Item. Proprium alicuius numquam separatur ab eo cuius est proprium. Sed proprium est coniunctionis, ut vult Priscianus,

---

27 *Re vera* Donatus, *Ars minor*, p. 364[33], *Ars maior*, p. 388[28].

---

1 est] esset *V*   1 possit esse] sit *T*   1-2 immo ... dictum] *om. R*   3 apprehendere] deinde *T*   3-4 apprehendere ... adinvicem] *om. R*   4 et] postea *add. T*   5 prius] primo *R*   6 prius] primo] *VR*   6 post] *om. R*   7 conferit] sentit *T*   8 sive collatio] sive collectio *V om. R*   8 consecutio] consequentia *T* illatio et compositio *R*   9 qui dicitur] quod est *R*   10 illorum] hec *R*   10 collatio] collectio *V*   11 semper] *om. T*   11 consecutio] *om. T*   12 numquam] non *T*   13 respectiva] relativa *R*   13-14 que ... relatio] *om. T*   16 complexum] completum *V*   17 incomplexum] incompletum *V*   18 extremitates] partes *R*   18 incomplexum] complexum *V*   19 si ... utrumque] econverso *T*   19 complexum] incomplexum *VR*   20 consequentia] consecutio *R*   22 vel] et *T*   22 attributi] dicti *R*   24 incomplexum ... complexo] complexum sit dissimile ab incomplexo *R*   24 complexi] incomplexi *R*   25 incomplexum] complexum *VR*   26 numquam separatur] non potest separari *R*   27 ut ... priscianus] *om. R*

annectere sententias. Quare semper annectit sententias. Et ita semper **[V157ᵛ]** erit consecutio complexorum, cum eorum sit sententia, et non incomplexorum. Et ita non erit dicere quod possit esse consecutio dicti ad attributum.

78 Item. Dicit Priscianus quod omnes partes orationis possunt esse in una oratione preterquam coniunctio que, si apponatur, necesse est aliam **[T40ᵛᵇ]** orationem sequi. Per hoc dat intelligere quod omnis coniunctio habet esse inter orationes. Quare semper erit consecutio dicti ad dictum, et non dicti ad attributum.

Utrum sit ibi fallacia accidentis

79 Circa tertium sic queritur. Dicitur quod in probatione prime est fallacia accidentis. Cum enim sic dicitur 'solum Platonem loqui est verum, si solus Plato loquitur', hic assignatur veritas huic enuntiabili quod est 'solum Platonem loqui', quod est res subiecta; in conclusione autem assignatur illi enuntiabili secundum quod dicitur a Sorte. Et propter hoc illud quod assignatur rei subiecte, assignatur accidenti. Et hec est causa fallacia accidentis.

80 Sed contra hoc obicitur. Quedam sunt accidentia rationis, et quedam nature. Sed in accidentibus rationis differt attribuere rei subiecte et accidenti. Ut hic 'homo est species; Sortes est homo; ergo **[V158ʳ]** Sortes est species'. In accidentibus vero nature aliquid primo attribuere pro supposito, deinde pro accidente, non differt. Unde bene sequitur 'Sortes currit; album est Sortes; ergo album currit'. Ergo cum hoc quod est 'dicere' sit actus nature, non erit peccatum si quod attribuitur primo subiecto, deinde eius accidenti assignatur. Quare tenebit hec argumentatio 'solum

---

5 *Inst. gramm.* XVII, 97, p. 161[10-14].

---

1 semper] si *T*   1 annectit] annectat *T*   1 et ita] *om. T*   3 erit] est *V*   5 orationis] *om. R*   6 una] eadem *T* aliqua *R*   6 coniunctio] consecutio *R*   6 apponatur] apponeretur *V*   7 est] esset *V*   7 sequi] subsequi *V* consequi *R*   8 coniunctio] consecutio *R*   9 et non] vel*(!) R*   11 dicitur] videtur *V*   11 prime] *om. TR*   12 est] sit *V*   12 sic] *om. V*   13 hic] *om. R*   14–15 est ... secundum] *om. T*   17 assignatur] eodem modo *add. R*   20 accidenti] accidentibus *R*   20 hic] *om. TR*   21 sortes] *om. V*   21 species] sed *add. R*   22–23 non differt] ipsius *R*   23–24 currit ... *alterum* album] est albus album currit ergo sortes *R*   23 album est sortes] *om. V*   25 si] secundum *T* secundum quod *R*   25–26 deinde ... assignatur] et accidenti eius inesse *R*   25 eius] eiusdem *V*

Platonem loqui *etc.*, et est dictum a Sorte; ergo dictum a Sorte *etc.*'.

81 Item. Actus qui attribuitur substantie convenit accidenti, dummodo ille actus per se comparetur ad utrumque. Quod patet: bene sequitur 'video Sortem; Sortes est albus; ergo video album', et hoc est quia visio per se comparatur ad utrumque. Cum ergo veritas per se attribuitur huic quod dico 'solum Platonem loqui' et huic quod dico 'dictum a Sorte', potest de utroque predicari et convenit utrique. Quare sequitur 'solum Platonem loqui *etc.*'. Et hoc dictum est a Sorte. Ergo dictum verum est a Sorte.

82 Item. Eidem inquantum idem natum est accidere eidem, sicut vult Aristotiles. Ergo cum subiectum et accidens sint eadem, eis natum est accidere idem. Quare si illud quod convenit uni assignetur alteri convenire, non erit impeditum argumentum. Ergo etsi hoc sit **[V158ᵛ]** in proposito, nichilominus hec argumentatio erit necessaria. Propter hoc queritur, cum **[T41ʳᵃ]** aliquando sequatur argumentum cum attributum est aliquid subiecto et accidenti, et aliquando non, ubi impeditur et ubi non. Item. Queritur quid sit dicere idem assignare rei subiecte et accidenti.

83 Item. Queritur quid sit accidens, utrum maior extremitas, aut minor aut medium. Et videtur quod sit medium, immo in tali argumento oportet quod idem assignetur utrique. Sed nichil est quod assignetur utrique **[R293ʳᵇ]** nisi medium. Ergo hoc est medium. Item. Dicit Aristotiles quod medium accidit. Sed id quod accidit est accidens. Quare medium est accidens.

84 Sed contra. Oportet quod illud quod assignatur accidenti assignetur medio. Sed illud quod assignatur est medium. Ergo si medium est accidens, medium assignatur medio. Sed hoc est inconveniens. Quare inconveniens est ponere quod medium sit accidens.

---

11 Cf. *Topica* V 4, 133a28–34.   23 *Anal. Priora*, passim.

---

1 et] sed hoc *R*   1 etc.] *om. V*   2 qui] *om. T*   2 attribuitur] attributus *R*   2 substantie] et *add. T*   4 bene] enim *add. R*   5 per se] *om. R*   6 veritas] sit quidam actus qui *add. T*   6 solum platonem] *om. T*   7 sorte] sermone *T* postea *add. R*   7 potest] poterit *V*   8 convenit] convenire *R*   9 sorte] sermone *T*   9 ergo ... sorte] etc. *V*   9 verum est] *om. R*   9 sorte] etc. *add. R*   10 eidem] idem *TV*   10 accidere eidem] facere idem *T*   11 cum] *om. R*   11 sint] sunt *V*   12 si] sicut *R*   13 assignetur] significatur *R*   14 sit] *om. TR*   14 nichilominus] *om. R*   16 sequatur] sequitur *T*   16 attributum est] attribuitur *R*   17 accidenti] eius inesse *add. R*   17 non] sequitur *add. R*   17 ubi] ut*(!) V*   17 impeditur] habeat impedire *V* contingit esse impeditum *R*   18 accidenti] eius inesse *add. R*   20 minor] extremitas *add. R*   20 immo] non *T*   23–24 sed ... accidit] *om. R*   25 contra] hoc quod *add. R*   26 medio] *om. R*   28 accidens] accidentis *V*

Item. Nichil est medio assignatum in conclusione, nam dicit Aristotiles quod medium in conclusione evanescit. Unde in conclusione non ponitur medium. Quare medium non est accidens.

Solutio

85 Solutio. Ad primum dicendum quod hec est falsa **[V159ʳ]** 'Sortes dicit verum, si solus Plato loquitur'. Et peccat probatio secundum fallaciam figure dictionis eoquod transmutatur *quid* in *quale*. Cum enim dicitur sic 'solus Plato loquitur *etc.*', ibi accipitur illud enuntiabile sicut *quid*, in conclusione vero sicut *quale* — cum dicit 'et illud est verum', sic dicendo 'solum Platonem loqui est dictum a Sorte', cadit sub dicto Sortis sicut *quid*, sed ulterius, cum dicit 'et illud est verum', cadit sub dicto illius sicut *quale*. Et hoc operatur fallaciam figure dictionis eoquod transmutatur *quid* in *quale*.

86 Ponitur tamen aliter quod ibi est fallacia accidentis: cum dicitur 'solum Platonem loqui est verum *etc.*', hic assignatur veritas pro supposito illi enuntiabili, in conclusione autem, cum dicit 'et hoc est dictum a Sorte', assignatur ei pro accidente. Et ita aliquid attribuitur rei **[T41ʳᵇ]** subiecte et accidenti. Et hoc facit fallaciam accidentis. Magis autem est fallacia figure dictionis. Rationes vero hoc ostendentes ipsam esse falsam, concedimus.

Respondetur ad rationes

87 Ad rationes vero in contrarium respondendum est. Notandum igitur quod ad hoc quod oratio sit vera, exigitur ut sit veritas rei

---

1 *Anal. priora* I 4, 26a3.

6 probatio] *om. V* 7 fallaciam figure] figuram *V* 8 solus...loquitur] solum platonem loqui *R* 8 loquitur] *om. V* 11 sub] a *R* 11 dicto] dictione *VR* 12 sub] a *R* 12 dicto] dictione *codd.* 13 hoc] sic *V* 13 fallaciam] fallacia *V* 15 aliter] *om. R* 15 ibi est] hic est *V* hic fit *R* 15 cum] cum sic *V* nam cum *R* 16 etc.] et *add. TR* 18 et] sed *VR* 18 accidente] accidenti *V* 19 aliquid] quod *R* 19 et] postea attribuitur *R* 20 est] ibi fallacia est *add. V* 21 rationes vero] et rationes *V* rationes autem *R* 21 ostendentes] dicentes *R* 23 respondendum est] dicimus *T* inquiremus *R* 24 hoc] *om. V*

et orationis, et quod actus exercitus non habeat oppositionem [V159ᵛ] cum actu concepto ipsius orationis. Sed si actus exercitus habeat oppositionem cum actu concepto, tunc impossibilis est oratio, ut cum dicitur 'dico me non loqui'. Dico igitur quod quantum est de veritate rei et orationis, in se posset prima habere veritatem. Sed quia actus exercitus habet oppositionem cum actu concepto, et hoc non exigitur ad hoc quod oratio sit vera, propter hoc dico quod oratio est falsa. Quod igitur obicitur [65] quod dicit Aristotiles quod si oratio est vera, proferens est verus, intelligendum est de debitis conditionibus observatis que quidem exiguntur ad veritatem. Sed hoc non est reperire in proposito. Habet enim actus proferentis oppositionem cum actu orationis.

88 Ad aliud [66] dicendum quod illa ratio supponit falsum, quia supponit veritatem enuntiantis in hac oratione, quod non est ponere propter defectum alterius conditionis que requiritur, sicut tactum est. Unde si ibi esset veritas enuntiantis, oporteret quod esset eadem veritas utrobique. Vel aliter potest dici ut dicatur quod veritas rei et veritas orationis non sufficiunt [V160ʳ] ad veritatem orationis in effectu; immo exigitur debita conditio proferentis, scilicet ut non habeat oppositionem actus proferentis cum actu orationis. Et hiis concurrentibus, tunc erit veritas eadem utrobique.

89 Ad aliud [67] dicendum quod intellectus duplicem habet comparationem. Habet enim comparationem ad intelligibile, sive ad illud cuius est, et habet comparationem ad illud in quo est, sive ad illud cuius est forma vel perfectio. Et non sufficit unio intellectus quantum ad unam comparationem, scilicet quantum ad comparationem rei intellecte, sed etiam unio alterius comparationis, que est intelligentis ad rem [T41ᵛᵃ] intellectam. Et si deficiat altera comparatio, tunc non est complete adequatio rei,

---

9 *Metaph.* IX 10, 1051b3–5.

---

1 oppositionem] oppositum *V*   2 orationis] dictionis *TR*   2 si] *om. R*   3 habeat] habet *R*   4 dicitur] sic *add. V*   5 in se] *om. R*   7 oratio] *om. R*   8 oratio] prima *V*   9 est] sit *V*   10 de] *om. R*   10 quidem] *om. R*   13–17 ad . . . utrobique] *om. R*   13 illa ratio] ista oratio *V*   16 enuntiantis] enuntiationis *V*   16 oporteret quod] iam *V*   17–19 vel . . . veritatem] *om. R*   17 potest dici] *om. V*   19 orationis] *om. V*   19 immo] vero *R*   20 scilicet] *om. V*   20 scilicet non] sed non ut *R*   20 proferentis] orationis *R*   21 tunc erit] est *V*   26 forma vel] potentia et *V* et habet comparationem ad illud cuius est *R*   26 perfectio] ponitur autem *R*   27 unam] *om. TR*   27 scilicet] sed *R*   28 etiam] non *R*

sermonis et intellectus, et nec est veritas. Sed hoc est in proposito. Deficit enim unio intellectus ad rem intellectam. Et propter hoc illa oratio est falsa.

90 Ad aliud [68] dicendum quod illa causalitas que est consignificata per hanc dictionem 'si' est causalitas ipius orationis in se, sive veritatis ipius orationis in se; et est reduplicatio rei eiusdem supra se. Sed non est causalitas veritatis orationis in proferente, **[V160ᵛ]** immo ponit magis oppositum actus proferentis. Et quia hic non datur intelligi veritas orationis in se sed veritas orationis in proferente, cum quantum ad hoc non intelligatur illa causalitas, dico quod illa oratio est falsa, nec habet causam in se sue veritatis, nec quantum ad hoc conditionatur idem supra se, sed magis illa conditio denotat oppositionem eius in quo totaliter radicatur. Et rationes ad hanc partem concedimus, quoniam verum probant.

91 Ad secundum [87–88] dicendum quod quicquid sit de hoc sophismate FALSUM EST VERUM, SI ANTICHRISTUS EST, tamen ista distinctio non solvit hoc sophisma propositum. Tamen distinctionem sustinemus, ut rationes ad hoc solvamus. Distinguitur hec multiplex 'Sortes dicit verum, si solus Plato loquitur', sive 'hoc quod dictum est a Sorte est verum, si solus Plato loquitur', ut magis appareat illa multiplicitas eoquod potest fieri consecutio dicti ad dictum vel dicti ad attributum. Si fiat consecutio dicti ad dictum, sic est falsa, et est sensus *si solus Plato loquitur, dictum a Sorte est verum*, et sic est ypotetica. Vel potest fieri consecutio dicti ad attributum, et est sensus *dictum a Sorte est verum, si solus Plato* **[V161ʳ]** *loquitur*. Et sic est vera et cathegorica, primo modo falsa et ypotetica. Utrum in hiis vocibus valeat habetur in alio sophismate.

92 Ad primum **[R293ᵛᵃ]** [73] quod contra hoc obicitur quod eadem sunt extrema conditionis et illationis, dico quod verum,

---

1 nec] non *R*   1 hoc] sic *R*   4 causalitas] scilicet *add. V* ipsius orationis *add. R*   5 causalitas] causa *T*   6 ipsius] *om. TV*   6 reduplicatio] reductiva *V* reductio *R*   6 eiusdem] eadem *V*   7 orationis in proferente] proferentis in oratione *V*   9 hic] *om. TR*   11 illa oratio] *om. R*   13 illa] *om. T*   13 illa . . . oppositionem] denominat illa oppositionem conditio *R*   13 radicatur] indicatur *V om. R*   14 partem] rationem *R*   16 tamen ista] et V om T   17 hoc] *om. R*   17 propositum] positum *V* ipsum *R*   17 distinctionem] ipsum *V om. R*   18 rationes ad hoc] ad rationes *T*   18 multiplex] si *add. T*   19 si . . . loquitur] etc. *VR*   19 sive] sed *R*   19–20 quod . . . est] dictum *VR*   20–23 ut . . . loquitur] *om. R*   20 appareat] apponat *V*   21–22 ad . . . dictum] *om. V*   22 sic] et tunc *V et add. T*   24 fieri] esse *T*   26 et ypotetica] *om. R*   26–27 utrum . . . sophismate] *om. T*   26 in] sub *V*   27 valeat] *om. V*   27 habetur] videbitur *R*   28 primum] dicendum *add. V*   28 obicitur] dicendum est *add. V*   29 dico . . . verum] *om. VR*

cum est consecutio sicut formalis in oratione et in statu completo. Sed cum fit consecutio dicti ad attributum, iam non est consecutio sicut formalis in oratione, immo in esse materiali. Cuius signum est quoniam [T41ᵛᵇ] non denominat orationem. Nec dicitur ypotetica, nec conditionalis, nec ibi remanet illa consecutio virtute conditionis sive illationis.

93 Ad aliud [74] dicendum est quod verum est quod hec dictio 'si' sumitur ab actu anime qui dicitur 'conferre'. Et est consecutio eorum que complexa sunt ut est in esse formali, et non in esse materiali, sive in esse completo. Sed cum fit consecutio dicti ad attributum, diminuitur etiam consecutio ab esse completo. Et propter hoc non retinet totaliter veritatem actus illius a quo imponitur. Et propter hoc, licet sit collatio complexorum, tamen erit consecutio incomplexorum ad complexum, et non semper complexorum. Vel [V161ᵛ] aliter dicendum est quod cum fit consecutio dicti ad attributum, illud attributum habet naturam complexi. Quod patet: cum sic dicitur 'dictum a Sorte, si solus Plato loquitur, est verum', illud attributum de quo fit consequentia habet naturam complexi, quia hoc quod est 'verum' habet naturam complexi. Idem enim est 'verum' quod 'ens aliquod quod est verum'. Et sic, si fiat consecutio dicti ad attributum, adhuc erit consecutio complexi ad complexum. Et quia in attributo quod est accidens actus, contingit reperiri natura complexi virtute duplicis compositionis quam habet, scilicet substantialis et accidentalis — quod patet: cum sic dico 'album', hic est compositio substantialis et accidentalis; substantialis tangitur per hoc quod dico '*id quod* est album', quod est de compositione ipsius, accidentalis tangitur per applicationem accidentis ad subiectum in quo est, et non in termino substantiali —, propter hoc habet fieri ista dis-

---

1 cum est] est cum *T*   1 consecutio] conditio *T*   1 sicut] sit *T*   3 materiali] sicut visum est *add. R*   5 nec] sive *V*   5 ibi] etiam *add. V*   6 conditionis] conditionalis *R*   7 aliud] primum *V*   7 verum] manifestum *T*   8 conferre] *om. V*   9 complexa] composita *T* incomplexa *R*   11 diminuitur etiam] diminuta est *VR*   12 non retinet] remanet *R om. V*   12 veritatem] virtus *R*   13 licet sit] fit *R* illatio sive *add. R*   14 complexum] compositum *T*   15 semper] similiter *R*   15 est] *om. T*   17 sic] *om. T*   19–20 quia...complexi] *om. R*   19 est] dico *V*   20 enim] *om. R*   22 erit] est *R*   22 complexi] *om. V*   23 accidens] vel *add. V*   23 reperiri natura] reperire naturam *TV*   24 habet] habent esse *R*   25–26 quod... accidentalis] *om. R*   26 quod] *bis in R*   27 id...album] *om. VR*   27–28 quod... tangitur] *om. R*   28 in quo est] *om. VR*   28–29 et...substantiali] et *add. V om. T*   29 termino substantiali] *om. R*   29 habet] potest *R*   29 ista] *om. V*

tinctio in terminis accidentalibus, et non in terminis substantialibus. Et sic posset solvi ad multa eorum que obiecta sunt.

94 Ad aliud [75] dicendum quod extrema possunt esse sub eadem parte entis dupliciter, cum duplex sit pars, scilicet propinqua et remota. Dico igitur quod **[V162ʳ]** extremitates illationis sunt sub eadem parte entis remota, et non **[T42ʳᵃ]** propinqua. Et propter hoc non oportet quod utrumque illorum sit complexum vel utrumque incomplexum, sed potest esse alterum incomplexum et alterum complexum. Vel aliter potest dici quod non exigitur quod extremitates illationis sint sub eadem parte entis. Potest enim esse alterum ens, alterum non ens. Ut patet: convenienter enim dicitur 'non ens est aliud ab ente'. Quod tamen opponitur quod idem et diversum sunt species entis, dicendum quod hoc intelligitur de ente in anima, et non de ente actu. Ens autem tale extendit se ad ens et ad non ens.

95 Ad aliud [76] patet solutio, quoniam cum fit consecutio dicti ad attributum, fit consecutio inter similia, nam illud habet naturam complexi, sicut visum est. Similiter patet solutio ad aliud [77], quoniam ibi est coniunctio annectens sentencias, et habet illud quod est proprium coniunctionis. Verumtamen intelligendum est quod duplex est 'sententia', scilicet completa, que significat aliquid completum in intellectu et perfectum; et talis sententia non datur intelligi per **[V162ᵛ]** attributum. Est autem alia sententia incompleta, que non generat completum intellectum et perfectum. Et talis datur intelligi per attributum. Et sic quocumque modo fiat consecutio, semper erit ordinatio inter sentencias.

96 Ad aliud [78] dicendum quod cum ponit Priscianus orationem in qua sunt omnes partes orationis preter coniunctionem, que,

---

27 *Inst. gramm.* XVII, 97, p. 161¹⁰⁻¹⁴.

---

1 substantialibus] et sic patet solutio istius questionis que solet fieri per hoc quod fit hec distinctio in terminis in terminis(!) accidentalibus et non in terminis accidentalibus *add. R*   2 posset] potest *R*   3 extrema] aliqua *R*   4 eadem] *om. R*   4 scilicet] *om. TR*   5 illationis] *coni.* relationis *TVR*   6 sunt] que *T*   8 utrumque] *om. R*   10 illationis] relationis *V*   11 ens] est *R*   11 enim] *om. V*   13 hoc] *om. T*   16 quoniam] quod *TV*   16 fit] sit *V*   18 visum] dictum *R*   19 quoniam] *bis in R*   19 est coniunctio] hec dictio si *V*   19 coniunctio] *om. R*   20 coniunctionis] conditionis *R*   20 verumtamen] tamen hoc *R*   21 est] *om. V*   21 completa] complexa *R*   22 completum] complexum *R*   22 et] et *VR*   23 alia incomplexa *add. R*   24 incompleta] incomplexa *R*   24 completum] complexum *R*   25 quocumque] patet quo *V*   26 fiat] *om. V*   26 erit] est *R*   27 cum] *om. TV*   27 ponit] ponat *R*   28 coniunctionem] coniunctio *V*   28 que] dicit quod *V* quod *R*

si apponeretur, sequeretur alia oratio, non intelligit ut apponatur alia oratio illi orationi. Sed aliter habet intelligi, quod si apponeretur coniunctio illa, iam fieret alia oratio et non remaneret prior sensus in oratione. Et sic non oportet quod coniunctio semper sit inter orationes, nec quod semper exigat aliam orationem. Vel aliter dicendum est quod intelligit Priscianus "si precedat oratio". Unde vult ibi dicere quod si precedat oratio et apponatur consecutio, sequeretur **[T42ʳᵇ]** alia oratio. Sed cum fit consecutio attributi ad dictum, non precedit oratio. Et propter hoc non oportet ut alia oratio apponatur. Et sic non semper fiet consecutio dicti ad dictum, immo semper fiet consecutio dicti ad attributum.

97 Ad aliud [79–84] quod tertio queritur, quod hic ponunt quidam fallaciam accidentis, eoquod primo attribuitur **[V163ʳ]** aliquid rei subiecte et deinde accidenti vel econverso — sed [84] queritur quid est res subiecta, quid accidens, quid assignatum —, solvendum est quod in paralogismo secundum accidens, sicut michi videtur, predicatum est illud **[R293ᵛᵇ]** quod assignatur, minor extremitas est sicut accidens, medium est sicut res subiecta. Quod patet per paralogismos quos ponit Aristotiles secundum accidens: ut hic 'tu cognoscis Coriscum; Coriscus est veniens; ergo tu cognoscis venientem', 'cognosci' est illud quod assignatur utrique, 'Coriscus' autem est medium — est enim medium illud quod bis ponitur ante conclusionem —, 'veniens' autem est sicut minor extremitas cui assignatur in conclusione 'cognosci'.

98 Similiter dicendum est <quod> in hoc argumento 'solum Platonem loqui est verum, si solus Plato loquitur; solum Platonem loqui est dictum a Sorte; ergo dictum a Sorte *etc.*', 'solum Platonem

---

6 Cf. *Inst. gramm.* XVII, 95–96.   19 *Soph. El.* 24, 179b1–4.

---

1 apponeretur] apponatur *VR* oratio *add. R*   1 sequeretur] sequitur *VR*   3 illa] alia *R*   3 prior] *coni.* prioris *V* primus *TR*   4 non] *om. R*   4 coniunctio semper] *om. R*   4 sit] fuit *V* fit *R*   5 aliam] *om. R*   6 est] *om. T*   6 precedat] precedit *R*   7 unde ... oratio] *om. V*   8 sequeretur] sequitur *VR*   8 fit] sit *V*   10 apponatur] sequatur *T*   11 dicti ad dictum] inter orationes *TV*   12 aliud] dicendum *add. R*   12 quod] hic *add. T*   13 quidam] antiqui *V* aliqui *R*   13 primo] *om. TV*   14 deinde] *om. TV*   14 sed] *om. V*   15 res subiecta] subiectum *V*   15 quid] sit *add. R*   15–16 assignatum] sit illud quod assignatur inesse utrique *R*   18 assignatur] inesse utrique *add. R*   18 sicut] *om. R*   18 sicut] *om. R*   19 subiecta] subiecti *V*   21 tu] *om. V*   21 cognosci] cognitio *TR* enim *add. R*   21 assignatur] attribuitur *R*   22 medium] *om. VR*   24 cognosci] cognitio *TR*   25 in] de *R*   25 hoc] *om. V*   26 platonem ... loquitur] *bis in R*   26 solum] *om. R*

loqui' est medium ibi sicut res subiecta cui assignatur primo 'esse verum'. Hoc autem quod est 'dictum a Sorte' est sicut minor extremitas, cui assignatur 'esse verum' in conclusione. Et sic idem assignatur rei subiecte et accidenti. Et sic ponimus quod in talibus paralogismis medium est **[V163ᵛ]** res subiecta, predicatum est id quod assignatur, minor extremitas est sicut accidens. Et hoc potest probari tali ratione. Paralogismus autem secundum accidens proprie peccat contra formam sillogismi et necessitatem ipsius. Unde non peccat contra ordinationem terminorum, sed contra necessitatem ipius. Quare oportet quod eadem **[T42ᵛᵃ]** sit ordinatio utrobique. Sed in sillogismo illud quod assignatur est predicatum, medium est res subiecta, minor extremitas est accidens, vel econverso. Quare in paralogismis secundum accidens necesse est sic se habere. Quid autem appelletur accidens, hic sciendum quod non appellatur hic accidens quod vere sit accidens, sed appellatur accidens quodlibet extraneum quod aliquando sicut idem sumitur, aliquando sicut diversum. Et hoc est quod dicit Aristotiles, quod decipimur secundum accidens, quia nescimus discernere quid idem est et quid diversum.

99 Sed contra illud quod dictum est posset aliquis obicere quod secundum hoc in quolibet sillogismo esset ponere fallaciam accidentis; quod est inconveniens. Propter hoc solvendum est quod assignare idem rei subiecte aliquid et accidenti non est causa tota quare sit locus sophisticus. **[V164ʳ]** Sed assignare rei subiecte aliquid et accidenti non pro eodem in ipsis, nec per eandem naturam sed pro altero et altero, hoc facit fallaciam accidentis. Sed cum in sillogismo assignatur aliquid rei subiecte et accidenti inesse,

---

17 *Soph. El.* 7, 169b3-4.

1 ibi] *om. R* 1 sicut] et sic *T* sic *R* 1 subiecta] *om. T* 1 esse] *bis in V* 2 est dictum] dico verum *R* 2 sicut] factam *T* 4 subiecte] esse verum in conclusione et sic idem assignatur rei subiecte *add. R* 6 est] *om. VR* 8 contra] secundum *R* 9-10 unde...ipsius] *om. V* 11 sed] *om. R* 11 illud] idem *T* 12 minor] maior *R* 12 est] sicut *add. V* 14 appelletur] appellatur *TR* 15 sed] convenienter *add. V* hic *add. R* 16 quodlibet] idem quod inherens extraneum ut *V* quod vere sit accidens vel dico *R* 16 extraneum] dico *add. V* 16 aliquando sicut] sicut aliquando *V* aliquando *R* 17 sicut] facit *R* 18 aristotiles] *bis in R* 18 quod] nos *add. V* 20 sed] *om. R* 20 posset aliquis] potest aliquid *R* 22-26 quod...accidentis] *bis in R* 22 solvendum] sciendum *V* 23 idem] aliquid *R* 23 tota] *om. R* 26 altero et altero] alio *V* 27 cum] quod *T* 27 cum in sillogismo] non illo *R* 27 et...inesse] *om. TR*

et hoc non per naturam aliam sed per naturam eandem, sic non est sophisticus sillogismus. Et secundum hoc patet quod attribuere accidenti quod primo attribuitur rei subiecte non per naturam eandem, est facere fallaciam accidentis.

100 Ad aliud [80] quod primo obicitur, dicendum quod tam in accidentibus nature quam in accidentibus rationis fit paralogismus secundum accidens. Quod patet per paralogismos quos ponit Aristotiles in libro *Elenchorum*. Quod autem teneat hec argumentatio 'Sortes currit; Sortes est albus; ergo album currit', hoc est quia per eandem naturam reperitur in premissis et in conclusione. Cum enim primo sumatur pro supposito et in conclusione similiter reperiatur pro supposito, et non pro accidente, et propter hoc reperitur utrumque per eandem naturam, et non per aliam et aliam naturam. Et si primo supponat pro supposito, in conclusione vero reperiatur pro accidente, tunc fit fallacia accidentis, **[V164ᵛ]** ut hic 'album currit; album est disgregativum visus; ergo disgregativum visus currit'. Et hoc est quia **[T42ᵛᵇ]** non semper sumitur per eandem naturam.

101 Ad aliud [81] dicendum quod patet solutio per predicta, quia cum actus comparatur ad utrumque secundum eandem naturam, bene contingit illud quod attribuitur rei subiecte attribui accidenti, sicut patet cum dicitur sic 'video Sortem; Sortes est albus; ergo video album'. Sed sic non est in proposito.

102 Ad aliud [82] dicendum quod subiectum et accidens sunt idem in substantia, tamen est reperire propriam naturam in subiecto, propriam naturam in accidente, a parte illa qua est *quid*.

---

7 *Soph. El.* 5, 166b32–36; 24, 179a33–b6.   16 Cf. *Topica* III 5, 119a30–31.

---

1 et . . . non] hoc non est *R*   1 eandem] et *add. codd.*   2 et] *om. T*   2 secundum] *om. R*   2 quod] quid sit *T om. V*   3 attribuitur] attributum est *R*   4 est facere] facit *V*   5 aliud] *om. R*   6 nature . . . accidentibus] *om. T*   6–7 paralogismus . . . accidens] fallaciam accidentis *R*   7 paralogismos] locos *R*   8 autem teneat] valeat *R*   10 per . . . naturam] pro eodem *TR*   10 reperitur] reponitur *R*   12 reparatur] reperitur *TR*   14 et aliam] *om. R*   15 reperiatur] reperitur *TR*   15 tunc fit] sit *V*   16 ut hic] *om. R*   17 quia] quod *V*   18 semper sumitur] sumitur sed *R*   18 naturam] et sic patet solutio per predicta *add. V*   19 dicendum] *om. V*   20 quia] quare *R*   20 comparatur] comparetur *TR*   21 bene] non *VR*   21 rei subiecte] sub *VR*   21 attribui] attributum sit *VR*   22 accidenti] actor(?) *R*   22 sicut] sic *V* sic quod *R*   22 sic *om. T*   23 sed] et *R*   24 quod] si *add. R*   24 sunt] sint *R*   25 tamen] cum non *R*   25 reperire] per *add. V* reperire . . . naturam] est propria natura *T*   26 subiecto . . . in] *om. V*   26 quid] quod *V* quoddam quid *R*

Et secundum illas diversas naturas contingit aliquid attribuere uni quod alteri non contingit. Sed hoc non est pro eo pro quo sunt idem, sed pro altero reperto in eis. Per dicta patet quid sit accidens, quia hoc aliquando est medium, aliquando minor extremitas. Unde alternatim se habet. Predicatum vero sive maior extremitas est id quod assignatur. Quod obicitur [84] quod medium est accidens, dico quod non intelligit Aristotiles quod medium semper sit accidens, sed quod aliquando habeat naturam accidentis, aliquando autem naturam **[V165ʳ]** rei subiecte. Secundum hoc patet quod medium non est illud quod assignatur. Et rationem ad hoc concedimus.

De hoc sophismate 'verum est falsum, si Antichristus est'

Utrum hec sit multiplex 'verum est falsum etc.'

103 Adhuc similiter distinguitur hec multiplex VERUM EST FALSUM, SI ANTICHRISTUS EST, ex eo quod potest fieri consecutio dicti ad dictum vel dicti ad attributum. Primo modo ypotetica, secundo modo cathegorica. Et propter hoc ponitur aliquando multiplex sub hiis vocibus quod "potest esse cathegorica vel ypotetica".

104 Sed quod hoc modo non valeat videtur. Res rationis **[R294ʳᵃ]** proportionantur rebus nature. Que est igitur proportio rerum nature, eadem est proportio rerum rationis. Igitur cum in natura impossibile sit unam speciem in alteram transmutari, et una species rationis non poterit in alteram transmutari. Sed cathegoricum et ypoteticum, cum sint diverse species rationis, igitur sunt opposita. Quare non est dicere quod una oratio sit cathegorica vel ypotetica.

---

2 quod] aliquid *add. R* 2 contingit] contingat *R* 3 reperto] *om. R* 3 per dicta] et sic *V* per predicta *R* 3 sit] est *R* 4 hoc] *om. R* 4–5 minor . . . sive] *om. V* 5 se habet] *bis in R* se habent *T* 7 intelligit aristotiles] intelligitur *R* 9 naturam] natura *R om. T* 9 secundum] et *R* 10 quod] per *R* 10 ad hoc] *om. T* 14 adhuc] *om. VR* 15 eo] hoc patet *R* 16 modo] *om. R* 17 modo] *om. R* 17 aliquando] *om. VR* 18 sub] *om. VR* 18 vocibus] vocalis *VR* ex eo *add. V* 21 nature] in naturis *V* in natura *R* 21 proportio rerum] *om. R* 21 rationis] in ratione *VR* 22–23 et . . . transmutari *om. R* 23 una species] unam speciem *V* 23–25 sed . . . opposita] *om. V* 23–24 cathegoricum] cathegorica *R* 24 ypoteticum] ypotetica *R* 24 sint] sunt *R* 24 igitur] et *R* 25 opposita] opposite *R* 25 oratio sit] possit esse *R*

105 Item. Cathegorica et ypotetica sunt species opposite enuntiationis dividentis ipsam [T43^(ra)] quantum ad substantiam. Sed substantiales differentie non possunt transmutari. Quare iste differentie 'cathegoricum' et 'ypoteticum' non possunt transmutari adinvicem. Quare non est ponere quod de cathegorica fiat ypotetica. [V165^v] Et sic nulla est distinctio.

106 Item. Quedam differentie enuntiationis accidentales sunt, sicut iste 'universale', 'particulare', 'affirmativum' vel 'negativum'; quedam sunt substantiales, sicut 'cathegoricum' vel 'ypoteticum'. Cum ergo magis sint transmutabiles differentie accidentales quam substantiales: si non est distinguere inter differentias accidentales, nec inter differentias substantiales. Ergo cum non sit distinguere quod universalis possit esse particularis vel econverso, et quod affirmativa possit esse negativa vel econverso, ergo non erit distinguere quod cathegorica possit esse ypotetica vel econverso.

107 Item. Inter totum et partem non cadit distinctio, immo habet fieri inter diversa secundum substantiam. Ergo cum cathegorica sit pars ypotetice propositionis — est enim ypotetica que habet duas cathegoricas partes sui —, relinquitur quod inter partem et totum non cadit distinctio, sive inter cathegoricum et ypoteticum.

108 Item. Magis communicant cathegorica una cum alia et ypotetica una cum alia quam cathegorica cum ypotetica. Ergo si impossibile est unam cathegoricam transmutari in aliam cathegoricam et ypoteticam in ypoteticam, relinquitur quod impossibile est ex cathegorica fieri ypoteticam, vel econverso.

---

1 cathegorica] cathegoricum *R*   1 ypotetica] ypoteticum *R*   1 opposite] diverse *R*   2 dividentes] dividente *R*   2 substantiam] formam *R*   4 possunt] poterunt *R*   5 de... fiat] cathegorica sit *T*   8 iste] differentie *add. R*   8 universale] *om. T*   8 particulare] *om. T*   8 affirmativum vel negativum] affirmativa vel negativa *TV*   9 vel] et *R*   11 distinguere] transmutatio *V*   12 nec] non erit *V*   12 nec... substantiales] *om. R*   12 ergo cum] sed *V* unde *R*   12 sit] est *VR*   13 quod universalis] de propositione universali quod *R*   13 econverso] universalis *R*   13 et] vel *V*   14 non] nec *V*   16 cadit] potest cadere *V*   19 sui] *om. V*   19 relinquitur] ergo *add. R*   20 partem... inter] *om. R*   21 ypoteticum] non cadit distinctio *add. R*   22 communicant] communicat *R*   22 alia] cathegorica *add. V*   22–23 et... cathegorica] quam *R*   23 quam] cum *add. V*   23 ypothetica] alia *R*   24 aliam] *om. VR*   25 et] vel *V*   25 ypoteticam] transmutari *add. R*   25–26 relinquitur... ypotheticam] *om. R*   26 econverso] item *add. R*

Utrum ex contingenti sequatur impossibile

109 Ad hanc distinctionem reducitur illa distinctio que solet fieri, **[V166ʳ]** quod possit esse copulatio inter terminos vel inter orationes. Et potest improbari rationibus paulo ante dictis. Sed propter hoc queritur de modo improbandi secundum quod fit consecutio dicti ad dictum. Habet enim sic improbari: Antecedens est contingens, consequens est impossibile, scilicet 'verum esse verum'. Quare ipsa est falsa et impossibilis. Propter hoc queritur utrum ex contingenti sequitur impossibile.

110 Et videtur quod sic quia: Que est proportio contingentis ad impossibile, eadem est proportio impossibilis ad contingens. Sed sic se habet impossibile ad contingens quod ad ipsum antecedit, quia ex impossibili sequitur quidlibet. Quare similiter contingens antecedit **[T43ʳᵇ]** ad impossibile. Quare non propter hoc oratio est falsa, si sit antecedens contingens et consequens impossibile.

111 Item. Contingens est medium inter necessarium et impossibile. Sed medium equaliter comparatur ad extrema. Ergo contingens se habet equaliter ad necessarium et impossibile. Sed ex contingenti sequitur necessarium, sicut vult Aristotiles in libro *Priorum* in secundo. Ex duabus enim propositionibus de contingenti sequitur conclusio necessaria, ut si fiat syllogismus hoc modo 'omne album est animal; omnis homo est albus; ergo omnis homo est animal'. Quare similiter ex contingenti sequitur impossibile. Et ita nichil est quod dicit quod antecedens est contingens, consequens vero impossibile.

112 Si dicatur quod magis participat naturam necessarii quam impossibilis, contra. Contingens **[V166ᵛ]** est quod est et potest non esse. De ipsius igitur ratione sunt duo, esse et non esse.

---

19 Cf. *Anal. Priora* II 2, 53ba26–54b1.

3 possit] potest *R*   3 orationes] propositiones *R*   4 improbari] probari *V*   4 sed... hoc] *om. R*   4 propter] post *V*   5 consecutio] *om. R*   6 habet enim] potest *R*   7 consequens] contingens*(!)* autem *R*   7 scilicet] si *R*   8 contingenti] contingente *V*   10 quia] *om. VR*   12–13 sed... quare] *om. V*   12 ad] *om. R*   14 hoc] hec *add. R*   15 sit] est *R*   15 consequens] sequitur ad*(!) V* sit *add. R*   16–17 item... impossibile] *om. R*   17 sed... impossibile] *om. VR*   19 in libro] *om. R*   20 enim] *om. T*   20 propositionibus] *om. TR*   21 conclusio] oratio *R*   22 album est animal] animal est album *R*   22 est] *om. V*   23 contingenti] contingente *V*   24 contingens] et *add. V*   25 vero] est *R om. V*   26 naturam] *om. R*   26 quam] quod est *V*   28 ipsius] *om. R*   28 duo] ipsius sed *add. R*

Ratione eius quod est esse convenit cum necessario, et ratione eius quod est non esse convenit cum impossibili. Ergo si esse et non esse sint equaliter de ratione ipsius, equaliter comparabitur ad necessarium et ad impossibile. Sed ad necessarium antecedit. Quare et ad impossibile antecedit.

113 Item. Contingens et necessarium opponuntur, possibile et impossibile opponuntur. Sed si oppositum in opposito, et propositum in proposito. Quare, permutata proportione: si possibile antecedit ad necessarium, et contingens antecedit ad impossibile. Sed possibile antecedit ad necessarium, ut cum diticur 'si tu es, tu es animal'. Quare contingens antecedit ad impossibile. Et ita ex contingenti sequitur impossibile.

Respondetur ad questiones

114 Ad primum [103] dicendum quod potest hic sustineri ista distinctio. Et dicimus hanc esse multiplicem 'verum est falsum, si Antichristus est', eoquod potest fieri consecutio dicti ad dictum, vel dicti ad attributum. Si dicti ad dictum, tunc est sensus *si Antichristus est, verum est falsum*. Et antecedit sic contingens, et sequitur impossibile. Et sic est **[V167ʳ]** falsa, et sic improbatur. Vel potest fieri consecutio dicti ad attributum, et tunc est sensus *id quod est verum, si Antichristus est, est falsum*. Et sic est vera, et sic probatur. **[T43ᵛᵃ]** Et tunc est cathegorica, primo autem modo ypotetica.

115 Potest tamen aliter dici quod hec est falsa 'falsum est verum, si Antichristus est'. Et non valet probatio, immo peccat secundum accidens ex eo quod illud quod attribuitur primo rei subiecte, attribuitur accidenti. Cum sic dicit 'Antichristum esse est verum, si Antichristus est', hic assignatur veritas huic quod est

---

8 *Auct. Arist.* 36, 60. Cf. *Topica* IV 3, 124a9.

2–3 et non esse] *bis in T om. R*   3 sint equaliter] sit *R*   3 ipsius] et de diffinitione ipsius *add. T*   3–4 comparabitur...impossibile] diceretur de necessario et de impossibili *R*   5 quare] et quare *V*   6 et impossibile] *bis in T*   9 antecedit] antecedet *R*   9–10 impossibile...ad] *om. V*   10 antecedit] antecedet *R*   12 contingenti] contingente *V*   14 potest hic] possit *T*   15 hanc...multiplicem] quod hec est multiplex *VR*   17 vel...dictum] *om. R*   17 tunc] et sic *R*   20 tunc] *om. T* sic *R*   22 tunc] sic *R*   22 autem] *om. TV*   24 si...est] etc. *R*   25 secundum accidens] accidentis *R*   25 eo...illud] hoc queritur *R*   26 attribuitur] *om. V*   26 accidenti] quia *add. R*

'Antichristum esse' pro supposito; in conclusione vero, cum dicit 'si **[R294rb]** illud est falsum; ergo verum est falsum', assignatur convenire idem pro accidente. Et propter hoc est ibi fallacia accidentis. Dicendum est igitur quod prima est multiplex ex hoc quod potest esse cathegorica vel ypotetica, sicut visum est.

116 Ad aliud [104] quod obicitur dicendum quod ars imitatur naturam inquantum potest, ultra tamen naturam ratio potest facere aliquid, scilicet novas conditiones vel dispositiones. Hoc dicit Aristotiles: non enim natura facit navem, sed ars. Dico igitur quod licet in naturis **[V167ᵛ]** non possit una species transmutari in aliam, tamen in arte et in ratione est possibile. Et sic potest esse cathegorica vel ypotetica.

117 Vel aliter, ut dicatur [105] quod illa distinctio non dat intelligere quod cathegorica sit ypotetica vel econverso, sed dat intelligere quod 'oratio' non dicit ens sub specie determinata, et potest esse cathegorica vel ypotetica. Sicut enim aliquod ens nondum contractum potest se habere indifferenter ad hoc quod sit ens tale vel tale, sic oratio non contracta ad aliquam differentiam possit esse cathegorica vel ypotetica. Sed sic est ponere quod aliqua oratio potest esse cathegorica vel ypotetica. Unde non est ponendum quod oratio cathegorica potest esse ypotetica, sed est ponere quod oratio aliqua potest esse cathegorica vel ypotetica, sive est imposita ad hoc quod potest esse cathegorica vel ypotetica. Et sic solvatur ad secundum, quia non ponitur quod cathegorica transmutatur in ypoteticam, sed quod aliqua oratio potest se habere indifferenter ad utrumque. Et sic de facili solvendum est ad alia.

---

8 *Re vera* Averroes, *In De sensu et sensato* pp. 19²⁷⁻²⁰²⁹. (*Auct. Arist.* 7, 42)

---

2 si] sed *TV*   2 verum est falsum] falsum etc. *R*   3 idem] eidem *R*   4 est] *om. T*   6 dicendum] *om. TV*   6 ars] ratio *V* non *R*   7 tamen] cum priusquam *R*   7 naturam] natura *R*   8 vel] et *VR*   8 dispositiones] distinctiones *V*   11 aliam] alteram *VR*   11 et] sive *R*   13 ut] quod *T*   14 dat intelligere] habet intelligi *VR*   15 quod] cathegorica *add. V* aliqua *add. R*   15 non...ens] non diminuens *V* nondum distributa *R*   15 sub] aliqua *add. VR*   15 et] *om. VR*   16 enim] *om. R*   16 aliquod] *om. T*   17 contractum] ens sub completa specie *V* est ens sub completa specie *R*   18 vel tale] *om. R*   18 sic] aliqua *add. R*   18 non] nondum *R*   19–20 possit...oratio] *om. R*   19 ypotetica] econverso *V*   20–21 unde... alterum ypotetical *om. V*   21 potest esse] sit *R*   21 sed] et sic *R*   23 sive... ypotetica] *om. R*   23 potest] possit *V*   24 solvatur] solvitur *VR*   24 quia] quod *V* secundum quod *R*   25 quod] quia *R*   25 aliqua oratio] aliquod ens *R*   25 potest se habere] esse *V*   26 alia] aliud *R*

118 Ad aliud [106] tamen dicendum quod iste differentie 'universale', 'particulare', 'affirmativum', 'negativum' sunt differentie omnino differentes **[T43ᵛᵇ]** in substantia non communicantes. Unde **[V168ʳ]** unum non est de substantia alterius ita quod eius substantia salvetur in ipsa. Sed cathegorica est de substantia ypotetice propositionis, cum totaliter in ipsa salvetur. Et propter hoc est una magis imposita ad alteram quam particulare ad universale vel affirmativum ad negativum. Et propter hoc magis habet fieri distinctio inter hec quam inter alias differentias.

119 Posset tamen obici contra hoc quod particulare est de substantia universalis. Ad hoc dicendum est quod dupliciter est accipere 'particulare': aut prout est differentia entis — secundum quod dividitur 'ens' per has differentias 'universale', 'particulare' in quinto *Metaphysice* —, et sic particulare est de substantia universalis; vel potest considerari prout est differentia propositionis — secundum quod dicit Aristotiles quod propositionum quedam sunt universales, quedam particulares —, et sic non est de substantia universalis.

120 Ad aliud [107] dicendum quod 'pars' et 'totum' dupliciter possunt considerari: aut in ratione partis et totius secundum quod sunt intentiones quedam, et sic sunt opposita et diversa, et sic est inter ipsa distinguere; vel possunt considerari quantum ad suam substantiam, et sic cum unum sit de substantia alterius, non sunt **[V168ᵛ]** diversa nec est inter ipsa distinguere. Similiter 'cathegoricum' et 'ypoteticum' dupliciter possunt sumi: secundum quod sunt intentiones quedam, et sic sunt opposita et diversa, et sic inter ipsa est distinguere; vel secundum suam substantiam, et sic cum idem sint secundum substantiam vel in substantia, non potest cadere distinctio inter ipsa.

---

14 Cf. *Metaph.* V 8.   16 *Anal. Priora* I 1, 24a17.

---

1 tamen] *om. T*   1 quod] aliter *add. R*   4 unum] una *V*   4 unum non] neutra *R*   6 propositionis] et *add. T*   6 cum] et *V*   6 cum... salvetur] *om.*   6 salvetur] salvatur *V*   7 ad] et ad *V*   8 ad] et ad *V*   11 hoc] aliud *V* quod *R*   11 est accipere] potest considerari *R*   13 particulare] affirmativum negativum *add. V*   14 particulare est] est particulare *V*   14 de... universalis] *om. V*   16 propositionum] propositio *R*   16 sunt] est *VR*   17 universales] universalis *VR*   17 particulares] particularis *VR*   17 est] particulare *add. R*   21 opposita] differentia *V*   24 est... distinguere] inter ipsa cadit distinctio *R*   25 et] vel *V*   25 sumi] considerari *VR*   26 sunt... sic] *om. T*   27 est] potest fieri *VR*   27 vel] possunt sumi *add. VR*   28 secundum... substantiam] *om. R*   29 cadere] esse *T*

121 Ad aliud [108] dicendum quod una cathegorica non est eadem cum alia nisi in nominatione, et non in substantia, similiter nec una ypotetica nisi in nominatione cum alia ypotetica. Et propter hoc non licet unam in alteram transmutari. Sed cathegorica est de substantia ypotetice. Et propter hoc potest cathegorica in ypoteticam transmutari. Et sic est distinctio cathegorice ad ypoteticam, et non cathegorice ad cathegoricam vel ypotetice ad ypoteticam.

122 Ad aliud [109] dicendum quod ex contingenti non sequitur impossibile <in> aliquo genere consequendi, sed ex impossibili **[T44ra]** sequitur quodlibet contingens. Qualiter autem istud fit videbitur. Quod autem obicitur [112] quod eadem est proportio contingentis ad impossibile et econverso, dicendum quod hoc est falsum, immo impossibile habet in se aliquam naturam per quam potest antecedere ad quidlibet. Sed contingens non habet in se huiusmodi naturam. Et propter hoc non oportet quod si ex impossibili sequatur contingens, quod propter hoc ex contingenti sequatur impossibile.

123 Ad **[V169r]** aliud [111] dicendum quod si contingens sit medium inter necessarium et impossibile, tamen magis habet de natura necessarii quam de natura impossibilis. Et propter hoc plus habet antecedere ad necessarium quam ad impossibile. Quod tamen obicitur [112] quod in ratione eius cadit esse et non esse, ratione eius quod habet de esse participat necessarium, ratione eius quod habet de non esse participat impossibile, dicendum quod dicit verum. Tamen *esse* est illud quod primo intelligitur in illa diffinitione, *non esse* vero intelligitur ex consequenti sicut ab

---

12 Videas infra, IV,140.

1-2 est eadem] communicat *VR*   3 nisi...nominatione] *om. VR*   3 ypotetica] *om. VR*   4 licet unam] potest una *VR*   4 alteram] aliam *R*   5 potest] una *add. R*   6 ypoteticam] aliam *V*   7 ad ypoteticam] *exp. R*   7 et...ad] *om. R*   9 sequitur] quodlibet *add. R*   10 genere] modo *R*   11 consequendi] contingendi*(!) R*   11 quodlibet] *om. V*   12 videbitur] *om. V*   12 proportio] comparatio *VR*   13 et econverso] *om. R*   13 hoc est] *om. T*   14 aliquam] quandam *VR*   15 in se] *om. V*   17 quod] et *R*   17 propter hoc] *om. V*   17 contingenti] non *add. R*   17 sequatur] sequitur *V*   21 necessarii] necessitatis *T*   21 quam...impossibilis] *om. V*   21 plus] magis *V*   22 habet] potest *R*   22 antecedere] adiunctum *R*   22-23 quod...obicitur] et cum dicitur *R*   23 cadit] eadem *T*   23 esse] non *add. R*   24-25 esse...de] *om. R*   25 habet de] est *T*   26 dicit] hoc est *R*   26 tamen] non *V*   26 est] *om. R*   27 diffinitione] distinctione *V*   27-p. 334,1 sicut ab alio] et sicut ab aliquo *R om. T*

alio. Et ita secundum primum intellectum refertur ad necessarium, sed secundum intellectum ex consequenti refertur ad impossibile. Et ita ex contingenti potest sequi necessarium, non tamen ex contingenti sequitur impossibile.

124 Sed tunc obicitur contra hoc quod si hoc sit verum de contingenti nato, quod magis participat necessarium quam impossibile, non tamen est verum de contingenti ad utrumlibet. **[R294^va]** Immo indifferenter se habet ad necessarium et ad impossibile, nec magis se habet ad unum quam ad alterum. Et ita, cum antecedat ad necessarium, potest antecedere ad impossibile. Propter hoc dicendum est, sicut vult Aristotiles, quod unumquodque appetit completum suum esse secundum quod **[V169^v]** potest, et non intendit diminutionem ipius aliquo modo. Cum igitur necessarium sit ens magis completum quam contingens, propter hoc contingens antecedit ad necessarium. Et ita ex contingenti potest sequi necessarium. Sed impossibile adhuc minus est completum quam contingens. Et propter hoc non antecedit ad **[T44^rb]** impossibile. Et ita ex contingenti non potest sequi impossibile.

125 Vel aliter, ut dicatur quod eo modo quo ex illis de contingenti necessarium sequitur, et impossibile ex eisdem potest sequi. Sed tunc dico quod duplex est consequentia. Quedam est que causatur ex qualitate et quantitate propositionum, et ordine earum. Et in tali consequentia sequitur necessarium ex contingenti. Et de tali consequentia est sillogismus de quo est intentio in secundo *Priorum*. Est autem alia consequentia que causatur ex habitudine speciali terminorum. Que quidem consequentia est sillogismi dialetici, ut cum dicitur 'si homo est, animal est'. Et in tali consequentia non sequitur necessarium ex contingenti. Similiter nec

---

11 Cf. *De gen. et corr.* II 10, 336b27–29: "Natura desiderat semper quod melius est. Melius est esse quam non esse." (*Auct. Arist.* 4, 47–48)

---

1 ita] *om. V* propter hoc *R*   1 secundum] propter *V* ad *add. T*   2 ex consequenti] secundum ad *T*   3 contingenti] contingente *V*   3–4 non . . . impossibile] *om. R*   5 quod] quia tunc *V* quia *R*   6 nato] dato *R*   7 tamen] hoc *add. V*   8 ad] *om. TR*   11 est] *om. T* quod *add. R*   11 appetit] appetitur *V*   12 completum] *om. T*   12 potest] *om. V*   13 intendit] intelligit *V*   13 aliquo modo] cum aliquo *T*   13 cum] si *T*   14 contingens] non *add. VR*   15 necessarium] impossibile *VR*   15–17 et . . . contingens] *om. VR*   19 eo] eodem *R*   19 de] ex *R*   20–22 impossibile . . . et] *om. V*   21 est] *om. R*   22 quantitate] qualitate *V* terminorum et *add. TV* terminorum *add. R*   22 earum] eorundem *R*   24 quo] *om. V*   25 ex] ab *VR*   26 speciali] *om. VR*   28–p. 335,1 similiter . . . contingenti] *bis in V*

impossibile sequitur ex ipso contingenti hoc modo loquendo de consequentia. Sed accipiendo consequentiam primo modo potest sequi impossibile ex contingenti, ut si sic fiat sillogismus 'omne album contingit esse hominem; omnem asinum contingit esse album; ergo omnem asinum contingit esse hominem'. A tali autem consequentia non sumitur consequentia importata per hanc dictionem 'si'. Et propter hoc non potest conditionari impossibile ad contingens.

126 Ad aliud [113] dicendum **[V170ʳ]** quod si possibile antecedat ad necessarium, non tamen contingens antecedit ad impossibile. Et hoc est quia contingens magis differt ab impossibili quam possibile a natura necessarii. Ratio enim Aristotilis intelligitur in hiis oppositis que equali distantia differunt inter se. Ut patet ubi inducit Aristotiles illam considerationem, nam inducit eam in contrariis immediatis. Sed sic non se habent huiusmodi opposita, immo magis antecedunt ad naturam unius quam ad naturam alterius.

127 Predicta solutio potest in hoc sophismate adduci NICHIL EST VERUM IN HAC DIE, SI DIES NON EST, et est proposita circa ipsum. Et ad hoc intelligendum est sicut manifestum est superius de aliis.

Utrum ex impossibili sequatur quidlibet contingens

128 Quoniam vero tactum est utrum ex contingenti sequatur impossibile, **[T44ᵛᵃ]** inquiramus econverso utrum ex impossibili sequatur quodlibet contingens, et utrum ex impossibile sequatur quidlibet. Et hoc habet queri circa multa sophismata, ut in hiis: SI TU SCIS TE ESSE LAPIDEM, TU NESCIS TE ESSE LAPIDEM; SI TU ES UBIQUE, TU NON ES UBIQUE; SI NICHIL EST, ALIQUID EST; SI NULLUM

---

12 Cf. *Topica* IV 3, 124a9. (*Auct. Arist.* 36, 60)

1 ipso] *om. V*   3 omne] *om. TV*   5 a... autem] ergo a tali *R*   12 ratio] regula *V*   12 enim] vero *R*   12 aristotiles] que *R*   14 considerationem] consequentiam *V*   15 opposita] oppositionem *R*   19 si] *coni.* si hec *T* sed hec *V* sed *R*   19 dies] dictio(!) *V*   19 et] *om. V*   19 propositia] propria *R* in proposita *V*   20 ad] *om. V*   20 superius] *om. R*   23 sequatur] sequitur *TR*   24 impossibile] quidlibet *TV* sequatur *add. R*   24 inquiramus] utrum sequatur *add. R*   25 quodlibet] *om. R*   25-26 et... quidlibet] *om. TV*   27 nescis] non scis *VR*   28 tu... ubique] etc. *TV*

TEMPUS EST, ALIQUOD TEMPUS EST; SI NULLA PROPOSITIO EST VERA, ALIQUA PROPOSITIO EST VERA; **[V170ᵛ]** SI TANTUM PATER EST, NON TANTUM PATER EST, et sic de aliis.

De rationibus probantibus quod ex impossibili non sequatur quidlibet

129 Quod ex impossibili non sequatur aliquid videtur. Omne quod antecedit ad alterum est causa eius ad quod antecedit. Et hoc est quod dicitur quod *antecedens est causa consequentis*. Sed impossibile nullius entis est causa. Quare impossibile non antecedit ad ens. Et si hoc, tunc ex impossibili non sequitur quidlibet. Quod autem impossibile non sit causa entis videtur. Non-ens nullius entis est causa. Sed impossibile est non-ens non potens esse. Quare non erit causa entis. Et ita non antecedit ad quidlibet.

130 Item. Consequentia est eorum que necesse est simul intelligere pro uno tempore. Sed non est intelligere pro tempore uno simul esse impossibile et quidlibet. Et hoc est quia impossibile non potest esse pro tempore aliquo. Quare ipsius ad quodlibet non erit consequentia aliqua. Et ita ex impossibili non sequitur quidlibet.

131 Item. Omnis consequentia est eorum quorum unum intelligitur in altero. Quod patet cum dicitur 'si homo est, animal est' et 'si omnis homo est, Sortes est'. Sed quidlibet non intelligitur in eo quod est 'impossibile'. Quare non sequitur ad ipsum. Et ita ex impossibili non sequitur quidlibet.

132 Item. Consequentia est illorum quorum est illatio. Cuius signum est quod ex conditionali **[V171ʳ]** transformatur argumentum. Sed ipsius impossibilis ad quidlibet non est illatio. Non enim sequitur 'hoc est impossibile; ergo quidlibet est', vel non sequitur 'homo est asinus; ergo quidlibet est'. Quare impossibilis ad quidlibet nulla est consequentia. Et ita ex impossibili non sequitur quidlibet.

---

1 aliquod...est] etc. *T*   2 aliqua...vera] etc. *TV*   2–3 non...est] etc. *T*
5 non] *om. V*   5 sequatur] sequitur *V*   5 aliquid] quidlibet *V*   8 antecedit] antecedat *R*   9 hoc] est *add. V*   9 tunc] *bis in R*   9 non] *om. V*   10 entis] *om. T*   10–12 videtur...causa entis] *om. R*   12 causa] alicuius *add. V*   14–16 sed... aliquo] *om. V*   16 quare ipsius] similiter impossibile *V*   16 ad] et *V*   17 non... aliqua] nulla est consequentia *VR*   25 quod] quia *T*   29 est] *om. R*   29 consequentia] ad quidlibet *add. R*

133 Item. Cum aliquid antecedit ad alterum: posito illo, ponitur illud ad quod antecedit, ut patet in **[T44ᵛᵇ]** omnibus. Sed, posito impossibili, non ponitur quidlibet, sicut patet ex se. Ergo impossibilis ad quidlibet nulla est consequentia. Et ita redit idem ut prius.

134 Item. Causa et causatum sunt sub eodem genere, sicut vult Aristotiles. Sed antecedens est sicut causa, consequens sicut causatum. Quare antecedens et consequens sunt sub eodem genere. Sed impossibile et quidlibet non sunt sub eodem genere. Ergo non possunt sic se habere ut alterum sit antecedens et alterum consequens. Et sic impossibile non antecedit ad **[R294ᵛᵇ]** quidlibet. Quod autem impossibile et quidlibet non sunt sub eodem genere manifestum est, quoniam quod non est ens, non est in genere entium. Sed impossibile est non-ens. Quare non est de genere entium. Sed quidlibet est in genere entium. Quare impossibile et quidlibet non sunt **[V171ᵛ]** sub eodem genere. Et ita nulla est consequentia impossibilis ad quidlibet. Quare non est ponere quod ex impossibili sequatur quidlibet.

De rationibus probantibus quod ex impossibili sequatur quidlibet

135 Sed contra. Quod indifferenter se habet ad multa, eodem modo se habet ad unum et ad aliud, et eodem modo potest antecedere ad utrumque. Sed impossibile se habet ad quidlibet indifferenter. Ergo eodem modo se habet ad unum et se habet ad alterum, et potest indifferenter antecedere ad quidlibet. Ergo

---

7 Cf. *Auct. Arist.* 2, 73: "Causa et effectus debent esse proportionata." Cf. Arist., *Phys.* II 3, 195b21–28; Thomas Aquinas *In Phys.* II, lect. 6, n. 197.

1 illo] ad quod antecedit *add. R*   2 illud] alterum *V*   2 ad...antecedit] *om. R*   3 ponitur] sequitur *T*   3 ex se] *om. T*   4 ad quidlibet] est *exp. R*   4 redit idem] *om. TV*   7–8 consequens...causatum] consequentis *V*   9 quidlibet] quid *T*   10 sit] si *V*   10 et] *om. T*   11 antecedit] antecedet *R*   13–14 manifestum... entium] ergo non possunt sic se habere ut alterum sit antecedens alterum consequens et sic impossibile non antecedit ad quidlibet *T*   14 sed] quod autem *T*   14 de] in *VR*   15 sed...entium] *om. TR*   15 est in genere] *bis in V*   16 sub...genere] *om. V*   20 quod] eodem *add.* necnon *exp. T*   21 aliud] alterum *VR*   21–22 et...utrumque] et potest ad quidlibet antecedere *R om. T*   22–23 sed...indifferenter] *om. R*   22–23 ad...indifferenter] ad indiferentiam ad quidlibet *T*   23–24 ergo...quidlibet] *om. R*   23 et] *om. V*   23 se habet *om. T*

si ad unum antecedit et ad alterum, et ad quidlibet. Sed ad unum antecedit ut ad ens aliquid. Quod patet: bene sequitur 'si tu es asinus, tu es'. Ergo impossibile antecedit ad quidlibet. Et ita ex impossibili sequitur quidlibet.

136 Item. Unumquodque antecedit ad illud magis cum quo magis communicat quam ad illud cum quod minus communicat, cum omnis consequentia fiat gratia idemptitatis. Sed unumquodque magis communicat cum suo disparato quam cum suo opposito. Quare unumquodque magis natum est antecedere ad suum disparatum quam ad suum oppositum. Ergo per *locum a maiori*: si aliquid antecedit ad suum oppositum, magis antecedit ad suum disparatum. Sed impossibile antecedit ad suum oppositum. Quare magis antecedit ad suum disparatum vel ad illud quod idem est ipsi. Sed omne quod est aut est oppositum ipsi, aut disparatum, aut est idem illi. Quare impossibile **[T45ra]** antecedit ad omne quod est. Et ita **[V172r]** impossibile antecedit ad quidlibet.

137 Quod autem impossibile antecedit ad suum oppositum videtur. Bene sequitur 'si tu es asinus, tu es; et si tu es, tu es homo; et si tu es homo, tu non es asinus'. Ergo *a primo*: si tu es asinus, tu non es asinus. Et ita impossibile antecedit ad suum oppositum. Quare magis antecedit ad quidlibet. Et ita ex impossibili sequitur quidlibet.

138 Item. Si tu es asinus, tu es asinus vel quidlibet est verum. Probatio: Si tu es asinus, te esse asinum est verum. Sed verum disiungitur a quolibet, per regulam. Quare poterit sic disiungi, dicendo 'si tu es asinus, tu es asinus vel quidlibet est verum'. Sed si tu es asinus, tu non es asinus. Probatio: Si tu es asinus, tu es; et si tu es, tu es homo; et si tu es homo, tu non es asinus. Ergo si tu es asinus, tu non es asinus. Sed si tu es asinus, tu es asinus vel quidlibet est verum. Sed si tu es asinus, tu non es asinus. Ergo per locum *a disiunctione*: si tu es asinus, quidlibet est verum. Quare ex impossibili sequitur quidlibet.

---

1 antecedit] antecedat *R*   1 et] *om. R*   1 et... alterum] *om. T*   2 aliquid] *om. V*   2 quod] ut *VR*   5-6 cum... communicat] *om. R*   6 ad... cum] *om. V*   6 quod] quo *V*   7 fiat] fit *V*   11 antecedit] antecedat *R*   12-14 sed... aut disparatum] *om. V*   13 magis] *om. R*   13-14 vel... disparatum] *om. V*   13-14 est ipsi] sit ipsi si sit aliquid tale *R*   17 antecedit] antecedat *V* antecedet *R*   19-20 ergo... asinus] *om. V*   20 tu... asinus] *om. V*   25 disiungitur] distinguitur *VR*   25 quare... disiungi] *bis in R*   25 disiungi] *coni.* distingui *codd.* sic *add. R*   27-28 probatio... et] *om. T*   28 et] *om. TR*   29 sed] ergo *R*   29 tu es asinus] *om. R*   31 disiunctione] divisione *T*   31 tu es asinus] *bis in R om. T*

139 Item. Conditionalis est vera in qua illud quod antecedit non potest esse verum sine consequente. Sed impossibile non potest esse verum. Quare non potest esse verum sine consequente. Cum igitur [V172ᵛ] omnis conditionalis est vera in qua antecedit impossibile, quicquid sequitur erit verum. Et ita ex impossibili sequitur quidlibet.

140 Item. Omne quod est aut est impossibile, aut contingens, aut necessarium. Sed impossibile potest sequi ad impossibile, quia idem potest sequi ad seipsum, ut cum dicitur 'si homo est, homo est'. Item. Ad impossibile sequitur necessarium. Probatio: Regula est quod necessarium nulli repugnat. Quare non repugnat impossibili. Sed nichil non repugnans alicui potest sequi ad illud cui non repugnat. Quare ad impossibile potest sequi quidlibet necessarium. Sed si illud quod minus videtur inesse inest, et illud quod magis videtur. Sed necessarium magis repugnat impossibili quam contingens, cum sint extremitates oppositionis. Quare ad impossibile sequitur contingens. [T45ʳᵇ] Item. Sequitur necessarium et sequitur impossibile. Sed quidlibet quod est, aut est necessarium, aut contingens, aut impossibile. Ergo ad impossibile sequitur quidlibet. Sed si hoc ponatur, tunc queritur que sit huiusmodi consequentia, et in quo genere consequentie hec fit.

Solutio

141 Ad primum [128] dicendum quod [V173ʳ] duplex est consequentia. Quedam est consequentia in qua sequitur aliquid simpliciter; et hec consequentia infert per habitudinem terminorum. Est autem alia consequentia que non denotat aliquid simpliciter sequi sine preconcessione aliqua aut suppositione; et hec dicitur

---

1 item] quorum *add. R*   4 est] sit *R*   5 quicquid] illud quod *R*   8 quia] quare *R*   10 ad] *om. T*   13 repugnat] quare cum necessarium non repugnet impossibili sequatur ad impossibile cui non repugnat *add. V*   13 ad ... sequi] impossibile potest sequi ad *VR*   14 inest] est *R*   14 videtur] *om. R*   16 oppositionis] compositionis *V*   18 et sequitur] vel *T*   18 quidlibet] quodlibet *T*   19 aut] aut est *VR*   19 aut] aut est *R*   19–20 ergo ... quidlibet] *bis in V*   20 quidlibet] *om. T* et ita ex impossibili sequitur quidlibet *add. R*   20 sed] *om. T*   23 primum] aliud *V*   24 consequentia] *om. R*   25 per] *om. T*   26 non] *om. TR*   27 sine preconcessione] nisi per concessionem *V* nisi per preconcessione(!) *R*   27 aliqua aut suppositione] aliquam aut suppositionem *V*

consequentia ex ypotesi, de qua loquitur Aristotiles in libro *Priorum*. Et hec non probat aliquid, sed solum procedit per concessionem sive suppositionem. Ut si dicat aliquis 'concedo quod anima Sortis sit immortalis', et tunc inferatur 'ergo quelibet anima est immortalis', quia equale est iudicium utrobique cum dicit 'si anima Sortis est immortalis, et omnis anima est immortalis'.

142 Dico igitur quod loquendo de prima consequentia, cum hec consequentia sit eorum que inter se habet ordin<ation>em vel eorum quorum unum est de substantia alterius, non sequitur ex impossibili quidlibet, quia inter hec nulla est **[R295ra]** ordinatio. Sed loquendo de illa consequentia que est ex ypotesi, cum illa inferat ex preconcessione aut suppositione, possumus dicere quod ex impossibili sequitur quidlibet. Ut sit sensus, utendo preconcessione aut suppositione (supponamus autem quod **[V173v]** concedas), 'si tu es asinus, quidlibet est verum', quia equale est iudicium utrobique, si tunc inferat 'si tu es asinus, quidlibet est verum'. Et sic ex impossibili sequitur quidlibet. Quo genere consequendi visum est, et ad quam consequentiam reducatur.

Respondetur ad rationes

143 Hoc viso, facile est respondere ad obiecta. Quod igitur obicitur primo [129] quod non-ens non est causa entis, dicendum quod duplex est causa. Aliquid enim est causa simpliciter, et aliquid est causa ex suppositione vel secundum quid. Dicendum igitur quod non-ens non est causa entis alicuius simpliciter, sed est causa ex suppositione solum. Et in tali consequentia non significatur

---

1 *Anal. Priora* II 2, passim.

---

1 ypotesi] *coll. Arist.* impossibili *TVR*   2 procedit] *coni.* antecedit *codd.*   3 concedo] concedas *V* concedis *R*   3 quod] si *add. V*   4 sit] est *R*   4 et... ergo] *om. VR*   4 ergo quelibet] quod omnis *VR*   4 est] sit *VR*   5 cum dicit] tunc *V*   5–6 cum... *alterum* immortalis] *om. T*   7 loquendo de] *om. R*   9 substantia] essentia *V*   10 quidlibet] quodlibet *R*   10 est] consequentia vel *add. R*   11 ypotesi] *coll. Arist.* impossibili *codd.*   11–12 cum... suppositione] *om. T*   14 autem] *om. R*   15 equale] equaliter *T*   16 si... inferat] cum infert *R*   17 quo] eo *R*   18 reducatur] reducetur *V*   21 primo] *om. TV*   21 non] *om. R*   23 ex] *om. T* preconcessione vel ex *add. R*   23 vel] et *R*   23 dicendum] dicendo *V*   24 est causa] *om. R*   25 suppositione] simpliciter sed est sola causa ex suppositione *add. R*   25 solum] *om. TR*   25 non] sequitur *add. V*

quod impossibile sit causa alicuius entis simpliciter, sed ex suppositione. Et sic potest antecedere ad quidlibet.

144 Ad aliud [131] dicendum quod solum illa **[T45ᵛᵃ]** consequentia in qua denotatur aliquid esse causa alicuius simpliciter est eorum quorum unum intelligitur in altero. Sed talis non est hec consequentia. Et propter hoc non oportet quod quidlibet intelligatur in hoc quod est 'impossibile', et tamen ex impossibili sequitur quidlibet.

145 Ad aliud [132] dicendum quod eo modo quo est consequentia impossibilis ad quidlibet, est illatio ipsorum. **[V174ʳ]** Non enim est consequentia ipsorum nisi suppositione prefacta. Et hoc modo illatio potest esse, ut si dicam 'si tu es asinus, quidlibet est verum; sed tu es asinus; ergo quidlibet est verum', prima est falsa et conclusio falsa.

146 Ad aliud [134] dicendum quod causa simpliciter et causatum <simpliciter> sub eodem genere sunt. Sed causa secundum quid et causatum simpliciter non sub eodem genere sunt. Et propter hoc non oportet quod 'impossibile' et 'quidlibet' sub eodem sint genere. Rationes [135–140] autem ad oppositum concedimus. Unde ponimus quod ex impossibili sequitur quidlibet, sicut visum est. Tamen quedam sophistica dicta sunt, in quibus potest poni fallacia accidentis ex diversificatione medii, quoniam diversificantur consequentie.

Utrum hec dictio 'si' habeat virtutem confundendi

147 Sed quia ponunt aliqui quod hec dictio 'si' confundat terminum communem cui adiungitur — ut cum sic dicitur 'si homo est, animal est; ergo si Sortes est, animal est' —, et secundum hoc habet improbari hoc sophisma secundum quosdam: SI DE EO QUOD

---

1 entis] *om. T*   2 sic] *om. R*   3 illa] illud *bis in T*   4 alicuius] alterius *R*   5 est] et *T* quando *add. R*   5 eorum] est *add. R*   7 est] dico *VR*   9–10 consequentia] *om. R*   11 suppositione prefacta] suppositione facta *V* ex suppositione *R*   11 et] sed *VR*   12–13 quidlibet...asinus] *om. V*   13 sed...verum] *om. R*   13 est] *om. T*   16 sed] si *add. V*   17 simpliciter] secundum quid *R*   17 sub... genere] *om. R*   17 et...genere] *om. V*   19 rationes] ratio(!) *R*   19 autem] enim *V om. R*   19 oppositum] oppositam partem *VR*   20–21 sicut...est] *om. R*   21 tamen] sunt *add. T*   21 sophistica] earum sophistice *V* que *add. TR*   21 potest poni] posset esse *R*   25 confundat] confundit *V*   26 sic] *om. R*   28 hoc] *om. R*

EST SORTES VERUM EST IPSUM ESSE VEL NON ESSE, SORTES EST. Et habet improbari sic: <Si de eo quod est Sortes verum est ipsum esse vel non esse, Sortes est>; ergo si de eo quod est Sortes verum est ipsum non esse, Sortes est. Sed hec est falsa. Ergo et prima. Et confirmatum est **[V174ᵛ]** huiusmodi argumentum per regulam illam pretactam, quod hec dictio 'si' confundit terminum communem sibi adiunctum. Et ita confundit terminum disiunctum pro qualibet sui parte, et licet facere descensum pro altera. Et sic licet facere descensum pro hac parte disiunctive 'ipsum non esse'.

148 Sed huiusmodi ratio peccat multipliciter, quoniam supposito quod hec dictio 'si' confundat terminum cui adiungitur (quod fortasse non est verum), supposito etiam quod possit confundere terminum disiunctum (quod magis est dubium), **[T45ᵛᵇ]** non tamen sunt partes pro quibus fit confusio. Cum enim confunditur totum disiunctum, confunditur pro partibus totius disiuncti, et non pro parte aliqua. Verbi gratia, si confundatur istud totum disiunctum 'homo vel asinus', non confundetur pro hac parte 'homo' vel pro hac parte 'asinus', sed pro hoc toto 'homo vel asinus' simul. Et ita, si fiat descensus pro ipso, non fiet pro homine vel pro asino tantum, sed pro utroque. Unde non sequitur 'omnis homo vel asinus; ergo omnis homo' vel 'ergo omnis asinus'. Sed sic fiet descensus iste 'homo vel asinus'.

149 Sic ergo **[V175ʳ]** supposito quod confundatur hoc totum 'esse vel non esse', tunc non habebit inferre alteram partem disiunctive, sed utramque. Et non valebit improbatio, sed peccabit secundum fallaciam consequentis a minori suppositione ad maiorem. Primo enim fiebat confusio pro utraque parte simul, et non divisim. Infert autem ac si utroque modo fieret confusio. Vel potest ibi esse fallacia figure dictionis ex variato modo supponendi.

1–2 et . . . sic] *om. R*   3–4 ergo . . . sortes est] *om. R*   4 ergo et prima] *om. R*
5 confirmatum est] confirmatur *V* confusum est *R*   5 huiusmodi argumentum] *om. V*   6 illam] *om. R*   7–8 disiunctum . . . parte] adiunctum secundum quamlibet sui partem *T*   8 et] ita *add. R*   10–11 supposito] posito *T*   12 fortasse] forte *T*   12 supposito] suppositum *R*   12 etiam] est *R om. V*   13 terminum] communem *add. R*   13–15 quod . . . disiunctum] *om. R*   14 pro] in *T*   15–16 totum . . . confunditur] *om. V*   16 confundatur] confunditur *V*   17 disiunctum] *om. R*   17 asinus] cum *add. R*   18 pro hac parte] per hanc partem *R*   18 hoc toto] hac parte *T*   19 simul] in simul *R*   19 pro] sub *V*   19 fiet] fit *V*   23 sic] si *T*   23 hoc] hic *T*   24 tunc] *om. V* tamen *T*   25 disiunctive] disiuncte *T* disiuncti *R*   25 et] *exp. V* primo enim fiat *add.* necnon *exp. V*   25 sed] et *V*   25 sed peccabit] *om. R*   27 fiebat] fiat *V*   27 confusio] *om. R*   28 fieret] esset *V*   29 esse fallacia] assignare fallaciam *R* consequentis *add. V*

Solutio

150 Dicimus tamen quod hec dictio 'si' non confundit. Et hoc potest probari pluribus rationibus. Primo sic. Eadem est potentia ad opposita, sicut vult Aristotiles in libro *Periarmeneias*. Unde eadem est potentia qua possumus currere et non currere, et hanc vestem incidi et non incidi, ut vult Aristotiles. Quare eadem est potentia ad opposita. Unde eadem est potentia ad mobilitandum et immobilitandum, cum mobilitare et immobilitare sint actus oppositi. Quare si hec dictio 'si' habet virtutem mobilitandi et confundendi terminum communem, et habebit virtutem immobilitandi terminum communem. **[V175ᵛ]** Igitur per consequentiam econtrario: si non habet virtutem immobilitandi terminum communem, non poterit confundere aut mobilitare terminum communem. Sed non habet virtutem immobilitandi aliquem terminum. Quod patet: bene enim sequitur 'si omnis homo currit, Sortes currit'. Sed non sequeretur, si illa distributio esset immobilis, **[T46ʳᵃ]** sicut non sequitur 'si omnis homo est animal; ergo omnis homo est hoc animal'. Quare secundum hoc hec dictio 'si' non habet virtutem confundendi.

151 Item. Omnis dictio confundens aut significat aut consignificat illud pro quo fit confusio. Ut patet in omnibus, sicut hoc signum 'omnis' distribuit pro substantiis et substantiam significat. Sed hec dictio 'si' non significat aut consignificat illud antecedens supra quod stat. Quare non habebit virtutem confundendi.

---

3 Cf. *De int.* 6, 17a34–35. Cf. *Metaph.* IX 2, 1046b4–6: "Potentia rationalis valet ad opposita, irrationalis vero ad unum tantum." (*Auct. Arist.* 1, 222)

2 dicimus ... confundit] deinde queritur utrum hec dictio si confundet et videtur quod non *R*   2 hoc potest] habet *V*   4 unde] et una *V*   4–6 unde ... aristotiles] *om. R*   5 possumus] possimus *V*   5 et] ut *V*   7 ad ... potentia] *om. R*   8 immobilitandum] et non ad modum *add. V*   8 sint] opposita sive *add. R*   9 quare si] sed *R*   9 habet] haberet *V*   9 virtutem] veritatem(!) *V*   9 mobilitandi] immobilitandi *R*   9 et confundendi] *om. TR*   10 terminum] mobilem *add. R*   10 et] *om. V*   10–11 et ... communem] *om. R*   10 virtutem] veritatem(!) *V*   11 terminum communem] *om. T*   12 econtrario] econverso *TR*   12 terminum communem] *om. TR*   13 poterit] potest *V*   13 mobilitare] immobilitare *R*   14 aliquem terminum] an(?) *R*   16 sequeretur] sequitur *V*   17 non sequitur] *om. V*   18 hoc animal] *om. R*   20 aut] *om. V*   21 sicut] patet *add. R*   22 significat] hec dictio quodlibet distribuit pro accidentibus et accidens significat *add. R*   24 quare] quapropter *V*   24 habebit] habet *T*   24 confundendi] item omnis dictio significat aut consignificat illud pro quo fit confusio etc. *add. T*

152 Item. Si habeat virtutem confundendi: Sed signum sive dictio habens virtutem confundendi habet semper addi termino confusibili sive termino communi. Quod patet, quoniam incongrue dicitur 'omnis Sortes currit', 'quilibet Plato currit'. Quare similiter hec dictio 'si' termino discreto non posset **[R295rb]** addi. Quare inconvenienter diceretur 'si Sortes est **[V176r]** homo, Sortes est'. Sed hoc est falsum. Ergo et primum. Et si instet aliquis quod hec dictio 'si' non confundit terminum communem, tamen potest addi termino discreto, dicendum quod non est instantia, quia hec dictio 'si' non confundit proprie loquendo de confusione, sed destruit terminum cui adiungitur et ipsum removet. Et propter hoc cum adiungitur termino universali, ipsum interimit, et, ipso interempto, interimitur quelibet eius pars. Et propter hoc appellatur sua confusio 'remotio'. Sed hoc est ponere novum genus confusionis. Quod est inconveniens.

153 Item. Si hec dictio 'si' habet virtutem confundendi: Cum nichil sit in genere quod non sit in specie, tunc oportet ponere quod coniunctio habeat confundere. Ergo cum distinguuntur species coniunctionis per potestatem et virtutem ipsius, debet esse quedam species coniunctionis que dicatur confusiva, sicut est quedam que dicitur copulativa. Et ita deficeret nobis quedam species coniunctionis. Quod non est ponere. Quare non est ponere quod hec dictio 'si' habeat virtutem confundendi. Aut si habeat, tunc queritur propter quid appropriatur ei magis natura confusionis quam aliis speciebus coniunctionis. Et non est assignare causam, quare non est ponere quod **[V176v]** confundat. Et in hoc consentimus.

---

1 habeat] habet *T*   1 sive dictio] *om. R*   3 confusibili...termino] *om. V*   3 incongrue] congrue *V*   4 quilibet plato] omnis plato vel quilibet cicero *R*   5 si] *om. V*   5 discreto] disiuncto *T*   6 diceretur] dicitur *VR*   6 sortes...est] homo est homo est *R*   7 sed...primum] *om. VR*   7 aliquis] contra hoc *add. R*   7-8 hec...tamen] *om. V*   8 si] *om. T*   8-10 terminum...confundit] *om. R*   8 potest] possit *V*   9 discreto] convenienter dicitur enim sortes est *add. V*   9-10 est...non] *om. T*   10 sed] *om. V*   11 ipsum] *om. TV*   11 hoc] *om. T*   13 confusio] *om. V*   14 sed] secundum *add. T*   15 quod...inconveniens] *om. VR*   17 ponere] *om. V*   19 potestatem] potentiam *R*   20 species coniunctionis] coniunctio *R*   21 copulativa] et quedam causalis *add. R*   21 dificeret] deficit *TR*   22 quod...ponere] *om. T*   22 quare...ponere] *om. V*   23 tunc] *om. V*   24 propter] hoc *add. V*   24 ei] *om. R*   24 natura] naturam *T*   26 confundat...hoc] *om. V*

Respondetur ad rationes

154 Quod tamen obicitur quod **[T46ʳᵇ]** bene sequitur 'si homo est, animal est; ergo si Sortes est, animal est', dico quod ista argumentatio nulla est in forma arguendi, immo peccat secundum consequens a superiori ad inferius affirmando. Si autem teneat, hoc est gratia terminorum, sicut hic 'homo est animal; Sortes est homo; ergo Sortes est animal'.

155 Dicendum ergo ad primum [147] quod ipsa est falsa simpliciter, et non valet probatio. Cum enim sic dicit 'si de eo quod est Sortes verum est ipsum esse Sortem', ibi est consecutio respectu esse quod dicit *esse nunc*, et non *esse simpliciter*. Sed in conclusione, cum dicit 'ergo si de eo quod est Sortes verum est ipsum esse vel non esse', fit consecutio respectu huius quod est 'esse vel non esse', quod dicit tempus *simpliciter*. Et ita diversificatur tempus respectu huius cuius fit consecutio, quia primo accipitur tempus non *simpliciter* sed *ut nunc*, et deinde *simpliciter*. Et hoc facit fallaciam figure dictionis ex variato modo supponendi.

156 Vel aliter potest dici quod ibi est fallacia secundum compositionem et divisionem ex eo quod hec dictio 'si' respectu diversorum denotat consecutionem in prima et in conclusione. Nam in prima denotat **[V177ʳ]** consecutionem respectu huius quod est 'esse', in conclusione vero respectu huius quod est 'esse vel non esse'. Et ita respectu diversorum fit consecutio, et componitur cum diversis. Et sic est ibi fallacia secundum compositionem et divisionem.

Utrum implicatio que est sub conditione implicet rem suam simpliciter

157 Solet autem queri de illa implicatione que est sub conditione, utrum ponat rem suam simpliciter. Sed hoc queritur, ut michi

---

2 tamen] *om. V* 3 dico] *om. V* 4 nulla est] non valet *R* 8 falsa simpliciter] vera *R* 10 sortes] ipsum *add. V* 10 fit *V* 11 nunc] *om. R* 11 esse] non *add. R* 11 sed] et *V* 12 eo ... sortes] sorte *V* 13 vel non esse] sortem *V* 13 est] dico *R* 16 ut] secundum *R* 18 est] sit *V* 18 secundum compositionem] compositionis *V* 19 divisionem] divisionis *V* 20 consecutionem] consequentiam *TR* 21 in prima] primo *V* 21 est] dico *V* 22 in ... esse] *om. R* 22 vero] *om. V* 22 est] dico *V* 23 componitur] ponitur *V* 27 implicatione] improbatione *V* 28 hoc queritur] hec questio *V* hoc queri *R*

videtur, ex defectu intellectus. Nam terminus sub conditione non ponit rem suam simpliciter, sed cum suppositione quadam, aut per relationem unius ad alterum. Cum enim sic dicitur 'si homo est, animal est', hic non ponitur aliquid horum esse, sed solum ponitur animal esse per relationem ad hominem esse. Et propter hoc, si inferatur 'si homo est, animal est; ergo animal est', erit peccatum secundum quid et simpliciter.

158 Dico igitur quod implicatio sub conditione non ponit rem suam esse simpliciter, et maxime implicatio illa que est ipsius antecedentis. Et hoc est quia verbum antecedentis **[T46ᵛᵃ]** non retinet completam indicationem, immo illa indicatio sicut materialis est ad indicationem consequentis. Illa vero indicatio est formalis et principium ordinandi rem ad rem, et principium ordinandi rem ad animam **[V177ᵛ]** virtute inclinationis vel indicationis perfecte. Sed compositio antecedentis est principium ordinandi rem ad rem, et non rem ad animam. Et hoc est quia non retinet completam inclinationem nec plenam indicationem.

159 Ex hoc potest patere solutio istius questionis que solet fieri, propter quid verbum consequentis potest transmutari in verbum infinit<iv>um, et non verbum antecedentis. Quod patet: convenienter enim dicitur 'si homo est, animal esse est verum', sed non convenienter dicitur 'si hominem esse, animal est'. Et causa huius est iam dicta, quia verbum consequentis duplex principium habet intelligendi, scilicet principium ordinandi rem ad rem et principium ordinandi rem ad animam. Et propter hoc cum privatur ab uno, potest adhuc alterum retinere, et remanebit aliquid intelligibile. Et ideo potest transformari in verbum infinit<iv>um, quia non retinet completam inclinationem. Et tunc erit principium ordinandi rem ad rem. Sed verbum antecedentis non habet nisi unicum principium intelligendi, scilicet principium ordinandi rem ad rem.

---

1 ex] de *V*   3 unius] *om. R*   3 sic] *om. V*   4 hic] *om. R*   5 esse] *om. TV*   6 si] sic *add. R*   6 si . . . alterum animal est] ipsum esse *V*   7 simpliciter] ut si sic inferatur si homo est ergo animal est *add. V*   9 esse] *om. VR*   12 est] *om. R*   13 et] est *add. V*   13 principium ordinandi] etiam *R*   14 inclinationis] improprii *R*   17 indicationem] inclinationem(!) *V*   18 que . . . fieri] *om. V*   20 infinit<iv>um . . . verbum] *om. V*   21 enim] *om. R*   21 est] animal est si homo est *add. T* et *add. R*   21–22 sed . . . est] dicit si homo est animal est *V*   22 est] verum *add. T*   23 iam] *om. V*   26 adhuc] *om. R*   26 aliquid] quid *R om. T*   27 quia] quod *T*   28 completam] plenariam *R*   28 erit] est *R*   29–30 sed . . . alterum rem] *om. R*   30 scilicet . . . ordinandi] *om. V*

Et ideo ulterius non potest transmutari in alterum magis infinit<iv>um, quoniam non remaneret aliquid intelligibile. Et inde est quod non convenienter dicitur 'si hominem esse, animal est'. Convenienter tamen dicitur 'si homo est, animal esse est verum'.

De reduplicatione que fit ex diversis consequentiis

160 Sed quia locuti sumus de implicatione que fit in **[V178ʳ]** consequentiis, videamus de reduplicatione que resurgit aliquando ex diversis consequentiis, ut hic ALIQUA IN EO QUOD CONVENIUNT, DIFFERUNT. In cuius probatione utendum est consequentiis.

Utrum hec sit multiplex 'aliqua in eo quod conveniunt, differunt'

161 Et distinguitur multiplex, eoquod potest fieri reduplicatio gratia forme vel gratia materie. Si gratia forme, sic est sensus 'aliqua in eo quod convenientia sunt, differunt', ut sit dicere *aliqua per illud quod conveniunt, differunt*. Et sic falsa est. Vel potest reduplicatio fieri gratia materie, ut sit sensus *aliqua supra quod conveniunt,* **[T46ᵛᵇ]** *differunt*. Et sic est vera, nec ponit quod in eodem conveniant et differant.

162 Sed quod ista distinctio non valeat videtur. Reduplicatio est principium intelligendi aliquid in subiecto. Quare respectu eius quod est principium intelligendi debet fieri reduplicatio. Sed forma est principium intelligendi subiectum cuius est forma. Quare **[R295ᵛᵃ]** semper fiet reduplicatio gratia forme, et non gratia materie.

163 Item. Reduplicatio est attributio alicuius actus vel predicati in subiecto gratia alicuius quod est sicut formale in ipso. Sed

---

1 ulterius] verbum *add. R* 1 in] *om. V* 2 quoniam] cum *V* 2 remaneret] remanebit *R* 2 inde] non *V* 3 convenienter dicitur] sequitur *T* convenienter *R* 4 est] animal est si homo est *add. T* 4 verum] *om. R* 7 videamus] loquamur *R om. V* 7 resurgit] fit *TV* 8 hic] *om. R* 11 distinguitur] a quibusdam *add. R* 13–14 ut ... differunt] *om. R* 13 dicere] quod *add. V* 15 ut ... sensus] *om. T* 18 ista] hec *V* 19 in subiecto] *om. V* 19 respectu] *om. TV* 20 intelligendi] *om. TV* 20 fieri] esse *T* 24 in] *om. R* 24 ipso] verbi gratia cum sic dicitur ysoseles inquantum triangulus hic est reduplicatio forme supra etc. ut ipsum quia supra ipsum reduplicatur formale in ipso *add. V* verbi gratia cum sic dicitur ysoseles est triangulus que non est reduplicatio forme supra suppositum materiale ipsum quod supra ipsum reduplicatur est formale in ipso *add. R* 24–p. 348,2 sed ... non] *om. V*

si est reduplicatio gratia eius quod est formale in subiecto, semper fiet reduplicatio gratia forme, et non gratia materie. Et sic distinctio nulla.

164 [V178ᵛ] Item. Reduplicatio est ordinatio alicuius ad actum. Quare ratione eius quod est principium ordinandi aliquid ad actum debet fieri reduplicatio. Sed hoc est forma, nam forma est principium agendi et principium actionum forme in quolibet. Quare gratia forme debet fieri reduplicatio et non gratia materie.

165 Item. Forma et materia indivisa sunt et indivisum habent esse. Sed que habent indivisum esse, unum non est preter alterum. Quare materia non est preter formam, neque forma preter materiam. Ergo si fiat reduplicatio gratia unius, fiet gratia alterius. Et sic nulla est distinctio. **[P136ʳᵃ]** Quod concedimus.

Solutio

166 Unde ponimus quod hec est falsa 'aliqua in eo quod conveniunt, differunt' sine aliqua distinctione. Item, ad probationem dicendum quod non valet, immo peccat secundum fallaciam accidentis. Nam cum sic dicimus 'aliqua in eo quod conveniunt, sunt', ibi accipitur *esse* gratia rei, sive secundum quod omnia habent unionem in ipso. Ulterius autem, cum dicit 'in eo quod sunt, sunt multa', ibi antecedit non pro eo pro quo sunt eadem in ipso, nec gratia rei sue, sed potius gratia sui consignificati. Et ita pro alio antecedit et pro alio sequitur. Et sic **[V179ʳ]** diversificatur medium. Et sic est fallacia accidentis ex diversificatione medii. Qualiter

---

1 in] ipso *add. R*   1 subiecto] et hoc est formale *add. R*   2 et non] quare numquam fiet reduplicatio *R*   2–3 et ... nulla] *om. T*   3 nulla] non valet *R*   4 ordinatio] indicatio *R*   5–7 ordinandi ... principium] *om. R*   7 et] est *add. R*   7 actionum forme] *om. R*   7 forme in] *om. V*   8 quare] quia *V*   8 gratia] ratione *TV*   8 et ... materie] *om. TV*   9 item] sicut *add. R*   10 que] quare *V*   10 est] potest esse *R*   11 non est] *om. R*   11–12 forma ... materiam] econverso *R*   12 fiat] fit *R om. V*   12 unius] huius et *R*   13 distinctio] quod possit esse reduplicatio gratia forme vel gratia materie *add. R* gratia materie *P*   15 unde ponimus] ponimus tamen *V* ponimus igitur *RP*   15 falsa] *om. P*   15–16 quod ... differunt] etc. *TV*   16 item] autem *R om. T* et *P*   17 dicendum] respondendum *R*   18 sic] *om. T*   18 conveniunt sunt] sunt conveniunt *T*   20 unionem] unitatem copulationis *V*   20 ulterius] *om. V*   21 multa] et *add. V*   21 antecedit] accipitur *P*   21 eo] eodem *V*   21 ipso] primo *add. V*   24 sic est] ita fit *RP*   24 qualiter] quomodo *RP*

autem diverse consequentie impediant argumentum et qualiter non, habitum est superius.

De diversis consequentiis

167 De diversis consequentiis potest queri in hoc sophismate SI SORTES NECESSARIO EST MORTALIS, **[T47ra]** SORTES NECESSARIO EST IMMORTALIS. De quo queratur primo utrum teneat hec consequentia 'si Sortes necessario est mortalis, Sortes necessario est aliqualis'. Secundo queratur de hac 'si Sortes necessario est aliqualis, Sortes necessario est'. Tertio queratur de antecedente ipsius, utrum hec scilicet sit vera 'Sortes necessario est mortalis'.

Utrum teneat hec consequentia 'si Sortes necessario est mortalis, Sortes necessario est aliqualis'

De rationibus quod sic

168 Ad primum proceditur sic. Ex necessario non sequitur nisi necessarium, sicut vult Aristotiles in libro *Priorum*. Quare si antecedens ad aliquid est necessarium, et consequens est necessarium. Sed bene sequitur 'si Sortes est mortalis, Sortes est aliqualis'. Quare bene sequitur 'si Sortes necessario est mortalis, Sortes necessario est aliqualis'.

169 Item. Posita specie, ponitur genus. Ergo, posita specie de necessitate, ponitur genus de necessitate. Sed 'mortale' et 'aliquale' se habent sicut genus et species, nam 'aliquale' se habet sicut genus ad 'mortale'. **[V179v]** Ergo si ponatur *mortale*, de

---

2 Videas supra, IV,13–15.   15 Cf. *Anal. Priora* I 9, 30a15–17; I 9, 30a33–35.

---

1 autem] *om. R*   1 argumentum] *om. TV*   2 superius] supra *R* prius *P*   4 diversis] autem *add. T*   6 de...primo] et queratur *P*   7 sortes] ergo *V*   8 hac] hoc *R*   9 sortes] *om. TR*   9 ipsius] *om. P*   10 hec] *om. R*   10 scilicet] *om. TRP*   14 necessario] necessariis *R*   15 si] *om. P*   16 ad...est] est aliquid *P*   16 est] erit *P*   19 aliqualis] immortalis *P*   20 specie] et *add. T*   20–21 ergo...genus] *om. V*   21 de necessitate] necessario *V*   22 se habent] *om. P*   22 se habet] est *P*   23 si ponatur] posito *V* si ponetur *R* si ponitur *P*   23–p. 350,1 de necessitate] necessario *TV*

necessitate ponitur *aliquale*. Quare sequitur 'si Sortes necessario est mortalis, Sortes necessario est aliqualis'.

170 Item. Si Sortes necessario sit mortalis, Sortes necessario est corporeum. Sed omne corporeum est coloratum, et omne coloratum est aliquale. Quare omne mortale est aliquale. Sed si simpliciter ad simpliciter, et magis ad magis *etc.*, per regulam Aristotilis in *Topicis*. Quare si Sortes necessario est mortalis, Sortes necessario est aliqualis.

171 Item. Cuius oppositum non potest stare cum antecedente, sequitur ad illud. Sed 'necessario esse aliquale' et 'contingenter esse aliquale' opponuntur. Ergo si alterum non potest stare cum antecedente, necesse est alterum sequi ad illud. Sed 'contingenter esse aliquale' non potest stare cum hac 'necessario esse mortale. Iste enim due non possunt simul stare, quia hec 'contingenter esse aliquale' ponit contingenter esse, hec autem 'necessario esse necessario mortale' ponit necessario esse. Sed iste non possunt simul stare 'necessario est', 'contingenter est'. Quare nec iste 'necessario est mortalis', 'contingenter est aliqualis'. Quare alterum oppositum sequitur. Quare tenebit hec consequentia 'si Sortes necessario est mortalis, Sortes necessario est aliqualis'.

De rationibus ad oppositum

172 Ad oppositum. Si Sortes necessario est mortalis, Sortes necessario est corruptibilis; et si Sortes necessario est corruptibilis, Sortes necessario **[V180ʳ]** corrumpitur; et si Sortes necessario cor-

---

6 *Topica* V 4, 132b30–31. (*Auct. Arist.* 36, 80)

---

1 ponitur] sequitur *V om. R* 3 sit] est *P om. V* 4 est] *om. V* 4 corporeum] corpus *RP* 5 aliquale] quale *RP* 5 aliquale] quale *RP* 6 ad] et *V* 6 etc.] et maxime ad maxime *P* 6–7 per ... topicis] *om. TV* 6 regulam aristotilis] aristotilem *P* 7 in] libro *add. P* 9 item] illud *add. RP* 10 necessario ... et] *om. P* 10 aliquale] aliqualem *T* 11 opponuntur] opponitur huic quod est necessario esse aliquale *P* 11 cum] primo *add. R* 12 alterum] *om. V* 12 sed] si *add. T* 13 esse] *om. V* 13 hac] hoc antecedente *R om. V* 14 iste ... stare] *om. V* 14 enim] *om. TP* 14 simul] *om. TP* 14 hec] *om. T* 15 esse] *om. R* 15 necessario esse] esse necessario *T* necessario est *VR* 16 iste] *om. R* due *add. P* 16–18 iste ... mortalis] *om. V* 16–17 possunt ... stare] sequitur *R* 17 est] esse *P* ergo *add. R* 17 est] esse *P* 18 alterum] *om. TV* 19 tenebit] *P* 20 aliqualis] item *add. V* 23 et] *om. TR* 24 et] *om. TR*

rumpitur, Sortes non de necessitate est. Sed si Sortes non de necessitate est, Sortes non semper est; et si non semper est, non semper est aliquale, nec de necessitate est aliquale. Quare si Sortes de necessitate est mortalis, Sortes non de necessitate **[T47ʳᵇ]** est aliqualis. Quare nulla est hec consequentia 'si Sortes necessario est mortalis, Sortes necessario est aliqualis'.

173 Item. Nichil ponens oppositum alicuius sequitur ad illud cuius ponit oppositum. Et hoc est quia natura eadem debet esse antecedentis et consequentis. Sed hoc quod est 'necessario esse aliquale' ponit oppositum huius quod est 'necessario esse mortale', quia hoc quod est 'necessario esse aliquale' ponit esse semper, hoc autem 'necessario esse mortale' non semper esse. Quare necessario esse aliquale non sequitur ad hoc quod est necessario esse mortale. Quare non sequitur 'si Sortes necessario est mortalis, Sortes necessario est aliqualis'.

174 Item. Si Sortes necessario est mortalis, Sortes est mortalis; et si Sortes est mortalis, Sortes potest esse **[R295ᵛᵇ]** et non esse. Sed si Sortes potest esse **[V180ᵛ]** et non esse, Sortes est contingenter. Quare si Sortes necessario est mortalis, Sortes contingenter est ens. Sed si contingenter est ens, contingenter est sub aliqua specie entis. Quare quod contingenter est, contingenter est *quid* aut *quale* aut *quantum*. Quare quod necessario est mortale, contingenter est aliquale. Ergo si Sortes necessario est mortalis, Sortes contingenter est aliqualis. Sed nichil antecedit ad duo opposita. Sed 'contingenter esse aliquale' et 'necessario esse aliquale' opponuntur. Quare si illud quod est mortale necessario **[P136ʳᵇ]** contingenter est aliquale, illud quod necessario est mortale non necessario

---

1 sortes] *om. R* 1 de necessitate] necessario *RP* 1 sed ... alterum non] nec *R* 1–2 de necessitate] necessario *P* 3 aliquale] et si non si non(!) semper est aliquale *add. V* 4 de necessitate] necessario *VP* 4 sortes] tamen 4 non] *om. V* 4 de necessitate] necessario *VP* 5–6 quare ... aliqualis] *om. V* 5 hec] *om. P* 5 necessario] *om. P* 8 cuius ... oppositum] *om. P* 8 est] *om. TV* 9 et] ad *T* 9 hoc] *om. R* 9 esse] *om. TVR* 10 necessario] *om. P* 11 hoc ... est] hec *P* 11 esse aliquale] quale *R* 11 ponit] sortem *add. T* 12 hoc ... alterum esse] sed semper hoc quod est necessario est mortale et non ponit semper esse *V* 12 esse] est *TR* 12 quare] quia *V* 13 necessario] *om. R* 14 esse mortale] est mortalis *TP* 17 et] sed *R* 17 et] vel *V* 18 sed] et *P* 18 sed ... non esse] *om. R* 18 sortes potest] poterit *V* 19 necessario] *om. P* 20 ens] *om. R* 20 si ... ens] contingenter ens *P* 20 ens] *om. R* 21 est] *om. T* 22 aut quale] *om. T* 23 necessario] *om. R* 23 sortes] *om. TV* 25 esse] *om. V* 26 est] esse *add. P* 26 contingenter] *om. V* 27 est] esse *R* esse *add. P* 27–p. 352,1 illud ... aliquale] esse necessario mortale non erit necessario esse aliquale *P*

est aliquale. Ergo nulla est hec consequentia 'si Sortes necessario est mortalis, Sortes necessario est aliqualis'.

Utrum hec sit vera
'si Sortes necessario est aliquale, Sortes necessario est'

De rationibus quod sic

175 Circa secundum sic proceditur. Omne quod est de necessitate sub aliqua specie entis est necessarium ens, quia 'ens' predicatur de qualibet specie ipsius. Sed hoc quod est 'aliquale' dicit aliquam speciem entis. Quare omne quod est necessario aliquale necessario est ens. Ergo si Sortes necessario est aliquale, Sortes necessario est. Et sic tenet illa consequentia.

176 Item. Si Sortes necessario est albus, Sortes necessario est aliqualis. **[V181ʳ]** Et tenet hec consequentia per *locum a parte subiectiva*. Sed si Sortes necessario est albus, Sortes necessario est. Sed quicquid sequitur ad consequens sequitur ad antecedens. Quare si Sortes necessario est aliqualis, Sortes necessario est. Et sic tenet illa consequentia, et est necessaria.

177 Item. Dicit Aristotiles quod hec oratio 'lignum est non album' ponit duo, scilicet quod sit lignum **[T47ᵛᵃ]** et quod non sit album. Similiter hec 'lignum est album' ponit duo: ponit enim lignum esse, et ponit illud album esse. Quare et hec 'necessario esse aliquale' ponit duo: ponit enim hec 'necessario esse' et ponit hec 'aliquale esse'. Quare in hac 'necessario esse aliquale' intel-

---

18 *Anal. Priora* I 46, 52a4–5.

---

1 aliquale] quare si sortes necessario est mortalis non est necessario mortalis *add. RP*   1 ergo ... consequentia] quare *V*   2 mortalis ... aliqualis] etc. *R*   2 sortes] non *add. V*   7 necessario] de necessitate *R*   7 quia] quare *P*   7 ens] de necessitate *R*   8–9 dicit ... speciem] est sub aliqua specie *P*   9 necessario] *om. TVR*   11 et sic] quare *P*   11 illa] hec *P*   12 si] *om. V*   13 et] sic *add. V*   15 sed] si *P*   15–16 sed ... est] *om. V*   15 consequens] antecedens *P*   15 antecedens] consequens *P*   16 quare] *om. P*   16–17 et sic] ergo *P*   17 tenet] *om. R*   17 et] *om. R*   18 oratio] *om. P*   20 album] quare *add. RP*   21 lignum ... alterum esse] quod lignum sit et quod sit album *P*   21 ponit illud] ipsum *R*   21 quare et] et *V* quare *P*   22 aliquale] quale *R*   22 ponit ... alterum esse] *om. P*   23 hec] necessario *add. R*   23 esse] et *add. V*   23 esse] est *P*

ligitur hec 'necessario est'. Sed quod intelligitur in aliquo sequitur ad illud in quo intelligitur. Quare sequitur ad ipsum. Et ita sequitur 'si Sortes necessario est aliqualis, Sortes necessario est'.

178 Item. Si fiat hec argumentatio 'Sortes necessario est; ergo Sortes necessario est aliqualis', non valet, immo peccat secundum fallaciam consequentis a superiori ad inferius affirmando. Quare sequitur econverso, eoquod *consequens* est quando credimus consequentiam converti que non convertitur. Ergo sequitur 'si Sortes necessario est aliqualis, Sortes necessario est'.

De rationibus ad oppositum

179 Sed contra. Quod dicit esse pro tempore aliquo, non ponit illud quod dicit esse pro tempore *simpliciter*, quia esse quodammodo non ponit esse *simpliciter* et pro **[V181ᵛ]** quolibet tempore. Sed hec oratio 'Sortes necessario est aliqualis' non dicit necessitatem pro quolibet tempore, sed solum pro tempore quo est quale. Hec autem 'necessario esse' ponit esse pro tempore simpliciter et pro quolibet tempore. Quare hec oratio 'Sortes necessario est aliqualis' non ponit Sortem necessario esse. Quare non sequitur 'si Sortes necessario est aliqualis, Sortes necessario est'.

180 Si dicatur quod hec 'Sortes necessario est aliqualis' ponit tempus *simpliciter*, contra. Hoc quod dico 'necessario' dicit inherentiam predicati ad subiectum. Prius igitur est inherentia predicati

---

7 idest: fallacia consequentis *sive* fallacia secundum consequens.

---

1 sed] *om. R* 1 aliquo] altero *TV* 1-2 sequitur... intelligitur] habet consequentiam ad illud *P* 2 ad... sequitur] *om. P* 2 ipsum] ipsam *TV* 3 est] quare bona est hec consequentia *add. P* 4 hec argumentatio] hoc argumentum *V* 5 sortes] *om. R* 5 est] *om. P* 5 valet] hec argumentatio *add. TV* 6 affirmando] quare sequitur ad ipsum ergo sequitur sortes necessario est aliqualis ergo sortes necessario est item si fiat hec argumentatio sortes necessario est ergo necessario est aliqualis non valet immo peccat secundum fallaciam consequentis a superiori ad inferius affirmando *add. R* 7 consequens est quando] *om. V* 7 credimus] *om. R* 11 dicit] dicitur *P* 11 tempore] *om. R* 12 esse pro tempore] tempus *TR* 12-13 esse... et] *om. V* 12 quodammodo] *coni.* quo *TVR* quod *P* 13 esse] tempus *R* 13 et... tempore] *om. R* 13 quolibet tempore] tempore simpliciter *V* 14 necessario] de necessitate *P* 15 tempore] in *add. R* 15 quale] tale *P* 16 pro] quolibet *add. R* 16-17 et... tempore] *om. TR* 17 hec oratio] hec *VP om. R* 18 ponit] hanc *add. VP* 18 sortem... esse] sortes necessario est *P* 22 ad subiectum] cum subiecto *TV*

ad subiectum quam adveniat necessitas. Sed illa inherentia non dicit tempus *simpliciter*, sed tempus quodammodo. Unde hec 'Sortes est aliqualis' non dicit esse nisi pro tempore pro quo est Sortes et pro quo contingit esse aliquale. Quare si ipsi adveniat necessitas, non dicet tempus *simpliciter*, sed tempus quodammodo. Et ita non ponit necessario esse pro quolibet tempore. Et ita non sequitur 'si Sortes necessario est aliqualis, Sortes necessario est', immo peccat secundum quid et simpliciter.

Utrum hec sit vera 'Sortes necessario est mortalis'

De rationibus quod sic

181 Item. Consequenter queritur [T47^{vb}] de hac 'Sortes necessario est mortalis'. Et videtur quod sit vera quia: Que per se insunt de necessitate insunt, sicut vult Aristotiles. Sed *mortale* per se inest Sorti. Ergo de necessitate inest ipsi. Ergo Sortes necessario est mortalis. [V182^r] Quod autem per se insit probatio: Quecumque ponuntur in ratione dicente *quid est*, per se insunt. Sed hoc quod dico 'mortale' inest Sorti ratione dicente *quid est*. Ergo per se inest ipsi. Et sic ista vera.

182 Item. Queritur utrum, Sorte non existente, sit hec vera 'Sortes necessario est mortalis'. Et videtur quod sic quia: Sorte existente, si fiat hec argumentatio 'Sortes est; ergo animal mortale est', teneret hec argumentatio, et esset ibi locus *a parte subiectiva*. Sed argumentatio non transmutatur secundum transmutationem

---

13 *Anal. Post.* I 4, 73b16–18, 73b25–28.

---

1 inherentia] *om. TV*   2 sed ... quodammodo] sed quo *T om. R*   2 quodammodo] *con.* quo *codd.*   2 hec] si dicam *P*   3 esse] tempus *T* aliquid *R*   3 est ... quo] *om. TV*   4 contingit] si *add. V*   4 si ipsi] antequam *R*   5 dicet] dicit *RP om. V*   5 tempus quodammodo] *coni.* quo *TV* tempus quo *RP*   6–7 necessario ... alterum sortes] *om. V*   6 tempore] ergo hec sortes necessario est aliqualis non dicit tempus simpliciter sed tempus quo *add. RP*   11 item] *om. P*   12 et videtur] videtur enim *R*   12 quia] *om. TR*   14 de necessitate] necessario *P*   14 ipsi] sorti *VP*   14 sortes] *om. V*   16 est] de necessitate *add. R*   16 per se] de necessitate *P*   17 hoc ... dico] ponitur *R om. P* est *add. T*   17 sorti] in *add. P*   18 ipsi] sorti *V* in ratione dicente quid est per se insunt sed hoc quod dico mortale inest ipsi *add. V*   19 sit] erit *V*   21–23 sortes ... argumentatio] *om. V*   22 hec argumentatio] hoc argumentum *R om. P*   22 ibi] *om. R*   23–p. 355,3 sed ... subiectiva] *om. R*

IV DE HAC DICTIONE 'SI' 182 – 183   355

rerum. Quare, Sorte non existente, adhuc tenebit illa argumentatio. Ergo cum non est Sortes, sequitur 'Sortes est; ergo animal mortale est', et est locus *a parte subiectiva*. Sed totum universale predicatur de **[P136ᵛᵃ]** parte sua. Ergo, Sorte non existente, verum est dicere 'Sortes est animal mortale'. Quare est necessaria. Ergo Sortes necessario est mortalis. Quare sive sit sive non sit, Sortes necessario est mortalis.

183 Item. Similiter potest queri de hac 'Cesar est homo', utrum sit vera cum Cesar non sit. Et videtur quod sic quia: Dicit Aristotiles quod hec non est per **[V182ᵛ]** se falsa 'bonum est malum', nec est falsa nisi quia hec est falsa 'bonum non est bonum'. Similiter *ab oppositis*: hec non est per se vera 'bonum non est malum' nisi quia hec est vera 'bonum est bonum'. Similiter hec est falsa 'Cesar est asinus', et non est falsa nisi quia Cesar est sub alia specie que sibi non denotatur **[R296ʳᵃ]** convenire, aut quia hec est falsa 'asinus est homo'. Ergo *ab oppositis*: 'Cesar non est asinus', hec non est per se vera nisi quia Cesar est sub altera specie que sibi non denotatur convenire. Ergo cum hec sit semper vera 'Cesar non est asinus', et hec est semper vera 'Cesar est homo'. Quare, Cesare non existente, hec est vera 'Cesar est homo' et hec 'Cesar est mortalis', quia homo est animal rationale mortale. Ergo et hec **[T48ʳᵃ]** est vera 'Cesar necessario est mortalis'.

---

9 *De int.* 14, 23b16–27.

---

1 illa] hec *T*   3 est] *om. T*   3 est] ibi *add. P*   4 de] qualibet *add. V*   4 sua] necessario *add. P*   5 quare est necessaria] quare necessarium *P om.*   5 necessaria] ergo sortes necessario est animal mortale ergo sortes necessario est mortale quare sorte existente vel non existente hec erit vera sortes est animal mortale quare necessarium *P*   5–6 ergo . . . mortalis] *om. R*   6 sit] sit sortes *VR*   8 similiter] simile *T*   8–9 utrum sit] *om. T*   9 vera . . . sit] cum non sit vera *T et add. V*   9 cesar] *om. TV*   9 quia] *om. R*   9 aristotiles] in libro posteriorum *add. P* 12–13 ab . . . similiter] *om. V*   12 per se] *om. P*   13 est bonum] *om. R*   14 est . . . nisi] *om. V*   14 alia] altera *VP*   14 non] *om. P*   14 aut] nisi *T* ut patet *R* ut *P*   14 falsa] vera *R*   16 asinus est homo] asinus est non homo *R* cesar est non homo *P*   16 oppositis] cum *add. R*   16 est] sit *R*   16–19 non . . . et hec] *om. R*   17 nisi] non *V*   18 non] *om. T*   18 cesar] sortes *VP*   19 est] erit *R*   19 semper] per se *P*   19 quare] quia *V*   20 est] erit *RP*   20 hec] similiter *add. P*   21 et] *om. TVP*   22 vera] necessaria *RP*   22 cesar] sortes *VP*

De rationibus ad oppositum

184 Sed contra. Omne ens in potentia ordinata ad actum aliquando est in actu, sicut vult Aristotiles quod frustra est potentia quam non consequitur actus. Ergo cum hoc quod dico 'mortale' dicit potentiam ordinatam <ad actum>, oportet quod aliquando sit in actu. Quare si aliquid est mortale, possumus dicere quod aliquando morietur. Ergo si Sortes necessario est mortalis, Sortes necessario morietur. Sed, Sorte non existente, hec est falsa 'Sortes morietur'. Ergo, Sorte non existente, hec est **[V183ʳ]** falsa 'Sortes necessario est mortalis.

185 Item. Fiat hec argumentatio 'Sortes necessario est mortalis; ergo Sortes necessario est' sive sic 'Cesar est homo; ergo Cesar est'. Et quod ista argumentatio valeat videtur. Si aliquid participetur ab aliquibus ita quod ab uno per prius, ab altero per posterius, illud quod per prius ipsum participat veriori modo participat quam illud quod per posterius. Sed ens predicatur de substantia et qualitate et quantitate, et per prius de substantia, per posterius de accidente. Ergo substantia veriori modo participat esse quam accidens. Ergo si ad esse accidentis sequitur esse — quia sequitur 'hoc est album; ergo hoc est', et 'necessario est album; ergo necessario est' —, et magis sequitur 'hoc est homo; ergo hoc est', 'hoc necessario est mortale; ergo necessario est'. Ergo cum, Sorte non existente, sit hec falsa 'Sortes necessario est' et, Cesare non existente, erit hec falsa 'Cesar est', et, Sorte non existente, erit hec falsa 'Sortes necessario est mortalis', et, Cesare non existente, erit hec falsa 'Cesar est homo'.

---

3 Cf. *Phys.* II 6, 197b22–2: "Frustra et vanum est illud quod ordinatum est ad aliquem finem et illum non includit." (*Auct. Arist.* 2, 82)

---

3 aristotiles] dicunt *add. R*   3 frustra] in *R*   4 quam non] *om. R*   5 dicit] dicat *P*   6 in] *om. TVP*   6 si] bis in *R*   6 aliquid] quod *add. V*   6 est] sit *P*   6 possumus] possimus *V*   7 mortalis] ergo *add. T*   8 necessario] aliquando *add. P*   8–9 sed . . . morietur] *om. V*   9 Sortes] est mortalis *add. necnon exp. T*   11 item] si *add. V*   13 valeat] teneat *V*   14 participetur] participatur *P*   14 ab aliquibus] a quibusdam *VP* a partibus *R*   14 ab] de *R*   14 ab] de *R*   15 per] *om. R*   15 veriori modo] meliori vel veriori *P*   17 et] et de *P om. T*   17 et] *om. TR*   17 quantitate] et sic de aliis *add. P*   19 esse] ens *TR* ipsum *P*   19 accidens] aliud *R*   19 ergo si] sed *R*   19 sequitur esse] sequitur ens *V* sequatur ens *P*   20 hoc est album] homo est albus *P*   20 hoc] homo *P*   21 album] mortalis *P*   21 est] ergo hoc est et necessario est album *add. R*   21–22 et . . . alterum necessario est] *om. P*   22 hoc] ergo *R*   22 mortale . . . est] *om. V*   23 sit] est *P*   23 necessario] *om. R*   24 erit . . . falsa] hec *P*   25–26 et . . . homo] *om. V*

186 Distinguitur tamen hec multiplex 'Sortes necessario est mortalis'. Nam hoc quod dico 'mortale' potest sumi sicut passio vel sicut differentia. Si sumatur sicut differentia, sic est vera 'Sortes necessario est mortalis'; si sumatur sicut passio, sic est falsa, quoniam Sorti non semper inest hec passio, scilicet 'mortalis'. Sed quod ista distinctio non valeat videtur. 'Mortale' secundum quod est **[V183ᵛ]** differentia addita huic quod est 'rationale' separat **[T48ʳᵇ]** nos a diis, sicut vult Porphyrius. Sed non separaret nos a diis nisi nobis induceret quandam passionem. Quare mortale secundum quod sumitur ut differentia dicit quandam passionem. Quare sumere ipsum secundum differentiam est ipsum sumere sicut passionem. Et sic nulla est distinctio.

187 Item. Videtur quod non possit sumi sicut passio, quia dicit Aristotiles in sexto *Topicorum* quod omnis passio abicit aliquid a subiecto in quo est. Sed nulla differentia abicit aliquid a subiecto in quo est, immo omnis differentia dicit quid est de subiecto et ponit illud in esse completo. Quare differentia non potest sumi sicut passio. Quare non est dicere quod hoc quod dico **[P136ᵛᵇ]** 'mortale' possit sumi sicut differentia vel sicut **[V184ʳ]** passio. Et sic nulla est distinctio.

---

8 *Isag.* p. 19³⁻⁴ (*Arist. lat.* I, 6–7). 13 *Topica* VI 6, 145a3–4.

1–4 distinguitur ... mortalis] *om.* V 1 tamen] *om.* P 1–2 sortes ... mortalis] *om.* P 2 nam ... dico] eoquod li P 2 sumi] esse T 2 passio] aliqua *add.* R 3 sumatur] *om.* P 3–4 sortes ... mortalis] *om.* T 5 inest] erit*(!)* R 5 scilicet] que est RP *om.* T 7 differentia addita] additum TV 8 nos a diis] *om.* V 8–9 sicut ... passionem] *om.* R 9 induceret] indicet P 9 quandam] *om.* T 9 passionem] quam est in diis reperire *add.* V quia enim rationale dicit aliquid quod est in deo et in nobis et propter hoc non separat nos a diis *add.* VP 9–10 quare ... passionem] *om.* T 11–12 sumere ... passionem] cum est sumere ipsum sicut est differentia est sumere ipsum secundum quod est passio P 12 et ... distinctio] *om.* RP 13 sicut] est *add.* V 14 sexto] quinto P 15 subiecto in quo] substantia in qua VP 15 subiecto in quo] substantia in qua VP 16 omnis differentia] *om.* T 16 quid] aliquid V 16 est] esse *add.* P 18 dico] est P 19 sicut] *om.* R 20 distinctio] item videtur quod mortale non possit esse differentia hominis quia dicit aristotiles si homo resurgat iam non dicimus ipsum habere eandem unitatem sed aliam hoc dicit ex conditione naturali supponendum et ex fide et virtute quod resugis*(!)* erit sub immortalitate sed impossibile est idem iudicium sub diversis differentiis et oppositis esse ergo mortale et immortale non sunt differentie *add.* P

Solutio

188 Ad primum dicendum quod hec est multiplex 'Sortes necessario est mortalis', sicut distinguit Aristotiles in hac 'nunc incorruptibile', in sexto *Topicorum*. Dicit enim quod si aliquis posuit aliquod multiplex in oratione et non distinguit, peccat. Ut si aliquis posuit 'immortale' 'nunc incorruptibile', quoniam 'nunc incorruptibile' dicitur multipliciter, potest enim esse sensus 'nunc incorruptibile', idest *habet potentiam ut non corrumpatur nunc*, vel potest esse sensus *non habet potentiam ut nunc corrumpatur*. Secundum hoc igitur ponit Aristotiles quod in hoc quod dico 'mortale' sunt duo, scilicet potentia et actus. Et potest cadere supra ipsum hoc quod dico 'necessario' gratia potentie vel gratia actus. Sic dico quod cum in hoc quod dico 'mortale' sint potentia et actus, potest cadere supra ipsum necessitas gratia potentie eius vel gratia actus.

189 Secundum hoc igitur dico quod hoc est multiplex, 'Sortes necessario est mortalis', eoquod hoc quod dico 'necessario' potest cadere supra le 'mortale' gratia potentie, ut sit sensus *Sortes necessario habet potentiam ut moriatur*, vel potest cadere supra ipsum gratia actus, ut sit sensus *Sortes habet potentiam ut necessario moriatur*. Si cadat li 'necessario' supra ipsum gratia actus, sic est hec vera 'Sortes [V184ᵛ] necessario est mortalis'. Sed tunc non valet ulterius hec consequentia 'si Sortes necessario est mortalis, Sortes necessario est aliqualis'. Immo est ibi peccatum secundum quid et simpliciter, quia hoc quod dico 'necessario' primo dicit necessitatem ordinatam ad actum [T48ᵛᵃ] aliquem, que quidem est necessitas

---

4 *Topica* VI 10, 148a36–37.   10 *Metaph.* IX.

---

3 distinguit] vult *R* distinguitur *P*   3 aristotiles] *om. P*   3 in hac] hanc *V* de hac *R* hec *P*   3 nunc] non *V*   4 enim] *om. R*   4 aliquis] *om. TP*   4 posuit] positum est *T* ponit *R* posuerit *P*   5 aliquod] *om. V*   5 in oratione] distinctione *V*   5 et] *om. RP*   5 non . . . peccat] peccat non distinguit *P*   5 ut] nec *R*   5 aliquis] *om. R*   6 nunc] ut *P*   7 multipliciter] duplex *V*   7 nunc incorruptibile] *om. RP*   8 idest] *om. TRP*   8 habet] habens *P*   8 nunc] etc. *P*   9 non habet] habens *P*   9 ut] non ut *P*   9 igitur] *om. TP*   10 ponit aristotiles] *om. V*   10 quod] ergo *P*   10 in . . . sunt] *om. T*   11–12 hoc . . . necessario] *om. V*   12 necessario] nunc *TR*   12–13 sic . . . *alterum* actus] *om.*   12 cum] *om. P*   13 sint] sit *T* duo *add. P*   13 et] vel *V*   14 eius] *om. VP*   15 est] *om. V*   17 le] hoc quod dico *V* hoc quod est *P*   17 potentie] vel gratia actus si gratia potentie *add. P*   17 ut sit] sic est *P*   19–20 ut . . . actus] *om. V*   20 li] *om. TR*   20 hec *om. P*   21 sortes . . . mortalis] *om. P*   21 ulterius] *om. P*   22 hec] ista *P om. TV*   23 est ibi peccatum] peccat *P*   24 quia] quare *R*

secundum quid, sed in hac 'Sortes necessario est aliqualis' dicit necessitatem ordinatam ad esse, que quidem est necessitas simpliciter. Et propter hoc est ibi peccatum secundum quid et simpliciter.

190 Si vero cadat 'necessario' supra ipsum gratia potentie, tunc est falsa hec 'Sortes necessario est mortalis', et ponit duo contradictorie opposita, scilicet quod Sortes sit necessario et quod Sortes possit non esse. Et sic tenet hec consequentia 'si Sortes necessario est mortalis, Sortes necessario est aliqualis'. Et ulterius procedunt consequentie. Et tunc prima est vera, quoniam in antecedente implicantur duo contradictorie opposita, scilicet quod Sortes necessario sit immortalis et quod non sit necessarius immortalis.

191 Vel aliter, ut dicatur quod duplex est necessitas, sicut dicit Boetius in quinto **[V185ʳ]** *De consolatione*, scilicet necessitas respectiva et necessitas simpliciter. Secundum hoc hec est multiplex 'Sortes necessario est mortalis', eoquod hoc quod dico 'necessario' potest dicere necessitatem simpliciter vel respectivam. Si dicat necessitatem simpliciter, sic dico quod falsa est, et similiter hec 'Sortes necessario est aliqualis'. Et ita non est mirum si sequatur falsum. Et illa implicat in se opposita. Vel potest dicere necessitatem respectivam, et tunc est vera, **[R296ʳᵇ]** et est sensus *Sortes necessario est mortalis, si Sortes est*.

192 Et hoc modo habet intelligi qualiter partes diffinitionis predicantur de diffinito suo de necessitate, quoniam non predicantur simpliciter, sed sub conditione. Unde diffinitio non dicit esse simpliciter, sed sub conditione. Unde si fiat hoc argumentum 'homo est animal rationale mortale; ergo homo est', est fallacia secundum quid et simpliciter. Et hoc est quoniam 'animal rationale

---

12 *De consol. phil.* V, p. 428 (ed. Rand).

---

2 esse] rem *T*   3 propter] secundum *T*   4 necessario] *om. TV*   4 tunc] sic *VP* ipsa *R*   5 hec] *om. R*   5 hec... mortalis] *om. V*   5 contradictorie] *om. TRP* 6 scilicet] sic *T*   6 sortes] *om. RP*   7 sortes] *om. R*   9 procedunt] proceditur *V* bene *add. P*   9 consequentie] *om. V*   9 tunc] sic *P om. R*   10 scilicet] secundum *T*   10 sortes] *om. P*   11 non] sortes *V*   11 immortalis] mortalis *TVR*   12 *ad* vel aliter: alia solutio *Tᵐ*   12 necessitas] necessario *V*   13 quinto] libro *P*   16 vel] vel necessitatem *RP*   16–17 si... est] primo modo falsa *R*   17–20 et... vera] *om. P*   18 est] mortalis *add. R*   19 illa] hac via *R*   19–20 vel... et] secundo modo *R*   22 qualiter] quomodo *VR*   23 predicantur] ponuntur *V*   23 de necessitate] *om. V*   23 predicantur] ponuntur *V*   25 unde... argumentum] ut si dicatur *P*   25 hoc] tale *V om. R*   26–p. 360,1 ergo... mortale] *om. P*   27 quoniam] quia hec homo est *R*   27–p. 360,1 animal... mortale] diffinitio *V*

mortale' non habet necessitatem nisi sub conditione, ut 'si homo est, homo est animal rationale mortale'. Et hec similiter est multiplex 'Sortes necessario est aliqualis', quia li 'necessario' potest dicere necessitatem respectivam, et sic sequitur ex prima, vel potest dicere necessitatem simpliciter, et **[V185ᵛ]** sic non sequitur. Sic ergo accipiendo necessitatem concedenda est hec 'Sortes necessario est mortalis', et hec consequentia 'si Sortes necessario est mortalis, Sortes necessario est aliqualis'. Sed ulterius non valet ista consequentia, cum dicit 'si Sortes necessario est aliqualis, Sortes necessario est'. Immo peccat secundum **[T48ᵛᵇ]** quid et simpliciter, quia primo dicit necessitatem secundum quid, infert autem ac si diceret simpliciter necessitatem, quoniam in hac 'Sortes necessario est' dicit necessitatem simpliciter. *Secundum hoc patet quod, procedendo secundum primam distinctionem, tenet uno modo prima consequentia, alio modo non. Eo modo quo non valet respondendum est ad obiecta [172–174].

* **cetera desunt a P**

Respondetur ad rationes

193 Dicendum ergo quod 'mortale' potest dupliciter sumi, sicut visum est, quia potest sumi ut est potentia sive prout sonat in potentia. Et sic est qualitas essentialis secundum habitum. Et hoc modo sequitur illa consequentia. Vel potest sumi sicut actus, et sic non est qualitas vel habitus, immo potius privatio qualitatis et cuiuslibet habitus. Et sic non est species huius quod est 'aliquale'. Et sic non valet hec consequentia 'si Sortes necessario **[V186ʳ]** est mortalis, Sortes necessario est aliqualis'.

---

1 habet necessitatem] enim veritatem sive necessitatem *P*   2 est] dicitur *TV*
3 li necessario] *om. P*   4–5 potest dicere] *om. P*   5 sequitur] *om. TVR*   6–7 sortes ... mortalis] *om. V*   9 cum dicit] *om. VP*   10 peccat] est peccatum *V*   11 quia primo] prima enim *P*   11 infert] *rasura in V*   12 ac si diceret] ac dicat *V om. T*   15 prima consequentia] *om. V*   15 eo modo] eodem *R*   19 ergo] est ergo ad primum *V* est igitur *R*   19 potest] est *T*   20 quia] vel *V* enim *R*   20 sonat] est sonans *V*   20 in potentia] impotentiam *TR*   21 essentialis ... habitum] *om. VR*   21–22 hoc modo] si hoc modo sumitur *R*   22 sequitur] sumatur *V*   22 actus] quidam *add. T*   23–24 immo ... habitus] *om. T*   24 est] dico *TV*   24 aliquale] immo potius privatio qualitatis et cuiuslibet habitus *add. T*   25 non] est aliquale *add. R*   25 hec] predicta *V*   25 consequentia] *om. V*

194 Ad aliud [170] dicendum quod uno modo tenet hec consequentia 'si Sortes est necessario mortalis, Sortes est necessario corporeum'. Tenet enim secundum quod ibi advenit necessitas gratia potentie. Sed secundum quod advenit gratia actus non valet consequentia, quoniam sic non ponit necessario esse. Unde eo modo quo sequitur 'si Sortes necessario est mortalis, Sortes necessario est corporeum' sequitur 'si Sortes necessario est mortalis, Sortes necessario est aliqualis'.

195 Ad aliud [171] dicendum quod iste possunt simul stare 'Sortes est contingenter aliqualis', 'Sortes necessario est mortalis' secundum quod ibi accipitur necessitas gratia actus, quia secundum hoc non ponitur necessario Sortem esse, immo contingenter esse ponimus. Unde hec 'Sortes necessario est mortalis' non ponit Sortem necessario esse, sed contingenter esse. Et sic potius sequitur hec 'Sortes contingenter est aliqualis', quam hec 'Sortes necessario est aliqualis'. Et ita illud potest stare cum antecedente, et non sequitur ad ipsum alterum oppositum. Eo modo autem quo sequitur, respondendum est breviter ad rationes que fuerunt ad oppositum, quod hec 'Sortes necessario est mortalis' non ponit **[V186ᵛ]** Sortem necessario corrumpi nisi secundum quod fit ibi necessitas gratia actus. Et sic ponit contingenter esse. Et sic habet oppositionem cum hac 'Sortes necessario est aliqualis', et non sequitur unum ad alterum. Et sic concedendum est quod tenet consequentia. Secundum autem quod cadit necessitas supra potentiam, sic non sequitur 'ergo contingenter est'; et si **[T49ʳᵃ]** sequatur hec, tamen non ponit esse solum, sed ponit necessario esse. Et sic sequitur 'si Sortes necessario est mortalis, Sortes necessario est aliqualis'.

196 Ad aliud [173] dicendum quod hec 'Sortes necessario est aliqualis' non ponit huius oppositum 'Sortes necessario est mortalis' nisi modo predicto, scilicet cum cadit necessitas supra actum.

---

3 corporeum] corporalis *V* corruptibilis *R*   3 enim] autem *V* tamen *R*   4 sed] *om. V*   5 consequentia] *om. TV*   5 unde] vel *R*   7 corporeum] corporalis *V* corruptibilis *R*   7 sequitur] *om. V*   9 simul] *om. R*   10 contingenter] sortes est *add. R*   10 aliqualis] ergo *add. V*   11 ibi] *om. VR*   11 accipitur] accidit *R*   12 sortem] *om. TR*   13 est mortalis] morietur *TR*   15 hec] *om. V*   17 eo... modo] hoc modo *V*   18–19 rationes... ad] *om. T*   18 que fuerunt] *om. V*   19 ponit] aliquid *add. V* hanc *add. R*   20 sortem... corrumpi] sortes necessario corrumpitur *R*   20 quod fit] quid quia est *V*   21 esse] *om. V*   23 quod] non *add. R*   23 tenet] hec *add. VR*   26 hec] *om. V*   26 tamen] hec *add. R*   31 nisi] ut *V*

Et sic non sequitur. Sed non ponit eius oppositum, cum cadat necessitas supra potentiam. Et sic sequitur.

197 Ad aliud [174] dicendum quod hec 'Sortes necessario est mortalis' non ponit hanc 'potest esse et potest non esse' nisi prout cadit necessitas supra actum. Et sic repugnat huic 'Sortes necessario est aliqualis'. Sed primo modo non repugnat. Ad aliud [*ibid.*] dicendum quod aliquid potest antecedere ad duo opposita cum in ipso est duplex natura differens secundum quam potest antecedere ad utrumque. Sic ergo **[V187ʳ]** dico quod in hac 'Sortes necessario est mortalis' est duplex differens natura. Et per unam potest antecedere ad hanc 'Sortes contingenter est aliquale', per alteram potest antecedere ad hanc 'Sortes necessario est aliquale'.

198 Ad secundum quesitum dicendum, sicut dictum est, quod hec consequentia 'si Sortes necessario est aliqualis, Sortes necessario est' uno modo tenet, alio modo non. Secundum quod li 'necessario' dicit necessitatem simpliciter, sic sequitur, sed secundum quod dicit necessitatem respectivam, sic non sequitur, et hoc modo non sequitur ad primum antecedens. Eo modo autem quo non sequitur, respondendum est ad rationes [175–197] quoniam: Omne quod est sub aliqua specie entis, simpliciter est ens. Sed illud quod est sub aliqua specie entis sub conditione, non est ens simpliciter. Sed cum sic dicitur 'Sortes necessario est aliqualis', hic ponitur necessitas sub conditione. Et propter hoc hic ponit sub aliqua specie entis sub conditione. Ob hoc non ponit ens simpliciter. Eo modo solvendum est ad aliud [175].

199 Ad aliud [177] dicendum quod hec 'Sortes necessario est aliqualis', nichil affirmat simpliciter, sed solum sub conditione. Et propter hoc non ponit ens simpliciter, et etiam non ponit Sortem esse. Nec est simile de hiis, quia **[V187ᵛ]** cum dicit Aristotiles

---

29 *Anal. Priora* I 46, 52a4–5.

---

1 oppositum] oppositionem *T*   2 potentiam] compositionem *V*   4 et ... esse] *om. V*   7–8 cum ... differens] *om. V*   8–10 secundum ... natura] *om. R*   8 quam] quid *V*   9 ergo] *om. V*   11 sortes] *om. TV*   13 secundum] secundo *R*   13 dicendum] quod *add. T*   14 hec] ista *R*   15 non] tenet *add. R*   16 sic sequitur] tenet *V*   18 non sequitur] sequitur *T om. R*   20–21 simpliciter ... entis] *om. R*   21–23 non ... conditione] *om. V*   23 hic ponit] ibi ponitur *R*   24 ob] et *R*   24–25 ens ... aliud] sed sub conditione esse simpliciter *V*   27 affirmat] affirmatur *T*   27 sub] cum *V*   28 ponit] ponet *R*   28 ens ... ponit] *om.*

quod hec 'lignum est non album' ponit aliquid esse, intelligendum [T49rb] est secundum quod affirmatur aliquid simpliciter. Hec autem 'necessario est aliqualis', sustinendo primam distinctionem, nichil affirmat simpliciter. Et ob hoc non ponit Sortem esse.

200 Ad aliud [178] dicendum quod cum sic dicit 'Sortes necessario est aliqualis; ergo Sortes necessario est', ibi fit [R296va] argumentum ac si hoc quod dico 'aliquale' esset affirmatum simpliciter; et hoc modo sequitur econverso. Sed hoc modo non accipitur hic.

201 Sustinendo tamen quod sequitur secundum istas distinctiones, respondendum est ad rationem in contrarium [179], dicendo quod in hac 'Sortes necessario est aliqualis' est affirmatio pro quolibet tempore simpliciter. Et quod obicitur quod in hac 'Sortes necessario est aliqualis' non est affirmatio nisi pro tempore pro quo est Sortes, dicendum quod, licet hec 'Sortes est aliqualis', 'Sortes est album', non sit affirmatio nisi pro tempore pro quo est Sortes, tamen augmentatur suppositio temporis virtute huius quod dico 'necessario', nam cum advenit supra tempus compositionis, tempus illud augmentat, et facit illud supponere pro tempore simpliciter. Et sic idem [V188r] tempus est in hac 'Sortes necessario est aliqualis' et 'Sortes necessario est'. Et sic sequitur unum ad alterum.

202 Ad aliud [181] dicendum quod, supposita predicta distinctione, Sorte existente, hec est vera 'Sortes necessario est mortalis' secundum quod cadit necessitas supra hoc quod est 'mortale' gratia actus, secundum autem quod cadit supra ipsum gratia potentie, sic est falsa. Sed utroque modo falsa est secundum quod cadit necessitas sic vel sic, Sorte non existente. Similiter, Cesare

---

1 aliquid] lignum *R*   4 ponit] ponet *V*   6 sortes] *om. TV*   6 est] aliqualis *add. V*   6 fit] falsa *R*   7 affirmatum] affirmatio *R*   10 quod...secundum] *om. R*   11 rationem] rationes *R*   11 in contrarium] *om. V*   11 dicendo] dicendum *TV*   12 affirmatio] affirmative *R*   14 necessario] *om. R*   14 pro] quolibet *add. V*   15-16 aliqualis...est] *om. V*   16 album] quod *add. T*   16 tempore pro quo] parte temporis pro qua *R*   17 virute] temporis *add. R*   19 augmentat] augmentatur *V*   19-20 et...simpliciter *om. T*   19 illud] tempus *V*   19 pro tempore] *om. V*   21 aliqualis] est affirmatio pro quolibet tempore simpliciter et quod obicitur quod in hac sortes est aliqualis sortes est albus non est affirmatio nisi pro tempore pro quo est sortes dicendum quod in hac sortes est aliqualis sortes est album non est affirmatio nisi pro parte temporis pro qua est sortes *add. R*   23 aliud] tertium *R*   23-24 supposita...distinctione] supponendo predictam disitnctionem *R*   24 hec] prima *R*   24 vera] sed hec *add. R*   25 cadit] dicit *V*   25 est] dico *V*   26 ipsum] *om. V*   27 sic] *om. R*   27 sed] et *V*   28 necessitas] *om. V*

non existente, hec est falsa 'Cesar est homo', 'Cesar est mortalis'. Et rationes [184–185] ad hoc concedimus.

Ad rationes in contrarium

203 Sed ad rationes in contrarium [181–183] respondemus. Dicimus ad primum [181] quod 'per se inesse' supponit inesse aut esse. Et ea que per se insunt, de necessitate insunt. Sed non insunt per se nisi sub conditione 'si insunt'. Et propter hoc non insunt de necessitate nisi sub conditione, et sub conditione de necessitate insunt. Et ex hoc non oportet ut mortale insit Sorti nisi dum Sortes est, nec est quod per se insit nisi dum Sortes est. Diffinitio enim non dicit esse termini nisi sub conditione, si illud sit. Unde sensus est 'homo est animal **[T49ᵛᵃ]** rationale mortale': *si homo est, habet esse tale.*

204 Ad aliud [182] dicendum, sicut vult Aristotiles, quod cum aliquid habet esse per medium: cum iam non est medium, **[V188ᵛ]** illud non est; sicut sciens per medium contingens, cum corrumpitur illud medium, iam non est sciens, aliis conditionibus observatis. Dico igitur quod cum fit hec argumentatio, Sorte non existente, 'Sortes est; ergo animal rationale mortale est', ista conclusio sequitur per hoc medium quod est 'Sortem esse'. Et propter hoc, cum iam non est medium, sed corrumpitur, iam non est illa conclusio. Cum igitur Sortes non est, non est ponere quod Sortes sit animal rationale mortale. Quod autem obicitur quod hec argumentatio non transmutatur propter transmutationem rerum, dicendum quod verum est, dummodo natura medii observetur eadem.

---

14 Cf. *Anal. priora* II 19, 66a27–28.

---

1 cesar est homo] *om. R*   4 sed] *om. T*   5 per] *om. V*   5 inesse] *om. R*   6 et ea que] aut eo quod *R*   7 si insunt] *om. V*   7 et . . . insunt] *om. V*   9 et] *om. V*   9 mortale] de necessitate *add. R*   10 nec . . . alterum est] *om. T*   10 diffinitio] distinctio *T*   10–11 diffinitio enim] unde diffinitio *V*   11 termini] *om. R*   11 unde] verum *add. V*   12 si] sed *V*   14 dicendum] quod *add. V*   14 quod cum] *coni.* cum *TR* quod *V*   15 iam] *om. V*   16 contingens] contingentis *V*   18 fit] sit*(!) V*   18 sorte non existente] *om. V*   19 rationale] *om. R*   19 est] *om. TV*   19 ista] ideo *V*   20 quod est] *om. TV*   20 hoc] est *add. V*   21 non] *om. T*   21 sed] si *R*   22 est] iam *add. R*   23 rationale] *om. V*   25 hec quod] hoc *add. R*   25 observetur] servetur *V*

Sed hoc non est in proposito, immo corrumpuntur medium et natura ipsius.

205 Ad aliud [183] dicendum quod, Cesare non existente, hec est vera 'Cesar non est asinus'. Et hoc est quia illi compositioni subiacet aliquid; hec autem est falsa 'Cesar est homo', quia illi compositioni non subiacet aliquid. Si dicatur quod non est vera per se, dicendum quod hoc est falsum, immo vera est per se, nec est vera per aliquam positionem, quoniam sua positio non haberet subiectum aliquod, sicut prius. Quod tamen obicit de hac 'bonum non est malum', 'bonum est bonum', dicendum quod hoc intelligit Aristotiles de **[V189ʳ]** rebus in effectu existentibus. Et tunc, quia hec 'bonum est bonum' habet subiectum supra quod potest radicari, propter hoc est per se vera, et hec 'bonum non est malum'.

206 Quod autem isti compositioni 'Cesar est homo', Cesare non existente, nichil subiaceat, manifestum est, quoniam si subiaceret ei aliquid, tunc queritur quid sit illud. Hoc non est res aliqua, quia res non est. Item hoc non est intellectus individui, quia intellectus individui et intellectus speciei sunt repugnantes. Quare compositio unius ad alterum falsa est. Quare cum plurium repugnantium non possit esse compositio nisi aut rerum aut intellectuum, **[T49ᵛᵇ]** relinquitur quod illi compositioni 'Cesar est homo', Cesare non existente, non potest aliquid subiacere. Preterea, quicquid sit de hac 'homo est animal', homine non existente, hec tamen est falsa. Et non potest habere veritatem 'Cesar est homo', Cesare non existente, quia individuum non habet aliquid esse preter naturam. Unde cum corrumpitur, iam non remanet aliquid de ipso. Sed universale duplex habet esse. Habet enim esse quod quidem est a singularibus, et hoc est esse naturale. Et hoc esse

---

10 Cf. *De int.* 14, 23b16–27.

5–6 subiacet ... compositioni] *om. V*   5 cesar] non *add. R*   6 vera] *om. T* rasura in *V*   7 immo] illa *R*   8 aliquam] aliam *V*   8 positio] potentia *R*   8 non haberet] inheret ad *R*   9 prius] privatio *R*   9 obicit] dicit aristotiles *R*   11 in effectu] medium *V*   12 potest] habet *R*   13 hec] *coni.* hec non *T* non hec *V* non est hec *R*   14 cesar] *om. V*   15 nichil subiaceat] non subiaceat aliquid *V* aliquid subiaceat *R*   15 manifestum] verum *R*   16 ei] *om. V*   16 sit] est *R*   18 sunt repugnantes] repugnant *V*   19 alterum] speciei sunt repugnantes quare compositio unius ad alterum *add. T*   19 quare] quia *T*   20 nisi] *om. T*   22 preterea] *om. V*   22 quicquid] queritur *R*   23–24 hec ... et] cum hec *R*   24–25 est ... non] *om. V*   25 aliquid esse] veritatem *T* materiam *R*   26 unde] et non *V*   26 iam] *om. V*   26 non] corrumpitur iam non *add. R*   27 esse] quoddam esse *VR*   28 quidem est] habet *VR*   28 esse] *om. V*   28 naturale] materiale *T*

corrumpitur cum corrumpitur singulare, ut dicit Aristotiles quod "destructis primis *etc.*". Est autem aliud **[V189ᵛ]** esse quod habet per relationem ad suam causam, quod quidem esse est *quid* necessarium et divinum. Et quia illud non causatur a rebus, propter hoc, destructis primis rebus, adhuc potest illud esse remanere. Et sic illi compositioni 'homo est animal' potest aliquid subiacere homine non existente, et non huic 'Cesar est homo'.

207 Explicit hoc sophisma. Incipit de 'necessario'.

---

1 *Categ.* 5, 2b5–6. (*Auct. Arist.* 31, 12)

1 quod] *om. V*   2 etc.] singularibus impossibile est aliquid aliorum remanere *R*   3 esse] *om. V*   3 quid] *om. V*   3 necessarium] mathematicum *TV*   4 illud] quod *add. R*   5 primis] *om. R*   7 et non huic] huic autem compositioni *R*   7 homo] non potest subiacere *add. R*   8 explicit... necessario] *om. R*   8 incipit de necessario] *om. V*

V DE 'NECESSARIO' ET 'CONTINGENTER'

1 Deinde determinandum est de hiis que queruntur circa huiusmodi dictiones 'necessario' et 'contingenter'. Et quia pauce sunt difficiles questiones aut difficultates, **[R269ᵛᵇ]** pauca querantur. Primo ergo queritur utrum hec dictio 'necessario' habeat virtutem ampliandi. Et ob hoc queramus aliquantulum de hoc sophismate OMNIS ANIMA NECESSARIO EST IUSTA. Et etiam potest queri de hoc sophismate OMNIS HOMO NECESSARIO EST ANIMAL.

De hoc sophismate 'omnis anima necessario est iusta'

2 Primo igitur queritur de istius veritate OMNIS ANIMA NECESSARIO EST IUSTA. Secundo queritur utrum hoc quod dico 'necessario' habeat virtutem ampliandi. Tertio utrum teneat improbatio sophismatis.

Utrum hec dictio 'necessario' habeat vim ampliandi

De rationibus probantibus quod hec sit vera
'omnis anima necessario est iusta'

3 Supposita igitur positione sophismatis quod sint tantum tres anime, que sint necessario iuste, et cras nascatur una iniusta, ostenditur quod prima est vera. Cum **[V190ʳ]** aliquid intelligitur circa alterum, contingit significare quod circa ipsum intelligatur, quia omne quod contingit intelligere, contingit significare. Cum

---

2 deinde] *om. TV* 2 determinandum est] queritur *T om. V* 2 huiusmodi] eas *R* 4 difficiles] *om. R* 4 aut] *om. V* 4 querantur] queruntur *T* 5 ergo] sic *V* 5 hec dictio] hoc quod dico *R* 5 habeat] habet *TR* 6 et ob] cum *T* 6 queramus] querimus *T* 7 et] cum *V* hoc *add. TV* 6 de hoc sophismate] circa id *R* 10 istius veritate] ipsius orationis *V* veritate huius *R* 12 habeat] habet *T* 13 sophismatis] *om. R* 17 sophismatis] scilicet *add. R* 17 tantum] *om. V* 18 que] et *R* 18 una] anima que sit *add. R* 19 ostenditur] probatur *R* 19 est] sit *VR* 20–21 quod ... significare] *om. R*

igitur aliquis terminus restringitur ad supponendum pro presentibus, contingit significare circa ipsum quod pro presentibus restringitur. Sed ille [T50ʳᵃ] terminus 'anima' est terminus communis supponens verbo de presenti. Quare restringitur ad supponendum pro presentibus. Ergo contingit significare circa ipsum quoniam restringitur, dicendo sic 'omnis anima que est necessario est iusta'. Sed hec est vera. Quare hec erit vera 'omnis anima necessario est iusta'.

4 Item. Hoc quod dico 'necessario' dicit inherentiam predicati in subiecto. Unde pro eis denotat inherentiam pro quibus prius erat inherentia predicati ad subiectum sive pro quibus comparatur subiectum ad predicatum. Sed cum dicitur sic 'omnis anima est iusta', hec est vera, cum pro tribus comparatur solum predicatum ad subiectum. Quare pro tribus denotabit necessitatem hoc quod dico 'necessario'. Sed pro tribus est necessaria. Quare hec erit simpliciter vera 'omnis anima necessario est iusta'.

5* Item. Universalis est vera cum non contingit instare contra [V190ᵛ] ipsam pro aliqua sui parte, sicut vult Aristotiles: ut in hac "omnium oppositorum eadem est disciplina", cum non sit reperire instantiam nec in partes primas nec in partes partium, vera est simpliciter. Sed in hac 'omnis anima necessario est iusta' non est reperire instantiam aliquam pro aliqua parte, inspiciendo in omnibus. Ergo ipsa est vera simpliciter.

* c. 5 deest a R

6 Item. Omne quod inest alicui, inest ei necessario aut contingenter, quoniam 'necessario' et 'contingenter' dicunt differentias inherendi. Sed *esse iustum* inest omni anime. Quare aut inest necessario, aut contingenter. Sed non inest contingenter; ergo necessario. Ergo verum est dicere quod omnis anima necessario est iusta.

---

17 Cf. Arist., *Topica* VI 4, 142a24–25.

---

2 significare] *om. R*   2 quod] quoniam *R*   2 restringitur] intelligitur *R* ad supponendum pro presentibus *add. V*   2–6 *ad* restringitur ... omnis anima necessario est iusta *Tᵐ*   5 ergo ... restringitur] *om. V*   6–7 hec ... vera] et prima *V* et hec *R*   7 omnis ... iusta] *om. V*   9 prius] *om. V*   10 erat] inhereat *T* erit *V*   11 sic] *om. T*   12 hec ... cum] *om. V*   12 cum] *om. R*   13 denotabit] denobit*(!) T* denotat *V*   14 necessario] *om. R*   14 necessaria] necessitas *R*   15 erit ... vera] habebit simpliciter veritatem *R*   17 aristotiles] primas nec in partes partium vera est simpliciter *add. V*   21 instantiam] simpliciter *add. necnon exp. T*   22 simpliciter] *om. V*   25 dicunt] *om. V*   28 est] necessario aut contingenter sed non inest contingenter ergo necessario ergo verum est *add. V*

7 Item. Omne quod inest alicui et non est possibile se aliter habere pro tempore in quo inest, necessario inest pro tempore illo in quo inest. Sed *esse iustum* inest omni anime (per positionem), et non potest non inesse pro tempore illo in **[V191ʳ]** quo inest. Ergo inest de necessitate pro tempore **[T50ʳᵇ]** illo. Quare secundum hoc hec erit vera 'omnis anima necessario est iusta'.

De rationibus ad oppositum

8 Sed contra. Omne quod de necessitate inest, semper inest, quia que de necessitate insunt, semper insunt, sicut vult Aristotiles. Quare per consequentiam econtrario: quod non semper inest, non de necessitate inest. Sed non omnis anima semper est iusta, quia est reperire instantiam pro tempore aliquo. Quare hec est falsa 'omnis anima necessario est iusta'.

9 Item. Omne quod inest alicui et contingit aliter se habere, contingenter inest eidem, per diffinitionem 'contingentis': est enim contingens quod contingit eidem inesse et non inesse. Sed *esse iustum* inest omni anime et contingit aliter se habere, quia cras aliter erit (per positionem). Quare contingenter inest ei. Quare hec est vera 'omnis anima contingenter est iusta'. Quare hec est falsa 'omnis anima necessario est iusta'.

10 Item. Hoc quod dico 'necessario esse' non dicit tempus quod est *nunc*, sed tempus *simpliciter* pro tempore presenti, preterito et futuro. Ergo cum sic dicitur 'omnis anima necessario est iusta', hoc verbum 'est' copulat tempus presens, preteritum et futurum. Cum igitur terminus communis **[V191ᵛ]** supponens alicui verbo

---

9 *Anal. Post.* I 4, 73b16–18. 73b25–28.

---

1 omne] *om. TV*   2 inest] est *T*   3 in quo inest] illo *R* unde hec est necessaria sortes currit quando currit quoniam cursus non potest non inesse pro tempore in quo est *add. R*   3 inest] est *T*   4 illo] *om. VR*   4 in quo inest] *coni.* pro quo inest *TV* in quo est *R*   6 erit vera] poterit habere veritatem *R*   8 sed] *om. TV*   9 quia] quare *VR*   12 aliquo] quare non omnis anima necessario est iusta *add. R*   12–13 est... iusta] ergo omnis anima necessario est iusta est falsa *R*   13 necessario est iusta] *om. V*   15 contingenter] etiam *V*   15–16 est... contingens] cum enim contingens est *R*   16 eidem] ei *V*   18 erit] se habebit *R* *om. V*   18 quare... ei] *om. T* quare contingit aliter se habere *add. R*   19–20 hec... iusta] etc. *R*   22–23 preterito et futuro] et pro preteriti et pro futuro *R*   24 copulat] sic *add. R*   25 igitur] ergo aliquis *R*   25 alicui] *om. V*

teneatur secundum exigentiam verbi cui adiungitur, et iste terminus 'anima' supponens illi verbo supponit pro animabus que sunt et que fuerunt et que erunt. Sed pro illis est falsa. Quare hec est falsa 'omnis anima necessario est iusta'.

11 Item. Si aliquid assignetur inesse alicui pro tempore, si dissonet in tempore, tunc est falsa oratio. Sicut dicit Aristotiles in secundo *Topicorum*, ut si ponat aliquis quod 'nutrire est augere', peccat, quoniam in tempore dissonat. Nutriuntur enim semper animalia, et non semper augentur. Ergo cum in hac 'omnis anima necessario est iusta' assignetur aliquid inesse alicui pro tempore quolibet, et dissonet in tempore, ipsa est falsa. Quare hec est **[T50ᵛᵃ]** falsa 'omnis anima necessario est iusta'.

Utrum hec dictio 'necessario' habeat virtutem ampliandi

12 Circa secundum sic proceditur. Et videtur quod hoc quod dico 'necessario' habet virtutem ampliandi. Omne restringens se habet determinate ad tempus. Ut patet, inducendo in omnibus dictionibus que restringunt; ut hoc verbum 'est' restringit et determinate se habet ad tempus aliquod, similiter **[V192ʳ]** hoc verbum 'fuit' restringit *etc*. Ergo quod non se habet determinate ad tempus aliquod, non restringit, per locum *a destructione consequentis*. Sed hoc quod dico 'necessario' non se habet determinate ad aliquod tempus. Quare ampliat, et non restringit. Quare secundum hoc 'necessario' habet virtutem ampliandi.

13 Item. Opposita intelliguntur pro eodem tempore, quoniam opposita sunt simul natura, sicut vult Aristotiles. Sed *necessario esse*

---

6 Cf. *Topica* II 4, 111b25–26: "Animalia semper nutriuntur, non tamen augentur." (*Auct. Arist.* 36, 27)   25 Arist., *Topica* V 3, 131a16.

---

1 teneatur] tenetur *R*   1 secundum exigentiam] pro exigentia *T*   2 supponens ... verbo] *om. R*   4 hec est] erit *R*   5 si] sed *V*   6 tunc est] erit *R*   7 nutrire est augere] nutriri est augi *(!) V*   9 et non semper] non tamen *R*   9 augentur] augmentatur *V*   10 necessario est iusta] etc. *R*   11 dissonet] dissonat *R*   11 est] erit *R*   12 falsa] simpliciter *add. R*   15 habet] habeat *V*   17 ut hoc] sed hoc *V* hoc enim *R*   19 restringit etc.] etc. *VR*   19 quod] *om. R*   20 consequentis] consequentie *V*   22 tempus] *om. T*   22 quare] quoniam *V*   22–23 secundum ... ampliandi] etc. *R*   23 necessario] *om. V*   24 item] ad idem *add. R*   25 necessario] necesse *R*

et *posse non esse* opponuntur. Quare necesse est quod pro eodem tempore intelligantur. Ergo cum hoc quod dico 'posse non esse' intelligatur pro quolibet tempore, scilicet pro presenti, preterito et futuro, et hoc quod dico 'necessario' intelligitur pro quolibet tempore. Sed omne ens dans se intelligere pro tempore quolibet ampliat. Ergo hoc quod dico 'necessario' ampliat. Media patent, **[R297ra]** quia iste differentie 'opinabile' et 'possibile' dant se intelligere pro quolibet tempore, et etiam pro ente et non-ente, quia opinio est de eo quod est et de eo quod non est. Et propter hoc ampliat.

14 Item. Eidem inquantum idem est natum accidere idem, ut habetur in quinto *Topicorum*. Sed iste due **[V192v]** equipollent 'necesse est esse' et 'impossibile est non esse'. Quare quod accidit uni, accidit alteri. Sed hec 'impossibile est non esse' habet virtutem ampliandi, et ampliatur terminus supponens in illa oratione. Quare necesse est similiter ut terminus supponens huic quod dico 'necessario' amplietur. Quare secundum hoc hoc quod dico 'necessario' habebit virtutem ampliandi.

15 Item. Omne quod facit intelligere terminum teneri pro pluribus quam prius intelligitur ampliat, quoniam ampliatio est augmentatio suppositionis. Ergo cum hoc quod dico 'necessario' faciat intelligere terminum pro pluribus **[T50vb]** quam prius intelligitur — probatio: cum sic dicitur 'hoc est', ibi intelligitur quod est nunc; sed cum sic dicitur 'hoc necessario est', non intelligitur pro tempore eodem quod est nunc, sed pro tempore quolibet; quare illud tempus augmentatur —, ergo hoc quod dico 'necessario' habet virtutem ampliandi.

---

12 Cf. *Topica* V 4, 133a28–34.

---

1 posse] possibile R 1 necesse] necessario R 1 pro] in TV 2 hoc...dico] hec dictio T 3 scilicet] sed V 3 pro] *om.* T 5 dans] dat V 8 et] ergo *add.* R 8 non] pro *add.* VR 9 eo...non est] ente et non ente R 11 eidem] idem TV 11 accidere] facere TV 12 iste due] isti V 13 impossibile] non possibile R 14 accidit] necesse est accidi R 15 terminus] communis *add.* TV 16 terminus] communis *add.* V 17 amplietur] ampliatur R 19 teneri] uniri T *om.* V 20 intelligitur] intelligabitur R 20 ampliat] ampliatur R 20–21 quoniam... suppositionis] *om.* R 20 est] *om.* T 21 suppositionis] supponit V 21 cum] ergo *add.* R 23 intelligitur] ergo hoc quod dico necessario habet virtutem ampliandi *add.* R 23 probatio] medie *add.* R 24 sic] *om.* R 24 non] tunc R 25 intelligitur...sed] *om.* R 25 tempore] *om.* V 26 augmentatur] ampliatur V 26–27 ergo...ampliandi] *om.* R

16 Si hoc dicatur, rationes sunt in contrarium. Nulla species est in plus quam suum genus. Ex hoc accipitur propositio ista 'nullum inferius ampliat ultra ea que exigit suum superius', quia secundum hoc inferius in plus **[V193ʳ]** esset quam superius. Ergo cum hoc quod dico 'ens necessario' non sit superius ad ens, non ampliabit ad ea que coartat ens. Ergo si hoc quod dico 'ens' coartat et restringit ad supponendum pro eis que sunt, relinquitur quod hoc quod dico 'necessario' non ampliat ultra presentia. Quare secundum hoc non habet virtutem ampliandi.

17 Item. Nichil determinatum ad aliquid ampliat ad suum oppositum, quoniam si ampliet ad hoc et ad suum oppositum, indifferenter se haberet ad utrumque, et non esset determinatum ad alterum. Sed hoc quod dico 'necessario' determinate se habet ad ens, et ponit ens determinatum. Quare non ampliat ad ens et ad non-ens. Quare non est ponere quod hoc quod dico 'necessario' habeat virtutem ampliandi.

18 Item. Omnis forma amplians indifferenter se habet ad ens et ad non-ens, ut 'possibile' et 'opinabile'. Quare cum necessitas sit forma non existens in non-ente sed solum in eo quod est, relinquitur quod non est forma amplians. Ergo hoc quod dico 'necessario' **[V193ᵛ]** non habet vim ampliandi.

Utrum sequatur 'omnis anima necessario est iusta;
ergo omnem animam esse iustam est necessarium'

De rationibus quod sic

19 Tertio queritur utrum sequitur 'omnis anima necessario est iusta; ergo omnem animam esse iustam est necessarium'. Et vide-

---

1 si hoc dicatur] sed *R*   1 rationes...contrarium] contra *VR*   3 ea que] qua *R*   5 non...superius] sit superius *V* sit inferius *R*   6 ampliabit] ampliat *R*   6 coartat] coartabit *V*   6 si] cum *VR*   7 coartat] coartet *V*   7 restringit] restringuat(!) *V*   9 hoc] hec dictio necessario *add. R*   10 aliquid] aliquod *R*   11 quoniam...oppositum] *om. VR*   13 ad alterum] ens *R*   14 et] unde *R*   14 determinatum] determinate *R*   14 ampliat] ampliabit *VR*   16 habeat...ampliandi] ampliet *R*   17-18 se...non ens] est in eo quod est et in eo quod non est *R*   18 ut] patet in hiis *add. R*   19 non] *om. V*   19 in non ente] *om. V* in eo quod non est *R*   21 necessario] est *add. V*   21 habet] habebit *V*   21 habet vim ampliandi] ampliabit *R*

tur quod sic: nam omne posterius quod prius est illo relinquit; sed omnis veritas dicti prior est quam veritas propositionis; quare veritas propositionis ponit veritatem dicti; et ita sequitur 'omnis anima *etc.*; ergo omnem animam *etc.*'. Quod autem veritas dicti sit prior quam **[T51ʳᵃ]** veritas propositionis manifestum est nam: dictum est res propositionis; sed ab eo quod res est vel non est oratio dicitur vera vel falsa; quare precedit veritas in dicto veritatem in propositione. Prior igitur est veritas dicti quam veritas propositionis.

20 Item. Veritas dicti et veritas propositionis convertuntur. Unde si propositio est vera, dictum est verum, et econverso. Sed, uno convertibilium posito in esse, ponitur alterum. Quare, posita veritate propositionis, ponitur veritas dicti. Unde si sic se habent iste due 'omnis anima necessario est iusta' et 'omnem animam esse iustam est necessarium': si una est vera, et relinqua est vera. Quare si omnis anima necessario est iusta, omnem animam esse *etc.*

21 Item. Illud cuius oppositum non potest stare cum primo, sequitur ad illud. Sed oppositum huius 'omnem animam esse iustam est necessarium' non potest stare cum hac 'omnis **[V194ʳ]** anima necessario est iusta', quia iste due non possunt simul stare 'omnis anima necessario est iusta', 'non omnem animam necessarium est esse iustam'. Quare alterum oppositum sequitur. Ergo si omnis anima necessario est iusta, omnem animam esse iustam est necessarium.

---

7 Cf. Arist., *Categ.* 5, 4b8–10; 12, 14b21–3.

---

1 illo] *om. R*   1 relinquit] derelinquit *T*   2 veritas] necessitas *R*   2 dicti ... est] prior est dicti *R*   3 veritas] necessitas *R*   3 ponit] relinquit *R*   3 veritatem] necessitatem *R*   4 etc.] esse iustam est necessarium *R*   4–5 quod ... nam] probatio medie *R*   5 nam] unde *V*   7 quare] quod *R*   7–8 precedit ... propositione] *om. VR*   8 prior ... quam] *om. V*   8 igitur] *om. R*   9 propositionis] et ita idem quod prius *add. VR*   11 et ... sed] *om. R*   12 in esse] *om. R*   13 unde si] ergo *R*   14 necessaria ... iusta] etc. *T*   14–15 et ... necessarium] *om. T*   15 iustam est necessarium] etc. *V*   15 necesasarium] quare si una ponatur in esse necessarium est alteram poni *add. R*   15 una] ergo hec *R*   15 vera] omnis anima necessario est iusta *add. R*   15 et ... est] et altera *V* hec erit *R*   16 quare ... iusta] *om. R*   16 quare ... etc.] *om. V*   16 esse etc.] necessarium est esse iustam *R*   17 illud] *om. T*   17 primo] prius *add. R*   18 sequitur] sequebitur(?) *R*   20–21 quia ... iusta] scilicet *T*   21 non] ergo(!) *V*   22 quare] quia *V*   22 alterum] *om. T*   22–23 ergo si] quare sequitur *R*   23 iusta] ergo *add. VR*   23–24 esse ... necessarium] etc. *R*

De rationibus ad oppositum

22 Sed contra. Terminus supponens alicui verbo tenetur secundum exigentiam verbi ad quod adiungitur. Ergo iste terminus 'omnem animam' supponens huic verbo 'esse' supponit secundum exigentiam illius verbi 'esse'. Ergo cum hoc verbum 'esse' supponat pro quolibet tempore indifferenter, et terminus supponens sibi ponet rem suam indifferenter pro quolibet tempore. Ergo iste terminus 'animam' supponet pro animabus presentibus, preteritis et futuris. Sed in hac 'omnis anima necessario est iusta' supponit solum pro animabus que sunt. Quare sic procedere est a minori suppositione ad maiorem.

23 Item. Ex vero non sequitur falsum. Sed hec est falsa 'omnem animam esse iustam est necessarium'. Hec autem est vera 'omnis anima necessario est iusta'. Quare non sequitur 'omnis anima *etc.*; ergo omnem animam *etc.*'. Quod hec sit falsa 'omnem **[V194ʳ]** animam *etc.*' patet, quia eius contradictoria est vera, scilicet 'non omnem animam *etc.*' Et hoc patet per positionem.

Solutio

24 Ad primum dicendum quod hec est vera simpliciter 'omnis anima necessario est iusta', et rationes [3–7] ad hanc **[T51ʳᵇ]** partem concedimus, quecumque sint. Ad improbationem dicimus quod bene sequitur 'omnis anima necesario est **[R297ʳᵇ]** iusta; ergo omnem animam esse iustam est necessarium'. Sed ulterius, cum dicit "hec est falsa 'omnem animam *etc.*' quia hec est vera 'non omnem animam *etc.*'", dico quod peccat secundum ignorantiam elenchi. Non enim fit affirmatio et negatio pro eodem,

---

2 terminus] communis *add. V*   3 ad quod] cui *R*   4 supponit] supponeret *T* tenetur *R*   5 exigentiam] verbi cuius adiungitur scilicet *add. R*   5 esse] *om. T* 6–7 indifferenter ... tempore] *om. V*   8 terminus] omnem *add. R*   8 supponet] supponens vel supponet *R*   9 anima] *bis in R*   10 est] *om. R*   11 suppositione] distributione *R*   12 vero] falso *R*   12 sequitur] nisi *add. R*   13 esse ... necessarium] etc. *R*   14 omnis ... etc.] *om. R*   15 etc.] *om. V*   16 scilicet] hec scilicet *R om. T*   17 patet] *om. T*   19 simpliciter] *om. R*   20 necessario ... iusta] etc. *TV*   21 quecumque ... dicimus] ad improbationem autem dicendum *R* 22 necessario est iusta] etc. *V*   23 esse ... necessarium] etc. *TV*   24 dicit] sic quod *add. V*   24 ergo *add. R*   24 est] *om. T*   25–26 ignorantiam] ignoratiam *V*   26 enim] similiter *V*   26 fit] *om. T*   26 et] vel *V*

sed pro alio et alio, nam in hac 'omnem animam *etc.*' fit affirmatio pro animabus que sunt, in hac autem 'non omnem animam *etc.*' fit negatio pro anima que non est. Et ita non est affirmatio pro eodem. Et sic est ibi fallacia secundum ignorantiam elenchi.

25 Dicunt tamen quidam aliter quod hec est duplex 'omnem animam *etc.*', eoquod potest intelligi de re vel de dicto. Si de dicto, tunc est sensus *omnem animam iustam esse iustam est necessarium*, et tunc non ampliatur iste terminus 'animam', immo restringitur et supponit pro eisdem in hac 'omnis anima necessario est iusta'. Et sic fit ibi locus *a convertibili*. Si de re, tunc est sensus *omnem animam esse iustam est necessarium*, et tunc ampliatur iste terminus 'animam' ad supponendum pro animabus que erunt. Et sic pro pluribus **[V195ʳ]** supponit in conclusione quam in prima. Et sic fit fallacia consequentis a minori distributione ad maiorem. Vel fit fallacia figure dictionis a restricta ad ampliatam, quoniam in hac 'omnis anima necessario est iusta' restringitur iste terminus 'anima' ad supponendum pro animabus que sunt.

26 Sed hoc non videtur nobis. Non enim ponimus quod hec dictio 'necessario' habeat virtutem ampliandi, immo restringitur iste terminus 'anima', cum sic dicimus 'omnem animam necessarium est esse iustam', quemadmodum cum dicimus sic 'omnem animam esse iustam est necessarium'. Et propter hoc sicut sequitur cum intelligitur de dicto, sic sequitur cum intelligitur de re. Sed de ista distinctione solet queri supra hoc sophisma. Sed de ipsa habebitur alias.

27 Vel aliter dicitur quod non valet hec argumentatio aliquo modo 'omnis anima necessario est iusta; ergo omnem animam *etc.*', immo est ibi **[T51ᵛᵃ]** fallacia consequentis, sicut tactum est. Dicunt enim quod iste terminus 'animam' virtute huius verbi 'esse' supponat pro animabus futuris. Et hoc est quia hoc **[V195ᵛ]**

---

25 Videas infra, V,37–74.

1–4 sed...eodem] *om. R*   1–3 affirmatio...fit] *om. V*   4 est ibi] fit ibi *V* fit *R*   5 quidam aliter] alii *R*   6–8 etc....terminus animam] *om. V*   8 restringitur] ad supponendum *add. R*   9 et] etiam *add. R*   9 eisdem in hac] eodem *R*   10 et sic] *om. V*   10 ibi] *om. R*   10 si] intelligatur *add. R*   11 tunc] *om. V*   13 sic] *om. R*   15 fit] *om. R*   18–19 hec dictio] hoc quod dico *R*   19 immo] restringendi unde *add. R*   22 sicut] *om. V*   23 sed] unde *R*   24 ista] *om. TV*   27 anima...iusta] etc. *V*   29 dicunt enim] dictum enim est *T* dicunt *V* et dicunt *R*   29 verbi] quod dico *V om. R*   30 supponat] supponit *V*

verbum 'esse' dicit tempus commune ad quodlibet tempus. Et propter hoc terminus sibi supponens tenetur pro quolibet tempore. Et ita supponet rem suam pro eo quod est, quod fuit, quod erit. Et ita pro pluribus fit distributio in conclusione quam in maiori.

Respondetur ad rationes

28 Respondendum est ad rationes [8–11] in contrarium. Et dico quod omnis anima necessario est iusta et omnis anima semper est iusta. Quod autem obicitur [8] quod non omnis anima semper erit iusta, solvendum quod non fit negatio pro eodem in hac 'non omnis anima erit iusta' et affirmatio in hac 'omnis anima necessario est iusta', quoniam in hac 'omnis anima *etc.*' fit affirmatio pro tribus animabus, que sunt, sed in hac 'non omnis anima semper erit iusta' fit negatio pro illa que erit. Et ita peccat illa ratio secundum ignorantiam elenchi. Vel dico quod hec est falsa 'non omnis anima semper est iusta', ut iste terminus 'anima' restringatur ad supponendum pro animabus que sunt. Et si dicatur quod cras erit vera, dicendum quod non contradicunt, sicut prius dictum est.

29 Ad aliud [9] dicendum quod non contingit aliter se habere illud pro quo est veritas **[V196ʳ]** in hac 'omnis anima necessario est iusta', quia in ipsa est veritas pro tribus animabus, et pro illis tribus non contingit aliter se habere. Si dicatur quod in hac 'omnis anima est iusta' contingit aliter se habere, dicendum quod pro alio et alio fit suppositio ante et post. Et sic facit fallaciam secundum ignorantiam elenchi. Et <si dicatur quod 'contingenter' et 'neces-

---

1 verbum] *om. V*   2 sibi] ibi *TV*   3 supponet] supponit *R*   3 eo quod] tempore pro quo *R*   3 quod] et *V* et pro eo pro quo *R*   3 quod] et *V* et pro eo quo *R*   8 omnis anima] *om. V*   9 obicitur] dicitur *R*   10–11 semper ... anima] *bis in R*   11 erit] est *R*   11 affirmatio in hac] in hac affirmatione *TV*   12 anima] *om. V*   12 etc.] de necessitate est iusta *R*   14 semper erit] de necessitate est *R*   15 ratio] argumentatio *R*   16 semper est iusta] etc. *TV*   16 anima] *om. TR*   18 vera] falsa *V*   18 contradicunt] valet *R*   21–23 illud ... habere] *om. R*   22 iusta] *om. V*   22–23 illis tribus] ipsis *V*   24 est iusta] etc. *T*   25 alio et alio] illo et pro alio *V* supponet vel *add. R*   25 post] prius *R*   25 facit fallaciam] fit fallacia *R*   25–26 secundum ignorantiam] secundum ignoratiam *V* ignorantie *R*   26 et] *om. TV*

sario' opponuntur>, dicendum quod non repugnant 'omnis anima necessario est iusta' et 'omnem animam contingit esse iustam'.

30 Ad aliud [10] dicendum quod si hoc quod dico 'necessario' dicat tempus simpliciter, tamen illud quod dat intelligere 'necessario' intelligitur pro presenti. Et ita terminus sibi supponens supponit pro presenti, ut sit sensus *omnis anima que est necessario est iusta*. Item, ad aliud [11] solutio patet quoniam non dissonat in tempore, quia sicut contingit reperire veritatem pro **[T51ᵛᵇ]** quolibet tempore, similiter pro illis animabus pro quibus habet prima veritatem.

31 Ad aliud [12] dicendum quod hec dictio 'necessario' non habet virtutem ampliandi, et concedimus rationes [16-18] hoc probantes. Quod autem obicitur quod hec dictio 'necessario' **[V196ᵛ]** non se habet determinate ad aliquod tempus, dicendum quod falsum est, immo se habet determinate ad tempus presens. Et si illud tempus presens non sit *ut nunc*, tamen quicquid dat intelligere dat pro presenti intelligere. Et ita non ampliatur ad preteritum et futurum.

32 Ad aliud [13] dicendum quod iste terminus 'necessario esse' et 'posse non esse' opponuntur, non tamen quolibet modo sumendo hanc 'posse non esse'. Unde dico quod hanc 'posse non esse' dupliciter contingit accipere, sicut vult Aristotiles in libro *Priorum*, quia potest reduplicari 'esse' supra subiectum vel 'posse esse'. Si reduplicetur 'esse' ad subiectum, sic est sensus **[R297ᵛᵃ]** *quod est potest non esse*, et tunc opponitur isti 'necessario esse'; et sic restringitur ad supponendum pro eisdem utrobique. Vel potest esse sensus *hoc quod potest esse potest non esse*, ut reduplicetur 'posse esse' supra subiectum. Et sic non opponuntur iste due 'necessario esse', 'posse non esse', nec restringitur terminus in utraque, immo in una restringitur, et in altera ampliatur.

---

22 Cf. *Anal. Priora* I 13, 32b26-38.

3-4 si . . . tamen] *om. T*   4 tamen] *om. V*   5 et] *om. R*   5-6 et . . . presenti] *om. T*   5 sibi] *om. R*   7 item] *om. R*   7 ad aliud] dicendum quod *add. T*   7 patet] patens est *R*   8 sicut] simpliciter *T om. R*   9 quolibet . . . pro] *om. V*   9 similiter *om. T*   11 hec dictio] hoc quod dico *R*   15 quod] hoc *add. R*   15 se habet] restrictum est *R*   17 ampliatur] ampliat *V*   18 et] et ad *V* vel ad *R*   19 necessario] est *add. R*   20 posse] possibile *VR*   20 sumendo] sumendi *V*   21 posse] possibile *VR*   21 posse] possibile *VR*   22 contingit accipere] potest accipi *R*   23 supra] circa *V* ad *R*   24 ad subiectum] *om. T* esse *add. V*   24 sic] tunc *V*   25 necessario] est *add. V*   25 sic] *om. R*   26 eisdem] hiis que sunt de *V*   29 posse] potest *R*   29 non] *om. V*   30 una] *rasura in V*   30 et] *om. T*   30 altera] vero *add. R*

33 Per hoc idem solvendum est ad **[V197ʳ]** aliud [14], quoniam hec *impossibile est non esse* non intelligitur in hac *necessarium est esse*' nisi quando reduplicatur 'esse' supra subiectum et non 'posse esse', ut sit sensus *quod est impossibile est non esse*. Et tunc restringitur terminus ad supponendum pro eisdem in utraque, et sic equipollent. Sed si reduplicatur 'posse esse' supra subiectum, tunc non equipollent. Et tunc ampliatur terminus in hac 'possibile est non esse', et sic non intelligitur in prima.

34 Ad aliud [15] solvendum per interemptionem, quoniam hoc quod dico 'necessario' non facit terminum teneri pro pluribus quam prius tenebatur. Unde etsi <non> det intelligere presens tempus, contingit tamen quod illud tempus <quod dat intelligere> sic dat intelligere <quod> semper *ut nunc* **[T52ʳᵃ]** sive ut presens intelligatur. Et ita non facit intelligere nisi pro illis pro quibus intelligitur. Et ita pro presentibus intelligitur iste terminus 'anima'. Et ita non pro pluribus quam prius.

35 Ad aliud [19] dico quod ista argumentatio est necessaria 'omnis anima necessario est iusta; ergo omnem animam esse iustam est necessarium'. Et priori solutioni [19] consentio, et argumenta hoc monstrantia concedo [20–21].

36 Ad aliud [22] quod obicitur in contrarium solvendum **[V197ᵛ]** quoniam iste terminus 'anima', cum sic dicitur 'omnem animam esse *etc.*', non supponit nisi pro animabus que sunt, pro quibus supponebat ante. Unde dicendum quod si hoc verbum 'esse' dicat tempus indifferens, cum totum dat intelligere sicut presens, tamen quia adiungitur verbo de presenti habet vim restringendi et restringitur secundum exigentiam illius verbi, quia dicit Priscianus quod verbum infinit<iv>um tenetur secundum

---

27 Cf. *Inst. gramm.* XVII, 180–181, p. 199²¹⁻²⁶.

---

2 est] *om. TV*   2 non] *om. T*   3 esse] *om. TV*   3 quando] quia *T* secundum quod *R*   3 supra] circa *V* ad *R*   3 posse] possibile *T*   5 eisdem] eis *T*   6 sed] *om. V*   7 non] *om. R*   7 possibile] impossibile *R*   8 non] *om. VR*   9 aliud] dicendum sive *add. T*   9 interemptionem] reiteremptionem *T*   11–12 presens... intelligere] *om. V*   12 quod... tempus] *coni.* illud tempus quod *TV* illud quod *R*   14 intelligatur] intelligitur *T* est *R*   14 facit] dat *V* terminum *add. R*   14–15 et... intelligitur] *om. R*   17 aliud] quod *add. T*   18 omnis] omnia*(!) V*   18 necessario est iusta] etc. *V*   19 priori solutioni] priorem solutionem *V*   20 hoc monstrantia] que probant *R*   21 aliud] dicendum *add. V*   21–22 solvendum quoniam] dicendum quod *R*   22 dicitur] sumitur *V*   23 etc.] iustam est necessarium *R*   26 presens] tamen quia est verbum de presenti *add. R*   26 presenti] quod *add. T*   26 habet] habendi *R*   27 secundum] per *V*   27 quia] et *V*

exigentiam verbi cui adiungitur. Ut cum dicitur 'volo legere', sensus est *volo ut legam*, similiter <cum dicitur> 'volebam legere', sensus est *volebam ut legerem*. Et sic patet quod non est hec falsa 'omnem animam esse iustam est necessarium', immo vera. Et respondendum sicut prius dictum.

Utrum hec dictio 'necessario' possit determinare compositionem vel actum

37 Solet autem dici quod hec dictio 'necessario' potest determinare compositionem vel actum. Secundum hoc distinguitur hec multiplex ANIMA ANTICHRISTI NECESSARIO ERIT, et hec OMNIS HOMO DE NECESSITATE EST ANIMAL, et similiter hec OMNIS ANIMA NECESSARIO EST IUSTA. Unde distinguuntur huiusmodi orationes eoquod hec dictio 'necessario' potest determinare compositionem vel actum sive predicatum. **[V198ʳ]** Qualiter ponuntur sensus videbitur.

38 Sed primo queramus aliquid de hoc sophismate ANIMA ANTICHRISTI NECESSARIO ERIT. De quo queruntur tria. Primum utrum teneat argumentum probationis. Dicunt quidam quod peccat secundum quid et simpliciter. Secundum utrum teneat illa distinctio. Tertium est de veritate et falsitate.

Utrum teneat argumentum probationis huius sophismatis
'anima Antichristi necessario erit'

De rationibus quod sic

39 Quod teneat hec argumentatio 'anima Antichristi erit **[T52ʳᵇ]** necessario quando erit; ergo anima Antichristi necessario erit' videtur. Quicquid sequitur ad consequens, sequitur ad antecedens.

---

1 exigentiam] illius *add. R*   1 volo] vado(!) *V*   2 volo] vado(!) *V*   2 similiter] *om. TV*   3 sensus est] *om. TV*   3 et] ergo *R*   4 et] *om. TV*   7 solet autem] solet *T* sed solet *R*   7–8 potest determinare] determinat *V*   9 erit] est *V*   9 et] quia *V*   10 et . . . hec] similiter hec *V* similiter *R*   12 hec dictio] hoc quod dico *R*   13 videbitur] omittamus *T*   14 sed . . . aliquid] queritur *R*   14 hoc sophismate] hac *R*   15 erit] est *V*   15 quo] qua *R*   16 probationis] quoniam *R*   16 quod] *om. T* non valet immo *add. R*   16 peccat] peccatum est *T*   24 videtur] quia *add. R*

Sed bene sequitur 'erit <necessario> in aliquo tempore; ergo erit necessario'. Bene autem sequitur 'esse in quolibet tempore; ergo in hoc tempore'. Ergo ad 'esse necessario in aliquo tempore' sequitur 'esse necessario'. Ergo sequitur 'esse necessario in aliquo tempore; ergo erit necessario'. Quare similiter sequetur 'necessario erit, quando erit; ergo necessario erit'. Et ita tenebit hec argumentatio.

40 Item. Totum continuum predicatur de qualibet parte sui. Unde quelibet pars magnitudinis est magnitudo, quelibet pars temporis est tempus, quelibet pars diei est dies, et eadem est natura ipsius in toto et in partibus. Quare si aliquid dicatur de parte temporis, dicetur de tempore sumendo ipsum secundum se; et convertitur. Ergo cum per hoc quod dico 'quando erit' dicatur pars temporis, per hoc autem 'erit' dicatur tempus simpliciter: si dicatur **[V198ᵛ]** necessitas de uno, dicetur de altero. Quare sequitur 'quando erit, necessario erit; ergo necessario erit'.

41 Item. Cum actus aliquis implicatur circa verbum aliquod, actum implicatum et actum attributum contingit vere predicari de illo. Verbi gratia, cum sic dicitur 'Sortes, qui currit, disputat', hic attribuitur actus quidam subiecto cum actu implicato, et utrumque contingit inferre de Sorte. Unde bene sequitur 'Sortes, qui currit, disputat; ergo Sortes currit, Sortes disputat'. Sed in hac 'anima Antichristi, quando erit, necessario erit' attribuitur actus aliquis subiecto, scilicet 'fore necessario', et ibi est actus implicatus, scilicet 'fore', quia hoc quod dico 'quando' implicativum est temporis. Quare utrumque contingit predicari. Ergo sequitur 'anima Antichristi, quando erit, necessario erit. **[T52ᵛᵃ] [R297ᵛᵇ]** Ergo anima Antichristi in aliquo tempore erit, et in illo tempore erit necessario. Ergo anima Antichristi erit necessario'. Et ita tenet

---

1 sed] si *R*   1 erit] *bis in V*   1–2 in... esse] *om. R*   1–2 in... *alterum* erit necessario] *om. V*   2 tempore] necessario *add. R*   3 in hoc] erit in aliquo *R*   5 quare] quoniam *V*   5 sequetur] sequitur *R*   6 erit] est *V*   7 argumentatio] consequentia *V*   8 qualibet parte] quolibet *T*   10 et] unde *R*   11 dicatur] dicetur *R*   12 dicetur] dicatur *V*   12 secundum se] simpliciter *R*   13 et convertitur] convenienter *V*   14 pars... dicatur] *om. R*   14 autem] quod dico *V*   15 dicatur] dicitur *V*   17 verbum... ad] subiectum *V*   17 aliquod] ad *add. T*   18 et] ad *add. T*   18 predicari] inferri *R*   19 qui] quando *TV*   20 actu] si necessario *add. V*   20–23 et... antichristi] *om. R*   22 ergo... disputat] *om. V*   24 fore] *om. T*   24–25 et... fore] *om. V*   25 quia] per *add. V*   25 implicativum] implicatum *V*   26 est] *rasura in R*   26 temporis] tempore *V*   26 predicari] de subiecto *add. R*   28–29 in... antichristi] *om. V*   28 tempore] *om. T*   29 ita] *om. R*

illa argumentatio per locum *a toto copulato*. Quare a primo sequitur 'anima Antichristi, quando erit, necessario erit; ergo anima Antichristi necessario erit'.

42 Item. Quod dicit aliquid pro tempore indeterminato sequitur ad illud quod dicit rem suam pro tempore determinato, **[V199ʳ]** quia bene sequitur 'curret cras; ergo curret'. Sed in hac 'anima Antichristi, quando erit, necessario erit', verbum illud dicit rem suam pro tempore determinato, hoc autem quod dico 'erit' dicit tempus indeterminatum. Quare unum sequitur ad alterum. Sequitur ergo 'anima Antichristi, quando erit, necessario erit; ergo anima Antichristi necessario erit'.

43 Item. Si non sequitur, oppositum potest stare cum prima, per regulam Aristotilis. Sed iste non possunt simul stare 'non erit necessario' et 'in aliquo tempore erit necessario', quia si non erit necessario, in nullo tempore erit necessario. Quare cum oppositum non possit stare, prius sequebatur. Quare sequitur 'anima Antichristi, quando erit, necessario erit; ergo anima Antichristi necessario erit'.

De rationibus in contrarium

44 Sed contra. Dicit Aristotiles quod esse, quando est, necessario est. Non tamen est simpliciter. Quare secundum hoc ponit Aristotiles quod necessitas pro tempore aliquo non ponit necessitatem pro tempore simpliciter. Ergo cum in hac 'anima Antichristi, quando erit, necessario erit' copulet hoc quod dico 'necessario' necessitatem

---

13 *Auct. Arist.* 34, 7: "Quando oppositum consequentis repugnat antecedenti, consequentia fuit bona." Cf. *Anal. Priora* II, 8–10 passim.   20 *De int.* 9, 19a23–26.

---

4 item] *om. T*   6 quia] quoniam *V* unde *R*   6 sequitur] currit in a ergo currit *add. R*   6 curret] currit *TR*   6 curret] currit *R*   7 quando...*alterum* erit] etc. *R*   7 necessario erit *bis in T*   7 illud] *om. V*   7–8 rem suam] tempus *R*   8 pro] aliquo *add. R*   9 tempus] sui *add. R*   12 sequitur] datur *add. R*   12 cum prima] *om. V*   13 erit] esse *R*   14 in] *om. T*   14 quia si] quare *V*   15 necessario] etc. *add. V*   15 erit] est *TV*   16 quare sequitur] *om. R*   17–18 ergo...erit] *om. V*   20 sed contra] ad oppositum *R*   20 necessario] necessarium *R*   21 non...simpliciter] cum non est esse simpliciter *V om. R*   21 quare secundum] sed *R*   22–23 pro...simpliciter] simpliciter pro tempore *R*   23 simpliciter] *om. T*   23 in hac] hec *R*   24 erit] cum *add. V*   24 copulet...necessario] ponat *R*

pro aliquo tempore, hec autem 'anima Antichristi necessario erit' ponet necessitatem pro tempore simpliciter, non valet 'anima Antichristi, quando erit, necessario erit; ergo anima Antichristi necessario erit', immo fit **[V199ᵛ]** fallacia secundum quid et simpliciter.

45 Item. Cum aliquid assignetur inesse alicui pro tempore aliquo: si deinde assignetur inesse pro tempore simpliciter, erit peccatum secundum quid et simpliciter. Hec autem argumentatio est secundum quid et simpliciter, ut 'iste est albus pedem; ergo iste est albus'. Ergo cum in hac 'anima Antichristi, quando erit, necessario erit' assignetur inesse necessitas pro tempore aliquo sive pro parte, in conclusione vero assignetur inesse toti, erit peccatum secundum quid **[T52ᵛᵇ]** et simpliciter. Quare videtur quod hec argumentatio non valet 'anima Antichristi, quando erit, necessario erit; ergo anima Antichristi necessario erit', immo fit peccatum secundum quid et simpliciter.

Utrum hec sit multiplex 'anima Antichristi necessario erit'

De rationibus quod non

46 Circa secundum sic proceditur. Solet distingui hec multiplex 'anima Antichristi necessario erit' eoquod hec dictio 'necessario' potest esse determinatio compositionis vel predicati. Sensus autem patebunt post. Sed quod ista distinctio non valeat videtur quia: Hec dictio 'necessario' dicit modum inherentie predicati ad subiectum. Quare circa quod habet fieri inherentia predicati ad subiectum, circa illud habet esse necessitas. Ergo cum circa compositionem

---

1–2 hec ... simpliciter] *om. R* 1 erit] est *V* 2–3 ponet ... *alterum* erit] *om. V* 2 pro ... simpliciter] simpliciter pro tempore *T* 2 non valet] ergo non sequitur *R* 4 erit] est *V* 4 fit fallacia] fit peccatum *V* erit peccatum *R* 5–6 pro] ... aliquo] aliquando *R* 6 inesse ... simpliciter] *coni.* inesse *V* simpliciter *R* 6–10 pro ... inesse] *om. V* 7 hec ... argumentatio] unde hic est peccatum *R* 8 ut iste] sortes *R* 9 iste] sortes *R* 9–10 quando ... *alterum* erit] etc. *R* 11 vero] non *T* 11 toti] simpliciter *V* et sic *add. R* 12–15 videtur ... simpliciter] etc. *R* 12 videtur quod] *om. V* 14 erit] est *V* 14 erit] est *V* 18 circa ... proceditur] *om. TV* 18 solet distingui] distinguitur enim *R* 18 hec multiplex] *om. TV* 19 necessario erit] etc. *VR add. T* 19 hec dictio] hoc quod dico *R* 21 post] inferius *R* 21 quia] *om. VR* 22 hec dictio] hoc quod dico *R* 23 habet fieri] fit *R* 23 predicati ad subiectum] unius ad alterum *V* 24 illud] compositionem *V* 24–p. 383,2 ergo ... necessitas] *om. V*

predicati ad subiectum sit inherentia unius ad alterum, et circa compositionem debet esse necessitas. Quare hoc quod dico 'necessario' debet esse determinatio compositionis, et non predicati.

47 Item. Circa idem habent esse genus et species. Sed necessitas est species veritatis. Quare circa quod habet esse veritas, et necessitas. Sed veritas habet esse circa compositionem, ergo et necessitas. Ergo hoc quod dico 'necessario' habet esse circa compositionem, et non circa predicatum.

48 Item. Propria passio sequitur ad illud cuius est propria passio, quia proprium **[V200ʳ]** non separatur ab eo cuius est proprium, sicut habetur in quinto *Topicorum*. Sed hoc quod dico 'necessario' est propria passio compositionis. Et ita semper sequitur compositionem. Ergo eius esse est proprie circa compositionem. Quare non est ponere quod sit determinatio predicati, sed semper compositionis.

49 Item. Adverbium semper significat rem suam in adiacentia ad verbum. Quod significat Priscianus, cum dicit quod adverbium est vi verbi adiectivum. Sed omne quod significat rem suam in adiacentia ad alterum semper ponet rem suam circa illud. Ergo hoc quod dico 'necessario' semper ponet rem suam circa compositionem. Quare semper est determinatio compositionis, et numquam predicati.

50 Item. Que est proportio adiectivi nominis ad verbum, eadem est adiectivi verbi ad nomen. Sed adiectivum nominis numquam determinat verbum, immo semper est determinatio nominis. Ergo adiectivum verbi numquam determinet nomen, immo semper est determinatio verbi. Ergo cum hoc quod dico 'necessario' sit adiectivum verbi, et numquam erit determinatio nominis sive **[T53ʳᵃ]**

---

11 Cf. *Topica* V 3, 131a27–29.   17 Cf. *Inst. gramm.* XVII, 21, p. 121³.

---

1 sit] fit *R*   2 debet esse] erit *R*   4 habent] habet *R*   5–6 veritas et necessitas] necessitas et veritas *TR*   6–8 ergo ... compositionem] *om. V*   7–8 hoc ... predicatum] etc. *R*   8 non] numquam *V*   11 sicut ... topicorum] *om. T*   12 et ita] quare *R*   12–13 et ... compositionem] *om. T*   14–15 non ... compositionis] semper est determinatio compositionis *R*   16 semper] *om. V*   16 rem suam] *om. R*   18 adiectivum] adiectum *TV*   19 ad] circa *V*   19 ponet] ponit *R*   20 ponet] ponit *VR*   20 compositionem] verbum *R*   21 semper] *om. T*   21 est] erit *R*   22 predicati] ergo etc. *add. R*   25–26 verbum ... determinet] *om. V*   26 determinet] determinabit *R*   26–27 immo ... verbi] *om. R*   28 erit] necessario *add. V*

predicati. **[V200ᵛ]** Quare erit semper determinatio compositionis, et numquam predicati. Et sic nulla est distinctio.

51 Item. Hoc signum 'omnis' semper est determinatio propositionis, et propter hoc habet situm proprium in oratione, scilicet circa subiectum. Similiter hec dictio 'necessario' determinat propositionem, et propter hoc habet situm proprium in oratione. Sed non est dicere quod dictiones modales habeant esse nisi circa compositionem. Quare hec dictio 'necessario' habebit situm proprium circa compositionem. Sicut ergo signum habet situm proprium in oratione circa subiectum et propter hoc determinat semper subiectum, sic hec dictio 'necessario' habet situm proprium in oratione circa compositionem et semper compositionem determinat. Ergo non est dicere quod hec dictio 'necessario' possit esse determinatio predicati. Quare nulla est distinctio.

52 Item. Quedam sunt adverbia que determinant verbum gratia actus, quedam que gratia compositionis verbi determinant. Verbi gratia, hec adverbia 'bene', 'male' determinant verbum gratia actus et non gratia compositionis. Sed dictiones modales determinant verbum gratia compositionis. Sed illa adverbia que determinant verbum gratia actus semper determinant actum. Ergo adverbia que determinant verbum gratia compositionis semper determinant compositionem. Quare nulla est distinctio.

De ratione ad oppositum

53 Sed contra. Quod indifferenter se habet ad multa, equaliter se habet **[V201ʳ]** ad unum et ad alterum. Et qua ratione ponit

---

1 quare] sed *V*   1 erit...compositionis] semper determinabit compositionem *R*   2 et...distinctio] quare etc. *R*   4 et] *om. V*   4 propter hoc] *om. T*   4–5 in...subiectum] circa subiectum in oratione *V*   4–5 scilicet...subiectum] *om. R*   5–6 similiter...oratione] *om. V*   5 hec dictio] hoc quod dico *R*   5 determinat] *coni.* denotat *R*   5–6 determinat...et] *om. T*   7 dicere] ponere *R*   7 nisi] *om. V*   9 signum] hoc signum omnis *V*   10 in oratione] *om. TV*   10 determinat] denominat *T*   11 semper] *om. R* circa *add. V*   11–13 habet...necessario] *om. V*   12 in oratione] *om. T*   13–14 dicere...esse] *om. R*   15 sunt] adiectiva sive *add. R*   16 que] *om. TV*   16 compositionis] verbi *add. V*   16 determinant] *om. V*   17 hec...determinant] male determinat *V*   18 et...compositionis] *om. R*   19 compositionis] sicut ergo adverbia que determinant verbum gratia actus se habent ad actum sic adverbia que determinant(!) verbum gratia compositionis se habent ad compositionem *add. R*   19–20 que...actus] *om. R*   20–21 ergo...compositionis] quare ista adverbia *R*   21–22 verbum...compositionem] *om. T*   24 quod] *om. V*

unum, et alterum. Sicut cum iste terminus 'homo' indifferenter se habet ad plures: sicut se habet ad Sortem, ita se habet ad Platonem, et qua ratione infert **[R298ra]** Sortem, eadem et Platonem. Ergo cum hoc quod dico 'necessario' se habeat per indifferentiam ad compositionem et ad predicatum, qua ratione potest determinare compositionem, et predicatum. Quod autem indifferenter se habeat ad illa videtur quia: Quod aliquando sumitur pro uno, aliquando pro altero, indifferenter se habet ad illa duo, sicut pretactum est; sed hoc quod dico 'necessario' aliquando se habet supra compositionem sicut dispositio ipsius, aliquando supra illud quod predicatur, sicut habetur ab Aristotile in libro *Periarmeneias* — dicit enim quod hoc quod est 'possibile' predicatur **[T53rb]** sicut res in illis *de inesse* —; quare indifferenter se habet ad hoc quod sit determinatio compositionis vel predicati. Et sic est bona distinctio.

De veritate et falsitate huius propositionis 'anima Antichristi necessario erit'

54 Tertio queritur de veritate et falsitate. Et videtur quod ipsa sit falsa. Nichil quod indifferenter se habet ad ens et ad non-ens est necessarium, quia 'necessarium' determinatur in unam partem. Sed anima Antichristi indifferenter se **[V201v]** habet ad ens et ad non-ens. Quare anima Antichristi non erit necessario. Ergo hec est falsa 'anima Antichristi necessario erit'. Quod autem se habeat indifferenter ad ens et ad non-ens videtur. Illud quod solum est in potentia ad aliud quid, indifferenter se habet ad hoc et ad suum oppositum. Eadem est enim potentia ad opposita, sicut vult Aristotiles. Sed omne quod indifferenter se habet ad

---

11 Cf. *De int.* 12, 21b27sqq.   26 Cf. *Metaph.* IX 2, 1046b4–6; *Auct. Arist.* 1, 222: "Potentia rationalis valet ad opposita, irrationalis vero ad unum tantum."

---

2 ad ... sicut] *om.* R   2 ita se habet] et R   3 eadem] *om.* R   4 habeat] habet V   4 per indifferentiam] indifferenter R   5–6 qua ... predicatum] *om.* T   7 illa] utrumque R   8 duo] *om.* V   9 se habet] est R   9 supra] circa V   10 sicut] tamquam R   10 supra] circa V est supra R   10 illud ... predicatur] predicatum R   11 habetur ab aristotile] patet per aristotilem R   11 enim] *om.* TV   12 est] dico R   13 quare] quia T   13 quod] hoc quod V hoc ut R   17 ipsa] *om.* V   18 quod indifferenter] indifferenter V indifferens R   18 habet] habens V   19–21 est ... non ens] *om.* R   20 antichristi] *om.* V   23 et ad non ens] *om.* R   23 illud] *om.* V   24 aliud quid] *coni.* aliud TR aliquod V   25–p. 386,3 eadem ... non ens] *om.* V

hoc et ad suum oppositum, indifferenter se habet ad ens et ad non-ens. Quare ens in potentia indifferenter se habet ad ens et ad non-ens. Ergo cum anima Antichristi sit ens in potentia, indifferenter se habet ad ens et ad non-ens. Quare non est necessario vel erit. Et sic idem quod prius.

55 Item. Non omne generabile generatur, etsi omne corruptibile corrumpitur, sicut vult Aristotiles. Quare generabile non necesse est generari. Sed corruptibile necesse est corrumpi. Sed anima Antichristi est quoddam generabile sive futurum. Quare non necesse est ipsam generari vel esse. Quare anima Antichristi non erit necessario, et non fiat vis utrum anima Antichristi sit generabilis, quia de hoc non intendimus ad presens.

56 Item. Ens in potentia non ordinata ad actum potest non esse. Illa enim que sunt in potentia ordinata ad actum, de necessitate erunt; sicut eclipsis solis aut lune, <cum> sit in potentia ordinata ad actum ut per motum solis, et propter hoc necessario est esse. Ergo cum anima Antichristi sit in potentia non ordinata ad **[V202ʳ]** actum, potest sive contingit non esse. Sed quod possibile est non esse non necesse est esse. Quod patet per consequentias quas ponit Aristotiles in libro *Periarmeneias*. Quare animam Antichristi non necesse est esse. Quare hec est falsa 'anima Antichristi necessario est'. Quod autem sit in potentia non ordinata ad actum videtur **[T53ᵛᵃ]** quia: Si esset in potentia ordinata, huiusmodi potentia esset sicut necessitas ad hoc esse, nam potentia ordinata idem est quod necessitas ad esse rei. Igitur cum non sit necessitas aliqua ad animam Antichristi fore, relinquitur quod non est in potentia ordinata ad actum. Quare potest non esse. Et sic idem ut prius.

---

7 *De caelo et mundo* I 12, 283a24–25. (*Auct. Arist.* 3, 36). 20 Cf. *De int.* 13, 22b20sqq.

---

1 hoc] ens *R* 1 oppositum] sed omne quod *add. R* 2 ens] et ad suum oppositum indifferenter se habet ad ens et ad non ens *add. R* 3–4 ergo ... non ens] *om. R* 4–5 est ... erit] erit necessario *R* 6 non] *om. R* 6 etsi] sed *R* 7 quare] quia *V* 9 quoddam] quiddam *V* 9 sive futurum] *om. V* 11 non erit] est *V* 11 et] *om. T* 12 quia de] vel quod *V* 13 ordinata] ordinatur *V* 15 sicut ... lune] *om. V* 15–17 sit ... esse] *om. T* 16 et] *om. V* 17 est] <*rasura*> sic *add. V* 17 anima] *om. R* 18 potest] non esse *add. TV* 19 est] *om. V* 19 non] *om. V* 19 consequentias] *bis in V* 19–20 consequentias quas] consequentiam quam *R* 20 antichristi] *om. V* 22 ad actum] *om. R* 24 nam] unde *R* 24 ordinata] *om. T* 25 idem] eadem *R* 25 esse rei] rem *VR* 25 igitur] *om. R* 26 ad] *om. V* 27 ad actum] *om. TV*

57 Item. Omnis veritas orationis fundatur supra rem, quia ab eo quod res est vel non est dicitur oratio vera vel falsa, sicut vult Aristotiles. Ergo cum Antichristus non sit res aliqua, non potest aliquid esse verum de Antichristo. Quare secundum hoc hec erit falsa 'anima Antichristi necessario erit'.

58 Item. Propter hoc queritur quid sit subiectum illius veritatis, cum veritas habeat esse circa subiectum aliquod, et ubi sit veritas cum sic dicitur 'Cesar fuit homo'.

De veritate et falsitate enuntiationis de futuro

59 Item. Queritur de veritate et falsitate [V202^v] enuntiationis de futuro. Et cum oratio de preterito vera sit necessaria, queritur utrum oratio vera de futuro sit necessaria. Et videtur quod sic quia: Unumquodque sicut se habet ad esse, sic se habet ad veritatem. Ergo quod magis se habet ad esse, magis se habet ad veritatem. Sed orationes de futuro magis se habent ad esse quam iste de preterito, quia futurum aliquando erit, preteritum vero numquam erit. Quare enuntiationes de futuro magis habent de veritate quam iste de preterito. Ergo si in enuntiationibus de preterito sua veritas est sua necessitas, et in illis de futuro sua veritas est sua necessitas.

60 Item. Quod inest aliquibus subiectis per aliquod medium commune, equaliter est in utroque. Sed veritas est passio quedam que dicitur de enuntiationibus de presenti, de preterito, de futuro, per relationem ad esse, quod est medium commune. Quare veritas

---

2 Cf. Arist., *Categ.* 5, 4b8–10; 12, 14b21–3.

---

4 aliquid esse] aliquod *R*   4 secundum hoc] *om. R*   4 hec erit] est *V*   5 erit] est *V*   6 item] *om. TV*   7 habeat esse] se habeat *TV*   7 circa] supra *R*   7 ubi] utrum similiter *R*   8 fuit] est *V*   11 et] quia *R*   11–12 queritur ... necessaria] *om. R*   12 vera] *om. R*   13 se habet] se *R om. V*   14 veritatem] verum *V* verum vel veritatem *R*   14–15 ergo ... veritatem] *om. V*   15 veritatem] et in illis de futuro sua veritas est sua necessitas *add. T*   16 iste] ille *V* enuntiationes *R*   16 erit] est *V*   16–17 vero ... erit] aut aliquando est *V* numquam erit *R*   18 iste] ille *V* enuntiationes *R*   18 enuntiationibus] omnibus *TV*   19 sua] *om. V*   19–20 et ... necessitas] quare enuntiatio vera de futuro erit necessaria sicut illa de preterito *T* enuntiatio de futuro magis est necessaria quam illa de preterito *V*   21 subiectis] *om. T*   22 equaliter] in illis *add. R*   22 quedam] quod *V*   23 que dicitur de] in omnibus *V* in *R*   23 enuntiationibus] orationibus *V*   23 de presenti] *om. R*   24 relationem ad esse] remotionem (!)*R*   24 veritas] necessitas *V*

inest illis. Ergo sicut est in illis de preterito quod sua veritas est sua necessitas, sic erit in illis de futuro. Quare secundum hoc oratio vera de futuro est necessaria. Quod est contra Aristotilem in **[V203ʳ]** libro *Periarmeneias*; possunt enim secundum hoc omnia futura de necessitate evenire, et sic **[T53ᵛᵇ]** nichil esset a casu vel a fortuna. Quod est impossibile.

Solutio

61 Solutio. Dicendum quod hec secundum quosdam est multiplex 'anima Antichristi necessario erit', ex eo quod hec dictio 'necessario' potest determinare hoc verbum 'erit' gratia actus vel gratia compositionis. Si gratia compositionis, sensus est *hec est necessaria 'anima Antichristi erit futura'* sive *hec compositio que componit hoc cum hoc, est necessaria*. Et sic non sequitur conclusio, ibi autem est fallacia compositionis et divisionis, quia primo determinat li 'necessario' compositionem, infert autem ac si determinaret actum, cum dicit 'ergo animam Antichristi fore **[R298ʳᵇ]** est necessarium'. Et sic est prima vera. Si gratia actus, sic est sensus *anima Antichristi est necessaria futura*, idest *esse futurum inest necessario anime Antichristi*. Et sic est falsa, et sequitur improbatio.

62 Similiter distinguitur hec multiplex 'omnis anima necessaria est iusta', ex eo quod hoc quod dico 'necessario' potest determinare compositionem vel actum. Si determinat compositionem, sic est sensus *hec compositio est necessaria 'omnis anima est iusta'*, et sic est falsa. Si determinet actum **[V203ᵛ]** vel predicatum, tunc est sensus *esse necessario iustum inest omni anime*; et sic est vera, et sic pro-

---

3 *De int.* 9, 19a7–22.

---

1 inest] est in *V* erit equaliter in *R*   1 sicut] si sic *R*   2 sic erit] et sic *T* sic est *V*   3 est] erit *R*   4 possunt] ponit *R*   5 de necessitate] necesse erit *R*   5 esset] *om. TV*   6 vel a fortuna] vel fortuna *T* et ad utrumque *R*   6 quod... impossibile] *om. R*   8 secundum... est] a quibusdam distinguitur *R*   11 compositionis] tunc *add. R*   12 erit] est *T*   13 cum hoc] enuntiabile *V*   13 ibi... est] sed est *V* sed est ibi *R*   14 determinat] componitur *TV*   15 compositonem] compositioni *V*   15 ac si] quasi *T*   17–18 antichristi est necesssaria] antichristi erit necessaria est *V*   18 inest] inesse *V*   18 necessario] non(!) *R*   20 multiplex] *om. R*   21 hoc... dico] *om. R*   21–22 determinare compositionem] esse determinatio compositionis *R*   22 actum] predicatum *T*   22 determinat] *om. TV*   24 determinet actum] gratia actus *R*   24 predicatum] predicati *R*

batur. Sed hec distinctio non valet ibi, nec solvit hoc sophisma, immo solvendum est sicut visum est prius.

63 Similiter distinguitur hec multiplex 'omnis homo de necessitate est animal', eoquod li 'necessario' potest determinare compositionem vel actum sive predicatum. Si compositionem, sic est sensus *hec compositio est necessaria 'omnis homo est animal'*; et sic est vera. Si actum vel predicatum, tunc est sensus *esse animal necessario inest omni homini*. Sed ista distinctio non solvit sophisma, ut nobis videtur. Aliter autem solet distingui ex eo quod potest fieri distributio pro partibus propinquis vel pro partibus remotis. Si pro partibus propinquis, tunc dicunt quod ipsa est vera, et fit distributio pro hoc quod est 'aliquis homo'. Si pro remotis, falsa est, et fit distributio pro Sorte vel Platone; et sic improbatur. Sed adhuc illa distinctio non solvit hoc sophisma. Sed utrum hec distinctio valeat vel non habebitur in loco proprio.

64 Propter hoc dicendum est, ut michi videtur, quod ipsa est multiplex alia **[T54ra]** multiplicitate, quia hoc quod dico 'necessario' potest **[V204r]** dicere necessitatem simpliciter vel sub conditione. Si dicat necessitatem simpliciter, sic dico quod ipsa est falsa, et tunc sequitur 'omnis homo de necessitate est animal; ergo omnis homo de necessitate est'. Si autem dicat necessitatem sub conditione, sic est vera, et est sensus *si omnis homo est, omnis homo de necessitate est animal*. Et tunc non sequitur 'ergo omnis homo de necessitate est', immo peccat secundum quid et simpliciter, ut si dicatur 'si homo est, homo est animal; sed homo est animal; ergo

---

15 Videas infra, VIII,168.

---

1 ibi] *om. R*   3 multiplex] *om. R*   4 li] hec dictio *R*   4–5 determinare compositionem] esset determinatio compositionis *R*   5 actum sive] *om. R*   5 sive predicatum] predicati *R om. T*   5 compositionem] compositionis *R*   7 actum vel predicatum] gratia actus vel predicati *R*   8 distinctio] solutio *R*   9 nobis] michi *R*   9 aliter autem] item *R*   9 ex eo] *om. TV*   9 fieri] esse *R*   10 propinquis] primis *R*   10 remotis] secundis *R*   11 propinquis] primis *R*   11 tunc] *om. R*   11 dicunt] dico *T*   11 et] sic *add. R*   12 remotis] partibus secundis *R*   12 est] *om. T*   13 et] sic *add. VR*   13 vel] et pro *V* et *R*   13–14 sed...sophisma] *om. TV*   14–15 utrum hec distinctio] tamen de ista distinctione utrum *R*   15 vel non] *om. V*   15 non] ne(!) *T*   15 habebitur] videbitur *V*   15 in...proprio] postea *R*   16 ipsa] *om. R*   18 necessitatem] esse *V*   19 dicat...simpliciter] primo modo *R*   19 ipsa] *om. R*   21 de...est] est animal *R*   21 dicat] dicant *T*   22 homo] de necessitate *add. V*   23 non sequitur] sequitur non *T*   24 est] animal *add. R*   25 dicatur] diceretur sic *R*   25 sed...animal] *om. V*

homo est', sic peccat secundum quid et simpliciter, quia predicatum primo dictum est sub conditione de subiecto, et infert simpliciter de ipso. Et tunc fit fallacia secundum quid et simpliciter.

65 Similiter distinguitur hec multiplex 'Sortes de necessitate est animal' predicta multiplicitate. Si dicat necessitatem simpliciter, falsa est. Unde nos ponimus quod, Sorte non existente, hec est falsa 'Sortes est homo', 'Sortes est animal'. Et tunc sequitur 'ergo de necessitate est'. Et sic non sequitur ex prima eo modo quo prima habet veritatem. Si vero dicat necessitatem sub conditione, vera est, quia si Sortes est, Sortes de necessitate est animal. Et hoc modo non sequitur 'Sortes de necessitate est', immo peccat **[V204ʳ]** secundum quid et simpliciter. Et sic sequitur ex prima.

66 Similiter dicimus quod hec est multiplex 'anima Antichristi necessario erit', ex eo quod hec dictio 'necessario' potest dicere necessitatem simpliciter vel sub conditione. Si dicat necessitatem simpliciter, sic est falsa; et hoc modo improbatur cum dicit 'ergo necessarium est fore'. Si dicat necessitatem sub conditione, vera est, et sic est sensus *si anima Antichristi erit, necessario erit*. Et sic probatur. Quod planum est, nam in sua probatione supponit animam Antichristi fore, cum dicit 'anima Antichristi erit, et quando erit, necessario erit'. Et secundum hanc distinctionem procedit hoc sophisma, ut michi videtur. Unde prime solutioni non consentimus, quoniam non valet ad propositum. Per hoc patet quod uno modo valet probatio, sive argumentum probationis, alio modo non. Eo autem modo quo valet concedimus rationes hoc monstrantes, sed alio modo quo non tenet non concedimus.

---

1 sic peccat] ibi fit peccatum *V* et tunc est ibi peccatum *R*   1–2 quia ... simpliciter] *om. R*   1 predictum] *coni.* predicat *T om. V*   3 de ipso] *exp. V*   3 et ... simpliciter] *om. V*   4 hec multiplex] hec *V om. T*   6 nos ponimus] ponitur *TV*   7 tunc] non *add. V*   8 est] *om. T*   8 ex prima] *om. R*   9 vero] *om. R*   11 sortes ... est] *om. T* ergo est animal *V*   13–14 anima ... erit] *bis in R*   14 erit] est *T*   14 dicere] determinare *R*   15 vel] secundum quid sive *add. R*   18 et sic] sic *T* et *VR*   18 sic] hoc modo *R*   19 probatur] improbatur *V*   20 animam] ipsam *R*   20 antichristi] *om. VR*   21 necessario erit] etc. *TV*   21 et] *om. TV*   22 michi] *om. T*   22 solutioni] distinctioni *R*   23 consentimus] concedimus *V*   23 hoc] ergo *add. R*   24 sive ... probationis] *om. R*   25 modo] autem *V*   25 eo autem] eodem *R*   25 valet] tenet *R*   26 monstrantes] stantes *R*   26 alio quo] aliquo *V*   26 non concedimus] *om. TV*

Respondetur ad rationes

67 Respondendum est [39] primo quod **[T54ʳᵇ]** bene sequitur 'erit necessario in aliquo tempore; ergo necessario erit'. Sed **[V205ʳ]** hec 'anima Antichristi, quando erit, necessario erit' non ponit Antichristum fore in aliquo tempore simpliciter, sed solum sub conditione. Propter hoc non sequitur ulterius 'ergo erit necessario'. Bene autem sequeretur, quod dictum est, si oratio illa poneret Antichristum fore pro aliquo tempore pro quo supponebat.

68 Ad aliud [40] dicendum quod 'tempus' predicatur de quolibet tempore et ponit rem suam simpliciter. Sed in hac 'anima Antichristi necessario erit, quando erit' tempus non ponit rem suam simpliciter, sed sub conditione solum. Et propter hoc non oportet ut si aliquid dicatur sub conditione de ipso, quod propter hoc dicatur de ipso simpliciter, sive sub tempore significato.

69 Ad aliud [41] dicendum quod hoc quod dico 'quando' non est implicativum temporis, quod quidem ponat aliquid. Unde dicendum quod dictionum implicativarum quedam sunt que ponunt aliquid, ut hoc quod dico 'qui'; ut cum dicitur 'Sortes qui currit disputat'. Est autem aliud implicativum quod nichil ponit, et si ponit, hoc est sub conditione, sicut hoc quod dico 'quotiens'; ut cum dicitur **[V205ᵛ]** 'quotiens Sortes currit, Sortes movetur', hec non ponit Sortem currere aut Sortem moveri. Tale autem implicativum est hoc quod dico 'quando', et propter hoc non ponit aliquid simpliciter. Et propter hoc non sequitur 'anima Antichristi, quando *etc*.; ergo anima Antichristi erit in aliquo tempore, et erit necessario', immo peccat secundum quid et simpliciter.

---

2 respondendum est] probatur *R*   2 bene] non *T*   3 ergo] quolibet *add. T*   3 erit] simpliciter *add. T* sicut bene sequitur erit in quolibet tempore necessarius ergo erit necessarius *add. R*   5 antichristum] animam antichristi *R*   5 aliquo] quolibet *TV*   5 simpliciter] necessario *R*   7 quod ... est] *om. R*   8 antichristum] *om. R*   8 pro quo] quod *T* quo *R*   10 et] quod *T*   10 simpliciter] *om. R*   10 hac] *om. R*   11 erit] etc. *add. R*   11 tempus] *om. T*   11 ponit] ponat *V*   14 dicatur] dicetur *R*   14 sub] de *VR*   14 significato] simpliciter *R*   16 implicativum] multiplicatum *T*   16 ponat aliquid] ponit aliud *V*   17 implicativarum] multiplicantium *T om. V*   18 ut] *om. T*   19 implicativum] quando aliquid implicatur *T*   19–20 et si ponit] aut supponat aliquid *R*   20 sicut ... quotiens] *om. V*   20 ut] *om. T*   22 autem] *om. TV*   22 implicativum] implicatum *T*   24 aliquid] *om. V*   24 propter hoc] *om. VR*   24 anima] *om. T* erit et *add. R*   25 quando] *om. V*   25 anima] etc. *add. R*   25 in ... tempore] *om. T*

70* **[R298^va]** Ad aliud [42] dicendum quod sumendo 'tempus' uniformiter, quod dicit tempus indeterminatum, sequitur ad illud quod dicit tempus determinatum. Quare sequitur 'currit in A; ergo currit', quia cum tempus sumitur uniformiter utrobique, utrobique ponit rem suam simpliciter. Sed si difformiter ponat rem suam ita quod unum secundum quid sumatur sive sub conditione, alterum rem suam simpliciter, tunc non sequitur illud quod tempus indeterminatum dicit aut confusum ad illud quod dicit tempus determinatum. Sed sic est in proposito, **[T54^va]** sicut visum est. Propter hoc non valet illud argumentum.

* cc. 70–71: inverso ordine in R

71 Ad aliud [43] dicendum quod negatio simpliciter de aliquo et affirmatio sub conditione de **[V206^r]** eodem non repugnant. Unde iste due non repugnant 'Cesar est animal, si homo est', 'Cesar non est animal'. Dicendum ergo quod iste due non repugnant 'anima Antichristi non erit necessario' et 'anima Antichristi, quando erit, necessario erit'. In hac 'anima Antichristi non erit necessario' fit negatio simpliciter de <aliquo> pro tempore, in hac autem 'anima Antichrist, quando erit, *etc.*' fit affirmatio de aliquo sub conditione. Et propter hoc non repugnant. Quod autem obicitur quod non debeat sequi [44] 'ergo omne quod est, quando est, necesse est esse, non tamen simpliciter necesse est esse', dicendum quod intelligit Aristotiles loquendo de consequentia simpliciter. Et hoc modo dico quod non sequitur, et concedo rationes [44–45] que ad hoc sunt. Unde non sequitur illatio nisi hoc quod

---

23 *De int.* 9, 19a23–26.

---

2 indeterminatum] indifferenter *T*   3 quare] quia *T* unde bene *R*   4 cum] *om.* *R*   4 uniformiter] *om.* *T*   5 utrobique] quia utrobique *R om. T*   5 ponit] ponat *T*   5 difformiter] indifferenter *T* differenter *R*   5 ponat] ponit utrumque ponat *R*   6 secundum] *om.* *V*   6 sumatur] sumitur *R*   7 alterum] ponat *V*   7 rem suam] *om.* *R*   7–8 tunc ... confusum] illud quod tunc vero est tempus determinatum aut confusum sequitur *V*   8 indeterminatum] indifferenter *T om. R*   8 aut confusum] cum confusione *R*   8 ad] aut *T*   10 non ... argumentum] unum non sequitur ad alterum *R*   10 valet] tenet *V*   12 negatio] negatum *T*   13 affirmatio] affirmatum *T*   13 de eodem] *om.* *R*   14 unde] *om.* *R*   14–15 est ... alterum animal] non est animal et est animal si homo est *R*   15 cesar] scilicet *T*   15 ergo] similiter *add.* *R*   16 necessario] *om.* *T*   17–18 hac ... necessario] prima enim *R*   17 non erit] *om.* *V*   18 necessario] non *add.* *V*   18 de] *om.* *R*   18 pro] *om.* *TV*   19 hac ... etc.] secundo vero *R*   19–20 de aliquo] de altero *TV bis in V*   21 obicitur quod] *bis in V*   21 debeat] debet *V*   21–22 omne ... alterum esse] *om.* *T*   22 est] *om.* *V*   22 esse] *om.* *V*   24 et] *om.* *T*   24 sequitur] et sic procedunt *add.* *R*   25 illatio] hec argumentatio *R*

dico 'necessario' dicat necessitatem sub conditione. Obicitur autem ac si diceret necessitatem simpliciter.

72 Ad aliud [46] dicendum quod illa distinctio potest sustineri, sed non solvit sophisma, sed alibi solvit. Quod autem primo obicitur, sciendum quod **[V206ᵛ]** hoc quod dico 'necessario' dicit modum inherentie, et quia inherentia, cum sit medium inter subiectum et predicatum, magis essentialiter comparatur ad predicatum quam ad subiectum. Cuius signum est quod aliquando cedunt in eandem partem compositio et ipsum predicatum, ut cum dicitur 'Sortes currit'. Propter hoc, hoc quod dico 'necessario' semper habet cadere supra ipsum predicatum. Unde ponendum est quod hoc quod dico 'necessario' semper habet esse supra inherentiam. Sed hoc est dupliciter: aliquando supra ipsam totam, et tunc dicitur determinatio compositionis; aliquando autem supra ipsam secundum quod finitur in predicato, et tunc cadit supra ipsum predicatum. Vel aliter, ut dicatur quod in predicato est quedam compositio, gratia cuius compositionis potest cadere eadem necessitas supra predicatum. Sed prima solutio potior est, quod cadit necessitas supra inherentiam predicati ad subiectum. Sed hoc potest esse dupliciter, aut pro ipsa secundum se, aut secundum quod sumitur in predicato; et sic illa compositio est eadem cum predicato, et sic cadit necessitas supra predicatum.

73 [T54ᵛᵇ] Et sic concedende sunt rationes [47–53] que hoc ostendunt quod semper habet esse circa compositionem. Et hoc concedimus. Sed hoc potest esse dupliciter, et uno **[V207ʳ]** modo

---

4 sed] et *R*   4 alibi] alicubi *V*   5 obicitur] primo *add. V*   5 sciendum quod] solvendum per *T* quod *R*   7 et] inter *add. T*   7 essentialiter] essentialius *V*   8 quod] et *V*   9 cedunt] cedit *R*   9 compositio] ista compositio *R*   9 et] *om. R*   9 predicatum] in idem *add. R*   10 hoc] *om. T*   10–11 dico necessario] *om. V*   11 cadere] *om. T*   13 dupliciter] *om. VR*   13 ipsam totam] ipsum totum *TV*   14 dicitur] *om. T*   16 ipsum] *om. VR*   16 est] intelligitur *V*   17 gratia cuius] et gratia illius *R*   17 eadem] *om. V*   18 predicatum] unde ponendum est quod hoc quod est necessario semper habet esse supra inherentiam sed hoc est aliquando supra ipsum totum, et sic est determinatio compositionis aliquando supra compositionem in predicato et tunc est determinatio predicati *add. T* et tunc est determinatio predicati *add. V* unde ponendum quod hoc quod dico necessario semper habet esse supra inherentiam sed hoc est aliquando supra ipsam totam et sic dicitur determinatio compositionis aliquando supra compositionem in predicato et tunc est determinatio predicati *add. R*   18–19 sed...predicati] *om. V*   18 est] et *add. R*   18 quod] non oportet ponere quod *add. R*   20 hoc] *om. V*   20 ipsa] ipso *R*   21 sumitur] finitur *V*   21 sic] *om. R*   21 illa] *T*   23 concedende] concesse *V*   23 hoc] *om. R*   24 et] quia *VR*

dicitur esse determinatio compositionis, alio modo dicitur esse determinatio predicati. Non enim videtur quod possit cadere necessitas secundum quod significatur per li 'necessario', quicquid sit secundum quod significatur per necessitatem, supra substantiam predicati, sed debet cadere supra predicatum quia res predicati indivisa est a compositione. Et secundum quod ista compositio magis intelligitur ad predicatum, secundum hoc dicitur 'cadere supra predicatum', sic ergo dicendo quod necessitas supra idem radicatur supra quod et veritas, et supra compositionem semper radicatur utrumque. Et sic procedunt omnes alie rationes, et ita esset superfluum respondendum. Quod autem obicitur inferius [53] quod illa necessitas se habet per indifferentiam ad compositionem et ad predicatum, dicendum quod hoc est falsum. Unde non determinat predicatum nisi modo proposito.

74 Ad aliud [54] dicendum quod predicto modo hec est vera 'anima Antichristi necessario erit', nec habet repugnantiam cum hac 'anima Antichristi contingit fore', immo simul possunt stare, quia li 'necessario' non dicit necessitatem simpliciter, sed secundum quid sive sub conditione. Et hec etiam potest esse vera [V207ᵛ] 'anima Antichristi potest non esse'. Unde concedimus rationes probantes [56] quod hec sit vera 'anima Antichristi potest non esse', nec repugnat huic 'anima Antichristi necessario erit'.

75 Sed tunc queritur [57] quomodo ponatur veritas huius 'anima Antichristi necessario erit', cum non sit subiectum ipsius, nec aliquid de subiecto. Dicendum quod propter hoc quod cum ista veritas sit veritas de futuro, non exigit subiectum ens actu, sed exigit subiectum solum ens in potentia. Et ita, cum Antichristus sit ens in potentia, poterit esse subiectum illius veritatis. Ergo aliquid est subiectum illius veritatis, scilicet potestas Antichristi.

1-2 compositionis...determinatio] *om. V* 1 esse] *om. R* 3-5 necessitas... cadere] *om. T* 3-4 li...per] *om. V* 6 indivisa] divisa *T* inclinata *R* 7 secundum] vel *T* 7 dicitur] magis *add. V* 9 quod et] hoc quod est *T* 9 veritas] necessitas *T* predicatum *R* 9 supra] circa *codd.* 10 radicatur] supra *add. R* 10 ita] iam *R* 11 respondendum] respondere *R* 12 ad] et *V* 13 hoc] *om. TV* 14 proposito] assignato *R* 15 hec] *om. R* 16 erit] *om. V* 17 anima] animam *T* 17 antichristi] non *add. R* 17 immo] verum *add. T* 18-19 secundum...sive] *om. T* 19 et] sed *T* 19 etiam] *om. V* 21 probantes] *om. T* 21 sit] potest esse *R* 23-24 sed...erit] *om. V* 23 quomodo] qualiter *R* 24 ipsius] illius *R* 26 exigit] erit *T* 27 exigit] contingit *T* 28 ens] solum *add. R* 28 illius] huius *T* 29 aliquid] *om. T* quod *V* 29 illius] huius *T* 29 scilicet] *om. TV*

Sed [R298^vb] hoc quidem potestas non est potestas materie, sed efficientis sive ordinantis. Et hoc est subiectum in hac 'Sortes erit homo'. Sed in hac 'Sortes erit', [T55^ra] que est oratio de futuro, est subiectum potestas Sortis ad essendum vel voluntas ipsius ipsum ordinans ad actum. Et hoc modo est magis subiectum veritatis primum quam secundum, quia secundum transmutationem ipius transmutatur veritas vel falsitas ipsius orationis. In orationibus autem de preterito subiectum veritatis est potestas subiecti, [V208^r] que quidem est potestas materie. Unde subiectum illius veritatis 'Cesar fuit homo' est potestas Cesaris, non que sit in ipso, sed in materia, quoniam de ipso post ipsum potestas materie remanet. Unde ista veritas habet esse circa materiam aliquam et subiectum. Sed non sic in hac 'anima Antichristi erit', quoniam illa potestas est potestas efficiens vel ordinans, et non potestas materie.

76 Ad aliud [58] dicendum est quod in orationibus de futuro sua veritas non est sua necessitas. Sed in orationibus de preterito sua veritas est sua necessitas. Et causa huius est quia veritas in enuntiationibus de preterito fundatur supra veritatem aliquam determinatam que de necessitate sic se habet. Et similiter in enuntiationibus de presenti, sicut visum est. Et propter hoc sua veritas est sua necessitas. Sed in enuntiationibus de futuro fundatur supra tale quid quod indifferenter se habet, et non est determinata ad *hoc aliquid*, sicut potentia efficiens vel voluntas. Et propter hoc, quia potentia indifferenter se habet et non est determinata ad hoc aliquid, propter hoc illa veritas est indifferens simpliciter. Et voluntas potest transmutari: potest enim velle aliquid et postea non velle. Et propter hoc sua veritas potest transmutari, nec sua veritas est sua necessitas.

---

1 non est potestas] *om. V*   1 sed] potestas *add. V*   3 erit] homo *add. V*   4 potestas] possibilitatis *T*   4 essendum] currendum *VR*   5 ordinans] ordinata *V*   5 modo] *om. VR*   5 veritatis] quam *add. R*   6 quam secundum] *om. R*   6 quia secundum] quoniam per *V*   6 secundum] *om. R*   8 autem] *om. TV*   8 veritatis] *om. T*   11 post ipsum] potius *V om. T*   11 potestas] *om. V*   13 sic] sit *R*   13 erit] *om. R*   14 potestas] possibilitas si *T*   14 est potestas] *om. V*   14 materie] *om. V*   15 orationibus] propositionibus *V*   16 non] *om. T*   16–17 sed ... necessitas] *om. TV*   17 huius] ipsius *R*   18–19 enuntiationibus ... *alterum* in] *om. TV*   21 enuntiationibus] omnibus orationibus *T*   21 fundatur] sumatur *T*   23–25 sicut ... aliquid] *om. V*   24 potentia] efficiens *add. R*   25 aliquid] *om. TV*   26 et] quia *R*   27 non velle] quod non voluerit *R*   27–28 potest ... veritas] *om. T*   27 nec] et non *R*   28 necessitas] voluntas *T* veritas necessitas *V*

77 Sed tunc obiciet aliquis quod si potentia voluntatis se habet indifferenter ad hoc et ad illud, tunc non erit potentia ordinata. Quod est inconveniens ponere: sua enim potentia est **[V208ᵛ]** potentia ordinata ad se ipsum ordinans, <et> secundum huiusmodi ordinationem est ponere omnia ordinari. Et ita non se habet indifferenter ad hoc quod sit vel non sit. Secundum hoc querit Boetius de providentia Primi Efficientis, idest cum Deus omnia provideat, si providit me currere et non curram, falletur eius providentia. Et necesse est Deum non falli. Similiter si providerit Antichristum fore et non sit, falletur eius providentia. Hoc est inconveniens ponere. Quare si providit hoc esse, necesse est hoc esse, et si providit omnia futura <esse>, necesse est omnia futura esse. Et sic nichil est ad utrumlibet, et sic privatur casus et fortuna.

78 [T55ʳᵇ] Propter hoc intelligendum quod potentia ipsius est potentia ordinata, non tamen sicut necessitas ad hoc. Nam potentia illa duplicem habet comparationem: unam ad illud in quo est sicut in subiecto — et sic ordinata est sicut necessitas, neque potest transmutari —, et iterum habet comparationem ad illud in quo est sicut intentio — et sic potest impediri ista potentia per relationem ad hoc ut **[V209ʳ]** per effectum rerum. Non tamen variatur ista ex parte efficientis, sed ex parte rei, sicut si potentia efficientis est ordinata ad effectum, aliquando potest impediri ex parte ipsius rei, quod non efficiat cum eius potentia eadem est. Et talis transmutatio est in ipso efficiente.

79 Sed tunc obiciet aliquis iterum, si potentia Primi Efficientis est potentia ordinata: cum ipsa potentia sit sufficiens, faciet illud ad quod ordinatur et semper ponet illud. Et ad hoc dicendum

---

6 *De cons. phil.* V, p. 426 (ed. Rand).

---

1 voluntatis] efficiens *R*   2 et] vel *V*   6 secundum hoc] sive quod *T*   7 de ... primi] de primi *R om. V*   7 idest cum deus] idest deus *R* est deus cum *V*   7 deus] benignus *add. V* regnus conditor(?) *add. R*   8 me currere] meum cursum *T* me cursurum *V*   8 curram] cursum *T* cursurum *V*   9 et ... falli] et necesse est divina providentia falli(!) *R om. T*   9–10 similiter ... providentia] *om. T*   11 hoc] *om. TV*   12 et] ut *T*   15 non tamen] *om. T*   15 nam] quod *V* et *R*   18 iterum] *om. R*   18 habet comparationem] unam *R om. T*   20 relationem] respectum *V*   20 ut] *om. V*   20 per] ad *T*   20 effectum] defectum *R*   21 variatur] variatio est *V*   21 ex] a *VR*   21 ex] a *codd.*   21–23 sicut ... rei] *om. V*   22 effectum aliquando] efficiendum aliquid *R*   22 impediri] impedita esse *R*   23 ex] a *R*   25 sed] *om. V*   25 obiciet] abiciet *V*   25 iterum] verum *T* actum *V* item *R*   25 si] sed *V*   26 est] *om. V*   26 sit] fit *V*   26 sufficiens] efficiens *TV* simpliciter *add. V*   26 faciet] faciens *R*   27 et] *om. V*   27 ponet illud] ponitur *R*   27 et ad hoc] ad hoc *V* ad quod *R*

quod ista potentia sufficiens est ad creandum quantum de se est, sed ultra hoc exigitur cuius ratio est voluntas. Et quia non semper creat, unde si semper vellet creare et facere, hoc semper crearet et faceret.

80 Ad aliud [77] dicendum secundum Boetium <quod> providentia qua providet Deus res inferiores non est res creans, <quia> non creat res, sed ab illis creatur. Unde habet esse secundum possibilitatem rerum. Et quia res possibiles sunt ad esse et ad non esse, propter hoc iste <eas> providentia providit sub potestate ad esse et ad non esse, et non sub necessitate ad esse. Et propter hoc, sive res sit sive non sit, hec providentia non falletur, cum ipsas providat in potestate ad esse et ad non esse, sic ergo ponendo 'non est necesse omnia futura evenire, vel contingere', cum illa providentia non **[V209ᵛ]** causet huiusmodi res, sed sit causata a rebus. Unde huiusmodi relationes que sunt in Deo per relationes ad res extra, non sunt in Deo ab eterno, sed inceperunt in ipso esse ab eterno. Sed ille proprietates <que> sunt in ipso secundum se et non per relationem ad res extra, sunt in ipso ab eterno. Unde verum est dicere quod Deus est fortis, potens, iustus ab eterno, non tamen est dicere quod sit creans ab eterno.

81 Ad aliud [60] dicendum quod ista passio est in aliquibus subiectis per medium aliquod commune, si medium sit illud commune univocum, et non analogum, nec magis relatum **[R299ʳᵃ]** ad unum quam ad alterum, et est eodem modo in utroque. Sed esse non est eodem modo in enuntiabilibus de futuro et de **[T55ᵛᵃ]** preterito, immo in quibusdam est sub necessitate, in aliis autem non est sub necessitate, immo sub conditione, sicut visum est. Et propter hoc non est eadem veritas utrobique, immo alia et alia.

---

5 *De consol. phil.* V, p. 426 (ed. Rand).

---

1 sufficiens] efficiens *TV*   1 creandum] terminandum *TV*   5 boetium] *om. V*   5 providentia] providentiam *V*   6 qua] que *TV*   6 deus] *om. TR*   6 non] ut *R*   7 non ... res] *om. V*   7 unde] bene *TR*   8 possibilitatem] partem *V*   9–10 propter ... alterum non esse] *om. TV*   12–13 sic ... necesse] *bis in R*   13 cum] et *V*   14 sit] sic *V*   16 eterno] non tamen est dicere quod sit creans ab eterno *add. R*   17 esse] *om. T*   17 ab eterno] *om. R*   17–18 sed ... eterno] *om. TV*   17 ille] *coni.* in illo *R*   19 verum] *om. TR*   19–20 ab eterno] *om. V*   21 passio] que *add. V*   22 subiectis] substantiis *V*   22 si medium] *om. R*   22–23 si ... commune] *om. T*   23 univocum] unius *R*   23 nec] non *R*   24 et] in *V*   24 eodem] utroque *TV*   25 enuntiabilibus] entibus *TV*   27–28 immo ... alterum alia] *om. T*   27 conditione] indifferentia *V*

Que orationes dicuntur modales

82 [V210ʳ] Solet dubitari que orationes debent dici modales, et utrum hec 'Sortem currere est necessarium' <sit modalis> vel hec 'Sortes currit necessario'. Et quod hec debeat dici modalis 'Sortem currere est necesssarium' videtur, per hoc quod dicit Aristotiles in libro *Periarmeneias*. Dicit enim quod sicut in illis de inesse res subiciuntur, esse vel non esse predicantur, sic in modalibus esse vel non esse subiciuntur, modi autem predicantur. Quare hec semper debet dici modalis 'Sortem currere est necessarium', cum esse subiciatur, modus autem predicatur.

83 Item. Hoc idem videtur per simile. 'Omnis' est dispositio subiecti, et ab ipso denominatur propositio. Cum ergo predicatum sit pars principalis orationis, quemadmodum et subiectum, videtur similiter quod quedam sunt dispositiones predicati que denominant propositionem. Sed non est ponere alias dictiones que denominant propositionem a parte predicati nisi dictiones modales, quia huiusmodi dictiones semper sunt a parte predicati. Quare oportet apponere modum a parte predicati in modalibus.

84 Sed contra. Si in orationibus modalibus modus semper predicatur, cum sic dicitur 'omnem hominem currere est **[V210ᵛ]** necessarium', totum dictum subicitur et modus predicatur. Sed tunc est illa oratio singularis, quia regula est quod:

Dictum universale positum in appellatione dicti est singulare.

Sed ex tali non potest fieri sillogismus. Quare ex ipsa non potest fieri sillogismus. Et ita non est sillogizare ex orationibus modalibus. Quod est contra Aristotilem: docet enim ex talibus orationibus

---

5 Cf. *De int.* 12, 21b27sqq.   26 *Anal. priora* I 9–13.

---

2 solet] autem *add. V*   2 debent] debeant *R*   2 et] *om. V*   4–5 sortem ... necessarium] *om. T*   5 necessarium] *om. V*   5 per hoc] *om. T*   6 dicit enim] *om. T*   6 sicut] est *add. V*   7 vel] et *VR*   7 sic] sed *V*   8 vel] et *R*   8 vel non esse] *om. R*   8 autem] sunt appositiones vel *R*   9 dici] *om. R*   10 autem] *om. R*   11 omnis] dispositio *add. T*   13 pars] *om. V*   13 et] *om. V*   14 similiter] *om. T*   14 predicati] quedam *add. R*   15 sed ... dictiones] *om. V*   15–16 sed ... propositionem] *bis in R*   15 alias] aliquas *R*   16 denominant propositionem] cadant *V* que cedant *add. R*   17 dictiones] modales *add. R*   18 apponere] ponere *VR*   20 predicatur] predicetur *R*   22–23 quia ... singulare] *om. R*   24–25 quare ... sillogismus] *om. V*   25 orationibus] dictionibus *V*   26 orationibus] *om. T* modalibus *add. R*

sillogizare in libro *Priorum*. Quare non est ponere quod modus semper predicetur, sed ferendus est modus ad compositionem, et non ad predicatum in orationibus modalibus.

85 Ad quod breviter respondendum est quod de hiis orationibus dupliciter est loquendum, scilicet aut secundum quod sunt enuntiationes aut secundum quod sunt propositiones. Loquendo de ipsis secundum quod sunt enuntiationes, **[T55ᵛᵇ]** sic determinat Aristotiles de ipsis in libro *Periarmeneias*. Et tunc habet modus predicari et dictum subici. Et sic non sunt modales. Tamen posset obici quod Aristotiles in libro *Periarmeneias* preparat materiam ad librum *Priorum*. Dicendum quod hoc est verum, sed hec est materia remota et non propinqua. Sed propositio est materia **[V211ʳ]** propinqua sillogismi. Loquendo vero de ipsis secundum quod sunt propositiones, sic non predicatur modus. Unde cum sic dicitur 'omnem hominem currere est necessarium' ut est propositio, predicatur 'currere', 'necessarium' advenit supra compositionem et 'hominem' subicitur. Et sic est universalis. Et sic de ipsis loquitur Aristotiles in libro *Priorum*. Et hoc ultimo modo procedebat ultima ratio.

86 Sic ergo patet solutio questionis, quod quedam sunt dispositiones predicati que denominant propositionem sicut subiecti, sicut sunt enuntiationes modales, de quibus habetur in libro *Periarmeneias*. Similiter intelligendum est de hac 'possibile est Sortem currere' sive 'omnem hominem currere est possibile', quoniam oppositorum eadem est disciplina. 'Impossibile' et 'necessarium' sunt huiusmodi. Ergo *etc*.

De hoc sophismate 'impossibile potest esse verum'

87 Sed de hoc sophismate IMPOSSIBILE POTEST ESSE VERUM aliquid inquiramus. De quo primo queritur de quadam distinctione que

---

7 *De int.* 12.   22 *Ibid.*

1–3 in . . . modalibus] *om. R*   5 loquendum] loquendo *V*   5 scilicet aut] *om. TR*
8 aristotiles] *om. T*   9 modales] quod *add. R*   10 materiam] viam *TR*   12 propinqua] proxima *V* ipsius *add. R*   12 loquendo . . . ipsis] ideo in illis *T*   15 est] hec *T*   16 predicatur] ponitur *V*   16 currere] esse *T*   20 quod quedam] que *T* quedam *V*   21 sicut] quedam sunt *add. R*   29 inquiramus] queremus *V*
29 quo] hoc *V*

solet fieri, utrum valeat vel non. Secundo queritur **[V211ᵛ]** de veritate orationis. Tertio queritur de falsitate.

Utrum valeat quedam distinctio

88 Distinguitur prima multiplex, ex eo quod hoc quod dico 'impossibile' potest teneri pro impossibili per se vel pro impossibili per accidens. Si pro impossibili per se, sic est falsa, si pro possibili per accidens, sic est vera. Sed quod ista distinctio non valeat videtur. 'Per se' et 'per accidens' sunt differentie entis, sicut dicit Aristotiles in *Prima philosophia*. Sed differentie non transcendunt illud cuius sunt differentie. Quare *per se* et *per accidens* non habent esse nisi circa ens. Cum ergo impossibile non sit ens, non habent iste differentie esse circa impossibile. Ergo non est distinguere *etc.*

89 Item. Omne per accidens reducitur ad suum per se, ut hec **[T56ʳᵃ]** 'album est lignum' reducitur ad hanc 'lignum est album'. Unde si aliqua oratio sit vera de aliquo per accidens, vera est de aliquo per se. Quare si hec oratio est vera de impossibili per accidens, ipsa est vera de impossibili per se. Quare nulla distinctio.

90 Item. Dicit Aristotiles in libro *Topicorum* quod si unum oppositorum est multiplex, et reliquum, et si **[V212ʳ]** unum non est multiplex, nec reliquum. Sed possibile et impossibile opponuntur. Quare si possibile non est multiplex per 'possibile per se' et 'possibile per accidens', neque 'impossibile' erit **[R299ʳᵇ]** multiplex, ut sit quoddam impossibile per se et quoddam impossibile per accidens.

91 Item. Queritur quid sit dicere 'impossibile per accidens'. Et dicitur quod impossibile per accidens est quod nec potest nec

---

8 *Metaph.* V 7, 1017a7–8. 18 Cf. Arist. *Topica* I 15, 106b14–15: "Quot modis dicitur unum oppositorum, tot modis dicitur et reliquum." (*Auct. Arist.* 36, 18) Cf. etiam *Eth. Nichom.* V 1, 1129a18, 24–25: "Si unum oppositum dicitur multis modis, et reliquum." (*Auct. Arist.* 12, 83)

---

1 fieri] poni *V*   1 queritur] *om. R*   2 queritur] *om. R*   5 potest] *om. V*   6 pro ... se] primo modo *R*   6–7 pro ... accidens] secundo modo *R*   8 entis] enim *add. R*   9 non] *om. V*   9 transcendunt] sunt nisi circa *R*   12 differentie] per se et per accidens *add. R*   12 circa] supra *R*   12 distinguere] quare *add. V*   13 item] *om. T*   13 hec] hic *TV*   14 est lignum *om. V*   15 de aliquo] *om. R*   15 est] erit *V*   15–16 de aliquo] *om. R*   16 est] sit *V*   17 quare ... distinctio] *om. TR*   18 libro topicorum] topicis *VR*   19–20 unum ... multiplex] nec unum *V*   21 est] sit *R*   21 per] ut sit *R*   21 possibile] *om. R*   22 erit] est *R*   23 impossibile] *om. R*   24 queritur] *om. V*   24 sit] est *VR*   25 nec] videtur(!) *V*

poterit esse verum, tamen potuit. Sed, hoc modo sumendo 'impossibile', est hec falsa 'impossibile potest esse verum'. Quare omni modo est falsa. Et sic non est distinguere quod impossibile possit sumi sic vel sic.

De rationibus probantibus quod hec est vera 'impossibile potest esse verum'

92 Circa secundum proceditur sic. Videtur quod hec sit vera 'impossibile potest esse verum'. Dicit Aristotiles quod hanc 'omne B contingit esse A' contingit dupliciter accipere, aut quia omne quod est B contingit esse A, aut quia omne quod contingit esse B contingit esse A. Sed 'possibile esse' et 'contingere esse' sunt idem, sicut vult Aristotiles. Quare hanc 'impossibile potest esse verum' dupliciter potest accipere, ut sit sensus *omne quod est impossibile potest esse verum*, aut *omne quod potest esse impossibile potest esse verum*. Sed si aliqua oratio duas habet causas veritatis: si sit vera pro una, erit **[V212ʳ]** vera simpliciter. Sed hec est vera 'quod potest esse impossibile potest esse verum'. Quare et hec 'impossibile potest esse verum'.

93 Item. Circa terminum restrictum contingit significare quoniam restringitur. Unde bene sequitur 'homo currit; ergo homo qui est currit'. Similiter circa terminum ampliatum contingit significare quoniam ampliatur. Sed iste terminus 'impossibile' est terminus ampliatus, cum sic dicitur 'impossibile potest esse verum'. Ergo contingit significare circa ipsum quoniam ampliatur, sic dicendo 'quod potest esse impossibile potest esse **[T56ʳᵇ]** verum'. Sed hec est vera. Quare et prima.

94 Item. Illud quod dicit tempus indeterminatum et confusum, sequitur ad illud quod dicit tempus determinatum sive ad illud

---

8 Cf. *Anal. Priora* I 13, 32b26–38.   12 Cf. *Anal. Priora* I 13, 32a16sqq.

1–2 sumendo impossibile] loquendo de impossibili *V*   2 est hec] prima est *R*
2 impossibile ... verum] *om. VR*   3 et sic] *bis in V*   3 possit] perossit*(!) T*
7 proceditur] queritur *TV*   9 contingit] est *R*   11 b] a *T*   11 a] b *T*   11 possibile] posse *V*   13 potest] est *V*   14 aut] quia *add. TR*   15 habet] habeat *VR*
15 causas] *om. R*   15 si] *om. V*   16 erit] est *V*   16 vera] omne *add. R*   19 circa] *om. V*   19 significare] sumere *T*   20 homo] *om. R*   21 similiter] ergo a simili *VR*   22 impossibile] habet *add. V*   26 et] *om. TR*   27 dicit tempus] est *V*
28 ad illud] *om. VR*

quod dicit rem suam pro tempore determinato. Unde bene sequitur 'currit in A; ergo currit'. Ergo cum hec 'impossibile potest esse verum' dicat rem suam pro tempore indeterminato et confuso, sequitur ad illam que dicit rem suam pro tempore determinato. Sed hec 'impossibile in A potest esse verum' dicit tempus determinatum. Quare sequitur 'impossibile in A potest esse verum; ergo impossibile potest esse **[V213ʳ]** verum'. Sed hec est vera 'impossibile in A potest esse verum'. Quare et hec erit vera 'impossibile potest esse verum'.

95 Item. Dicunt quidam quod hec est vera 'impossibile potest esse verum' quia si 'impossibile' et 'posse esse' referuntur ad idem tempus et intelliguntur pro eodem tempore, videtur etiam quod sit vera intelligendo pro eodem tempore quia: Me fuisse Rome est impossibile in A; me fuisse Rome potest esse verum in A. Ergo impossibile in A potest esse verum in A. Quare et intelligendo pro eodem tempore hec est vera 'impossibile potest esse verum'.

96 Item. Eadem est potentia ad opposita, ut vult Aristotiles. Sed verum et falsum opponuntur. Quare eadem est potentia ad verum et ad falsum. Sed impossibile potest esse falsum. Quare impossibile potest esse verum.

De rationibus probantibus quod hec est falsa 'impossibile potest esse verum'

97 Circa tertium sic proceditur. Videtur quod sit falsa. Dicit enim Aristotiles quod frustra est potentia quam non consequitur actus.

---

18 Cf. *Metaph.* IX 2, 1046b4–6: "Potentia rationalis valet ad opposita, irrationalis vero ad unum tantum." (*Auct. Arist.* 1, 222)   24 Cf. *Phys.* II 6, 197b22–27: "Frustra et vanum est illud quod ordinatum est ad aliquem finem et illum non includit." (*Auct. Arist.* 2, 82)

---

2 ergo] *bis in T*   2 ergo] *om. T* unde *R*   3 dicat] dicit *T*   4 ad illam] *bis in V*   4 determinato] aliquo *V* est vera *add. T*   5 hec] *om. V*   5–6 dicit... determinatum] est vera *T*   6 quare... verum] *om. T*   7 ergo... verum] ergo hec impossibile potest esse verum est vera *T*   7–8 sed... verum] *om. R*   7 hec] *om. V*   7 est] erit *T*   8 quare et] ergo *R*   10 vera] falsa *VR*   11 posse esse] possibile *T*   11 referuntur] refugiantur(?) *R*   12 et] *om. T*   12–13 videtur... tempore] *om. T*   13 quia] in *add. V*   15 et] *om. TV*   16 pro... tempore] *om. T*   16 hec... impossibile] potest esse vera in a ergo *T*   18 est] *om. T*   18 opposita] valet *add. TV*   18–19 vult... sed] universale *V*   21 verum] etc. *add. T*   24 enim] *om. VR*   25 quod] *om. R*

Ergo si impossibile sit in potentia ad hoc ut sit verum, oportet ut ipsam potentiam consequitur actus suus. Oportet ergo quod hec aliquando sit vera 'impossibile potest esse verum'. Sed ipsa non potest **[V213ᵛ]** habere veritatem actu. Quare non habebit veritatem in potentia. Quare hec est falsa 'impossibile potest esse verum'.

98 Item. *Verum* est species ad *esse*. Sed quod non est in potentia ad superius, non est in potentia ad inferius. Quare quod non est in potentia ad esse, non est in potentia ad esse verum. Sed *impossibile* non est in potentia ad *esse*. Quare non est in potentia ad esse verum. Quare hec est falsa **[T56ᵛᵃ]** 'impossibile *etc.*'.

99 Item. Opposita per se non possunt predicari de eodem. Sed 'possibile' et 'impossibile' opponuntur, sive 'posse esse' et 'non posse esse'. Sed 'non posse esse' predicatur de impossibili per se. Ergo 'posse esse' non poterit predicari de eodem. Quare impossibilis erit hec 'impossibile *etc.*'.

Solutio

100 Ad primum [88] dicendum quod hec est falsa simpliciter 'impossibile potest esse verum'. Et distinctionem non sustinemus, immo dicimus quod loquendo de impossibili per accidens, hec est falsa 'impossibile potest esse verum', quoniam impossibile per accidens est quod non potest nec poterit esse verum, tamen potuit esse verum. Tale quidem impossibile non potest esse verum. Et propter hoc hec est falsa.

101 **[V214ʳ]** Ad probationem autem dicimus quod non valet hoc argumentum 'qui potest esse cecus potest esse videns; ergo cecus potest esse videns', quoniam in hac 'qui potest esse cecus potest esse videns', hoc verbum 'potest' ultimo positum coartat pro tempore ante ipsum, ante autem positum coartat pro tempore

---

1 ergo ... potentia] *bis in* R   1 sit] est R   5 in] a T   5–6 quare ... verum] *om.* T   5 est] erit R   8–9 non ... potentia] nec V   9 non ... esse] nec ad V   10 est in potentia] habebit potentiam T   12 de eodem] *om.* R   13 posse] possibile T   13 non posse] impossibile T   posse non V   14 sed ... esse] *om.* T   14 esse] *om.* R   15 posse] possibile T   15 eodem] ipso R   15 impossibilis erit] est impossibile V est falsa R   16 hec ... etc.] *om.* V solutio *add.* R   22 accidens] quod *add.* TV   22 est] *om.* R   22 est ... non] quia nec V   23 esse verum] *om.* R   27 cecus] cecum TR   29 ante] ipsum *add.* V   29 autem] prius *add.* V *om.* R

post. Unde sensus est 'qui potest esse cecus potest esse videns', **[R299ᵛᵃ]** idest *qui potest esse cecus post, potest esse videns ante*. In conclusione autem infert pro tempore eodem, quoniam hoc verbum 'potest' semel positum dat intelligere pro tempore alio et alio indifferenter. Et propter hoc peccat secundum fallaciam consequentis a duabus causis ad unam, dicendo sic 'qui potest esse cecus potest esse videns; ergo cecus potest esse videns'. Nam in prima hoc quod dico 'cecus' et hoc quod dico 'videns' se habent indifferenter, neque copulant rem suam pro tempore eodem, sed pro temporibus diversis. Infertur autem in conclusione ac si poneret rem suam pro tempore eodem. Et sic est fallacia consequentis.

102 Similiter dicendum est ex hac parte, quoniam cum dicitur 'quod est vel erit impossibile *etc.*', li 'impossibile' potest teneri pro virtute horum verborum pro *impossibili nunc* vel pro *impossibili quod erit*. Cum autem dicitur 'ergo impossibile potest esse verum', quoniam hec habet veritatem, 'illud quod est vel erit impossibile potest esse verum' — et hoc est quia **[T56ᵛᵇ]** hoc verbum 'est' aut hoc verbum **[V214ᵛ]** 'erit', et hoc verbum 'potest' indifferenter se habent ad hoc ut copularent rem suam pro tempore eodem aut pro temporibus diversis —, et quia in altera istarum causarum habet veritatem ut cum supponat pro alio et alio, ut hoc verbum 'est' copularet pro tempore ante, hoc verbum 'potest' copularet pro tempore post, ut sit sensus *quod erit impossibile in tempore ante potest esse verum post*, propter hoc potest esse vera. Sed hec 'impossibile potest esse verum' dat intelligere extremitates pro tempore eodem. Propter hoc fit peccatum secundum consequens a duabus causis ad unam.

---

2 idest ... videns] *om.* V   3 autem] *om.* TR   3 eodem] li cecus et li videns copulant rem suam pro tempore eodem *add.* T   3 hoc] *om.* R   4 semel positum] *om.* V   4 dat] se *add.* T   4 tempore ... et] eodem tempore vel pro T   6 dicendo] addendo V   7–8 in prima] numquam T   9 neque] ut VR   9 copulant] copularent V   10 sed] aut R   10–11 sed ... eodem] *om.* V   11 est] *om.* V   13 est] quod *add.* V   13–17 cum ... quoniam] *om.* V   13–17 cum ... veritatem] *om.* R   17 habet] dicit V   19 aut] et V vel R   19 hoc verbum] *om.* R   20 copularent] copulent TR   22 ut cum] unde V   22 supponat] supponant V   22 alio] tempore *add.* V   22 et alio] *bis in* T   22 ut] et V   23 ante] aut T   23 copularet] copulet TR   24 post] potentia V   24 post ... sensus] possunt sic sumi T   25 hec] *om.* T   26–27 extremitates ... eodem] ad idem tempus referuntur T

103 Vel potest esse ibi fallacia figure dictionis ex variato modo supponendi, quia iste terminus 'impossibile' aliam habet suppositionem in prima et in conclusione, sicut visum est. Assignatur autem ibi a quibusdam fallacia accidentis, quia cum sic dicitur 'id quod est vel erit impossibile potest esse verum', hoc quod dico 'impossibile' dat se intelligere non pro forma sua, sed pro supposito. Quod patet etiam cum dicit in probatione [95] 'me fuisse Rome **[V215ʳ]** est impossibile et illud potest esse verum', in conclusione autem dat se intelligere pro forma sua. Et primo accipitur pro supposito, et infertur pro accidente. Et ita est ibi fallacia accidentis, ex eo quod idem assignatur rei subiecte et accidenti inesse. Priori tamen solutioni magis consentio, quamvis hec habeat aliquid veritatis probabilis.

104 Dicendum est ergo quod cum dicit Aristotiles in libro *Priorum* quod hanc 'omne B contingit esse A' contingit dupliciter accipere, aut de inesse aut de contingenti, ille intelligit ad tempus idem referendo utrumque actum vel extremitates, ut pro eodem extremitates intelligantur in conclusione et in premissis: in hac 'omne B contingit esse A' et in hac 'omne quod contingit esse B contingit esse A'. Sic autem, retorquendo li 'potest' supra subiectum, intelligitur tempus idem utrobique. Et sic dico quod falsa est hec 'quod potest esse impossibile potest esse verum' sicut hec 'impossibile potest esse verum'. **[T57ʳᵃ]** Unde breviter dicendum est quod hec 'quod potest esse impossibibile potest esse verum' secundum quod equipollet isti 'impossibile potest esse verum', falsa est. Secundum se autem sumendo, dicendum **[V215ᵛ]** quod vera est, quoniam non intelligitur idem tempus utrobique, immo se habet per indifferentiam ad tempus idem et diversum.

---

14 Cf. *Anal. Priora* I 13, 32b26–38.

---

1 ibi] *om. TR*   1 fallacia figure] figura *R*   4 autem ibi] *om. TR*   9 sua] et pro accidente *R*   9–10 et . . . supposito] et ita quod primo attribuitur pro forma *bis in R om. V*   10 et] *om. R*   10 infertur] *om. V*   11 idem] *om. V*   11 assignatur] est assignatum *R* subiecto vel *add. V*   11 accidenti] eius *add. R*   12 magis] *om. R*   13 veritatis probabilis] veritatis et probabilitatis *V* simile veritati *R*   15 esse b] *om. V*   15 contingit] est *R*   16 intelligit] intellexit *R*   17 vel] secundum *R*   17 extremitates] extremitatis *T*   18 premissis] premissa *TR*   20 autem] cum dico quod sic *T* autem dico quod sic *R*   21 tempus] subiectum *R*   21 et sic] *om. VR*   22 quod] tempus *add. V*   22 verum] *om. R*   22–23 sicut . . . verum] *om. TV*   23–24 unde . . . verum] unde dicendum quod hoc quod potest esse *V om. T*   25 falsa] impossibilis *R*   27 quoniam non intelligitur] unde intelligitur non *V*   27 immo] quoniam *T*

105 Ad aliud [93] dicendum est quod cum restringitur terminus, contingit significare circa ipsum quoniam restringitur. Sed hoc est pro tempore pro quo restringitur, et non pro alio. Similiter circa terminum ampliatum contingit significare quoniam ampliatur pro tempore illo pro quo tenebatur sive ampliabatur. Unde cum iste terminus 'impossibile' ampliatur ab hoc verbo 'potest', contingit significare circa ipsum quoniam ampliatur. Sed hoc est pro tempore eodem intelligendo utrumque actum. Sed sic est eadem falsitas utrobique.

106 Ad aliud [94] dicendum quod argumentum istud 'impossibile in A potest esse verum; ergo impossibile potest esse verum' non valet, immo peccatum est secundum consequens in predicta probatione. Sed ad aliud [95] quod obicitur per illud quod tempus confusum dicit sive indeterminatum sequitur ad idem quod tempus est determinatum, hoc verum est dummodo intelligatur idem tempus utrobique. Sed hoc quod dico 'impossibile' cum dicitur 'impossibile in A potest **[V216ʳ]** esse verum', non copulat rem suam pro tempore eodem pro quo copulat hoc verbum 'potest', immo pro alio. In conclusione autem infert ac si copularet rem suam pro tempore eodem, quia ibi assignatur tempus unum tantum. Ad aliud dicendum est quod, sicut visum est, iste terminus 'impossibile' ampliatur, hoc non est pro tempore eodem pro quo copulabat rem suam hoc verbum 'potest'. Et sic semper erit falsa.

107 Ad aliud [95] dicendum quod non valet hoc argumentum 'me fuisse Rome est impossibile in A; me fuisse Rome potest esse verum in A; ergo impossibile in A potest esse verum in A', immo peccat secundum figuram dictionis a pluribus determinatis ad unam determinatam, quia hoc verbum 'fuisse' pro tempore alio et alio tenetur in premissis, et in conclusione infertur ac si poneret rem suam pro eodem sive pro **[R299ᵛᵇ]** altero istorum. Et **[T57ʳᵇ]**

---

1 terminus] magis *add. R*   2 quoniam] et *T* quod *V*   5 sive] *om. R*   5 ampliabatur] ampliatur *T*   6 ampliatur] amplietur *V*   10 dicendum] *om. V*   11 in a] *om. T*   12 peccatum ... consequens] est ibi fallacia consequentis *V* peccat secundum consequens *R*   13 probatione] ratione *R*   13 sed] *om. T*   13 obicitur] obicit *T*   13 per] quidem *V*   13 per illud] *om. R*   16 dico] est *R*   18–20 pro ... eodem] *om. V*   21 tantum] *om. V*   21 est] quod *add. VR*   22 terminus] *bis in R*   22 ampliatur] amplietur *V*   22 hoc non est] *om. T*   26 me ... rome] *om. R*   27 immo] quia *R*   28 figura] fallaciam figure *V*   29 determinatam] *om. R*   29 tempore] *om. V*   30 et in conclusione] in conclusione autem *R*

sic mutatur *quale quid* in *hoc aliquid*. Quod autem dicitur sic manifestum est, quia cum sic dico 'me fuisse Rome est impossibile in A', 'me fuisse' dicit rem suam pro tempore post A; sed cum dicitur 'me fuisse Rome in A potest esse **[V216ᵛ]** verum', copulat vel coartat pro tempore <ante A>, in conclusione autem infertur pro altero istorum. Et est simile argumentum 'Sortes fuit albus, Sortes fuit niger; ergo Sortes fuit albus et niger'.

108 Ad aliud [96] dicendum est quod eadem est potentia ad opposita, nisi ad alterum naturaliter ordinetur. Sed potentia impossibilis se habet ad falsum, et potentia naturaliter est inclinans se ad aliud. Propter hoc non se habet ad aliud, sed ad verum.

---

1 sic] etiam *V*   2 rome] in a *add. T*   3–4 me...dicitur] *om. T*   3 a] *om. R*
3 sed cum] quod autem *V*   6 fuit] fit *V*   7 fuit] fit *V*   7 sortes fuit] fit *V*
8 quod...est] *om. V*   10 et potentia] *om. T*   10–11 est...aliud] in alterum autem non sic *T*   11 sed ad verum] *om. TR*

VI DE 'INCIPIT' ET 'DESINIT'

1 Post hec queritur supra hiis que accidunt in sophismatibus harum dictionum 'incipit' et 'desinit'. Primo ergo queritur de quadam distinctione que habet queri supra hoc sophisma SORTES DESINIT ESSE, NON DESINENDO ESSE. Secundo queritur de veritate et falsitate istius 'Sortes desinit esse, non desinendo esse'.

De quadam distinctione

2 Distinguitur ergo hec multiplex 'Sortes desinit esse *etc.*', ex eo quod ista determinatio 'non desinendo' potest determinare hoc verbum 'esse' vel hoc verbum 'desinit'. Sensus autem patebunt [V217ʳ] postea.

3 Quod ista distinctio nulla sit videtur. Omnis concomitantia alicuius cum actu habet fieri circa illud quod rem suam significat ut ens aliquid in subiecto. Verbi gratia, inconvenienter dicitur 'Sortem currere dum Plato disputat', et hoc est quia hoc verbum 'currere' non significat actum per relationem ad subiectum. Convenienter tamen dicitur 'Sortes currit dum Plato disputat', et hoc est quia hoc verbum 'currit' significat actum prout est in subiecto. Ergo cum hec determinatio 'non desinendo' dicat concomitantiam — quod innuit Priscianus, qui dicit quod gerundivum habet resolvi per 'si' vel per 'dum' vel per 'quia' —, habet esse sive determinare illud quod dicit rem suam ut in subiecto. Ergo cum hoc verbum 'desinit' significat rem suam ut in subiecto, et

---

20 *Inst. gramm.* V, 80, pp. 190¹⁶–191⁷; XVIII, 30, pp. 221²⁵–222³.

---

3 harum dictionum] illorum istorum *R*   3 ergo] *om. V* enim *R*   3 queritur] *om. R*   4 habet] solet *R*   5 veritate et] *om. R*   6 istius] ipsius *V* eius *R*   6 esse] *om. R*   6 non...esse] etc. *VR*   9 determinatio] determinat *T*   9 desinendo] esse *add. V*   10 autem] *om. R*   12 concomitantia] consequentia *TV*   13 cum actu] circa actum *T*   13 fieri] significari *R*   13 circa...quod] cum actu qui *T*   14 inconvenienter] enim *add. R*   16 non] *om. R*   16 per...subiectum] prout est in subiecto *V*   17 tamen] enim *R*   19 cum] *om. V*   19 dicat] dicit *V*   20 innuit prisciano] patet prius per priscianum *V* patet per priscianum *R*   22 dicit] dico *R*   22–23 ergo...subiecto] *om. VR*

non hoc verbum 'esse', hoc quod dico 'non desinendo' habebit esse circa hoc verbum 'desinit', et non circa hoc verbum 'esse'. Et sic non est dicere quod possit determinare **[T57ᵛᵃ]** hoc verbum 'esse' vel hoc verbum 'desinit'. Et sic distinctio nulla.

4 Item. Omne ens infinitum **[V217ᵛ]** finitur per illud quod est magis finitum. Ergo cum hoc quod dico 'non desinendo' significet rem suam infinite ad alterum dependentem, finitur per illud quod est magis finitum. Sed hoc verbum 'desinit' est magis finitum quam hoc verbum 'esse'. Quare li 'non desinendo' magis habebit finiri per hoc quod dico 'desinit' quam per hoc quod dico 'esse'. Et sic non est distinguere. Quare *etc.*

5 Item. Determinationis non est determinatio. Ergo cum hoc verbum 'esse' sit determinatio huius quod est 'desinit' — nam horum verborum 'incipit' et 'desinit' quodlibet habet determinari per verbum infinit<iv>i modi, quare semper determinabit hoc verbum 'desinit', et numquam hoc verbum 'esse' —, relinquitur ergo quod hec determinatio 'non desinendo' huius verbi 'esse' non erit determinatio sed huius verbi 'desinit'. Et sic non est distinguere.

6 Item. Omnis attributio est ad illud quod est formale in oratione. Cuius signum est quod illud quod est formale in oratione est sicut principium completum, et similiter in quolibet composito. Ergo cum hoc verbum 'desinit' sit formale in ista oratione, attributio eius habet esse circa **[V218ʳ]** illud. Quare ista concomitantia importata per gerundivum habet esse circa hoc verbum 'desinit'. Quare nulla est distinctio.

7* Item. Hoc verbum 'esse' finitur per hoc verbum 'desinit', cum sit infinit<iv>um. Et similiter hoc verbum 'desinit' per hoc verbum 'esse' finitur, quia huiusmodi verba 'incipit' et 'desinit' finiuntur per aliquid a parte post. Quare eadem est finitatio utrobique. Quare si aliquid finitur per unum, oportet quod per alterum finiatur, quia ubi unum per alterum, utrobique unum. Ergo si hoc quod dico 'non desinendo' per hoc quod dico 'esse' terminetur, terminabitur per hoc verbum 'desinit'. Ergo distinctio nulla.

* cc. 7 et 8: inverso ordine in R

8 Item. Si una expositivarum non est multiplex, nec reliqua, quoniam convertuntur. Sed ista 'Sortes desinit esse, non desinendo esse' equipollet huic 'Sortes desinit esse dum non desinit esse', [T57^vb] sicut vult Priscianus. Ergo si una istarum non est multiplex, nec reliqua. Sed hec non est multiplex 'Sortes [V218^v] desinit esse dum non desinit esse', sed est simpliciter falsa. Quare similiter hec non erit multiplex 'Sortes desinit esse, non desinendo esse'. Propter hoc queritur utrum hec possit esse multiplex 'Sortes desinit esse dum non desinit esse', et si non, quare non.

De rationibus probantibus quod hec sit falsa
'Sortes desinit esse, non desinendo esse'

9 Secundo queritur utrum hec sit falsa 'Sortes desinit *etc.*' Et videtur quod sic. Omnis oratio implicans in se contradictorie opposita pro tempore eodem est impossibilis. Sed hec est talis. Probatio: ponit enim quod Sortes desinit esse et quod Sortes non desinit esse pro tempore eodem. Et quod pro eodem tempore videtur. Dicit enim Priscianus quod omne quod dicit tempus indeterminate, quando adiungitur alicui verbo quod dicit tempus determinatum, ponit rem suam pro tempore illo [R300^ra] pro quo ponit

---

10 *Ibid.* 23 Cf. *Inst. gramm.* XVII, 180.

1-2 quare ... utrobique unum] *om.* T 2 unum] tantum et eadem est finitatio utrobique *add.* R 4 terminetur] determinatur *V* terminatur *R* 4 terminabitur] determinatur *V* 4 desinit] ergo si determinat unum determinat alterum *add. V* 7 una expositivarum] *coni.* unum exponentium *T* una expositiva *V* una expositarum *R* 7 reliqua] reliquum *T* 9 esse] *om. V* 12 sed] hec *add. T* 13 erit] est *VR* 15 dum non desinit] non desinendo *V* 18 utrum] de falsitate *R* 18 utrum ... etc.] *om. V* 18-19 hec ... sic] et videtur quod hec sit falsa sortes desinit etc. *R* 19 sic] sit falsa *V* 21 sortes] *om. T* 22 pro ... eodem] *om. T* 22 et quod] quod autem *V* quod *R* 22 pro] *om. T* 23 enim] *om. R* 24 quando adiungitur] ad subiectum(!) *V*

rem suam illud cui adiungitur. Ut si dicam 'volo legere', sensus est: *volo ut legam*, 'volebam legere': *volebam ut legerem*. Ergo cum hoc quod dico 'non desinendo' ponat rem suam pro aliquo **[V219ʳ]** tempore indeterminato, adiunctum alicui verbo quod dicit tempus determinatum ponet rem suam pro tempore illo. Ergo adiunctum huic verbo 'desinit' ponet rem suam pro tempore eodem pro quo hoc verbum 'desinit'. Ergo cum opposita ponant rem suam pro tempore eodem, manifestum est quod circa idem opposita implicantur pro tempore eodem. Quare oratio est impossibilis.

10 Item. Omnis oratio denotans aliquid inesse alicui cum determinatione oppositum denotante est impossibilis. Unde hec est impossibilis 'Sortes sine albedine est albus'. Ergo cum in hac 'Sortes desinit *etc*.' assignetur predicatum inesse subiecto cum determinatione oppositum denotante, relinquitur quod ipsa est impossibilis 'Sortes desinit *etc*.'.

11 Item. Cum aliquis actus alicui <alii> actui concomitatur, contingit utrumque actum de subiecto **[T58ʳᵃ]** predicari. Unde bene sequitur 'Sortes currendo disputat; ergo Sortes currit; ergo Sortes disputat'. Ergo cum hic significetur actus concomitari alicui alii ut per hoc quod dico **[V219ᵛ]** 'non desinendo', contingit utrumque dici de subiecto. Quare sequitur 'Sortes desinit *etc*.; ergo Sortes desinit esse, et Sortes non desinit esse'. Et ulterius contingit inferre per locum *a toto copulato* 'ergo Sortes desinit esse'. Sed hec est falsa per positum, quia positum fuit sic quod Sortes sit in penultimo instanti vite sue. Et ita adhuc erit falsa. Quare hec erit falsa 'Sortes desinit *etc*.'.

12 Item. Oratio dupliciter potest esse falsa, aut propter falsam implicationem sine concomitantia, aut propter falsam inherentiam predicati ad subiectum. Quod patet: hec enim dupliciter potest esse falsa 'Sortes currit dum disputat', aut quia Sortes non currit,

---

1 rem suam] *om. R*   1 cui adiungitur] verbum *V* iungitur alicui verbo quod dicit rem suam pro tempore determinato *R*   1 dicam] dicatur sic *V* dicatur *R*   1-2 sensus est] *om. R*   5 ponet] ponit *VR*   7 opposita] opponantur et *R*   9 oratio] distinctio *T*   11 oppositum denotante] composita de necessitate(!) *V*   13 desinit] *om. T*   13 assignetur] attribuitur *V*   13 subiecto] scilicet desinere esse *add. V*   16 concomitatur] copulatur *T* concomitur(!) *V*   17 subiecto] substantia *TR*   18 currendo] currit dum *V*   19 concomitari] copulari *T*   19-20 alicui <alii>] *coni.* alicui *TR* alii *V*   22 sortes] *om. R*   22 non desinit] desinit non *TV*   24 fuit] finit(!) *V*   24 sic] *om. VR*   25 sue] *om. V*   25 erit] est *VR*   25-26 quare... falsa] *om. V*   26 erit] est *R*   27 potest] habet *V*   28 falsam] *om. TV*   29 potest] habet *T*   30 dum] et idem *V*

aut quia Sortes non disputat. Quare cum in hac sit falsa inherentia predicati ad subiectum, scilicet pro hac 'Sortes desinit esse', cum hoc sufficiat ad hoc quod sit falsa, quare prima est falsa simpliciter. Ergo hec est falsa 'Sortes desinit *etc.*'. Quod autem sit falsa patet per positum.

13 Item. Nichil idem predicatur cum duabus determinationibus oppositis. Sed iste **[V220ʳ]** determinationes sunt opposite 'desinendo esse', 'non desinendo esse'. Quare non contingit idem predicari de aliquo cum utraque istarum. Sed hec est vera 'Sortes desinit esse, desinendo esse'. Quare hec est falsa 'Sortes desinit esse, non desinendo esse'. Quod autem hec sit vera 'Sortes desinit esse, desinendo esse' videtur, quia dicit Aristotiles quod hec est vera 'bonum est bonum'. Item, dicit Boetius quod nulla propositio est verior illa in qua idem predicatur de se. Sed in hac 'Sortes desinit esse *etc.*' predicatur idem de se. Quare ipsa est vera. Ergo per locum *ab oppositis*: hec est falsa 'Sortes desinit esse, non desinendo esse'.

14 Item. Nulla propositio est verior illa in qua idem predicatur de se. Ergo nulla erit falsior illa in qua idem a se removetur. Sed in hac 'Sortes desinit esse, non desinendo esse' removetur idem a se. Ergo ipsa **[T58ʳᵇ]** est falsa simpliciter 'Sortes desinit *etc.*'

De rationibus probantibus quod hec sit vera
'Sortes desinit esse, non desinendo esse'

15 Item. Queritur de veritate. Videtur quod hec sit vera, quia dicit Aristotiles in libro *Priorum* quod generationis non est generatio, nec motus est motus, nec corruptionis est corruptio. Quare similiter desitionis non est desitio. Quare non desinere esse est huius quod est 'desinere esse'. Ergo desinit, **[V220ᵛ]** non desinendo esse. Ergo hec est vera 'Sortes desinit *etc.*'.

16 Item. Actus reflexus supra se negatum aut supra suum oppositum non ponet se simpliciter, sed secundum quid. Ut cum dicitur 'video me non videre', ibi non ponitur actus simpliciter, sed secundum quid. Propter hoc non sequitur 'video me non videre; ergo video aliquid', immo peccat secundum quid et simpliciter; similiter non sequitur 'scio me non scire; ergo scio aliquid'. Ergo cum in hac 'Sortes desinit *etc.*' reflectatur actus supra se negatum, alterum ponet rem suam simpliciter, alterum secundum quid. Sed sicut dicit Aristotiles in libro *Elenchorum*, non repugnant affirmatio secundum quid de aliquo et negatio de eodem simpliciter, sicut patet in exemplo posito. Ergo si affirmatur desitio et negatur, non erit tamen impossibilis, immo erit vera et possibilis, sicut hec 'video me non videre'.

17 Item. Affirmatio de aliquo pro uno tempore et negatio pro alio tempore de eodem non repugnant, **[V221ʳ]** ut hec 'Sortes currit nunc, Sortes non currit tunc'. Sed hoc quod dico 'desinit' ponit rem suam pro tempore altero quam hoc quod dico 'non desinendo'. Quod patet per positum, quia hoc quod dico 'desinit' supponit pro tempore post, hoc autem quod dico 'non desinendo' supponit pro tempore ante. Quare positio unius ad alterum non habebit repugnantiam. Quare *etc.*

18 Item. Cum aliquid inest alicui secundum quid et non simpliciter, addita determinatione eidem que facit ipsum teneri secundum quid, vera est. Ut si **[T58ᵛᵃ]** albedo insit Sorti pro pede,

---

13 Cf. *Soph. El.* 6, 168b11–16.

1 motus] non *add. R*   1 est] *om. R*   2 non est] *om. V*   2 est] est determinatio *bis in V* non erit *R*   3 esse] *om. R*   3 ergo] sortes *add. V*   3 esse] *om. R*   7–8 ibi … quid] et *V*   7 ponitur] ponatur *T*   8 quid] et *add. R*   9 aliquid] vel aliquid me*(!) V*   10 similiter non sequitur] et similiter *T* similiter *R*   11 reflectatur] reflectitur *VR*   12 negatum] et ita *R*   12 ponet] ponat *R*   13 quid] sicut patet in exemplo posito *add. V*   13 sicut] sic *T*   13 repugnant] repugnat *TV*   14 secundum quid] *om. T*   15 sicut … posito] *om. V*   15 si] ibi *add. V*   15 affirmatur] affirmetur *R*   16 negatur] negetur *R*   16 erit] est *V*   16 erit] est *V*   19 alio] altero *V*   20 nunc] tunc *R*   20 tunc] nunc *R*   21 ponit] dicit *VR*   23 supponit] *bis in R*   23 pro tempore] tempus *V*   24 positio] habitudo *VR*   25 quare] *om. V*   26 simpliciter] supra *T*   27 facit] faciat *R*   27 ipsum] ipsam *V*   28 est] oratio *add. V*   28 pro pede] *om. T*

possit dicere quod Sortes est albus secundum pedem. Ergo cum *desinere esse* insit Sorti secundum quid et non simpliciter, addita determinatione que facit ipsum teneri secundum quid, vera est. Sed hec determinatio 'non desinendo esse' **[V221ᵛ]** non convenit sibi simpliciter, sed secundum quid, quoniam non ponitur simpliciter, sed secundum quid. Manifestum est ergo quoniam simpliciter est vera.

Solutio

19 [R300ʳᵇ] Solutio. Ad primum [2] dicimus quod prima distinctio non solvit sophisma, sicut michi videtur. Sed quia communis est, debet sustineri ut argumenta in contrarium solvantur. Dicunt ergo quidam quod hec est multiplex 'Sortes desinit *etc.*', ex eo quod hec determinatio 'non desinendo esse' potest determinare hoc verbum 'desinit', ut sit sensus *desinere esse, non desinendo esse convenit sive inest Sorti* — et tunc est falsa, et implicantur opposita circa idem, scilicet affirmatio et negatio de eodem simpliciter — vel potest determinare hoc verbum 'esse', et tunc est sensus *esse non desinendo esse inest Sorti et tale esse inest Sorti et non de cetero inerit* — et tunc li 'non desinendo' privat continuum esse; unde idem est ac si dicat 'Sortes desinit *etc.*', scilicet *Sortes desinit habere esse continuum*; et sic est vera per positionem, quia positio est quod Sortes sit in penultimo instanti sue vite.

Respondetur ad rationes

20 Ad illud [3] quod primo obicitur, dicendum quod si hoc verbum 'esse' quantum est de se non **[V222ʳ]** dicat actum ut est in

---

3 facit] faciat *R*   3 est] erit *V add. T*   4 non... esse] cum *R*   4–5 non... sibi] denotat quod sibi non conveniebat *V*   6 ergo quoniam] quod *VR*   9 prima] ista *V*   10 sed quia] quia tamen *R*   10 communis] conveniens *R*   12 ergo] enim *V*   12 quidam] *om. VR*   12–14 etc.... desinit] *om. V*   13 esse] *om. R*   16 simpliciter] *om. VR*   17 vel] et *T*   17 et... est] ut sit *V*   18 inest] convenit *T*   18 et... Sorti] *om. T*   18 inerit] erit *R*   19 continuum] *om. R*   19 esse unde] *om. V*   19 est] dicere *add. V*   20 dicat] diceret *R*   20 continuum] contingens *V om. R*   21 est... sortes] sortis *V*   21 sit] est *V*   24 aliud] aliud *V*   24 primo] *om. R*   24 dicendum] *om. R*   25 quantum est] *om. R*

subiecto, tamen per relationem ad hoc verbum 'desinit', quod sic dicit actum, habet relationem ad subiectum. Et contingit ipsum reducere ad talem modum ut sic dicat actum, ut sit sensus *Sortes est non desinendo*, ut est acceptum in probatione. Sic ergo per ipsum potest fieri concomitantia importata per hoc quod est 'non desinendo'. Quod autem dicitur quod concomitantia habet esse circa actum prout est in subiecto, dicendum quod verum est; vel si non dicat, tamen reducibile est ad modum talem. Et si dicitur quod non convenienter dicitur 'dum Plato disputat Sortem currere', tamen reducibile est ad modum predictum. Unde dicendum quod hoc verbum 'currere' non habet aliquid per quod finiatur vel per quod reducitur ad modum predictum. Et propter hoc non potest finire concomitantiam.

21 Per hoc idem solvitur ad aliud [4] quia **[T58ᵛᵇ]** si hoc verbum 'esse' sit verbum infinit<iv>um de se, tamen potest finiri per aliud, ut per hoc verbum 'desinit'. Et sic ipsum **[V222ᵛ]** potest ulterius alterum finire. Tamen bene dico quod ipsum secundum se sumptum non potest alterum finire nisi ipsum per prius finiatur. Quia ergo finitur, potest finire concomitantiam.

22 Ad aliud [6] dicendum quod aliquid potest alicui attribui dupliciter: aut primo, aut ex consequenti sive per alterum, et non primo. Dico ergo quod hoc quod est 'non desinendo' attribuitur et finitur per hoc verbum 'desinit', et tota finitas ipsius retrahitur ad ipsum. Tamen hoc aliquando est primo, et tunc dicitur determinare ipsa concomitantia hoc verbum 'desinit'. Aliquando autem est ex consequenti, ut per hoc verbum 'esse', et tunc dicitur determinare hoc verbum 'esse'. Et ita, si attribuitur concomitantia ipsi compositioni, nichilominus tenet distinctio.

23 Ad aliud [7] dicendum quod si hoc verbum 'desinit' finiatur per hoc verbum 'esse', et hoc verbum 'esse' per hoc verbum

---

1 subiecto] substantia V 1 sic] similiter R 2 habet] per *add.* V 5 concomitantia] consequentia V 5 importata] *om.* V 5 non] *om.* R 6 concomitantia] consequentia V 7 subiecto] substantia V 8 tamen] *om.* R 9 dicitur] dicatur R 9 currere] videtur *add.* T 10 unde] *om.* R 13 finire] fieri VR 13 concomitantiam] consequentiam V 15 esse] est R 15 verbum] *om.* R 16 sic] similiter per VR 17 ulterius] ad *add.* T 17 quod] per *add.* V 18 finire] finiri V 18 nisi] per *add.* V 19 finitur] finietur V prius *add.* R 21 aut] *om.* VR 22 est] dico R 23 retrahitur] reducitur V 24 hoc] est *add.* T 24 est] *om.* V 25–26 aliquando ... est] alia autem R 25–26 autem est] *om.* V 26–27 et ... esse] *om.* V 27 concomitantia] *om.* R 28 nichilominus] nichil *rasura in* V 29 finiatur] terminatur V 30–p.416,1 hoc ... desinit] econverso R 30 esse] terminatur *add.* V

'desinit', non tamen est eadem finitatio utrobique, quia quantum ad aliud et aliud finitur unum per alterum, quia hoc **[V223ʳ]** verbum 'desinit' finitur per hoc verbum 'esse' quantum ad respectum solum, hoc autem verbum 'esse' finitur per illud quantum ad esse et quantum ad respectum. Et ita non est eadem finitas utrobique, neque unum per alterum.

24 Ad aliud [8] dicendum quod hec non est multiplex 'Sortes desinit esse dum non desinit esse'. Positio tamen hec est multiplex 'Sortes desinit esse, non desinendo esse'. Et causa huius est quia in hac 'Sortes desinit esse dum non desinit esse', illa concomitantia finita est, neque est sicut dependens. Et ita non est illa determinatio alterius, neque habet determinare hoc vel illud. Et propter hoc non distinguitur multiplex. Sed hoc quod dico 'non desinendo' significat rem suam in dependentia et sicut determinatio alterius. Et ita potest determinare hoc verbum vel illud. Sic ergo solvendum est, sustinendo distinctionem.

25 Quam tamen non sustineo, immo pono aliter quod hec est multiplex 'Sortes desinit *etc.*', ex eo quod hec dictio 'non' potest determinare concomitantiam **[V223ᵛ]** dupliciter, sicut dicitur de conditionali quod negatio posita in consequente potest ipsum negare dupliciter, scilicet absolute vel per relationem ad antecedens. Si primo modo, sic **[T59ʳᵃ]** est falsa. Et sic improbatur cum dicit 'Sortes desinit esse dum non desinit esse', et sic implicantur duo contradictorie opposita. Vel potest ipsum negare per relationem ad alterum actum, ut sit sensus *desinere esse non inest Sorti, desinendo esse*, immo altero modo, sicut patet per positionem. Non enim Sortes desinit esse, desinendo esse, quia adhuc non desinit, cum insit in penultimo instanti vite sue. Sensus est ergo ut *desinere esse* insit Sorti altero modo quam sic desinendo esse, quia alio modo

---

1 quantum] exᵐ(?) *V* 2 et] ad *add. V* 5 esse...respectum] intellectum *R*
6 utrobique] *om. R* 6 per] propter *R* 8 positio...est] ponitur tamen hec *V*
8–9 positio...alterum esse] *om. R* 9–10 et...alterum esse] *om. R* 11 sicut] *om.*
T 12 hoc vel] *om. R* 13 et...hoc] *bis in R* 14 dependentia] dependentiam
T 15 alterius] aliorum *V* 15 ita] non *add. R* 17–18 quod...multiplex] *om.*
R 18 ex eo quod] *bis in R* 18 dictio] negatio *R* 19–21 sicut...dupliciter]
om. R 20 negatio] nec *T* 21 absolute vel] aut comparate hoc est *add. V* aut
absolute aut *R* 22 si...modo] sic dico quod ista negatio dupliciter potest istam
concomitantiam negare scilicet absolute *V* 23 esse] etc. *R* 24 ipsum] *om. TR*
25 actum] *om. VR* 25 ut sit sensus] quia *R* 25 sorti] non *add. V* 26 immo]
sed *V* 26 positionem] expositionem *R* 26 non] cum *R* 26 enim] *om. V*
27 esse] immo altero modo *add. T* 28 penultimo] ultimo *TR* 28 ut] sicut *V*

convenit. Unde non plus denotat ista quam hec, scilicet 'desinere inest Sorti non sub tali modo', et huic consonat probatio. Cum dicit 'Sortes **[V224ʳ]** est non desinendo esse', sensus est esse inest Sorti hoc modo et de cetero non erit *hoc modo*, immo alio, ut michi videtur.

26 Dicunt tamen quidam aliter quod hec simpliciter est vera 'Sortes desinit esse *etc.*' sine distinctione. Et dicunt quod non valet improbatio, quia cum dicitur sic 'Sortes desinit esse *etc.*', hoc quod dico 'non desinendo' habet duplicem suppositionem. Unam actualem ex virtute **[R300ᵛᵃ]** temporis de presenti, que datur intelligi in hoc quod dico 'desinit', alteram potentialem, que habetur ex consequenti de futuro verbo. Sed cum infert 'ergo desinit esse dum non desinit esse', utraque suppositio est actualis. Et ita que prius erat in potentia reducitur ad actum. Et ita est ibi fallacia figure dictionis ex variato modo supponendi, aut fallacia consequentis a duabus causis ad unam, quoniam in prima est duplex causalitas secundum duplicem suppositionem, in conclusione autem unica suppositio tantum, quoniam totum intelligitur pro presenti.

27 Respondendum est igitur ad **[V224ᵛ]** argumenta per que ostenditur esse falsa. Ad primum [9] ergo dicendum est quod secundum quod illa negatio fertur ad concomitantiam absolute, sic est falsa. Et sic implicat in se duo contradictorie opposita pro eodem tempore, quia bene dico quod gerundivum ponit rem suam pro tempore illo pro quo ponit hoc verbum 'desinit' rem suam, quantum est de sua potentia supponere. Sed secundum quod ista negatio fertur ad concomitantiam per relationem **[T59ʳᵇ]** ad alterum, sic non ponitur desitio et non-desitio circa idem pro tempore eodem, immo negatur desitio desitionis sive desinere respectu

---

1 scilicet] quam *add.* V 2 huic] hec V 2 huic consonat] illud etiam contentit R 3 est] desinere *add.* T 3–4 inest sorti] *om.* R 4 alio] *om.* V 4 ut] ita T 6 tamen] *om.* R 6 hec simpliciter] prima R 7 sortes . . . etc.] *om.* R 7 esse] *om.* T 7 dicunt quod] *om.* R 8 esse] *om.* R 10 que] quod TV 11 alteram] aliam V 12 consequenti] consequente R 12 ergo] sortes *add.* R 13 suppositio] oppositio T 14 erat] fuit V *om.* R 15 variato . . . supponendi] variata suppositione V 16 prima] potentia V 18 unica] est una R 18 tantum] *om.* R 18 pro] de R 20 esse] quod prima sit V 21 absolute] et *add.* V 22 in se] *om.* R 22 duo] *om.* TR 23 quia] quare V 24 illo . . . suam] *om.* R 25 sua] prima sui V sui R 25 potentia supponere] significatione V 25 sed] *om.* V 25 secundum] *om.* R 25 ista] *om.* R 26 relationem] respectum V 27 ponitur] apponitur V 27 idem] sive *add.* V non *add.* R

eius quod est 'desinere esse'. Et sic solvendum est ad illud secundum istam distinctionem quam sustineo.

28 Ad aliud [10] dicendum est quod in hac non ponitur aliquid inesse alicui cum determinatione oppositum denotante, quoniam non negatur concomitantia illa absolute, immo semper negatur aliquid inherere alteri cum tali determinatione. Ut sit sensus, sicut visum est, *desinere <esse> tali modo sive sicut non inest Sorti*. Et tunc ista determinatio non habet oppositionem cum hac inherentia, et non ponitur aliquid inesse alicui, immo removetur ab ipso.

29 Ad aliud [11] **[V225ʳ]** dicendum est quod hec est falsa 'Sortes desinit esse desinendo esse'. Et quod obicitur quod ibi idem dicitur de se, dicendum est quod ibi est duplex inherentia, una que imponitur per hoc verbum 'desinit', que quidem est principalis in oratione, et alia que datur intelligi per concomitantiam. Et quantum ad utramque poterit ibi esse falsitas. Vel dico quod quantum ad primam inherentiam predicati ad subiectum est ibi falsitas, nec idem dicitur de se; sed quantum ad inherentiam que est unius ad alterum significata per concomitantiam, est ibi veritas, et idem de se predicatur. Et patet per simile: hec propositio 'Sortes currit currendo' vera est et necessaria quantum est de compositione que datur intelligi per concomitantiam, sed quantum est de attributione predicati ad subiectum falsa est, vel potest esse falsa propter falsam implicationem. Unde, Sorte non currente, hec est falsa 'Sortes currit currendo'. Ergo hec est falsa 'Sortes desinit esse, desinendo esse'. Et sic eius contradictoria est **[V225ᵛ]** vera eodem modo quo contingit contradictoriam sumere.

30 Ad aliud [12] dicendum quod non licet inferre utrumque actum. Et hoc est quia negatur unum in comparatione ad alterum. Unde etsi sequitur 'Sortes currendo disputat; ergo Sortes disputat et Sortes currit', tamen apposita negatione non sequitur. Unde non sequitur 'Sortes non currendo disputat; ergo Sortes non

---

1 desinere] respectu *add. R*   1 ad] *om. V*   3 ponitur] ponit *V*   4 inesse] esse *V*   6–8 sicut... oppositionem] *om. V*   7 tali modo] *coni.* tale *TR*   7 non] *om. T*   8 hac] *om. VR*   9 removetur] negatur *T*   11 quod] *om. R*   12 est] igitur *add. R*   13 imponitur] importatur *V* implicatur *R*   14 alia] altera *V*   15 et] *om. R*   15 quantum] est *add. R*   15 vel] et *VR*   18 ibi] *om. VR*   19 et] sic ibi *add. V* etiam *add. R*   19 hec propositio] *om. R*   19 propositio] compositio *T*   23 sorte non currente] cum dicitur sortes non currere *V*   23 non] *om. R*   24 falsa] vera *R*   25 eius] *om. TR*   25 est] erit *R*   26 eodem] eo *V*   27 licet] contingit *R*   28 in comparatione] per relationem *R*   29 sequitur] sequeretur *V*   30 sortes] *om. V*   30 apposita] opposita *R*   30–31 unde non sequitur] *om. T*

currit'. Et hoc est quia habet duplicem causam veritatis, **[T59ᵛᵃ]** aut quia non disputat, aut quia, si sic, non currit. Et propter hoc peccat secundum fallaciam consequentis a duabus causis ad unam. Et propter hoc non sequitur 'Sortes desinit *etc*.; ergo Sortes desinit esse et non desinit esse', immo procedit a duabus causis ad unam.

31 Ad aliud [13] dicendum quod non tenet inherentiam predicati ad subiectum affirmando, immo negatur cum appositione illa. Unde si teneret ista inherentia sicut positio quedam et sicut ponens rem suam simpliciter, sic esset falsa.

32 Ad rationes autem per quas ostendebatur **[V226ʳ]** esse vera respondendum est. Dico ergo quod non videtur prima ratio [15] esse apparens, quoniam si generationis non est generatio, non oportet quod generatio insit alicui non generando. Similiter non sequitur 'desitionis non est desitio; ergo desinit esse, non desinendo esse'.

33 Ad aliud [16] dicendum quod si hec est possibilis 'video me non videre', non tamen hec est possibilis 'video me non videndo'. Et hoc est quia hoc verbum 'videre' non significat possibile aliquid, sed est sicut sustinens sive recipiens actum. Sed hoc quod est 'videndo' non est sicut recipiens transitum verbi aut sustinens alterum, immo ponit rem suam sicut per se intellectam. Et propter hoc, si hec 'video me non videre' non implicat in se contradictorie opposita, hec autem 'video me non videndo' implicat in se contradictorie opposita. Similiter dico in proposito quod secundum quod stat negatio absolute supra concomitantiam, falsa est, et implicat in se contradictorie opposita. Intelligendum est **[V226ᵛ]** igitur quod cum dicitur quod actus reflexus supra se negatum non ponit se simpliciter sed secundum quid, dicendum quod verum est, dummodo transeat uniformiter unum supra

---

1 currit] ergo Sortes non disputat *add. T*   4 sortes] *om. TR*   5 non desinit] desinit non *V*   6 inherentiam] in hac *T*   7 negatur] negetur *R*   7 cum . . . illa] negatione *R*   7 appositione] compositione *T*   8 teneret] remaneret *T*   8 inherentia] in hac *T*   8 et] *om. R*   9 esset] est *V*   10 osendebatur] ostenditur *VR*   13 insit] sit *R*   13 alicui] et *add. R*   13 generando similiter] similiter generando *R*   13 similiter non] *om. V*   13–14 non . . . est] alicui desinit non esse *R*   16 si] *om. VR*   16 possibilis] impossibilis *V*   17 non] *om. TR*   18 quia hoc] *om. R*   19 sicut] *om. V*   19 sustinens] suscipiens *R*   20 est] dico *R*   20 videndo] video *VR*   21 sustinens] finiens *TR*   21 suam] *om. TR*   22 et . . . hoc] *om. V*   22 si hec] hec autem *V*   23 autem] *om. R*   23 videndo] non *add. V*   24–26 similiter . . . opposita] *om. R*   24 in proposito] *om. V*   27 cum . . . quod] *om. R*   29 uniformiter] *om. R*

alterum, vel ille sit recipiens tantum **[R300ᵛᵇ]** et non ponat aliquid respectu ipsius. Sed non est ita in proposito, sed intelligendo ut dictum est.

34 Ad aliud [17] dicendum est quod si possibile esset ut hoc verbum 'desinit' copulet pro tempore altero quam hoc quod dico 'non desinendo', vera esset, sicut obiectum **[T59ᵛᵇ]** est. Sed dico quod hoc non est possibile, immo dico quod de necessitate copulat rem suam pro tempore eodem, quia, sicut obiectum fuit, li 'desinendo' consequitur tempus cui adiungitur semper, ut si sic dicatur 'Sortes currebat disputans'. Dico ergo quod virtute sophismatis non habetur quod copulet rem suam pro tempore alio. Et si sic, habebit veritatem.

35 Ad aliud [18] dicendum quod procedebat secundum quod negatio cadit supra concomitantiam per relationem ad **[V227ʳ]** alterum. Et sic dico quod vera est. Et dico ad improbationem quod peccat secundum consequens a duabus causis veritatis ad unam.

De comparatione huiusmodi verborum 'incipit' et 'desinit'
ad terminum distributum

36 Deinde super quoddam dubitatur de quo solet dubitari et de quo dubitatur adhuc, qualiter huiusmodi verba 'incipit' et 'desinit' se habent ad terminum distributum sive ad terminum multiplicatum. Dicunt enim quidam quod immobilitant distributionem. Unde si Sortes desinit videre Platonem, supposito quod prius viderit omnem hominem, dicunt quod hec est vera 'Sortes desinit videre omnem hominem', et immobilitatur illa distributio ac si dicam 'Sortes non videt omnem hominem'. Dicunt autem quod

---

1 vel... ponat] et non sic cum interponit*(!) R*   1 recipiens] respiciens   1 tantum et] quod *V*   1 ponat] ponit *V*   2 ita] *om. VR*   2 sed] *om. VR*   4 dicendum est] *om. TV*   5 copulet] copularet *R*   5 altero] alio *V*   7 copulat] copulet *V*   8 eodem] et hoc est *add. R*   8 li] si *TV*   9 semper] *om. V*   9 ut] unde *V*   9 si] *om. TR*   9 sic] *om. TR*   10 dicatur] dicebatur *V*   10 currebat] currit *V*   10 sophismatis] eius *R*   11 copulet] copulat *V*   11 rem] *om. V*   11 suam] vel formam suam *add. V*   14 cadit] cadebat *V*   16 veritatis] *om. V*   16 unam] sicut predictum *add. V*   19 deinde] queritur *add. R*   19 et] *om. V*   19–20 de quo] *om. R*   20 dubitatur adhuc] dubitatio est *R*   22 immobilitant] immobilitat *V*   23 desinit] *om. V*   24 viderit] videret *R*   24 sortes] *om. R*   25 illa distributio] *om. R*   26 autem] enim *TV*   26–p. 421,1 quod... est] *om. R*

falsa est quidam <alii>, supponentes quod non immobilitant. Ad cuius evidentiam querendum est de hoc sophismate SORTES DESINIT SCIRE PAUCIORA QUAM SCIT. Ponatur quod Sortes sciat quatuor et desinat scire duo. Tunc probatur per positionem; improbatur autem per expositionem nominis. **[V227ᵛ]** Queritur primo de falsitate. Secundo de veritate. Tertio de modo probandi.

De rationibus probantibus quod hec sit falsa
'Sortes desinit scire pauciora quam scit'

37 Sed quod prima sit falsa videtur. Desitio non est nisi alicuius rei prius existentis. Non enim est dicere quod aliquis desinat esse albus nisi prius fuit albus. Quare desitio a Sorte non est nisi Sorte prius existente. Ergo Sortes non desinit scire nisi ea que scivit. Sed prius non scivit pauciora quam scit. Quare non desinit scire pauciora quam scit. Ergo hec est falsa 'Sortes desinit scire *etc.*'.

38 Item. Cum Sortes sciat **[T60ʳᵃ]** quatuor et desinat scire duo, possum dicere quod desinit scire duo et scit duo. Ergo ea que desinit scire sunt equalia eis que scit. Quare tot desinit scire quot scit. Non ergo pauciora. Quare hec est falsa 'Sortes desinit scire *etc.*'.

39 Item. Queritur utrum Sortes, desinendo duo scire, desinat scire quatuor, quia si sic, oratio erit falsa. Et videtur quod sic quia: In transmutatione elementorum duorum, cum unum in alterum transmutatur in eodem instanti in quo est primo sub forma una, in eodem instanti ulterius est sub forma altera qua **[V228ʳ]** prius informatur. Ut si ignis in aera transmutatur, in eodem instanti in quo est sub forma aeris primo, in eodem instanti

---

1 est] prima *add.* *V* 1 immobilitant] immobilitat *V* 1 ad] secundum *VR* 2 querendum] inquirendum *V* attribuendum *R* 3 pauciora] plura *TV* 3 ponatur] posito *VR* 4 desinat] desinit *TR* 4 probatur] probatio *R* 5 autem] etiam *T* 5 queritur] igitur *add.* *V* 5–6 queritur . . . probandi] *om.* *R* 6 probandi] improbandi utrum teneat vel non *V* 9 sed] *om.* *V* 10 prius existentis] preexistentis *VR* 11 fuit] erit *R* 11 a sorte] *om.* *R* 12–13 nisi . . . scire] *om.* *V* 14 hec] prima *R* 14 sortes . . . etc.] *om.* *R* 16 et scit duo] *om.* *TV* 17 que] *om.* *T* 17 scit] sunt *T* scivit *V* 17 quare] quia *T* 18 quot] quam *V* 18–19 hec . . . scire] *om.* *R* 18 desinit scire] *om.* *V* 20 duo . . . desinat] *om.* *V* 21 oratio] *om.* *R* 21 erit] est *V* 22 quia] *om.* *R* 22 transmutatione] transitione *T* 22 elementorum] *om.* *R* 24 ulterius] ultimo *R* *om.* *TV* 24 altera] alia *V* 26 in . . . instanti] *om.* *V* 26 est] *om.* *R*

ulterius est sub forma ignis. Sed in eodem instanti in quo Sortes desinit scire duo, transmutatur numerus scibilium, et incipit esse sub forma altera. Ergo oportet ut in eodem instanti ulterius sit sub forma altera quam prius informatur. Cum ergo prius scivit sub forma quaternarii, oportet ut illa sciat ulterius in eodem instanti sub quaternario. Quare in illo instanti in quo desinit scire duo, ultimo scit quatuor, et si ulterius scit, desinit scire. Quare sicut primo desinit scire duo, desinit scire quatuor. Sic igitur Sortes desinit scire duo et desinit scire quatuor. Quare cum desinat scire duo, desinit scire tot quot scit, et non pauciora. Quare hec est falsa 'Sortes desinit *etc.*'.

40 Item. Dicit Aristotiles quod si duo demonstrantur quorum alterum sit bonum, alterum non-bonum, possumus dicere quod ista sunt non-bona. Similiter, demonstratis duobus quorum alterum sit videns, alterum non, possumus dicere quod ista sunt non-videntia. Secundum hoc consentit Aristotiles quod negatio adveniens supra terminum multiplicatum indifferenter potest negare ipsum pro toto vel pro parte altera. Ut hec 'ista sunt **[V228ᵛ]** non-bona', potest habere veritatem aut quia alterum sit **[T60ʳᵇ]** bonum, alterum non bonum, vel quia neutrum sit bonum. Ergo cum hoc verbum 'desinit' importet negationem advenientem supra terminum multiplicatum aut confusum, indifferenter poterit advenire pro parte altera vel pro parte utraque. Ergo cum hoc quod dico 'quatuor' sit terminus multiplicatus, poterit esse desitio supra ipsum pro altera parte aut pro utraque. Sed pro parte altera habet veritatem cum desinat scire duo. Quare cum Sortes desinat scire duo, Sortes desinit scire quatuor. Et si hoc, tunc non desinit scire pauciora quam scit, sed tot quot scit.

---

12 Cf. *De int.* 14, 23b33–24a3.

---

1 ulterius] ultimo *R* 3 esse sub] *om. R* 3 altera] *om. R* 3 ulterius] ultimo *R* 4 altera] alia *V* 4 scivit] scieret *V* 5 forma] *om. R* 5 sciat] scieret *V* 5 ulterius] ultimo *VR* 5 eodem] *om. V* 6 illo] primo *add. V* 7–8 ultimo ... duo] *om. V* 7 ullterius] ultimo *R* 8 primo] prius *R* 8–9 sic ... quatuor] *om. R* 9 duo ... quatuor] *om. V* 9 quare ... *alterum* scire] *om. V* 11 desinit] *om. V* 12 quorum] et duorum *V* 13 quod] *om. R* 14 sunt] sint *V* 14 similiter demonstratis] *bis in V* 15 sit] est *V* 15 alterum] autem *add. R* 15 quod] *om. R* 16 secundum] sed *V* 17 multiplicatum] negatum *V* 18 pro ... vel] aut pro toto aut *R* 18 ista] ita *V* 20 bonum alterum] *om. V* 21 advenientem] adveniens *TV* 24 poterit] potest *R* 26 quare ... duo] *om. T* 27 sortes] *om. VR* 27 scire] *om. V* 28 quam scit] *om. V* 28 sed ... scit] *om. R*

41 Item. Si aliquid prius est ad alterum sine quo alterum non potest esse: illo quod prius est interempto, necesse est alterum **[R301ra]** interimi; non tamen, hoc posito, necesse est illud poni. Ut cum *animal* prius sit *homine* — quo perempto, perimitur homo, non tamen, hoc posito, ponitur *homo* — et desitio respectu istius ponit desitionem in altero. Unde bene sequitur 'non est animal; ergo non est homo'.

42 Item. Bene sequitur **[V229r]** 'desinit esse animal; ergo desinit esse homo'. Ergo, cum hoc quod dico 'duo' sit prius ad 'quatuor' sine quibus non potest esse: negato uno, negabitur alterum et desitio in uno ponit desitionem in altero. Quare sequitur 'Sortes desinit scire duo; ergo desinit scire quatuor'.

43 Si non, da oppositum per regulam Aristotilis, quoniam si oppositum conclusionis non potest stare cum prima, <ut> prius sequebatur conclusio. Sed iste non possunt simul stare 'desinit scire duo', 'non desinit scire quatuor'. Probatio: Si Sortes non desinit scire quatuor et scivit quatuor, ergo et adhuc scit quatuor. Sed iste due non possunt simul esse 'desinit scire duo' et 'scit quatuor'. Quare nec iste 'desinit scire duo' et 'desinit scire quatuor'. Ergo primum sequitur 'Sortes desinit scire duo; ergo desinit scire quatuor'. Sed si desinendo scire duo desinit scire quatuor, desinendo scire duo desinit scire **[V229v]** tot quot scit. **[T60va]** Quare cum Sortes desinit scire duo, non desinit scire pauciora quam scit. Quare *etc*.

---

13 *Auct. Arist.* 34, 7: "Quando oppositum consequentis repugnat antecedenti, consequentia fuit bona." Cf. *Anal. Priora* II, 8–10 passim.

---

1 est] sit *V* 2 illo] illud *R* 2 prius] primum *R* 2 interempto] interimendo *R* 2 necesse] necessarium *V* 3 neccesse . . . poni] ponitur alterum *V* ponitur *R* 4 sit] est *V* 4 quo] ipso *V* 5 et] vel *V* 8 sequitur] sortes *add. V* 8 ergo] sortes *add. V* 10 quibus] quo *V* 10 esse] et *add. V* 10 negabitur] negatur *V* 10 et] vel *V* 12 quatuor] et sic prima est vera item *add. V* 13 non] sequitur desinit scire duo ergo desinit scire quatuor *add. V* 13 si] *om. V* 14 non . . . stare] *om. T* 14 potest] possit *R* 14 prius] *om. T* 15 conclusio] *om. R* 15 simul] *om. R* 17 ergo] *om. R* 18 due] *om. TR* 18 esse] vere *add. R* 19 iste] non *add. T* due *add. V* 19 et] non *R om. T* 20 sortes] *om. VR* 21 desinit] desinet *V* 21 quatuor] duo *V* 24 quare] et sic falsa *V*

De rationibus probantibus quod hec sit vera
'Sortes desinit scire plura quam scit'

44 Secundo videtur quod sit vera, et quod Sortes, desinendo scire duo, non desinit scire quatuor. Dicit Aristotiles quod si sic dicam 'putas quod si quid prius habuerit aliquis et modo non habet, amisitne?; sed decem digitos habuit aliquis et modo non habet; ergo amisit decem'. Quod non sequitur. Secundum hoc ergo vult Aristotiles quod si amisit unum digitum, hec est vera 'non habet decem digitos', hec autem falsa 'amisit decem'. Per hoc autem apparet quod dictio importans privationem adveniens supra terminum multiplicatum advenit supra ipsum gratia cuiuslibet partis sue, quicquid sit de necessitate. Ergo cum hoc verbum 'desinit' sit verbum importans privationem, denotabit desitionem supra terminum multiplicatum pro utraque parte ipsius. Quare ad veritatem huius 'Sortes desinit scire quatuor', oportet reperire veritatem pro qualibet parte, sicut ad veritatem huius 'amisit decem digitos' oportet reperire veritatem pro qualibet parte. Quare pro pluribus fit desitio in hac 'Sortes desinit scire quatuor' quam in hac 'Sortes desinit scire duo'. Sed ad minorem negationem non sequitur maior negatio. Quare non sequitur 'Sortes desinit scire duo; ergo desinit scire quatuor'. Et ita tenet 'Sortes desinit scire duo; sed scit quatuor; ergo desinit scire pauciora quam scit'.

45 Item. Cum aliqua sunt idem in substantia: cum unum transmutatur, oportet alterum **[V230ʳ]** transmutari. Sed cum diversa sunt secundum substantiam et speciem: uno istorum transmutato, non est necesse alterum transmutari. Sed binarius et quaternarius sunt species opposite numeri secundum species differentes. Ergo si transmutatur unum, non necesse est alterum transmutari. Cum ergo desitio sit quedam transmutatio, cum fit desitio in uno,

---

4 Cf. *Soph. El.* 22, 178a30–33.

---

5 quod si] *om.* V   5 si quid] *om.* R   5 habuerit] habuit V   5 et] *om.* R   6 amisitne] si sic *add.* R   6 sed] *om.* V   6 et] *om.* R hoc *add.* V   7 quod] *om.* T   7 ergo] *om.* VR   8 si] aliquis *add.* R   8 habet] *om.* V   10 apparet] patet R   10 dictio] verbum VR   10 adveniens] desiniens(!) R   11 multiplicatum] multipliciter T *om.* R   11–14 advenit ... mutiplicatum] *om.* V   11 partis] *om.* R   12–13 cum ... sit] *om.* R   13 privationem] *om.* R   16–17 sicut ... parte] *om.* R   19–21 sed ... quatuor] *om.* V   22 ergo] sortes *add.* V   23 sunt] sint R   24 oportet] potest VR   25 sunt] sint R   27 numeri] *rasura in* V   27 species] speciem VR   29 sit ... desitio] *om.* T

non fit desitio in altero. Ergo si Sortes desinit scire duo, non propter hoc desinit scire quatuor. Et ita iterum potest esse vera quoniam desinit **[T60ᵛᵇ]** scire duo et scit quatuor.

46 Item. Partes totius discreti minorem habent unitatem quam partes totius continui, quoniam partes totius continui in aliquo termino uniuntur, partes totius discreti nequaquam. Ergo cum, una parte totius continui transmutata, non sit necesse alteram transmutari, et, una parte totius discreti transmutata, non necesse erit alteram transmutari. Et ita, si fiat desitio supra 'duo', non fit desitio supra 'quatuor'. Et ita, si desinit scire duo, non propter hoc desinit scire quatuor. Et ita prima habebit veritatem.

47 Item. Sortes desinit scire aliquot. Ergo aut tot quot **[V230ᵛ]** scit, aut plura, aut pauciora. Sed non desinit scire plura quam scit, quoniam hoc est impossibile. Item. Non desinit scire tot quot scit. Hoc patet per positionem. Ergo pauciora. Quare secundum hoc hec erit vera 'Sortes desinit *etc.*'.

De modo probandi

48 Tertio queritur utrum valeat hec argumentatio 'Sortes desinit scire pauciora quam scit; ergo pauciora scit quam scit'. Quod autem non valeat videtur. Desitio terminatur ad non esse, quia cum desitio sit corruptio, terminus autem corruptionis sit non-ens, oportet quod terminus desitionis sit non-ens. Quare desitio terminatur ad non-ens. Ergo desitio scientie terminatur ad non-scientiam. Quare si Sortes desinit scire pauciora quam scit, Sortes non desinit scire pauciora quam scit.

49 Item. Motus secundum speciem differunt secundum diversitatem terminorum. Cum ergo corruptio et generatio sint motus

---

1 desitio] *om. R*   1 duo] *om. V*   2 potest esse] prima est *VR*   4 unitatem] unionem *VR*   5 totius] *om. TV*   5 continui] discreti *VR*   6 discreti] continui *R*   6 cum] in *add. V*   7 sit] fuit *V*   8-9 et ... transmutari] *om. VR*   9 fit] fiet *V*   10 si] *om. V*   11 habebit] habet *V*   12 aliquot] aliquid *TV*   12 tot] *om. T*   12 quot] *om. R*   14 scit] plato *exp. R*   14 scire] *om. R*   15-16 secundum hoc] *om. R*   16 erit] est *V*   20 autem] *om. TR*   21 terminus] numerus *T*   21 terminus autem] terminatur(!) *R*   21 corruptionis] corruptibilis *V*   21 sit] est *T*   22 ens] esse *V*   23-24 ergo ... non-scientiam] *om. VR*   24 quare] quia *T*   24 scit] non sequitur *add. R*   25 non] scit pauciora quam scit non sequitur *add. V*   25 non ... scit] etc. *R*   26 secundum] penes *VR*   27 ergo] *om. R*   27 sit] *T*

diversi, ponit Aristotiles quod habeant diversos terminos, ut illud
a quo incipit generatio sit terminus corruptionis, et illud ad quod
terminatur sit illud a quo incipit corruptio. Unde generatio incipit
a non-ente et terminatur in **[V231ʳ]** ens. Corruptio vero ab ente
incipit et in non-ens terminatur. Cum ergo desitio et inceptio
opponantur sicut generatio et corruptio — ut illud a quo incipit
inceptio sit terminus desitionis et illud a quo incipit desitio sit terminus inceptionis secundum dictam proportionem —, sed inceptio incipit **[T61ʳᵃ] [R301ʳᵇ]** a non-ente et terminatur in ens, ergo
desitio incipit ab ente et terminatur in non-ens. Ergo sequitur
'Sortes desinit scire pauciora quam scit; ergo non scit pauciora
quam scit'. Quare non valebit predictum argumentum.

50 Sed in contrarium est communis opinio quoniam: Dicitur
quod in terminis permanentibus hoc verbum 'desinit' exponitur
per positionem in presenti et per privationem in futuro, sed hoc
verbum 'incipit' exponitur per positionem in presenti et per privationem in preterito. Cum ergo *scire* sit quid permanens et non
in successione, sequitur 'Sortes desinit *etc.*; ergo scit *etc.*'. Dicitur
iterum quod hoc verbum 'desinit' exponitur in successivis per
positionem in preterito, et per privationem in presenti. **[V231ᵛ]**
Unde sensus est 'Sortes desinit currere': *Sortes non currit sed ante hoc
currebat*. Hoc verbum 'incipit' <autem> exponitur per privationem
in presenti et per positionem in futuro. Unde sensus est 'Sortes
incipit currere': *Sortes non currit sed curret*. Et assignatur causa quia
res successive non sunt simul, immo una post aliam; et non sunt
in termino suo, quia si currit, currebat et curret. Et propter hoc
non ponitur aliquid in presenti in hiis terminis, sed privatur in

---

1 Cf. *Auct. Arist.* 2, 152: "Generatio est mutatio de non esse ad esse" (Thomas
Aquinas *In Phys.* V, lect. 2, n. 654; cf. Arist. *Phys.* V 1, 225a12–17); cf. *Auct.
Arist.* 2, 153: "Corruptio est mutatio de esse ad non esse" (Thomas Aquinas *In
Phys.* V, lect. 2 n. 665; cf. Arist. *Phys.* V 1, 225a17–20).

---

2 incipit] illa *add. T*   2 sint] sit] sicut *T*   3 terminatur] generatio *add. T*   4 a]
de *R*   4 ente] esse *TR*   4 in] ad *V*   6 opponantur] opponuntur *T om. V*   6 ut]
oportet quod *R*   6–7 a...illud] *om. R*   8 dictam] predictam *V*   10 sequitur]
om. R   12 quam scit] *om. V*   14 exponitur] exponit *V*   15–17 futuro...preter-
ito] *bis in V*   16 et per privationem] *exp. T*   16 per] *om. R*   17 quid perma-
nens] actus permanentis *V*   18 sequitur] *om. R*   18 scit] sortes desinit *R*   21 est]
om. T   21 hoc] *om. T*   22 currebat] curreret *T*   22 incipit] currit *V*   23 per]
om. TR   24 causa] causam *TV* positionem *R*   25 una] pars *add. T*   26 si cur-
rit] sicut currebit *R*   27 ponitur] ponit *TV*   27 privatur] privat *R*

presenti, et ponitur alterum in preterito et alterum in futuro. Cum <ergo> sic dicitur 'Sortes desinit currere' sequitur 'ergo currit', non tamen sequitur ulterius 'ergo non desinit currere'.

51 Sed contra istam opinionem obicitur sic, quia si aliam expositionem habet hoc verbum 'incipit' et hoc verbum 'desinit' in terminis successivis et in terminis permanentibus, iam sequeretur quod traherent significationem suam ab adiunctis, et non a se, sed ab alio. Quod non est ponere, quia omne verbum habet significationem a se, et non ab alio. Item, oportet huiusmodi dictiones **[V232ʳ]** equivocari secundum quod ponimus in talibus orationibus sive in talibus. Quod iterum non est ponere, immo semper videntur idem significare et consignificare. Et propter hoc queritur que sit sua significatio generalis quam retinent cum quibuscumque terminis **[T61ʳᵇ]** ponantur, et utrum sic exponantur.

Solutio

52 Ad primum [37] dicendum sic quod prima est falsa, hec scilicet 'Sortes desinit scire pauciora quam scit'. Ad probationem [44] autem respondendum est quod hec est vera 'Sortes desinit scire duo', hec autem falsa 'Sortes scit quatuor', que est altera probantium. Si dicatur quod hoc est positum, dicendum est quod ad tempus alterum referuntur in positione iste due 'Sortes scit quatuor', 'Sortes desinit scire duo', cum sic dicit "ponatur quod Sortes sciat quatuor enuntiabilia", hoc intelligitur pro tempore ante desitionem, hec autem 'Sortes desinit scire duo' intelligitur pro tempore post, scilicet pro tempore desitionis. Secundum hoc ergo manifestum

---

1 ponitur] *coni.* ponit *codd.*   2 sortes] *om. R*   2 currere] ut *add. R*   2 sequitur... currit] *om. V*   2 currit] curret *R*   3 non tamen] *om. R*   3 tamen] *om. V*   3 ulterius] quod curret et ita *add. R*   4 opinionem] oppositionem *T*   5–6 in terminis] cum rebus *V* cum terminis *R*   6 et] aliam *add. V*   6 in] cum *V*   7–9 suam... significationem] *om. R*   8 quia] quod *V*   9 significationem] suam *add. V*   9 alio] aliquo *V*   10 equivocari] ponere *V*   11 in talibus] terminis *R*   11 iterum] verum *V om. T*   11 semper] *om. V*   12 videntur] videtur *V*   13 quam] semper *add. R*   13 quibuscumque] quibus *R*   14 ponantur] solutio *add. V*   16 est] sit *V*   17 scilicet] *om. R*   17–18 pauciora... scire] *bis in V*   17–18 ad... autem] et ad probationem *V*   17 probationem] improbationem *R*   18 respondendum] dicendum *V*   20 hoc est positum] hec est posita *TV*   22 desinit... duo] scit *R*   22 cum sic] enim cum *R*   22–23 quod... desitionem] *om. V*   23 pro tempore] *om. R*   24 desinit... duo] scire *V*   24 post] quod sortes sciat quatuor enuntiabilia hoc intelligitur ante desitionem *V*

est quoniam **[V232ᵛ]** hec 'Sortes scit quatuor' non habet veritatem nisi pro tempore ante desitionem, sed post tempus desitionis falsa est. Cum ergo dico 'Sortes desinit scire duo et scit quatuor': si accipiatur post tempus desitionis, dicendum quod falsa est, quia in tempore desitionis non possunt iste due habere veritatem 'Sortes desinit scire duo', 'Sortes scit quatuor', immo repugnant.

53 Si dicatur quod positum est quod Sortes sciat quatuor, dicendum quod referendo ad tempus positionis vera est, sed referendo ad tempus desitionis falsa est. Unde in tempore desitionis aut post non est dicere quod scit quatuor, sed quod scivit. Et pro tempore illo procedendo habet veritatem, quia hec est vera 'Sortes desinit scire pauciora quam scivit'. Sed hoc modo non probatur, et sic interimenda est hec. Rationes [37–43] autem quibus ostenditur quod prima esset falsa concedimus, etsi sint sophistice.

54 Ad aliud [44] autem quod postea queritur, utrum sequitur 'Sortes desinit scire duo; ergo Sortes desinit **[V233ʳ]** scire quatuor', dicendum est quod non. Sciendum ergo quod hec est vera 'Sortes non scit quatuor', cum Sortes desinit scire duo. Hec autem est falsa 'Sortes desinit scire quatuor'. Sciendum ergo quod differt negatio importata per hanc dictionem 'non' et per hoc verbum 'desinit' et per hoc verbum 'amisit', sicut michi videtur, nam privatio importata per hanc dictionem 'non' non habet respectum aliquod **[T61ᵛᵃ]** ad modum positionis ipsius, sive non respicit positionem termini, sed respicit solum suum significatum sive suppositionem termini. Et propter hoc potest cadere supra alterum vel supra utrumque. Sed hoc verbum 'desinit' habet respectum ad positionem termini et ad modum sue positionis. Cuius signum est quod habet in suo intellectu positionem et privationem illius positionis. Et propter hoc, cum adiungitur termino multiplicato,

---

1 quoniam] *bis in* V 1 veritatem] *om.* V 3–4 si accipiatur] sic accipiendo V 4 accipiatur] accipiantur R 4 dicendum quod] *om.* R 5 tempore] positionis vel *add.* T 5 due] non possunt *add.* R 7 positum est] poterit et R 7 sciat] scit T 8 dicendum] dicendo R 8 quod] *om.* V 8 vera est] dicendum est quod sunt vere R 9 falsa est] false sunt R 10 aut post] *om.* R 10 est] verum *add.* R 11 quia] sed R 12 scivit] scit V scivi R 12 non probatur] improbatur VR 13 et...hec] *om.* R 13 hec] media V 13 quibus ostenditur] que ostendunt V 14 quod...falsa] primam esse falsam VR 14 sophistice] sophistica T 18 desinit] desinat V 19 quatuor] dicendum quod non *add.* R 20 negatio] privatio R et privatio *add.* V 21–22 et...alterum non] *om.* R 22 non] *om.* V 24 solum] *om.* V 24 sive] sua V 25 suppositionem] supposita R *om.* V 27 positionis] compositionis VR

ponitur privatio circa ipsum eo modo quo prius multiplicebatur. Et si prius ponit multa actu, privat illa actualiter. Cum ergo in hoc termino 'quatuor' sint multa actualiter, cum sit desitio respectu ipsorum, fit sicut prius fiebat positio. Et propter hoc ad veritatem istius 'Sortes desinit scire quatuor' oportet ut desinat scire tria et duo, et sic de aliis. Similiter ad veritatem istius 'Sortes desinit videre omnem **[V233ᵛ]** hominem' oportet ut desinat videre Sortem et Platonem et sic de aliis. Et hoc satis dat intelligere Aristotiles in suo paralogismo; hanc enim pro inconvenienti habet 'amisit decem digitos'.

55 Et propter hoc est simpliciter vera 'Sortes non scit quatuor', hec autem est falsa 'Sortes desinit scire quatuor'. Et propter hoc non sequitur 'Sortes desinit **[R301ᵛᵃ]** scire duo; ergo Sortes desinit scire quatuor', immo est ibi fallacia consequentis a minori negatione ad maiorem. Et similiter non sequitur 'videt omnem hominem; et de cetero non videbit; ergo desinit videre omnem hominem', immo est ibi fallacia consequentis a minori negatione ad maiorem, sive a duabus causis ad unam. Rationes vero hoc ostendentes, quecumque sunt, concedimus.

56 Sed ad rationes in contrarium dicendum ad primum [45] quod cum Sortes desinit scire duo, desinit scire scibilia sub isto numero sub quo prius sciebantur, et desinit scire ea sub numero isto sub quo prius sciebat. Et desinit scire **[V234ʳ]** sub quaternario. Non tamen dicere est quod desinat scire quatuor. Unde differt dicere 'desinit **[T61ᵛᵇ]** scire sub quaternario' et 'desinit scire quatuor', quia 'quaternarius' dicit numerum secundum se, hoc quod dico 'quatuor' dicit numerum in suppositis. Unde dupliciter est accipere *numerum*, scilicet secundum se et prout est in suppositis. Et per hoc quod dico 'binarius', 'ternarius',

---

1 prius] intellegebatur vel add. R   1 multicipebatur] multiplicatur T   2 prius] privat et non R non add. V   2 ponit] ponat R   2–4 cum...positio] om. VR   3 actualiter] cum hoc termino distributo omnis homo add. T   4–6 et...aliis] om. V   8 aristotiles] om. VR   9 hanc] hec V   9 enim] autem T   9 habet] habetur V   10 digitos] oportet ut scire tria et duo et sic de aliis et propter hoc ad veritatem istius sortes desinit scire add. V   11 et...quatuor] om. R   13 sortes] om. V   17 ibi] om. T   18 hoc] ad hoc R   18 ostendentes] monstrantes V sustinentes R   20 sed] et T   20 dicendum] quod add. V   21 quod] om. T   21 scire] esse R   22 sub] om. V   22 prius] om. V   22 sciebantur] sciebat V   22 ea] om. V   24 est] om. V   24 desinat] desinit T   24–26 unde...quatuor] om. R   26–27 secundum...numerum] om. R   27–28 hoc...se] om. V   28 et] aut V   29–p. 430,1 ternarius quaternarius] et huiusmodi add. R

'quaternarius', significatur numerus prout est quoddam mathematicum secundum se. Et per hoc quod dico 'tres', 'quatuor', significatur numerus in suppositis. Et propter hoc ad veritatem huius 'desinit scire sub quaternario', non oportet ut desinat scire quodlibet istorum. Ad veritatem autem istius 'desinit scire quodlibet istorum', oportet quod desinat scire utrumque istorum. Et propter hoc non sequitur 'desinit scire sub quaternario; ergo desinit scire quatuor', immo est ibi fallacia accidentis, quia cum dicitur 'desinit scire sub quaternario', assignatur hec desitio gratia accidentis vel gratia forme, in conclusione gratia suppositi. Et propter hoc est ibi fallacia accidentis.

57 Concedendum est ergo quod quamcito Sortes desinit scire sub quaternario, tamcito desinit scire scibilia sub numero sub quo prius sciebat, et incipit scire sub altero. Nec ulterius sequitur 'incipit scire sub isto numero; ergo incipit scire alia', immo est ibi fallacia accidentis. Ad **[V234ᵛ]** aliud patet solutio quoniam bene sustinemus, cum Aristotile, quod hec est vera 'Sortes non scit quatuor cum desinit scire duo', sicut hec <est> vera 'sunt non-bona', demonstratis duobus quorum alterum sit bonum, alterum non-bonum. Hec autem est falsa 'Sortes desinit scire quatuor'. Et visum est qualiter et quomodo differat illa privatio ab illa privatione que importatur per hanc dictionem 'non'.

58 Ad aliud [41] dicendum quod 'prius' et 'posterius' multipliciter se habent. Quoddam prius est in essendo, ut animal prius est homine in essendo, et quoddam prius est in ordine, ut binarius est prius quaternario. Hec autem est prioritas in ordinatione; simul enim sunt species numeri sub numero, tamen in ordinatione distinguitur ut unus post alium et ille alius post alium numeretur.

1-2 quoddam mathematicum] quid incerte mathematice *V*   2 quod] est quod *add. T*   2 quatuor] et huiusmodi *add. R*   5-6 ad . . . istorum] *om. R*   6 oportet] apparet *V*   6 oportet . . . istorum] *om. T*   8 ibi] *om. T*   9 sub quaternio] quatuor *V om. R*   13-14 quaternio . . . altero] *om. V*   13 tamcito] tam scito(!) *T*   14-15 nec . . . sub] *om. V*   15 immo] numero *T*   17 aristotile] dicit aristotiles *V*   17 quod] qui *T*   17-18 non scit] desinit scire *V*   18 quatuor] *om. R*   18 hec . . . vera] *om. VR*   19 quorum] *om. R*   19 sit] est *V*   19 alterum] *bis in V*   20 et] quia *TV*   21 quomodo] propter quid *VR*   21 differat] discerat(!) *T*   21 illa] *om. T*   21 ab] sua *T*   23 posterius] ulterius *R*   24 quoddam] enim *add. R*   25 est] et *R*   25 in essendo] *om. T*   25 quoddam] *coni. etiam R om. TV*   26 prius] priusquam *R*   27 numeri] unum *V*   27 tamen in] causa et *V*   28 ut] *om. T*   28 unus] unum *VR*   28 alium] alterum *V*   28 et . . . alium] *om. V*   28 ille alius] unus *T*   28 numeretur] generetur *T* connumeratur *R*

Et hoc dicit Aristotiles in quarto *Topicorum* quod omnes species sunt simul sub eodem genere. Dico ergo quod, destructo priori et essentiali secundum esse, **[T62ʳᵃ]** destruitur posterius, sicut, perempto animali, perimitur **[V235ʳ]** homo. Sed, destructo priori secundum ordinem, non oportet posterius destrui. Vel aliter, ut dicatur quod si binarius sit prius ad quaternarium, non tamen, duobus peremptis, perimitur quatuor.

59 Ad aliud [42] dicendum quod iste possunt simul esse vere 'Sortes desinit scire duo' et 'Sortes non desinit scire quatuor'. Quod tamen dicitur [43] quod 'Sortes non desinit scire quatuor; et scivit <quatuor>; ergo adhuc scit quatuor', dicendum quod non valet. Hec enim 'Sortes non desinit scire quatuor' habet duplicem causam veritatis, aut quia neutrum istorum desinit scire, aut quia aliqua scit et aliqua non. Et pro hac ultima causa habet veritatem. Infert autem in altera causa, cum dicit 'ergo scit quatuor'. Et propter hoc peccat secundum consequens a duabus causis veritatis ad unam. Debet enim sic dicere 'ergo scit quatuor vel aliquot istorum', et hec est vera pro illa parte 'Sortes scit aliquot istorum'.

60 Concedo ergo hanc primam rationem per quam ostenditur quod non sequitur 'Sortes desinit scire duo; ergo desinit **[V235ᵛ]** scire quatuor', quia michi videtur maxime necessaria et movet me. Et similiter alie rationes [44–46] movent me. Non tamen propter hoc concedendum est ulterius quod sciat quatuor, sed aliquot horum. Et sic ulterius non habebit prima veritatem, quamvis non sequatur quia hec est falsa 'Sortes desinit scire quatuor'.

61 Ad aliud [47] dicendum quod Sortes non desinit scire ista que scit, nec tot, nec plura, nec pauciora. Unde respectu horum que scit non debet fieri desitio, sed respectu horum que scivit. Et

---

1 *Topica* IV 1, 120b15–17.

---

1 omnes] *om. R*   1 species] numeri *add. TR*   2 simul] *om. R*   2 sub] *om. R*   2 sub eodem] *om. V*   3 et] *om. V*   3–4 et...priori] *om. R*   3 secundum esse] *om. V*   5 ordinem] ordinationem *TV*   5 ut] *om. T*   6 quaternarium] tamen duo non sunt prius quatuor unde perempto binario perimitur quaternarius *add. T*   8 simul] solum *R*   10 dicitur] obicitur *V*   10 quod] *om. VR*   11 scivit] sinon *V* scivi *R*   11 ergo] et *R*   11 quatuor] *om. T*   13 desinit] desinat *V*   13 scire] quatuor *add. R*   14 aut quia] *om. V*   14 quia...scit] sic *V*   15 infert] vult *V*   15 causa] *om. R*   17 aliquot] aliquod *R*   18 aliquot] aliquod *R*   19 ostenditur] astringuatur *V*   21 videtur] esse *add. R*   23 concedendum] loquendum *R*   24 aliquot] aliquod *T*   24 prima] *om. T*   25 sequatur] sequitur *VR*   25 quia] quod *V*   25 sortes...quatuor] *om. R*   25 desinit scire] scit *V*   27 tot nec] *om. T*   28 debet] oportet *V*

de hiis possumus dicere quod desinit scire pauciora quam **[R301ᵛᵇ]** sci<vi>t.

62 Ad aliud [48] dicendum, ut michi videtur, quod illud argumentum 'Sortes desinit scire pauciora quam scit; ergo scit pauciora quam scit' uno modo tenet, alio modo non. Unde hoc verbum 'desinit' potest dupliciter accipi, vel ex parte expositionis que sibi debetur a parte ante <vel ex parte expositionis que debetur sibi a parte post>. **[T62ʳᵇ]** Et sic, cum desitio incipiat ab ente et terminetur in non-ens, relinquitur ens a parte ante, et a parte post non-ens. Et ita sequitur 'Sortes **[V236ʳ]** desinit scire; ergo scit', sed hoc non est ex virtute sue expositionis. Unde non pono has expositiones huius verbi 'incipit' et huius verbi 'desinit', quamvis communes sint et possint sustineri; immo pono, sicut ostensum est in opponendo [51], quod hoc verbum 'desinit' incipit ab ente et terminatur in non-ens, et hoc verbum 'incipit' <incipit> a non-ente et terminatur in ens.

63 Unde dico quod hoc verbum 'desinit' a parte post privat semper in presenti, et ponit semper in preterito. Similiter hoc verbum 'incipit' privat in presenti semper, et ponit semper in futuro. Et ita expositio verbi generaliter est in omnibus terminis. Unde sicut cum aliquid generatur, aut est sic dicere quoniam non est sed erit, sicut vult Aristotiles, quia quod fit non est — quia cum aliquid fit album, non est dicere quod sit album, quia, si sic, iam non primo esset album, sed est dicere 'non est album, sed erit' —, similiter cum aliquid corrumpitur, est dicere 'non est, sed fuit'. Et cum desinit **[V236ᵛ]** esse album, possum dicere quod non est album, sed fuit album. Unde dico quod semper habent eandem expositionem huiusmodi verba 'incipit' et 'desinit' in

---

22 *Topica* IV 6, 128b7.

1 quod] non *V* quoniam *R*   6 accipi] considerari *VR*   6 ex] a *R*   6 expositionis] compositionis *V*   9 a] ex *T om. V*   10 sortes] *om. T*   11 hoc] *om. R*   11 expositionis] compositionis *R*   11–12 unde ... expositiones] *bis in V*   12 desinit] et *add. T*   13 possint] possent*(!) R*   14 quod] *om. V*   17 a] ex *V*   18 semper in preterito] in preterito semper *R*   18–19 semper ... ponit] *om. V*   19 semper] tantum *T*   19 ponit] componit *T*   20 verbi] sic *R* semper *add. V*   20 generaliter] generalis *V*   21 est] *om. T*   21–22 est sed erit] erit sed est*(!) V*   22 quia] *om. V*   22 cum] sicut *VR*   23 fit] incipit esse *V* est *R*   23 album] albus *V*   23 sit] fit*(!) R*   23 album] albus *VR*   24 album] albus *VR*   24 sed] nec*(!) V*   24 album] albus *codd.*   24–25 sed erit] *om. R*   26 album] albus *V om. R*   27 album] albus *VR*

permanentibus et in successivis. Et non variatur sua expositio in terminis permanentibus et aliis, quia aliter esset ponere ista equivocari, quod michi non videtur. Et concedimus rationes hoc monstrantes. Tamen dico quod semper intelligitur in hoc verbo 'desinit' *esse* et positio in presenti a parte initii motus. Et a parte illa sequitur 'desinit scire *etc.*; ergo scivit', sed a parte termini motus non sequitur. Et sic procedunt rationes.

De suppositione termini communis positi post ista verba 'incipit' et 'desinit'

64 Postea queritur qualem suppositionem habeat terminus communis positus post ista verba 'incipit' et 'desinit'. Et gratia huius queratur de hoc sophismate **[T62ᵛᵃ]** SORTES DESINIT ESSE ALBISSIMUS HOMINUM. Ponatur quod sint tantum tres homines albi, et Sortes sit albissimus istorum, et cras nascatur alius qui sit **[V237ʳ]** albior Sorte. Facta hac positione probetur per expositionem huius verbi 'desinit' ex parte post. Improbatio autem hec est. Non desinit esse albissimus hominum qui sunt vel non sunt, cum non sit de numero istorum. Quare ipsa est falsa. De quo queruntur tria. Primum est de falsitate. Secundum de veritate. Tertium est de modo improbandi et de suppositione huius termini 'hominum'.

De falsitate prime

65 Circa primum sic proceditur. Cum aliquid excedit alterum in aliquo, oportet quod excessum et excedens participent illud in quo denotatur excessus et illud communiter predicatur de utroque. Verbi gratia, bene enim sequitur 'leo est fortior homine; ergo leo est fortis et homo est fortis'. Ergo cum in hac 'Sortes desinit esse

---

2 et] in *add. V* 4 monstrantes] demonstrantes *V* 4 semper] *om. R* 5 a parte] *om. R* 6 sequitur] *om. T* 6 non sequitur *V* 6 scivit] scit *R* 7 sequitur] proceditur *R* 10 qualem] quam *VR* 10 habeat] habet *R* 10 communis] *om. VR* 14 albissmus] albior *V* 14 et] *om. TV* 15 hac] *om. R* 16 ex] a *R* 16 non] aut(!) *V* 17 sit] sint *V* 19 falsitate] veritate *TV* 19 veritate] falsitate *TV* 20 et... hominum] *om. V* 22 proceditur] procedit *TR* 22 cum] autem *add. T* 23 in aliquo] *om. TV* 24 communiter] convenienter *V* 25 enim sequitur] dicitur *V*

albissimus hominum' significetur quod Sortes excedat homines in albedine, oportet albedinem de utroque istorum predicari. Quare sequitur 'Sortes desinit *etc*.; ergo Sortes desinit esse albissimus alborum'. Ergo, cum albedo sit talis que solum de eo quod est predicatur, sequitur ulterius quod Sortes desinit **[V237ᵛ]** esse albissimus hominum qui sunt. Sed hec est falsa. Ergo hec est falsa 'Sortes desinit esse albisssimus hominum'.

66 Item. Que in eodem intelliguntur aliquo, pro tempore eodem pro quo unum intelligitur, necesse est alterum intelligi. Hanc proportionem dat intelligere Aristotiles per hoc quod dicit quod "differentie dividentes aliquod genus simul sunt". Et causa huius est quia per aliquod idem intelliguntur. Cum igitur excedens et excessum per idem aliquod intelliguntur, necesse est quod pro tempore pro quo intelligitur excedens, et excessum. Cum ergo Sortes sive excedens intelligatur in presenti, necesse est ut iste terminus 'hominum' intelligatur in presenti. Ergo sensus est *Sortes desinit esse albissimus hominum qui sunt*. Sed hec est falsa. Quare hec est falsa **[T62ᵛᵇ]** 'Sortes desinit esse *etc*.'.

67 Item. Que *ad aliquid* dicuntur, sunt simul natura. Cum ergo excedens et excessum dicuntur *ad aliquid*, sicut vult Aristotiles in quarto *Topicorum* — dicit enim quod superans dicitur ad duo: dicitur enim **[V238ʳ]** ad illud quod superat et ad quod superatur —, necesse est ergo ut simul excedens sint et excessum. Sed que sunt simul habent esse pro tempore uno. Ergo pro uno tempore intelliguntur. Quare si excedens intelligatur **[R302ʳᵃ]** in presenti, et excessum. Et sic adhuc videtur quod iste terminus 'hominum' supponat pro presentibus. Sed pro hiis est falsa. Quare <prima> simpliciter est falsa. Quare idem quod prius.

---

10 Cf. *Topica* VI 6, 143a36.   21 *Topica* IV 4, 125a21–22.

---

1 quod] om. *V*   1 sortes excedat] sortem excedere *V* aliquid ut excedens *R*   2 de ... istorum] illorum de utroque *V*   2 quare] quia *V*   3 sequitur] om. *VR*   3 sortes] om. *V*   4 solum] solet *V*   5 predicatur] predicari *V* predicetur *R*   6 ergo ... falsa] *bis in R*   5–6 esse ... sunt] etc. *R*   7 hominum] etc. *add. V*   8 in] de *R*   8 intelliguntur] pro tempore *add. T*   9 hanc] quam *VR*   10 proportionem] propositionem *VR*   11 dividentes] simul *add. R*   13 est] om. *V*   14 tempore aliquo] *add. V*   15 sortes sive] om. *T*   15 sive] scit(!) *V*   17–18 quare ... falsa] ergo hec est falsa *bis in R*   18 etc.] albissimus hominum *V*   19 dicuntur] sunt *T*   20 dicuntur] dicantur *T*   21 ad] a *T*   22 illud] aliquid *VR*   22 ad] om. *V*   22 quod] aliquid a quo *V* aliquid quod *R*   24 esse] fieri *R*   25 tempore] om. *TR*   25 intelliguntur] intelligitur *T*   25 intelligatur] intelligitur *V*   25 in] pro *R*   27 hiis] aliis *V* illis *R*   27 quare] quia *V*

68* Ad idem. Terminus accidentalis non restringitur a verbo a parte ante, sed a parte post. Ergo cum terminus accidentalis supponens verbo de presenti restringatur ad supponendum pro hiis qui sunt, ipse positus a parte predicati maxime restringitur. Ergo iste terminus 'albissimus' supponens huic verbo 'desinit' supponet pro hiis qui sunt. **[V238ᵛ]** Sed pro eis est falsa. Quare hec est simpliciter falsa 'Sortes desinit *etc.*'.

* cc. **68** et **69**: inverso ordine in V

69 Item. Regula est quod:

Terminus apponens verbo de presenti supponit pro hiis qui sunt.

Ergo cum iste terminus 'albissimus' sit terminus communis apponens verbo de presenti, supponit pro hiis qui sunt. Sed pro hiis est falsa. Quare prima falsa est simpliciter.

70 Item. Queritur an iste terminus 'hominum' supponit pro tribus hominis tantum aut pro quatuor. Si pro quatuor, falsa est, quoniam non est albissimus istorum, sicut positum est. Si pro tribus, sic est falsa, quoniam semper erit albissimus istorum, sicut positum est. Quare hec erit falsa simpliciter 'Sortes desinit *etc.*'.

71 Fortasse dicet aliquis ad illud quod nunc obiectum est quod iste terminus 'albissimus hominum' non restringitur pro hiis qui sunt per hoc verbum 'desinit'. Et causa huius est quia hoc verbum 'desinit' habet in se vim duplicis temporis, scilicet presentis et futuri, et quantum ad hoc supponit pro hiis qui sunt vel pro eis qui erunt. Sed contra. **[T63ʳᵃ]** Unumquodque supponit pro eo pro quo primo se dat intelligere. Unde iste terminus 'homo' dat in se intelligere multa, sicut animal, corpus animatum, corpus, substantiam; sicut vult Aristotiles, quod qui dicit unum,

---

27 *Topica* II 5, 112a17–20.

---

1 a verbo] *om. R*   3 supponens] supponat *V*   3 restringatur] restringitur *V*   4 qui] que *TR*   4 sunt] et *add. T*   4 restringitur] intelligitur *T*   5 supponens] apponens *T*   7 est] falsa simpliciter] *om. R*   7 etc.] esse etc. *V*   11 albissimus] hominum *add. V*   11–12 apponens... presenti] *om. R*   12 hiis] qui sunt oratio *add. V*   13 quare prima] ergo oratio *V*   13 est] *om. T*   14 queritur an] *om. R*   14 an] aut *T om. V*   14 hominum] aut *add. VR*   15 hominis] *om. V*   17 sic] adhuc *V*   18 quare... etc.] prima ergo est falsa simpliciter *R*   20 terminus] vel *add. V*   20 non] *om. VR*   22 in se] *om. T*   22 duplicis] *om. V*   22 presentis] tempus presens et quantum ad hoc supponit pro hiis qui sunt *R*   23 futuri] tempus futura(!) *R*   23 et] *om. T*   23 supponit] pro eis qui erunt et ita supponit *add. R*   24 erunt] essent(!) *V*   25 unde] sicut *add. T*   26 in se] de se *R om. T*

quodammodo multa **[V239ʳ]** dixit. Tamen quia non eque dat intelligere, propter hoc non supponit pro ipsis. Sed hoc quod est 'animal rationale mortale' dat se intelligere primo pro presenti, et propter hoc pro ipso supponit. Ergo cum hoc verbum 'desinit' primo dat se intelligere pro presenti, cum sit verbum presentis temporis, manifestum est quod supponit pro presenti solum. Et ita terminus supponens illis supponet pro illis qui sunt. Et sic est falsa. Quare prima est falsa.

De veritate prime

72 Ad secundum sic proceditur. Quod inest alicui pro aliquo instanti, et in eodem instanti, si ultimo est, desinit inesse eidem. Ergo cum *albissimus hominum* insit Sorti pro instanti quod nunc est et pro illo instanti ei ultimo insit (ut positum est), quare albedo cum excessu aliorum desinit inesse Sorti. Ergo desinit inesse eidem. Secundum hoc ergo Sortes desinit esse albissimus hominum. Quare prima est vera.

73* Item. Iste terminus 'hominum' est terminus communis apponens huic verbo 'desinit'. Quare tenetur secundum exigentiam eius cui additur. Cum igitur hoc verbum 'desinit' supponat pro presenti et futuro, et iste terminus 'hominum' supponet pro presentibus et futuris. Cum ergo pro futuris habeat veritatem, et hec

---

1 dixit] dicit *V*   1 dat] ea post se *add. V* post se *add. R*   2 intelligere] et *add. V*   4–5 propter...presenti] *om. T*   7 illis] *om. T*   8 quare...falsa] etc. *add. T* etc. *V*   8 prima] *om. T*   8 falsa] item undumquodque supponit pro eo quod est formale in ipso et quia quod est formale alicui est sicut principium intelligendi illud sicut in homine sunt partes formales quia tamen iste sunt universales et non formales non supponit pro hiis sed solum pro humanitate quod est principium formale ipsius cum igitur tempus presens sit sicut principium formale in hoc verbo desinit et possibiliter intelligitur tempus autem futurum sit sicut universale dabit se intelligere pro presenti et non pro preterito quare terminus sibi supponens supponit pro eis qui sunt sed pro eis est falsa quare prima falsa *add. R*   10 ad] circa *R*   11 instanti] tempore *R*   11 si] eodem *R*   11 si...est] eidem ulterius non inest *V*   11 est] inest *R*   13 et] non *add. R*   13 ultimo insit] ulterius non insit *V*   13–14 quare...sorti] *om. T*   14 cum] *om. V*   14 excessu] excessa erit *V*   14 aliorum] aliquorum *V*   14 ergo...eidem] *om. R*   14 inese] esse *T*   15 secundum hoc] *om. VR*   15 hominum] qui sunt *add. V*   15–16 quare...vera] etc. *T*   16 prima...vera] etc. *R*   17 iste terminus] *bis in T*   19 eius cui adiungitur] isius *R*   19 verbum] *om. R*   19 supponat] apponet *T*   20 presenti] eo quod est *R*   20 et] pro *add. R*   20 supponet] supponit *R*   21 cum ergo] sed *T*   21 habeat] habet *T*   21–p. 437,1 et...hominum] *om. T*

poterit habere veritatem 'Sortes desinit esse albissimus hominum'. Ergo erit vera simpliciter.

* **cc. 73 et 74 desunt a V**

74 Item. Aliquid desinit inesse Sorti, <sed> non albedo in se, quoniam adhuc conveniet ei, sed albedo cum excessu. Sed hoc significatur per hanc orationem. Quare erit simpliciter vera.

De modo improbandi

75 Item. Tertio queritur utrum **[V239ᵛ]** modus improbandi teneat. Et videtur quod sic, quoniam dicit Aristotiles in quinto *Topicorum* quod comparativum et superlativum comparatum ad res sui generis excedunt. Ergo cum homines qui sunt et qui non sunt sint partes 'hominis', oportet quod superlativum additum huic quod dico 'homo' sive 'hominum' excedat homines qui sunt et homines qui non sunt. Sequitur ergo 'Sortes desinit esse albissimus *etc.*; ergo hominum qui sunt et qui non sunt'. Ergo maxime sequitur sub divisione. Sed ulterius videtur quod debeat **[T63ʳᵇ]** sequi 'Sortes desinit esse albissimus hominum; ergo illius et illius, quod non est verum. Propter hoc queritur utrum superlativum habeat virtutem **[R302ʳᵇ]** confundendi, et si sic, utrum debeat sequi 'albissimus hominum; ergo illius et illius'; et si non, propter quid non.

76 Item. Esse et non esse opponuntur contradictorie. Ergo dicuntur de quolibet, ergo de homine. Ergo si Sortes desinit esse albissimus hominum, erit dicere quod desinit esse albissimus hominum qui sunt vel hominum qui non sunt.

77 Item. Nichil est in genere quod non sit **[V240ʳ]** in aliqua sui specie, sicut vult Aristotiles. Ergo *a simili*: nichil est in specie

---

9 Cf. *Topica* V 5, 134b24sqq.   26 *Topica* IV 1, 121a28–29. (*Auct. Arist.* 36, 57)

4 inesse] esse *T*   5 conveniet ei] erit albus sicut positum est *R* quare cum acᶜᵒ(?) cum excessu aliorum determinato *add. R*   5 hoc] hoc modo *R*   6 hanc orationem] hoc quod est albissimus hominum *R*   6 quare . . . vera] *om. R*   8 item] *om. R*   8 queritur] et videtur *add. T*   10 comparativum et] *om. T*   10 comparatum] *om. V*   11 sui] cuiuslibet *VR*   11 excedunt] excedit *T* se extendunt *V*   11 ergo cum] et *V*   11 sunt et qui] *om. V*   12 partes] parte *T*   12 huic] hoc *V*   13 homo] homine *T*   13 hominum] homini non *R*   13 excedat] extendet *V*   13 homines] *om. TR*   14 sequitur] *om. V*   14 albissimus] hominum *add. V*   17 et] vel *TV*   19 confundendi] ampliandi *V*   20 et] vel *R*   23 erit . . . esse] etc. ergo *V*   24 hominum] *om. VR*   26 sui] generis *T*   26 est] sit *R om. T*

quod non sit in individuo. Ergo, cum individua hominis sint entes et non-entes homines, est dicere quod si Sortes desinit esse albissimus hominum, quod desinit esse albissimus hominum qui sunt vel qui non sunt.

De suppositione huius termini 'hominum'

78 Fortasse aliquis dicet quod iste terminus 'hominum' habeat simplicem suppositionem, et ita non oportet quod habeat veritatem pro aliquo individuo. Sed contra. Simplex est suppositio in termino quando terminus tenetur pro essentia, et non pro supposito. Ut cum dicitur 'homo est species', tenetur iste terminus 'homo' pro essentia, et non pro supposito. Cum ergo iste terminus 'hominum' non possit teneri pro essentia sed solum pro supposito, non est ponere quod habeat simplicem suppositionem, sed personalem. Quod autem non teneatur pro essentia patet quia: Ille terminus 'hominum' virtute excessus participat predicatum sive illud in quo est excessus. Ergo cum non possit reperire predicatum determinatum pro essentia, sed solum pro supposito, non habebit suppositionem simplicem, sed personalem.

79 Item. Omnis simplex suppositio coartatur **[V240ᵛ]** per naturam predicati, quia cum predicatum est tale quod convenit essentie, tunc habet simplicem suppositionem; cum autem convenit supposito, tunc habet personalem suppositionem. Cum autem hoc predicatum non convenit pro essentia, non habebit simplicem suppositionem. Et ita licebit descendere pro suppositis, sic dicendo 'aut hominum qui sunt, aut hominum qui non sunt'. **[T63ᵛᵃ]** Quare *etc.*

---

2 et] non *add. R*   2 est] erit *VR*   2 quod] *om. VR*   3 desinit] desinat *V*   6 fortasse] sed for^{tis}(?) *R*   6 habeat] habet *V*   7 ita] *om. T*   8–9 in termino] *om. T*   10–11 ut...supposito] *om. VR*   12 non] ibi *R*   14 patet] videtur *VR*   14 quia] quod *VR*   15–17 ille...supposito] circa ipsum denotatur fieri excessus qui non potest esse circa essentiam sed circa suppositum et ita *T*   16 reperire] rescipere(!) *V*   17 determinatum] *om. V*   18 suppositionem] *om. T*   20 quia] quare *V*   21 convenit] *om. R*   22 suppositionem] *om. R*   24 licebit] valebit sic *V*   25 hominum qui] *om. R*

Solutio

80 Solutio. Dicunt quidam quod hec est falsa 'Sortes desinit *etc.*', ponentes quod iste terminus 'hominum' restringitur ad supponendum pro hiis qui sunt, virtute huius verbi 'desinit'. Et propter hoc, cum pro hominibus qui sunt sit falsa, quia semper erit albissimus hominum qui sunt, ponunt quod simpliciter est falsa. Et quedam rationes superius movent ipsos.

81 Ponunt alii quod vera est, dicentes quod hoc verbum 'desinit' dat se intelligere pro duplici tempore: dat enim intelligere tempus presens actu, tempus vero futurum ex consequenti sive in potentia. Et secundum hoc terminus sibi apponens duplicem habet suppositionem: unam actualem qua supponit pro hominibus qui sunt, aliam potentialem **[V241ʳ]** qua supponit pro hominibus qui erunt. Referendo ergo actualem suppositionem huius termini 'hominum', tempore actualiter intellecto in hoc verbo 'desinit', et potentialem, tempore potentialiter intellecto, vera est. Sic dicendo 'Sortes desinit esse albissimus hominum', supponit pro hominibus qui sunt, sic dicendo 'non erit albissimus hominum' supponit pro hominibus qui erunt, virtute temporis desitionis.

82 Secundum hoc ergo dicunt quod non valet improbatio 'Sortes desinit *etc.*; ergo desinit esse albissimus hominum qui sunt', quoniam cum sic dicitur 'Sortes desinit esse albissimus hominum', iste terminus 'hominum' de sua actuali suppositione supponit pro hominibus qui sunt, et de potentiali pro hominibus qui erunt sive pro hominibus qui non sunt. In hac autem 'Sortes desinit esse albissimus hominum qui sunt' supponit quantum ad unam suppositionem, scilicet pro hominibus entibus, et hoc virtute implicationis qua restringitur ad presens. Ideo est ibi fallacia figure dictionis ab ampliata ad restrictam, **[V241ᵛ]** sive fallacia consequentis a **[T63ᵛᵇ]** duabus causis ad unam.

---

5 sit] est *T*   5 falsa] falsum *T*   5 quia] quare *V*   5 erit] est *V*   6 hominum qui sunt] illorum *R*   7 rationes] facte *add. R*   8 alii] aliter autem *V*   8 dicentes] dicendo *V*   9 se] *om. V*   9 dat] habet *R*   9 intelligere] *om. R* scilicet *add. T*   11 apponens] supponens *R*   14 erunt] non sunt *R*   14 ergo] *om. R*   15 tempore actualiter] aliter a tempore *V*   16 potentialem] a *add. V*   19 desitionis] de futuro *V*   22 cum] *om. T*   25 hominibus] hiis *TR*   26 quantum ad] secundum *V* quoad *R*   26 unam] utramque eius *R*   27 scilicet] *om. R*   28 qua] que *T* quare *V*   28 presens] presentes *V*   29 fallacia] *om. V*   29 consequentis] accidentis *TR*

83 Similiter non valet pro altera parte 'Sortes desinit *etc*.; ergo hominum qui non sunt'. Et est ibi idem peccatum utrobique, quoniam in hac 'Sortes desinit esse albissimus hominum qui non sunt', virtute implicationis supponit iste terminus 'hominum' in utraque suppositione pro hominibus qui non sunt; in prima autem supponit primo pro eis qui sunt actu, pro non-entibus vero ex consequenti supponebat. Similiter non valet 'Sortes desinit *etc*. sub disiunctione; ergo Sortes desinit esse albissimus hominum qui sunt vel qui non sunt', quoniam in hac 'Sortes desinit esse albissimus hominum qui sunt vel qui non sunt', iste terminus 'hominum' pro utraque <de> suppositione actuali supponit pro hiis qui sunt, de potentiali vero **[R302ᵛᵃ]** pro hiis qui non sunt. Et propter hoc peccat secundum consequens a duabus causis ad unam, sive secundum figuram dictionis ab ampliata ad restrictam sive ex variato modo supponendi.

84 Et huic solutioni que ponit primam esse veram magis consentio — ne videatur communi opinioni contradicere quam plures ponunt —, quod sit vera quam quod sit falsa. Sed tamen posset sustineri quod sit falsa, quoniam satis est magna ista opinio et laudabilis. Sed tunc breviter est transeundum de obiectis.

Respondetur ad rationes

85 Quod ergo primo [65] obicitur 'Sortes desinit esse albissimus hominum; ergo hominum alborum', dicendum quod bene sequitur. Sed ulterius dico quod cum sic dicitur 'Sortes desinit esse albissimus **[V242ʳ]** alborum', habet hec duplicem suppositionem, et de actuali suppositione supponit pro hominibus albis qui sunt, de

---

2 ibi] *om. V* 4–10 virtute...non sunt] *om. V* 4–5 in...suppositione] quantum ad utramque suppositionem *R* 7 supponebat] supponere *R* 7 sub] ex *R* 8 disiunctione] distinctione *T* 8 ergo] *om. R* 8 esse] etc. sub divisione sortes desinit esse *add. R* 9–11 quoniam...sunt] *om. R* 9 albissimus] *om. T* 10 iste ...hominum] *om. T* 12 de...vero] et *V* 12–13 et...unam] primo autem supponebat pro actuali suppositione *V* 16 huic solutioni] hanc solutionem autem *V* 16–17 magis consentio] *om. V* 17 ne] non *V* 17 contradicere] contradictorie *V* 17 quam] quia *V* quoniam *R* 19 quod sit] *om. R* 19 satis] *om. V* 20 sed tunc] ergo *V om. R* 20 transeundum] respondendum *V* 23 dicendum quod] *om. R* 23 bene] non(!) *V* 25 hec] *om. V* 26 actuali] hac actuali duplici *R*

potentiali suppositione pro hominibus qui erunt. Et propter hoc ulterius non sequitur 'ergo hominum qui sunt', immo est ibi dictum peccatum superius. Sed si dicatur quod 'albedo' non copulat rem suam nisi circa illud quod est, dicendum quod **[T64ra]** verum est. Nec hoc quod dico 'alborum' supponit pro albedine que est solum (quia sic arguit), sed de quadam suppositione supponit pro albedine que erit, et hoc est ex consequenti. Et ita peccabit iste processus sicut primus processus sophisticus.

86 Ad aliud [66] dicendum quod excedens et excessum intelliguntur pro eodem aliquo, et pro eodem tempore pro quo unum intelligitur, necesse est alterum intelligi secundum quod sic sunt et sub tali respectu. Unde dico quod hoc quod dico 'Sortes' secundum quod est excedens non solum intelligitur pro presenti, sed etiam, secundum quod est excedens de virtute verbi de futuro, et pro futuro intelligitur. Et sic non est dicendum quod iste terminus 'hominum' tantum intelligitur pro hiis qui sunt, immo sic et aliter, ut dictum est. Per **[V242v]** hoc solvitur ad aliud [67], quoniam pro tempore eodem intelliguntur excedens et excessum secundum quod sic sunt, et non solum intelligitur Sortes secundum quod est excedens pro presenti, sed etiam pro futuro virtute huius verbi 'desinit'.

87 Ad aliud [69] dicendum est quod terminus communis apponens verbo de presenti restringitur ad supponendum pro hiis qui sunt, hoc verum est si illud verbum sit unius nature simplicis. Sed si illud verbum habeat duplicem naturam, unam propter quam restringit, aliam propter quam ampliat sive per quam habet modum ampliandi, tunc non oportet quod terminus communis apponens ei restringatur ad supponendum pro hiis qui sunt. Talis autem nature est hoc verbum 'desinit', quoniam hoc verbum 'desinit' habet in se naturam quandam per quam restringit, alteram vero per quam ampliat. Et ob hoc non oportet quod terminus communis sibi apponens restringatur quantum ad utramque

---

1 suppositione] vero *V* supponit pro *add. R*   1 erunt] non sunt *V*   2 qui] non *add. V*   3 copulat] coartat *V*   4 circa] *om. V*   5–6 que est solum] nisi pro ente actu *T*   6 sed] *om. V*   6–7 supponit...erit] *om. VR*   10 pro] in *T*   13 solum] etiam *add. T*   14 et] *om. T*   16 tantum] *om. VR*   17 aliud] secundum *add. V*   18 tempore] *om. R*   20 etiam] *om. TV*   23 apponens] supponens *R*   24 unius... simplicis] minus commune *V*   25 habet] habeat *T*   25 unam] *om. V*   26 propter] *om. R*   26 habeat] habet *R*   28 apponens] supponens *VR*   28 ei] *om. TV*   29 autem] *om. V*   30 quandam] *om. V*   32 apponens] supponens *V*   32 restringatur] restringatur ad supponendum *V*

suppositionem, sed solum quantum ad alteram, ut quantum ad primam suppositionem.

88 Ad aliud [71] autem quod dicitur, quod hoc verbum 'desinit' dat se intelligere pro presenti cum sit verbum **[V243ʳ]** presentis temporis, **[T64ʳᵇ]** dicendum quod si det se intelligere pro presenti, hoc est quantum ad suam primam suppositionem; tamen quantum ad secundam suam suppositionem dat se intelligere pro futuro, sicut visum est.

89 Ad aliud [79] dicendum quod si hoc verbum 'desinit' det se intelligere primo pro presenti, nichilominus impeditur quin possit se dare intelligi pro futuro, et hoc est ex consequenti. Et sic terminus ei apponens supponet pro futuris.

90 Ad aliud [81] dicendum est quod, cum iste terminus 'hominum' habeat duplicem suppositionem, unam actualem, alteram potentialem, pro paucioribus supponit quantum ad actualem, scilicet pro tribus, pro pluribus vero quantum ad potentialem, et hoc est pro quatuor. Et secundum hoc est reperire veritatem in probantibus. Cum dicitur sic 'Sortes est albissimus hominum', tunc supponit pro tribus, cum autem dicit postea 'de cetero non erit albissmus hominum', supponit pro quatuor. Et secundum hoc patet quod non dividit cum dicit 'desinit esse albissimus hominum' pro tribus aut quatuor, quoniam tunc dividit quantum ad utramque suppositionem. Et quantum ad utramque non contingit veritatem reperire simul sumendo, sed reducendo unam alteri, sicut dictum est. Rationes [73–75] vero per quas ostenditur quod sit vera, concedimus.

91 Ad aliud quod tertio queritur, dicimus quod non valet modus **[R302ᵛᵇ]** improbandi. Ad illud [75] quod obicitur **[V243ᵛ]** contra hoc, dicendum quod superlativum duplicem habet naturam. Ex una natura excedit quamlibet rem sui generis, sicut vult Aristotiles, et ex hac natura mobilitat et confundit quantum est de se. Altera

---

30 *Topica* V 5, 134b23–25.

---

1 suppossionem] sui compositionem*(!)* *V*   1 solum] *om. V*   1 ad] sui *add. V*   3 ad aliud] si *VR*   3 quod dicitur] obiciatur *VR*   4 dat] det *V*   5 si] non*(!) V*   5 det] daret *R*   5 pro presenti] *om. R*   6–8 hoc...est] *om. V*   9–10 ad...presenti] *om. V*   9 det] dat *R*   16 vero] *om. TV*   17 reperire] ponere *V*   19 cum] tunc *V*   19 autem] quod *add. V*   21 quod] quare *V*   24 reducendo] retinendo *V* reddendo *R*   25 per...quod] quomodo *VR*   28–29 contra hoc] *om. T*   29 ex] *coni. et codd.*   30 excedit] excendit*(!) R*   30 sicut...aristotiles] *om. V*   31 mobilitat] movet *R*

autem est natura quoniam oportet quod sit pars eius quod exceditur. Et quia non potest esse pars nisi totius, et non partis, propter hoc particularitas importata per ipsum impedit mobilitatem et descensum ipsius. Et manifestum est quod non sequitur 'iste est fortissimus hominum; ergo est fortissimus illius <et illius>'. Ideo dico quod si hoc quod dico 'fortissimus' adveniat huic termino 'hominum' et confundat, tamen ratione sue partis immobilitatur eius descensus. Et ideo non oportet quod sequitur 'desinit **[T64ᵛᵃ]** esse albissimus hominum; ergo hominum qui sunt vel qui non sunt', nec divisim, nec coniunctim. Secundum hoc ergo patet qualiter superlativum confundat et mobilitet per suam naturam, tamen eius mobilitatio impeditur ratione sue particularitatis.

92 Ad aliud [76] dicendum est quod sicut esse et non esse opponuntur, similiter hee orationes 'homines qui sunt' et 'homines qui non sunt' opponuntur. Et sic dividere est 'homo; ergo homo qui est vel qui non est', tamen non **[V244ʳ]** licet sic inferre in respectu ad hoc verbum 'desinit', quoniam iste terminus 'hominum' duplicem habet suppositionem, sicut visum est. Et ita supponit partim pro hominibus qui sunt et partim pro hominibus qui non sunt, nec oportet quod solum supponat pro hominibus qui sunt nec solum pro hominibis qui non sunt. Et quod obicitur quod ista divisio est per opposita immediata, solvendum est quod si immediata sint in se, tamen in relatione ad alterum sunt mediata, ut partim habeat de utraque, ut visum est.

93 Ad aliud [77] dicendum quod cum hec 'Sortes desinit esse albissimus hominum' habet veritatem, hoc est pro suppositis, cum nichil sit in universali quod non sit in aliquo particulari. Sed dico quod hoc est partim pro homine qui est et partim pro homine

---

1 exceditur] *coni.* conceditur *T* excluditur *V* excenditur*(!)* *R*   2 potest] *om.* *R*   2 pars] *om.* *R*   3 per] *om.* *V*   3 mobilitatem] mobilitationem *R*   3–4 et descensum] descensus *V*   4 manifestum] inde *V*   5 illius] *om.* *R*   5 ideo] isto *R*   6 huic termino] supra *R*   7 confundat] confundit *TV*   7 immobilitatur] mobilitatur *R*   8 non] *om.* *V*   8 sequitur] sequatur *R*   11 confundat] confundet *R*   11 mobilitet] immobilitet *TV*   12 tamen] cum *V*   12 mobilitatio] immobilitatio *TV*   13 sicut] *om.* *V*   14 opponuntur] contradcitorie *add.* *V*   14 homines] *om.* *V*   14 homines] *om.* *VR*   15 opponuntur] *om.* *TV*   15 dividere] est dicendo*(!)* *R*   15 ergo] est *add.* *R*   18 duplicem] *om.* *V*   18 suppositionem] significationem *V*   18 et] *om.* *V*   18 supponit] supponet *R*   19 partim] *om.* *R*   20 nec … alterum sunt] *om.* *V*   23 in] *om.* *R*   23 sunt] est *TV*   23 mediata] medium *V*   24 habeat] habeant *R*   25 cum] *om.* *V*   26 habet] habeat *TR*   27 quod non] quin *VR*   27 sed] *om.* *VR*   28 hoc] *om.* *R*

qui non est, sicut exigit suppositio termini cum hoc verbo 'desinit', termini, dico, habentis multitudinem suppositorum.

94 Quod autem queritur utrum iste terminus 'hominum' habeat simplicem suppositionem, dicendum quod non. Et rationes [78–79] ad hoc concedimus. Similiter cum dicitur 'ille est fortissimus hominum', non habet simplicem suppositionem, vel cum sic dicitur 'leo est fortissimus animalium'. Immo habet personalem suppositionem, non tamen licet descendere pro suppositis, causa prius **[V244ᵛ]** assignata, quoniam impeditur processus ratione particularis, quoniam unum individuum non potest esse prius alterius, quod exigitur ad hoc quod per superlativum possit confundi.

De quadam distinctione

95 Deinde queritur de quadam distinctione que solet fieri **[T64ᵛᵇ]** circa huiusmodi sophismata SORTES DESINIT ESSE ALTER ISTORUM; SORTES INCIPIT ESSE ALTER ISTORUM, deductione supposita in improbatione. Sed non desinit esse Sortes, quia semper erit Sortes quamdiu erit. Iterum non desinit esse Plato, quia ante hoc non fuit Plato. Ergo hec est falsa 'Sortes desinit esse alter istorum'. Similiter 'Sortes incipit esse alter istorum'. Sed non incipit esse Sortes, quia ante hoc fuit Sortes. Iterum non incipit esse Plato, quia post hoc non est Plato. Ergo hec est falsa 'Sortes incipit esse *etc.*'.

Utrum possit fieri inceptio vel desitio gratia forme vel gratia materie

96 Distinguuntur huiusmodi orationes ex eo quod potest fieri inceptio vel desitio gratia forme vel gratia materie. Si fiat inceptio vel desitio gratia forme, sic est vera, et est sensus 'Sortes incipit esse *etc.*', idest *Sortes incipit esse sub alternatione istorum*. Et sic probatur. Si autem fiat inceptio gratia suppositorum, sic est falsa.

---

1 est] et *add. T*   2 termini] non *V om. R*   2 habentis] *om. V*   3 habeat] habet *T*   4–6 dicendum ... suppositionem] *bis in T*   4 rationes] factas *add. V*   7 immo] non *T*   11 per] *om. R*   11 per superlativum] *om. V*   15 in improbatione] improbatur *R*   17 erit] est *V*   19 similiter] *bis in V om. R*   21 post hoc non] numquam *V*   24 fieri] esse *V*   26–27 incipit ... sortes] *om. V*   27 alternatione] alternitate *VR*

[V245ʳ] Et sic improbatur cum dicitur 'non incipit esse Sortes vel Plato'. Similiter distinguenda est hec oratio 'Sortes desinit esse alter istorum' eodem modo. Et utrobique est ibi veritas et falsitas similiter.

De rationibus monstrantibus quod hec distinctio non valeat

97 Quod autem ista distinctio non valet videtur. Inceptio et desitio sunt motus contrarii, sicut generatio et corruptio; est enim inceptio quedam generatio, et desitio quedam corruptio. Cum ergo motus generationis et corruptionis ordinantur ad formam — quia generatio est cum generatur aliqua forma in materia, corruptio autem cum aliqua forma corrumpitur —, quare similiter inceptio et desitio ad formam ordinantur. Ergo sicut non est dicere quod possit esse generatio forme vel materie, vel corruptio, immo semper est forme et non materie — quoniam materia est ingenerabilis et incorruptibilis, sicut vult Aristotiles in libro *Physicorum* in primo —, sic non est dicere quod possit esse inceptio forme vel materie, vel corruptio, immo semper forme et non materie. [R303ʳᵃ] Similiter desitio. Quare distinctio nulla.

98 Item. Forma et materia simul sunt secundum tempus, et secundum naturam materia precedit formam. Sed que sunt simul secundum tempus, quamcito habetur unum, [T65ʳᵃ] [V245ᵛ] tamcito habetur alterum, et quamcito est aliquid sub uno, tamcito est sub altero. Quare quamcito fiet inceptio gratia materie, tamcito fit gratia forme. Quare *etc*.

99 Item. Inceptio est motus ordinatus ad esse, desitio vero est motus ordinatus ad non esse. Cum ergo esse et non esse cuiuslibet

---

15 *Phys.* I 18, 192a25–29.

---

2 oratio] *om. V*   3–4 et falsitas] *om. V*   4 similiter] *om. R*   6 autem] *om. TR*   8 desitio] corruptio *V* est *add. R*   8 corruptio] desitio *V*   8 cum] *om. V*   10 in] et *V*   10 materia] natura *R*   11 autem] est *V*   11 aliqua forma] *om. R*   12 ordinantur] ordinatur *V*   13 vel] gratia *add. R*   14 est] gratia *R*   14–17 quoniam... alterum materie] *om. R*   14 ingenerabilis] *coll. infra* ingenerata *TV*   15 physicorum] posteriorum *V*   16 primo] principio *V*   17 vel corruptio] *om. V*   18 similiter] et *add. R*   21 quamcito] tamcito *R*   22 tamcito] quamcito *R*   22 tamcito habetur] et *V*   22 alterum] reliquum *R*   22 et] *om. R*   22 aliquid] *om. R*   22–23 tamcito est] et *V*   23 fiet] fit *VR*   23 tamcito] *om. TR*   24 quare] *om. V*   25 vero] non(!) *V*

sit a forma, inceptio et desitio omnis est a forma. Quare inceptio semper est gratia forme, et non gratia materie; et similiter desitio. Quare nulla est distinctio. Et plura argumenta que facta fuerunt contra istam distinctionem ex eo quod potest fieri exceptio gratia materie vel gratia forme, possunt hic fieri.

Solutio

100 Notandum est ergo quod multiplex est hic opinio. Quidam dicunt quod vere sunt simpliciter, distinctione retenta. Et improbatio peccat secundum fallaciam accidentis, quia cum in hoc quod dico 'alter' sit forma et suppositum: quod primo assignatur inesse pro forma aut pro accidente, in conclusione autem assignatur pro supposito. Et sic illud quod assignatur primo accidenti, postea assignatum est rei subiecte. Et sic est fallacia accidentis.

101 [V246ʳ] Alii autem dicunt quod false sunt, respondentes probationi quod non valet 'Sortes incipit esse alter istorum', sic ostendendo 'Sortes est alter istorum; et ante hoc non fuit alter istorum; ergo *etc.*', quoniam hec 'ante hoc non fuit alter istorum' habet duplicem causam veritatis: aut quia alter istorum fuit et alter non, aut quia neutrum fuit. Infert autem in conclusione ac si neutrum istorum primo fuerit. Et sic peccat secundum consequens a pluribus causis *etc.*

102 Alii autem dicunt has esse multiplices, predicta multiplicitate, et uno modo sunt vere, alio modo false, sicut visum est. Eo modo autem quo vere sunt secundum quod fit inceptio gratia forme aut gratia materie, peccat improbatio secundum consequens. Et hoc satis apparet et posset sustineri. Et forte melior est hec solutio.

---

1 a] *om. TV*   1 est] sit *V*   3 et] cum etiam *V*   4 istam] distam(?) *add. R*   7 notandum] solvendum *VR*   7 quidam] autem *add. V*   8 vere sunt] prima est vera *TV*   8 simpliciter] sine *add. R*   8 et] in *R om. V*   8 improbatio] probationibus *R*   9 peccat] quia procedunt *R*   10 sit forma] sor sit(!) *R*   10 quod] et *V*   11 autem] *om. R*   11 assignatur] designatur *V*   12 assignatur] assignatum est *V*   13 assignatum est] assignatur *R*   15 valet] oportet *V*   15 incipit esse] est *V*   16 ostendendo] dicendo *R*   18 et] aut quia *T*   19 non] est *add. T*   19 ac] aut *V*   20 secundum consequens] *om. T*   23 modo] sunt *add. VR*   24 autem] modo *add. R*   26 apparet] patet *R*

Respondetur ad rationes

103 Quod ergo primo obicitur [97] dicendum quod materia et forma possunt **[T65ʳᵇ]** dupliciter considerari, scilicet <materia> secundum se sumpta, et sic est ingenerabilis et incorruptibilis, tamen materia sumpta sub hac forma vel sub illa poterit generari vel corrumpi. Similiter forma potest considerari ut intellecta preter **[V246ᵛ]** materiam, vel prout est in materia. Dico igitur quod si non possit fieri inceptio respectu materie sumpte secundum se, tamen potest fieri respectu materie sumpte sub forma. Et sic valet distinctio.

104 Ad aliud [98] dicendum quod licet materia et forma sint simul secundum tempus et in substantia, tamen potest aliquid attribui alicui quod non inerit alteri, immo si alteri assignatur, erit peccatum secundum accidens.

105 Ad aliud [99] dicendum quod desitio et inceptio sunt ad formam; nichilominus tamen potest fieri distinctio quod potest fieri inceptio vel desitio gratia forme vel gratia materie. Non enim appellatur hic forma secundum se, sed prout est in materia, nec materia secundum se, sed materia sub forma.

De hoc sophismate 'Sortes desinit scire plura quam Plato'

106 Hoc habito, potest queri de quibusdam supradictis in hoc sophismate SORTES DESINIT SCIRE PLURA QUAM PLATO, posito quod Sortes sciat decem enuntiabilia et desinat scire quatuor, et Plato sciat decem et desinat scire duo. Tunc patet probatio prime: ea que desinit scire Sortes sunt plura **[V247ʳ]** quam ea que desinit scire Plato, quoniam Sortes desinit scire quatuor, et Plato duo.

---

2 ergo primo] autem *R*   3 scilicet] *om. R*   4 ingenerabilis] generabilis *V*   4 incorruptibilis] corruptibilis *VR*   5 forma] materia *VR*   5 poterit] potest *V*   7 vel prout] non prout *V* tamen semper est *R*   7 materia] sicut dictum est *add. V*   8 si] simul *V* quamvis *R*   11 licet] hec *V* si *R*   11 sint] sunt *V*   12 aliquid] aliud *V*   13 alicui] alteri *V*   13 alteri] aliter *TV*   16-17 fieri ... inceptio] *bis in V*   17 inceptio vel] *om. T*   17 vel desitio] *om. V*   18 appellatur ... se] materia secundum se appellatur materia secundum se *V*   18 hic] *om. TV*   19 sub] in *V*   19 forma] nec forma secundum se sed prout est in materia *add. V* et sic patet solutio ad ea qua facta sunt que facta sunt(!) de hoc sophismate *add. R*   23 decem] septem *VR*   23 desinat] desinit *T*   23 quatuor] eadem *V*   24 desinat] desinit *TV*   25 scire] *om. T*   25 plura] pauciora(!) *VR*

Ergo prima est vera. Contra: Sortes desinit *etc.*; ergo scit plura quam Plato. Sed hoc est falsum et contra positum. Ergo et primum.

107 Hic potest queri de veritate et de falsitate, querendo utrum Plato desinat scire decem, desinendo scire duo. Quoniam si sic, prima est falsa, quia plura desinit scire Plato quam Sortes, quia decem, Sortes autem quatuor. Si vero est vera, possunt huiusmodi rationes fieri que facte sunt superius in hoc sophismate 'Sortes desinit scire plura quam scit'. Et solvendum est ad ipsas sicut prius.

108 Sed ulterius potest queri de quadam distinctione que solet fieri circa huiusmodi sophismata, ex eo quod potest denotari excessus importatus per hoc quod dico 'plura' respectu huius predicati 'desinere' vel respectu huius predicati 'scire'. **[R303rb]** Si primo modo, sic est vera, et sic probatur. Si secundo modo, sic est falsa, et sic improbatur.

109 Sed quod ista distinctio **[T65va]** nulla sit videtur. 'Excessus' dicitur ad duo: ad illud quod exceditur et ad illud in quo est excessus. Sicut dicit Aristotiles in quarto *Topicorum*, quoniam 'superans' dicitur **[V247v]** ad duo, scilicet quoniam ad illud quod superat et ad illud quod superatur. Secundum hoc manifestum est quod excessus est respectu eius quod predicatur de altero. Ergo cum hoc quod dico 'desinere scire' predicatur, et non hoc quod dico 'scire', et respectu huius quod dico 'desinere scire' fit excessus et non respectu huius quod dico 'scire'. Et sic distinctio nulla.

110 Item. Si hoc quod dico 'plura' dicat rem suam in respectu, finitur per illud ad quod habet respectum. Ergo cum hoc quod

---

18 *Topica* IV 4, 125a21–22.

1 est...contra] *om. R*   1 etc.] scire plura quam plato *V*   2 hoc...et] quod est *V*   2 et...primum] ergo et primum quod est contra positum *R*   2 ergo et primum] *om. V*   3 et de falsitate] *om. R*   4 decem] quatuor *R*   6 decem] septem *VR*   6 quatuor] duo *TV* septem *R*   8 plura] pauciora *TV*   8 et] *om. T*   8 ipsas] hoc *V*   10 sed] *om. R*   10 solet] potest *R*   11 circa] sophisma*(!) V*   11 huiusmodi] hoc *V* hec *R*   11 sophismata] sophisma *V*   11 denotari] *om. V*   12 predicati] quod est *add. R*   13 desinere] scire *add. V*   16 nulla sit] non valet *VR*   17 ad duo] a duo *T* additio *V*   18 quarto] quinto *TR*   19 superans] superius *T*   19 dicitur] *om. T*   19 ad duo] additio *V*   19 scilicet] *om. R*   20 secundum hoc] quare *V*   22 predicatur] predicetur *V*   23 dico] desinere*(!) add. V*   23 et...alterum scire] *bis in T*   23 scire] *om. V*   23 fit] fiet *V*   26 dicat] dicit *R*   27 ad] *om. T*

dico 'scire' non possit finire respectum eius quod dico 'plura', respectu ipsius non fiet excessus. Quare fiet excessus respectu huius quod dico 'desinere scire'. Quod autem hoc quod dico 'scire' non possit finire respectum eius videtur. Nichil ens infinitum potest finire aliquid infinitum. Ergo, cum hoc quod dico 'scire' sit quoddam infinitum, per ipsum non potest finiri illud quod magis est infinitum, et econverso. Quare hoc quod dico 'plura', cum sit infinitum, non potest finiri per hoc quod dico 'scire'.

111 Item. Cum hoc quod dico 'plura' importet excessum, oportet illud quod importat excessum participari ab utroque extremorum. Unde bene sequitur 'iste est doctior illo; **[V248ʳ]** ergo uterque est doctus'. Ergo cum hoc quod dico 'scire' non possit de utroque predicari sive participari, respectu ipsius non fiet excessus, immo fiet respectu huius quod dico 'desinere scire'. Et sic nulla est distinctio.

Solutio

112 Propter hoc dicendum est quod hec est multiplex 'Sortes desinit scire plura quam Plato', predicta distinctione. Si fiat excessus respectu huius quod dico 'desinere scire', vera est; et est sensus *Sortes desinit scire plura quam Plato desinit scire*, et sic probatur. Si vero fiat excessus respectu huius quod dico 'scire', falsa est; et sic improbatur, et est sensus *Sortes desinit scire plura quam Plato* **[T65ᵛᵇ]** *scit*. Circa quem locum habet fieri huiusmodi multiplicitas? Dico quod circa compositionem et divisionem. Potest enim li 'plura' componi cum diversis. Quo sensu sit composita et quo divisa? Dico quod secundum quod fit excessus respectu huius quod dico 'desinere scire', sic est composita, quia rectior est ordinatio huius quod dico 'plura' ad hoc quod dico 'desinere scire' quam cum hoc quod dico 'scire', quoniam magis finitur respectu ipsius; et melius est compossibile **[V248ᵛ]** cum eo cum quo magis

---

4 ens] enim *V*   5 aliquid] *om. VR*   7 et] vel *V*   9 plura] sor(!) *R*   9 importet] importat *V*   10 oportet] quod *add. VR*   10 participari] participatur *VR*   10 ab utroque] ad utrumque *T*   13 sive participari] *om. V*   14 fiet] fiat *R om. V*   15 est] *om. V*   18 plura quam] *om. V*   18 distinctione] multiplicitate *V*   19 scire] sic *add. V*   21 vero] *om. TV*   21 fiat] fit *R*   21 scire] sic *add. R*   22 improbatur et] *om. R*   22 scire] *om. V*   23 locum] sophisticum *add.*   23 habet ... huiusmodi] sit hec *R*   25 li plura] *om. V*   27 rectior] maior *VR*   28 ordinatio] compositio *VR*   30 cum eo] tunc autem est composita *T om. V*

ordinatur convenienter. Cum autem ab ipso dividitur et componitur cum hoc quod dico 'scire', sic est divisa.

113 Tamen potest dici quod huiusmodi multiplicitas non est multiplicitas, sed potius habet duas causas veritatis. Unde curtata est, et potest dupliciter perfici. Infert autem pro altera perfectione, cum dicit 'ergo Sortes desinit scire plura quam Plato sciat'. Et propter hoc peccat secundum fallaciam consequentis a duabus causis ad unam.

Respondetur ad rationes

114 Ad aliud [109] quod obicitur primo dicendum est quod oportet fieri excessus respectu huius quod de altero predicatur vel quod natum est predicari de altero. Unde dico quod si hoc quod dico 'scire' non predicatur de altero, tamen natum est de altero predicari secundum quod reducitur ad predicatum recipiendo formam predicati, ut patet in probando. Et propter hoc potest fieri excessus sicut respectu huius quod dico 'desinere scire'.

115 Ad aliud [110] dicendum est quod si hoc quod dico 'scire' sit infinitum quantum est de se, tamen est finitum per adiunctionem ad hoc verbum 'desinit', quod est verbum finitum. Et ita, sicut verbum finitum poterit alterum infinitum finire, et sic potest fieri excessus **[V249ʳ]** respectu ipsius.

116 Ad aliud [111] patet solutio per predicta, quod hoc verbum 'scire' potest de altero predicari, sicut visum est. Et propter hoc potest fieri excessus *etc.*

De hoc sophismate 'Sortes desinit scire se nichil desinere scire'

117 Ut pateat difficultas que attenditur ex virtute huius verbi 'desinit' reflexi supra se, queratur de hoc sophismate SORTES DESINIT

---

3 potest dici] *bis in T*   4 unde] obicitur quod una *V*   6 ergo] sic *T*   7 peccat... consequentis] est ibi consequens *R*   10 primo] tunc *R*   11-12 vel... unde] *om. VR*   12 dico] *om. V*   12 quod] quia *V*   14 reducitur] deducitur *R*   14 predicatum recipiendo] *om. TR*   18 est] *om. T*   19 desinit] quod est desinit *add. T*   20 sicut] cum sit *V* licet sit *R*   20 finitum] infinitum cum *R* 20 infinitum] finitum *V*   22 quod] quia *V*   23 scire] desinit *V*   23 est] *om. T*   26 ut] autem *add. V*   27 desinit] desinat *V*   27 queratur] queritur *VR*

SCIRE SE NICHIL DESINERE SCIRE, facta tali positione [T66ʳᵃ] quod [R303ᵛᵃ] Sortes sciat quatuor enuntiabilia et sciat modo se scire ista et cras nesciat se scire illa. Unde sic 'Sortes desinit scire se nichil desinere scire'. Probatio. Sortes scit se nichil desinere scire, et de cetero non sciet se nichil desinere scire. Ergo prima vera. Contra. Sortes desinit *etc.* Ergo scit se nichil desinere scire. Sed quicquid scitur est verum. Ergo se nichil desinere scire est verum. Ergo nichil desinit scire. Ergo non desinit scire hoc enuntiabile 'se nichil desinere scire'.

118 Circa istud sophisma querantur duo. Primo est de modo improbandi et utrum teneat, et utrum sit ibi ponere [V249ᵛ] fallaciam secundum quid et simpliciter. Secundo de positione utrum sit possibilis, et etiam de possibilitate et impossibilitate prime.

De modo improbandi

119 Circa primum sic proceditur. Dicitur enim quod non valet hec argumentatio 'Sortes nichil desinit scire; ergo non desinit scire hoc enuntiabile "se nichil desinere scire"', immo peccat secundum quid et simpliciter. Et hoc est quia iste terminus 'nichil' non supponit simpliciter pro hoc enuntiabili 'se nichil desinere scire', cum sit pars ipsius; terminus autem non supponit simpliciter pro eo cuius est pars. Sed pro aliis enuntiabilibus supponit simpliciter. Et ideo si inferatur simpliciter de ipso, peccabit secundum quid et simpliciter.

De rationibus probantibus quod valeat modus improbandi

120 Sed contra hoc sic obicitur. Iste terminus 'nichil' dicit negationem pro quolibet enuntiabili. Ergo cum hoc quod dico 'se

---

1 nichil] *om.* V 2 enuntiabilia] et possit oblivisci illa *add.* R 2 et] quod *add.* R 2 sciat] scit T 2 modo] *om.* TV 3 ista] quatuor enuntiabilia R *om.* T 3 nesciat] nesciet R 3 unde sic] inde sic T ideo V 4 nichil] non V 4 sortes] *om.* T 5–6 prima...scire] sortes desinit scire se nichil desinere scire V 7 scitur] sequitur*(!)* V 10 querantur] queruntur VR 10 primo] primum R 13 possibilitate] probatione TV 13 impossibilitate] improbatione TV 20–21 cum...alterum pars] *om.* V 22 inferatur] feratur V 22 de ipso] ac si supponeret pro ipso V 26 enuntiabili] simpliciter et dicit ipsam simpliciter pro quolibet *add.* T 26–p. 452,1 se...scire] desinere*(!)* V

nichil desinere scire' sit enuntiabile, fiet negatio pro ipso. Et ita sequitur 'nichil desinit scire; ergo non desinit scire hoc enuntiabile "se nichil desinere scire"'. Si autem dicatur quod non sit enuntiabile simpliciter sed secundum quid, et per hoc quod est 'nichil' fit negatio pro enuntiabili simpliciter, hoc nichil est, quia omne quod dicitur secundum quid privatur ab aliquo quod est in ipso simpliciter. Ut patet: cum dico 'homo mortuus', dicitur *homo* **[V250ʳ]** secundum quid et privatur ab aliquo quod est in suo <esse> simpliciter. Ergo si hoc enuntiabile 'nichil desinere scire' non privatur ab aliquo quod est **[T66ʳᵇ]** in suo <esse> simpliciter, non dicitur enuntiabile secundum quid, sed simpliciter. Et ita pro ipso fiet negatio simpliciter in hoc termino 'nichil'. Et sic tenet iste processus.

121 Quod autem non deficiat ab illo quod est in suo <esse> simpliciter videtur. Ad hoc enim quod sit enuntiabile simpliciter tria exiguntur, scilicet subiectum et predicatum et compositio unius ad alterum. Cum ergo hec tria contingat reperire in hoc enuntiabili 'se nichil desinere scire', non privatur ab aliquo quod est in suo <esse> simpliciter. Et sic simpliciter est enuntiabile, et non secundum quid. Ergo si per hoc quod dico 'nichil' fit negatio pro quolibet enuntiabili simpliciter, fit negatio pro ipso enuntiabili simpliciter 'se nichil desinere scire'.

122 Item. Quod antecedit ad aliquid simpliciter, supponit pro eo simpliciter ad quod antecedit. Unde quia sequitur 'homo est; ergo animal est', supponit hoc quod est 'homo' pro eo quod est animal simpliciter. Sed sequitur 'nichil est; ergo hoc enuntiabile "se nichil desinere scire" non est', quia ex opposito **[V250ᵛ]** conclusionis potest sequi oppositum primi. Bene enim sequitur 'hoc enuntiabile "nichil desinere scire" est; ergo aliquid est', quia hoc

---

3 sit] scit hoc *T*   4 per] propter *V*   5 fit] sit *V*   5 pro enuntiabile] *om. V*   5 hoc ... quia] contra *R*   7 suo <esse>] *coni.* suo *codd. an* ipso *legendum?*   7 simpliciter] vel in enuntiabili simpliciter *add. V*   7 patet] *bis in R*   7 cum dico] *om. R*   7 dicitur] est *R*   8 et] quia *R*   8 ab ... in] a *T*   8 aliquo] eo *V*   9 ipso] si] cum *V*   10 privatur] privetur *V*   10 aliquo] illo *V*   10 est] fit *V*   11 dicitur] erit *R*   11 sed] et(!) *V*   14 ab ... est] *om. R*   14 in] aliquo *add. R*   14 suo <esse>] *coni.* suo *codd.*   15 videtur] patet *R*   16 scilicet] *om. TV*   17 contingat] contingatur *V*   19 suo <esse>] suo *TV* ipso *R*   21 quolibet ... pro] *om. T*   21–22 fit ... scire] *om. V*   22 simpliciter] *om. R*   23 item ... antecedit] *om. V*   24 quia] quare *V*   25 quod] dico *add. R*   26 simpliciter] *om. TR*   27 se] *om. TV*   27 est] vel quia oppositum conclusionis non potest stare cum premissis *add. V*   28–29 bene ... alterum est] *om. R*   29 quia] quare *V*

quod dico 'nichil' supponit pro illo enuntiabili 'nichil desinere scire' simpliciter. Et ita poterit sumi sub ipso. Quare sequitur 'Sortes nichil desinit scire; ergo *etc.*'.

123 Item. Pro eodem supponit terminus cum ponitur in oratione et cum extra orationem. Et sic non oportet ponere quod dictiones transmutent suas significationes cum ponantur in oratione. Ergo cum hoc quod dico 'nichil' positum extra orationem dicat negationem pro quolibet enuntiabili, et cum est in oratione poterit dicere negationem pro quolibet enuntiabili. Et ita cum sic dicitur 'Sortes nichil desinit scire', fit negatio pro hoc enuntiabili 'se nichil desinere scire'. Et ita sequitur 'nichil desinit scire; ergo non desinit scire hoc enuntiabile "se nichil *etc.*"'.

124 Item. Affirmatio de aliquo est affirmatio simpliciter, et negatio de eodem est negatio simpliciter. Sed affirmatio huius enuntiabilis 'se nichil desinere scire' est affirmatio simpliciter enuntiabilis. Unde bene sequitur **[T66ᵛᵃ]** 'hoc enuntiabile "se nichil desinere scire" est verum; ergo aliquod enuntiabile est verum'. Quare negatio ipsius erit negatio simpliciter. Et ita, si fiat negatio simpliciter pro quolibet enuntiabili simpliciter, per hoc quod dico 'nichil' fiet negatio simpliciter; ergo pro eo quod est 'nichil desinere scire'. Et sic iterum sequitur predicta illatio.

125 Item. Si hoc quod dico 'nichil' non supponit pro se simpliciter, scilicet pro hoc enuntiabili 'se nichil desinere scire', sed **[V251ʳ]** pro aliis simpliciter supponit, contra. Omne quod primo apprehenditur, primo intelligitur. Eodem enim modo sunt res in apprehensione sicut in **[R303ᵛᵇ]** intellectu. Cum ergo dictio primo per se apprehendatur, pro se primo intelligitur. Sed unumquodque pro eo pro quo primo intelligitur, supponit simpliciter. Et ita hoc quod dico 'nichil' supponit pro se simpliciter sive pro hoc

---

2 simpliciter] *om. T*   2–3 et . . . etc.] *om. VR*   4 eodem] eo *T*   4 supponit . . . ponitur] supponunt dictiones prout ponuntur *R*   5 cum] *om. R*   6 transmutent] *bis in V* transmutant *R*   6 oratione] et extra *add. R*   7 cum] per *add. R*   8 et cum] ideo *V*   11–12 desinere . . . se nichil] *om. V*   12 etc.] desinere scire *R*   14 negatio] *om. T*   16 enuntiabilis] *om. V*   16 hoc enuntiabile] *om. VR*   16 se] *exp. T om. V*   17 nichil] *om. V*   17 desinere] desinit *V*   17 verum] et hoc est enuntiabile *add. R*   17 aliquod enuntiabile] aliquid *V*   19 negatio] *om. R*   20 ergo] *om. V*   20 quod] pro quo *T*   21 illatio] argumentatio *V*   22 supponit] supponeret *V*   22 se] hoc enuntiabile *R*   23 scilicet . . . scire] *om. VR*   24 simpliciter supponit] nominibus *V* sic nomen non supponit pro se sed pro aliis nominibus *add. R*   25 enim] *om. V*   26 sicut] sed*(!) V* et *R*   27 apprehendatur . . . primo] *om. V*   27 pro] per *T*   28 primo] *om. V*   29 pro] per *T*

enuntiabili 'se nichil desinere scire'. Et ita sequitur predicta illatio. Quod autem dictio per se primo apprehendatur videtur. Per voces fit apprehensio intellectuum et per intellectus apprehenduntur res, secundum quod significat Aristotiles "voces sunt signa intellectuum, intellectus autem signa rerum". Quare voces sunt primo in apprehensione et deinde intellectus, postea res. Et ita dictiones per se primo apprehenduntur, et ita pro se supponunt simpliciter.

126 Item. Propter quod unumquodque tale, et illud magis. Ergo si res per intellectus apprehenduntur et intellectus per voces, et voces magis apprehenduntur et pro se ipsis intelliguntur. Et ita per hoc quod est 'se nichil desinere scire' intelligitur enuntiabile simpliciter, et supponet simpliciter pro ipso. Et ita sequitur predicta illatio.

127 Item. Si Sortes nichil desinit scire, **[V251ᵛ]** Sortes scit illud quod scit et sciet. Sed si sciet, nichil desinit scire, et ita sciet hoc enuntiabile 'se nichil desinere scire'. Quare non desinit scire hoc enuntiabile 'se nichil desinere scire'. Quare *etc.*

De rationibus ad oppositum

128 Ad oppositum sunt rationes. Nullum **[T66ᵛᵇ]** signum ducit in apprehensione <ad cognitionem> sui ipsius primo, sed ad cognitionem eius cuius est signum. Ergo, cum hoc enuntiabile 'se nichil desinere scire' sit signum enuntiabilium aliorum, nec ducet in cognitionem sui ipsius primo (nec simpliciter, sed secundum quid), sed in cognitionem aliorum enuntiabilium. Sed quod non ducit in cognitionem sui ipsius simpliciter, non supponit pro se simpliciter, sed secundum quid. Ergo si inferatur pro se ipso

---

4 Cf. *De int.* 1, 16a1–6.

---

1 illatio] argumentatio *VR* 3–4 et... intellectuum] *bis in T* 5 autem] sunt *add. R* 6 postea] vero *add. V* 6 per] secundum *T* 7 pro] *coni.* per *codd.* 8 quod] quid *V* 8 unumquodque] est *add. R* 10 pro] per *V* 10 ipsis] ipsas *V* 11 se] *om. TV* 12 supponet] supponit *V* 13 illatio] argumentatio *VR* 14 nichil] *om. V* 14 scire] *om. T* 15 quod scit] *om. V* 15 sciet] se *add. V* 15 desinit] desinere *V* 20 primo] *coni.* nisi quo *TR* nisi per *V* ut in cognitione *add. R* 22 aliorum] quorum *V* 22 nec] non *VR* 22 ducet] *om. V* 23 ipsius] *om. VR* 25 ipsius] *om. TV* primo et *add. R* 26 quid] ergo secundum quid *add. V* 26 ipso] *om. TV*

simpliciter, erit peccatum secundum quid et simpliciter. Quare non valet hoc argumentum 'Sortes nichil desinit scire; ergo non desinit scire hoc enuntiabile "se nichil desinere scire"'.

129 Item. Quod non facit per se speciem in anima, per se non intelligitur. Unde quod per se intelligitur, per se facit speciem in anima. Sed nullum signum per se facit speciem in anima. Ergo nullum signum per se intelligitur. Ergo cum hoc enuntiabile 'se nichil desinere scire' sit sicut signum aliorum enuntiabilium, non per se facit speciem in anima. Quare non per se intelligitur. Et ita non supponet pro se ipso simpliciter, sed secundum quid. Quare si fiat illatio pro ipso **[V252ʳ]** simpliciter, fit peccatum secundum quid et simpliciter.

130 Item. Iste terminus 'nichil' est terminus communis supponens verbo de presenti. Quare supponit pro eo quod est ens simpliciter. Ergo cum nullum enuntiabile sit ens simpliciter — quia illud quod est ens in fieri solum non est ens simpliciter —, quare hoc quod dico 'nichil desinere scire' non erit ens simpliciter. Quare non supponitur per hunc terminum 'nichil', cum supponat pro eo quod est ens simpliciter. Quare non sequitur 'nichil desinit scire; ergo non desinit scire hoc enuntiabile "nichil desinere scire"', neque fiet assumptio pro ipso. Propter hoc queritur, cum hoc verbum 'desinit' includat in se naturam duplicis temporis, propter quid magis dat se intelligere pro presenti quam pro futuro. Quare etiam terminus sibi supponens magis supponit pro hiis que sunt quam pro hiis que erunt.

131 Item. Dupliciter contingit considerare signum, scilicet prout est substantia quedam, considerando dispositiones ipsius, **[T67ʳᵃ]** vel prout est signum. Verbi gratia, speculum possumus considerare prout est substantia quedam, considerando utrum sit triangularis vel quadrangularis, aut prout est signum rei quam extra est

---

5–6 unde...anima] *om. V* 7–9 ergo...intelligitur] *om. VR* 13 terminus] *om. T* 14 de presenti] presentis temporis *R* 15 nullum] *om. V* 15 simpliciter] et illud quod est ens simpliciter *add. V* 15 quia] et *V* 15–16 quia...simpliciter] *om. T* 18 supponat] supponet *V* supponit *R* 20 scire] *om. TV* 20 hoc...scire] etc. *R om. V* 21 neque] non *R* 21 neque] non *TR* 23 futuro] et *add. V* 24 etiam] *om. V* 24 sibi] ibi *T* 24–25 sunt...qui] *om. V* 26 considerare] significare *R* 27 considerando...ipsius] ut triangulus vel quadrangulus *V om. R* 28–29 vel...sit] *om. R* 28 verbi...considerare] et etiam se ipso considerando *V* 29 quedam] ponit rem suam simpliciter *add. V* 29–p. 456,1 considerando...representans] *om. V* 30–p. 456,1 rei...representans] et etiam se ipsum *R*

representans. Considerando ipsum prout est substantia [V252ʳ] quedam, dat intelligere rem suam simpliciter; considerando vero prout est signum, non ponit rem suam simpliciter, sed rem veram cuius est signum. Ergo cum hoc enuntiabile 'nichil desinere scire' accipiatur ut signum, non ponet rem suam simpliciter, sed secundum quid. Et ita non sequitur 'nichil desinit scire; ergo non desinit scire hoc enuntiabile "se nichil desinere scire"'.

Utrum hec positio sit possibilis
'Sortes desinit scire se nichil desinere scire'

132 Circa secundum queritur. Videtur quod ista positio sit impossibilis. Cum enim sic dicitur 'Sortes scit se nichil desinere scire', significatur quod Sortes sciat se scire et quod sit sciens in statu completo et optimo. Sed quod est sic sciens, de necessitate scit et non desinit scire aliquid. Per hanc autem 'de cetero non sciet se nichil desinere scire' ponitur quod non sciat se nichil desinere scire de cetero. Sed ista duo opponuntur 'scire se scire' et 'scire se non scire'. Ergo cum consequitur ex predicta positione, prima positio est impossibilis, et erunt iste due imcompossibles 'Sortes nichil desinit scire' et 'de cetero non sciet se nichil desinere scire'.

133 Item. Si dicatur quod non ponant rem suam [R304ʳᵃ] pro tempore eodem iste due 'scit se nichil desinere scire', 'de cetero non sciet se nichil desinere scire', [V253ʳ] contra hoc est: Privatio de aliquo habet esse pro tempore illo pro quo fit positio de eodem. Ergo cum hoc verbum 'desinit' importet privationem quandam, que quidem privatio est eius quod ponitur per ipsum, oportet quod illa privatio intelligatur pro tempore illo pro quo ponebat rem suam. Et ita referuntur ad idem tempus privatio et

---

1 ipsum] tamen *add. V*   1–2 ipsum ... simpliciter] *om. R*   2–3 considerando ... est] ut *R*   2–3 considerando ... simpliciter] *om. V*   3–4 sed ... signum] ipsum tamen considerando prout est substantia quedam ponit rem suam simpliciter *R om. V*   4 scire] sic *add. V* si *add. R*   5 accipiatur] illud *R*   7 se ... scire] *om. VR*   10 circa secundum] secundo *VR*   11 sortes] se *add. T*   12 sit] *om. V*   13 optimo] obtimo*!) R*   15 nichil desinere] non *R*   16 sed] et *V*   16 ista] huiusmodi *R*   16 opponuntur] scilicet *add. R*   16 se] *om. T*   17 consequitur] sequitur *R*   17 prima] *om. R*   18 est] erit *R*   18 et] propter hoc *add. V*   18 erunt] sunt *V*   20 ponant] ponunt *VR*   21 due] sortes *add. V*   23 de aliquo] *om. V*   24 de] pro *TV*   24 de eodem] *om. R*   24 importet] importat *V*   24 privationem] negationem *T*   26 pro] in *T*

positio. Quare iste due 'Sortes scit *etc.*', 'de cetero non sciet *etc.*', ponunt rem suam pro eodem tempore. **[T67rb]** Sed hoc modo sunt incompossibiles. Quare positio erit impossibilis.

134 Item. Si Sortes scit se nichil desinere scire, nichil desinit scire. Sed iste due opponuntur 'nichil desinit scire' et 'de cetero non sciet hoc enuntiabile "se nichil desinere scire"'. Sed hoc sequitur ex predicta positione. Quare predicta positio est impossibilis.

135 Item. Privatio verbi de futuro in hoc verbo 'desinit' non est privatio pro quolibet futuro, sed est privatio pro tempore quod est terminus illius presentis quod per ipsum importatur. Sed terminus et illud cuius est terminus non differunt secundum substantiam. Quare non differunt secundum substantiam **[V253v]** tempus in quo ponit rem suam hec propositio 'Sortes scit se nichil desinere scire' et tempus huius propositionis 'de cetero non sciet se nichil desinere scire'. Sed pro eodem tempore sunt incompossibiles. Quare predicta positio est impossibilis.

De possibilitate et impossibilitate huius propositionis
'Sortes desinit scire se nichil desinere scire'

136 Deinde queritur de impossibilitate prime. Videtur enim quod sit impossibilis. Omnis oratio implicans in se contradictorie opposita circa idem subiectum pro tempore eodem est impossibilis, ut hec 'Sortes currit et non currit'. Ergo cum hec propositio 'scire se nichil desinere scire' implicet in se duo contradictorie opposita circa idem subiectum pro tempore eodem, ipsa est impossibilis. Quod autem implicet <duo contradictorie opposita> manifestum est, quia bene sequitur 'Sortes desinit scire se nichil desinere scire; ergo Sortes desinit aliquid scire et se nichil desinere scire', et hec duo opponuntur.

---

1 sortes scit] *om. VR*   2 sed] et *V*   4 nichil] sortes *R*   5 desinit] desinere *V*   10 quod] et *R*   12 secundum substantiam] *om. T*   15 scire] etc. *V*   15 sed... incompossibilis] *om. V*   15 tempore] *om. T*   19–20 deinde... oratio] *om. V*   19 impossibilitate] improbatione *T*   19 enim] autem *T*   20 implicans] implicat *V*   20 se] duo *add. V*   21 eodem] illa *add. V*   21–24 ut... impossibilis] *om. V*   23 desinere scire] etc. *R*   23 scire] et cum *add. T*   24 idem] unum *R*   25 implicet] implicat *V*   26 quia... sequitur] *om. VR*   27 sortes] *om. R*   27 hec] *om. R*

137 Item. Omnis oratio significans aliquod predicatum inesse alicui subiecto, addita determinatione oppositum denotante, est impossibilis. Unde hec est impossibilis 'Sortes sine albedine est albus'. Ergo, cum in hac 'Sortes desinit scire se nichil desinere scire' significetur predicatum inesse Sorti (qui subicitur) cum hac determinatione 'desinit scire' denotante aliquid inesse alicui cum determinatione oppositum denotante, talis oratio est impossibilis. Quare *etc*.

138 Item. Videtur quod positio sit possibilis. Quod est possibile in antecedente est possibile in consequente, quia antecedens ponit **[T67ᵛᵃ]** consequens. Sed hec est possibilis 'Sortes non **[V254ʳ]** desinit scire hoc enuntiabile nec illud et sic de aliis'. Quare cum sequatur ex hac 'Sortes nichil desinit scire', positio ipsa erit possibilis.

139 Item. Hec est possibilis 'Sortes de cetero non sciet', quia omne quod scit Sortes possibile est non scire, cum possibile sit ipsum non esse. Ergo possibile est Sortem non scire hoc enuntiabile 'se nichil desinere scire *etc*.' et hec similiter 'Sortes scit se nichil desinere scire'. Quare tota positio est possibilis. Quare *etc*.

140 Item. Positio de aliquo in presenti et privatio de eodem in futuro non repugnant, ut iste 'Sortes currit', 'Sortes non curret'. Quare similiter iste due non repugnant 'Sortes scit se nichil desinere scire' et 'de cetero non sciet se nichil desinere scire'. Et sic est possibilis. Quare positio est possibilis.

Solutio

141 Solutio. Ad primum [119] dicendum quod hec est vera 'Sortes desinit scire *etc*.' nec importat de se contradictorie opposita. Unde si reflectatur unus actus supra actum sibi oppositum, non tamen

---

1 significans] implicans in se *V* 1 aliquod] *om. VR* 1 inesse] *om. V* 3 unde... impossibilis] *om. V* 4 sortes...se] *om. R* 4 desinere] desinit *R* 5 qui] quod *V* 6 desinit] desinere *R* 6 desinit scire] *om. V* 6 denotante] *om. TR* 7 denotante] duo et *T* denotatur *R* sed add. *TR* 7 talis] *om. V* 7 oratio] *om. TV* 9 sit] est *V* 9 possibilis] impossibilis *V* 11 non] *om. V* 12 aliis] aliquo *T* 13 quare cum sequatur] quare cum hoc sequitur *bis in R* 13 hac] hiis *TR* 13 positio] *om. VR* 14 erit] *om. V* 18-19 etc.... scire] *om. V* 20 in] de *V* 21 in] *om. V* 21 ut iste] *om. V* 24 est] positio *add. T* 24 quare...possibilis] *om. T* 27 scire] esse *V* 28 si] *om. V* 28 reflectatur] referatur *TV* 28 tamen] *om. V*

utrumque ponit rem suam simpliciter, sed unum secundum quid et alterum simpliciter. Cum enim dicitur sic 'video **[V254ᵛ]** me non videre', 'scio me non scire', hoc verbum 'videre' non ponit rem suam simpliciter. Unde non sequitur 'video me non videre; ergo video aliquid'; similiter cum dicitur 'scio me non scire', non sequitur 'ergo scio aliquid'. Similiter in hac 'Sortes desinit scire se nichil desinere scire', hoc verbum 'desinit' non ponit rem suam simpliciter, sed secundum quid. Non enim sequitur 'Sortes desinit scire *etc*.; ergo desinit scire aliquid', immo potius est ibi peccatum secundum quid et simpliciter. Hoc enim quod est 'desinere' non ponit rem suam simpliciter respectu huius quod est 'nichil desinere scire'. Sed bene sequitur 'Sortes desinit scire se nichil desinere scire; ergo nichil desinit scire', quia hoc quod est 'nichil desinere scire' non ponit **[T67ᵛᵇ]** secundum quid rem suam, sed simpliciter. Sed ulterius non sequitur 'nichil desinit scire; ergo non desinit scire hoc enuntiabile "se nichil desinere scire"', immo est ibi peccatum secundum quid et simpliciter. Et hoc est quia iste terminus 'nichil' non supponit simpliciter pro enuntiabili isto 'nichil desinere scire', cum sit pars eius. Pars autem non supponit simpliciter pro eo cuius est pars, sed secundum quid; **[V255ʳ]** pro aliis autem supponit simpliciter.

142 Et hoc manifestum est. Si sic dicamus 'nullum enuntiabile est verum', supposito quod sint tria enuntiabilia falsa solum, hec est vera 'nullum enuntiabile est verum'. Et ulterius non sequitur 'hoc est verum "nullum enuntiabile est verum"; ergo aliquod enuntiabile est verum', immo peccat secundum quid et simpliciter. Et hoc est quia veritas istius enuntiabilis est veritas secundum quid, et non supponit pro se simpliciter, sed pro aliis supponit simpliciter. Similiter non sequitur 'nullum enuntiabile est verum; ergo hoc enuntiabile "nullum enuntiabile est verum" non est verum', immo peccat secundum quid et simpliciter. Similiter ex

---

2 sic] *om. V*   4 non] bene *V*   5 ergo] non *add. V*   5 cum dicitur] et hec *T*   5-6 non sequitur] *om. TV*   6 ergo] non *add. V*   7-9 hoc ... etc.] *om. R*   8 non enim] unde non *V*   9 scire] se nichil etc. *add. V*   9 ibi] *om. V*   9 peccatum] *om. T*   11 quod est] predicati *V*   12 sortes] *om. R*   12 se] sed*(!) V*   13 nichil] non aliquid *V*   13 est] dico *V*   14 non] *om. R*   15 nichil] non *V*   16-19 immo ... scire] *om. VR*   17-19 et ... scire] *bis in T*   19 eius] *om. R*   19 pars] terminus *R*   21 autem] *om. R*   21 supponit] ponit *T*   23 falsa] et *R*   23 solum] *om. V*   24 vera] scilicet *add. V*   25 verum] et est enuntiabile *add. V*   28 non ... simpliciter] et ita non fuit vera pro se *V*   28 supponit] *om. V*   29-31 similiter ... simpliciter] *om. R*   29 est] verum] *om. V*   30 nullum enuntiabile] *om. V*

hac parte 'nichil [**R304^{rb}**] desinit scire' <non> fit negatio pro se ipso, quia pro se ipso non supponit, sed pro aliis enuntiabilibus, et non pro hoc enuntiabili 'nichil desinere scire'; et non sequitur 'nichil desinit scire; ergo non desinit scire hoc enuntiabile "se nichil desinere scire"', immo peccat secundum quid et simpliciter.

Respondetur ad rationes

143 Ad aliud [120–121] quod obicitur contra hoc, dicendum quod per hoc quod dico 'nichil' fit negatio pro quolibet enuntiabili simpliciter. Sed hoc quod est 'nichil desinere scire' non est enuntiabile simpliciter, sed secundum quid. Ad quod notandum [**V255^v**] quod ad hoc quod sit enuntiabile simpliciter, exigitur principium formale et principium materiale ipsius. Et appellatur principium materiale subiectum et predicatum et compositio unius ad alterum; principium formale appellatur significatio sive totum significatum ipsius. Et in istis duobus consistit totum esse enuntiabilis [**T68^{ra}**] simpliciter et ad hoc quod sit enuntiabile simpliciter. Dico ergo quod in hoc enuntiabili 'nichil desinere scire' est principium materiale suum, non tamen habet complete principium suum formale. Et hoc est quia non habet significationem nisi ab aliis. Unde sua significatio est significatio aliorum enuntiabilium. Et quia in illo deficit principiorum alterum quod exigitur ad hoc quod sit enuntiabile simpliciter, ideo non est enuntiabile simpliciter, sed secundum quid. Et in hoc patet in quo deficit a suo principio simpliciter hoc enuntiabile 'se nichil desinere scire', nam ad hoc quod sit enuntiabile simpliciter, non exigitur principium materiale solum. Unde si habeat subiectum et predicatum et compositionem, non sequitur quod sit enuntiabile simpliciter, sed secundum quid.

1–2 pro ... sed] *om. T*   2 aliis] similiter pro hac parte fit negatio pro aliis *add. V*   3 scire] verum *add. V*   3 et] ideo *add. V*   3–4 et ... *alterum* scire] *om. R*   7 quod] primo *add. R*   8 per] *om. V*   10 simpliciter ... quid] *om. R*   11 simpliciter] sed ipsius] *om. VR*   12–14 et ... alterum] *om. R*   15 ipsius] *om. V*   16 et ... simpliciter] *om. T*   17 est] fit *R*   18 suum] supponens *V om. R*   19 significationem] significatum *V* suam *add. R*   20 est] *om. V*   22–23 ideo ... simpliciter] *om. V*   24 principio] *om. T*   24 nam] et *VR*   26 compositionem] quod *add. V*   27–28 sed ... quid] *om. V*

144 Ad aliud [122] dicendum quod hec dictio 'nichil' dupliciter potest considerari: aut in se, aut secundum quod est pars huius enuntiabilis 'se nichil desinere scire'. Dico quod accipiendo ipsum secundum se, tunc supponit simpliciter pro hoc enuntiabili 'se nichil desinere scire'. Sed accipiendo ipsum secundum quod est pars eius, sic non supponit simpliciter pro illo, nec antecedit simpliciter ad ipsum. **[V256ʳ]** Unde si sequitur 'nichil est; ergo hoc enuntiabile "nichil desinere scire" *etc.*', non tamen sequitur ut est pars illius enuntiabilis. Et hoc est quia terminus non supponit pro eo cuius est pars simpliciter. Et iterum secundum se acceptum supponit simpliciter pro quolibet ente. Sed cum sic dicimus 'nichil desinit scire', non supponit pro quolibet ente, sed pro illis tribus enuntiabilibus et pro eo quod est enuntiabile simpliciter. Et sic, cum illud enuntiabile non sit enuntiabile simpliciter sed secundum quid, non fiet negatio simpliciter pro ipso, sed secundum quid.

145 Ad aliud [124] dicendum quod affirmatio huius enuntiabilis non est affirmatio enuntiabilis simpliciter, sed secundum quid, sicut veritas huius enuntiabilis 'nullum enuntiabile est verum' non est veritas enuntiabilis simpliciter, sed secundum quid. Unde non sequitur '"nichil desinere scire" est verum; ergo aliquod enuntiabile est verum'. Unde non fit negatio pro enuntiabili simpliciter et non est negatio de ipso. Et sic solvendum est ad illud per **[T68ʳᵇ]** interemptionem.

146 Ad aliud [123] dicendum quod pro eodem supponit terminus cum est in oratione et cum est extra orationem positus, non tamen **[V256ᵛ]** oportet quod eodem modo supponat. Unde si secundum se sumptum supponit pro aliquo simpliciter, tamen cum est in oratione potest supponere pro eodem non simpliciter sed secundum quid.

---

1 hec dictio] hoc quod dico *V*   2 in] pro *V*   3 dico] dicimus enim *R*   5-6 sed ... illo] *om. VR*   7 simpliciter] *om. V*   7 ipsum] ipsam *R*   7 si] sic *V*   8 hoc enuntiabile] *om. R*   8 scire] est *add. R*   8 tamen] *om. R*   9 non] *om. V*   10-11 secundum ... simpliciter] cum ille terminus sumitur secundum quod tenetur *V*   11 sed] sicut *V*   11 sic] *om. V*   12 pro ... ente] *om. V*   13 et] *om. V*   13 quod] pro *V*   15 sed ... quid] *om. V*   15 simpliciter pro ipso] *om. R*   15-16 sed ... quid] *om. V*   18 enuntiabilis] *om. V*   18 sed] *om. V*   21 desinere] desinit *VR*   21 scire] hoc enuntiabile *add. VR*   22 unde] *om. V*   22 non] *om. T*   22 fit] est *T* fiet *V*   23 ad illud] *om. V*   26 cum est] *om. V*   26 et] *om. V*   27 unde] et *V* quia *R*   28 si] sic *V*   28 secundum se] extra orationem *R*   28 tamen] sed *R*   29 potest supponere] supponit *V*   29 non] tamen *add. R*

147 Ad aliud [125–126] dicendum quod si aliquid apprehendatur primo et ad ipsum terminatur apprehensio, illud primo intelligetur. Unde ad hoc quod intelligatur exigitur apprehensio ipsius et etiam conversio ipsius intellectus supra ipsum apprehensum. Dicimus ergo quod hoc enuntiabile 'nichil desinere scire' primo apprehenditur, non tamen primo intelligitur. Et hoc est quia ad ipsum non terminatur apprehensio, sed ad illud quod per ipsum intelligimus. Verbi gratia, cum sic dicimus 'omne nomen est feminini generis', fit primo apprehensio de hac voce 'nomen', non tamen se convertit intellectus supra ipsum gratia ipsius, sed gratia aliorum nominum. Unde [V257^r] non primo intelligitur pro se, sed pro huiusmodi nominibus 'Sortes', 'Plato', 'Cicero'. Similiter, si sic dicam 'nichil desinit scire', hoc quod est 'nichil desinere scire' primo apprehenditur, non tamen ad ipsum primo terminatur apprehensio, sed ad ipsum quod per ipsum datur intelligi. Et ideo non primo intelligitur pro se, sed pro aliis, pro se autem ex consequenti. Et ideo non supponit pro se simpliciter, sed pro aliis.

148 Ad aliud [127] dicendum quod non sequitur 'nichil desinit scire; ergo non desinit scire hoc enuntiabile "se nichil desinere scire"', immo peccat secundum quid et simpliciter, quemadmodum in argumento predicto. Concedimus ergo rationes [128–131] que probant quod in predicta oratione fit fallacia secundum quid et simpliciter.

149 Ad aliud [132] quod queritur de positione, dicendum quod predicta positio est possibilis. Non enim referuntur ad idem tempus, sed ad aliud et aliud. Unum enim ponit rem [T68^{va}] suam sub presenti et aliud in futuro. Et ita sunt compossibiles ad invicem iste 'Sortes scit se nichil desinere [V257^v] scire' et 'de cetero non sciet se nichil desinere scire'. Item, si possibile est scire hoc enun-

---

1 apprehandatur] apprehendetur *R*   2 ad] antequam *V*   2 intelligetur] intelligitur *R*   3 ad] ante *V*   3 intelligatur] intelligitur *V* non *add. R*   4 conversio] coniunctio(!) *V*   4 ipsius] sicut *add. T*   4 ipsum apprehensum] rem apprehensam *R* unde ad intelligendum rem non sufficit solum apprehensio sed etiam conversio ipsius intellectus supra rem apprehensam *add. V*   5 quod] si *add. V*   5 nichil] verum *T*   5 apprehenditur] apprehendatur *V*   6 tamen] *om. V*   7 non] *om. R*   7 ad] *om. V*   9 primo] *om. T*   11 pro] per *T*   12 huiusmodi] *om. R*   12 cicero] *om. V*   13 sic] *om. T*   13 scire] *om. R*   14 primo] *om. V*   15 per ipsum] *om. R*   16 primo intelligitur] potest intelligi *V*   16 pro] per *T*   16 autem] supponit *add. V*   17 pro se] *om. R*   20 quemadmodum] sicut visum est *V*   21 ergo] omnes *add. V*   22 in ... oratione] ibi *V*   25 enim] tamen *V*   26 et] ad *add. V*   26 unum] non *VR*   27 et aliud] sed sub *VR*   29 se ... scire] etc. *V*   29 possibile] impossibile *V*

tiabile 'se nichil desinere scire', possibile est non scire, et si possibile est non scire, possibile est quod de cetero non sciat. Et ita, cum hec sit possibilis 'Sortes scit se nichil desinere scire', hec erit possibilis 'de cetero non sciet se nichil desinere scire'. Dico ergo quod si per hanc 'Sortes scit se [R304^va] nichil desinere scire' ponatur quod Sortes sciat se scire, et per hanc 'et de cetero non sciet se nichil desinere scire' ponatur quod Sortes non sciat se scire de cetero, et hee due opponuntur 'Sortem se scire', 'Sortem non se scire', iste tamen non opponuntur. Et hoc est quia non ponunt rem suam pro tempore eodem, sed pro alio et alio tempore.

150 Ad aliud [133] dicendum est quod privatio de aliquo est de eodem de quo est positio, sed potest contingere quod ista positio et privatio illa opponuntur. Et tunc, si est privatio de aliquo et positio de eodem, oportet quod privat rem suam pro tempore eodem. Si autem non opponantur, non oportet ut pro eodem tempore ponant rem suam. Dico ergo quod, cum per hoc verbum [V258^r] 'desinit' importetur privatio sue positionis, non tamen propter hoc opponitur illa privatio illi positioni. Et ideo non ponunt rem suam pro tempore eodem.

151 Ad aliud [134] dicendum quod non opponuntur iste due 'scire se nichil desinere scire' et 'de cetero non scire se nichil desinere scire', quia non ponunt rem suam pro eodem tempore. Item. Cum unum ponit rem suam secundum quid, alterum simpliciter — sed affirmatio de aliquo secundum quid, negatio de eodem simpliciter, vel econverso, non opponuntur —, unde etsi sequitur ex illa positione, non tamen ponit ista duo opposita, [T68^vb] sicut hec non ponit duo opposita 'video me non videre', 'scio me non scire'.

152 Ad aliud [134] dicendum quod privatio illa non fit pro quolibet futuro, sed pro futuro quod est terminus illius presentis

---

2 non] *om. R* 2 scire] *exp. V* et si possibile est scire hoc enuntiabile se nichil desinere scire possibile est non scire *add. T* 3 hec] *om. TR* 3 erit] est *V* 4–5 dico...scire] *om. V* 6–7 sciat...sortes] *om. V* 7 ponatur] ponitur *T* 7 sortes] *om. R* 8 scire] idest *add. V* 9 non se] se non *T* scire se non *R* 9 iste] *om. V* 10 alio] et *add. R* 12 de eodem] *om. VR* 13 opponuntur] opponitur *V* 13 et tunc] *om. R* 14 privat] ponat *V* 15 opponantur] opponatur *T* opponuntur *R* 16 per] *om. V* 17 importetur] importatur *V* 18 opponitur] opponuntur *V* 18 illi] et illa *V* 21 scire] *om. V* 21 se] *om. T* 21 scire] sciet *VR* 22 quia non] quare *V* 23 cum] *om. R* 26 opposita] simpliciter *R* 29 illa] *om. V* 30 quolibet] suo *add. T* 30 pro] *om. TV* 30 terminus...presentis] tempus ibi *V*

quod ponitur per hoc verbum 'desinit'. Non tamen idem est significare pro presenti et pro futuro, nec ad idem tempus referuntur, **[V258ᵛ]** sed sumuntur sub alia differentia temporis et alia. Et ideo non est ibi oppositio neque est ibi affirmatio et negatio pro eodem tempore. Dicimus ergo quod prima est vera et possibilis, hec scilicet 'Sortes desinit *etc.*', nec implicat in se duo opposita. Et hoc est quia utrumque non ponit rem suam simpliciter, sed alterum simpliciter et alterum secundum quid. Sed affirmatio de aliquo simpliciter et negatio de eodem secundum quid non opponuntur. Et ideo non ponit duo contradictorie opposita, sicut patet ex predictis exemplis. Et positio est possibilis. Ad improbationem autem respondendum est per fallaciam secundum quid et simpliciter.

3 sed sumuntur] si fuerit *V*   3 alia] aliqua *V*   4 est] *om. V*   6 hec scilicet] *om. V*   6 implicat] implicant *V*   7 simpliciter] et alterum simpliciter *add. V*   8 sed ... quid] *om. V*   10 contradictorie] *om. VR*   11 improbationem] probationem *R*   12 per fallaciam] *om. T*   13 simpliciter] et hoc sufficiat de incipit et desinit *add. V*

VII DE HAC DICTIONE 'AN'

1 Deinde volentes aliquid inquirere circa hanc dictionem 'an': quoniam in paucis occurrit sophismatibus, prout ad presens nostre memorie, inquiramus de hoc sophismate TU SCIS AN OMNIS HOMO SIT SORTES AN DIFFERAT A SORTE, et de hac TU SCIS AN DE MENTIENTE SIT FALSUM SORTEM ESSE ILLUM. Propter hoc querenda sunt pauca de ipsis, quia **[V259ʳ]** in precedentibus habetur de quibus potest fieri disputatio supra illud sophisma 'tu scis *etc.*'.

2 Queratur ergo de hoc TU SCIS AN DE MENTIENTE SIT FALSUM SORTEM ESSE ILLUM. De quo queramus duo. Primo de veritate et falsitate. Secundo de regulis huius dictionis 'an' et de natura ipsius. Sed ante hoc prius videamus positionem et eius probationem, quoniam via est difficilis.

De positione huius sophismatis
'tu scis an de mentiente sit falsum Sortem esse illum'

3 Ponatur ergo quod Sortes vel Plato mentiatur, sed nescias quis istorum. Deinde proponatur hec 'tu scis an de mentiente sit falsum Sortem esse illum'. Probatio. Tu scis de mentiente non esse falsum Sortem esse illum. Ergo tu scis an de mentiente sit falsum Sortem esse illum. Et est simile argumentum 'Sortem currere est verum sciri a te; ergo tu scis an **[T69ʳᵃ]** Sortes currat'. Hec enim dictio 'an' importat disiunctionem. Sed si sit veritas in altera parte disiunctionis, erit veritas in illa disiunctione. Et propter hoc sequitur, sicut sequitur 'Sortem currere est verum; ergo

---

2 volentes] volimus *V*   3 paucis] multis *V* non multipliciter *R*   3 occurrit] accidit *V* in *add. R*   4 memorie] et *add. V*   4 sophismate] scilicet *add. R*   5 de] in *TV*   6 sortem esse] sortes est *V*   7 pauca de ipsis] *om. R*   7 habetur] haberetur *V*   7 de] in *TV*   8 fieri disputatio] disputari et disputari(!) *V*   10 de quo] et de hoc *V*   10 primo] primum *V*   11 secundo] secundum *V et R*   12 videamus] vide *T*   12 probationem] et improbationem *add. T*   16 vel] et *V*   16 nescias] necias *V* utrum sive *add. R*   16 quis] qui *V*   17 deinde] verum *V*   17–18 an ... illum] etc. *R*   21 sciri] scire *VR*   21 currat] currit *R*   22 disiunctionem] divisionem *V*   22 si] ita *add. V*   23 erit] est *V*   23 in illa] et in tota *V*   23–24 et ... hoc] propter quod *T*   24 sicut sequitur] *om. T*

Sortem **[V259ᵛ]** currere vel non currere est verum'. Et quod hec sit vera 'tu scis de mentiente non esse falsum Sortem esse illum' videtur. Ponatur quod Sortes mentiatur, et casus iste potest contingere. Isto casu contingente, hec est vera 'tu scis de mentiente non esse falsum Sortem esse illum', quia scis hoc enuntiabile 'Sortem esse mentientem esse verum' de Sorte mentiente. Et ita, cum Sortes sit mentiens, erit verum de mentiente, et sic tu scis ipsum non esse falsum de mentiente. Quare tu scis de mentiente *etc*.

4 Item. Casu contingente quod Plato mentiatur, quod potest contingere, hec est vera 'tu scis de mentiente *etc*.', quia cum 'Sortem esse mentientem' non sit enuntiabile de Platone, immo de Sorte, non erit verum nec falsum de ipso. Et ita erit vera predicta locutio.

5 Sed contra. Tu scis an de mentiente sit falsum Sortem esse illum. Ergo tu scis an de mentiente sit verum Sortem esse illum. Et quod ista conclusio sit falsa **[V260ʳ]** patet: habet enim in se istas duas 'tu scis an de mentiente sit verum Sortem esse illum' vel 'tu scis de mentiente non esse verum Sortem esse illum'. Sed utroque modo est falsa. Bene potest enim contingere casus quod Plato mentiatur. Et tunc erit hec falsa 'tu scis de mentiente esse verum Sortem esse illum', quia sequeretur quod hoc enuntiabile 'Sortem esse mentientem' esse<t> verum et de Platone. **[R304ᵛᵇ]** Quod falsum est. Enuntiabile enim est solum verum de eo cuius est. Sed illud non est enuntiabile de Platone. Similiter casu contingente quod Sortes mentiatur, hec est falsa 'tu scis de mentiente non esse verum Sortem esse illum', immo tu scis hoc enuntiabile 'Sortem esse mentientem' esse verum de mentiente, scilicet de Sorte. Et ita patet quod hec est falsa 'tu scis an *etc*.'. Quare prima ex qua sequitur. Sic visa est via sophismatis.

---

4 contingente] contingenti *T*   4 mentiente non] non mentiente *V*   6 mentientem] illum *V*   7 erit] est *V*   8 etc.] *om. R*   9 quod] quia *T et R*   10 quia] quare *V*   11 mentientem] platonem mentientem non esse etc. quare cum sortem esse platonem mentientem *V*   12 est] *V*   12 vera] verum *V*   12 predicta] de ipso *VR*   13 locutio] et ita sicut prius sequitur sor *V*   14–15 an ... illum] etc. *R*   14–15 sortem ... illum] etc. *V*   17 duas] contradictorias *add. T* unam *add. necnon exp. V*   17 sit] esse *T*   18 tu] *om. TR*   19 utroque modo] hec *VR*   19 falsa] tu scis de mentiente sortem esse illum *add. VR*   19 bene] *om. T*   20–22 hec ... esse<t>] *om. VR*   22 verum] vera *VR*   23 enim] non *V*   23 verum] *om. V*   24 casu] *om. T*   26 verum] falsum *VR*   29 est] *om. R*

De veritate et falsitate prime

De rationibus probantibus quod prima sit falsa

6 [T69ʳᵇ] Ad primum sic proceditur. Videtur quod sit falsa. Quod dubitatur de aliquo, non scitur de eodem, quia scire est actus sub certitudine. Certitudo vero opponitur dubitationi, et similiter scientia. Ergo cum de Sorte dubitatur utrum sit mentiens vel non sit **[V260ᵛ]** mentiens, sicut positum est, manifestum est quod de Sorte non potest sciri utrum sit mentiens. Sed quod non scitur de aliquo, non scitur esse verum vel falsum de eo. Ergo cum de Sorte non sciatur utrum sit mentiens, non scitur utrum de mentiente sit falsum Sortem esse illum. Ergo hec est falsa 'tu scis an de mentiente *etc.*'.

7 Item. Differunt scientia et opinio, quoniam opinio est acceptio unius rei sub formidine alterius partis, scientia autem est acceptio rei de parte altera sine formidine alterius. Ergo cum non sit hanc accipere 'tu scis mentientem esse Sortem' nisi sub formidine alterius partis, manifestum est quoniam ipsius non est acceptio que est scientia. Quare de Sorte non erit scibile utrum sit mentiens vel non mentiens. Et ita non est scire aut verum aut falsum de ipso utrum sit mentiens. Quare hec erit falsa 'tu scis an de mentiente sit falsum Sortem esse illum'.

8 Item. Eadem est acceptio oppositorum, sicut dicit **[V261ʳ]** Aristotiles, quoniam oppositorum eadem est disciplina. Quare eadem est acceptio veri et falsi. Et si unum dubitatur, necesse est alterum dubitari. Sed de mentiente dubitatur utrum sit verum Sortem esse illum, quia non scitur. Et sic iterum ista erit falsa 'tu scis *etc.*'.

---

22 *Auct. Arist.* 36, 95; cf. *Topica* VI 4, 142a24–25.

---

3 falsa] falsum *T*   5 sub certitudine] certitudinis *V*   5–6 et ... scientia] *om. VR*
7 sit] *om. R*   8 sciri] scire *TR*   9 de eo] *om. VR*   14 unius] *om. VR*   14 sub] cum *TR*   14 partis] *om. TV*   15 sine ... alterius] *om. R*   16 accipere] recipere *R*
16 nisi] *om. R*   17 est] sit *V*   17 est] erit *V*   18 erit scibile] scire *R*   19 et ... scire] *om. R*   20 erit] est *V*   21 sit ... illum] etc. *V*   22 dicit] vult *V*   23 quoniam] omnium *add. R*   24 et] vel *T*   26 quia] quare *R*   26 iterum] *om. VR*
26 erit] est *VR*   27 etc. an etc. *V*

9* Item. Si tu scis an de mentiente sit falsum Sortem esse illum, tu scis an hec sit falsa 'Sortes est mentiens'. Sed hec est falsa. Non enim scis utrum hec propositio sit falsa 'mentiens est Sortes'. Quare hec erit falsa 'tu scis an de mentiente *etc.*'.

* **c. 9 deest a V**

10 Item. Si tu scis de mentiente an sit falsum *etc.*, tu scis an Sortes sit mentiens. Sed hoc est falsum. Quare hec est falsa 'tu scis an de mentiente **[T69ᵛᵃ]** sit falsum Sortem esse illum'.

11 Item. Electio est circa illud quod determinate scitur. Unde non eligimus nisi quod scimus aut cognoscimus. Cum ergo non sciatur de mentiente utrum sit Sortes, inconvenienter significatur electio circa illud. Ergo cum hoc quod dico 'an' significet electionem sicut dicitur communiter, inconvenienter ponitur eius actus circa hanc compositionem 'mentientem esse Sortem'. Ergo cum per hanc propositionem 'tu scis an de mentiente *etc.*' significetur electio **[V261ᵛ]** circa illud, et ita propositio erit falsa. Quare hec est falsa 'tu scis an de mentiente *etc.*'.

12 Verum disiungitur a quolibet, secundum regulam. Unde verum potest disiungi a falso. Ergo, si hec esset vera 'tu scis an de mentiente sit falsum Sortem esse illum', potest disiungi ab hac 'Sortes est asinus'. Sed hec est falsa 'tu scis an de mentiente sit falsum an Sortes sit asinus', et hec est falsa 'tu scis an de mentiente sit *etc.*'. Quod autem hec sit falsa videtur 'tu scis an de mentiente *etc.*'. Regula est quod:

Hec dictio 'an', quando bis ponitur, disiungit inter dicta inventa.

Ergo cum in ista oratione bis ponatur, disiunget inter istas duas 'tu scis de mentiente esse falsum Sortem esse illum', 'Sortes est asinus'. Sed utraque istarum est falsa. Quare tota disiuncta est falsa. Quare hec est falsa 'tu scis an de mentiente sit falsum Sortem esse illum **[V262ʳ]** an Sortes sit asinus'. Quare tota disiuncta est falsa. Quare et prima.

---

1 si] *om. T*   2 hec est falsa] hoc est falsum *R*   4 quare] quia *R*   4 erit] est *T*   4 an de mentiente] *om. R*   8 sit ... illum] etc. *R*   9 unde] *om. T*   10 quod] illud quod *V*   13 inconvenienter] convenienter *V*   14 cum] *om. T*   15 significetur] significatur *T*   18 disiungitur] distinguitur *TV*   19 disiungi] distingui *TV*   20 falsum] verum *R*   20 potest] posset *V*   20 disiungi] distingui *TV*   20 hac] an *add. V*   21 an] *om. R*   22 est] erit *TR*   22 an] *om. R*   23 sit] *om. R*   23 hec] *om. R*   23 an] *om. R*   25 quando bis ponitur] bis posita *R*   25 disiungit] disiunget *TV*   26 ponatur] ponitur *R*   26 inter] *om. R*   27 scis] an *add. TV*   31 et prima] etc. *R*

De quadam consecutione

13 Deinde queritur utrum sequitur 'tu scis an de mentiente sit falsum Sortem esse *etc.*; ergo tu scis an de mentiente sit verum Sortes esse illum'. Et dicunt quidam quod non, sicut videbitur in solvendo. Et videtur quod sequatur. *Verum* et *falsum* sunt per se accidentia enuntiabilis, sicut *curvum* et *rectum* sunt per se accidentia linee. Quare que est comparatio recti ad curvum, eadem est comparatio veri ad falsum. Sed bene sequitur 'tu scis an hec linea sit recta; ergo tu scis an hec linea sit curva'. Quare similiter bene sequitur 'tu scis an de mentiente sit falsum Sortem *etc.*'; ergo tu scis an de **[T69ᵛᵇ]** mentiente sit verum *etc.*'.

14 Item. *Verum* et *falsum* sunt opposita immediata circa enuntiabile. Sed in oppositis immediatis contingit argumentari construendo et destruendo. Unde bene sequitur 'hoc est sanum; ergo non est egrum'. Similiter bene sequitur 'hoc non est sanum; ergo est egrum'. Quare similiter **[V262ᵛ]** bene sequitur 'hoc est falsum; ergo non est verum' et 'hoc non est falsum; ergo est verum'. Quare, cum hec 'tu scis an de mentiente sit falsum Sortem esse illum' ponat istas duas 'tu scis de mentiente esse falsum Sortem esse illum vel tu scis de mentiente non esse falsum Sortem *etc.*', manifestum est quod similiter de hac 'tu scis an de mentiente sit verum *etc.*' quod ponet istas duas 'tu scis de mentiente esse verum Sortem esse illum, vel tu scis de mentiente non esse verum *etc.*'. Ergo una istarum alteram sive utraque utramque inferet, alteram alteri comparando. Manifestum est, **[R305ʳᵃ]** quia bene sequitur 'tu scis an de mentiente sit *etc.*; ergo tu scis an de mentiente sit verum Sortem *etc.*'.

2–3 sit ... sortem] *om. R*   4 non] omnino *V*   4 videbitur] videtur *V*   5 sequatur] sequitur *VR*   7 comparatio] compositio *V*   9 sit] *om. R*   9–10 bene sequitur] *om. R*   10 sortem] *om. R*   11 etc.] *om. T*   12 immediata] manentia *T*   12–13 circa enuntiabilia] enuntiabilis *VR*   15 sanum] et est *add. T*   17 ergo] hoc *add. T*   19 illum] album*(!) V*   19 scis] an *add. VR*   19 esse] sit *VR*   20 scis] an *add. VR*   20 de mentiente] *om. VR*   20 non] *om. V*   22 verum] falsum *R*   22 etc.] sortem esse illum *V*   22 ponet] patet*(!) V*   22 scis] an *add. R*   22 esse] sit *R*   23 scis] an *add. R*   23 de mentiente] *om. V*   24 istarum] *om. V*   24 utramque] *om. VR*   24 inferet] potest inferri *V*   25 quia] quod *TV*   26 sit etc.] *om. R*   27 sortem] *om. VR*

De hac dictione 'an'

15 Secundo queritur de hac dictione 'an'. Et primo queritur de eius significatione et natura. Deinde de quibusdam regulis. Et dicitur quod hec dictio 'an' electionem cum disiunctione significat, et queritur utrum hoc sit verum. Et videtur quod non. **[V263ʳ]** Electio est actus contrarius dubitationi. Sed contraria significata non dantur intelligi per eandem dictionem. Quare dubitatio et electio non dantur intelligi per eandem dictionem. Ergo, cum hec dictio 'an' significet dubitationem, non significabit electionem.

16 Quod autem significat dubitationem videtur. Hec dictio 'an' est dictio interrogativa. Quare sibi proprie debetur actus interrogantis. Sed actus interrogantis est interrogare et dubitare. Qui enim interrogat, dubitat; si enim sciret, non quereret, sicut vult Aristotiles: dicit enim quod si essemus **[T70ʳᵃ]** supra lunam et videremus eam deficere, non quereremus propter quid, quia sciremus causam. Quare hec dictio 'an' proprie significat dubitationem. Et ita non est ponere quod significet electionem.

17 Item. Si hec dictio 'an' significet electionem cum disiunctione, et disiunctio et electio sint actus oppositi quorum unus **[V263ᵛ]** non est sub altero, tunc erit ponere quod hec dictio 'an' aliquando sumitur disiunctive et non elective, aliquando elective et non disiunctive. Quare non est possibile quod significet ista duo. Item. Si ista duo significet, queritur quid istorum primo significet, scilicet utrum disiunctionem vel electionem, vel quid sit eius principale significatum.

---

14 *Anal. post.* II 2, 90a26–28.

---

3 deinde] et *R*   4 dicitur] cum dicatur *T*   4 electionem cum disiunctione] disiunctionem aut electionem *V* disiunctionem cum electione *R*   6 significata] significat *V*   7 dantur] dat *T*   7 dubitatio] disiunctio *V*   8 per … dictionem] *om. R*   8 eandem dictionem] hanc dictionem an *V*   10 dubitationem] disiunctionem *V*   11 debetur] detur *V*   12 interrogantis] interrogationis *T*   13 non] utique *add. R*   13 quereret] querereret(!) *V*   14 essemus] est *T* eximus *V* essentia *R*   16 dubitationem] disiunctionem *V*   18 dictio] proprie *add. V*   18–19 electionem cum disiunctione] electionem et sisiunctione *T* elenctionem est disiunctio(!) *V* dubitationem cum electione *R*   19 disiunctio] dubitatio *R*   19 unus] unum *V*   21 aliquando sumitur] aliquando significet *T* aliquando tenetur *R*   22 quare] quod *R*   22 possibile] ponere *R*   22 quod] quare non *R*   22 significet] significat *R*   23 ista] alia *V* illa *R*   23 significet] quid *add. R*   23 quid] quod *V*   24 scilicet] *om. V*   24 vel] et *VR*   25 principale] possibile *V*

18 Item. Datum est pro regula quod:

Hec dictio 'an' semel posita disiungit inter contradictorie opposita, bis vero posita inter dicta inventa.

Et videtur quod hec regula nulla sit, quoniam hec dictio 'an', cum semel ponitur et cum bis ponitur, semper idem significat. Sed idem manens idem natum est facere idem. Quare hec dictio 'an', cum semel ponitur et cum bis ponitur, semper idem faciet. Ergo si semel posita disiungit inter contradictorie opposita, et bis posita disiungit inter ea. Et sic nulla est regula.

19 Item. Cum hec dictio 'vel' importet disiunctionem et semper habeat disiungere inter dicta inventa, sive **[V264ʳ]** sint contradictorie opposita sive alio modo se habeant, ergo similiter hec dictio 'an' ratione disiunctionis disiungit semper inter dicta inventa. Aut dicatur qualiter differt disiunctio importata per hanc dictionem 'vel' et per hanc dictionem 'an'.

20 Item. Cum disiunctio sit semper duorum et querat semper duas extremitates, videtur quod hec dictio 'an' semper habeat disiungere inter duo. Quare semper disiungit inter dicta inventa. Et sic iterum nulla est regula. Ex hoc ulterius **[T70ʳᵇ]** videtur quod sicut inconvenienter dicitur '<tu scis> vel Sortes currit', sic inconvenienter dicitur 'tu scis an Sortes currat'. Propter hoc queritur que sit natura huius dictionis 'an', quare convenienter dicitur 'tu scis an Sortes currat'. Queritur etiam ratio illius regule, et queritur propter quid hec dictio 'an' semper ponatur cum actionibus anime que sunt scire et dubitare.

---

1 item] queritur *add. VR* 2 opposita] hic *add. V* 3 vero] *om. T* 4 nulla] falsa *V* 4–5 quoniam...significat] *om. V* 7 faciet] facit *V* 9 disiungit] disiunget *V* 9 est regula] *om. V* 12 habeant] habent *TR* 13 inventa] sive dividit *add. R* 14 differt] differat *R* 16 duorum...semper] bis in *T* 16 querat] querens *V* 17 habeat] habet *T* 18 inventa] duo *V* 19 est] erit *R* 19 videtur] *om. R* 20 tu scis] *om. R* 21 currat] *coni.* currit *TR* sit *V* 22 quare] quod *VR* 22 convenienter] competenter *R* 23 an] homo *add. V* 23 currat] currebat *R* 23 queritr] queratur *VR* 23 et queritur] *coni.* quare et *T* queritur etiam *V* queritur et *R* 24 propter quid] quare *V* 24 semper] *om. R* 24 ponatur] ponanatur(!) *T* ponitur *V* 25 anime] *om. T*

Solutio

21 Solutio. Dicendum quod, sicut quidam dicunt, quod hec est falsa 'tu scis an de mentiente sit falsum Sortem esse illum'. **[V264ᵛ]** Et ponunt quod in probatione est fallacia accidentis. Cum enim sic dicitur, casu contingente quod Sortes mentiatur, 'tu scis de Sorte non esse falsum mentientem esse illum', hec fit attributio rei subiecte, sed ulterius, cum infert 'ergo tu scis de mentiente non esse falsum Sortem esse illum', hic fit attributio accidenti. Et ita quod primo attribuitur rei subiecte, attribuitur accidenti. Et ita est fallacia accidentis.

22 Ponunt autem aliter quidam quod prima est vera, et non valet improbatio; immo peccat secundum consequens a duabus causis ad unam. Hec enim 'tu scis an de mentiente *etc.*' equipollet istis duabus 'tu scis de mentiente esse falsum Sortem esse illum, vel tu scis de mentiente non esse falsum Sortem esse illum'. Similiter hec 'tu **[V265ʳ]** scis an de mentiente sit verum Sortem esse illum' equipollet istis 'tu scis de mentiente esse verum *etc.* vel tu scis <de mentiente> non esse verum *etc.*'.

23 Dico ergo quod bene sequitur 'tu scis de mentiente esse falsum Sortem esse illum; ergo tu scis de mentiente non esse verum Sortem esse illum'. Sed quantum ad alias partes non sequitur. Unde non sequitur 'tu scis de mentiente non esse falsum Sortem esse illum; ergo tu scis de mentiente esse verum Sortem esse illum'. Hec enim 'tu scis de mentiente non esse falsum Sortem esse illum' habet duplicem causam veritatis: aut **[T70ᵛᵃ]** quia tu non scias utrum sit enuntiabile de Sorte — et ita tu non scias ipsum esse, neque verum neque falsum — aut quia tu scias ipsum esse verum. Infert autem pro altera illarum. Et ita peccat secundum consequens a duabus causis ad unam.

---

3 illum] hic fit attributio accidenti ita quod attribuuntur rei subiecte *add. V* 6 fit] est *T* 7 tu] *om. R* 8 fit] est *T* 8 accidenti] rei subiecte *V* sed ulterius cum infert tu scis de mentiente non esse falsum sortem esse illum hic fit attributio accidenti *add. V* 9 primo] *om. V* 10 ita est] fit peccatum secundum *V* ita fit *R* 10 fallacia] fallaciam *V* 11 et] sed *R* 12–13 consequens ... unam] fallaciam accidentis *T* 15 vel] et *R* 17 vel] *coni. et codd.* 19 dico] cum dico *V* 21 sortem ... illum] *om. V* 21–22 sed ... sequitur] *om. R* 21 alias] illas *V* 22–23 unde ... *alterum* illum] *om. R* 24 falsum] verum *R* 25 sortem ... illum] *om. VR* 26 scias] scis *TV* 26 utrum sit] esse *R* 27 non] *om. R* 27 esse] et ita *add. R* 27 neque] est *add. V* 27 neque] est *add. V* 28 scias] scis *V* 28 illarum] parte istorum *V*

24 Dico tamen, sicut michi videtur, quod prima simpliciter falsa est. Intelligendum tamen est quod cum ipsa sit duplex compositio, una principalis, **[V265ᵛ]** altera accidentalis, que attenditur ex attributione huius quod dico 'mentiens' ad subiectum. Dico ergo quod quantum ad principalem compositionem non est ibi falsitas, sed quantum ad compositionem que est ex attributione illius accidentis ad **[R305ʳᵇ]** subiectum. Unde cum ipse probat, casu contingente quod Sortes mentiatur, 'tu scis an de mentiente sit falsum Sortem esse illum', falsa est, non pro principiali compositione, sed quia non scis aliquid de mentiente. Propter hoc dico quod utraque probantium est falsa simpliciter. Et propter hoc prima est falsa. Concedende ergo sunt rationes [6–12] quibus ostenditur esse falsa. Tamen bene dico quod non valet iste modus improbandi [5], sicut visum est. Unde sicut non sequitur 'tu scis an Antichristus sit bonus; ergo tu scis an Antichristus sit malus' (sicut patet exponenti), similiter est ex hac parte.

Respondetur ad rationes

25 Ad aliud autem quod obicitur [13] contra, dicendum est quod *verum* et *falsum* sunt proprie differentie enuntiabilis, comparando enuntiabile ad illud de quo est. Sed comparando ad illud de quo non est, cum non sit enuntiabile de illo, neque est verum neque est falsum de illo. Dico ergo quod comparando illud enuntiabile 'mentientem esse **[V266ʳ]** Sortem' ad illud de quo est, <est> verum vel falsum, sed comparando ad illud de quo non est, neque est verum neque falsum. Et quia dubium est de quo est enuntiabile, scilicet an de Sorte an de Platone, propter hoc non est scire de quo sit verum vel falsum. Neque est simile de curvo et

---

2 cum] *om. T* 2 ipsa] ista *V om. R* 2 sit] est *T* 3 altera] autem *add. V* 3 accidentalis] *om. R* 3 que attenditur] si dicatur *V* 5 ergo] *om. V* 5 ibi] veritas vel *add. T* 6 ad...que] *om. VR* 6 est] *om. V* 7 illius accidentis] huius quod dico mentiens *R* 7 subiectum] dico quod ergo quod quantum ad principalem compositionem non est ibi falsitas sed quantum est ex attributione illius accidentis ad subiectum *add. R* 9 falsa est] *om. VR* 9 non] *om. T* 10 sed] *om. TR* 12 concedende ergo] et propter hoc concedende *V* 13 esse] quod sit *R* 13 bene dico] concedo *V* consentio *R* 15 bonus...sit] *om. R* 15 tu scis] *om. V* 20 enuntiabile] *om. V* 21–22 enuntiabile...comparando] *om. R* 20 est...quo] *om. V* 20–22 illud...comparando] *om. R* 24 verum...quo] *om. R* 24 vel] est *add. V* 25 neque] est *add. R* 27 verum vel] *om. R* de quo sit *add. V*

recto, quoniam ad subiectum proprium cuius sunt comparantur. Propter hoc sequitur virtute disiunctionis, scilicet 'tu scis an hec linea sit curva; ergo tu scis an sit recta'. Et per hoc idem solvitur ad aliud [14], quoniam 'verum' et 'falsum' non sunt opposita immediata circa enuntiabile nisi per relationem ad illud de quo est.

26 Ad [**T70ᵛᵇ**] aliud [15] dicendum quod non est ponere quod hec dictio 'an' significet disiunctionem cum electione. Unde non est ponere quod significet electionem. Et rationes [15–17] ad hoc concedimus. Dico ergo quod hec dictio 'an' proprie significat disiunctionem cum dubitatione, et utrumque est de suo intellecto. Cuius signum est quod hec dictio est interrogativa, et ultra hoc est dubitativa, et iterum est disiunctiva, et utrumque habet [**V266ᵛ**] de suo intellectu, scilicet disiunctionem et dubitationem.

27 Ad aliud [18] dicendum quod huiusmodi regule necessarie sunt. Et causa huius est quia hec dictio 'an', cum bis ponitur, tunc habet extremitates inter quas potest disiungere et non dubitari de aliquo. Et propter hoc sumitur disiunctive, et non interrogative vel dubitative. Et quia disiunctio non semper disiungit inter opposita, sed inter diversa vel disparata, propter hoc disiungit inter dicta inventa, et non disiungit inter contradictorie opposita. Sed cum semel ponitur, tunc dat intelligere unum extremum per sermonem, de altero vero dubitat et dat ipsum intelligere per dubitationem, quia dubitatio est alicuius acceptio cum formidine sui oppositi. Et propter hoc dat intelligere suum oppositum. Et propter hoc semel posita dat intelligere contradictorie opposita, et disiungit inter ipsa. Et ita est regula quod semel posita disiungit inter contradictorie opposita, bis autem posita disiungit inter dicta inventa.

28 Per hoc patet solutio alterius [19–20] quod queritur, quare [**V267ʳ**] convenienter dicitur 'tu scis an Sortes currat', non autem convenienter dicitur 'tu scis vel Sortes currat'. Et hoc est quia

---

2 disiunctionis] discretionis *V*   3 per] propter *V*   4 quoniam] quod *V*   5 circa] esse *V*   8 electionem] hec *R*   9 an] proprie *add. V*   10 disiunctionem] dubitationem *V*   10 dubitatione] disiunctione *V* electione *R*   11 hec] *om. VR*   11 est] *om. T*   12 et] *om. TV*   12 est] *om. T*   12 et] sic *add. V*   15 et causa] causa autem *VR*   16 tunc] *om. V*   16 habet] *om. R*   17 hoc] solum *add. R*   19 vel] et *V* inter *add. R*   20 disiungit] *om. V*   22 de altero] *bis in R* de alio *T*   23 quia] et *VR*   24 sui] alterius *V*   24 suum] *om. V*   26 posita] *om. V*   27 inter … opposita] *om. R*   29 per] propter *R*   29 quare] cum *V* quia *R*   30 currat] currit *V*   31 currat] currit *V*

hec dictio 'vel', cum sit dictio disiunctiva, solum dat intelligere alterum extremum. Sed hec dictio 'an' non solum est disiunctiva, sed ultra hoc est dubitativa, ratione cuius actus dat intelligere extremitates et habet aliquid per quod finiatur. Sed hec dictio 'vel' non habet aliquid per quod finiatur. Et ideo inconvenienter dicitur '<tu scis> vel Sortes currat'.

29 Ad aliud dicendum est quod cum hec dictio 'an' sit dictio interrogativa, cum interrogare autem sit actus anime et non corporis, ideo habet semper poni hec dictio 'an' **[T71ra]** cum actibus anime, et non cum actibus corporis. Cuius actus sunt scire et dubitare, et similia.

---

1 dictio] solum *V* 1 solum] non *V* 2 sed...disiunctiva] *om. V* 3 hoc] quod est vel *add. R* 4 aliquid] *om. V* aliquod *R* 4 finiatur] sic dicendo an sortes currit *add. V* 4 sed hec] hec autem *V* 5 aliquid *om. TV* 5 ideo] propter hoc *V* 8 cum] *om. R* 8 autem sit] est *V* 8 non] actus *add. V* 8 corporis] et *add. T* 9 ideo] *om. VR* 9 hec...an] *om. R* 10 et] *om.*

VIII DE SIGNIS DISTRIBUTIVIS

1 Quoniam pertransivimus de communibus questionibus que circa dictiones sincathegorematicas accidunt secundum quod potuimus, tangendo levia et communia, ut possimus satisfacere de communibus et levibus, circa signa distributiva inquiremus. Et primo queritur, cum signum sit propria dispositio subiecti, utrum **[V267ᵛ]** debeat esse propria dispositio predicati. Et ob hoc veniamus ad hoc sophisma OMNIS HOMO EST OMNIS HOMO. Primo igitur queramus utrum hoc quod dico 'omnis' possit addi ad predicatum sicut ad subiectum. Secundo queramus de veritate et falsitate ipsius.

De hac dictione 'omnis'

Utrum hoc signum 'omnis' possit addi ad predicatum sicut ad subiectum

2 Ad primum sic proceditur. Et videtur quod hoc signum 'omnis' sit dispositio predicati sicut et subiecti. Hoc signum 'omnis' est propria dispositio universalis. Sed propria dispositio universalis consequitur subiectum proprium. Quare hoc signum 'omnis' semper consequitur universale. Igitur cum universale proprie predicetur: quia proprium universalis est predicari, et hoc signum 'omnis' proprie consequitur predicatum. Quare hoc signum 'omnis' proprie est dispositio predicati sicut et subiecti.

3 Item. Signum circa terminum cui adiungitur denotat ut illud quod toti convenit, partibus convenire possit. Et hoc patet per diffinitionem illius in libro *Priorum*. Ergo cum predicatum partes

---

23 *Anal. Priora* I.

2 quoniam] autem *add. V*   3 sincathegorematicas] sophisticas *V*   3 secundum] sed *R*   5 circa] supra *T*   5 primo] prius *R*   6 dispositio] passio *R*   7 propria] *om. V*   7 predicati] subiecti vel *R*   7 veniamus ad] queramus de *R*   9 hoc quod dico] hec *R om. T*   9 omnis] omne *V*   14 et] dispositio *add. R*   14 hoc signum] *bis in V*   15 universalis] *om. V*   16 consequitur] sequitur *R*   16 subiectum proprium] *rasura in R*   16 semper] *om. T*   21 circa] veniens supra *T*   21 denotat] denetet(!) *V* notat *R*   21 ut] quod *R*   21 illud] quod *R*   22 et hoc] quod *V*

habeat [R305ᵛᵃ] sicut et subiectum, videtur quod circa predicatum debeat addi signum, ut quod toti inest denotet [V268ʳ] partibus convenire. Et sic oportet quod signum sit dispositio predicati sicut et subiecti.

4 Item. Signa inventa sunt ad removendum ambiguitatem, sicut vult Boetius. Unde quia dubium est, sic dicendo 'homo currit', utrum iste terminus 'homo' teneatur pro uno vel pro pluribus, ad removendum hanc ambiguitatem inventa sunt signa ut denotent quod pro omni teneatur. Igitur cum predicatum possit indifferenter sumi pro uno vel pro pluribus, [T71ʳᵇ] ad denotandum quod pro omnibus teneatur debet addi universale signum ei. Et ita hoc signum 'omnis' debet esse dispositio predicati sicut et subiecti.

5 Item. Signum denotat circa subiectum convenientiam pro partibus. Igitur cum predicatum aliquando habeat convenientiam ad suas partes sicut et subiectum, videtur quod hoc signum 'omnis' possit addi ad predicatum sicut ad subiectum.

6 Item. Queritur causa propter quam signum non possit addi ad predicatum. Et dicitur quod hoc est propter hoc quod predicatum se habet per modum forme, et forma est indivisibilis. Et propter [V268ᵛ] hoc non potest addi signum divisibile predicato. Contra hoc est quoniam, etsi forma secundum se sit indivisibilis, tamen forma divisibilis est in subiecto, unde forma dividitur per divisionem subiecti. Igitur cum dicat predicatum formam in materia, predicatum est divisibile, quia dividitur predicatum secundum divisionem subiecti. Et ita predicatum est divisibile. Quare signum poterit addi ad predicatum.

7 Item. Omnium oppositorum eadem est disciplina. Igitur cum signum universale affirmativum et signum universale negativum opponantur, eorum erit eadem disciplina. Igitur cum signum

---

6 *In Arist. Periherm.* II, p. 137²⁸.

---

1 sicut] *om.* V 3–4 predicati...subiecti] subiecti sicut predicati V 5 ad] ut R 6 vult] dicit R 6 boetius] priscianus VR 6 quia] quod T 6 est] erat R 8–10 ad...pluribus] *om.* R 10 sumi] teneri V 11 omnibus] pluribus R 11 debet addi] additur R 11 universale] *om.* VR 11 ei] sibi V *om.* T 12 debet esse] est R 13 pro] in R 14 aliquando] illam V 14 habeat] dicat R 16 possit] *om.* V habet R 16 sicut] *om.* V 16 ad] et T et ad V 19 et] *om.* T 20 non...predicato] signum est divisibile non potest addi ad predicatum R 20 predicato] ad predicatum VR 21 etsi] et sic V 21 secundum se] *om.* V 22 unde...dividitur] *bis in* V 24 quia] quare T 25 quare] et ita R 26 ad predicatum] ei VR 29 eorum] eorundem R 29 erit] debeat esse R

universale negativum possit disponere predicatum — quia convenienter dicitur 'Brunellus est nullus homo' —, et hoc signum 'omnis' poterit disponere predicatum. Et sic idem quod prius.

8 Sed contra. Dicit Aristotiles quod nulla est affirmatio in qua universale universaliter predicatur. Secundum hoc ponit quod hoc signum 'omnis' non est dispositio predicati sicut et subiecti.

9* Item. Hoc signum 'omnis' advenit subiecto pro singularibus. Igitur cum predicatum non dat se intelligere pro singularibus sed pro communitate sua, relinquitur quod **[V269ʳ]** hoc signum 'omnis' non est dispositio predicati, sed subiecti.

* c. 9 deest a R

De veritate et falsitate huius propositionis 'omnis homo est omnis homo'

De veritate ipsius

10 Secundo queritur de veritate et falsitate prime. Et videtur quod hec sit vera 'omnis homo est omnis homo'. Dicit Boetius quod nulla propositio verior est illa in qua idem predicatur de se. Sed hec est talis. Ergo *etc.*

11 Item. Dicit Aristotiles quod hec est per se vera 'bonum est bonum'. Hec autem 'bonum non est malum' **[T71ᵛᵃ]** est vera per accidens. Ergo cum in hac 'omnis homo est omnis homo' idem de se predicetur, hec simpliciter erit vera 'omnis homo est omnis homo'.

12 Item. Hec est vera 'homo est homo'. Sed dicit Aristotiles quod si equalibus equalia addantur, totum remanet idem. Quare, signo addito subiecto et predicato, totum fit idem. Quare secundum hoc idem est quod dicitur per utrumque. Et ita unum de

---

4 *De int.* 7, 17b15–16.   15 *In Arist. Periherm.* I, p. 215¹⁸⁻²⁰; II, p. 480⁷⁻⁹.   18 *De int.* 14, 23b16–17.   23 Cf. *Anal. post.* I 10, 76a41.

1 disponere predicatum] predicari *R*   1 quia] quare cum *R*   2 dicitur] dicatur *R*   2 brunellus] homo*(!) R*   3 disponere predicatum] predicari *R*   4 affirmatio] predicatio *R*   6 sicut] *om. V*   8 dat se] se det *V*   14 prime] *om. R*   16 illa] *om. V*   16–17 sed...etc.] *om. VR*   19 est vera] vera *V om. R*   23 homo est homo] *om. V*   23 sed] sicut *V*   24 quare] quod *V*   25 signo addito] signa addita *V*   26 dicitur] fit *R*

altero predicabitur. Et ita hec erit vera 'omnis homo est omnis homo'.

13 Item. Totum disiunctum predicatur de qualibet sui parte. Cuius signum est quod ipsum reducitur ad naturam totius universalis. Sicut igitur totum universale **[V269ᵛ]** predicatur de qualibet sui parte, sic totum disiunctum. Et ita hoc totum disiunctum 'omnis homo vel asinus' predicatur de qualibet sui parte. Quare verum est dicere quod omnis homo est omnis homo, vel omnis asinus. Sed non est omnis asinus. Ergo est omnis homo. Ergo hec est vera 'omnis homo *etc.*'.

14 Item. 'Omnis homo' est totum in quantitate. Sed non est aliquod totum in quantitate nisi hoc totum 'omnis homo'. Quare omnis homo est omnis homo.

15 Item. Dicit Aristotiles quod ab eo quod res est vel non est dicitur oratio vera vel falsa. Ergo cum hoc signum 'omnis' non sit res aliqua, sed modus — quoniam, ut vult Aristotiles, hoc signum 'omnis' non significat universale sed *quoniam universaliter* —, manifestum est quod ab ipso non erit veritas vel falsitas in oratione. Ergo cum hec sit vera 'omnis homo est homo' antequam signum adveniat, et post adventum signum erit vera. Quare hec erit vera 'omnis homo est omnis homo'.

Utrum hoc signum 'omnis' significet rem aliquam

16 Propter hoc queritur utrum hoc signum 'omnis' significet rem aliquam. Et quod non significet rem aliquam videtur. Omnis res **[V270ʳ]** est alicuius predicamenti, sicut vult Aristotiles, quoniam singulare, quod est res aliqua, aut significat substantiam aut qualitatem, aut quantitatem, *etc.* Ergo cum hoc signum 'omnis' non

---

14 *Categ.* 5, 4b8–10; 12, 14b21–3. 16 *De int.* 10, 20a9–10; cfr. etiam *ibid.* 7, 17b11–12. 25 Cf. *Categ.* 4, 1b25–27.

1 predicabitur] predicatur *VR* 1 ita] om. *TV* 1 erit] est *V* 3 sui] om. *R*
5 universale] ut habetur add. *V* 6 sic] sicut *R* 7 predicabitur] predicatur *V*
9 ergo] propter hoc *R* 12 homo] om. *V* 15 dicitur] om. *V* 16 modus] rei add. *R* 18 est] ergo add. *R* 18 vel] neque *R* 19 sit] est *R* 20 adveniat] advenit *R* 20 erit] est *V* 20 quare...vera] om. *V* 21 homo] om. *R* 23 omnis] om. *V* 23 significet] significat *R* 24 et...aliquam] om. *T* 24 significet] significat *R* 25–26 quoniam singulare] singularium autem *T* quoniam singularium *V* 27 cum] om. *TR*

significet **[T71ᵛᵇ]** aliquid quod sit in predicamento, non significabit rem aliquam. Quod autem illud quod significat non sit in aliquo predicamento videtur. Nullum ens in aliquo predicamento est commune et transcendens ad omnia. Cum ergo hoc signum 'omnis' sit commune et transcendens ad omnia, non significabit aliquid quod sit in predicamento. Quod autem transcendat omnia patet, quia convenienter dicitur 'omnis quantitas', 'omnis substantia', et sic de aliis.

17 Item. Si significat aliquid quod sit res, queritur utrum hec sit substantia vel accidens. Quod non sit substantia videtur, quia proprium est substantie rem per se stantem significare. Cum igitur hoc signum 'omnis' non significet aliquid quod sit per se stans, non significabit aliquid quod sit substantia. Item. Hoc signum 'omnis' dicit quod est in aliquo. Sed nullum tale est substantia, **[R305ᵛᵇ]** quoniam substantia non dicit rem suam in aliquo. Quare hoc signum 'omnis' non significabit substantiam. Ergo significat **[V270ᵛ]** accidens.

18 Sed contra. Omne accidens aut est a parte anime, aut a parte corporis, aut ex parte utriusque. Sed hoc signum 'omnis' non dicit accidens anime. Quod patet: per se *iustum* et *iniustum* sunt accidentia anime inter que non ponitur signum. Item, non est accidens corporis, quia non dicit accidens determinatum, sicut 'album', 'nigrum', 'coloratum'. Item, non a parte utriusque, quoniam iam esset in aliquo genere determinato. Quare non significat accidens. Videtur ergo quid significet et utrum sit in aliquo predicamento.

De falsitate prime

19 Deinde queritur utrum prima sit falsa. Et videtur <quod sic>. Dicit enim Aristotiles quod nulla est affirmatio in qua univer-

---

29 *De int.* 7, 17b15–16.

---

3 videtur ... ens] nichil *V*   3 aliquo] *om. TV*   5 commune] communis *V*   5 significabit] significat *V*   7–8 et ... aliis] etc. *R*   9 significat] significet *V*   11 rem] suam *add. R*   12 stans] existens *V*   14 dicit] rem *add. V*   15 aliquo] alio *R*   18 aut] *om. R*   20 iustum] enim *add. R*   21 ponitur signum] reperitur hoc signum omnis *R*   25 ergo] iterum *V*   28 videtur] queritur *TV*   28 utrum] quod *VR*   28 et videtur] videtur *V om. R*   29 dicit enim] quoniam dicit *R*

sale universaliter predicatur, ut 'omnis homo est omne animal'. Igitur cum in hac universale universaliter predicetur, ipsa erit falsa. Quare hec erit falsa 'omnis homo est omnis homo'.

20 Item. Hec est quedam universalis 'omnis homo est omnis homo'. Ergo de ipsa contingit fieri sillogismus, sumendo aliquid sub subiecto. Igitur cum non sit aliquid sumere sub subiecto nisi Sortes et Plato, de hiis **[V271ʳ]** contingit predicari 'omnis' in conclusione, ut sic **[T72ʳᵃ]** fiat sillogismus 'omnis homo est omnis homo; Sortes est homo; ergo Sortes est omnis homo'. Sed hec est falsa. Quare prima ex qua sequitur. Item. Similiter fiat descensus a parte predicati, sic dicendo 'omnis homo est omnis homo; sed Sortes est homo; ergo omnis homo est Sortes'. Sed hec est falsa. Quare et prima.

21 Propter hoc dicunt quidam quod non valet illud argumentum. Et hoc est quoniam una illarum distributionum immobilitat alteram. Unde dicunt quod non contingit descendere sub altera illarum, et ita non debet fieri descensus pro Sorte aut pro Platone. Sed contra hoc est quia quod universaliter ad aliquid ordinatur, non potest transferri in eius oppositum, quoniam, sicut vult Aristotiles, natura non assuescit in contrarium. Ergo cum hoc signum 'omnis' naturaliter ordinetur ad mobilitandum et ad confundendum, quia propter hoc inventum est, non poterit immobilitare aliquam distributionem. Quare non oportet dicere quod una distributio aliam immobilitet. Et sic contingit fieri descensus sub utraque.

22 Item. Si immobilitet hoc **[V271ᵛ]** signum 'omnis' sive habeat naturam immobilitandi: cum per naturam unam univocam non possit mobilitare et immobilitare, oportet quod in ipso sit natura duplex: una qua mobilitet, alia qua immobilitet. Quare secundum hoc equivocatur signum sumendo sic et sic. Sed hoc non

---

19 Cf. *Phys*. I 9, 192a21: "Nihil appetit illud quod sibi contrarium est." (*Auct. Arist.* 2, 35)

---

2 ipsa] de ista *V*   2 erit] est *VR*   3 quare] et *add. R*   4–5 omnis ... homo] *om. R*   5 sillogismus] sillogismum *TV*   7 sortes et plato] sortem et platonem *R*   7 predicari omnis] predicatum *V*   9 sortes est homo] *bis in T om. V*   9 omnis homo] *om. V*   10 similiter] si *V*   13 et] *om. TV*   14 quidam] aliqui *VR*   16 dicunt] quidam *add. V*   16 non] *om. R*   17 ita] sic *R om. V*   19 vult] dicit *R*   20 assuescit] infecit *V*   22 quia] et *T*   23 aliquam] aliam *TV*   23 oportet] est *R*   24 aliam] alteram *R*   27 univocam] *om. V*   28 mobilitare et] *om. V*   29 alia] altera vero *R*   29–30 quare ... alterum sic] *om. V*   30 sumendo ... sic] hoc supponendo *R*

est ponere. Quod autem non debeat equivocari videtur. Omnis dictio equivoce sumpta significat aliud et aliud. Cum ergo hoc signum 'omnis' non significet aliud et aliud, immo semper unum et idem — quoniam semper significat quoniam universaliter —, quare circa terminum cui adiungitur non sumetur equivoce. Et ita non est ponere in ipso naturam duplicem quare possit mobilitare et immobilitare.

23 Item. Unumquodque quod est habet in se principium conservandi, per quod quidem in esse conservatur. Unde natura est principium sue conservationis. Quare hoc signum 'omnis' se ipso conservatur et non est principium sue corruptionis. Ergo non **[T72rb]** est principium sue immobilitationis, cum hoc sit contra eius naturam. Et ita non est ponere quod una distributio possit alteram immobilitare.

24 Item. Idem significat hoc signum cum 'omnis' semel ponitur et cum bis ponitur. **[V272r]** Cum ergo ipsum semel positum mobilem distributionem importet, et ipsum bis positum mobilem distributionem importabit. Quare non est dicere quod una distributio immobilitet alteram.

25 Item. Nomina transposita et verba idem significant, sicut vult Aristotiles. Ergo hoc signum 'omnis' positum a parte subiecti et a parte predicati idem significat. Sed semper a parte subiecti dicit, quantum est de sua significatione, distributionem mobilem. Ergo ipsum a parte predicati positum, dicit distributionem mobilem.

26 Item. Unumquodque conservat suum simile secundum quod potest. Ergo cum hoc signum 'omne' similis sit nature in subiecto,

---

21 *De int.* 10, 20b1–2.

---

1 omnis] *om. VR* 2 sumpta] cum sumitur *R* 3 et aliud] *om. T* 3–4 semper...idem] sunt *V* 3 unum et] *om. R* 4 quoniam] *coni.* sumi *R om. TV* 5 quare] quia *V om. R* 5 circa] *TR* 5 adiungitur] et sic *add. R* 5 sumetur] sunitur *VR* 6 quare possit] qua oportet *V* 9 quidem] *om. R* 9 in esse] inesse *T* 9 unde natura] vel *V* 10 conservationis] corruptionis *VR* 11 conservatur] conservato *R* 13 ita] secundum hoc *add. V* 13 distributio] alteram immobilitet vel *add. T* 16 semel] *om. V* 17 mobilem] mobilitet et *T* immobilitat et *V* 17 importet] importat *V* 17 mobilem] mobilitet *V* 18 importabit] immobilem *add. V* quare non immobilitatur *add. R* 18 distributio] non *add. V* 21 ergo] cum *add. V* 22 parte] predicati idem significat sed semper *add. V* 23 quantum...significatione] de suo significato *VR* 24 ipsum] *om. V* 24 a] ex *V* 24 dicit] significabit *R* 25 conservat] servat *TV* 25 secundum] se *add. V* 25 quod] servare *add. T* 26 sit] *om. V*

et in predicato, etsi diversimode, se ipsum conservabit. Ergo non immobilitat unum alterum. Et ita non est dicere illud quod ponunt quidam pro regula, quod quando sunt due distributiones in aliqua oratione, prima immobilitat secundam.

Solutio

27 Solutio. Dicendum est quod hec est falsa 'omnis homo est omnis homo'. Et in **[V272ᵛ]** probatione est fallacia consequentis ab insufficienti. Sciendum igitur quod quando sunt due distributiones in aliqua oratione, una in subiecto, altera in predicato, dummodo sint eidem, non oportet solum partes partibus adequari vel attribui, immo totum partibus et partes toti oportet attribuere. Igitur cum in hac oratione sint due distributiones, **[R306ʳᵃ]** oportet secundam distributionem cuilibet parti reddi prime. Non sufficit igitur sic dicere 'Sortes est Sortes, Plato est Plato et sic de aliis', sed oportet sic dicere 'Sortes est omnis homo, Plato est omnis homo'. Et ita cum huiusmodi singulares omittantur, est ponere quod in probatione est fallacia consequentis ab **[T73ʳᵃ]** insufficienti. Sequitur autem econverso 'omnis homo *etc*.; ergo Sortes est omnis homo', vel sic a parte predicati 'ergo omnis homo est Sortes'. Unde non pono quod una distributio alteram immobilitet, sicut ponunt quidam [21].

28 Secundum hoc solvitur hoc sophisma OMNIS HOMO EST ANIMAL ET ECONVERSO. Pono quod hoc quod dico 'econverso' **[V273ʳ]** dicat conversionem termini, et non conversionem propositionis. Si enim conversionem propositionis diceret, michi videtur quod nulla esset probatio sophismatis — que est: 'Sortes est animal, et hec propositio convertitur; Plato est animal, et hec propositio convertitur, et sic de singulis; ergo omnis homo est animal, et hec

---

1 etsi] et sic *V* sic non *R*   1 diversimode] diversimodo *R*   2 immobilitat] immobilitet *V*   3 quidam] aliqui *VR*   3 pro regula] per regulam *R*   9 una] altera *V*   10 dummodo ... eidem] *om. T*   10 solum] ea [esse] *add. V*   11 immo] sed et *R*   12 oratione] *om. R*   13 secundam] secundum *V*   14 igitur] *om. R*   16 et ita cum] etc. *R*   16 omittantur] omittentur *R*   18 autem] enim *V*   22 secundum hoc] per hoc *V* per hoc idem *R*   22 solvitur] solvunt *V*   22 ad sophisma: sophisma homo est animal et econverso *Tᵐ*   24 dicat] dicit *R*   24 termini] rei *VR*   25 michi] *om. R*   26 esset] sit *VR*   26 que] quod *T*   27-28 et ... convertitur] *om. TV*

propositio converitur'. Cum enim huiusmodi propositiones diverse sint et separate: si una convertitur, propter hoc non oportet quod altera convertatur, ut michi videtur. Et est similis argumentatio 'Sortes est animal, et hec propositio convertitur; ergo Plato est animal, et hec propositio convertitur'.

29 Et propter hoc pono quod ibi ponat li 'econverso' conversionem termini. Unde cum sic dicitur 'Sortes est animal, et econverso', sensus est quod *sicut animal contingit predicari de Sorte, sic contingit Sortem de animali predicari*. Unde notat li 'econverso' equalitatem predicationis et unius ambitus ad alterum sive, ut melius sit dicere, ordinationem secundum sub et supra, et similiter in qualibet singulari. Item. Similiter in conclusione notat illam equalitatem et illum ordinem secundum sub et supra, ut sit sensus **[V273ᵛ]** quod *sicut animal de omni homine predicatur, sic homo de omni animali*. Et propter hoc sensus istius orationis est ita 'omnis homo est animal, et econverso', idest *omnis homo est animal et omne animal est homo*. Et ita per predicta patet quod non sufficit sic probare 'Sortes est animal et animal est Sortes, Plato est animal et animal est Plato, et sic de singulis; ergo omnis homo est animal et omne animal est homo', immo est fallacia consequentis ab insufficienti. Deberet enim sic dicere 'Sortes est animal, et omne animal est Sortes, et sic de aliis', et cum hiis accipere alias singulares; ut supra.

30 Hoc sophisma tamen disputatur, quia distinguitur ex eo quod li 'econverso' potest dicere conversionem simplicem **[T73ʳᵇ]** vel conversionem per accidens. Quam tamen distinctionem non sustinemus, quia non ponimus quod dicat conversionem propositionis. Sed, relicta disputatione, redeamus ad primum. Dicen-

---

1 enim] *om. T*   2 oportet] sequitur *V*   3 ut] unde *VR*   3 et est] esse *VR*   4–5 plato . . . convertitur] hec propositio sortes est animal convertitur *V*   6 hoc] *om. T*   6 ponat] dicat *V* dicit *R*   7 termini] rei *VR*   8 contingit] ibi *add. T*   8 sorte] quod *add. R*   10 predicationis] predicabilis *V*   11 ordinationem] ordinem *R*   11–13 et . . . supra] *om. R*   12 item] *om. V*   13 sensus] istius orationis omnis homo est *add. V*   14 omni] *om. VR*   14 homo] *bis in R*   14 omni] *om. VR*   15 ita] *om. VR* vel *add. T*   16 idest] talis est *R*   17 homo] plato cicero et sic de aliis *add. R*   17 et . . . quod] sicut *R*   17 probare] dicere *R*   19 singulis] aliis *R*   19 animal] *om. R*   21 deberet enim] debet *R*   23 ut supra] *coni.* unde supra *V* sicut super *R om. T*   24 tamen] *om. R*   24 quia] et *T*   24 ex eo] *om. V*   26 distinctionem] distributionem *T*   27 sustinemus] sustinendam pono *V*   27 quia] *om. V*   27 quod dicat] *om. V*   28 disputatione] distinctione *R* huiusmodi *add. V*   28 primum] propositum ad primum *R*

dum ergo quod hoc signum 'omnis' est dispositio subiecti, et non predicati.

Respondetur ad rationes

31 Ad primum [2] quod obicitur dicendum quod hoc signum 'omnis' est propria dispositio universalis, accipiendo 'universale' per relationem ad singularia vel ad partes. Unde duplex est natura universalis, una qua est commune, altera per quam est universale. Et **[V274^r]** illa natura qua est commune debetur ei a natura singularium, illa vero natura qua est universale debetur ei a forma. Unde hic duo sunt in ipso, sicut *quod est* et *quo est*, quod est reperire in quolibet preterquam in Primo. Sciendum ergo quod hoc signum 'omnis' est dispositio universalis non a natura qua est universale, sed a natura qua est commune, et quia natura illa qua est commune subicitur, natura altera predicatur, propter hoc est dispositio subiecti, et non predicati. Sic igitur semper consequitur universale. Sed in ipso est natura duplex, nec ipsum consequitur in illa natura duplici, sed in illa qua ipsum subicitur.

32 Ad aliud [3] patet solutio quod si predicatum partes habeat sicut et subiectum, non tamen pro istis partibus predicatur, sed pro sua forma, sed pro illis partibus subicitur. Et hoc est quod dicitur quod predicatum se habet per modum forme, subiectum vero per modum materie. Et ita predicatum non dat se intelligere pro partibus que requiruntur ad officium signi, sicut patet in eius diffinitione. Et ob hoc non additur ad **[V274^v]** predicatum.

33 Ad aliud [4] dicendum quod illa ambiguitas propter quam removendam inventa sunt signa, non est a parte predicati, sed a parte subiecti. Et hoc est quoniam illa ambiguitas provenit a multitudine suppositorum, que quidem multitudo non intelligitur

---

1 ergo] *om. R*   2 predicati] et breviter quod hoc signum omnis est dispositio subiecti et non predicati *add. T*   4 primum ... obicitur] illud quod obicitur primo *R*   6 vel] et *V*   7 qua] per quam *VR*   9 natura] a *V om. R*   9 forma] universali *add. R*   10 unde] *om. R et add. T*   10 duo sunt] sunt dico(!) *V*   10 et ... alterum est] *om. V*   13 illa] *om. R*   14 commune] communis *R*   14 predicatur] et *add. V*   15 predicati] et *add. V*   16 nec ipsum] quoniam *V*   18 solutio] *om. R*   19 sicut] *om. V*   20 quod] quia *T*   21 per] ad *VR*   22 vero] *om. V*   22 per] ad *codd.*   23 que requiruntur] quod requiritur *R*   26 removendam] removenda est *T* removenda *R*   26–27 sed ... subiecti] *om. V*   27 est] *om. T*   28 que quidem] quoniam ibidem *V*

predicari sicut et subici. Quod tamen obicitur quod dubium est utrum predicatum predicetur pro se toto aut pro partibus, dicendum quod hoc non est a parte suppositorum, immo potius a parte forme, de qua est dubitatio utrum pro se tota **[T73ᵛᵃ]** predicetur. Et quia circa formam non advenit signum, propter hoc illam dubitationem non potest removere.

34 Ad aliud [5] dicendum quod si predicatum habeat convenientiam ad suas partes, aliquando hoc accidit, et non est de natura per quam predicatur. Et ob hoc non exigitur ut supra ipsum adveniat signum.

35 Ad aliud [6] dicendum quod predicatum se habere ut formam ad subiectum non est causa quare sibi non possit addi signum, sed est aliquid de causa sive consequens ad causam, sicut visum est. Ad aliud quod obicitur contra hoc dicendum quod predicatum **[V275ʳ]** dividitur penes divisionem subiecti. Et hoc est quod dicitur quod signum confundit subiectum mobiliter, predicatum vero immobiliter. Et huiusmodi divisio est ex parte subiecti. Sed cum signum additur ad predicatum, iam denotatur **[R306ʳᵇ]** divisio supra ipsum secundum se, et non per naturam alterius quod ipsi repugnat. Et propter hoc non additur signum ad predicatum.

36 Ad aliud [7] dicendum quod cum sic dicitur 'Brunellus est nullus homo', ibi non accipitur hoc quod dico 'nullus' sicut signum, sed sicut res. Sed sicut contingit addere hoc signum 'nullus' ad predicatum accipiendo ipsum sicut rem, sic contingit addere hoc signum 'omnis' ad predicatum accipiendo ipsum sicut rem, ut si dicatur 'aliquod totum est omnis homo'. Vel aliter, ut dicatur quod si signum contingit removeri, non tamen contingit de aliquo predicari. Dico igitur quod cum sic dicitur 'Brunellus est nullus homo', ibi non predicatur signum, sed potius removetur. Est enim sensus *Brunellus non est aliquis homo*. Et propter hoc non valet quod

---

4 pro se tota] pro se totam *T* secundum se totam *VR*   5 advenit] adveniat *V*   7 si] *om. R*   7 habeat] habet *R*   8 partes] et *add. V*   9 predicatur] predicetur *V*   11 quod] quia *add. T*   11 predicatum] debet *add. R*   11 habere] habet *V*   12 ad subiectum] subiecti *V* respectu subiecti *R*   13 est] *om. R*   14 hoc] bene *add. V* quod bene *add. R*   15 penes] secundum *V*   15 est] *om. R*   17 et] sed *R*   17 ex] a *R*   18 denotatur] notatur *V* notat *R*   19 divisio] divisionem *R*   19 supra ipsum] ipsum supponere *VR*   21 dicendum ... sic] quod dicitur *R*   22 non] vero *V*   23 signum] quod dico *VR*   24 sic ... addere] ita *R*   25 ad ... rem] *om. R*   25–26 si dicatur] si sic dicitur *V* sit dicere *R*   26 totum] corpus *V*   27 contingit] contingat *V*   27 aliquo] altero *V*   29–p. 487,2 est ... removetur] *om. R*

obicitur, quod signum **[V275ᵛ]** universale negativum ponitur, immo removetur. Vel si predicetur, non tamen accipitur ut modus vel signum, sed sicut res aliqua vel natura. Rationes [8–9] vero quibus ostenditur quod signum universale affirmativum non predicetur, concedimus.

37 Ad secundum dicendum quod prima est falsa, et rationes [19–20] hoc probantes concedimus. Ad aliud [10] autem quod obicitur in contrarium dicendum quod cum signum advenit subiecto, non subicitur, sed est modus aliquis circa subiectum sicut **[T73ᵛᵇ]** dispositio ipsius. Iste enim terminus 'homo' subicitur, et non iste terminus 'omnis homo'. Sed cum signum additur predicato, iam facit unum cum predicato, et est sicut illud quod predicatur. Et propter hoc hoc totum 'omnis homo' predicatur, sed non totum subicitur, sed hoc quod dico 'homo'. Quare non subicitur idem et predicatur. Et ita non predicatur idem de se. Et ideo non oportet quod ipsa sit vera per se. Et dicendum est quod non predicatur idem de se.

38 Ad aliud [11] dicendum est quod non additur hoc signum 'omnis' ad subiectum et ad predicatum eodem **[V276ʳ]** modo, sed modo alio et alio. Additur enim ad subiectum sicut modus ipsius aut dispositio, ad predicatum vero sicut res aliqua vel natura. Quod ergo obicitur [12] quod si equalibus equalia addas, que relinquuntur equalia erunt, solvendum est si sit modus additionis utrobique idem; sed non est modus idem addendo a parte subiecti et a parte predicati, sicut visum est. Et propter hoc non oportet ut remaneat totum idem.

39 Ad aliud [13] dicendum est quod cum totum disiunctum non sit natura aliqua in se nisi per naturam partium, non habebit predicari de aliquo nisi per illas. Unde non predicatur de aliquo nisi pars aliqua de illo possit predicari. Quod igitur dicitur quod totum disiunctum potest predicari de qualibet sui parte, dicendum quod verum est, si pars de parte predicetur. Sed hic non

---

1 ponitur] quare et affirmativum dicendum quod signum universale non ponitur *add. V* 3 vel signum] *om. R* 3 vel natura] *om. R* 3 vero] *om. T* 6 rationes] ad *add. R* 7 autem] vero *R om. T* 8 advenit] adveniat *T* 9 sed] cum *R* 11 additur] cum *R* 12 iam] *om. R* 15 et] quod *V* 19–20 et...subiectum] *om. R* 20 alio et alio] altero et altero *V* 21 vero] non(!) *V* 21 vel] et *V* 23 erunt] sunt *R* 23 additionis] additiones *V* 24 sed...modus] *bis in V* 24 addendo] accipiendo *VR* 31 potest predicari] predicatur *V*

potest pars de parte predicari, ut visum est. Et propter hoc non oportet ut totum predicetur.

40 Ad aliud [14] dicendum quod cum sic dicitur **[V276ᵛ]** 'hoc totum "omnis homo" est totum in quantitate', ibi accipitur hoc signum 'omnis' sicut aliqua res, et non sicut modus. Ulterius autem in conclusione, cum dicit 'ergo omnis homo est omnis homo', ibi accipitur signum sicut modus. Et hoc est quoniam supra ipsum non fit determinatio aliqua, virtute cuius accipitur sicut res sive secundum se. Et propter hoc illud quod primo dicitur de ipso a parte qua est res aliqua vel natura, dicitur de **[T74ʳᵃ]** ipso in conclusione a parte qua est modus vel accidens. Quare illud quod primo assignatur rei subiecte, assignatur accidenti. Et sic fit fallacia accidentis.

41 Ad aliud [15] dicendum quod cum dicit Aristotiles quod ab eo quod res est vel non est dicitur oratio vera vel falsa, ibi 'res' accipitur large prout se extendit ad illud quod est res aliqua vel natura aliqua et ad modum rei. Dico igitur quod si hoc signum 'omnis' non sit natura que sit vere res aliqua, tamen dicit modum rei. Et propter hoc ab ipso potest esse veritas vel falsitas in oratione.

42 Ad aliud [16] quod queritur utrum hoc signum 'omnis' significet quod sit res aliqua vel non, dicendum quod accipiendo rem large prout est subiectum aliquod vel natura et prout est modus rei, sic dico quod significat rem aliquam. Si vero accipiatur res stricte secundum quod subiectum aliquod dicit **[V277ʳ]** vel naturam, sic non significat rem aliquam. Non enim ponitur quod significet aliquid quod sit res nature, sed significat aliquid quod est modus rei.

43 Sed quod queritur [16] utrum illud quod significat sit in aliquo predicamento, dicendum quod non. Unde sicut hoc quod dico 'ens' significat aliquid quod est transcendens omnia predicamenta, sic hoc quod dico 'aliquid' et hoc quod dico 'omnis'.

---

14 *Categ.* 5, 4b8–10; 12, 14b21–3.

---

2 ut] quod *R om. V*   3 dicendum] *om. R*   5 non] *om. V*   6 cum dicit] *om. R*
8 accipitur] accipiatur *R*   8 sicut res] ut res *R om. V*   8–9 sive ... se] *om. R*
9 et ... illud] *bis in V*   10 dicitur de] *bis in T*   15 dicitur ... falsa] etc. *R*   17 aliqua] vere *R*   17 igitur] *om. V*   17 si] *om. V*   18–19 tamen ... oratione] *om. V*
20–21 ad ... aliqua] *om. V*   21 significet] aliquis(!) *add. R*   21 vel non] *om. R*
22 vel natura] *om. R*   23 si vero] sive non(!) *V*   25 naturam] significet *add. V*
25 ponitur] ponendum est *V*   30 ens] et *add. V*   31 aliquid] aliquis *TV*

Dicit enim Aristotiles quod 'ens' et 'unum' et 'aliquid' convertuntur. Similiter intelligendum est de aliis signis universalibus. Verumtamen si ponamus quod significat aliquid quod sit in genere, ponendum est quod significat aliquid quod sit in predicamento quantitatis discrete, nam discreta quantitas potest reperiri in omnibus. Bene enim dicitur 'una intelligentia, due intelligentie'. Et similiter hoc signum 'omnis' habet reperiri in quolibet.

44 Quod autem queritur [16–17] utrum illud quod significat sit substantia vel accidens, iam visum est, quoniam est accidens, et non accidens nature, sed est accidens sicut modus rei. Et sic non exigitur quod sit [V277ᵛ] accidens anime vel corporis vel utriusque, quoniam illa divisio est accidentis eius quod est vere accidens, quod non significatur per hoc signum 'omnis'.

45 De [T74ʳᵇ] alio [21] autem iam visum est, quoniam pono quod una distributio non potest immobilitare alteram; et sicut monstratum est, concedo.

De hoc sophismate 'omnis fenix est'

46 Deinde queritur, cum signum, sicut visum est, adveniat supra terminum per relationem ad supposita, utrum exigat actualiter multitudinem suppositorum. [R306ᵛᵃ] Et gratia huius queritur de hoc sophismate OMNIS FENIX EST. De quo queruntur duo. Primo queritur utrum hoc signum 'omnis' exigat multa supposita actu. Secundo queritur de veritate et falsitate.

Utrum hoc signum 'omnis' exigat multa supposita actu

47 Ad primum sic proceditur. Dicit Aristotiles in libro *Celi et mundi* quod 'omne' adminus ponimus in tribus vel super tres.

---

1 *Metaph.* IV 2, 1003b22–23: "Ens et unum convertuntur." (*Auct. Arist.* 1, 90)
25 Cf. *De caelo et mundo* I 1, 268a16–19.

---

1 et unum] *om. R*   2 aliis] hiis *V*   3 verumtamen si ponamus] item ponatur *R*
3 significat] significet *V*   6 omnibus] potest *add. V*   8 illud quod] hoc signum omnis *R*   9 sit substantia] substantiam *R*   9 quoniam est] quod significat *R*
10 et non] quod non est *V*   12 vere] nature *V*   14 alio] alia *R*   14 autem] *om. T*   15 una] est *add. V*   15 et] *om. T*   15–16 et...concedo] *om. R*   25 libro] primo *add. V*   26 in...vel] *om. V*   26 super tres] *om. R*

Quare secundum hoc vult Aristotiles quod hoc signum 'omnis' semper habeat tria appellata. Et ita semper habebit multa supposita actu.

48 Item. Collectio et divisio sunt motus contrarii, quoniam eorum termini contrarii sunt. Incipit **[V278ʳ]** enim collectio a multitudine et terminatur in unitatem; est enim collectio multorum unio. Divisio vero incipit ab unitate et in multitudinem terminatur. Que igitur est proportio collectionis ad suum terminum, eadem est proportio divisionis ad illud ad quod terminatur. Sed collectio semper terminatur ad unitatem. Ergo omnis divisio semper terminatur ad multitudinem. Ergo cum hoc signum 'omnis' importet divisionem, semper terminabitur in multitudinem. Quare semper exigit multa supposita actu.

49 Item. Signum quod est potentia divisibile actu dividit. Sed potentia divisibile, cum actu dividitur, in multa dividitur. Quod patet: linea est divisibilis in lineas potentia, et si actu dividatur, in multas lineas dividetur. Ergo cum hoc signum 'omnis' potentia divisibile actu dividat, in multa dividet ipsum actu. Et sic exigit multitudinem actu.

50 Item. Hoc signum 'omnis' reductivum est entis in potentia ad actum. Sed omne ens in potentia, cum in actu reducitur, tale ens est actu **[V278ᵛ]** quale prius fuit in potentia. Ergo cum hoc signum 'omnis' reducat terminum communem a potentia in actum, cum ille terminis communis potentia **[T74ᵛᵃ]** supponebat pro pluribus — quod patet per diffinitionem eius: universale enim est quod de pluribus predicatur — relinquitur quod ipsum ponit in actum et facit ipsum teneri actualiter pro multis. Et ita exigit actualem multitudinem.

51 Item. Solet dici quod non exigit actualem multitudinem, sed solum formam communem multiplicabilem; quod patet: convenienter dicitur 'omnis sol', 'omnis luna'. Sed contra. Cum hoc signum 'omnis' formam multiplicet, non potest ipsam multiplicare

---

1 quare] quia *V* 1 aristotiles] auctor *R* 2 appellata] supposita *R* 5 sunt] *om.* *V* 6 est enim] unde est *R* 9 est] divisio *add.* *V* 9 illud... terminatur] suum terminum *R* 11 terminatur] *om.* *T* 11 ad] in *R* 12–13 importet... actu] *om.* *R* 14–17 item... omnis] *om.* *R* 18 dividat] dividitur *V* 20 reductivum est entis] reducit ens *R* 22 prius] primum *V* 22 in] *om.* *TR* 23 reducat] reducit *R* 23 a] de *V* 24 supponebat] supponat *R* 26 ponit] primum *V* positum *R* 27 et] *om.* *R* 29 actualem] *om.* *T* 30 multiplicabilem] multitudinem *TV* 30 patet] quia *add.* *T* 31 cum] *om.* *V* 32 multiplicet] multiplicat *V* 32 potest] est *VR*

nisi prout multiplicatur materia, quoniam si multiplicetur forma et non multiplicetur materia, iam erit ponere formam preter materiam, quod est impossibile. Ergo, cum hoc signum 'omnis' formam multiplicet, oportet ut multiplicet ipsa supposita. Et ita multitudinem exigit actualem.

52 Item. Hoc signum 'omnis' cum suo subiecto facit totum in quantitate quod ad naturam totius integralis reducitur. Sed differt totum integrale et totum universale, quia totum universale indifferenter **[V279ʳ]** salvatur in uno et in pluribus, ut iste terminus 'homo', totum autem integrale de necessitate multitudinem exigit ad suum esse. Igitur, cum hoc signum 'omnis' faciat totum in quantitate quod habet naturam totius integralis, de necessitate exigit multitudinem suppositorum. Et ita hoc signum 'omnis' semper exigit multa supposita actu.

53 Item. Omne totum est maius sua parte. Hoc principium cognitum est et necessarium in omni facultate. Ergo, cum hoc quod dico 'omnis homo' et hoc quod dico 'aliquis homo' se habeant sicut totum et pars, oportet quod 'omnis homo' in plus sit quam id quod est 'aliquis homo'. Ergo, cum hoc quod dico 'aliquis homo' adminus teneatur pro uno, necesse est ut iste terminus 'omnis homo' teneatur actualiter pro multis. Quare exigit actualem multitudinem.

54 Item. Dicit Aristotiles in libro *Posteriorum* quod *dici de omni* est quod non est in aliquo sic et in aliquo non, sed in quolibet. Secundum hoc patet ex ista diffinitione quod habet illud **[V297ᵛ]** signum esse supra talem terminum qui pro aliquo sui supposito possit recipere predicatum et pro aliquo non. Sed omnis talis terminus habet multa supposita. Ergo hoc **[T74ᵛᵇ]** signum 'omnis' semper exigit multa supposita actu.

---

23 *Anal. post.* I 4, 73a28–30.

---

1 multiplicatur] est multiplicata *V* 2 erit] est *VR* 3 formam] formata *V* 4 multiplicet] multiplicat *V* 8 totum] om. *R* 8 indifferenter] om. *R* 9 et] vel *R* 10 autem] om. *T* 10 de necessitate] om. *T* 10–11 exigit ... esse] partium requirit *V* 12 quod] et *V* 14 exigit] exiget *R* 14 multa supposita] multitudinem suppositorum *V* 20 homo] om. *TV* 20 adminus] om. *T* 22 actualem] actualiter *R* 23 de] om. *V* 24 quod] quando *T* 24 non] om. *V* 24 sed in quolibet] om. *R* 25 secundum] et *R* 25 ex] de *V* 26 signum] om. *V* 26 qui] quod *V* 27 recipere predicatum] reperire pro predicato *V* 29 exigit] vult *VR*

55 Item. Si illud quod magis videtur inesse non inest, nec illud quod minus videtur inesse inerit. Ergo cum magis videatur sufficere multitudo minor in hoc signo 'uterque' quam in hoc signo 'omnis' — et hoc est quoniam hoc signum 'uterque' est minoris ambitus et dicit minorem multitudinem quam hoc signum 'omnis'; quod patet: bene sequitur 'omnis homo; ergo uterque', sed non sequitur econverso —; ergo, cum hoc signum 'uterque' semper exigat multitudinem actualem, et hoc signum 'omnis' semper exiget multa supposita actualiter in termino cui adiungitur.

56 Item. Idem patet ex expositione nominis. Est enim 'distributivum' *diversis tributum alicuius*. Quare secundum hoc ex vi nominis exiget multa supposita.

57 Item. Quod per naturam ad aliquid [R306ᵛᵇ] ordinatur, semper facit illud ad quod ordinatur, sicut vult Aristotiles, [V280ʳ] quoniam lapis semper descendit, ignis vero semper ascendit. Ergo cum hoc signum 'omnis' per naturam suam et per naturam per quam signum est semper dividat unum in multa, semper habet hoc facere. Quare hoc signum 'omnis' semper exiget multitudinem actualem suppositorum.

58 Item. Queritur, si hoc signum 'omnis' non habeat multitudinem suppositorum, utrum debeat facere incongruitatem. Et videtur quod sic. Est enim sermo figurativus cum additur aliqua determinatio ei quod non debet determinare. Quod patet: dicit Donatus quod hic est vitium 'iste incedit superbus'. Et hoc est quoniam hoc quod dico 'superbus', cum sit nomen, non habet determinare verbum. Si igitur determinet, hoc est contra naturam ipsius. Et ex hoc accipitur quod cum aliqua determinatio additur alicui termino cui non debet addi, tunc est sermo incongruens. Sed cum additur signum termino non habenti multi-

---

14 *Eth. Nicom.* II 1, 1103a20–23.   23 Ubi?   24 Cf. Iuvenalis, *Satyra* XII, 125–6.

---

1 inesse] esse *R*   1 nec] est *add. R*   2–3 magis... sufficere] sit *T*   3 sufficere] *om. R*   3 in hoc] huic *R*   3 in hoc] huic *R*   6 quod... uterque] *bis in R*   8 et] *om. V*   9 exiget] exigat *V*   9 adiungitur] additur *R*   10 ex] per *R om. V*   10 expositione] expositionem *R*   10 est enim] cum enim fit *V* cum sit *R*   12 multa supposita] multitudinem suppositorum *V*   13 ordinatur] inclinatur vel ordinatur *R*   14 semper... illud] *bis in R*   15 descendit] descendet *V*   15 vero] *om. V*   15 semper] *om. R*   16 suam... per] *om. T*   17 dividat] dividit *V* dividet *R*   17–18 habet hoc] vult *V*   19 actualem] *om. VR*   20 non] semper *T*   23 quod] que *R*   23 determinare] addi *R*   24 et hoc est] *om. V*   26 verbum] *om. V*   27 et ex hoc] ex qua *R*   27 determinatio] dictio *TR*   28 alicui termino] nomini *T*

tudinem suppositorum, tunc additur termino cui non debet addi. Quod patet, quia de necessitate vult addi termino communi. Quare hoc facit vitium et incongruitatem, et non falsitatem.

59 Item. Translatio **[V280ᵛ]** dictionis a propria significatione in **[T75ʳᵃ]** non propriam facit incongruitatem et vitium. Et hoc patet per diffinitionem tropi. Sed cum signum additur termino qui non habet multa supposita, tunc transfertur a propria significatione in non propriam. Quare tunc fit vitium et incongruitas.

60 Sed hoc videtur esse falsum, quoniam incongruitas causatur ex repugnantia accidentium. Cum igitur hic nulla sit repugnantia accidentium, videtur quod non sit incongruitas. Quod autem accidentia non repugnent videtur, quoniam non iungitur masculinum feminino; et sic inducendo in omnibus accidentibus.

De rationibus probantibus quod hec sit falsa 'omnis fenix est'

61 Deinde proceditur ad secundum. Et videtur quod hec sit falsa 'omnis fenix est'. Dicit Aristotiles in libro *Topicorum* quod universale problema habet tripliciter destrui. Unde hec 'omnis voluptas est bona' habet destrui tripliciter, scilicet aut quia nulla voluptas est bona, aut quia aliqua voluptas non sit bona, aut quia tantum una voluptas sit bona. Ergo similiter hec 'omnis fenix **[V281ʳ]** est' tripliciter habet destrui, aut quia nulla fenix est, aut quia aliqua fenix non est, aut quia tantum una fenix est. Sed hec est vera 'tantum una fenix est'. Quare et hec erit falsa 'omnis *etc.*'.

62 Item. Summa multitudo infert minorem multitudinem. Cum ergo summa multitudo plus importetur per signum quam per terminum pluralem, ad multidudinem signi sequitur multitudo

---

16 *Topica* III 6, 120a25–27.

3 facit] faciet *VR*   3 non] etiam *R*   4 item] hec *R*   4 translatio] omnis transitio *V*   4 dictionis] nominis *V* de nomine *R*   7 transfertur] transmutatur *V*   10 hic] ibi *R om. V*   11 quod] ibi *add. VR*   12 repugnent] repugnant *V*   12 quoniam] immo *R*   15 secundum] aliud *T*   15 ad secundum: sophisma omnis fenix est *Tᵐ*   17 hec] *om. V*   18 habet... scilicet] *om. V*   18 nulla] aliqua *V*   19 aut quia] et *V*   19 aliqua] quedam *R*   20 tantum] *om. V*   20–22 voluptas... una fenix est] *om. R*   20 sit] est *V*   22–23 sed hec est] cum igitur hec sit *VR*   23 quare et] *om. VR*   23 etc.] fenix est *R*   24 cum] *bis in T*   25 summa] maior *R* sit *add. VR*   25 plus] *om. VR*   25 importetur] importata *VR*   25 per] hoc *add. V*   26 signi] sed igitur(!) *V*

termini pluralis. Unde bene sequitur 'omnis homo currit; ergo plures homines currunt'. Ergo *a simili* bene sequitur 'omnis fenix est; ergo plures fenices sunt'. Ergo cum hec sit falsa 'plures fenices sunt', et hec erit falsa 'omnis fenix est'.

63 Item. Hec est quedam universalis 'omnis fenix est'. Ergo ex ipsa contingit fieri sillogismum. Sed sillogismus fit cum aliquid accipitur sub subiecto. Ergo oportet accipere aliquid sub hoc subiecto 'fenix'. Sed cum aliquid accipitur sub altero, oportet ut illud sub quo fit acceptio, in pluribus sit et plura habeat supposita. Ergo cum hoc non sit reperire **[V281ᵛ]** in hac 'omnis fenix est', est ponere quod hec sit falsa.

64 Item. Si omnis fenix est, una fenix est et alia fenix est, sicut sequitur 'omnis homo est; ergo unus homo est et alius homo est'. Sed quod non est verum in consequente, non est verum in antecedente. Sed hec est falsa 'una fenix est et alia fenix est'. Ergo **[T75ʳᵇ]** hoc antecedens est falsum 'omnis fenix est'.

65 Item. Hoc signum 'omnis' reducit ea que sunt in potentia ad actum. Ergo, cum iste terminus 'fenix' supponat in potentia pro presentibus, preteritis et futuris, et in actu reducetur in eadem. Quare sequitur 'omnis fenix est; ergo presens fenix est et preterita fenix <et> futura fenix est'. Sed huiusmodi sunt false. Quare hec est falsa 'omnis fenix est'.

66 Item. Queritur quare iste terminus 'fenix' non habet multa supposita, quoniam defectus non est a parte materie, quoniam materia potest multiplicari secundum **[V282ʳ]** extensionem forme et possibilis est ad multas formas. Item, a parte forme non remanet, quoniam eius forma est universalis, et ita possibilis est ad plura. Et sic videtur quod iste terminus 'fenix' possit habere multa supposita. Et sic hoc signum 'omnis' habebit multa supposita actu, sic dicendo 'omnis fenix est'. Quod falsum est.

---

2 a ... sequitur] similiter *R*   5 quedam] *om. R*   11 hec] ipsa *R*   12 si] sequitur *R*   12 est] ergo *add. R*   12 alia] altera *V*   12 est] vel altera unde *add. V*   13 et] vel *V*   15 est] *om. V*   15 fenix est] sunt *V*   19 preteritis] *om. TV*   19 in eadem] per eundem(!) *T* pro eisdem *R*   20 et] *om. V*   21 fenix] *om. R*   21 fenix est] *om. R*   21 false] fenices *R*   23 multa] plura *V*   27 plura] multa *R*   28 possit habere] habeat *R*   29 multa] plura *R*

De rationibus in contrarium adducendis

67 Sed in contrarium obicitur. Et videtur quod prima sit vera. Omnis universalis est vera in qua non **[R307ʳᵃ]** contingit reperire instantiam pro aliquo non sic. Tunc enim dicimus recte de omni, sicut vult Aristotiles, cum non est in aliquo sic et in aliquo non sic. Sed in hac 'omnis fenix est' non contingit instantiam reperire pro aliquo non sic. Ergo ipsa est vera. Ergo hec est vera 'omnis fenix est'.

68 Item. Universalis est vera cuius contradictorie opposita est falsa in omni materia. Cum ergo opposita huius contradictorie sit falsa, quoniam hec est falsa 'aliqua fenix non est', quare hec erit vera 'omnis fenix est'. Quod autem hec sit falsa 'aliqua fenix non est' **[V282ᵛ]** videtur. Iste terminus 'fenix' est terminus communis supponens verbo de presenti non habenti vim ampliandi. Ergo restringitur ad supponendum pro hiis que sunt, per regulam appellationum. Quare sensus istius 'aliqua fenix non est' est talis *aliqua fenix que est, non est*. Sed hec est falsa. Quare hec erit falsa 'aliqua fenix non est'. Ergo hec erit vera 'omnis fenix est'.

69 Item. Implicatio de presenti et verbum de presenti restringunt ad eadem. Igitur eadem est coartatio que fit per hanc implicationem 'qui est' et per hoc verbum 'est'. Ergo, cum hec sit vera 'omnis **[T75ᵛᵃ]** fenix que est, est', et hec erit vera 'omnis fenix est'.

Solutio

70 Ad quod dicendum est quod hec est vera 'omnis fenix est'. Ad quod tamen notandum est quod hoc signum 'omnis' non dicit multitudinem suppositorum actu nisi sub conditione. Unde notat quod predicatum conveniat subiecto pro eo quod sub subiecto reperitur. Et si ibi sit unum tantum, denotat pro uno convenire,

---

5 *Anal. post.* I 4, 73a28–30.

---

4 non sic] *om.* V 4 tunc] non V 4–5 tunc... *alterum* sic] *om.* T 4 recte] *om.* R 6 sic] *om.* R 6–7 non... aliquo] *om.* R 7 pro... non] *om.* V 7 ipsa] prima V 7 est vera] *om.* R 9 universalis] illa R 11 quare] et VR 11 erit] est V 15 que] qui V 16 aliqua] alia T 17 erit] est R 18 erit] est V 19 verbum] verbo(!) V 20 eadem] *bis in* R eandem V 24 quod] primum R

et si plura, pro pluribus denotat convenire. Unde cum dicitur quod **[V283ʳ]** hoc signum 'omnis' notat circa subiectum quod teneatur pro pluribus, hoc est intelligendum sub conditione si ille terminus plura habeat supposita. Unde sensus istius orationis 'omnis fenix est' talis est *aliqua fenix est. Et si multe essent, fenices essent.* Unde quod dicit Aristotiles quod *dici de omni* est quando nichil est sumere sub subiecto de quo non dicatur predicatus, intelligendum sub conditione si aliquid sit sumere sub subiecto.

71 Unde breviter intelligendum est quod diffinitiones non dicunt aliquid simpliciter esse, sed esse sub conditione. Unde cum sic dicitur 'homo est animal rationale mortale', hoc intelligendum est sub conditione. Unde sensus est *si homo est, homo habet tale esse, scilicet quod sit animal rationale mortale.* Sicut igitur non sequitur 'si homo est, homo est animal rationale mortale; ergo homo est animal rationale mortale' — immo est ibi fallacia secundum quid et simpliciter, sicut hic 'si homo est, animal est; ergo animal est', quia illud quod **[V283ᵛ]** primo sumitur sub conditione et secundum quid, infertur simpliciter —, sic dico quod non sequitur 'omnis fenix est; ergo plures fenices sunt'. Quod manifestum est per ea que dicta sunt. Est enim dicere 'omnis fenix est, et aliqua fenix est, et si plures essent, fenices essent'. Sed non sequitur 'aliqua fenix est, et si plures essent, fenices essent; ergo plures fenices sunt', immo fit peccatum secundum quid et simpliciter. Sic dico quod non sequitur 'omnis fenix est; ergo plures fenices sunt'.

72 Solet autem dici quod prima est vera, et non valet improbatio, immo peccat secundum fallaciam consequentis a duabus causis ad unam. Hec enim 'omnis fenix est' habet duas causas veritatis: aut quia hoc signum 'omnis' solum formam distribuit que sibi sufficit, aut quia distribuit eam pro multitudine supposi-

---

6 *Anal. priora* I 1, 24b28–30.

---

1 plura] sunt *add. V* erunt *add. R*   2 notat] *om. R*   2 subiectum] terminum cui adiungitur exigit *R*   3 conditione] unde *add. R*   3 si] sed *V*   4 habeat] habet *V*   4 orationis] est *add. R*   5 et] *om. V*   5 multe essent] plures erunt *R*   5 essent] *om. V*   6 unde] *om. R*   9 breviter] brevider(!) *T*   9 diffinitiones] distinctiones *V*   10 aliquid] *om. VR*   12 est homo] *om. R*   13 sit] est *R*   15 ibi] *om. T*   16 est] et hoc est quia *add. VR*   20 enim] idem *add. R*   20 et] *om. T*   20 aliqua] alia *T*   21 essent fenices] fenices essent *T*   22 aliqua] alia *V*   22 essent fenices] fenices essent *T*   22 fenices essent] *om. V*   22 essent] cum *add. V*   23 fit] est *R*   26 fallaciam consequentis] consequens *R*   28 solum] solam *T*   28 distribuit] distribuat *VR*   29 quia] quod *T*   29 distribuit] distribuat *VR*   29 eam] *om. TV*

torum. In conclusione autem **[T75ᵛᵇ]** infert ac si distribuat pro multitudine suppositorum tantum. Et propter hoc procedit a duabus causis veritatis ad unam.

73 [V284ʳ] Aliter autem ponitur ibi fallacia accidentis, nam cum sic dicimus 'omnis fenix est', ibi advenit distributio pro forma communi illius termini, in conclusione autem infert ac si adveniat pro suppositis. Et ita illud quod primo assignatur pro forma, in conclusione assignatur pro supposito. Et sic est ibi fallacia accidentis. Ponitur tamen aliter hic peccatum a parte huius signi 'omnis', quoniam cum sic dicitur 'omnis fenix est', cadit distributio supra formam communem multiplicabilem, et non pro suppositis. In conclusione autem infert ac si inveniret ibi pro suppositis. Et propter hoc diversimode accipitur. Et hoc facit fallaciam accidentis.

74 Iam ergo patet solutio per ea que dicta sunt, qualiter hoc signum 'omnis' exiget multitudinem actualem, quoniam non exigit multitudinem actualem nisi sub **[R307ʳᵇ]** conditione, scilicet si multa sunt supposita actu sub termino cui adiungitur.

Respondetur ad rationes principales

75 Quod igitur primo dicitur [48] quod omnis divisio terminatur in multitudinem sicut collectio in unitatem, dicendum quod verum est. Sed illa **[V284ᵛ]** multitudo potest intelligi dupliciter, videlicet sub conditione vel simpliciter. Et dico quod divisio importata per hoc signum 'omnis' non terminatur in multitudinem simpliciter, sed in multitudinem sub conditione, sicut dictum est. Quam multitudinem sic intellectam contingit reperire in hoc termino 'fenix'. Et propter hoc convenienter dicitur 'omnis fenix est'.

---

1 infert] infertur *R*   1 ac si] *bis in R*   1 distribuat] ibi pro*(!)* adveniat *R*   2 multitudine] tantum vel distribuat pro multitudine *add. R*   3 veritatis] *om. R*   4 *ad aliter:* alia solutio *Tᵐ*   4 ibi] *om. V*   5 distributio] signum universale *R*   5 pro forma] forme *R*   6 termini] *om. V*   6 ac] ad*(!) V*   7–8 ita ... supposito] propter hoc diversimode accipitur *R*   8 sic est ibi] hoc facit *R*   9 tamen] autem *VR*   9 peccatum] illud *add. R*   10 est] ibi *add. R*   10 distributio] *om. R*   12 in conclusione] *bis in V*   12 inveniret] adveniret *V* supponeret *R*   12 ibi] *om. R*   13 diversimode ... hoc] *om. V*   14 solutio] *om. V*   16 scilicet si] sed quod *V* scilicet cum *R*   17 sunt] sint *R*   19 primo] *om. R*   19 dicitur] obicitur *VR*   19 divisio] *om. R*   22 vel simpliciter] *om. R*   24 in] *om. V*   24 in multitudinem] *om. T*   25 intellectam] intelligendam *V*

76 Ad aliud [49] dicendum quod est quoddam totum cuius partes sunt actu, ut partes linee actu sunt, quoddam autem est totum cuius partes non sunt actu, sed in potentia, ut partes huius termini 'fenix'. Dico igitur quod illud divisibile cuius partes sunt actu, cum actu dividitur, dividitur actu in multa, sed illud divisibile cuius partes sunt in potentia, cum actu dividitur, non oportet quod dividitur in multa existentia actu, sed in multa existentia sub conditione. Et propter hoc non oportet, cum sic dicitur 'omnis fenix est', quod terminus iste multa habeat supposita actu.

77 Ad aliud [50] dicendum quod hoc signum 'omnis' est reductivum entis **[V285ʳ]** in potentia ad actum sicut erat prius in potentia, sicut obiectum est. Quia igitur iste terminus 'fenix' in potentia non habet multa supposita simul, propter hoc non reducuntur in actu simul per hoc signum **[T76ʳᵃ]** 'omnis', sed cum in actu reducuntur sub conditione, quare non simpliciter erunt sub termino.

78 Ad aliud [51] dicendum quod non potest multiplicari forma nisi multiplicetur materia. Unde dico quod non est ponere quod hoc signum 'omnis' multiplicet formam et non materiam, immo pono quod sicut formam multiplicat, et materiam, sed utramque sub conditione.

79 Ad aliud [52] dicendum est quod cum sic dicitur 'omnis fenix est', ibi accipitur totum sicut modus, et non sicut res aliqua. Unde signum non facit totum quod sit res, sed quod sit modus. Quod autem dicitur [53] quod omne totum est maius sua parte, intelligendum est de eo quod est totum sicut res, et non de eo quod est totum sicut modus. Et ob hoc non oportet quod plura exigantur ad veritatem huius 'omnis fenix est' quam ad hanc 'aliqua fenix est'. Vel aliter solvendum est quod hoc quod dico 'omnis fenix' **[V285ᵛ]** in plus est quam hoc quod dico 'aliqua fenix', sed

---

2 autem] *om. V*   3 in] *om. TR*   5 dividitur actu] *om. V*   5 actu] *om. R*   6 actu] *om. R*   6–7 oportet quod] *om. T*   7 existentia] extrema *V om. T*   7 existentia] extrema *V*   8 cum sic] ut si *V*   8 dicitur] dicatur *V*   10–11 est reductivum] reducit *R*   11 entis] ea que sunt *R*   11 erat] *coni.* sunt *R om. TV*   11 prius] *om. R*   11–12 in . . . sicut] *om. V*   12 in] *om. TV*   13 habet multa] habet plura *V* habeat sua *R*   13 supposita] actu *add. R*   13 simul] et *add. R*   15 in actu] contractum *V*   15 reducuntur] reducitur *bis in V*   15 conditione] reducuntur *add. R*   15 erunt] est *V* erant *R*   18 multiplicetur] *om. in R*   20 quod] *om. R*   22 sic] *om. TR*   23 aliqua] *om. R*   24 sed] et *V*   24 modus] rei *add. V*   30–p. 499,2 in . . . totalitatem] *om. V*

hec, cum sit in plus, non est in plus nisi secundum quod ponit suam totalitatem. Hoc autem est sub conditione. Et ob hoc est in plus.

80 Ad aliud [52] dicendum quod hoc quod dico 'omnis fenix' est totum integrale et se habet ad naturam totius integralis secundum quod est totum. Totum autem est sub conditione. Et propter hoc partes integrantes ipsum habet sub conditione.

81 Ad aliud [54] dicendum quod cum dicit Aristotiles in libro *Posteriorum* quod *dici de omni* est quod non est in aliquo sic et in aliquo non, non vult propter hoc quod ibi sit sub subiecto reperire supposita pro quibus non possit convenire predicatum. Sed notandum est quod ibi intendit ponere uniformiter suppositum sub subiecto. Unde notat quod hoc signum 'omnis' uniformiter comparat partes subiecti ad predicatum. Non tamen propter hoc notat multitudinem sub subiecto.

82 Ad aliud [55] dicendum quod hoc signum 'uterque' duo dicit, scilicet distributionem et participationem. Sciendum ergo quod quantum ad participationem multitudinem actualem requirit — et hoc est quia participatio est plurium actu —, quantum vero ad distributionem non **[T76ʳᵇ]** exigit. Secundum hoc patet quod hoc signum 'uterque' semper exigit multitudinem actualem, non tamen hoc signum 'omnis', etsi ipsum maiorem multitudinem importat. **[V286ʳ]** Et hoc est quia non est a parte distributionis, sed a parte participationis.

83 Ad aliud [56] dicendum quod hoc signum 'omnis', secundum quod est distributivum, sic est diversis tributum. Sed distributivum est sub conditione. Et ita diversitatem suppositorum et multitudinem exigit sub conditione.

84 [R307ᵛᵃ] Ad aliud [58] autem quod queritur, dicendum quod dupliciter incongruitas potest attendi in oratione, scilicet

---

8 *Anal. post.* I 4, 73a28-30.

---

1 hec] *om. R*   2-3 hoc...plus] *om. V*   2 et...est] *om. R*   4 ad...fenix] *om. V*   5 naturam] modum *T*   6 est] *om. R*   6 autem] *om. R*   9 et] *om. T*   10 non] ille *add. R*   10 quod ibi] *om. V*   11 quibus] sic *add. V*   12 uniformiter] informiter(!) *V*   15 sub subiecto] suppositorum *R*   18 participationem] quam *add. VR*   18 requirit] *om. T*   21 semper] *om. R*   22 non tamen] etsi *R*   22 etsi ipsum] *om. R*   25 omnis] quod *add. R*   26 tributum] distributivum *V*   27 est] dicitur *TV*   28 exigit] *om. R*   29 aliud] dicendum *add. R*   29 queritur] obicitur *R*   30 dupliciter] est *add. R*   30 attendi] esse *R*

quantum ad repugnantiam accidentium, sicut 'vir mea', 'sponsa meus', aut quantum ad repugnantiam intellectuum. Dico igitur quod prima incongruitas est propria gramatico, reliqua vero communis est gramatico et dialetico, secundum quod dicit Priscianus quod omnis constructio, quam Greci *sintasim* vocant, ad intellectum vocis referenda est vel logico inest, quoniam logicus considerat intellectus. Notandum igitur quod loquendo de hac incongruitate que fit ex repugnantia accidentium, non est ibi incongruitas, si dicam 'omnis Sortes', et hoc modo procedebat ratio ad hoc. Loquendo vero de incongruitate que fit ex repugnantia intellectuum: cum intellectus signi sit divisibile, intellectus autem termini singularis non divisibile, erit ibi repugnantia intellectus. Et sic est ibi congruitas. Et hoc modo procedebat ratio ad hoc.

85 Ad aliud [59] autem patet **[V286ᵛ]** solutio per ea que dicta sunt, quoniam hoc signum 'omnis' non ordinatur per naturam ad multitudinem actualem, sed ad multitudinem sub conditione, et hanc semper notat. Et sic ab eo non cadit ad quod ordinatur in hac oratione 'omnis fenix est'. Unde non est ponere quod hic sit incongruitas alia, sed hic est predicta incongruitas 'omnis Sortes'.

86 Ad aliud [61] autem solvendum quod universale problema tripliciter habet destrui, hoc intelligendum est de subiecto cuius partes actu sunt sub illo, et non sub conditione. Quas quidem partes supradictas non habet hoc quod dico 'omnis fenix', sed habet partes sub conditione. Et propter **[T76ᵛᵃ]** hoc non repugnant iste due 'tantum una fenix est' et 'omnis fenix est', sicut non repugnant iste due 'multe fenices possunt esse' et 'tantum una fenix est'. Et propter hoc utraque simul vera est 'tantum una fenix est' et 'omnis fenix est'.

---

4 *Inst. gramm.* XVII, 187.

---

1 sicut] ut hic *V*   2 ad] *om. V*   3 reliqua] remota *R*   5 constructio] *coni.* oratio *TV* coniunctio *R*   6 vocis] *om. V* etc. *R*   6 vel] et hec *R*   6 inest] *om. T*   8–10 accidentium...repugnatio] *om. V*   8 ibi] hic *R*   12 singularis] sit *TV*   12 divisibile] dividitur *R*   12 erit ibi repugnantia] sic repugnant *R*   13 modo] est ibi congruitas et hoc modo *add. R*   14 autem] *om. V*   15 per naturam] *om. R*   16 sed ad multitudinem] *om. V*   17 cadit] id *add. T*   17 ad] *om. V*   18 oratione] *om. R*   19 est] *om. V*   22 destrui] et *add. R*   22 subiecto] illo *R*   23 sub illo] *om. R*   24 partes] sic *add. R*   24 supradictas] sumptas *V*   24 habet] *om. V*   24 omnis] *om. R*   26–27 tantum...multe] et similiter *V*   26 et] hec *add. R*   27–28 multe...est] aliqua fenix est et si multi essent fenices esset tantum una fenix *R*   27 possunt esse] essent *V*   27 et] *om. V*   29 et] *om. R*

87 Ad aliud [62] dicendum quod differt multitudo importata per hoc signum 'omnis' a multitudine importata per terminum pluralem, quoniam multitudo importata per hoc signum 'omnis' est sicut modus, multitudo vero termini pluralis est sicut res. Et propter hoc hoc signum non exigit supposita actu, **[V287ʳ]** quia modus non addit aliquam naturam. Sed terminus pluralis exigit supposita vel multitudinem actu, quoniam pluralitas significata circa ipsum addit rem aliquam et naturam circa ipsum. Et ob hoc hec est falsa 'plures fenices sunt', hec autem vera 'omnis fenix est'. Vel aliter, ut dicatur quod signum non importat simpliciter multitudinem, sed sub conditione, terminus vero pluralis importat simpliciter multitudinem, et quia multitudinem simpliciter non contingit reperire in hoc termino 'fenix', sed multitudinem sub conditione, propter hoc hec est falsa 'plures fenices sunt', hec autem vera 'omnis fenix est'.

88 Ad aliud [65] dicendum quod hoc signum 'omnis' reducit aliquid de potentia ad actum, et non reducit de qualibet potentia. Unde dico quod duplex est potentia, scilicet proxima et remota. Non igitur reducit ea que sunt in potentia remota in actum, sed ea que sunt in potentia proxima. Dico igitur quod preterita fenix et futura fenix non sunt in potentia proxima sub hoc termino 'fenix', sed in **[V287ᵛ]** potentia remota, et propter hoc non habet ipsas reducere. Sed presens fenix est in potentia proxima sub isto, et propter hoc illam ponit in actu, et plura alia si plura essent. Igitur sicut hec est vera 'omnis presens fenix est', sic hec est vera 'omnis fenix est'.

89 Per hoc patet solutio ad aliud [64] quod non debet sequi 'omnis fenix est; ergo una fenix est et alia fenix est' nisi sub conditione, quoniam signum non dicit multitudinem nisi sub conditione. **[T76ᵛᵇ]** Nec est simile in hac 'omnis homo est', quoniam iste terminus 'homo' multa habet supposita actu, et non solum sub conditione; et propter hoc debet sequi 'omnis homo est; ergo

---

4 termini pluralis] importata per terminum pluralem *R*   4 est] multitudo *add. R*   5 hoc] *om. TV*   6 modus] solum *add. V*   7 supposita vel] *om. V*   8 ipsum] ipsam *V*   8 addit] sicut *add. V*   8 et naturam] *om.*   8 circa] sicut *V*   9 hoc] *om. V*   9 est] *om. R*   10 dicatur] dicitur *T*   10 simpliciter] aliquam *add. V*   11–12 sed ... multitudinem] *om. V*   13 contingit] est *R*   13 in ... fenix] *om. V*   13 sed] sicut *V*   14 conditione] et *add. R*   16 omnis] cum *add. R*   17 ad] in *V*   17 et] *om. R*   19 igitur] autem *V*   19 reducit] ducit *R*   19 in] ad *V*   21 hoc termino] ipso *R*   22 habet] *om. V*   28 fenix] *om. V*   30 est] *om. V*   32 hoc] non *add. V*   32 omnis ... est] *om. VR*

unus homo et alius homo sunt', et non ex hac parte **[R307ᵛᵇ]** 'omnis fenix est; *etc.*'.

90 Altera autem questio [66] remanet insoluta, quoniam incognita est michi operatio nature.

De hoc sophismate 'omnis propositio vel eius contradictoria est vera'

91 Deinde queritur utrum distributio possit cadere supra terminum disiunctum. Et gratia huius queritur de hoc sophismate OMNIS PROPOSITIO VEL EIUS CONTRADICTORIA EST VERA. De quo queruntur duo. Primum est utrum totum disiunctum possit distribui. Secundum est de veritate et falsitate.

Utrum totum disiunctum possit distribui

De rationibus quod sic

92 Quod autem totum disiunctum possit **[V288ʳ]** distribui videtur. Hoc signum 'omnis' est dispositio universalis secundum quod universale est. Ergo cum totum disiunctum se habeat per modum totius universalis, ei debetur illa passio que debetur universali a parte qua est universale. Sed hoc signum 'omnis' est propria passio universalis. Ergo habebit esse supra totum disiunctum. Quare totum disiunctum poterit distribui. Et ita distribuetur hoc totum 'propositio vel eius contradictoria'.

93 Item. Quedam sunt dispositiones subiecti inquantum subiectum est, quedam autem sunt dispositiones subiecti secundum quod est res. Verbi gratia, hoc quod dico 'album', 'nigrum', sunt dispositiones subiecti secundum quod est res, hoc autem signum 'omnis' est dispositio subiecti secundum quod est subiectum. Cum igitur totum disiunctum faciat unum subiectum, manifestum est quod signum erit dispositio illius totius disiuncti. Et sic poterit cadere distributio supra totum disiunctum.

---

1 sunt] *om. TV*   1 ex] ab *R*   2 omnis... etc.] *om. VR*   3 autem] *om. V*   3 autem questio] a qua*(!) R*   9 primum est] primo *VR*   10 secundum est] secundo *VR*   14 quod] aliquid *add. T*   15 per] ad *VR*   17 hoc... omnis] signum *VR*   21 inquantum] secundum quod *R*   22 sunt] *om. R*   22 subiecti] *om. R*   23–24 verbi... res] *om. V*   25 secundum quod] quod *T* inquantum *R*

94 Item. Totum disiunctum sequitur ad quamlibet sui partem. Unde bene sequitur 'homo currit; ergo homo vel asinus currit'. Cum igitur hoc quod dico 'propositio vel eius contradictoria' sit quoddam totum disiunctum, sequitur ad quamlibet sui partem. Quare ad distributionem partis sequitur distributio totius. **[V288ᵛ]** Quare sequitur 'omnis propositio *etc.*; ergo omnis propositio vel eius contradictoria *etc.*'. Et sic poterit distributio cadere supra totum disiunctum.

95 Item. Signum additur termino propter communem formam **[T77ʳᵃ]** quam in ipso est reperire. Ergo, multiplicata causa, multiplicatur effectus. Ergo cum in hoc termino 'propositio vel eius contradictoria' sit duplex communitas, quoniam ibi est duplex terminus communis, et huic termino 'propositio vel eius contradictoria' poterit addi signum. Et ita poterit totum disiunctum distribui.

96 Item. Cum ad distributionem tria requirantur — scilicet signum distribuens et illud quod distribuitur et forma communis que est sicut medium deferens distributionem supra ea pro quibus fit distributio —, cum hec tria contingat reperire in termino disiuncto — scilicet signum quod distribuit et supposita termini pro quibus fit distributio et formam communem que est in ipso termino —, relinquitur quod supra totum disiunctum poterit advenire distributio. Et sic poterit totum disiunctum distribui.

De rationibus in contrarium

97 Si hoc concedatur, contra. Signum **[V289ʳ]** universale est principium sillogizandi; quod patet in libro *Priorum* in quo determinat Aristotiles de principiis sillogismi. Determinat autem de hoc signo 'omnis' et de hoc signo 'nullus', ponendo diffinitionem utriusque, quare secundum hoc hoc signum 'omnis' habet esse supra terminum de quo potest fieri sillogismus. Sed talis terminus est unus et simplex, quod patet per diffinitionem sillogismi, quia "sillogismus

---

25 *Anal. priora* I, passim.

---

2 sequitur] *bis in* R   3 igitur] *om.* V   3 hoc...dico] *om.* R   9 communem] *om.* R   10 causa] forma R   12 ibi est] manet R   16 signum] *om.* R   17 sicut] *om.* R   17 deferens] capiendi R   18 contingat] tangant V   21 advenire] addi R   26 aristotiles] *om.* TV   26 autem] *om.* V   30–p. 504,2 quod...simplex] *om.* V   30 quia] quare T

est quibusdam *etc.*". Ergo, cum terminus disiunctus non sit unus et simplex, relinquitur quod supra terminum disiunctum non poterit cadere distributio. Et ita totum disiunctum non distribuitur.

98 Item. Signum universale denotat circa subiectum convenientiam pro qualibet sui parte. Unde notat quod quelibet pars sequitur ad subiectum. Ergo cum partes totius disiuncti non sequantur ad totum disiunctum — quod patet: non enim sequitur 'omnis homo vel asinus currit; ergo omnis homo currit' —, quare non poterit cadere signum supra totum disiunctum. Quare totum disiunctum non poterit distribui.

99 Item. Si totum disiunctum distribuatur, cum ubicumque est eadem causa, et idem effectus, oportet quod quodlibet totum disiunctum possit distribui. Ergo cum hoc quod dico 'Sortes vel Plato' sit quoddam totum **[V289ᵛ]** disiunctum, poterit distribui. Quare convenienter dicetur 'omnis Sortes vel Plato'. **[T77ʳᵇ]** Quod falsum est. Quare relinquitur quod totum disiunctum non distribuitur.

100 Item. Cum signum universale sit reductivum entis in potentia ad actum, habet tale quid disponere cuius partes sunt in potentia. Ergo cum totum disiunctum non habeat partes in potentia sed in actu, supra ipsum non adveniet distributio. Quare secundum hoc idem quod prius.

101 Item. Signum universale inventum est ad significandum circa terminum qui indifferenter tenetur pro uno vel pro pluribus, quod de necessitate teneatur pro multis. Cum ergo terminus disiunctus non sit talis terminus qui indifferenter teneatur pro uno vel pro **[R308ʳᵃ]** pluribus, immo de necessitate tenetur pro pluribus, supra ipsum non poterit advenire distributio. Quare totum disiunctum non poterit distribui.

102 Item. Hec sapit disiunctiva coniunctio quod ea que disiungit simul esse non permittit, sicut vult Boetius. Quare **[V290ʳ]** cum extremitates disiunctionis ita se habeant quod una ordinatur

---

30 Cf. *De hyp. syll.* III 11, 7, p. 388⁵⁶⁻⁵⁷ (ed. Obertello).

---

6 partes] pars *VR*   7 sequantur] sequatur *VR*   8 quare] si *add. R*   11 item] *om. R*   11 distribuatur] distribuetur *R*   11 cum] *om. V* etiam *add. R*   12 oportet... quodlibet] sed *V*   14 sit... disiunctum] *om. R*   18 partes sunt] pars sit *V*   19 ergo] *om. R*   20 actu] sunt *add. R*   21 idem] est *add. V*   22 item] hoc *add. V*   23 circa] quod *R*   24 multis] vel pro uno *add. V*   27 supra ipsum] supponit *R*   29 quod] inter *add. codd.*   30 permittit] possunt *T*   31 cum] *om. VR*   31 habeant] habent *VR*

ad actum, altera vero removetur — quoniam utraque extremitas actum non suscipit, quoniam simul non sunt — sed <debet> ponere predicatum in altera extremitate et ab altera removere, non est ponere in eadem clausula orationis. Quare habent esse in diversis clausulis. Sed regula est distributionum quod:

Signum non confundit terminum positum extra suam clausulam.

Quare signum utramque extremitatem non poterit attingere. Et sic totum disiunctum non poterit distribui.

De veritate et falsitate huius propositionis
'omnis propositio vel eius contradictoria est vera'

De rationibus probantibus quod sit vera

103 Circa secundum sic procedit. Videtur quod prima sit vera 'omnis propositio vel eius contradictoria *etc.*'. Et quod hec sit vera patet. Ille terminus 'propositio' est terminus communis supponens verbo de presenti. Ergo restringitur ad supponendum pro eis que sunt, per regulam appellationum. Quare sensus est *omnis propositio que est*. Sed hec est vera. Quare et hec 'omnis propositio *etc.*'. Sed 'esse' et 'esse verum' convertuntur. Ergo si omnis propositio **[T77ᵛᵃ]** est, et omnis propositio est vera. Sed ad veritatem disiunctive sufficit veritas pro **[V290ᵛ]** altera parte. Quare hec erit vera 'omnis propositio vel eius contradictoria est vera'.

104 Item. Dicit Aristotiles quod si velimus construere universale problema, conspiciendum est in partibus, quoniam si non est reperire instantiam pro aliqua sui parte, illa propositio est vera. Ergo cum hec sit quedam universalis in qua non contingit reperire instantiam pro aliqua sui parte, ut patet in omnibus inductive,

---

22 *Topica* II 2, 110a10–13.

1 vero] *om. V* 3 predicatum] potest *V* 4 est ponere] fit *R* 4 habent] habet *V* 5 est] *om. V* 7 poterit] potest *VR* 12 sit] est *V* 13 vel... contradictoria] *om. VR* 13–14 et... patet] *om. V* 17 est] *bis in V* 17 etc.] est *R* 19 disiunctive] disiuncte *TV* 20 erit] est *V* 21 est vera] *om. T* 23 conspiciendum] inspiciendum *VR* 24 sui] *om. VR* 24 vera] ergo cum hec est vera *add. V* 25 quedam] propositio *add. R* 25 in qua] vera *R* 25 non] *om. V* 25 contingit] sit *T* 26 pro... parte] *om. T* 26 inductive] singularibus *R*

relinquitur quod ipsa sit vera. Ergo hec est vera 'omnis propositio *etc.*'.

105 Item. Propria passio non transcendit subiectum, immo semper predicatur de ipso, sicut vult Aristotiles. Cum igitur *verum* et *falsum* sint propria passio propositionis istius, semper predicabitur de ipsa. Et ita hec habebit veritatem 'omnis propositio vel eius contradictoria est vera vel falsa'. Sed non omnis propositio est falsa. Ergo *etc.*

106 Item. Eius contradictoria est falsa. Ergo *a disiunctione*: omnis propositio vel eius contradictoria est vera.

107 Item. Si omnis propositio est vera, ergo eius contradictoria est falsa. **[V291ʳ]** Et tenet in omni materia hoc argumentum. Sed verum disiungitur a quolibet. Quare cum hec sit vera 'eius contradictoria est falsa', et hec erit vera 'omnis propositio vel eius contradictoria est vera'.

De rationibus in contrarium

108 Si hoc concedatur, in contrarium sunt rationes quoniam: Ad veritatem disiunctive exigitur veritas pro altera parte disiunctionis. Ergo cum hec pro nulla sui parte habeat veritatem, quoniam hec est falsa 'omnis propositio est vera', et hec est falsa 'cuiuslibet propositionis contradictoria est vera', manifestum est quod hec erit simpliciter falsa 'omnis propositio vel eius contradictoria est vera'.

109 Item. Opposita immediata circa aliquid non possunt simul vere predicari de illo. Sicut patet in omnibus: 'sanum' enim et 'egrum' sunt opposita immediata circa aliquid, et propter hoc non

---

4 Cf. *De gen. et corr.* I 10, 327b22: "Passiones non sunt separabiles a subiectis." (*Auct. Arist.* 4, 6)

1 vera] pro aliqua sui parte *add. R*   4 aristotiles] *om. V*   5 istius] ipsius *R om. T*   6 hec] *om. TV*   8 etc.] vera *R*   9 ergo] a parte *add. T* per locum *add. R*   11 si] *om. V* hec *R*   11 ergo ... contradictoria] hec *R*   11 eius] *om. V*   12 falsa] ergo eius contradictoria est falsa *add. R*   12 hoc] *om. R*   13 disiungitur] distinguitur *V*   13 hec sit vera] sit falsa *R*   14 falsa] vera *R*   14 erit] est *V*   14 vera] falsa vera(!) *V*   17 hoc] *om. TV*   20 et] *om. R*   20 est] *om. V*   22 erit] est *V*   23 est vera] *om. T*   24 immediata] inventa *R*   24 simul] *om. T*   25 vere] *om. V*   25 enim] *om. T*   26 sunt] cum sint *VR*   26 et ... hoc] *om. R*

possunt simul predicari de eodem. Cum igitur 'verum' et 'falsum' sint opposita immediata circa propositionem, non possunt simul predicari de aliquo. Ergo cum hec sit vera 'omnis propositio vel eius contradictoria est falsa', quod potest probari per suas singulares, relinquitur quod hec est **[V291ᵛ]** falsa 'omnis propositio vel eius contradictoria est vera'.

110 Item. Fiat iste sillogismus: Omnis propositio vel eius contradictoria est vera. Sed quicquid est propositio **[T77ᵛᵇ]** est propositio vel eius contradictoria. Ergo omnis propositio est vera. Sed conclusio est falsa. Quare et altera premissarum. Sed media est vera. Quare maior est falsa. Quare hec est falsa 'omnis propositio *etc.*'.

111 Item. Fiat huiusmodi argumentum *a disiunctione*: Omnis propositio vel eius contradictoria est vera. Sed non omnis propositio est vera. Ergo contradictoria cuiuslibet propositionis est vera. Sed hec est falsa. Ergo illa ex qua sequitur.

112 Item. Fiat iste sillogismus: Omnis propositio vel eius contradictoria est vera. Sed hec propositio 'Sortes est asinus' est propositio vel eius contradictoria. Ergo hec propositio est vera 'Sortes est asinus'. Sed hoc est falsum. Ergo illa ex qua sequitur.

113 Solet autem distingui prima multiplex, ex eo quod hoc relativum 'eius' potest referri ad hoc quod dico 'propositio' sine distributione — et sic est vera, et est sensus *omnis propositio vel propositionis contradictoria est vera*, et sic habet veritatem pro altera parte disiunctiva —, vel potest referri ad hoc totum **[V292ʳ]** 'omnis propositio' — et sic est falsa, et est sensus *omnis propositio vel cuiuslibet propositionis contradictoria est vera*, et sic utraque pars disiunctive est falsa.

114 Sed utrum relativum habeat referre suum antecedens sub suis dispositionibus et quomodo hoc contingat, visum est superius.

---

30 Videas supra, III,11sqq.

---

2 immediata] inventa *R*   4 quod] et *VR*   6 vera] etc. *add. T*   7 item] si *add. T*   13 huiusmodi] hoc *R*   15 propositionis est vera] contradictionis *R*   16 illa] prima *V*   17 iste] *om. V*   17–18 vel ... vera] etc. *R*   17 eius] omnis propositio *add. T*   18–19 est ... contradictoria] *bis in V*   19 ergo] et ita *V*   20 hoc est falsum] hec est falsa *VR*   20 illa ... sequitur] et prima *VR*   20 *ad* sequitur: in rectitudine ex temporis in illo categorica deinde queritur de hac sophisma omnis homo differt etc secundo queritur distinctio *Tⁱⁿ*   21 prima multiplex] *om. V*   29 habeat] habet *R*

Solet autem aliter distingui multiplex, ex eo quod hec disiunctio 'vel' potest disiungere inter terminos, et sic est vera et cathegorica, vel inter propositiones, et sic est falsa et ypotetica. Sed de ista distinctione satis habitum est superius.

Solutio

115 Solutio. Dicendum est quod prima est vera. Et notandum quod distributio non cadit supra totum disiunctum pro utraque ipsius parte, sed solum pro altera. Unde pono **[R308ʳᵇ]** quod totum disiunctum non potest distribui. Nec cadit illa distributio supra hoc totum 'propositio vel eius contradictoria', sed solum supra hoc quod dico 'propositio'. Unde iste terminus 'propositio' distribuitur pro qualibet propositione, et refertur li 'eius' ad illum terminum **[V292ᵛ]** pro qualibet propositione, ita tamen quod non supponit pro qualibet nisi pro illis pro quibus fit descensus in antecedente. Unde secundum quod fit descensus sub hoc **[T78ʳᵃ]** termino 'propositio', fit descensus in relativo. Et sic non est ponere quod ibi sit fallacia consequentis ab insufficienti, sicut ponunt quidam.

116 Sciendum autem quod aliquando distribuitur totum disiunctum. Et hoc est quoniam uniuntur extremitates disiunctionis in aliqua forma communi, que quidem forma communis suscipit distributionem et est sicut medium deferens ad utrumlibet extremorum illam distributionem, sicut in hoc sophismate QUICQUID EST NECESSARIO VERUM VEL FALSUM, EST NECESSARIUM VEL EST IMPOSSIBILE. Unde in hoc signo 'quicquid' est aliquid commune quod potest primo suscipere distributionem, in quo quidem uniuntur termini disiunctionis, ut sit sensus *omne quod est necessario verum* etc. Unde uniuntur li 'verum sive falsum' in subiecto huius nominis

---

1 disiunctio] dictio *R*   4 superius] *om. R*   8 solum] *om. TR*   8 altera] parte totius *add. V*   9 distributio] disiunctio *T*   10 totum] *om. R*   14 fit] distributio vel *add. R*   19 autem] tamen *V*   19 distribuitur] distribuit *R*   20 disiunctionis] diversas *V*   21 communi] *om. R*   21 communis] *om. R*   22 distributionem] *om. R*   22 deferens] distribuens *V*   22 utrumlibet] utrumque *V*   23 sicut] est *add. V*   24 vel est] et(!) *V* vel *R*   25 unde] si *add. R*   25 signo] toto *R*   25 quicquid] *om. VR*   27 disiunctionis] disˡⁱˢ(?) *V*   27 sensus] sensum *R*   27 omne ... est] quicquid *V*   27 etc.] vel falsum etc. *V* vel falsum est necessarium vel impossibile *R*   28 sive] et li *VR*

'quicquid'. Quod similiter est in hoc sophismate QUICQUID EST VEL NON EST, EST.

117 Sciendum est igitur quod hec est multiplex 'quicquid est necessario verum vel falsum *etc.*', ex eo quod potest esse **[V293ʳ]** disiunctio inter terminos vel inter propositiones. Et si inter terminos, sic est falsa, et improbatur cum dicit 'Sortem currere necessarium est verum vel falsum'; unde fit descensus sub hoc termino disiuncto. Vel potest fieri disiunctio inter propositiones; et sic est vera, et sic probatur cum dicit 'quicquid est necessario verum est necessarium, quicquid est necessario falsum est impossibile'.

118 De hac autem 'quicquid est vel non est, est' dico quod falsa est; et non valet probatio. Cum enim sic dicitur 'quicquid est vel non est', distributio cadit supra hoc totum 'esse vel non esse'. Et sic fit distributio pro ente et non-ente. Sed in hac 'quicquid est' fit distributio pro ente tantum. Et propter hoc non sequitur 'ergo quicquid est vel non est, est', immo est peccatum secundum consequens, procedendo a minori distributione ad maiorem. Et si **[T78ʳᵇ]** obiciatur quod verum disiungitur a quolibet, dicendum quod verum est. Sed non disiungitur 'verum' inquantum disiunguntur propositiones, sed inquantum termini disiunguntur.

119 Sed ad primum redeo. Et dico quod vera est. Et non valet iste modus improbandi [112] "omnis propositio vel eius **[V293ᵛ]** contradictoria est vera; sed hec propositio 'Sortes est asinus' est propositio vel eius contradictoria; ergo hec propositio 'Sortes est asinus' est vera", quia, sicut iam dictum est, non cadit distributio supra totum disiunctum nisi pro altera parte, in conclusione vero accipit sub ipso ac si fieret distributio pro utraque parte, cum dicit 'sed hec propositio "Sortes est asinus" est propositio vel eius contradictoria'. Et propter hoc procedit secundum consequens a minori distributione ad maiorem. Vel potest dici quod

---

1 quicquid] *om. R*   1 quod] *om. V*   1 est] *om. VR*   4 etc.] est necessarium vel impossibile *R*   4 esse] fieri *VR*   5 vel...terminos] et *TV*   6 est] *om. V*   7 unde fit descensus] ut sit sensus(!) *VR*   10 necessario] est *add. R*   13 est] *bis in TV*   14 sic] *om. R*   14 et] et pro *VR*   15 est] ens *add. R*   16 est] ens ergo quicquid est *add. R*   16 est] ens *R*   16 est] fit *R*   16 est peccatum] ibi fit processus *V*   17 secundum...procedendo] *om. R*   17 procedendo] *om. V*   19 disiungitur] distinguitur *TV*   19 inquantum] quando *R*   20 disiunguntur propositiones] distinguitur propositio *V* disiungitur propositio *R*   20 inquantum] *om. VR*   21 vera] verum *VR*   21 et] quod *R*   23–24 est propositio] *om. V*   27 fieret] fiat *T*   27 parte] *om. VR*

non accipitur sub medio, et ob hoc peccat secundum fallaciam accidentis.

120 Secundum hoc patet quod non valet alter sillogismus [110] 'omnis propositio vel eius contradictoria *etc.*; sed omnis propositio est propositio vel eius contradictoria; ergo omnis propositio est vera', quoniam accipit sub toto subiecto distributio ac si totum sit distributum, aut dicendum quod non accipit sub medio sicut prius.

121 Similiter dicendum ad aliud [111] quod non valet huiusmodi argumentum 'omnis propositio *etc.*; sed non omnis propositio *etc.*; ergo cuiuslibet propositionis contradictoria *etc.*', nec est ibi argumentum *a disiunctione*. Et hoc est quoniam non negatur altera pars disiunctionis prout fuit **[V294ʳ]** pars ipsius, sed negatur pro parte solum. Unde in hac 'non omnis propositio est vera', non fit negatio nisi pro parte, infert autem ac si fieret negatio pro toto, cum dicit 'ergo cuiuslibet propositionis contradictoria est vera'. Et ob hoc peccat secundum fallaciam consequentis a duabus causis ad unam, vel procedendo a minori negatione ad maiorem. Et est simile argumentum 'omnis homo currit vel disputat; sed non omnis homo currit; ergo omnis homo disputat'. Hii sunt modi quibus posset improbari, et facte sunt ad monstrandum quod sit falsa.

122 Ad alias autem rationes [108–109] quibus ostenditur **[T78ᵛᵃ]** esse falsa respondendum est. Dico ergo quod si hec sit falsa 'cuiuslibet propositionis contradictoria est vera', et hec 'omnis propositio est vera', non tamen hec est falsa 'omnis propositio vel eius contradictoria est vera'. Nec est idem dicere 'eius contradictoria est vera' et 'cuiuslibet propositionis *etc.*', quoniam hec 'cuiuslibet propositionis *etc.*' dicit rem suam secundum se, nec dependet **[V294ᵛ]** ab altera. Et propter hoc sunt ibi due distributiones quarum neutra dependet ab altera. Sed in hac 'omnis propositio vel eius contradictoria est vera', etsi hoc relativum 'eius'

---

1 accipitur] accipit *VR*   3 hoc] quod etiam *V*   6 distributio] *om. TV*   6 totum] disiunctum *add. R*   11 contradictoria] *om. R*   13 fuit] fit *V*   15 nisi] *om. R*   15 infert autem] et ipse procedit *R*   17 vera] falsa *VR*   18 procedendo] procedatur *R*   21 facte] *om. TR*   23 ostenditur] ostendebatur *R*   24 esse falsa] *om. R*   24 dico] *om. V*   25 vera] *om. R*   26 tamen] *om. R*   26 falsa] vera *R*   28 propositionis] contradictoria *add. R*   29 contradictoria] *om. R* est vera *add. V*   29 etc.] *om. R*   30 ibi] *om. R*   30 distributiones] principales *add. R*   31 ab altera] *om. R*

referatur ad li 'omnis propositio', non tamen **[R308ᵛᵃ]** dat intelligere se pro aliqua nisi per modum accidentis. Et ita non fit descensus in ipso nisi pro hiis pro quibus fit descensus in hoc termino 'propositio', nec potest fieri descensus primo in ipso. Et propter hoc, cum non contingat reperire sic instantiam, est ponere quod ipsa est vera simpliciter, nec est falsitas in utraque parte.

123 Ad aliud [109] dicendum quod duo opposita immediata de aliquo pro eodem tempore predicari est impossibile, sed opposita immediata predicari de aliquo pro alio et alio tempore est possibile. Dico igitur cum sic dicitur 'omnis propositio vel eius contradictoria est vera', predicatur 'verum' de termino disiuncto pro altera parte disiunctionis, tamen indeterminate pro altera parte sive pro altera. Similiter, cum sic dicitur 'omnis propositio vel eius contradictoria est falsa', predicatur 'falsum' de **[V295ʳ]** termino disiuncto, pro altera parte tamen indeterminate. Et ita non predicatur de termino disiuncto illa pro eodem tempore, sed pro alio et alio, sicut visum est. Et sic solute sunt rationes illeᵐ quibus videbatur esse falsa. Rationes [103–107] vero quibus ostenditur esse vera, concedo.

124 Rationes [97–102] vero quibus ostensum est quod totum disiunctum non potest distribui, concedo. Et si alicubi distribuatur, hoc non est gratia sui, sed gratia alterius communis in quo uniuntur extremitates ipsius, sicut manifestum est.

125 Ad rationes autem in contrarium [92–96] dicendum est quod duplex est universale: est enim quoddam universale a se, ut ille terminus 'homo', 'animal', et est universale quoddam quod est universale ab alio sive commune, sicut 'punctus' de se discretus est, tamen per relationem **[T78ᵛᵇ]** ad lineas que per ipsum terminantur, est communis. Dico igitur quod signum est dispositio universalis quod a se est universale. Tale vero non est terminus

---

1 li] hoc quod dico *VR*   1 propositio] etc. *V*   2 modum] medium *V*   5 cum non contingat] contingit *V*   6 est] sit *R*   8 tempore] in ipso *R*   9 tempore] in ipso *R*   9–10 est possibile] non est impossibile *V*   11 disiuncto] vel de toto disiuncto *add. V*   12 disiunctionis] disˡⁱˢ(?) *V*   12 tamen indeterminate] termini immediate sive *V*   13 sive pro altera] pro qua sumitur *VR*   13 similiter] *om. V*   13 sic] *om. T*   16 predicatur] ponitur *V*   16 illa] illa duo *R*   16 tempore] in ipso *R add. V*   17 ille] *om. V*   20 vero] *om. R*   20 ostensum est] ostenditur *R*   21 concedo] *om. R*   22 sed] vel *V*   22 communis] scilicet communis *R om. T*   24 ad] aliud dicendum scilicet ad *add. R*   24 autem] *om. TR*   24 dicendum] solvendum *R*   24 est] scilicet *add. R*   26–27 quod est universale] *om. V*   27 alio] altero *VR*   27 de] a *V*   28 est] *om. R*   30 vero] *om. R*

disiunctus; non enim est terminus disiunctus universale vel communne nisi a natura extremorum. **[V295ᵛ]** Et propter hoc hoc signum non est dispositio ipsius. Vel aliter, ut dicatur quod duplex est 'universale': complexum sicut diffinitio, incomplexum sicut species et genus. Dico igitur quod signum universale est dispositio universalis incomplexi, et non complexi. Talis vero non est terminus disiunctus. Et propter hoc non habet cadere signum supra terminum disiunctum, nec habet ipsum distribuere.

126 Ad aliud [93] dicendum quod signum non est dispositio cuiuslibet subiecti, sed subiecti quod unum est et simplex. Et tale subiectum non est terminus disiunctus, immo est subiectum compositioni. Et propter hoc signum non disponit nec distribuit ipsum.

127 Ad aliud [94] dicendum quod si totum sequatur ad quamlibet sui partem et de eius parte inferatur totum, non tamen oportet quod a distributione partis sequatur distributio totius. Nec etiam oportet quod illud quod parti convenit, toti ulterius denotetur convenire; immo hic operatur fallaciam accidentis. Et ita ulterius non exigitur ut adveniat distributio supra **[V296ʳ]** totum disiunctum.

128 Ad aliud [95] dicendum quod in toto disiuncto non est aliqua forma communis, que quidem forma sit communis ad utramque extremitatem; quod quidem exigitur ad hoc quod distributio possit cadere supra totum disiunctum. Et si dicatur quod est ibi duplex communitas quia duplex universale, dicendum quod huiusmodi communitas non est communitas disiuncti nisi ista unitas est unitas disiuncti. Sed est unitas extremorum, et supra extremitatem potest cadere distributio quantum est de se.

129 Per hoc patet solutio ad aliud [96] quod in toto disiuncto deficit alterum quod exigitur ad distributionem, scilicet forma communis que sit medium deferens distributionem, quoniam in toto disiuncto non **[T79ʳᵃ]** est aliqua forma communis, que quidem sit communis ad utramque extremitatem. Et si forma communis extremorum deficiat, sic deficiente altero illorum necesse est

---

3 ipsius] universalis *T*   5 et] *om. TV*   5 universale] non *V om. R*   11 immo] ideo *T*   11 compositioni] compositum *R*   14 de eius parte] eius pars *VR*   14 inferatur totum] ad totum *V om. R*   15 a] ad *V*   21 que quidem] nec *R*   21 sit] sic *V*   23 distributio] *om. R*   23 disiunctum] *om. V*   24 est ibi] *om. R*   24 duplex] est *add. R*   26 nisi] nec *R*   26 unitas] multiplicitas *V*   26 unitas] multiplicitas *V*   29 quod] *om. V*   29 exigitur] requiritur *R*   30 medium] *TV*   30 toto] universali *V*   31 aliqua] *om. R*   31 quidem] *om. R*   32 si] ibi sit *add. V*   33 deficiat] *om. V*   33 sic ... illorum] *om. T*

distributionem deficere, quia hec de necessitate requiruntur ad distributionem.

Utrum hoc signum 'omnis' possit distribuere pro speciebus vel pro individuis

130 Deinde queritur de quadam distinctione que solet fieri quod hoc signum **[V296ᵛ]** 'omnis' potest distribuere pro speciebus vel individuis. Secundum hoc solvitur hoc sophisma OMNE ANIMAL FUIT IN ARCHA NOE; OMNE ANIMAL CURRIT, posito quod de qualibet specie animalis unum individuum currat; OMNE COLORATUM PRETER UNUM CURRIT.

De hoc sophismate 'omne animal fuit in archa Noe'

131 Secundum hoc queritur de hoc sophismate OMNE ANIMAL FUIT IN ARCHA NOE. Ponatur quod de qualibet specie animalis ibi fuit unum individuum, deinde procedatur via sophismatis. Queruntur igitur duo. Primum est de illa distinctione, utrum valeat **[R308ᵛᵇ]** aut non. Secundo queritur de veritate et falsitate.

De distinctione supposita

132 Ad primum sic proceditur. Dicit Aristotiles in libro *Priorum* quod *dici de omni* est quando nichil est sumere sub subiecto de quo non dicatur predicatus. Cum igitur tam species quam individua contingat sumere sub subiecto, manifestum est ergo quod hoc signum 'omnis' non solum continet species, sed <etiam> individua. Et sic non solum fiet distributio pro speciebus, sed etiam pro individuis. Quare nulla est distinctio.

---

18 *Anal. priora* I 1, 24b28–30.

---

1 requiruntur] exigitur *R*   7 hoc sophisma] hec sophismata *VR*   8 currit] similiter *add. R*   9 unum ... currat] currat unum individuum preterquam de una sic *R*   9 individuum] solum *V*   13–14 ibi fuit] *Tᶜ om. T* fuerat *R*   14 individuum ... sophismatis] *om. V*   16 aut non] nec ne *V* vel non *R*   18 ad] circa *R*   19 dici] *om. V*   19–20 de ... predicatus] etc. *T*   21 ergo] *om. VR*   21 quod] sub *add. R*   22 continet] contingit sumere *R*   23 etiam] *om. V*

133 Item. Dicit Aristotiles in libro *Topicorum* quod si velimus hanc construere 'omnium oppositorum eadem est disciplina', non **[V297ʳ]** solum inspiciendum est ad species sive ad partes primas, sed etiam usque ad partes partium necessarium est devenire. Et sic manifestum est quod tam species quam individua contingit sumere sub subiecto. Quare non solum fiet distributio pro speciebus sed etiam pro individuis.

De rationibus monstrantibus quod semper fiat distributio pro individuis

134 Sed quod semper fiat distributio pro individuis videtur. Cuiuslibet operationis terminus est *hoc aliquid*, quoniam omnis actio et omnis operatio terminatur ad *hoc aliquid*. Igitur, cum distributio sit quedam operatio, omnis distributio terminatur circa individua. Quare semper fiet distributio pro individuis. Et sic distinctio nulla.

135 Item. Dicit Aristotiles quod omnis operatio procedit a singularibus et circa singularia. Ergo, cum distributio sit quedam operatio, oportet ponere quod omnis distributio circa individua **[T79ʳᵇ]** habeat esse. Quare semper fiet distributio pro individuis, et non pro speciebus. Et sic nulla est distinctio.

136 Item. Distributio est divisio. Omnis divisio est a parte materie. Ergo omnis distributio <est> a parte materie. Igitur, cum individua sint sicut materia, species vero et genera et universalia sint **[V297ᵛ]** sicut forma — secundum quod dicit Aristotiles quod superiorum est forma, inferiorum autem materia —, relinquitur quod semper fiet distributio pro individuis, et non pro speciebus. Et ita idem quod prius.

---

1 *Topica* I 14, 105b31–36.   14 Cf. *Metaph.* I 1, 981a16–20; cf. etiam *Eth. Nicom.* II 6, 1107a31.   22 Ubi?

---

1 in... topicorum] *om. R*   3 species] *om. V*   3 sive... primas] *om. T*   4 usque] *om. T*   4 partes partium] individua *T*   4 necessarium est devenire] *om. T* etiam sic *add. V*   5 contingit] oportet *R*   6–7 non... individuis] etc. *T* fiet distributio pro speciebus et individuis *R*   9 pro individuis] *om. R*   10 cuiuslibet] cuius *V*   10 hoc] ad *add. V*   12 omnis distributio] *om. T*   12 terminatur] terminabitur *R*   12 individua] et circa singularia *add. V*   13 sic... nulla] non pro speciebus *V*   14 aristotiles] *om. R*   15 et... singularia] *om. R*   16 ponere] *om. R*   16 individua] singularia *T*   17 semper] *om. R*   18 et... distinctio] *om. T*   19 omnis] *om. R*   19 est] *om. V*   20 materie] *om. V*   21 sint] *om. R*   22 sint] *om. R*   23 superiorum... inferiorum] superiora sint sicut forma inferiori *R*   23 autem materia] *om. VR*   23 relinquitur] ergo *add. R*

137 Item. Hoc signum 'omnis' est dispositio subiecti secundum quod subicitur. Quare ipsum distribuet pro hiis solum pro quibus subicitur. Cum igitur subiciatur pro individuis, et solum fiet distributio pro individuis. Quod autem solum pro individuis subiciatur videtur. Iste terminus 'animal' est terminus communis supponens verbo de preterito. Quare restringitur a tempore illo ad supponendum pro preteritis. Sed quicquid restringitur a tempore, mensuratur a tempore. Ergo iste terminus 'animal' mensuratur a tempore. Quare supponit pro eo quod a tempore mensuratur. Sed omne quod a tempore mensuratur est corruptibile. Ergo iste terminus 'animal' supponit pro eo quod est corruptibile. Sed huiusmodi sunt individua, et non sunt species, quoniam species et universale quodlibet est incorruptibile. Ergo solum subicitur pro individuis, et ita non fit distributio pro speciebus, sed pro individuis.

138 Item. Hoc signum 'omnis' est dispositio subiecti secundum quod **[V298ʳ]** ad predicatum comparatur. Quod patet per diffinitionem ipsius, quia in eius diffinitione cadit subiectum et predicatum. Quare solum distribuit subiectum pro hiis pro quibus comparatur ad predicatum. Ergo cum istud subiectum comparetur ad predicatum solum pro individuis — quia solum individuis contingit fuisse in loco — manifestum est quod solum pro individuis fit distributio.

De rationibus monstrantibus quod semper fiat distributio pro speciebus

139 Quod autem pro speciebus solum fiat distributio videtur. Dicit Aristotiles in primo *Posteriorum* quod ille qui cognovit de omni, cognovit secundum speciem; qui autem cognovit unumquodque, cognovit secundum numerum. Ex hoc patet quod hoc

---

25 *Anal. post.* I 5, 74a30–32.

---

2 distribuet] distribuit *VR*   2 solum] *om. R*   5 terminus] *om. R*   6 a tempore illo] *om. R*   9 eo] eodem *R*   10 mensuratur] a tempore *add. R*   10 corruptibile] in ipso *add. V*   11 huiusmodi] corruptibilia *add. R*   12–13 universale ... incorruptibile] universalia quelibet sunt incorruptibilia *R*   14 non fit] solum non fiet *R*   15 hoc ... omnis] signum *T*   17 diffinitionem] distinctionem *V*   19 ergo ... comparetur] sed solum comparatur *V*   20 quia] quare *R*   21 loco] ergo *add. V*   21 pro] in *V*   22 fit] fiet *V*   24 fiat] fiet *V*   26 cognovit] cognoscit *R*   26 cognovit] cognoscit *R*   27 cognovit] cognoscit *R*   27 numerum] naturam *V*   27 hoc] *om. T*

signum 'omne' semper habet esse circa species. Et ita fit distributio **[T79ᵛᵃ]** solum pro speciebus, et non pro individuis.

140* Item. Omne intendens terminum, invento termino, quiescit et non fertur ultra. Cum igitur hoc signum 'omne' intendat distribuere supra aliquid, invento quod possit distribuere, illud distribuit et non fertur ultra. Sed cum invenit species, tunc invenit quod possit distribuere. Ergo illud distribuit et non transit ultra. Quare in **[V298ᵛ]** hac 'omne animal *etc.*' fit distributio pro speciebus, et non pro individuis.

* c. 140 deest a R

141 Item. Queritur intentio huius distinctionis, et quid sit dicere quod possit esse distributio pro speciebus vel pro individuis, et quid appellatur ibi 'species', si dicatur quod duplex est pars (pars secundum speciem et pars secundum numerum, sicut vult Aristotiles), et propter hoc fit distributio semper pro partibus. Sed aliquando fit distributio pro partibus secundum speciem, et tunc dicitur fieri distributio pro speciebus, aliquando vero pro partibus secundum numerum, et tunc fit distributio pro individuis.

142 Sed quod adhuc, sic posito, non valeat videtur. Hoc signum 'omne' facit cognoscere de partibus quod primo cognitum est de subiecto. Unde quia contingit aliquid aliquando cognoscere de toto, verumtamen de partibus ignoratur sive dubitatur, sicut habetur in libro *Priorum*, ideo ad faciendum cognoscere de partibus quod primo cognitum est de toto, exigitur signum. Et hoc perpenditur satis in sua diffinitione. Ex hoc accipitur quod pro illis partibus fit distributio pro quibus contingit ignorare vel dubitare cum de toto scitur et cognoscitur. Cum ergo huiusmodi partes sint partes secundum **[V299ʳ]** numerum et non secundum speciem, mani-

---

14 Ubi?   22 *Anal. priora* II 21, 67a27–30.

---

1 omne] omnis *R*   4 omne] omnis *V*   5 distribuere] distributionem *V*   6 tunc] *om. V*   7 possit] potest *V*   11 intentio] de tertio *R*   11 dicere] dici *R*   12 esse] fieri *VR*   13 ibi] *om. V*   13 pars] *om. TR*   14 numerum] naturam *V*   15 propter hoc] *om. VR*   15 partibus] speciebus *V*   16 fit] dicitur fieri *R*   16–18 speciem... secundum] *om. TR*   18 numerum] naturam *V*   18 fit] dicitur fieri *VR*   18 individuis] sed aliquando dicitur fieri distributio pro partibus secundum speciem et tunc dicitur fieri distributio pro speciebus *add. R*   20 omne] omnis *VR*   20 cognoscere] predicatum *add. R*   20 quod] et *R*   22 verumtamen] non tamen *V*   22 ignoratur] *om. R*   23 libro] secundo *V*   23 ideo] *om. V*   23 cognoscere] cognitionem *R*   23 de partibus] *om. R*   23 quod] et *R*   24 perpenditur satis] scitum probatur *V*   25 in] ex *V* de *R*   25 sua] sui *V*

festum est quod semper fiet distributio secundum numerum, et non secundum speciem.

143 Quod autem non contingat dubitare pro partibus secundum speciem cum cognoscitur de toto, patet per Aristotilem in primo *Posteriorum*: **[R309ra]** in principio ibi enim dicit quod qui novit de omni triangulo quoniam habeat tres, similiter cognovit de triangulo qui est in semicirculo. Unde dicit quod simul est de huiusmodi parte et de suo toto cognoscere, et non simul cognoscere de ysoscele nisi cum est inducere aut accipere sillogismum.

144 Sed **[T79vb]** contra. Videtur quod pro huiusmodi partibus semper fiat distributio quia: *Dici de omni* est principium sillogizandi et est principium contradicendi. Quare distribuit pro partibus, quarum negatio opponitur affirmationi totius contradictorie. Cum ergo solum negatio partium secundum speciem opponatur affirmationi totius contradictorie — quod patet: iste enim opponuntur contradictorie 'omnis homo currit', 'aliquis homo non currit', et non hee 'omnis homo currit', 'Sortes non currit' —, manifestum est quod pro partibus secundum speciem semper fiet distributio. Et ita semper fit distributio pro **[V299v]** speciebus, et non pro individuis.

145 Item. Dicit Aristotiles quod "propositum quidem negotii est methodum invenire a qua poterimus sillogizare de omni problemate". Cum igitur ars non sit circa singularia, manifestum est quod ibi fit distributio pro speciebus, et non pro individuis.

146 Item. Dicit Priscianus quod in hac oratione 'heu idem homo lapsus hodie concidit' sunt omnes partes orationis preter coniunctionem. Sed cum in ipsa non sint omnes partes secundum numerum, manifestum est quod fit distributio pro speciebus

---

4 *Anal. post.* I 1, 71a18–25.   21 *Topica* I 1, 100a18–19.   25 *Inst. gramm.* XVII 12–13, p. 116^{11–13}.

---

1 fiet] fit *R*   3 pro] de *R*   4 de] cum *R*   5 in principio] *om. R*   5 ibi enim] ubi *R*   5 quod] *om. R*   6 habeat] habet *R*   6 cognovit] novit *R*   7 quod] non *add. R*   8 cognoscere] cognovit *VR*   11 semper fiat] scilicet partibus fit *R*   11 fiat] fiet *V*   12 distribuit] distribuet *R*   13 quarum] quare *VR*   13 negatio] pro partibus *add. V*   13 contradictorie] *om. R*   14 negatio] negatur *R*   14 partium] *om. R*   15 affirmationi totius] *om. T*   15 iste enim] quoniam iste *R*   15 enim] *om. V*   16 opponuntur] sunt *T*   18 fiet] fiat *R*   19 fit] fiet *V* fiat *R*   21 aristotiles] quod proponit *add. T*   23 problemate] etc. *add. V*   23 cum] *om. V*   23 sit ... singularia] non circa omnis sit problemata *V*   26 lapsus ... concidit] etc. *VR*   27 coniunctionem] que *add. V*   28 numerum] naturam *V*

solum, et non pro individuis. Et ita hoc signum 'omnis' semper distribuit pro speciebus solum, et non pro individuis.

De veritate et falsitate huius propositionis 'omne animal fuit in archa Noe'

De rationibus probantibus quod prima sit vera

147 Circa secundum sic proceditur. Et videtur quod sit vera. Omnis oratio de presenti vera dicta de preterito est necessaria. Cum igitur hec oratio 'omne animal est in archa Noe' pro tempore pro quo dicta est de presenti sit vera, manifestum est quod ipsa dicta de preterito erit vera. Quare hec est vera 'omne animal *etc.*'.

148* Item. Iste terminus 'animal' est terminus communis supponens verbo de preterito. Ergo supponit pro eis animalibus que fuerunt in tempore illo pro quo tempore illud **[V300ʳ]** intelligitur. Cum igitur tempus illud intelligatur pro tempore diluvii, et ille terminus 'animal' supponet pro animalibus que fuerunt in tempore illo. Sed pro illis habet veritatem. Quare hec simpliciter habet veritatem 'omne animal *etc.*'.

* cc. 147 et 148: inverso ordine in R

149 Item. Universalis est vera in qua non contingit reperire instantiam pro aliqua sui parte. Cum ergo in hac non contingat reperire instantiam pro aliqua sui parte, hec simpliciter habebit veritatem 'omne animal *etc.*'.

150 Item. Eadem est veritas orationis de presenti et de preterito et de futuro, sed aliter et aliter significata. Unde oratio que est vera de futuro, cum fuerit presens, erit vera de presenti, et cum fuerit preterita erit vera de preterito. **[T80ʳᵃ]** Cum igitur

---

1 et...individuis] *om. R*   6 et] *om. VR*   8 est] fuit *V*   8 est...noe] *om. R*   9 est] fuit *V*   9 sit] est *VR*   10 erit] est *V*   11 etc.] fuit in archa noe *R*   14 tempore] tempus *R*   15 cum...intelligatur] *om. R*   16 animal] *om. V*   16 supponet] supponit *R*   16 pro] illis *add. R*   16 in] *om. V*   17 quare] propter hoc *add. R*   17 hec] *om. V*   18 habet veritatem] est vera *R*   18 etc.] fuit in archa noe *R*   21-22 cum...parte] *om. V*   22 parte] et *V et add. R*   23 etc.] fuit in archa noe *R*   24 orationis] propositionis *V om. R*   24 de presenti] presentis *V*   25 significata] *om. T*   26 est] fuit *R*   26 fuerit presens] *om. VR*   26 erit] est *VR*   26 vera] est vera *add. R*   27 fuerit] fuit *VR*   27 preterita] *om. VR*   27 vera] fuit vera *add. V*

hec oratio dicta de futuro 'omne animal erit in archa Noe' habuit veritatem, cum fuerit presens dicta de presenti habebit veritatem, et ipsa, cum est preterita dicta de preterito, habebit veritatem. Quare hec simpliciter habebit veritatem 'omne animal *etc.*'.

De rationibus probantibus quod prima sit falsa

151 Si hoc concedatur, contra. Iste terminus 'animal' est terminus communis supponens verbo de preterito; ergo restringitur ad supponendum pro preteritis et distribuitur per hoc signum 'omne'. Igitur supponit pro quolibet animali preterito. Sed multa sunt animalia preterita quibus **[V300ᵛ]** non contingit in preterito fuisse in archa Noe. Igitur cum hoc significatur per ipsam, ipsa erit falsa simpliciter. Quare hec erit falsa 'omne animal *etc.*'.

152 Item. Circa terminum restrictum potest significari quod restringitur. Cum igitur iste terminus 'animal' sit terminus communis supponens verbo de preterito, restringitur ad preterita et contingit significare circa ipsum quod restringitur. Est igitur sic dicere 'omne animal preteritum fuit in archa Noe; sed Cesar est animal preteritum; ergo Cesar fuit in archa Noe'. Sed hec est falsa, quare prima ex qua sequitur.

153 Si dicatur quod iste terminus 'animal' non supponat pro quolibet animali preterito sed pro animali quod fuit in tempore diluvii — et propter hoc, cum descenditur pro Cesare peccat secundum fallaciam consequentis —, contra hoc est quoniam hoc verbum 'fuit' confunditur a distributione precedente. Est enim regula quod:

Hoc signum 'omnis' confundit terminum sibi immediate adiunctum mobiliter, terminum vero immediate adiunctum immobiliter.

---

2 fuerit] fuit *R* 2 habebit] habuerit *R* 4 etc.] fuit in archa noe *R* item *add.* *T* 6–7 animal est terminus] *om. R* 7–8 ad supponendum] *om. VR* 8 preteritis] preterito *R* 9 multa] *om. V* 10 non] *om. R* 10 in preterito] *om. VR* 12 erit] est *V* 14–15 cum ... restringitur] *om. V* 14–15 sit ... supponens] supponat *T* 17 cesar] plato *R* 17 est] fuit *VR* 18 cesar] plato *R* 20 supponat] supponit *V* 22 pro] sub(!) *V* 22 cesare] platone *R* 22–23 peccat secundum] facit *R* 25 regula] relatio *R* 26 omnis] *om. R* 26 sibi] *om. V* 27 mobiliter] *om. V* 27 mobiliter ... adiunctum] *om. R*

Quare confunditur tempus. Sed terminus confusum supponit pro quolibet supposito ipsius, sive mobiliter sive immobiliter. Ergo illud tempus [V301ʳ] supponit pro quolibet tempore preterito. Et ita licebit descendere sub ipso; non enim est immobile, quia non possit moveri, sed quia non movetur nisi per modum subiecti. Sic igitur tenebit descensus qui fit pro Cesare. [T80ʳᵇ] Utrum autem tempus possit confundi aut non et quomodo confunditur, alias habitum est. Et potest hic queri, et super hoc magna est difficultas sophismatis, utrum sequatur 'omne animal fuit in archa Noe; Cesar fuit; ergo Cesar fuit in archa Noe'.

Solutio

154 Ad hoc dicendum est quod hec oratio simpliciter [R309ʳᵇ] prolata et intellecta pro tempore simpliciter, cum non sit aliqua restrictio facta circa tempus, supponit ille terminus 'animal' pro quolibet animali preterito, cum non specificetur per aliquid vel restringatur ad supponendum pro animalibus illius temporis, sic iudicando falsa est simpliciter. Sed quia sermones iudicandi sunt pro illo tempore pro quo intelliguntur proferri: cum hec oratio intelligatur proferri pro tempore diluvii, pro tempore illo est iudicanda. Sed pro tempore illo habet veritatem. Et propter hoc specificatur tempus illud ut intelligatur pro tempore diluvii — et appelletur A —, ut sit sensus: *omne animal quod fuit in A, fuit in archa Noe*. Et sic habet veritatem, et tunc non valet modus improbandi 'omne animal *etc.*; sed Cesar fuit animal; ergo [V301ᵛ] Cesar fuit in archa Noe'. Dico ergo quod, referendo ad illud tempus, hec est falsa 'Cesar fuit animal', quia non fuit animal in tempore illo. Si autem intelligatur pro tempore alio, non valet

---

8 Cf. supra, V,12–27; VI,36ff.

---

1 terminus] tempus *T*   2 sive] *om. T*   3 supponit] supponet *R*   3 supponit ... tempore] *om. V*   4 ita] *om. VR*   4 sub] in *VR*   4 ipso] descensu sub subiecto *add. R*   4 enim] subiectum *add. V*   5 modum] motum *VR*   6 qui fit] *om. V*   7 possit] potest *VR*   9 sophismatis] in sophismate *R*   12 hoc] quod *VR*   13 aliqua] alia *T*   15–16 vel restringatur] *om. R*   16–17 sic iudicando] *om. VR*   17 falsa] facta(!) *V*   18–19 pro ... tempore] *om. V*   21 specificatur] specificetur *TV*   21 intelligatur] intelligitur *R*   22 ut sit sensus] *om. TV*   22 quod] *om. R*   25 ergo] enim *V*   25 illud] idem *R om. V*   26 quia] et *VR*   26 animal] *om. VR*   27 alio] isto *T*

sillogismus, quoniam non fuit sumptio sub medio respectu eiusdem temporis, et ob hoc est ibi fallacia accidentis. Et hoc est quod intelligo de ipsa. Dico ergo quod vera est, sic accipiendo ut dictum est, aliter autem non.

155 De distinctione autem dico quod antiqui qui secundum posse suum querebant veritatem, et etiam boni viri sustinent ipsam et experti. Et propter hoc ipsam sustineo. Potest autem satis confirmari per verba Aristotilis. Dicit enim quod propositum est sillogizare de omni problemate. Et ibi fit distributio pro speciebus.

156 Item. Satis patet per Priscianum [T80ᵛᵃ] in illa oratione, que posita est. Et ita habemus quod signum aliquando distribuit pro speciebus. Tamen hoc etiam magis habetur expresse ab Aristotile in secundo *Topicorum*. Dicit enim quod si velimus hanc construere 'omnium oppositorum eadem est disciplina', et invenitur veritas pro hiis partibus album, medio colore coloratum, [V302ʳ] nigrum, non est descendere usque ad partes partium. Et propter hoc, cum in hac oratione 'omne animal *etc.*' sit reperire veritatem pro speciebus, non oportet descendere ad individua. Ideo oportet ponere ipsam esse veram simpliciter. Et propter hoc pono quod vera est secundum quod fit distributio pro speciebus. Et sic valet distinctio.

Respondetur ad rationes

157 Ad aliud [144] igitur quod in contrarium obicitur, dicendum quod hoc signum 'omnis' est principium sillogizandi et contradicendi. Dico ergo quod potest considerari secundum quod est commune ad utrumque horum. Et sic facit distributionem pro speciebus et pro individuis et pro quolibet quod est sub termino. Et sic diffinit Aristotiles ipsum in libro *Posteriorum*. Aut potest considerari secundum quod est principium alterius horum tantum. Et sic

---

8 *Topica* I 1, 100a18–19.   11 Videas supra, VIII,146.   13 Videas *Topica* I 14, 105b31–36.   28 *Anal. post.* I 4, 73a28–33.

1 fuit] fit *V* fuerit *R*   3 intelligo] intelligit *V*   6 suum] *om. V*   6 etiam] *om. V*   7 et] *om. V*   12 tamen] prima et *add. R*   12 hoc etiam] et hoc *V*   13 topicorum] capitulo ille *V*   15 partibus] *om. V*   15 medio colore coloratum] *coni.* me *T* medium *R om. V*   16 nigrum] *om. V*   17 etc.] in archa noe *R*   26 ad... horum] horum ad utrumque *R*   29 horum] aliorum *R*

potest facere distributionem pro speciebus tantum vel pro individuis tantum, quoniam iam non finitur in communi suo ambitu. Et sic patet solutio ad primum [130].

158 Ad aliud [133] dicendum quod cum dicit Aristotiles quod si velimus hanc construere 'omnium oppositorum est eadem disciplina', non dicit quod descendere oportet usque ad partes partium simpliciter, sed hoc dicit sub conditione. Unde dicit quod si non **[V302ᵛ]** contingit reperire veritatem pro speciebus, necessarium est devenire ad individua; sed si sufficiat veritas in speciebus, iam non est veritas ultra. Et ita, cum in hac sit reperire veritatem, iam non fiet distributio pro individuis, sed solum pro speciebus.

159 Ad aliud [134] dicendum quod duplex est singulare: quoddam est singulare quod est singulare in se, sicut Sortes et Plato, quoddam autem est singulare in respectu. Et dico quod species est singulare in respectu ad suum genus. Et sic potest distributio terminari ad species.

160 [T80ᵛᵇ] Per hoc idem solvitur aliud [135] quod omnis operatio est a singularibus et circa singularia. Hoc intelligendum est de singulari, extenso nomine ipsius quod est 'singulare' ad id quod est singulare in se et quod est singulare in respectu cuius sunt species. Et sic adhuc potest fieri distributio pro speciebus.

161 Ad aliud [136] autem dicendum quod divisio est a parte materie. Et dico quod sicut individua se habent sicut materia respectu speciei, sic species respectu generis. Sunt enim species individua generis, sicut singularia sunt individua speciei. Et sic adhuc potest fieri distributio **[V303ʳ]** pro speciebus.

162 Ad aliud [137] dicendum quod species et universalia possunt dupliciter considerari, scilicet secundum se — et sic sunt incorruptibilia et non mensurantur a tempore, et sic sunt essentie, secundum quod determinat de ipsis metaphysicus — vel possunt

---

4 *Topica* I 14, 105b31–36.

4 quod] *om. R*   5 hanc] hac *T*   6 usque] *om. T*   8 contingit] contingat *R*   8 veritatem] *om. T*   9 devenire] usque *add. R*   10 veritas] transcendere *R*   13 duplex est] dupliciter est sumere *R*   14 quoddam est] est autem *T*   14 quoddam ... singulare] *om. R*   18 aliud] *om. R*   19 est] procedit *R*   19 et ... singularia] *om. R*   20–21 ad id] *om. V*   20–21 ad ... singulare] *om. V*   21 cuius] quod *V* et sic *R*   22 sunt] est *V*   22 species] individua *add. R*   23 autem] *om. VR*   24 sicut] *om. R*   25 sic] sicut *VR*

considerari secundum relationem quam habeant ad singularia — et sic corrumpuntur cum singularia corrumpuntur, secundum quod dicit Aristotiles "destructis primis *etc.*", et sic a tempore mensurantur et possunt restringi a tempore, et potest fieri distributio pro ipsis.

163 Per hoc idem patet solutio ad aliud [138], quod speciebus per relationem quam habent ad individua, convenit esse in loco. Et ita potest eis convenire hoc predicatum 'fuisse in archa Noe'. Et sic potest supponere iste terminus 'animal' pro speciebus et potest distribui pro ipsis. Et sic fiet distributio pro speciebus.

164 Ad aliud [139] dicendum **[R309ᵛᵃ]** quod non cogebat illa ratio ponere quod pro individuis posset fieri distributio, sed monstrabat solum quod fit distributio pro speciebus. Unde cum dicitur [140] quod, invento termino, quiescit et non fertur ultra, hoc intelligendum est si sufficienter finiatur per illud. Unde cum possit sufficienter **[V303ᵛ]** finiri pro speciebus, non descendit usque ad individua. Et sic adhuc non fiet distributio pro individuis. Verumtamen potest fieri, si non sufficiat. Et sic aliquando fiet distributio pro individuis, aliquando pro speciebus.

165 Ad aliud [139] dicendum quod cum dicit Aristotiles quod qui cognovit de omni, cognovit secundum speciem, ibi appellatur 'species' idem quod 'forma', et non appellatur species 'homo' vel 'asinus'. **[T81ʳᵃ]** Unde vult dicere quod qui cognovit de omni triangulo secundum speciem, cognovit quia triangulus. Qui autem cognovit de unoquoque, cognovit quia isosceles vel scalenon. Et secundum hoc patet quod non solum habet distribuere pro speciebus. Unde dicendum quod ibi accipitur hoc quod est 'de omni' secundum quod de ipso utitur demonstrator, et quia demonstrator non utitur nisi speciebus et de universali, propter hoc dicit quod qui cognovit de omni cognovit secundum speciem.

---

3 *Categ.* 5, 2b5–6. (*Auct. Arist.* 31, 12)   20 *Anal. post.* I 5, 74a30–31.

---

1 considerari] *om. V*   1 secundum] per *V*   1 habeant] habet *V*   1 singularia] individua *R*   2 corrumpuntur] corrumpitur(!) *R*   2 cum ... corrumpuntur] *om. V*   3 primis] impossibile est aliquod aliorum *add. R*   4 potest] *om. R*   6 speciebus] species *T*   7 relationem] comparationem *R*   9 potest supponere] *om. R*   10 sic] *om. R*   12 ponere quod] quin *V om. R*   12 quod pro] quoniam de *R*   13 fit] fiat *V*   13 cum] quod *R*   15 finiatur] terminatur *R*   16 sufficienter finiri] fieri *T* suscipere vel sufficere *R*   16 descendit] est descendere *V* fundit *R*   18 sic] si *V*   19 aliquando pro speciebus] *om. R*   20 aristotiles] *om. TR*   23 cognovit] novit *T*   24 secundum speciem] *om. VR*   25–27 et ... speciebus] *om. T*   27 unde] *om. R*   30 cognovit] novit *T*

166 Ad aliud [141] dicendum quod quod hic appellantur 'species' que primo participant suum superius, individua vero appellantur que magis participant a <se> remota. Et hoc est quod solet fieri distinctio ista aliis nominibus, quod possit **[V304ʳ]** fieri distributio pro partibus propinquis vel pro partibus remotis.

167 Ad aliud [143] autem quod contra hoc obicitur quod dicit Aristotiles quod simul est cognoscere de universali et de illo singulari in quo salvatur universale re et nominatione, et sic non potest fieri distributio pro illo —, dicendum quod quedam sunt predicata que insunt per se subiecto et a natura sui, quedam vero sunt que non insunt per se. Dico igitur quod simul est cognoscere de universali et de singulari quod suum esse participat essentia et nominatione respectu illius predicati quod per se non inest, sed per accidens convenit. Et sic potest fieri distributio pro illo respectu illius predicati. Tale quidem predicatum est hoc quod dico 'fuisse in archa Noe'. Et sic potest fieri distributio sic et sic.

168 Ad aliud [145] autem dicendum quod hoc signum 'omne', secundum quod est principium contradicendi, distribuit pro partibus propinquis, sicut obiectum est, sed secundum quod est principium sillogizandi, sic potest distribuere pro individuis remotis. Et quia sic et sic potest sumi, sic et sic potest distribuere. Et ob hoc potest distribuere pro speciebus et pro individuis. Rationes [145–146] autem alias concedimus, quoniam non concludunt quin possit fieri **[V304ᵛ]** distributio pro individuis, sed solum concludunt quod possit fieri distributio pro speciebus. Quod pono.

169 Ad aliud [147] quod secundo queritur iam visum est [156] quid intendo, quoniam pono quod vera est. Et rationes [147–150] ad hoc concedo. **[T81ʳᵇ]** Ad aliud [151] quod obicitur in con-

---

6 Cf. *Anal. post.* II 19, 100a16–101b1.

---

2 participant] participat *V*   2 suum]*Tᵢ om. T*   2 vero] *om. T*   3 remota] remotis *codd.*   3 quod] *om. V*   4 ista] ab *V om. R*   4 nominibus] rationibus *R*   4 possit] potest *R*   6 aliud] illud *V*   6 obicitur] dicendum *add. V*   7 simul] simile *R*   8 universale re] essentia *VR*   8 non] *om. V*   10 subiecto] *om. V*   10 subiecto... sibi] *om. R*   10 a] non *V*   11 insunt] sunt *R*   12 de] illo *add. R*   12 esse] isse(!) *T*   13–15 quod...predicati] *om. V*   14 non] *om. R*   14 inest] sed respectu predicati quod non inest per se *add. R*   14 accidens] non *add. R*   14 convenit] non *add. T*   18 autem] *om. R*   22 sumi] finiri *V*   25 fieri distributio] distribuere *R*   26 quod] solum *add. V*   27 aliud] vero *add. R*   29 hoc] *om. R*

trarium, dico quod quamvis iste terminus 'animal' restringatur pro preteritis, non tamen supponit pro quolibet animali preterito, quoniam debemus iudicare secundum relationem ad tempus illud pro quo prolata est, scilicet pro tempore diluvii. Et sic non supponit iste terminus 'animal' nisi pro animalibus illis que fuerunt in illo tempore preterito. Et pro illis habet veritatem. Et propter hoc est ponere quod ipsa est vera simpliciter. Sic igitur concedendum est quod restringitur, sicut ostensum est. Et contingit significare circa illud quod restringitur, non tamen quod restringitur nisi pro tempore illo preterito pro quo intelligitur ista oratio proferri, sicut ostensum est.

170 Ad aliud [153] autem quod queritur dicendum quod tempus potest confundi quantum est de se, sicut ostensum est. Nec tamen hic confunditur, immo tenetur determinate pro tempore preterito. Utrum **[V305ʳ]** autem restrictum sit vel non et quomodo, dico quod non est unus modus restringendi, nec ibi est restrictio aliqua nisi ex intellectu, quoniam intellectus iudicat pro eo quod apprehendit solum. Et quia intellectus solum apprehendit pro tempore diluvii, propter hoc iudicat pro illo tempore, et pro illis animalibus que fuerunt tunc terminus restringitur. Et huiusmodi restrictio solet appellari *ex usu*, ut cum dicitur 'rex venit', intelligitur de rege patrie, et propter hoc dicitur restringi ad supponendum pro rege illo. Non tamen dico quod ibi sit restrictio vere, sed est sicut quedam determinatio ex intellectu qui sic iudicat pro illo pro quo apprehendit.

171 Sic igitur pono quod retorquenda est hec oratio 'omne animal *etc.*' ad tempus pro quo profertur et pro quo intelligitur, quoniam sic habet veritatem. Tamen intelligendo ipsam simpliciter, falsa est. Sciendum tamen quod non debet attendi aliqua difficultas supra hoc sophisma de animalibus aquatilibus **[R309ᵛᵇ]**

---

1 quamvis] *om. R* 1 restringatur] restringitur *R* 3 secundum] per *T* 4 pro quo] secundum quod *R* 5 illis] *om. R* 6 preterito] *om. R* 6 propter] *om. V* 8–9 et . . . restringitur] *om. V* 9 circa] contra *T* 9 quod] *om. VR* 11 sicut . . . est] *om. V* 12 autem] *om. T* 15 vel non] *om. VR* 16 unus] universalis *R* 17 ex] de *R* 17–19 iudicat . . . *alterum* tempore] ille *R* 20 tunc] *om. T* 20 terminus restringitur] fit restrictio *R* 20 et] *om. V* 20–21 et . . . restrictio] *om. R* 21 solet] autem *add. VR* 21 ex usu ut] *om. R* 23 tamen] autem *R* 23 ibi] hic *V* hec *R* 24 qui] cum *V* 25 pro] a *R* 26 retorquenda] restringenda *V* 28 tamen] autem *V* 28 ipsam] *om. R* 30 supra . . . aquatilibus] pro animalibus aquatilibus supra hoc sophisma *V* 30 sophisma] *om. T*

que in aquis possunt vivere, utrum fuerint in archa Noe — sicut volunt facere **[V305ᵛ]** quidam, quoniam propter hoc ponunt ipsam esse falsam, quoniam super hoc non attenditur vis sophismatis, sicut credo. Immo procedatur via sophismatis more solito.

---

1 vivere] salvari *R* 2 facere] circa *add. V* 2 facere ... ponunt] ponentes *R* 2 quoniam] et *V* 3 quoniam] autem *V* 4 solito] EXPLICIT SOPHISTARIA MAGISTRI MATTHIE editive EXPLICIT SOPHISTARIA [rasura] possessive *add. T* reddamus deo amen amen amen *add. V* hic explicit summa magistri mathei hic explicit summa magistri mathei aurel *add. R*

INDICES

INDEX VERBORUM ET RERUM NOTABILIUM

Ablativus:
 ablativus absolutus habet resolvi per 'si' vel per 'dum' vel per 'quia' (sec. Prisc.): III,59
accidens:
 omne accidens simpliciter denominat illud in quo est sicut in subiecto: III,83; subiectum et accidens sunt idem in substantia, tamen est reperire propriam naturam in subiecto, propriam naturam in accidente: IV,102; omne per accidens reducitur ad suum per se: V,89; substantia veriori modo participat esse quam accidens: IV,185; sicut sunt accidentia verbi, ita sunt accidentia nominis: III,165; accidentia verbi sicut modus intelligendi solum: III,189; accidentia rationis *opp.* accidentia nature: IV,80; in accidentibus rationis differt attribuere rei subiecte et accidenti, in accidentibus vero nature non differt: IV,80; *verum* et *falsum* sunt per se accidentia enuntiabilis, sicut *curvum* et *rectum* sunt per se accidentia linee: VII,13; in paralogismo secundum accidens predicatum est illud quod assignatur, minor extremitas est sicut accidens, medium est sicut res subiecta: IV,97; paralogismi secundum accidens quos ponit Arist.: IV,97; paralogismus secundum accidens proprie peccat contra formam sillogismi et necessitatem ipsius: IV,98; in paralogismo secundum accidens non appellatur accidens quod vere sit accidens, sed quodlibet extraneum quod aliquando sicut idem sumitur, aliquando sicut diversum: IV,98; tam in accidentibus nature quam in accidentibus rationis fit paralogismus secundum accidens: IV,100; peccatum secundum accidens: IV,115
 vide etiam s.v. *fallacia*
accidere:
 eidem inquantum idem est natum accidere idem: V,14
actus:
 actus exercitus *opp.* actus conceptus: III,96; III,97; IV,87; actus proferendi: III,97; actus anime est triplex: apprehendere, componere et conferre: IV,74; actus qui attribuitur substantie convenit accidenti, dummodo ille actus per se comparetur ad utrumque: IV,81; actus proferentis — actus orationis: IV,88; cum actus aliquis implicatur circa verbum aliquod, actum implicatum et actum attributum contingit vere predicari de illo: V,41; cum aliquis actus alicui <alii> actui concomitatur, contingit utrumque actum de subiecto predicari: VI,11; interrogare est actus anime et non corporis: VII,29
ad aliquid:
 que *ad aliquid* dicuntur sunt simul natura: VI,67
adiectivum:
 sicut adiectivum nominis semper habet esse circa nomen, similiter adiectivum verbi habebit esse circa verbum: I,7; adiectivum nominis semper est determinatio nominis: V,50; adiectivum verbi semper est determinatio verbi: V,50
adverbium:
 def.: adverbium est vi verbi adiectivum: I,7; V,49; adverbium significat dispositionem rei verbi: I,7; quedam sunt adverbia que habent esse circa actum verbi, quedam que habent esse circa compositionem verbi: I,10; adverbia que habent esse circa compositionem verbi denominant propositionem: I,10; adverbium temporis: III,189; adverbium semper significat rem suam in adiacentia ad verbum: V,49; que est proportio adiectivi nominis ad verbum, eadem est

adiectivi verbi ad nomen: V,50; quedam sunt adverbia que determinant verbum gratia actus, quedam que determinant verbum gratia compositionis verbi: V,52

affirmare:
propter nostrum affirmare, vel negare, non est oratio vera vel falsa (sec. Arist.): II,72: propter nostrum affirmare vel negare nichil mutatur in re (sec. Arist.): IV,33

affirmatio:
affirmatio dicitur ad duo, ad affirmationem et ad rem affirmatam: IV,33; affirmatio est affirmantis actio et rei affirmate actus: IV,33; affirmatio et negatio sunt opposita: I,4; affirmatio et negatio sunt opposita contradictorie: I,76; affirmatio et negatio geminata non opponuntur contradictorie: I,89; affirmatio et negatio habent fieri circa idem: I,4; affirmatio et negatio habent esse circa eodem: I,129; circa compositionem habet esse affirmatio vel negatio: II,73; "de quolibet affirmatio vel negatio" est primum principium entis et non entis: IV,46; idem est subiectum veritatis et falsitatis et affirmationis et negationis: I,6; duplex potest esse affirmatio in oratione, sc. affirmatio principalis et totius orationis, et affirmatio intellecta circa subiectum vel predicatum: I,18; eo modo quo fit affirmatio de aliquo, eodem modo fit negatio de eodem: I,35; non est eadem proportio affirmationis ad affirmationem, et negationis ad negationem: I,91; unius affirmationis una est negatio opposita: I,60; quecumque opponuntur sicut affirmatio et negatio, quod ponitur per unum necesse est privari per alterum: I,127; de eodem de quo est affirmatio in propositione est affirmatio in dicto: II,51; de illud de quo est affirmatio est subiectum: II,50; affirmatio dicti *opp.* affirmatio de parte dicti: II,63; affirmatio de aliquo respectu negationis de eodem non est affirmatio simpliciter, sed secundum quid: III,104; affirmatio affirmantis non ponit aliquid esse simpliciter sed quodammodo: IV,33; non repugnat affirmatio secundum quid de aliquo et negatio de eodem simpliciter: VI,301; affirmatio de aliquo simpliciter et negatio de eodem secundum quid non opponuntur: VI,152; nulla est affirmatio in qua universale universaliter predicatur: VIII,8; VIII,19;
vide etiam s.vv. *dictum, negatio, oratio, propositio, veritas*

agere:
agens semper precedit et agit in illud quod sequitur: I,84; possibile est quod aliquid agat in seipsum non primo, sed ex consequenti: I,98; unumquodque agens magis agit in suum propinquius quam in illud quod est ab eo remotum: II,114; II,134; agens supra alterum est nobilius et magis completum quam illud supra quod agit: II,116; ad hoc quod aliquid agat in alterum oportet quod agens se habeat ad passum in debita proportione ut precedat agens et sequatur passum: II,133; agens per intentionem operatur quod intendit, aut non recte operatur: III,80; omne agens imprimit formam aliquam supra illud in quod agit: III,82; agens est triplex: agens abiciens tantum, agens imprimens tantum, agens abiciens et imprimens: III,84

Aiax:
'Aiax venit ad Troiam': III,10

albus:
in hac 'Socrates qui est albus, est homo' est duplex affirmatio, altera ipius orationis, altera alicuius circa subiectum: I,18; idem est 'album' et 'id quod est album' (sec. Prisc.): I,118; 'album currit; album est disgregativum visus; ergo disgregativum visus currit': IV,100

aliqualis:
'aliquale' dicit aliquam speciem entis: IV,175

aliquid:
'aliquid' potest infinitari: I,139; si aliquid non est, aliquod ens non est, per Prisc.: IV,45

aliquis:
  propter quid ex hac dictione 'non' et hoc signo 'aliquis' non efficitur signum universale negativum, sicut ex negatione et hoc signum 'ullus': I,86; idem est 'non omnis' et 'aliquis non': I,95; hoc signum 'aliquis' magis determinatum est ad partem quam hoc signum 'ullus': I,100; hoc signum 'ullus' magis determinate se habet ad quodlibet ens quam hoc signum 'aliquis': I,100
aliud:
  dictio exclusiva excludit ratione diversitatis importate per hoc quod dico 'aliud': II,9; II,30; differentia que facit aliud, facit differre substantiam (sec. Porph.): II,9; quecumque sic se habent quod eorum idem est esse, quod aliud est ab uno est aliud ab altero: II,10; in termino substantiali secundum se, aliud a supposito est aliud a forma: II,13; 'aliud ab ipso' (sc. ab homine albo) est dupliciter, scilicet in supposito et in forma accidentali: II,22; secundum quod est de expositione dictionis exclusive, 'aliud' non solum dicit diversitatem in substantia sed etiam in accidente: II,23; *def.*: 'aliud' dicit diversitatem in substantia: II,33; 'aliud' secundum quod est de intellectu dictionum exclusivarum dicit diversitatem respectu idemptitatis in genere vel in specie: II,43; si negatur hoc quod dico 'aliud', non negabitur pro qualibet diversitate, sed secundum quod exigit conditio sermonis: II,43; 'aliud' prout est de intellectu dictionis exclusive dicit communiter diversitatem et in substantia et in accidente: II,44
alius:
  'alius' et 'differens' idem significant: III,21
alteratus:
  def.: 'alter<atus>' dicit diversitatem in accidente: II,32
ambiguitas:
  ambiguitas est in pluribus: III,10
amittere:
  'tu habuisti decem et non habes; ergo amisisti decem': III,26; si quid prius habuerit et modo non habet, amisitne?: VI,44
ampliare:
  omne ens dans se intelligere pro tempore quolibet ampliat: V,13; nichil determinatum ad aliquid ampliat ad suum oppositum: V,17
ampliatio:
  ampliatio est augmentatio suppositionis: V,15
an:
  de hac dictione 'an': VII; quando bis ponitur, hec dictio 'an' disiungit inter dicta inventa: VII,12; hec dictio 'an' est dictio interrogativa: VII,16; Hec dictio 'an' semel posita disiungit inter contradictorie opposita, bis vero posita inter dicta inventa: VII,18; queritur que sit natura huius dictionis 'an': VII,20; queritur propter quid hec dictio 'an' semper ponatur cum actionibus anime que sunt scire et dubitare: VII,20; hec dictio 'an' proprie significat disiunctionem cum dubitatione: VII,26; 'an' est dictio interrogativa, et ultra hoc est dubitativa, et iterum est disiunctiva: VII,26
annectere:
  vide s.v. *sententia*
antecedens:
  antecedens et consequens dicuntur *ad aliquid*: I,36; antecedens est causa consequentis: I,37; IV,129; antecedens dependet a consequente quantum ad intentionem solum: I,44; consequens dependet ab antecedente quantum ad substantiam et quantum ad intentionem: I,46; consequens et antecedens non dicuntur *ad aliquid* nisi quantum ad ordinationem: I,49; antecedens et consequens non se habent tamquam causa et causatum nisi secundum ordinationem unius ad alterum: I,49; quicquid sequitur ad consequens, sequitur ad antecedens (sec. Arist.): IV,3; IV,18; V,38; antecedens et consequens sunt sub eodem genere: IV,134; verbum antecedentis non retinet completam indicationem:

IV,158; natura eadem debet esse antecedentis et consequentis: IV,173; antecedens ponit consequens: VI,138
vide etiam s.v. *consequens*
antecedere:
quod antecedit ad aliquid simpliciter, supponit pro eo simpliciter ad quod antecedit: VI,122
Antichristus:
anima Antichristi indifferenter se habet ad ens et ad non-ens: V,54; Antichristus non est res aliqua: V,57
argumentatio:
argumentatio non transmutatur secundum transmutationem rerum: IV,182; IV,204
archa:
de hoc sophismate 'omne animal fuit in archa Noe': VIII,130sqq.
argumentum:
diverse consequentie non impediunt argumentum a primo ad ultimum: IV,2
ars:
ignoratis communibus necesse est artem ignorare: I,1; frustra fit in arte per duo quod potest fieri per unum: II,186; IV,9; ars imitatur naturam inquantum potest: IV,116; non natura facit navem, sed ars: IV,116
attribuere:
aliquid potest alicui attribui primo aut ex consequenti: VI,22
attributio:
omnis attributio est ad illud quod est formale in oratione: VI,6

Bonus:
hec non est per se falsa 'bonum est malum' (sec. Arist.): IV,183; IV,205; si duo demonstrantur quorum alterum sit bonum, alterum non-bonum, possumus dicere quod ista sunt non-bona (sec. Arist.): VI,40; hec est per se vera 'bonum est bonum': VIII,11

Canis:
'marina belua est canis': IV,20
cathegoricus:
'cathegoricum' et 'ypoteticum' sunt diverse species rationis: IV,104; magis communicant cathegorica una cum alia et ypotetica una cum alia quam cathegorica cum ypotetica: IV,108; cathegorica est de substantia ypotetice propositionis: IV,118
causa:
antecedens est causa consequentis: I,37; differt dicere causam et substantiam cause: I,44; substantia cause non dicitur *ad aliquid*, sed causa sub intentione sua dicitur *ad aliquid*: I,44; ubi est eadem causa, et idem effectus: II,6; IV,2; causa remota, removetur effectus: III,54; causa et causatum sunt sub eodem genere: IV,134; duplex est causa: alia simpliciter, alia ex suppositione vel secundum quid: IV,143
causalitas:
causalitas consignificata per hanc dictionem 'si' est causalitas ipius orationis in se, sive veritatis ipius orationis in se: IV,90
certitudo:
certitudo opponitur dubitationi: VII,6
Cesar:
Cesar non sit aliquo modo ens: I,152; queritur utrum hec sit vera 'Cesar est homo': IV,183

cognoscere:
: potest aliquid cognoscere dupliciter: in se et in sua causa: IV,24; cognoscere aliquid in se *opp.* aliquid in altero: IV,24; speculum non facit cognoscere se primo sed ex consequenti: IV,35; ille qui cognovit de omni, cognovit secundum speciem, qui autem cognovit unumquodque, cognovit secundum numerum: VIII,139; qui novit de omni triangulo quoniam habeat tres, similiter cognovit de triangulo qui est in semicirculo: VIII,143; VIII,165; simul est cognoscere de universali et de illo singulari in quo salvatur universale re et nominatione: VIII,167

comparativus:
: comparativum et superlativum comparatum ad res sui generis excedunt: VI,75

compositio:
: quando in aliqua oratione sunt due compositiones, altera participii, altera verbi: cum advenit negatio, tunc est oratio multiplex: I,3; negatio naturaliter movetur ad compositionem: I,12; eadem est compositio in participio et in verbo: I,13; I,24; compositio verbi potest finire negationem: I,13 compositio sive unio consequentis: I,46; compositio unius cum uno subdividitur in compositio qualitatis cum substantia (que significatur per nomen) et compositio actus cum substantia (que significatur per verbum): I,54; compositio duorum cum uno vel duorum cum duobus significatur per copulationem: I,54; diversificatio compositionis attenditur circa dictiones sincathegorematicas: II,88; aliquid unitur mediante compositione finita vel mediante compositione infinita: II,108; eorum quorum est compositio, illorum est illatio sive collatio: IV,74; determinatio compositionis *opp.* determinatio actus: V,27; compositio essentialis: IV,18

compositus:
: omne compositum ex aliquibus tenetur secundum naturam eius quod in ipso est secundum totam essentiam ipsius, vel quod in ipso salvatur secundum totum et movetur secundum motum illius: III,171

concomitantia:
: concomitantia aliquorum non est nisi in aliquo tertio quod ab utroque participetur: II,96; omnis concomitantia alicuius cum actu habet fieri circa illud quod rem suam significat ut ens aliquid in subiecto: VI,3; concomitantia habet esse circa actum prout est in subiecto: VI,20

conditio:
: terminus sub conditione non ponit rem suam simpliciter, sed cum suppositione quadam: IV,157; implicatio sub conditione non ponit rem suam esse simpliciter: IV,58; conditio illativa — conditio consecutiva: IV,73; eadem sunt extrema conditionis et illationis cum est consecutio sicut formalis in oratione: IV,92

conditionalis:
: unitas conditionalis: I,68; consequens in conditionali sic se habet tamquam predicatum in cathegorica: IV,43; ex conditionali transformatur argumentum: IV,132; conditionalis est vera in qua illud quod antecedit non potest esse verum sine consequente: IV,139

confundere:
: supposito quod hec dictio 'si' confundat terminum cui adiungitur et quod possit confundere terminum disiunctum, confundit partes totius disiuncti: IV,148; hec dictio 'si' non confunfdit: IV,150

congruitas:
: congruitas et incongruitas causantur ab intentionibus generalibus I,28

coniunctio:
: *def.*: coniunctio per propriam eius significationem habeat annectere sententias et orationes: I,108; IV,96; proprium coniunctionis est annectere sententias:

I,110; omnis coniunctio vult coniungere similia: IV,76; omnes partes possunt esse in una coniunctione preterquam coniunctio (sec. Prisc.): IV,78; omnis coniunctio habet esse inter orationes: IV,78; IV,77; IV,95; que est proportio coniunctionis ad propositionem et econverso, eadem est proportio specierum coniunctionis ad species propositionis: III,174; hoc sapit coniunctio disiunctiva quod ea que disiungit simul esse non permittit: I,62; I,73; VIII,102; si addatur coniunctio, necesse est aliam orationem subsequi (sec. Prisc.): I,110; in hac 'heu idem homo lapsus hodie concidit' sunt omnes partes orationis preter coniunctionem: VIII,146; coniunctio disiunctiva (*opp.* coniunctio coniunctiva): I,61

contingens:
contingens est quod est et potest non esse: IV,112; contingens est quod contingit eidem inesse et non inesse: V,9; contingens est medium inter necessarium et impossibile: IV,111; contingentia sunt in tempore pro parte aliqua temporis, necessaria vero sunt pro toto tempore: III,185; utrum ex contingenti sequatur impossibile: IV,109; contingens et necessarium opponuntur: IV,113; contingens non habet in se aliquam naturam per quam potest antecedere ad quidlibet: IV,122; contingens magis habet de natura necessarii quam de natura impossibilis: IV,123; *esse* est illud quod primo intelligitur in diffinitione contingentis, *non esse* intelligitur ex consequenti sicut ab alio: IV,123; ex contingenti potest sequi necessarium non tamen ex contingenti sequitur impossibile: IV,123; ex contingenti potest sequi necessarium: IV,124; ex contingenti non potest sequi impossibile: IV,124; contingens magis differt ab impossibili quam possibile a natura necessarii: IV,126; contingens natum *opp.* contingens ad utrumlibet: IV,124

consecutio:
consequi est proprium consecutionis: III,174; utrum potest esse consecutio dicti ad dictum vel dicti ad attributum: IV,63; consecutio est forma respectiva que dicitur relatio: IV,75; consecutio dicti ad dictum vel dicti ad attributum: IV,91; IV,103; cum fit consecutio dicti ad attributum, diminuitur ab esse completo: IV,93; potest fieri consecutio dicti ad dictum vel dicti ad attributum: IV,114

consequens:
antecedens et consequens dicuntur *ad aliquid*: I,36; antecedens est causa consequentis: I,37; consequens dupliciter est accipere: aut absolute, aut in comparatione ad antecedens: I,38; perempto consequente, perimitur consequentia: I,39; ordinatio unius ad alterum in consequentia una radicata est supra consequens: I,42; in consequente sunt substantia consequentis et ordinatio ipsius: I,44; dupliciter contingit negare consequens: aut secundum substantiam ipsius, aut sub ordinatione: I,44; consequens quantum ad substantiam non dicit relationem ad suum antecedens: I,45; substantia consequentis dependet a substantia antecedentis: I,45; consequens dependet ab antecedente quantum ad substantiam et quantum ad intentionem: I,46 dupliciter contingit loqui de consequente: aut quantum ad substantiam ipsius, aut quantum ad ordinationem: I,48; consequens et antecedens non dicuntur *ad aliquid* nisi quantum ad ordinationem: I,49; antecedens et consequens non se habent tamquam causa et causatum nisi secundum ordinationem unius ad alterum: I,49
vide etiam s.v.v. *antecedens, consequentia*

consequentia:
consequentia habet esse circa intentiones generales: I,28; consequentia est quedam relatio: I,29; omnis consequentia reducitur ad aliquam illationem: I,31; IV,73; omnis consequentia ex se nata est transferri in argumentum: I,31; cum fit negatio pro parte consequentie, negabit consequentiam: I,31; ordinatio unius ad alterum in consequentia una radicata est supra consequens: I,42; de consequentiis ex virtute negationis: I,102; consequentia *simpliciter opp.*

consequentia *ut nunc*: III,183; in consequentia simpliciter exigitur localis habitudo: III,184; consequentie intermedie in loco a primo ad ultimum se habent sicut medium in cathegorico sillogismo: IV,5; diverse consequentie que diversificantur quantum ad substantiam impediunt locum a primo ad ultimum: IV,21; consequentia diversorum est quantum ad intentiones vel acceptiones, non quantum ad substantiam: IV,22; omnis consequentia est eorum quorum unum sequitur ad alterum: IV,71; omnis consequentia est eorum quorum unum intelligitur in altero: IV,131; omnis consequentia est illorum quorum est illatio: IV,132; consequentia est duplex: consequentia que sequitur ex qualitate et quantitate propositionum et consequentia que causatur ex habitudine speciali terminorum: IV,125; consequentia sillogismi dialetici: IV,125; in consequentia que causatur ex habitudine speciali terminorum potest sequi impossibile ex contingenti: IV,125; consequentia est eorum que necesse est simul intelligere pro uno tempore: IV,120; omnis consequentia fit gratia idemptitatis: IV,136; duplex est consequentia: consequentia que infert per habitudinem terminorum, et consequentia ex ypotesi: IV,141; loquendo de consequentia que infert per habitudinem terminorum ex impossibili non sequitur quidlibet, sed loquendo de consequentia ex ypotesi ex impossibili sequitur quidlibet: IV,142; solum illa consequentia in qua denotatur aliquid esse causa alicuius simpliciter est eorum quorum unum intelligitur in altero: IV,144

consignificatum:
consignificata in verbo; consignificata in nomine: III,166

constructio:
omnis constructio ad intellectum referenda est (sec. Prisc.): II,91; VIII,84

contradictio:
contradictio dupliciter potest considerari, prout est in genere (sic non descendit ad materiam), vel prout est in specie (sic descendit ad materiam): IV,59; contrarietas et contradictio est ex eadem re et eodem nomine: III,143

contradictorius:
contradictorie opposita convertuntur secundum transpositionem veritatis et falsitatis, et affirmationis et negationis: IV,30

contrarietas:
contrarietas et contradictio est ex eadem re et eodem nomine: III,143

contrarium:
contraria nata sunt fieri circa idem: I,20

conversio:
conversio intellectus supra apprehensum: VI,147

convertibilius:
uno convertibilium posito in esse, ponitur alterum: V,20

copulatio:
copulatio una est quando copulat suas extremitates respectu alicuius tertii ex quibus fit unum; alia est copulatio plurium ex quibus non fit unum: I,66; copulatio est quedam relatio: I,109; extremitates copulationis sunt sub eadem parte entis: I,109; extrema copulationis semper sunt sub eadem differentia entis: I,121; de distinctione quod possit esse copulatio inter terminos vel inter orationes: IV,109; potest esse copulatio inter terminos vel inter propositiones: I,113; extremitates copulationis aliquando sunt termini, aliquando orationes: I,120; I,121; cum alterum extremorum copulationis est oratio, necesse est alterum esse orationem: I,109; quando unum extremum copulationis est terminus, necesse est alterum extremum esse terminum, quando alterum est oratio, necesse est alterum esse orationem: I,120; I,121

copulativa:
quomodo sumenda sit contradictoria copulative, per unam negationem vel per plures: I,51; quomodo sumenda sit contradictoria cupulative, per negationem

totius aut per negationem partis: I,63; utrum copulatio possit negari per unam negationem: I,57–62; unitas copulative: I,68; copulativa aliquo modo est una: I,72

corruptio:
    terminus corruptionis est non-ens: VI,48; corruptio et generatio sunt motus diversi: VI,49; corruptio incipit ab ente et terminatur in non-ens: VI,49

currere:
    idem est dicere 'currens' et 'qui currit': I,13; I,18; in hac 'Sortes qui currit, disputat' est duplex affirmatio, altera ipius orationis, altera alicuius circa subiectum: I,18

Definition:
    on the necessity expressed in definitions: Int. 4.6

dependens:
    omne dependens ad alterum finitur per illud a quo dependet: II,98

desinere:
    de hac dictione 'desinit': VI; 'desinit' habet determinari per verbum infiniti modi: VI,5; hoc verbum 'desinit' habet respectum ad positionem termini et ad modum sue positionis: VI,54; 'desinit' habet in suo intellectu positionem et privationem illius positionis: VI,54; 'desinit' potest dupliciter accipi: ex parte expositionis que sibi debetur a parte ante <vel ex parte expositionis que debetur sibi a parte post>: VI,62; hoc verbum 'desinit' privat semper in presenti, et ponit semper in preterito: VI,63; 'desinit' habet in se vim duplicis temporis: presenti et futuri: VI,71; 'desinit' dat se intelligere pro duplici tempore: dat enim intelligere tempus presens actu, tempus vero futurum ex consequenti sive in potentia: VI,81; 'desinit' habet in se naturam quandam per quam restringit, alteram vero per quam ampliat: VI,87
    vide etiam s.v. *incipere*

desitio:
    desitio non est nisi alicuius rei prius existentis: VI,37; desitio est corruptio: VI,48; desitio et inceptio opponuntur sicut generatio et corruptio: VI,49; desitio gratia accidentis *opp.* desitio gratia suppositi: VI,56; desitio incipit ab ente et terminatur in non-ens: VI,62; desitio est motus ordinatus ad non esse: VI,99

destruere:
    "destructis primis *etc.*": IV,206

determinatio:
    determinationis non est determinatio: VI,5

dialeticus:
    incongruitas potest attendi in oratione quantum ad repugnantiam accidentium (et sic est propria gramatico) aut quantum ad repugnantiam intellectuum (et sic est communis gramatico et dialetico): VIII,84; utrum in arte dialetica utendum sit ypotetico sillogismo: IV,9; consequentia sillogismi dialetici: IV,125; argumentum dialeticum: II,122

dicere:
    dici de omni est quando nichil est sumere sub subiecto de quo non dicatur predicatus: III,14; III,118; VIII,70; VIII,132; *dici de omni* est quod non est in aliquo sic et in aliquo non, sed in quolibet: VIII,54; VIII,81; *dici de omni* est principium sillogizandi et principium contradicendi: VIII,144

dictio:
    omnis dictio naturaliter inclinatur ad suam significationem: III,47; omnis dictio quantum est de sua prima impositione vocis et de sua prima significatione unum significat: III,70; nulla dictio denominans orationem est proprietas orationis sed termini: II,52; de dictionibus exclusivis: II; *dictio exclusiva*: dictiones

exclusive semper tenentur exclusive: III,71; dictio exclusiva habet excludere diversum: II,3; II,29; dictio exclusiva vult excludere aliud: II,183; dictio exclusiva est privativa concomitantie: II,188; III,71; dictio exclusiva excludit aliud a subiecto secundum quod subicitur: II,5; omnis dictio exclusiva habet excludere tale quid quod potest participare predicatum cum ipso: II,12; II,25; dictio exclusiva habet excludere opposita: II,13; dictio exclusiva addita termino accidentali potest excludere aliud a supposito vel aliud a forma: II,13 dictio exclusiva solum excludet illud quod convenit cum subiecto in genere, aut illud quod convenit cum subiecto in specie: II,38; dictio exclusiva semper excludit diversum specie vel numero: II,42; dictio exclusiva significat discretionem substantie respectu actus: II,185; dictio exclusiva addita alicui non solum excludit diversum in substantia, sed etiam illud quod est sub opposito accidente: II,147; dictio exclusiva addita minori excludit maiorem multitudinem: II,148; dictio exclusiva addita uni generi generalissimo non excludit alterum: II,48; dictiones exclusive semper excludunt ratione negationis vel virtute negationis quam in se habent: II,100; dictiones exclusive denominant propositionem: II,52; quando dictio exclusiva bis ponitur in oratione, scilicet a parte subiecti et a parte predicati, tunc est oratio multiplex: II,70; tenet argumentum ab inferioris ad superius cum dictione exclusiva: II,113; ille dictiones importantes negationem ex consequenti quarum negationes negant aliquid intra circa inferius et superius impediunt argumentum ab inferioris ad superius: II,136; ab inferioris ad superius cum dictione exclusiva non tenet argumentum dummodo inferius et superius non ponantur ex eadem parte cum dictione exclusiva: II,127; utrum dictio exclusiva addita parti integrali excludat suum totum integrale: II,154; dictio exclusiva addita toti non excludat partem: II,175; propter hoc quod pars est diversa a parte, dictio exclusiva addita uni parti excludit alteram et ex consequenti excludit totum: II,178; *dictio sincathegorematica*: quando dictio sincathegorematica bis ponitur in oratione, scilicet a parte subiecti et a parte predicati, tunc est oratio multiplex: II,71; diversimode possunt ordinari dictiones sincathegorematice et potest una preponi alii, propter hoc potest oratio diversimode iudicari: II,77; dictiones cathegorematice habent situm determinatum in oratione, sed dictiones sincathegorematice non habent ordinationem inter se: II,89; *dictio exceptiva*: dictio exceptiva una sola comparatione se habet ad exceptum sicut retorsiva ipsius: II,187; dictio exceptiva ponit predicatum in aliis et removet ab excepto: III,22; dictio exceptiva denotat aliter predicatum comparari ad subiectum quam ad exceptum: III,167; dictio exceptiva est retorsiva sui casualis ad actum: III,27; sicut se habet dictio exclusiva ad id quod significat, sic se habet dictio exceptiva ad suum significatum: III,51; dictio exceptiva solum exigit ut habeat suas partes actu: III,77; dictio exceptiva est inventa ad faciendum instantiam: III,123; III,152; dictio exceptiva est dictio instantiva: III,141; III,143; III,152; *dictio relativa*: vide s.v. *relativum*; dictio confundens terminum communem distributum immobilat distributionem: III,20; omnis dictio significans rem suam ut modus denominans propositionem, semper ponit illud quod significat simpliciter circa illud quod disponit: III,81; dictiones confundentes immediate significant aut consignificant illud pro quo fit distributio: III,188; omnis dictio confundens aut significat aut consignificat illud pro quo fit confusio: IV,151; signum sive dictio habens virtutem confundendi habet semper addi termino confusibili sive termino communi: IV,152; *dictio modalis*: dictiones modales non habent esse nisi circa compositionem: V,51; dictionum implicativarum alia est que ponit aliquid (ut 'qui'), alia que nichil ponit vel ponit aliquid sub conditione (ut 'quotiens'): V,69; dictio importans privationem adveniens supra terminum multiplicatum advenit suora ipsum gratia cuiuslibet partis sue: VI,44; omnis dictio equivoce sumpta significat aliud et aliud: VIII,22

dictum:
  de exclusione a toto dicto vel a parte dicti: II,49-69; dictum universale in appellatione dicti positum est singulare: II,53; dictum distinguitur quia ultra propositionem habet possibilitatem plurium subiectorum et alteram compositionem respectu cuius potest fieri exclusio: II,63; propositio in quo ponitur dictum exprimit ita esse sicut per dictum significatur: II,62; sequitur 'si propositio est vera, dictum est verum': II,62; secundum quod fit exclusio a dicto, dictum est unum et induit naturam incomplexi: II,65; dictum est res propositionis: IV,31; dictum universale positum in appellatione dicti est singulare: V,84

differentia:
  iste differentie 'universale', 'particulare', 'affirmativum', 'negativum' sunt differentie omnino differentes in substantia non communicantes: IV,118; differentia entis *opp.* differentia propositionis: IV,119; nulla differentia abicit aliquid a subiecto in quo est: IV,187; 'necessario' et 'contingenter' dicunt differentias inherendi: V,6; differentie dividentes aliquod genus simul sunt: VI,66; *verum* et *falsum* sunt proprie differentie enuntiabilis: VII,25; *verum* et *falsum* sunt propria passio propositionis: VIII,105

differre:
  quod non est idem alicui nec pars ipsius, differt ab eodem: III,23; hec dictio 'differt' non immobilitat distributionem: III,26 'differt' est verbum privatorium: III,26; 'differt' naturaliter ordinatur ad confusionem universalem et mobilitatem termini: III,26 'alius' et 'differens' idem significant: III,21

diffinire:
  si diffiniatur sub toto, debet diffiniri per id ad quod primo ordinatur (sec. Arist.): III,48

diffinitio:
  diffinitio non dicit esse simpliciter, sed sub conditione: IV,192; diffinitiones non dicunt aliquid simpliciter esse, sed esse sub conditione: VIII,71; partes diffinitionis predicantur de diffinito suo de necessitate, quoniam non predicantur simpliciter, sed sub conditione: IV,192

dignitas:
  dignitates que sunt *dici de omni* et *dici de nullo*: II,80

discretio:
  II,179; dupliciter contingit facere discretionem alicuius: in se aut respectu actus: II,185

disiunctio:
  disiunctio est semper duorum et querit semper duas extremitates: VII,20; disiunctio disiungit inter diversa vel disparata: VII,27; potest esse disiunctio inter terminos vel inter propositiones: VIII,117; disiunctio et electio sunt actus oppositi: VII,17; dicatur qualiter differt disiunctio importata per hanc dictionem 'vel' et per hanc dictionem 'an': VII,19

dispositio:
  omnis dispositio est idem in substantia cum disposito: III,11; dispositio termini est duplex: dispositio termini que disponit terminum a parte qua est res quedam, dispositio que disponit terminum a parte qua est subiectum: III,13; dispositio est duplex: dispositio que est modus intelligendi terminum, et dispositio que est modus intelligendi et res aliqua: III,42; dispositio subiecti inquantum subiectum *opp.* dispositio subiecti inquantum est res: III,134; VIII,93; exceptio non est dispositio subiecti nec fit a subiecto nisi secundum quod ipsum intelligitur sub signi dispositione: III,135; quedam sunt dispositiones predicati que denominant propositionem sicut subiecti: V,86; negatio est dispositio compositionis: I,11; dispositiones actus semper determinant actum: I,11

dissonare:
  dissonare in tempore: V,11

distinctio:
  passim; distinctio exigit disparata inter ea que est distinctio: I,116
distributio:
  quando distributio precedit exceptionem, distributio non immobilitatur: II,83; quando exceptio precedit distibutionem, distributio immobilitatur: II,83; dictio confundens terminum communem distributum immobilitat distributionem: III,20; III,26; distributio de aliquo sumpta vel non sumpta infert subiectum suum simpliciter: III,57; nullum distributum recipit supra se distributionem si sit prius distributum: III,60; a distributione immobili non potest fieri exceptio: III,154; III,155; contra distributionem immobilem potest fieri instantia in toto: III,157; quando sunt due distributiones in aliqua oratione, dummodo sint eidem, oportet totum partibus et partes toti attribuere: VIII,27; ad distributionem tria requiruntur: signum distribuens et illud quod distribuitur et forma communis: VIII,96; supra totum disiunctum potest advenire distributio: VIII,96; distributio est divisio: VIII,136; queritur quid sit dicere quod possit esse distributio pro speciebus vel pro individuis: VIII,141
diversitas:
  diversitas est a parte forme: II,3
diversus:
  diversum primo *opp*. diversum ex consequenti: II,170; diversum primo quod per se differt ab aliquo, diversum ex consequenti quia non differt ab aliquo per se, sed per alterum: II,170
divisio:
  omnis distinctio est divisio: I,100; omnis divisio habet esse inter opposita: I,104; non semper exigitur quod divisio fiat per opposita, sed potest fieri per divisa et separata: I,116; divisio incipit ab unitate et in multitudinem terminatur: VIII,47; VIII,75; omnis divisio est a parte materie: VIII,136
dubitatio:
  dubitatio est alicuius acceptio cum formidine sui oppositi: VII,27; dubitatio et electio non dantur intelligi per eandem dictionem: VII,15

Eclipsare:
  solem eclipsari contingit cognosere in se ipso et in sua causa: IV,24
eclipsis:
  sequitur 'non est eclipsis; ergo non est interpositio solis terre', et econverso: I,37; eclipsis solis aut lune est in potentia ordinata ad actum ut per motum solus: V,56; si essemus supra lunam et videremus eam deficere, non quereremus propter quid, quia sciremus causam: VII,16
econverso:
  'econverso' dicit conversionem termini: VIII,28; VIII,29; 'econverso' notat equalitatem predicationis et unius ambitus ad alterum sive ordinationem secundum sub et supra: VIII,29
electio:
  electio est circa illud quod determinate scitur: VII,11; electio est actus contrarius dubitationi: VII,15; dubitatio et electio non dantur intelligi per eandem dictionem: VII,15
ens:
  'ens' significat aliquid quod est transcendens omnia predicamenta: VIII,43; 'ens' et 'unum' et 'aliquid' convertuntur (sec. Arist.): VIII,43; 'ens' significat sicut res aliqua: I,140; quod non est aliquo modo ens, de ipso non predicatur ens vel aliquid entis: I,152; quod non est ens, non est in genere entium: IV,134; ens predicatur per prius de substantia, per posterius de accidente: IV,185; 'ens' dividitur per has differentias 'universale', 'particulare' (sec. Arist.): IV,119; 'per se' et 'per accidens' sunt differentie entis: V,88; 'ens' potest infinitari: I,126; I,139; 'ens' et 'non ens' opponuntur sicut affirmatio et negatio:

I,127; I,129; "de quolibet affirmatio vel negatio" est primum principium entis et non entis: IV,46; negationes entis sunt ens in anima: IV,47; omne ens infinitum finitur per illud quod est magis finitum: VI,4; nichil ens infinitum potest finire aliquid infinitum: VI,110; nullum ens infinitum potest finire aliud infinitum: II,98; omne ens in potentia ad esse querit exire in esse secundum quod nobilius est et magis completum in esse: II,99; ens in potentia solum non removet illud quod est ens actu: II,116; ens in potentia non est nobilius quam ens actu: II,116; ab 'ens' potest fieri exclusio a parte subiecti, et non a parte predicati: II,188; dictio exclusiva addita 'ens' excludit non-ens: II,190; 'ens' potest esse nomen vel participium: IV,57; cum dicitur 'nichil est' remanet ens in anima: IV,60; complexum et incomplexum non sunt sub eadem parte entis: IV,75; differentia entis *opp.* differentia propositionis: IV,119; 'ens necessario' non est superius ad 'ens': V,16

enuntiabile:
ad hoc quod sit enuntiabile simpliciter, exigitur quod habeat esse completum in esse materiali et in esse formali: IV,53; ad hoc quod sit enuntiabile simpliciter tria exiguntur: subiectum, predicatum et compositio unius ad alterum: VI,121; ad hoc quod sit enuntiabile simpliciter, exigitur principium formale et principium materiale: VI,143

enuntiatio:
enuntiatio una: quedam enuntiatio simpliciter una, quedam autem coniunctione una: I,57; I,69; enuntiatio *opp.* propositio: enuntiatio dicit rem suam absolute, propositio vero dicit rem suam prout est ordinabilis ad sillogismum: I,70; loqui de orationibus modalibus secundum quod sunt enuntiationes vel secundum quod sunt propositiones: V,85; species enuntiationis: universale, particulare, affirmativum, negativum, cathegoricum, ypoteticum: IV,105; IV,118; vide etiam s.v. *cathegoricus*

equalis:
si equalibus equalia addantur, totum remanet idem: VIII,12

esse:
unumquodque conservatur in esse per sibi conveniens in natura: I,79; privans aliquid in esse nichil confert ad esse ipsius: I,80; locus nobilior magis conservat suam rem in esse quam ignobilior: I,82; esse in potentia est duplex: ens in potentia quod nullo modo est actu, et ens in potentia aliquo modo, sed simpliciter ens actu: II,137; appellatur esse materiale enuntiabilis extremitates et compositio in suis extremis finita, et esse formale appellatur significatio sive esse ipsius secundum quod dicitur esse significatum: IV,53; esse formale — esse materiale in oratione: IV,92; unumquodque appetit completum suum esse secundum quod potest: IV,124; omne quod est aut est impossibile, aut contingens, aut necessarium: IV,140; que habent indivisum esse, unum non est preter alterum: IV,165; substantia veriori modo participat esse quam accidens: IV,185; 'necesse est esse' et 'impossibile est non esse' equipollent: V,14; esse, quando est, necessario est: V,44; 'esse' quantum est de se non dicit actum ut est in subiecto: VI,20; 'esse' est verbum infinitum de se: VI,21; quod fit non est: VI,63; esse et non esse opponuntur contradictorie: VI,76; VI,92; esse et non esse cuiuslibet est a forma: VI,98; unumquodque quod est habet in se principium conservandi per quod quidem in esse conservatur: VIII,23

excedere:
cum aliquid excedit alterum in aliquo, oportet quod excessum et excedens participent illud in quo denotatur excessus: VI,65; excedens et excessum per idem aliquod intelliguntur: VI,66; excedens et excessum pro eodem tempore intelliguntur secundum quod sic sunt: VI,86

excessus:
  excessus est respectu eius quod predicatur de altero: VI,109; oportet fieri excessus respectu huius quod de altero predicatur vel quod natum est predicari de altero: VI,114
exceptio:
  ad exceptionem tria requiruntur: subiectum a quo fit exceptio, illud quod excipitur et illud respectu cuius fit exceptio: III,161; ad exceptionem oportet quod illud quod excipitur contineatur in suppositione termini a quo fit exceptio: III,161; omnis exceptio fit a subiecto multiplicato aut confuso: III,163; exceptio negativa convertitur cum exclusione: II,180; exceptio fit a toto distributo: III,60; respectu cuius potest fieri instantia et contradictio, respectu eiusdem potest fieri exceptio: III,87; exceptionis non est exceptio simpliciter, sed secundum quid: III,91; exceptio secundum quid: III,99; exceptio non est dispositio subiecti nec fit a subiecto nisi secundum quod ipsum intelligitur sub signi dispositione: III,135; contra quod potest fieri instantia, et exceptio: III,152; a distributione immobili non potest fieri exceptio: III,154; exceptio exigit ut illa pars que excipitur sit actu in termino a quo fit exceptio: III,155
excipere:
  quando tot excipiuntur quot supponuntur, et eodem modo, tunc est oratio falsa: III,25; quando tot excipiuntur quot supponuntur, locutio est falsa et impossibilis: III,61; quando aliquid excipitur ab aliquo primo, oportet ut immobilitare possit distributionem et quod possit facere instantiam contra ipsum: III,147; omne quod excipitur ab aliquo, actualiter est in illo a quo excipitur: III,162; omne quod excipitur ab aliquo, sequitur ad illud a quo excipitur: III,154; eius cuius est excipere, eius est retorquere actum aliquem ad subiectum vel econverso: III,167; excipere et consequi sunt actus totaliter differentes: III,168
excludere:
  semper excluditur illud quod est diversum: II,19; semper excluditur tale quid quod potest participare predicatum cum subiecto: II,25
exclusio:
  tria exiguntur ad exclusionem: quod excluditur, a quo excluditur, et respectu cuius fit exclusio: II,54; II,97; exclusio finitur per illud respectu cuius fit: II,98; omnis exclusio fit ratione eius quod non est idem cum subiecto: II,4; de eodem est negatio et exclusio: II,101; queritur propter quid fiat exclusio circa terminos accidentales plus quam circa terminos substantiales: II,7; dictio exclusiva excludit ratione diversitatis importate per hoc quod dico 'aliud': II,9; *def.*: exclusio est privatio concomitantie: II,12; II,38; II,96; II,150; eadem est natura exclusionis et negationis: II,100; exclusio querit excludere solum respectu eius quod de altero dicitur: II,110; exclusio gratia forme *opp.* exclusio gratia materie: Int. 3; exclusio gratia forme vel gratia materie: II,3; II,16; II,17; II,18; II,162; exclusio ratione forme respective: II,17; exclusio gratia materia intelligendum est de materia que idem est quod suppositum sub forma substantiali: II,20; exclusio generalis *opp.* exclusio specialis: Int. 3; de exclusione generali vel speciali: II,26–39; *def.* exclusio generalis: quando excluditur illud quod convenit cum subiecto in genere; *def.* exclusio specialis quando excluditur illud quod convenit cum subiecto in specie: II,38; fit generalis exclusio quia excluditur illud quod convenit in genere cum subiecto: II,41; est exclusio generalis cum excludit idem genere et diversum specie: II,40; est exclusio specialis cum excludit idem specie et diversum numero: II,40; nulla est comparatio generalis exclusionis ad specialem sicut generis ad speciem: II,40; non fit tertia differentia exclusionis que est individualis, quia nulla convenientia est in individuo: II,38; II,46; semper fit exclusio in individuo: II,47; de exclusione a

toto dicto vel a parte dicti: II,49-69; omnis exclusio fit a subiecto: II,53; potest esse exclusio a toto dicto vel a perte dicti: I,59; exclusio fit respectu eius quod unitur cum subiecto, mediante compositione verbi: II,97; utrum exclusio impediat argumentatio ab inferiori ad superius: II,112-122; exclusio significatur per nomen et per adverbium ut facit discretionem actus: II,187; actus reflexus supra se negatum aut supra suum oppositum non ponet se simpliciter: VI,16

exclusion:
Int. 4.2

Fallacia:
assignare rei subiecte aliquid et accidenti non pro eodem in ipsis, nec per eandem naturam sed pro altero et altero, hoc facit fallaciam accidentis: IV,99; fallacia accidentis: III,74; IV,79; IV,86; IV,97; IV,166; V,103; VI,56; VI,100; VI,104; VII,21; VIII,73; fallacia accidentis ex diversificatione medii: IV,166; fallacia consequentis a superiori ad inferius affirmando: I,88; III,124; III,196; IV,154; IV,178; fallacia consequentis a duabus causis veritatis ad unam: II,85; II,86; II,178; V,102; VI,26; IV,30; VI,82; VI,83; VI,101; VI,113; VII,23; VIII,72; VIII,121; decipimur secundum consequens quando credimus consequentiam converti que non convertitur (sec. Arist.): II,121; fallacia consequentis ab inferiori ad superius cum exclusione: II,128; fallacia consequentis a superiori ad inferius cum distributione: III,130; fallacia consequentis ab insufficienti: III,17; III,25; III,39; IV,58; IV,61; VIII,27; fallacia consequentis a minori distributione ad maiorem: V,25; V,27; VIII,119; fallacia consequentis a minori negationem ad maiorem: VI,56; VIII,121; fallacia consequentis ab ampliata ad restrictam: VI,82; fallacia figura dictionis a confusa immobili ad determinatam: III,38; fallacia figure dictionis eoquod transmutatur *quid* in *quale*: IV,85; fallacia figure dictionis ex variato modo supponendi: IV,155; V,103; VI,27; VI,83; fallacia figure dictionis a restricta ad ampliatam: V,25; VI,83; figura dictionis a pluribus determinatis ad unam: V,107; fallacia secundum quid et simpliciter: III,85; III,99; III,100; IV,37; IV,51; IV,54; IV,189; IV,192; V,44; V,45; VI,118; VI,129; VI,142; VI,148; VI,152; diversificatio que facit fallaciam accidentis: IV,14; fallacia secundum compositionem et divisionem: IV,156; fallacia secundum ignorantiam elenchi: V,24; V,28

falsitas:
idem est subiectum veritatis et falsitatis et affirmationis et negationis: I,6; veritas et falsitas habet esse circa compositionem verbi et circa compositionem participii: I,20

fenix:
queritur de hoc sophismate 'omnis fenix est': VIII,46; queritur quare iste terminus 'fenix' non habet multa supposita: VIII,66; partes huius termini 'fenix' sunt in potentia: VIII,76

fieri:
unumquodque quod fit, per sibi conveniens in natura fit: I,79

finire:
compositio verbi potest finire negationem: I,13; compositio participii potest finire negationem sicut compositio participii: I,23; aliquid potest finire alterum dupliciter: potest enim aliquid finire alterum in se, et potest finire aliquid in altero ut per hoc quod finitur: III,41

finitatio:
VI,23

forma:
forma est principium intelligendi unumquodque quod est et principium essendi: I,133; forma substantialis dat esse eius cuius est forma: I,134; forma non

potest privari ab eo cuius est forma: I,135; forma substantialis potest privari a termino in quo est, supposito non manente: I,47; in generatio est quantum ad formas substantiales, alteratio est quantum ad formas accidentales: I,141; forma generalis (*opp.* forma specialis) est principium intelligendi sicut nomen infinitum: I,147; forma principium distinguendi rem a re: II,4; materia et forma sunt eadem in substantia: II,10; forma est principium intelligendi subiectum: II,11; forma est principium intelligendi subiectum cuius est forma: IV,162; forma et materia indivisa sunt et indivisum habent esse: IV,165; "quicquid est aliud a forma est aliud a materia" intelligendum est de forma substantiali: II,25; omne forma amplians indifferenter se habet ad ens et ad non-ens: V,18; forma et materia simul sunt secundum tempus, et secundum naturam materia precedit formam: VI,98; forma potest considerari ut intellecta preter materiam, vel prout est in materia: VI,103

Gerundivum:
gerundivum habet resolvi per 'si' vel per 'dum' vel per 'quia' (sec. Prisc.): VI,3
generabilis:
generabile non necesse est generari: V,55
generatio:
generationis non est generatio, nec motus motus, nec corruptionis corruptio: VI,15; generatio incipit a non-ente et terminatur in ens: VI,49; generatio est cum generatur aliqua forma in materia, corruptio autem cum aliqua forma corrumpitur: VI,97
genus:
nichil est in genere quod non sit in aliqua eius specie: III,53; III,111; III, 129; IV,153; VI,77; posita specie de necessitate, ponitur genus de necessitate: IV,169
gramaticus:
incongruitas potest attendi in oratione quantum ad repugnantiam accidentium (et sic est propria gramatico) aut quantum ad repugnantiam intellectuum (et sic est communis gramatico et dialetico): VIII,84

Homo:
eadem est ratio hominis et unius hominis: I,59; humanitas est forma huius quod est 'homo': II,7; cum homo mortuus dicitur 'homo' secundum quid, deficit in aliquo a suo <esse> simpliciter: IV,38; 'homo mortuus', dicit homo secundum quid et privatur ab aliquo quod est in suo <esse> simpliciter: VI,120

Idem:
'idem' est idem quod 'non cum alio': II,30 idem manens idem semper natum est est facere idem: III,7; III,49; III,50n; VII,18; eidem inquantum idem natum est accidere idem: IV,82
idemptitas:
idemptitas est a parte materie: II,3
illatio:
omnis illatio est dicti ad dictum et non dicti ad attributum: IV,73; extremitates illationis sunt sub eadem parte entis remota, et non propinqua: IV,94; non exigitur quod extremitates illationis sint sub eadem parte entis: IV,94
impedire:
de argumentationibus que impediuntur per exclusionem: II,1; quales argumentationes impediantur per dictionem exclusivam: II,112sqq.

imperator:
   imperator qui non est, est non homo (sec. Boet.): I,155
implicatio:
   implicatio sub conditione non ponit rem suam esse simpliciter: IV,58; implicatio *gram.*: implicatio de presenti et verbum de presenti restringunt ad eadem: VIII,69
impossibilis:
   ex impossibili sequitur quidlibet: IV,110; possibile et impossibile opponuntur: IV,113; ex contingenti non sequitur impossibile <in> aliquo genere consequendi, sed ex impossibili sequitur quodlibet contingens: IV,122; impossibile habet in se aliquam naturam per quam potest antecedere ad quidlibet: IV,123; impossibile minus est completum quam contingens: IV,124; ex impossibili sequitur quidlibet: Int. 2; Int. 4.5; utrum ex impossibili sequitur quidlibet: IV,128; impossibilis nullius entis est causa: IV,129; impossibile non potest esse pro tempore aliquo: IV,130; impossibilis ad quidlibet nulla est consequentia: IV,133; impossibile est non-ens: IV,134; quo modo ex impossibili sequitur quidlibet: IV,142; *impossibile est non esse* non intelligitur in *necessarium est esse* nisi quando reduplicatur 'esse' supra subiectum: V,33; 'impossibile' potest teneri pro impossibili per se vel pro impossibili per accidens: V,88; queritur quid sit dicere 'impossile per accidens': V,91; impossibile per accidens est quod non potest nec poterit esse verum, tamen potuit esse verum: V,100; ille (sc. propositiones) *de necessario* et *de impossibili* opponuntur: II,56;
inceptio:
   potest fieri inceptio vel desitio gratia forme vel gratia materie: VI,96; VI,105; inceptio et desitio sunt motus contrarii: VI,97; inceptio est motus ordinatus ad esse: VI,99
incipere:
   de hiis dictionibus 'incipit' et 'desinit': Int. 4.3; de hac dictione 'incipit': VI; 'incipit' habet determinari per verbum infiniti modi: VI,5; 'incipit' et 'desinit' finiuntur per aliquid a parte post: VI,7; queritur qualiter huiusmodi verba 'incipit' et 'desinit' se habent ad terminum distributum sive ad terminum multiplicatum: V,36; hoc verbum 'incipit' <incipit> a non-ente et terminatur in ens: VI,62; hoc verbum 'incipit' privat in presenti semper, et ponit semper in futuro: VI,63; huiusmodi verba 'incipit' et 'desinit' semper habent eandem expositionem in permanentibus et in successivis: VI,63
inclinatio:
   omnis inclinatio rei tendit ad suum optimum: I,9; omnis inclinatio est ad unum tantum: III,47
incongruitas:
   incongruitas potest attendi in oratione quantum ad repugnantiam accidentium (et sic est propria gramatico) aut quantum ad repugnantiam intellectuum (et sic est communis gramatico et dialetico): VIII,84
incorruptibilis:
   'nunc incorruptibile' dicitur multipliciter: IV,188
indicatio:
   (gram.) III,85; indicatio est in 'curro' sicut afficiens: III,85; indicatio significatur in hoc verbo 'currit' ut afficiens et ut modus tantum: III,103; indicatio verbi antecedentis est sicut materialis ad indicationem antecedentis: IV,158; indicatio formalis est principium ordinandi rem ad rem et rem ad animam: IV,158
individualis:
   non fit tertia differentia exclusionis que est individualis, quia nulla convenientia est in individuo: II,38; II,46
individuum:
   individuum non habet aliquid esse preter naturam: IV,206

inesse:
  si illud quod minus videtur inesse inest, et illud quod magis videtur: IV,140; que per se insunt de necessitate insunt: IV,181; que per se insunt non de necessitate insunt nisi sub conditione 'si insunt': IV,203; omne quod inest alicui, inest ei necessario aut contingenter: V,6; omne quod inest alicui et non est possibile se aliter habere pro tempore in quo inest, necessario inest pro tempore illo: V,7; que de necessitate insunt, semper insunt: V,8; que de necessitate insunt, semper insunt: V,8; omne quod inest alicui et contingit aliter se habere, contingenter inest eidem: V,9; si aliquid assignetur inesse alicui pro tempore, si dissonet in tempore, tunc est falsa oratio: V,11; quod inest aliquibus subiectis per aliquod medium commune, equaliter est in utroque: V,61; illud quod est formale in oratione est sicut principium completum: VI,6; cum aliquid inest alicui secundum quid et non simpliciter, addita determinatione que facit ipsum teneri secundum quid, vera est: VI,18; quod inest alicui pro aliquo instanti et in eodem instanti, si ultimo est, desinit inesse eidem: VI,72
infinitivum:
  vide s.v. *verbum*
infinitum:
  vide s.v. *verbum*
inherentia:
  in oratione contingit esse duplicem inherentiam: una principalis predicati cum subiecto, altera alicuius circa subiectum vel circa predicatum: I,19; duplex est inherentia: una principalis et alia que datur intelligi per concomitantiam: VI,29; de inherentia circa compositionem verbi et participii: I,19; inherentia predicati ad subiectum non fit pro instanti, sed pro tempore: III,177; inherentia, cum sit medium inter subiectum et predicatum, magis essentialiter comparatur ad predicatum quam ad subiectum: V,72; de inherentia in disiunctiva et copulativa: I,73
instans:
  instans modo est nunc, et modo non erit: III,176; instans dupliciter est accipere: secundum quod est aliquid fluens vel prout est aliquid simpliciter et indivisibile respectu temporis: III,194
instantia:
  duplex est instantia: instantia in toto et instantia in parte: III,157; contra distributionem immobilem potest fieri instantia in toto: III,157
instare:
  contingit instare in singulari et in universali (sec. Arist.): III,123
intellectus:
  intellectus duplicem habet comparationem: ad intelligibile, sive ad illud cuius est, et ad illud in quo est, sive ad illud cuius est forma vel perfectio: IV,89; voces sunt signa intellectuum, intellectus autem signa rerum (sec. Arist.): VI,125
intelligere:
  intelligere de re vel de dicto: V,25; omne quod primo apprehenditur, primo intelligitur: VI,125; ad hoc quod intelligatur <aliquid> exigitur apprehensio ipsius et etiam conversio ipsius intellectus supra ipsum apprehensum: VI,147
intendere:
  omnis intendens finem operatur per illud quod contingit ad finem suum nobiliori modo devenire: IV,10
intentio:
  intentio generalis: intentiones generales sunt principia congruitatis et incongruitatis: II,119; intentiones que sunt principia congruitatis vel incongruitatis sunt accidentia consequentia partes orationis: II,140; congruitas et incongruitas causantur ab intentionibus generalibus: I,28; omnis argumentatio radicatur

supra intentiones generales que sequuntur rem a parte qua est incorruptibilis: II,119; negatio non habet removere generales intentiones: I,28; II,119; habitudines locales non fundantur supra intentiones generales que sunt principia congruitatis vel incongruitatis: II,140; causa sub intentione sua dicitur *ad aliquid*: I,44; consequens dependet ab antecedente quantum ad substantiam et quantum ad intentionem: I,46

interimere:
si aliquid prius est ad alterum sine quo alterum non potest esse: illo quod prius est interempto, necesse est alterum interimi: VI,41

iudicare:
iudicare per rectum *opp.* per obliquum: II,79–80; semper iudicanda est oratio a parte recti; si iudicetur per obliquum, hoc est secundum quod ad naturam recti reducitur: II,92; propter hoc quod sic iudicamus vel sic non est oratio vera vel falsa, sed iudicare nostrum ita fit diversimode secundum quod diversimode apprehendit intellectus ut iudicet de apprehensis: II,87

iudicium:
omne iudicium est postquam terminatur consensus vel dissensus: II,73; omne iudicium est affirmatio vel negatio: II,74; iudicium habet fieri per ea ex quibus componitur res composita: II,75; iudicium habet fieri per aliquid quod est de re: II,76; iudicium de re oportet fieri per illud quod facit magis cognoscere ipsam rem: II,78; omne iudicium habet semper fieri per dignitates et per illud quod est dignius (sec. Arist.): II,80; oportet quod res apprehendantur primo et de ipsis apprehensis fit iudicium: II,81; iudicium orationis terminatur ad compositionem: II,88; semper debet fieri iudicium a parte recti et non a parte obliqui: II,93

Lignum:
'lignum est non album' ponit duo, scilicet quod sit lignum et quod non sit album (sec. Arist.): IV,177; 'album est lignum': V,89

linea:
si proponantur due linee quarum una sit maior, altera minor, maiorem minori contingit adequari per resecationem (sec. Eucl.): III,52

locus:
locus est sedes argumenti: IV,11; locus non diversificatur per diversas habitudines: IV,11; locus habet propriam nominationem a se: IV,26; a convertibili: IV,30; locus a toto copulato: IV,45; V,41; locus a disiunctione: IV,138; VIII,106; VIII,111; VIII,121; locus a parte subiectiva: IV,177; ab oppositis: IV,183; locus a destructione consequentis: V,12; locus a convertibili: V,25; locus a primo ad ultimum: IV,2; in loco a primo ad ultimum exigitur quod omnes consequentie referantur ad primum antecedens sicut ad suam causam, et quod ab ipso egrediatur per naturam eandem: IV,13; consequentie intermedie in loco a primo ad ultimum se habent sicut medium in cathegorico sillogismo: IV,5;
vide etiam s.vv. *argumentum, processus*

Materia:
materia non diversificat instrumentum secundum speciem, nec facit ipsum agere secundum quid: III,87; operatio instrumenti potest impediri a parte materie: III,107; materia secundum se sumpta est ingenerabilis et incorruptibilis, tamen materia sumpta sub hac forma vel sub illa potest generari vel corrumpi: VI,103; materia potest multiplicari secundum extensionem forme et possibilis est ad multas formas: VIII,66

medium:
: virtus et necessitas sillogismi totaliter constat circa medium, sive circa comparationem medii ad extrema: IV,8; in ratione medii: IV,14; diversificatio medii quantum ad substantiam impedit sillogismum: IV,20; diversificatio medii quantum ad substantiam *opp.* in acceptione solum: IV,20; medium in conclusione evanescit: IV,84; medium aliquando habet naturam accidentis, aliquando naturam rei subiecte: IV,102; medium equaliter comparatur ad extrema: IV,111; consequentie intermedie in loco a primo ad ultimum se habent sicut medium in cathegorico sillogismo: IV,5; necessitas consequentie non causatur a virtute medii vel ab ordinatione terminorum, sed virtute consequentie: IV,23; diversa comparatio medii ad extrema non impedit sillogismum: IV,5

modality:
: de dicto *opp.* de re: II,61; V,25-25

modus:
: significatio sicut modus (*opp.* significatio sicut res): negatio significata per hanc dictionem 'non' est negatio sicut modus significata: I,53; hoc signum 'omnis' significat aliquid ut modus: I,53; 'omnis' et 'aliquis' significant rem suam sicut modus: I,140; multitudo importata per hoc signum 'omnis' est sicut modus: VIII,87; signum importat multitudinem sicut modus: VIII,87; omnis dictio significans rem suam sicut modus habet esse solum circa illud quod in se est natura aliqua et res finita I,53; signa dupliciter possunt considerari: sicut modus vel sicut res: II,161; nichil significans aliquid sicut modus natum est finire aliquid: III,15; sicut se habet negatio ut modus ad negationem ut res, ita se habet exceptio ut modus ad exceptionem ut res: III,90; modus supponendi duplex: naturalis (= modus intelligendi) et accidentalis (= supponere sub collectione aut sub dictione): III,32; modus intelligendi sive dispositio est duplex: dispositio que est modus intelligendi terminum, et dispositio que est modus intelligendi et res aliqua: III,42; per modum accidentis: VIII,122

mortalis:
: 'mortale' potest sumi sicut passio vel sicut differentia: IV,186; in 'mortale' sunt duo: potentia et actus: IV,188; 'Sortes necessario est mortalis' est multiplex, ex eo quod 'necessario' potest cadere supra 'mortale' gratia potentie vel gratia actus: IV,189; 'mortale' potest sumi sicut potentia (= qualitas essentialis) vel sicut actus (= privatio qualitatis et cuiuslibet habitus): IV,193

mortuus:
: 'mortuum' privat formam et relinquit suppositum: I,147

motus:
: duplex est motus: alius cui subicitur aliquid et qui fit supra aliquid preexistens (= generatio sive alteratio), alius qui non est ex aliquo preexistenti (= creatio): I,126; termini infiniti inventi sunt ad significandum initia motuum: I,126; motus non est motus simpliciter, sed secundudum quid: III,91; motus secundum speciem differunt secundum diversitatem terminorum: VI,49

movere:
: omne quod movetur, ab altero movetur: I,84; omne motum ad aliquid per naturam, invento termino ad quem movetur, quiescit et non fertur ultra: I,12

multitudo:
: summa multitudo infert minorem multitudinem: VIII,62; summa multitudo plus importatur per signum quam per terminum pluralem: VIII,62; multitudo potest intelligi simpliciter vel sub conditione: VIII,75; multitudo importata per hoc signum 'omnis' est sicut modus, multitudo termini pluralis est sicut res: VIII,87; signum importat multitudinem sicut modus, terminus pluralis importat multitudinem sicut res: VIII,87

Natura:
: natura non assuescit in contrarium: VIII,21; natura est principium sue conservationis: VIII,23; natura universalis est duplex: una qua est commune (que debetur ei a natura singularium), altera per quam est universale (que debetur ei a forma): VIII,31; 'omnis' est dispositio universalis a natura qua est commune: VIII,31; 'omnis' multiplicat materiam sicut formam, et utramque sub conditione: VIII,78

necessario:
: 'necessario esse aliquale' et 'contingenter esse aliquale' opponuntur: IV,171; 'necessario esse aliquale' ponit oppositum huius quod est 'necessario esse mortale': IV,173; omne quod est de necessitate sub aliqua specie entis est necessario ens: IV,175; 'necessario esse aliquale' ponit duo: 'necessario esse' et 'aliquale esse': IV,177; 'necessario' dicit inherentiam predicati ad subiectum: IV,180; V,4; de 'necessario' et 'contingenter': V; 'necessario' et 'contingenter' dicunt differentias inherendi: V,6; 'necessario' dicit modum inherentie predicatum ad subiectum: V,46; 'necessario' dicit modum inherentie: V,72; 'necessario' semper habet esse supra inherentiam: V,72; 'necessario' potest esse determinatio compositionis vel predicati: V,72; V,73; 'necessario esse' non dicit tempus quod est *nunc*, sed tempus *simpliciter*: V,10; utrum 'necessario' habeat virtutem ampliandi: V,12sqq.; *necessario esse* et *posse non esse* opponuntur: V,13; V,32; 'necessario' determinate se habet ad ens: V,17; 'necessario' non habet virtutem ampliandi: V,26; V,30; 'necessario' se determinate habet ad tempus presens: V,31; utrum 'necessario' possit determinare compositionem vel actum: V,37; 'necessario' potest esse determinatio compositionis vel predicati: V,46; 'necessario' determinat propositionem: V,51; 'necessario' se habet per indifferentiam ad compositionem et ad predicatum: V,53; 'necessario' potest determinare 'erit' gratia actus vel gratia compositionis: V,61; V,62; 'necessario potest determinare compositionem vel actum: V,63; 'necessario' potest dicere necessitatem simpliciter vel sub conditione: V,64, V,65; V,66

necessarius:
: ille *de necessario* et *de impossibili* opponuntur: II,56; argumentum ab inferiori ad superius est necessarium: II,120; II,141; quod est necessarium semper est verum: II,120; contingentia sunt in tempore pro parte aliqua temporis, necessaria vero sunt pro toto tempore: III,185; necessarium est ens magis completum quam contingens: IV,125; necessarium nulli repugnat: IV,140; necessarium magis repugnat impossibili quam contingens: IV,140; ex necessario non sequitur nisi necessarium (sec. Arist.): IV,168; si antecedens ad aliquid est necessarium, et consequens est necessarium: IV,168

necessitas:
: necessitas est duplex: necessitas respectiva et necessitas simpliciter: IV,191; necessitas simpliciter *opp.* necessitas respectiva: IV,198; necessitas cadens supra actum *opp.* necessitas cadens supra potentiam: IV,195; IV,196; IV,202; necessitas est forma non existens in non-ente sed solum in eo quod est: V,18; necessitas pro tempore aliquo *opp.* necessitas simpliciter: V,44; necessitas simpliciter *opp.* necessitas sub conditione: V,64; V,65; V,66

necessity:
: *absolute necessity as opposed to conditional necessity*: Int. 4.5

negare:
: de hoc verbo 'negare': Int. 3; non negatur relatio nisi secundum quod negantur extremitates in quibus est: I,29; accipiendo consequens quantum ad substantiam, contingit ipsum affirmare sine relatione ad antecedens: I,49

negatio:
: *def.*: negatio est remotio alicuius ab aliquo: I,5; I,52; *def.*: negatio est remotio veritatis vel falsitatis in oratione: I,6; I,28; negatio est qualitas remotiva: I,90;

negatio per diffinitionem ipsius solum habet esse circa quod de altero natum est predicari: I,52; negatio habet esse circa illud quod proprie significat inherentiam alicuius cum aliquo: I,5; negatio non habet removere nisi illud circa quod habet esse: I,56; affirmatio et negatio sunt opposita: I,4; affirmatio et negatio habent fieri circa idem: I,4; affirmatio et negatio habent esse circa eadem: I,129; affirmatio et negatio sunt contradictorie opposita: I,76; idem est subiectum veritatis et falsitatis et affirmationis et negationis: I,6; optimum negationis: I,9; negatio est dispositio compositionis: I,11; negatio naturaliter movetur ad compositionem: I,12; negatio habet esse circa verbum gratia compositionis: I,24; negatio semper habet esse circa compositionem: I,25; negatio non habet removere generales intentiones I,28; II,119; negatio non habet removere congruitatem et incongruitatem: I,28; II,119; III,151; III,156; negatio semper fit respectu eius quod de altero denotatur predicari: II,101; negatio primo removet res, et removendo res removet comparationem rei ad rem: II,140; negatio semper habet ferri ad verbum consequentis: I,34; negatio potest negare verbum consequentis absolute vel in comparatione ad consequens: I,34; eo modo quo fit affirmatio de aliquo, eodem modo fit negatio de eodem: I,35; non est eadem proportio affirmationis ad affirmationem, et negationis ad negationem: I,91; quecumque opponuntur sicut affirmatio et negatio, quod ponitur per unum necesse est privari per alterum: I,127; ad negationem causantis sequitur negationem cause: I,37; negatio significata per hanc dictionem 'non' est negatio sicut modus sumpta: I,53; de negatione consequentie: I,27–50; ad negationem partis consequentie sequitur negatio totius consequentie: I,30; negatio semper habet ferri ad verbum consequentis: I,34; negatio potest negare verbum consequentis absolute vel in comparatione ad consequens: I,34; eo modo quo fit affirmatio de aliquo, eodem modo fit negatio de eodem: I,35; de eodem est negatio et exclusio: II,101; ad negationem causantis sequitur negationem cause: I,37; in negando conditionalem negatio semper sistit in compositione consequentis: I,40; I,41; negatio in compositione consequentis potest sistere in ipso absolute vel in comparatione ad antecedens: I,40; negatio conditionalis sumenda est a parte consequentis I,46; de negatione copulationis: I,51–75; non distinguitur a negatione antecedentis sicut a negatione consequentis: I,51; de distinctione quod negatio potest cadere supra totam copulationem aut supra partem: I,64; negatio semper habet cadere circa compositionem actus: I,65; negatio potest negare compositionem actus absolute vel in comparatione ad alteram partem copulationis: I,65; de duplici negatione: I,76–100; due negationes equipollent affirmationi: I,75; negatio nichil ponit: I,81; negatio negationis ponit affirmationem in esse: I,93; negatio negationis aliquid ponit: I,94; negatio adveniens supra totum integrale ipsum destruit pro aliqua parte: I,95; negatio adveniens supra signum universale negativum ipsam negat et destruit pro aliqua parte: I,95; cum negatio additur supra signum universale affirmativum, ipsum negat pro aliqua sua parte: I,95; negatio non revertitur: I,95, I,128; de negatione adveniente supra hoc signum 'ullus' et supra hoc signum 'aliquis': I,100; de negatione termini et orationis: I,3–26; de distinctione inter negationem orationis et negationem termini: I,101–122; omnis negatio est termini aut orationis: I,8; II,117; 'omnis negatio est termini aut orationis' intelligendum est de negatione actualiter existente, non de negatione existente in potentia: II,139; ad negationem termini sequitur negatio orationis: I,102; ad negationem termini non semper sequitur negatio orationis, ut in terminis dicentibus multitudinem: I,115; negatio termini et negatio orationis se habent sicut totum et pars: I,104; duplex negatio orationis: aut quando negatur inherentia predicati ad subiectum (= negatio a qua est oratio negativa), aut quando negatur aliquid in subiecto: I,22; negatio finita per compositionem qualitatis ad substantiam est negatio termini:

I,106; de negatione infinitante: I,124–149; negatio faciens terminum infinitum querit compositionem qualitatis ad substantiam: I,124; sicut se habet negatio faciens propositionem negativam ad compositionem actus, sic se habet negatio faciens terminum infinitum ad compositionem qualitatis cum substantia: I,125; negatio faciens terminum infinitum poterit addi cuilibet compositioni qualitatis cum substantia, sive generali sive speciali: I,125; omnis negatio finita in termino sumpto secundum se et non lata ad compositionem facit terminum infinitum: I,128; negatio infinitans removet formam a supposito, remanente materia: I,133; virtute negationis dictiones exclusive non impediunt argumentum ab inferiori ad superius: II,118; quando negatio respicit inferius et superius sicut illud quod negatur et non sicut illud a quo fit negatio, tunc impedit argumentum ab inferiori ad superius: II,131; II,132; maior negatio de aliquo relinquit minorem negationem de eodem: III,182; universalis negatio de aliquo relinquit particularem negationem de eodem: IV,45; negatio posita in consequente potest ipsum negare absolute vel per relationem ad antecedens: VI,25; ad minorem negationem non sequitur maior negatio: VI,44; differt negatio importata per hanc dictionem 'non' et per hoc verbum 'desinit': VI,54

vide etiam s.vv. *affirmatio, non, oratio, propositio*

negation:
Int. 4.1

nichil:
'nichil' est terminus communis non restrictus ab aliquo: III,181; 'nichil est' nichil ponit: IV,29; 'nichil esse est verum' ponit aliquid, cum sit affirmativa de subiecto negativo: IV,29; veritas illius enuntiabilis 'nichil esse' non ponit veritatem enuntiabilis simpliciter sed secundum quid: IV,35; *nichil esse* et *aliquid esse* contradictorie opponuntur: IV,42; IV,44; si nichil est, contradictorie oppositum huius non est: IV,46; IV,58

nisi:
de hac dictione 'nisi': III,159sqq.; 'nisi' primo et principaliter significat consecutionem, et exceptionem ex consequenti: III,190; III,191; 'nisi' ad unum primo ordinatur, ad alterum ex consequenti: III,191; 'nisi' quantum est de se semper significat consecutionem et tenetur semper consecutive, tamen quantum est de virtute utentis potest teneri exceptive vel consecutive: III,192; 'nisi' semper significat consecutionem primo: III,193; 'nisi' potest teneri exceptive vel consecutive: III,167; III,183; III,190; 'nisi' est composita ex negatione et consequentia: III,171; 'nisi' potest denotare consequentiam *simpliciter* vel consequentiam *ut nunc*: III,183; consequentia simpliciter: V,71

nomen:
nomen in genere significat substantiam cum qualitate: I,108; 'nomen' (sec. primo *Periarm.*) accipitur ut est subiectum enuntiationis simpliciter: I,145; de qualitate nominis: I,144; *nomen infinitum*: nomen infinitum non est nomen, i.e. non est nomen tale (sec. Arist.): I,144; in nomine infinito est qualitas generalis, et non specialis: I,144; in nomine infinito non removetur quelibet forma, sed solum forma specialis: I,146; nomen infinitum se habet per indifferentiam ad ens et ad non ens: I,143; nomen infinitum significat rem suam absolute et non per relationem ad alterum per quod possit finiri: I,148; *nomen transcendens*: utrum a nominibus transcendentibus possit fieri exclusio: II,181; nomina transposita et verba idem significant: VIII,25

non:
negatio significata per hanc dictionem 'non' est negatio sicut modus significata: I,53; hec dictio 'non' aliquando facit terminum infinitum, aliquando facit propositionem negativam: I,54; propter quid ex hac dictione 'non' et hoc signo 'aliquis' non efficitur signum universale negativum, sicut ex negatione

et hoc signum 'ullus': I,86; 'non' confundit terminum et nata est immobilitare distributionem: III,20
nullus:
acceptio huius dictionis 'nullus' sicut signum *opp.* sicut res: VIII,36
numerus:
propositis duobus numeris quorum alter sit maior, alter minor, contingit maiorem minori adequari proportionaliter: III,2; numerus crescit in infinitum per additionem: III,58; dupliciter est accipere *numerum*, scilicet secundum se et prout est in suppositis: VI,56
nutrire:
'nutrire est augere': V,11

Obliquus:
obliquus semper habet ordinationem cum hoc verbo 'esse' et non cum hoc verbo 'est': II,68; rectus est iudex sui ipsius et obliqui: II,82
omnis:
de hac dictione 'omnis': Int. 4.4; de significatione huius dictionis 'omnis': Int. 4.4; hoc signum 'omnis' significat aliquid ut modus: I,53; 'omnis' et 'aliquid' significant rem suam sicut modus: I,140; 'omnis' non significat universale sed *quoniam universaliter*: VIII,15; queritur utrum 'omnis' significet rem aliquam: VIII,16; 'omnis' non significat aliquid quod sit per se stans: VIII,17; 'omnis' non dicit accidens anime: VIII,17; 'non omnis' idem est quod 'aliquis non': I,95; 'omnis' distribuit pro substantiis et substantiam significat: III,163; 'omnis' immediate distribuit substantias et substantiam significat: III,188; IV,151; 'omnis' semper est determinatio propositionis et propter hoc habet situm proprium in oratione, scilicet circa subiectum: V,51; 'omnis' est dispositio subiecti, et ab ipso denominatur propositio: V,83; queritur utrum 'omnis' possit addi ad predicatum sicut ad subiectum: VIII,1; 'omnis' est propria dispositio universalis: VIII,2; VIII,31; 'omnis' advenit subiecto pro singularibus: VIII,9; 'omnis' est commune et transcendens ad omnia: VIII,16; 'omnis' est dispositio universalis a natura qua est commune: VIII,31; 'omnis' est dispositio subiecti: VIII,31; 'omnis' est dispositio subiecti secundum quod subicitur: VIII,137; 'omnis' est dispositio subiecti secundum quod ad predicatum comparatur: VIII,138; utrum 'omnis' convenienter possit addi predicato: Int. 3; 'omnis' additur ad subiectum sicut modus ipsius, ad predicatum sicut res aliqua: VIII,38; acceptio huius dictionis 'omnis' sicut res *opp.* sicut modus: VIII,40; 'omnis' est accidens sicut modus rei: VIII,44; queritur utrum 'omnis' exigat actualiter multitudinem suppositorum: VIII,46; 'omne' adminus ponimus in tribus (sec. Arist.): VIII,47; 'omnis' importat divisionem: VIII,48; utrum debeat facere incongruitatem si hoc signum 'omnis' non habeat multitudinem suppositorum: VIII,58; 'omnis' non dicit multitudinem suppositorum actu nisi sub conditione: VIII,70; 'omnis' notat quod predicatum conveniat subiecto pro eo quod sub subiecto reperitur: VIII,70; 'omnis' est distributivum sub conditione: VIII,83; 'omnis' est propria passio universalis: VIII,92; queritur utrum 'omnis' potest distribuere pro speciebus vel individuis: VIII,130; 'omne' facit cognoscere de partibus quod primo cognitum est de subiecto: VIII,143; hoc signum 'omnis' confundit terminum sibi immediate adiunctum mobiliter, terminum vero immediate adiunctum immobiliter: VIII,153; 'omnis' est principium sillogizandi et contradicendi: VIII,157; 'omne' prout est principium contradicendi, distribuit pro partibus propinquis, sed secundum quod est principium sillogizandi potest distribuere pro individuis remotis: VIII,168
opinabile:
V,18

opinio:
: opinio est acceptio unius rei sub formidine alterius partis: VII,7
oppositum:
: omnium oppositorum eadem est disciplina: V,5; V,86; VII,8; VIII,7; VIII,132; VIII,156; opposita nata sunt fieri circa idem I,4; opposita sunt simul natura: V,13; si unum oppositorum est multiplex, et reliquum: I,22; I,61; II,56; II,103; V,90; eadem est unitas in oppositis: I,61; omnia opposita sunt sub eodem genere: I,154; nulla opposita privative, contrarie et relative cum geminantur, dant intelligi suum contrarium: I,76; I,89; unum contradictorie oppositorum geminatum ponit alterum: I,89; in remotione unius contradictorie oppositi ponitur alterum: I,89; oppositum alicuius est accipere dupliciter: aliud est oppositum in supposito, aliud est oppositum in forma (accidentali): II,13; duo opposita non possunt predicari de aliquo simul: II,187; eadem est potentia nata ad opposita: III,153; IV,150; V,54; duo contradictorie opposita numquam vere consequuntur ad idem: IV,44; cuius oppositum non potest stare cum antecedente, sequitur ad illud: IV,171; cuius oppositum non potest stare cum primo, sequitur ad illud: V,21; si non sequitur oppositum, potest stare cum prima: V,43; si oppositum conclusionis non potest stare cum prima, prius sequebatur conclusio: VI, 43; nichil ponens oppositum alicuius sequitur ad illud cuius ponit oppositum: IV,173; opposita per se non possunt predicari de eodem: V,99; *verum* et *falsum* sunt opposita immediata circa enuntiabile: VII,14; opposita immediata circa aliquid non possunt simul vere predicari de illo: VIII,109; duo opposita immediata de aliquo pro eodem tempore predicari est impossibile: VIII,123

optimum:
: optimum negationis: I,9; I,23; optimum rei: I,9; optimum ponderosi est esse deorsum: I,23

oratio:
: omnis oratio implicans in se duo contradictorie opposita pro eodem tempore est impossibilis: III,92; VI,9; cf. VI,69; omnis oratio implicans in se contradictorie opposita circa idem subiectum pro tempore eodem est impossibilis: VI,136; omnis oratio denotans aliquid inesse alicui vel removeri ab aliquo cum aliqua determinatione oppositum denotante est impossibilis: III,94; omnis oratio significans aliquid inesse alicui cum determinatione oppositum denotante est impossibilis: IV,70; VI,10; omnis oratio significans aliquod predicatum inesse alicui subiecto, addita determinatione oppositum denotante, est impossibilis: VI,137; ad hoc quod oratio sit vera exigitur quod compositio predicati ad subiectum <sit> vera, et quod actus conceptus non habeat oppositionem cum actu exercito orationis: III,96; III,98; ad hoc quod oratio sit vera, exigitur ut sit veritas rei et orationis, et quod actus exercitus non habet oppositionem cum actu concepto ipsius orationis: IV,87; omnis oratio significativa significat aliquid simpliciter: IV,41; IV,56; si oratio est falsa, proferens est falsus, si vera est verus est (sec. Arist.): IV,65; si oratio est vera, proferens est verus: IV,87; ab eo quod res est vel non est, dicitur oratio vera vel falsa: IV,66; V,57; VIII,15; VIII,41; omnis oratio habens in se causam sue veritatis est vera simpliciter: IV,68; *oratio affirmativa-negativa*: oratio negativa dicitur a negatione orationis a qua negatur inherentia predicati ad subiectum: I,22; a negatione eius dicitur oratio negativa, a cuius affirmatione dicitur oratio affirmativa: I,33; conditionalis dicitur affirmativa ab affirmatione compositionis consequentis, et ab eius negatione dicitur negativa: I,43; *oratio multiplex*: quando in aliqua oratione sunt due compositiones, altera participii, altera verbi, cum advenit negatio, tunc est oratio multiplex: I,3; quandocumque fit aliqua conditionalis in qua fertur negatio ad consequens, tunc est oratio multiplex eoquod potest esse negatio totius consequentie aut partis ipsius: I,27; *oratio copulativa*: maior est unio in oratione copulativa quam in oratione dis-

iunctiva: I,62; propter nostrum affirmare, vel negare, non est oratio vera vel falsa (sec. Arist.): II,72; si aliqua oratio a parte subiecti habeat falsitatem, et a parte predicati: III,18; oratio habens plures causas falsitatis non poterit verificari per exceptionem unam: III,18; III,25; si aliqua oratio habet falsitatem pro aliqua sui parte, illa remota habet veritatem: III,54; oratio partim vera, partim falsa potest verificari per exceptionem: III,55; si aliqua oratio sit vera sine exceptione, falsa erit cum exceptione: III,57; *oratio exclusiva*: oratio exclusiva et universalis negativa exceptiva convertuntur: III,88; *oratio exceptiva*: omnis oratio exceptiva in qua predicatum convenit omnibus aliis ab excepto et ab excepto removetur, vera est simpliciter: III,95; 'oratio' non dicit ens sub specie determinata: IV,117; oratio aliqua potest esse cathegorica vel ypotetica: IV,117; solet dubitari que orationes dicuntur modales: V,82; loquendo de orationibus secundum quod sunt enuntiationes, tunc habet modus predicari et dictum subici, et sic non sunt modales: V,85; oratio dupliciter potest esse falsa, aut propter falsam implicationem sine concomitantia, aut propter falsam inherentiam predicati ad subiectum: VI,12; omnis oratio de presenti vera dicta de preterito est necessaria: VIII,147

ordinare:
omne quod primo ordinatur ad aliud, tenetur pro eo ad quod primo ordinatur: III,48; III,168

ordinatio:
ordinatio secundum sub et supra: VIII,29

Pars:
'pars' et 'totum' dupliciter possunt considerari: aut in ratione partis et totius secundum quod sunt intentiones quedam, vel quantum ad suam substantiam: IV,120; pars non est extra totum simpliciter: III,45; pars integralis duplex: pars integrans aliquid in esse et dans ei esse naturale, vel pars dans esse in genere et esse rationis: II,173; peccant qui ponunt partem esse genus totius (sec. Arist.): II,174; extrahere partem a toto non idem est quod diminuere totum: III,67; extrahere partem contingit dupliciter: uno modo extrahere partem a toto, removendo predicatum ab ipso quod toti convenit, et alio modo ponendo predicatum in ipso quod toti non conveniet: III,66; extrahere partem a toto non est ipsam separare a toto, sed dissimiliter comparare partem ad predicatum: III,66; sola pars que nata est ponere instantiam contra totum habet excipi a subiecto: III,141; sola pars que habet convenientiam ad subiectum potest excipi a subiecto: III,142; solum pars que sequitur ad totum habet excipi a toto: III,164; partes diffinitionis predicantur de diffinito suo de necessitate, quoniam non predicantur simpliciter, sed sub conditione: IV,192; partes totius discreti minorem habent unitatem quam partes totius continui: VI,46; partes totius continui in aliquo termino uniuntur, partes totius discreti nequaquam: VI,46; pars non supponit simpliciter pro eodem, sed secundum quid: VI,141; duplex est pars: pars secundum speciem et pars secundum numerum: VIII,141; *pars orationis*: Int. 1; omnes partes possunt esse in una coniunctione preterquam coniunctio (sec. Prisc.): IV,78; IV,96; in hac 'heu idem homo lapsus hodie concidit' sunt omnes partes orationis preter coniunctionem: VIII,146

participatio:
participatio est plurium actu: VIII,82

participium:
per participium datur intelligi quedam affirmatio que non est affirmatio ipsius orationis, sed affirmatio alicuius in subiecto: I,18

passio:
passio *opp.* differentia: IV,186; omnis differentia dicit quid est de subiecto et ponit illud in esse completo: IV,187

plura:
> hec dictio 'plura' dicat rem suam in respectu ad hoc quod precedit: I,111; 'non plura' potest dicere negationem termini vel negationem orationis: I,112; cum ergo hec dictio 'plura' dicat multitudinem, differunt in ipso negatio termini et negatio orationis: I,114; in hoc quod est 'plura' potest intelligi quedam compositio verbi: I,118; 'non plura' dupliciter potest accipi: secundum se vel in comparatione ad antecedens: I,119; 'plura' aliquando negatur sicut terminus, aliquando sicut oratio: I,122; in huiusmodi orationibus (sc. 'tantum Deum esse Deum est necessarium') duplex est subiectum, scilicet subiectum dicti et subiectum enuntiationis: II,58; 'plura' importat excessus: VI,111

plus:
> plures interrogatio: I,70

posse:
> *necessario esse* et *posse non esse* opponuntur: V,13; V,32; 'posse non esse' dupliciter contingit accipere, quia potest reduplicari 'esse' supra subiectum vel 'posse esse': V,32

possibilis:
> quod possibile est non esse non necesse est esse: V,56; possibile et impossibile opponuntur: V,90; 'possibile' predicatur sicut res in illis (sc. propositionibus) *de inesse*: V,53; 'possibile esse' et 'contingere esse' sunt idem: V,92

positio:
> de positione 'Sortes desinit scire se nichil desinere scire': VI,132sqq.; positio de aliquo in presenti et privatio de eodem in futuro non repugnant: VI,140

potentia:
> eadem est potentia nata ad opposita: III,153; IV,150; V,96; V,108; eadem est potentia ad mobilitandum et immobilitandum: IV,150; duplex est potentia: potentia inordinata et potentia ordinata: III,158; potentia ordinata ad actum *opp.* potentia non ordinata ad actum: V,56; potentia ordinata idem est quod necessitas ad esse rei: V,56; frustra est potentia quam non consequitur actus: IV,184; V,97; quod non est in potentia ad superius, non est in potentia ad inferius: V,98; potentia proxima *opp.* potentia remota: VIII,88; potentia Primi Efficientis habet duplicem comparationem: unam ad illud in quo est sicut in subiecto, et aliam ad illud in quo est sicut intentio: V,78; potentia Primi Efficientis non variatur ex parte efficientis, sed ex parte rei: V,78

potentiality:
> Int. 4.5

predicatum:
> predicatum digniorem locum obtinet in oratione: I,82; predicatum dignius est quam subiectum: I,96; hec est affirmativa de predicato negato, 'hoc est noniustum' (sec. Arist.): I,128; predicatum se habet per modum forme: VIII,6; VIII,32; predicatum non dat se intelligere pro singularibus sed pro communitate sua: VIII,9; predicatum se habere ut forma ad subiectum non est causa quare sibi non possit addi signum: VIII,35; predicatum dividitur penes divisionem subiecti: VIII,35; predicata que insunt subiecto per se — predicata que non insunt subiecto per se: VIII,167

preiacens:
> III,27

prepositio:
> omnis prepositio est retorsiva sui casualis ad actum (sec. Prisc.): III,44

preter:
> hec dictio 'preter' vult invenire distributionem mobilem et reddere eam immobilem: II,84; III,19; III,119; III,140; de hac dictione 'preter': III,1–158; hec dictio 'preter' potest teneri exceptive vel diminutive: III,43; III,62; III,63; III,71; 'preter' est prepositio: III,44; 'preter' semper extrahit partem a toto:

III,45; III,46; III,137; 'preter' teneri exceptive est extrahere partem a toto, sive significare circa totum quod pro parte subicitur: III,64; 'preter' semper retorquet suum casuale ad actum, removendo actum ab ipso: III,65; *def.* 'preter' dissimiliter nominat totum et partem comparari ad predicatum: aliquando removendo predicatum a parte et ponendo in toto (= tenendo exceptive), aliquando removendo predicatum a toto et ponendo in parte (= tenendo diminutive): III,68; 'preter' semper unum significat, videlicet totum et partem dissimiliter comparari ad predicatum: III,69 'preter' non excipit simpliciter respectu huius predicati 'excipere': III,79; 'preter' nata est facere instantiam contra suum totum: III,86; 'preter' simpliciter facit exceptionem quantum est de se: III,101; 'preter' est dictio instantiva: III,113; 'preter' habet excipere partem que nata est facere instantiam contra totum: III,113

principium:
principium materiale enuntiabilis appellatur subiectum, predicatum et compositio unius ad alterum, principium formale appellatur significatio sive totum significatum ipsius: VI,143

prius:
'prius' et 'posterius' multipliciter se habent, ut prius in essendo vel prius in ordine: VI,58

privatio:
omnis privatio vera ponit subiectum esse: I,151; privatio ponit ens: I,152; non potest esse privatio circa terminos substantiales, nec sunt termini substantiales privatorii, sed termini accidentales tantum: I,160; de significatione per privationem in terminis accidentalibus: I,162; privatio de aliquo habet esse pro tempore illo pro quo fit positio de eodem: VI,133; 'desinit' importat privationem eius quod ponitur per ipsum: VI,133; privatio verbi de futuro in hoc verbo 'desinit' est privatio pro tempore quod est terminus illius presentis quod per ipsum importatur: VI,135

problema:
universale problema habet tripliciter destrui (sec. Arist.): VIII,61; VIII,86; si velimus construere universale problema, conspiciendum est in partibus (sec. Arist.): VIII,104; propositum quidem negotii est methodum invenire a qua poterimus sillogizare de omni problemate: VIII,145; VIII,155

processus:
processus dicitur a primo ad ultimum quando omnes consequentie intermedie egrediuntur a primo antecedente sicut a sua causa: IV,23

pronomen:
pronomina inventa sunt ad removendum ambiguitatem: III,10; III,36; pronomina inventa sunt ad faciendum discretionem (sec. Prisc.): II,179; pronomina discretiva sunt personarum (sec. Prisc.): II,185; III,9; pronomina significant discretionem: III,9; pronomina significant certas personas et discretas: III,9; III,36; pronomen significat discretionem substantie in se: II,185; pronomen quantum est de se non significat aliquid intelligibile: III,4; pronomina, si careant demonstratione et relatione, inutilia sunt (sec. Prisc.): III,4; pronomen de se non intelligitur nec finitur nisi per naturam sui antecedentis: III,15; *def.* relativum (i.e. pronemen relativum) est antelate rei recordativum: III,16; hoc pronomen 'se' est relativum: III,9

propositio:
adverbia que habent esse circa compositionem verbi denominant propositionem: I,10; *propositio affirmativa*: in omni propositione affirmativa simpliciter aliquid affirmatur: III,81; affirmativa de subiecto negativo *opp.* negativa simpliciter: IV,29; affirmativa alicuius respectu sui oppositi non est affirmatio simpliciter, sed potius secundum quid: IV,32; *propositio negativa*: in propositione negativa simpliciter aliquid negatur: III,81; negatio que significatur per hanc

dictionem 'non' semper denominat propositionem: I,10; negatio in cathegorica sumenda est ferendo negationem ad compositionem actus: I,32; negatio supra conditionalem sumenda est negando consequentiam: I,32; *propositio una*: propositio cathegorica dicitur una a comparatione una actus ad substantiam: I,32; propositio conditionalis una est ab ordinatione unius ad alterum que significatur sic esse per consequentiam: I,42; propositio dicitur una propter simplicem inherantiam alicuius cum aliquo, vel cum multe propositiones per aliquid unum uniuntur: I,57; eadem est ratio propositionis et unius propositionis: I,59; I,71; quelibet propositio est una prout est ordinabilis in sillogismum: I,70; propositio *opp.* enuntiatio: enuntiatio dicit rem suam absolute, propositio vero dicit rem suam prout est ordinabilis ad sillogismum: I,70; in illis de inesse res subicitur et esse vel non esse predicatur, in modalibus esse vel non esse subicitur et modi predicantur: II,55; V,82; in huiusmodi orationibus (sc. 'tantum Deum esse Deum est necessarium') duplex est subiectum, scilicet subiectum dicti et subiectum enuntiationis: II,58; sequitur 'si propositio est vera, dictum est verum': II,62; *propositio modalis*: iudicare de propositionibus modalibus secundum quod sunt enuntiationes (et sic in illis subicitur totum dictum) *opp.* secundum quod sunt propositiones (et sic in illis subicitur subiectum dicti enuntiationis) et sic in illis subicitur totum dictum: II,66; propositio necessaria dicitur ab 'necessario', propositio contingens dicitur ab 'contingenter': I,10; *propositio exclusiva*: pro eodem supponit terminus in exclusiva et in preiacenti: II,126; quelibet exclusiva habet in se duas propositiones, unam affirmativam, alteram negativam: II,130; *propositio exceptiva*: in propositione exceptiva affirmativa removetur predicatum a termino designante exceptum: III,22; modus in propositione exceptiva est *dici de omni*: III,121; propositio exceptiva est universalis: III,132; exceptiva est universalis a multitudine non summa: III,133; *propositio universalis*: universalis est vera cum non contingit instare contra ipsam pro aliqua sui parte: V,5; universalis est vera cuius contradictorie opposita est falsa in omni materia: VIII,68; propositio universalis dicitur in qua licet facere descensum pro qualibet parte subiecti III,118; III,133; universalis est vera in qua non contingit reperire instantiam pro aliqua sui parte: VIII,149; omnis propositio universalis est sillogizabilis: III,119; solum a propositione universali (*opp.* propositione indefinita) fiat exceptio: III,122; duplex est propositio universalis: una a multitudine summa, alia a multitudine non summa: III,132; omnis propositio vera est vera pro tempore quo est propositio: III,175; propositionum quedam sunt universales, quedam particulares: IV,119; *propositio expositiva*: expositive convertuntur: VI,8; nulla propositio est verior illa in qua idem predicatur de se (sec. Boet.): VI,13; VI,14; VIII,10; *propositio disiunctiva*: ad veritatem disiunctive exigitur veritas pro altera parte disiunctionis: VIII,108

vide etiam s.v. *oratio*

proprium:
quod est proprium alicuius, non separatur ab ipso: I,110; IV,77; V,48

providentia:
providentia Primi Efficientis: Int. 4.5; V,78–80

Qualislibet:
'qualislibet' distribuit pro accidentibus et accidens significat: III,163; 'qualislibet' distribuit immediate accidentia et accidens consignificat: III,189

qualitas:
qualitas addita qualitati augmentat et crescit et non operatur in contrarium: I,77; duplex est qualitas: qualitas positiva, qualitas remotiva: I,90; negatio est qualitas remotiva: I,90; qualitas positiva, ipsa geminata, crescit; qualitas remotiva, ipsa geminata, in contrarium operatur: I,90; duplex est qualitas in ele-

mentis: una substantialis et altera accidentalis: I,141; *qualitas nominis*: qualitas nominis est duplex: generalis (a qua habet quod sit nomen) et specialis (a qua habet quod sit nomen tale): I,144; in nomine infinito est qualitas generalis, non specialis: I,144

quando:
'quando' non est implicativum temporis: V,69; 'quando' non ponit aliquid nisi sub conditione: V,69

quantitas:
de quantitate propositionum exceptivarum: III,118

Reduplicatio:
de reduplicatione que resurgit aliquando ex diversis consequentiis: IV,160; potest fieri reduplicatio gratia forme vel gratia materie: IV,161; reduplicatio est principium intelligendi aliquid in subiecto: IV,162; reduplicatio est ordinatio alicuius ad actum: IV,163; IV,164

relatio:
relatio finitur in duobus extremis: I,29; *def.*: consequentia est quoddam totum integrale integratum ex duobus extremis, scilicet ex antecedente et consequente: I,30; relatio non potest sumi nisi per duas extremitates: I,109; consequentia est quedam relatio sive forma respectiva: IV,6; omnis relatio est diversorum: IV,6; extremitates relationis sunt sub eadem specie entis: IV,75; relationes que sunt in deo per relationes ad extra: V,80

relativum:
utrum relativum referat suum antecedens sine signo vel cum signo: III,3; III,11; relativum habet referre suum antecedens cum signo: III,37; relativum refert suum antecedens cum signo vel sub dispositionibus quibus disponitur: III,40; loco relativi idemptitatis licet suum antecedens ponere: III,5; relativum idemptitatis reciprocum *opp.* relativum non reciprocum: III,6; III,33; in relativo reciproco salvatur natura relationis sicut in relativo non reciproco: III,6; loco relativi non reciproci licet ponere suum antecedens: III,7; III,33; loco relativi reciproci non licet ponere suum antecedens: III,33; relativum idemptitatis refert idem in substantia: III,11; dicitur 'relativum diversitatis' quia refert diversum in substantia, dicitur 'relativum idemptitatis' quia refert idem in substantia: III,12; relativum non reciprocum refert suum antecedens respectu alterius actus et non respectu eiusdem: III,33; relativum refert subiectum secundum quod ad actum aliquem ordinatur: III,14; relativum non potest poni in eadem clausula cum suo antecedente: III,14; relativum habet referri ad suum antecedens ut per ipsum finiatur: III,15

remotio:
negatio est remotio alicuius ab aliquo: I,5; negatio est remotio veritatis vel falsitatis in oratione: I,6

remotivus:
vide s.v. *qualitas*

res:
significatio sicut res (*opp.* significatio sicut modus): 'ens' significat rem suam sicut res: I,140; termini significantes aliquid sicut res possunt infinitari: I,140; res rationis proportionantur rebus nature: IV,104; res successive non sunt simul: VI,50; eodem modo sunt res in apprehensione sicut in intellectu: VI,125; singulare, quod est res aliqua, aut significat substantiam aut qualitatem, aut quantitatem, *etc.*: VIII,16; in hac "ab eo quod res est *etc.*" accipitur 'res' large prout se extendit ad quod est res aliqua et ad modum rei: VIII,41; res nature *opp.* modus rei: VIII,42

restrictio:
restrictio ex usu: VIII,170

restringere:
   omne restringens se habet determinate ad tempus: V,12

Scientia:
   scientia est acceptio rei de parte altera sine formidine alterius: VII,7; scientia opponitur dubitationi: VII,6
scire:
   scire est actus sub certitudine: VII,6
scope:
   on the scope of the word 'necessario': Int. 4.5
se:
   'se' est relativum idemptitatis: III,5; 'se' refert suum antecedens secundum quod illud dat intelligere: III,8; hoc relativum 'se' est pronomen: III,10
semper:
   'semper' est adverbium temporis: III,189; 'semper' distribuit pro tempore immediate et tempus significat: III,189
sententia:
   coniunctio per propriam eius significationem habeat annectere sententias et orationes: I,108; proprium coniunctionis sit annectere sententias: I,110; duplex est sententia: alia que est cum vero et cum falso (= sententia complexi), alia que est sine vero et falso (= sententia incomplexi): I,120; 'sententia' est duplex: completa (que significat aliquid completum in intellectu et perfectum) et incompleta (que non generat completum intellectum et perfectum): IV,95
si:
   de hac dictione 'si': IV; 'si' denotat consequentiam que confirmatur habitudine locali: IV,11; 'si' non potest actu multa significare: IV,12; 'si' potest equivocari secundum quod denotat diversas habitudines: IV,26; significatio specialis huius dictionis 'si' diversificatur secundum diversificationem extremorum: IV,26; 'si' equivocatur secundum quod diversas habitudines denotat: IV,26; 'si' sumitur ab actu anime qui dicitur 'conferre': IV,93; utrum 'si' habeat virtutem confundendi: IV,147sqq.; hec dictio 'si' non confundit: IV,150
significare:
   omne quod contingit intelligere contingit significare: III,62; V,3; significare rem suam in altero, hoc est dupliciter: significare rem que est in altero et prout est in altero (sicut 'album'), et significare rem que est in altero et non prout est in altero (sicut 'albedo'): II,107; significare totum subici pro parte ita quod non remaneat in sua totalitate, est totum diminuere: III,62; significare totum subici in sua totalitate et non pro parte aliqua, est removere predicatum a parte et ponere in toto: III,63; id quod significat ut afficiens tantum, non ponit rem suam simpliciter in aliquo: III,85; contingit aliquid significari ut afficiens dupliciter: ut afficiens tantum et ut modus aut ut afficiens ut res aliqua: III,103; *significare multa*: non exigitur ad hoc ut sit actualis multiplicitas quod actu significet multa, neque quia actu sunt multa: IV,27; multiplicitas dicitur actualis quia ab actu provenit dictionis qui est significare: IV,27; multiplicitas actualis provenit ex diversa significationis dictionis vel orationis: IV,27
significatio:
   significatio specialis: negatio habet removere speciales significationes: I,28
signum:
   signum universale: *def.*: signum universale denotat quod nichil sit sumere sub subiecto de quo non dicatur predicatus vel a quo non removetur predicatus: I,90; signum universale denotat circa subiectum convenientiam pro qualibet sui parte: VIII,98; signum universale negativum est distributivum totius uni-

versalis: I,85; quando duo signa universalia negativa sunt in eadem oratione, primum equipollet suo contrario, reliquum suo contradictorio: I,17; quando duo signa universalia negativa ponuntur in aliqua locutione, primum equipollet suo contrario, reliquum suo contradictorio: I,75; I,87; utrum possit habere signum particulare negativum sicut signum particulare affirmativum: I,85 negatio adveniens supra signum universale negativum ipsam negat et destruit pro aliqua parte: I,95; cum negatio additur supra signum universale affirmativum, ipsum negat pro aliqua sua parte: I,95; signum universale negativum equipollet signo particulari negativo: I,95; non est eadem proportio signi universalis affirmativi ad signum universale affirmativum: I,97; cum signum universale negativum cadat supra reliquum facit affirmationem: I,98; ad signum non est addenda negatio (sec. Arist.): I,130; utrum dictio exclusiva addita signo particulari excludat signum universale: II,145; signum universale et signum particulare se habent sicut totum integrale et pars integralis: II,149; signa dupliciter possunt considerari: sicut modus vel sicut res: II,161; si signa considerentur sicut modus, sic unum est aliud ab altero et sic opponuntur, si considerentur sicut res, unum non est aliud ab altero: II,163; signum universale et signum particulare non semper significant rem suam et suam ut modi oppositi: II,164; signum universale et signum particulare non se habent sicut maior et minor multitudo nisi secundum quod significant rem suam sicut modus: II,165; signum particulare non est pars signi universalis nisi secundum quod utrumque sumitur ut modus: II,166; signa non sunt modi intelligendi tantum, immo sunt res aliqua finita per subiectum cuius sunt dispositiones: III,42; signum non ducit ad cognitionem sui simpliciter, sed ad cognitionem significati per ipsum: IV,35; nullum signum per se intelligitur, sed secundum quid: IV,36; signa distribuentia: III,163; signum sive dictio habens virtutem confundendi habet semper addi termino confusibili sive termino communi: IV,152; nullum signum ducit in apprehensione <ad cognitionem> sui ipsius primo, sed ad cognitionem eius cuius est signum: VI,128; nullum signum per se facit speciem in anima: VI,129; dupliciter contingit considerare signum, scilicet prout est substantia quedam vel prout est signum: VI,131; signum circa terminum cui adiungitur denotat ut illud quod toti convenit, partibus convenire possit: VIII,3; signa inventa sunt ad removendum ambiguitatem: VIII,4; signum denotat circa subiectum convenientiam pro partibus: VIII,5; signum confundit subiectum mobiliter, predicatum vero immobiliter: VIII,35; cum signum advenit subiectum est modus aliquis circa subiectum sicut dispositio ipsius: VIII,37; signum quod est potentia divisibile actu dividit: VIII,49; signum additur termino propter communem formam quam in ipso est reperire: VIII,95; signum universale est reductivum entis in potentia ad actum: VIII,100; signum universale inventum est ad significandum circa terminum qui indifferenter tenetur pro uno vel pro pluribus quod de necessitate teneatur pro multis: VIII,101; signum non confundit terminum positum extra suam clausulam: VIII,102; signum est dispositio universalis quod a se est universale: VIII,125

sillogismus:
def.: sillogismus est oratio in qua quibusdam positis *etc.*: I,70; VIII,97; diversa comparatio medii ad extrema non impedit sillogismum: IV,5; virtus et necessitas sillogismi totaliter constat circa medium, sive circa comparationem medii ad extrema: IV,8; utrum in arte dialetica utendum sit ypotetico sillogismo: IV,9; sillogismus inventus est ut possimus concludere aliquid de aliquo, et ut faciat cognoscere aliquid de aliquo: IV,9; diversificatio medii quantum ad substantiam impedit sillogismum: IV,20; sillogismus qui facit cognoscere rem in se sive conclusionem (= cathegoricus sillogismus) *opp.* sillogismus qui facit aliquid cognoscere in altero sive in sua causa (= ypoteticus sillogismus): IV,24;

aliquando utendum est ypotetico sillogismo, aliquando cathegorico secundum quod diversificatur cognitio: IV,25; sillogismus fit cum aliquid accipitur sub subiecto: VIII,63

sillogizare:
docet Arist. in libro *Per.* sillogizare per omnes differentias casus: II,53

simpliciter:
si simpliciter ad simpliciter, et magis ad magis et maximum ad maximum: II,29; II,76

singularis:
omnis operatio procedit a singularibus et circa singularia: VIII,135; VIII,160; singulare est duplex: singulare in se et singulare in respectu: VIII,159; species est singulare in respectu ad suum genus: VIII,159; intelligi de 'singulari' extenso nomine ad id quod est singulare in se et quod est singulare in respectu cuius sunt species: VIII,160

sol:
potentia qua sol eclipsatur est potentia ordinata ad actum: III,158

species *(1)*:
omnes species sunt simul sub eodem genere: VI,58; nulla species est in plus quam suum genus: V,16; posita specie de necessitate, ponitur genus de necessitate: IV,169; species est singulare in respectu ad suum genus: VIII,159; species et universalia possunt dupliciter considerari: secundum se vel secundum relationem quam habeant ad singularia: VIII,162; species prout est idem quod 'forma': VIII,165; species que primo participant suum superius: VIII,166; indifferentia secundum speciem: I,13

species *(2)*:
illud cuius species per se *opp.* illud cuius species quodammodo est in anima: IV,36; quod non facit per se speciem in anima, per se non intelligitur: VI,129

speculum:
speculum possumus considerare prout est substantia quedam, aut prout est signum rei quam extra est representans: VI,131

subiectum:
subiectum secundum quod subicitur: II,5; subiectum se habet per modum materie: VIII,32

substantia:
substantia veriori modo participat esse quam accidens: IV,185; substantia consequentis: I,44

subtelare:
'subtelare' debet diffiniri per illud ad quod primo ordinatur (sec. Arist.): III,169

superare:
superans dicitur ad duo: ad illud quod superat et ad quod superatur: VI,67; VI,109

superbus:
'iste incedit superbus': VIII,58

superlativus:
superlativum duplicem habet naturam: ex una natura excedit quamlibet rem sui generis, altera est natura quoniam oportet quod sit pars eius quod exceditur: VI,91; queritur utrum superlativum habeat virtutem confundendi: VI,75

supponere:
pro eodem supponit terminus in antecedente et in consequente: I,107; pro eodem supponit terminus in exclusiva et in preiacenti: II,126; pro eodem supponit terminus in una expositiva et in altera: III,112; quod antecedit ad aliquid simpliciter, supponit pro eo simpliciter ad quod antecedit: VI,122; pro eodem supponit terminus cum ponitur in oratione et cum extra orationem: VI,123; pro eodem supponit terminus cum est in oratione et cum est extra orationem positus, non tamen oportet quod eodem modo supponat: VI,146;

quod non ducit in cognitionem sui ipsius simpliciter, non supponit pro se simpliciter, sed secundum quid: VI,128; pars non supponit simpliciter pro eius cuius est pars, sed secundum quid: VI,141; terminus non supponit pro eius cuius est pars simpliciter: VI,144; terminus confusum supponit pro quolibet supposito ipsius, sive mobiliter sive immobiliter: VIII,153; modus supponendi duplex: naturalis (= modus intelligendi) et accidentalis (= supponere sub collectione aut sub dictione): III,32;

suppositio *(1)*:
de suppositione termini communis positi post dictionem exclusivam: II,123–126; terminus communis habens determinatam suppositionem indifferenter potest supponere pro uno aut pro pluribus: II,124; terminus predicatus habet simplicem suppositionem quando est tale quod predicatum inest subiecto pro forma, et personalem quando est tale quod predicatum inest subiecto pro supposito: II,125; terminus communis positus post dictionem exclusivam habet personalem suppositionem: II,143; terminus communis positus post exclusionem habet duplicem suppositionem: primam ex primo intellectu et preiacenti (= suppositionem personalem) et secundam ex consequenti et intellectu exclusionis (= suppositionem confusam et mobilem): II,144; de suppositione termini positi post dictionem exceptivam: III,109–124; sub termino habente determinatam suppositionem licet facere descensum pro suppositis sub disiunctione: III,110 terminus habens simplicem suppositionem supponit essentiam suam respectu predicati: III,117; terminus positus post dictionem exceptivam habet simplicem suppositionem: III,125; suppositio simplex est duplex: una in qua terminus subicitur pro sua essentia et non pro supposito, alia in qua supponit terminus pro suo supposito, sed non distinguitur utrum pro supposito teneatur aut pro essentia: III,126; suppositio simplex media inter suppositionem simplicem et personalem: III,126; suppositio simplex que abstrahit a simplici suppositione et personali: III,131; exceptum continetur in suppositione termini a quo fit exceptio: III,137; III,138; III,139; aliquid continetur in suppositione termini primo vel ex consequenti: III,144; queritur qualem suppositionem habeat terminus communis positus post ista verba 'incipit' et 'desinit': VI,64; simplex est suppositio in termino quando terminus tenetur pro essentia, et non pro supposito: VI,78; cum predicatum est tale quod convenit essentie, tunc habet simplicem suppositionem, cum convenit supposito, tunc habet personalem suppositionem: VI,79; suppositio actualis *opp.* suppositio potentialis: VI,82; VI,85

suppositio *(2)*:
terminus sub conditione non ponit rem suam simpliciter, sed sub conditione quadam: IV,157

Tantum:
utrum 'tantum' possit facere exclusionem generalem vel specialem: II,26–35; utrum 'tantum' potest potest excludere alia a subiecto respectu diversorum actuum vel predicatorum: II,94; negatio huius dictionis 'tantum' est negatio existens in potentia: II,139; 'tantum' idem est quod 'non cum alio': II,146

tempus:
nichil est tempus nisi nunc (sec. Arist.): III,183; III,185; tempus dupliciter potest considerari, aut secundum se, aut secundum quod comparatur ad motum sensibilium et corruptibilium: III,186; considerando tempus secundum se, aliquid est temporis preter nunc; considerando tempus secundum quod comparatur ad motum sensibilium et corruptibilium, tempus componitur ex posteriori et priori: III,186; tempus consignificatum in verbo non est solum sicut modus intelligendi in ipso, sed sicut res quedam: III,189; tempus est mensura rei: III,189; tempus consignificatum non est tempus simpliciter: IV,51; omne quod dicit tempus indeterminate, quando adiungitur alicui verbo quod

dicit tempus determinatum, ponit rem suam pro tempore illo pro quo ponit rem suam illud cui adiungitur: VI,9; tempus simpliciter *opp.* tempus ut nunc: IV,155; tempus simpliciter *opp.* tempus quodammodo: IV,179; IV,180; quod dicit aliquid pro tempore indeterminato sequitur ad illud quod dicit rem suam pro tempore determinato: V,42; 'tempus' predicatur de quolibet tempore et ponit rem suam simpliciter: V,68; sumendo 'tempus' uniformiter, quod dicit tempus indeterminatum, sequitur ad illud quod dicit tempus determinatum: V,70; illud quod dicit tempus indeterminatum et confusum, sequitur ad illud quod dicit tempus determinatum: V,94; quicquid restringitur a tempore, mensuratur a tempore: VIII,137; omne quod a tempore mensuratur est corruptibile: VIII,137; sermones iudicande sunt pro illo tempore pro quo intelliguntur proferri: VIII,154; tempus diluvii: VIII,154; tempus potest confundi quantum est de se: VIII,170

terminus *(1)*:
  terminus est pars orationis: I,105; pro eodem supponit terminus in antecedente et in consequente: I,107; pro eodem supponit terminus in uno convertibili et in altero: III,180; in terminis dicentibus multitudinem ad negationem termini non sequitur negatio orationis: I,114; terminus non confunditur a signo extra suam cathegoricam posito: III,110; sub termino habente determinatam suppositionem licet facere descensum pro suppositis sub disiunctione: III,110; omnis terminus designans exceptum significat particularem respectu termini precedentis: III,116; terminus positus post dictionem exceptivam habet simplicem suppositionem: III,125; terminus designans exceptum non confunditur a distributione a qua fit exceptio: III,128; terminus non supponit simpliciter pro eius cuius est pars: VI,119; *terminus accidentalis*: termini accidentales dicunt ex virtute sua quandam compositionem: I,118; terminus accidentalis predicatur solum de eo quod est: I,156; cum termini accidentales infinitantur semper habent predicari de ente: I,157; terminus accidentalis supponens verbo de presenti restringitur ad supponendum pro hiis que sunt: VI,68; de terminis infinitis: I,123–149; termini infiniti inventi sunt ad significandum initia motuum: I,126; terminus infinitus est duplex: unus qui relinquit aliquid, alius qui non relinquit aliquid: I,126; I,138; terminus infinitus relinquit aliquid: I,130; omnis negatio finita in termino sumpto secundum se et non lata ad compositionem facit terminum infinitum: I,128; in omnibus terminis transcendentibus est compositio qualitatis ad substantiam: I,124; queritur qualiter differat privatio termini infiniti a privatione importata per hoc quod dico 'mortuum': I,137; terminus infinitus est duplex: alius in quo privatur forma et remanet materia, alius in quo privatur forma et remanet materia: I,138; terminus infinitus non significat aliquid finitum: I,144; *terminus substantialis*: cum terminus substantialis infinitatur, non est natura aliqua determinata ad aliquod ens: I,142; cum terminus substantialis infinitatur, per indifferentiam se habet ad quodlibet: I,142; terminus infinitus substantialis potest predicari de eo quod est et de eo quod non est: I,156 cum totum privatur in termino substantiali, remanet substantia generalis vel aliquod ens in anima: I,157; non potest esse privatio circa terminos substantiales, nec sunt termini substantiales privatorii, sed termini accidentales tantum: I,160; queritur propter quid fiat exclusio circa terminos accidentales plus quam circa terminos substantiales: II,7; *terminus transcendens*: (vide etiam s.v. *nomen*) termini transcendentes possunt infinitari: I,138; termini significantes aliquid sicut res possunt infinitari: I,140; *terminus sillogismi*: in sillogismo sunt tres termini: primum, medium et postremum: IV,7; terminus sub conditione non ponit rem suam simpliciter, sed cum suppositione quadam: IV,157; terminus communis supponens alicui verbo teneatur secundum exigentiam verbi cui adiungitur: V,10; terminus supponens alicui verbo tenetur secundum exigentiam verbi ad quod adiungitur: V,22; circa terminum restric-

tum contingit significare quoniam restringitur: V,93; V,105; circa terminum ampliatum contingit significare quoniam ampliatur: V,93; terminus multiplicatus: VI,40; terminus successivus *opp.* terminus permanens: VI,50

terminus *(2)*:
   terminus et illud cuius est terminus non differunt secundum substantiam: VI,135; cuiuslibet operationis terminus est *hoc aliquid*: VIII,134; omne intendens terminum, invento termino, quiescit et non fertur ultra: VIII,140; VIII,164; terminus corruptionis est non-ens: VI,48

totus:
   totum copulatum reducatur ad naturam totius in quantitate: I,74; pars non potest esse sine toto et totum non potest esse sine parte: II,156; nichil est in parte quod non sit in toto: II,159; maior est diversitas totius ad partem quam partis ad totum: II,159; que est relatio partis ad totum, eadem est relatio totius ad partem: II,160; totum excluditur a parte non primo, sed ex consequenti: II,171; pars et totum possunt considerari dupliciter: quantum ad substantiam aut quantum ad intentionem totius et partis: II,172; inter totum et partem non cadit distinctio: IV,107; totum continuum predicatur de qualibet parte sui: V,40; totum disiunctum predicatur de qualibet sui parte: VIII,13; totum universale indifferenter salvatur in uno et in pluribus, totum integrale de necessitate exigit multitudinem ad suum esse: VIII,52; omne totum est maius sua parte: VIII,53; est quoddam totum cuius partes sunt actu, quoddam totum cuius partes non sunt actu: VIII,76; totus ut modus *opp.* totus ut res: VIII,79; VIII,80; signum facit totum ut modus: VIII,79; queritur utrum totum disiunctum possit distribui: VIII,91; totum disiunctum facit unum subiectum: VIII,93; totum disiunctum sequitur ad quamlibet sui partem: VIII,94; aliquando distribuitur totum disiunctum: VIII,116; in toto disiuncto non est aliqua forma communis: VIII,128; a toto disiuncto deficit forma communis que fit medium deferens distributionem: VIII,129

translatio:
   translatio dictionis a propria significatione in non propriam facit incongruitatem et vitium: VIII,59

transmutare:
   omne quod transmutatur, ab altero transmutatur: I,87; in transmutatione elementorum, cum unum in alterum transmutatur in eodem instanti in quo est primo sub forma una, in eodem instanti ulterius est sub forma altera qua prius informatur: VI,39; cum aliqua sunt idem in substantia: cum unum transmutatur, oportet alterum transmutari: VI,45

triangulus:
   qui novit de omni triangulo quoniam habeat tres, similiter cognovit de triangulo qui est in semicirculo: VIII,143; VIII,165

tropus:
   diffinitio tropi: VIII,60

truth-value:
   on the truth-value of sentences concerning the future: Int. 3; Int. 4.5; *on the truth-value of sentences concerning the past and sentences concerning the future*: Int. 4.5

Ullus:
   propter quid potius efficitur signum universale negativum per negationem huius signi particularis 'ullus' quam per negationem huius signi 'aliquis': I,86; ad destructionem totius integralis non sequitur destructio cuiuslibet partis sue: I,99; hoc signum 'ullus' dependet ex infinito omnium numero: I,100; hoc signum aliquis magis determinatum est ad partem quam hoc signum 'ullus': I,100; hoc signum 'ullus' magis determinate se habet ad quodlibet ens quam hoc signum 'aliquis': I,100

unitas:
  eadem est unitas in oppositis: I,61; unitas conditionalis est unitas rei et ordinationis et sermonis: I,68; unitas copulationis est unitas sermonis et non rei vel ordinationis: I,68; unitas rei sufficit ad sumendam contradictoriam: I,69; unitas est forma substantialis huius quod est 'unum': II,7; forma accidentalis huius dictionis 'unum' datur intelligi in hac dictione 'unitas': II,15
universale:
  universale *opp.* individuale: IV,206; universale duplex habet esse: esse a singularibus (= esse naturale) et esse per relationem ad suam causam (= esse necessarium): IV,206; nichil est in universali quod non est in aliquo particulari: VI,93; universale est principium sillogizandi: VIII,97; universale est duplex: universale a se vel universale ab alio sive commune: VIII,12; universale est duplex: complexum sicut diffinitio, incomplexum sicut species et genus: VIII,125
unus:
  in 'unum' intelligitur duplex forma: substantialis scilicet (que datur intelligi in hoc quod dico 'id quod est'), et forma accidentalis (que datur intelligi in hoc quod dico 'unitas'): II,15; ubi unum propter alterum, utrobique est unum: II,64; II,100; III,4; IV,66; qui dicit unum, quodammodo multa dixit: VI,71
urina:
  urina non dat intelligere sanitatem sui nisi quodammodo: IV,35
uterque:
  'uterque' duo dicit, scilicet distributionem et participationem: VIII,82; hoc signum 'uterque' semper exigit multitudinem actualem: VIII,82

Vel:
  hec dictio 'vel' importat divisionem que opponitur compositioni importate per hanc dictionem 'et': I,54; hec dictio 'vel' importat disiunctionem et semper habet disiungere inter dicta inventa: VII,19
verbum:
  passim; omne verbum habet significationem a se, et non ab alio: VI,51; *verbum infinitum*: queritur propter quid verbum infinitum non possit poni in oratione: I,137; verbum infinitum est in quolibet quod est et quod non est: I,142; verbum infinitum se habet per indifferentiam ad ens et ad non ens: I,143; verbum infinitum retinet compositionem generalem: I,148; in oratione verbum infinitum transmutatur in verbum finitum: I,148; *verbum privatorium*: III,26; *verbum infinitivum*: verbum infiti<iv>i modi: VI,5; verbum infinit<iv>um tenetur secundum exigentiam verbi cui adiungitur: V,36; verba infinit<iv>a secundum se finiuntur per ea de quibus dicunt rem suam: II,109; verbum finitum potest alterum infinit<iv>um finire: VI,115; potest fieri negatio et exclusio respectu verbi infinit<iv>i: II,111; verbum consequentis potest transmutari in verbum infinit<iv>um et non verbum antecedentis: IV,159; verbum consequentis duplex principium habet intelligendi, scilicet principium ordinandi rem ad rem et principium ordinandi rem ad animam: IV,159; verbum antecedentis non habet nisi unicum principium intelligendi, scilicet principium ordinandi rem ad rem: IV,159
veritas:
  veritas et falsitas habet esse circa compositionem verbi et circa compositionem participii: I,20; idem est subiectum veritatis et falsitatis et affirmationis et negationis: I,6; veritas una (*opp.* plures veritates): I,66; veritas conditionalis est veritas una, in copulativa autem sunt plures veritates: I,67; eadem est veritas propositionis et dicti: I,50; veritas mensuratur ab aliquo pro tempore eodem pro quo est illud a quo mensuratur: III,176; veritas sequitur inherentiam predicati ad subiectum: III,177; veritas propositionis causatur a veritate dicti: IV,31; veritas rei est veritas orationis, et veritas orationis est veritas enuntiabi-

lis: IV,66; omnis veritas dicti prior est quam veritas propositionis: V,19; veritas propositionis ponit veritatem dicti: V,19; veritas dicti et veritas propositionis convertuntur: V,20; veritas rei est adequatio rei, sermonis et intellectus: IV,67; veritas rei et veritas orationis non sufficiunt ad veritatem orationis in effectu: IV,88; necessitas est species veritatis: V,47; veritas habet esse circa compositionem: V,47; queritur de veritate et falsitate enuntiationis de futuro: V,59; unumquodque sicut se habet ad esse sic se habet ad veritatem: V,59; veritas de futuro solum exigit ens in potentia: V,75; in orationibus de preterito subiectum veritatis est potestas subiecti, que est potestas materie; in orationibus de futuro subiectum veritatis est potestas efficiens vel ordinans: V,75; in orationibus de futuro sua veritas non est sua necessitas: V,76; in orationibus de preterito sua veritas est sua necessitas, et similiter in orationibus de presenti: V,76; veritas enuntiabilis secundum quid: VI,142; veritas enuntiabilis simpliciter *opp.* veritas enuntiabilis secundum quid: VI,145

vide etiam s.v. *falsitas*

verus:

esse verum necessario est inferius quam *esse verum*: II,128 *esse verum* est inferius quam *esse possibile*: II,129; 'verum est me dicere falsum': III,99; verum necessarium non est verum in instanti, nec in tempore: III,178; idem est 'verum' quod 'ens aliquod quod est verum': IV,93; ex vero non sequitur falsum: V,23; verum est species ad esse: V,98; verum disiungitur a quolibet: VII,12; VIII,118

via:

via descendendi *opp.* via ascendendi a genere in genus: IV,7

videre:

hoc verbum 'videre' non significat possibile aliquid, sed est sicut sustinens sive recipiens actum: VI,33

virtus:

virtus negationis: I,96; virtus exclusionis: II,1; virtus utentis: III,192; virtus sillogismi: IV,8; IV,23

volere:

'volo legere' = 'volo ut legam': V,36

voluntas:

voluntas potest transmutari: V,76

vox:

voces sunt signa intellectuum, intellectus autem signa rerum (sec. Arist.): VI,125; per similitudinem in rebus et propter defectum nominum imposita est una vox convenienter ad plura significandum: III,70;

Ypoteticus:

vide s.v. *cathegoricus*

INDEX NOMINUM

ANONYMOUS (= author of the *Sophistaria* treatise found in codex *Toledo* 94-26)
Int. 2; Int. 3; Int. 4.1-5
see also under *INDEX LOCORUM*

ARISTOTLE
Int. 1; Int. 4.4; Int. 4.5; Int. 5.1
see also under *INDEX LOCORUM*

BOETHIUS
Int. 1; Int. 4.5
see also under *INDEX LOCORUM*

BOS, E.P.
Int. 5.1, n. 71

BRAAKHUIS, H.A.G.
Int. 1, n. 2; Int. 2, n. 6; Int. 4.1, n. 21; Int. 4.2, n. 24

CHAPOTIN, DOMINIQUE
Int. 2, n. 4

D'ORS, ANGEL
Int. 2, n. 4

EBBESEN, STEN
Int. 4.2, n. 24

GARCÍA, ZACHARIAS
Int. 5.1, n. 70

HENRY OF GHENT
Int. 2

KNEEPKENS, C.H.
Int. 4.1, n. 20

KRETZMANN, NORMAN
Int. 4.1, n. 22; Int. 4.3, n. 35

KRISTELLER, PAUL OSKAR
   Int. 5.1, n. 68, n. 69

LEFF, GORDON
   Int. 4.4, n. 48

LIBERA, ALAIN DE
   Int. 4.4, n. 47; Int. 5.2, n. 73

NICHOLAS OF PARIS
   Int. 2; Int. 4.1-5

NUCHELMANS, GABRIEL
   Int. 4.1, n. 22

PETRUS HISPANUS
   Int. 2; Int. 4.1-5
   see also under *INDEX LOCORUM*

PRISCIAN
   Int. 1;
   see also under *INDEX LOCORUM*

RIJK. L.M. DE
   Int. 1, n. 1, n. 3; Int. 2, n. 8; Int. 4.1, n. 20; Int. 5.1, n. 71

ROSIER IRÈNE
   Int. 4.1, n. 22

SPRUYT, JOKE
   Int. 2, n. 7; Int. 4.1, n. 11, n. 20, n. 23; Int. 4.4, n. 44; Int. 4.5, n. 67

TUGWELL, SIMON
   Int. 2, n. 5;

WILLIAM OF OCKHAM
   Int. 4.4, n. 48

INDEX LOCORUM

ANONYMUS (= auctor *Sophistariae Toledensis*)
cod. *Toledo*, 94–26

f. 1va	Int. 4.4, n. 46
f. 3ra	Int. 4.4, n. 49
f. 3vb	Int. 4.4, n. 50
f. 7^{va-vb}	Int. 4.4, n. 54
ff. 1–83va	Int. 3
ff. 30^{ra-va}	Int. 4.1
f. 31^{ra-rb}	Int. 4.1, n. 13
ff. 33vb–34vb	Int. 4.1, n. 18
f. 34^{va-vb}	Int. 4.1, n. 19
f. 39^{va-vb}	Int. 4.2, n. 25
f. 42rb	Int. 4.2, n. 28
f. 43ra	Int. 4.2, n. 29
f. 60ra	Int. 4.3, n. 37
f. 58ra	Int. 4.3, n. 42
f. 66^{va-vb}	Int. 4.5
f. 67vb	Int. 4.5, n. 63
ff. 67vb–68rb	Int. 4.5, n. 64
ff. 68^{rb-va}	Int. 4.5, n. 65
f. 68va	Int. 4.5, n. 66

ARISTOTELES
Ubi?   VIII,136; VIII,141

Categoriae
1, 1a1–7	III,70
4, 1b25–27	VIII,16
5, 2b5–6	IV,206; VIII,162
5, 4a10–11	I,4
5, 4b8–10	IV,66; V,19; V,57; VIII,15; VIII,41
12, 14b21–23	IV,66; V,19; V,57; VIII,15; VIII,41

De interpretatione
1, 16a1–6	I,125
2, 16a30	I,144
2, 16a30–b1	II,79
3, 16b15–16	I,142
5, 17a9–10	I,69
5, 17a16–17	I,57; I,58
6, 17a25–26	I,5; I,52
6, 17a34–35	IV,150
7, 17b11–12	VIII,15
7, 17b15–16	VIII,8; VIII,19
7, 17b38–39	I,60
7, 17b15–16	VIII,8
7, 18a5–7	I,74
9, 18b38–39	II,72; IV,33
9, 19a7–22	V,60
9, 19a23–26	V,44; V,71
10, 19b30–31	I,102; I,128; I,138; I,150
10, 20a7–9	I,130
10, 20a9–10	VIII,15
10, 20b1–2	VIII,25
12	II,53; V,85; V,86
12, 16a30–b1	II,79
12, 21b27sqq.	II,55; II,66; V,53; V,82;
13	II,56
13, 22b20sqq.	V,56
14, 23b16–17	VIII,11
14, 23b16–27	IV,183; IV,205; VI,13
14, 23b33–24a3	II,177; VI,40

Analytica priora
Ubi?	VIII,142
passim	IV,83
I passim	VIII,97
I	VIII,3
I 1, 24a17	IV,119
I 1, 24b18–20	I,70; VIII,81
I 1, 24b28–30	III,118; VIII,70; VIII,132
I 2, passim	IV,141
I 4, 26a3	IV,84
I 9–13	V,84
I 9, 30a15–17	IV,168
I 9, 30a33–35	IV,168
I 13, 32a16sqq.	V,92
I 13, 32b26–38	V,32; V,92; V,104
I 28, 43b40sqq.	IV,3; IV,18
I 28, 44a12–35	IV,18
I 36, 48b30–31	VI,15
I 46, 52a4–5	IV,177; IV,199
II 2, 53ba26–54b1	IV,111
II 8–10 passim	V,43; VI,43
II 19, 66a27–28	IV,204
II 21, 67a27–30	VIII,142

(ARISTOTELES, cont.)
Analytica posteriora

I	1, 71a18–25	VIII,143
I	4, 73a28–30	VIII,54; VIII,67; VIII,81
I	4, 73a28–33	VIII,157
I	4, 73b16–18	IV,181; V,8
I	4, 73b25–28	IV,181; V,8
I	5, 74a30–32	VIII,139; VIII,165
I	7, 411a5–6	II,80
I	10, 76a41	VIII,58
II	2, 90a26–28	VII,16
II	19, 100a16–101b1	VIII,167

Topica

Ubi?		III,4; III,7; III,49
I	1, 100a18–19	VIII,145; VIII,145
I	14, 105b31–36	VIII,133; VIII,156; VIII,158
I	15, 106b14–15	I,22; II,56; V,90;
II	2, 110a10–13	VIII,104
II	4, 111b25–26	V,11
II	5, 112a17–20	VI,71
III	5, 119a30–31	IV,100
III	6, 120a25–27	VIII,61
IV	1, 120b15–17	VI,58
IV	1, 121a28–29	VI,77
IV	3, 124a9	IV,113; IV,124
IV	4, 125a21–22	VI,67; VI,109
IV	5, 126a27–28	II,174
IV	6, 128b7	VI,63
V	3, 131a16	V,13
V	3, 131a27–29	V,48
V	4, 132b30–31	IV,170
V	4, 133a28–34	IV,82; V,14
V	5, 134b23–25	VI,91
V	5, 134b24sqq.	VI,75
V	5, 135b3–6	III,171
VI	3	IV,9
VI	4, 142a17sqq.	III,48
VI	4, 142a24–25	V,5; VII,8
VI	6, 143a36	VI,66
VI	6, 145a3–4	IV,187
VI	6, 145a23–25	III,169
VI	10, 148a36–37	IV,188
VIII	2, 157b29–33	III,123

De sophisticis elenchis

1, 165a10–13	III,70
5, 166b32–36	III,21; IV,100
5, 167b1–2	II,121
6, 168b11–16	VI,16
7, 169b3–4	IV,98
11, 172a27	I,1
17, 175a39–40	II,58; II,68
18, 176b33–177a5	Int. 1
22, 178a30–33	III,26; VI,44
24, 179a33–b6	IV,100
24, 179b1–4	IV,97

Physica

I	9, 192a21	VIII,21
I	18, 192a24–29	VI,97
II	3, 195a11–12	III,153
II	3, 195b21–28	IV,134
II	6, 197b22–27	IV,184; V,97
IV	11, 218b33	III,183;
IV	11, 219a3–8	III,185; III,186
V	1, 225a12–17	VI,49
V	1, 225a17–20	VI,49
VII	1, 242b24	I,84

De caelo et mundo

I	1, 268b16–19	VIII,47
I	9, 279b1–2	I,12
I	12, 283a24–25	V,55
II	5, 288a2–3	I,9
III	2, 301b23–25	I,23
IV	1, 308a29–31	I,23

De generatione et corruptione

II	10, 336a27–28	III,4; III,7; III,49
II	10, 336b27–29	III,124
II	10, 327b22	VIII,105

De anima

| I | 4, 411a5–6 | II,82 |

Metaphysica

I	1, 981a16–20	VIII,135
IV	2, 1003b9–11	IV,47
IV	2, 1003b22–23	I,140; VIII,43
IV	2, 1003b26–27	I,59; I,71
IV	2, 1003b26–29	I,152
V	7, 1017a7–8	V,88
V	8	IV,119
VII	7, 1032a16–26	I,79
VIII	5, 1044b13–15	I,37
IX		IV,188
IX	2, 1046b4–6	III,153; IV,150; V,54; V,96
IX	10, 1051b3–5	IV,65; IV,87

570 INDEX LOCORUM

(ARISTOTELES cont.)
Ethica Nicomacheia
II 1, 1103a20–23 — VIII,57
II 6, 1107a31 — VIII,135
V 1, 1129a18, 24–25 — I,22; II,56; V,90
VIII 8, 1159b20–24 — III,47

Rhetorica ad Alexandrem
25, 1435b5–11 — II,89

Liber Sex principiorum
cap. 21, p. 39^{17} — III,84

AUCTORITATES ARISTOTELIS

1, 90	III,140; VIII,43
1, 222	III,153; IV,150; V,54; V,96
2, 35	VIII,21
2, 73	IV,134
2, 82	IV,184; V,97
2, 138	III,183; III,185; III,186
2, 152	VI,49
2, 153	VI,49
3, 31	I,12
3, 36	V,55
3, 57	I,9
3, 80	I,23
3, 87	I,23
4, 6	VIII,105
4, 47–48	IV,124
6, 21	II,82
7, 42	IV,116
12, 83	I,22; II,56; V,90
31, 12	IV,206; VIII,162
32, 17	II,72; IV,33
34, 7	V,43; VI,43;
36, 18	I,22; II,56; V,90
36, 27	V,11
36, 57	VI,77
36, 60	IV,113; IV,126
36, 65	II,174
36, 80	IV,170
36, 95	VII,8
37, 13	I,1

IUVENALIS

Satyra XII, 125–6 — VIII,58

BOETHIUS

De topicis differentiis
passim — IV,26

In Aristotelis Perihermeneias
passim — IV,26
I, p. 215$^{18-20}$ — VI,13; VIII,10
II, p. 62$^{8-9}$ (ed. Migne 424D9–10) — I,155
II, p. 137^{28} — VIII,4
II, p. 480$^{7-9}$ — VI,13; VIII,10

De hyp. syll.
II 1, 7, p. 258^{60}sqq. — I,39; I,40
III 11, 7, p. 388$^{56-57}$ — I,62; I,73; VIII,102

De consol. phil.
V — Int. 4.5
V, p. 426 — V,77; V,80
V, p. 428 — IV,191

EUCLIDES

Geometria — III,52

PORPHYRIUS:

Isagogè
8$_{19-21}$ — II,32
9$^{14-15}$ — II,9; II,23
19$^{3-4}$ — IV,186

DONATUS
Ubi? — VIII,58

Ars minor
p. 364^{33} — IV,77

Ars maior
p. 388^{28} — IV,77

PRISCIANUS

Institutiones grammatice
II 15, p. 54$^{5-7}$ — Int. 1
II 16, p. 54^{11} — I,7
II 18, p. 55^{6} — I,118
II 18, p. 55$^{13-14}$ — III,36
V 80, pp. 190^{16}–191^{7} — III,59; VI,3; VI,8
XI 30, p. 568$^{8-9}$ — IV,45; IV,57
XII 3, p. 578$^{18-24}$ — III,4
XII 3, p. 578^{19} — III,36
XIV–XV — III,44

(PRISCIANUS, *Institutiones grammatice*, cont.)	pp. 276–277	Int. 4.3, n. 34
XIV–XV, p. 578[19]	III,36	
XVII 12–13, p. 116[11–13]	I,110; VIII,146	pp. 385–87	Int. 4.4, n. 53
XVII 17, p. 118[16]sqq.	II,179	p. 412[5-9]	Int. 4.1, n. 17
XVII 21, p. 121[3]	II,49		
XVII 46, p. 135[26]	I,100	THOMAS AQUINAS	
XVII 55, p. 141[17]sqq.	II,179	*In Phys.*	
XVII 56, p. 141[20-21]	III,16	II, lect. 6, n. 197	IV,134
XVII 56, p. 142[6]	III,36	IV, lect. 17, n. 572	III,183; III,185; III,186
XVII 56, p. 142[7-11]	III,10		
XVII 60, p. 144[5-7]	III,4		
XVII 82, p. 154[6-12]	I,18	V, lect. 2, n. 654	VI,49
XVII 88, p. 157[7-9]	III,9	V, lect. 2, n. 655	VI,49
XVII 88, p. 157[8-9]	II,179; II,185	PETRUS HISPANUS	
XVII 95 96	IV,96	*Tractatus*	
XVII 97, p. 161[10-14]	IV,78; IV,96	IX, 14, p. 205[5-14]	VIII,156
XVII 105–106, p. 164[16-18]	II,89	XII, 7, pp. 213[25]–214[6]	Int. 4.4, n. 45, n. 51
XVII 180	VI,9		
XVII 180–181, p. 199[21-26]	V,36		
XVII 187	VIII,84	XII, 14, p. 205[5-14]	Int. 4.4, n. 55
XVII 187, p. 201[11-12]	II,91	XII, 14, p. 205[15-19]	Int. 4.4, n. 56
XVIII 30, pp. 221[25]–222[3]	III,59; VI,3; VI,8	XII, 18, p. 220[18-23]	Int. 4.1, n. 9
XVIII 75, p. 239[7]sqq.	IV,45; IV,57	XII, 18, pp. 220[24]–221[3]	Int. 4.1, n. 10
		XIII, 13, pp. 218[24]–219[2]	Int. 4.4, n. 45
AVERROES			
De sensu et sensato		*Syncategoreumata*	
pp. 19[27]–20[29]	IV,116	II, 30	Int. 4.1, n. 11
NICHOLAS PARISIENSIS		VI, 31	Int. 4.3, n. 33
Syncategoreumata			
p. 96[4-9]	Int. 4.2, n. 27	VI, 24	Int. 4.3, n. 38
pp. 113–114	Int. 4.2, n. 30	VI, 25–26	Int. 4.3, n. 34
pp. 114–115	Int. 4.2, n. 30	VI, 28–29	Int. 4.3, n. 39
p. 116	Int. 4.2, n. 31	VII, 22–23	Int. 4.5, n. 61
pp. 122[8]–123[12]	Int. 4.5, n. 57	VII, 28	Int. 4.5, n. 58
pp. 239–243	Int. 4.1, n. 16	VIII, 37	Int. 4.4, n. 52
p. 264[12-15]	Int. 4.3, n. 36	VIII, 65	Int. 4.1, n. 14
p. 274[7]–275[3]	Int. 4.3, n. 40	VIII, 66	Int. 4.1, n. 16
p. 275[5-17]	Int. 4.3, n. 41		

INDEX SOPHISMATUM

albus

	Int. 3
Sortes desinit esse albissimus hominum	Int. 3; Int. 4.3; VI,64
tantum homo albus currit	Int. 4.2

alius

omnis homo et alius homo sunt	Int. 3

alter

Sortes desinit esse alter istorum	Int. 4.3; VI,95
Sortes incipit esse alter istorum	Int. 4.3; VI,95

an

tu scis an de mentiente sit falsum Sortem esse illum	VII,1; VII,2; VII,21
tu scis an omnis homo sit Sortes an differat a Sorte	Int. 3; Int. 4.1; II,71; II,85; VII,1

anima

anima Antichristi necessario erit	Int. 3; Int. 4.5; V,37; V,38
omnis anima necessario est iusta	Int. 3; Int. 4.5; V,1; V,2; V,37

animal

non animal est, si homo est	I,27
omne animal currit	VIII,130
omne animal preter hominem est irrationale	III,109
quicumque dicit te esse animal dicit verum	Int. 3

archa

omne animal fuit in archa Noe	Int. 3; Int. 4.4; VIII,130; VIII,131

asinus

tu non potes negare te non esse asinum	Int. 3
nullo homine currente tu es asinus	Int. 3; I,15

INDEX SOPHISMATUM

audire

quicquid auditur a Sorte profertur a Platone   Int. 3

caput

nichil caput habens est aliquod caput habens   Int. 4,2; I,3

cecus

cecus potest esse videns   V,101

chimera

nichil et chimera sunt   Int. 4.1; I,51
nichil et chimera sunt fratres   Int. 3; Int. 4.1; I,51
tantum chimera est non-ens   Int. 4,2; I,149

contingens

sola contingentia esse vera est verum contingens   Int. 4.1; II,94

convenire

aliqua in eo quod conveniunt, differunt   IV,160

desinere

Sortes desinit esse albissimus hominum   Int. 3; Int. 4.3; VI,64
Sortes desinit esse alterum istorum   Int. 4.3; VI,95
Sortes desinit esse non desinendo esse   Int. 3; Int. 4.3; VI,1
Sortes desinit scire pauciora quam scit   Int. 4.3; VI,36
Sortes desinit scire plura quam Plato   Int. 4.3; VI,36; VI,112
Sortes desinit scire se nichil desinere scire   Int. 3; Int. 4.3; VI,117; VI,141
Sortes desinit videre omnem hominem   Int. 4.3; VI,36

Deus

non Deus est et tu es asinus   Int. 4.1
omne verum et Deum esse differunt   Int. 3
quicquid Deus scivit, scit   Int. 3
tantum Deum esse Deum est necessarium   Int. 3; Int. 4.2; Int. 4.5; II,49; II,59

dies

nichil est verum in hac die, si dies non est   IV,127

574 INDEX SOPHISMATUM

differre

aliqua in eo quod conveniunt, differunt	IV,160
omnis homo differt ab omni homine preterquam a se	III,2
omnis homo et quodlibet differat ab illo est non homo	Int. 3
omne verum et Deum esse differunt	Int. 3
tu scis an omnis homo sit Sortes an differat a Sorte	II,85; VII,1

econverso

omnis homo est animal et econverso	Int. 3; Int. 4.4

enuntiabile

ad quodlibet enuntiabile sequitur ipsum esse verum	Int. 3
omne enuntiabile preter verum est falsum	Int. 3; III,109; III,124
a nullo enuntiatum a nullo vere enuntiatur	Int. 4.1; I,3; I,17

excipere

omnis homo preter Sortem excipitur	Int. 3; III,79

falsus

omne enuntiabile preter verum est falsum	Int. 3; III,109; III,124
quicquid est necessario verum vel falsum, est necessario verum vel impossibile	Int. 3
tantum verum opponitur falso	Int. 3; II,112; II,123
verum est falsum, si Antichristus est	Int. 3; IV,63; IV,72; IV,91; IV,103; IV,114

fenix

omnis fenix est	Int. 4.4; VIII,46; VIII,61–70; VIII,87–90; VIII,130

filius

duo patres et duo filii sunt tria et non plura	Int. 3; Int. 4.1; I,101; I,112

impossibilis

impossibile est Sortem videre tantum hominem non videntem se	Int. 3
impossibile est te scire plura quam scis	Int. 3

INDEX SOPHISMATUM

impossibile potest esse verum	Int. 3; V,87
quicquid est necessarium verum vel falsum, est necessarium verum vel impossibile	Int. 3; Int. 4.4

incipere

Sortes incipit esse alter istorum	Int. 4.3

infinitus

infinita sunt finita	Int. 3

instans

nichil est verum nisi in hoc instanti	Int. 3; III,159
quicquid est verum est verum in hoc instanti	III,160; III,175

lapis

si tu scis te esse lapidem, tu nescis te esse lapidem	IV,1; IV,128

mentire

tu scis an de mentiente sit falsum Sortem esse illum	VII,1; VII,2: VII,21

mortalis

si Sortes necessario est mortalis, Sortes necessario est immortalis	Int. 3; Int. 4.5; IV,167

necessarium, necessario

anima Antichristi necessario erit	Int. 3; Int. 4.5; V,37; V,38
omnis anima necessario est iusta	Int. 3; Int. 4.5; V,1; V,2; V,37
omnis homo de necessitate est animal	Int. 3; V,37
omnis homo necessario est animal	Int. 4.4; Int. 4.5
si Sortes necessario est mortalis, Sortes necessario est immortalis	Int. 3; Int. 4.5; IV,168
sola necessaria esse vera est necessarium	II,94
sola necessaria necessario sunt vera	Int. 3; Int. 4.2; Int. 4.5
tantum Deum esse Deum est necessarium	Int. 3; Int. 4.2; Int. 4.5; II,49; II,59
quicquid est necessario verum vel falsum, est necessario verum vel impossibile	Int. 3; Int. 4.4

negare

tu non potes negare te non esse asinum	Int. 3

neuter

neutrum oculum habendo tu potes videre	Int. 3; Int. 4.1
utrumque oculum non habendo tu potes videre	I,3; I,15

nichil

nichil est verum nisi in hoc instanti	Int. 3; III,159
nichil et chimera sunt	Int. 4.1
nichil et chimera sunt fratres	Int. 3; Int. 4.1; I,51
nichil nichil est	I,75
nichil videns est aliquid videns	Int. 4.1; I,3; I,26
si nichil est, aliquid est	IV,1; IV,28; IV,128

nullus

a nullo enuntiatum a nullo vere enuntiatur	Int. 4.1; I,3; I,17; I,75
nullo homine currente tu es asinus	Int. 3; Int. 4,2; I,15
nullum caput habens est aliquod caput habens	Int. 4.1; I,3; I,26
nullus homo est, si aliquis homo est	Int. 4.1; I,27; I,40
nullus homo legit Parisius nisi ipse sit homo	Int. 4.1; I,27; I,40
nullus homo nullum animal est	I,75; I,87
si nulla propositio est vera, aliqua propositio est vera	IV,1; IV,16; IV,51; IV,128
si nullum tempus est, aliquod tempus est	Int. 3; IV,1; IV,50; IV,128

numerus

solius binarii pars est unitas et nullus numerus	Int. 3

oculus

neutrum oculum habendo tu potes videre	Int. 3; Int. 4.1
utrumque oculum non habendo tu potes videre	I,3; I,15

omnis

non omnis homo preter Sortem currit	Int. 4.2; II,71; II,84; III,150
omne animal fuit in archa Noe	Int. 3; Int. 4.4; VIII,130; VIII,131; VIII,147–153
omne animal preter coloratum currit	Int. 4.4
omne animal preter hominem est irrationale	III,109
omne coloratum preter unum currit	III,109; III,143

omne enuntiabile preter verum est falsum	Int. 3; III,109; III,124
omne verum et Deum esse differunt	Int. 3
omnis fenix est	Int. 4.4; VIII,46; VIII,61–70; VIII,87–90 VIII,130
omnis homo de necessitate est animal	Int. 3: V,37
omnis homo est animal et econverso	Int. 3; Int. 4.4
omnis homo est omnis homo	Int. 3; Int. 4.4; VIII,1; VIII,10; VIII,19; VIII,11; VIII,13: VIII,15; VIII,20; VIII,27
omnis homo est unus solus homo	Int. 3
omnis homo et alius homo sunt	Int. 3
omnis homo et quodlibet differat ab illo est non homo	Int. 3
omnis homo necessario est animal	Int. 4.4; Int. 4.5
omnis homo preter Sortem excipitur	Int. 3; III,79
omnis propositio vel eius contradictoria est vera	Int. 3; Int. 4.4; III,17; III,39; VIII,91; VIII,103–110
omnis homo est, et ille est aliquis homo	III,17
possibile est omne animal esse hominem	Int. 3
Sortes bis videt omnem hominem preter Platonem	Int. 4.2; II,71; II,83
tu scis an omnis homo sit Sortes an differat a Sorte	Int. 3; Int. 4.1; II,71; II,85; VII,1

possibile

possibile est omne animal esse hominem	Int. 3
tantum id quod est homo esse hominem est possibile	Int. 3; Int. 4.2, 4.5; II,49; II,112

preter/preterquam

decem preter quinque sunt quinque	Int. 3; III,43
non omnis homo preter Sortem currit	Int. 4.2; II,71; II,84; III,150
omne animal preter coloratum currit	Int. 4.4
omne animal preter hominem est irrationale	III,109
omne coloratum preter unum currit	III,109; III,143; VIII,130

omne enuntiabile preter verum est falsum	Int. 3; III,109; III,124
omnis homo differt ab omni homine preterquam a se	III,2
omnis homo preter Sortem excipitur	Int. 3; III,79
Sortes bis videt omnem hominem preter Platonem	Int. 4.2; II,71; II,83

propositio

omnis propositio vel eius contradictoria est vera	Int. 3; Int. 4.4; III,17; III,39
si nulla propositio est vera, aliqua propositio est vera	IV,1; IV,16; IV,51; IV,128

quicumque

quicumque dicit te esse animal dicit verum	Int. 3

quicquid

quicquid auditur a Sorte profertur a Platone	Int. 3
quicquid Deus scivit, scit	Int. 3
quicquid est necessario verum vel falsum, est necessarium vel impossibile	Int. 4.4; VIII,116
quicquid est necessario verum vel falsum, est necessario verum vel impossibile	Int. 3
quicquid est vel non est, est	Int. 4.4
quicquid est verum est verum in hoc instanti	III,160; III,175

quidlibet

ad quodlibet enuntiabile sequitur ipsum esse verum	Int. 3
quilibet qualelibet de quolibet tali scit ipsum esse tale quale ipsum est	Int. 3

scire

impossibile est te scire plura quam scis	Int. 3
Sortes desinit scire pauciora quam scit	Int. 4.3; VI,36
Sortes desinit scire plura quam Plato	Int. 4.3; VI,36; VI,112
Sortes desinit scire se nichil desinere scire	Int. 3; Int. 4.3; VI,117; VI,141
Sortes scit tantum tres homines currere	Int. 4.2; II,94
tu scis an de mentiente sit falsum Sortem esse illum	VII,1; VII,2; VII,21
tu scis an omnis homo sit Sortes an differat a Sorte	Int. 3; Int. 4.1; II,71; II,85; VII,1

quicquid Deus scivit, scit	Int. 3

solus

omnis homo est unus solus homo	Int. 3
sola contingentia esse vera est verum contingens	Int. 4.2; II,94
sola necessaria esse vera est necessarium	III,94
sola necessaria necessario sunt vera	Int. 3; Int. 4.2; Int. 4.5
solis tribus sola duo sunt pauciora	Int. 3; II,70; II,86
solius binarii pars est unitas et nullus numerus	Int. 3
solus genitivus preceditur a solo nominativo	Int. 3
solus nominativus precedit solum genitivum	II,70; II,86
solus Sortes videt se	Int. 3
Sortes dicit verum, si solus Plato loquitur	Int. 3; IV,63; IV,64; IV,85

tantum

impossibile est Sortem videre tantum hominem non videntem se	Int. 3
si tantum alter istorum est, non tantum alter istorum est	
si tantum pater est, non tantum pater est	Int. 3; II,2; IV,16; IV,128
Sortes scit tantum tres homines currere	Int. 4.2; II,94
tantum unum est	Int. 3; Int. 4.2; II,2
tantum chimaera est non-ens	Int. 4.2
tantum c ignoratum ab utroque scitur a Sorte	II,2
tantum Deum esse Deum est necessarium	Int. 3; Int. 4.2; Int. 4.5; II,49; II,59
tantum homo albus currit	Int. 4.2
tantum id quod est homo esse hominem est possibile	Int. 3; Int. 4.2; Int. 4.5; II,49; II,112
tantum id quod est homo esse hominem est verum	II,112
tantum non homines sunt animalia	II,154
tantum verum opponitur falso	Int. 3; II,112; II,123

tempus

si nullum tempus est, aliquod tempus est	Int. 3; IV,1; IV,50; IV,128

totus

totus Sortes est minor Sorte	Int. 3

unus

tantum unum est	Int. 3; Int. 4.2

ubique

si tu es ubique, tu non es ubique	Int. 3; IV,1; IV,128

verus

ad quodlibet enuntiabile sequitur ipsum esse verum	Int. 3
impossibile potest esse verum	Int. 3; V,87
nichil est verum in hac die, si dies non est	IV,127
nichil est verum nisi in hoc instanti	Int. 3; III,159
omne enuntiabile preter verum est falsum	Int. 3; III,109; III,124
omne verum et Deum esse differunt	Int. 3
omnis propositio vel eius contradictoria est vera	Int. 3; III,17; III,39
quicquid est necessario verum vel falsum, est necessarium vel impossibile	Int. 4.4; VIII,116
quicquid est necessario verum vel falsum, est necessario verum vel impossibile	Int. 3
quicquid est verum est verum in hoc instanti	III,160; III,175
quicumque dicit te esse animal dicit verum	Int. 3
sola contingentia esse vera est verum contingens	Int. 4.2; II,94
sola necessaria necessario sunt vera	Int. 3; Int. 4.2; Int. 4.5
Sortes dicit verum, si solus Plato loquitur	Int. 3; IV,63; IV,64; IV,85
tantum id quod est homo esse hominem est verum	II,112
tantum verum opponitur falso	Int. 3; II,112; II,123
verum est falsum, si Antichristus est	Int. 3; IV,63; IV,72; IV,91; IV,103; IV,114

videre

impossibile est Sortem videre tantum hominem non videntem se	Int. 3
neutrum oculum habendo tu potes videre	Int. 3; Int. 4.2

nichil videns est aliquid videns	Int. 4,2; I,3; I,26
solus Sortes videt se	Int. 3
Sortes bis videt omnem hominem preter Platonem	Int. 4.2; II,71; II,83
Sortes desinit videre omnem hominem	Int. 4.3; VI,36
utrumque oculum non habendo tu potes videre	I,3; I,15

STUDIEN UND TEXTE
ZUR GEISTESGESCHICHTE
DES MITTELALTERS

3. Koch, J. (Hrsg.). *Humanismus, Mystik und Kunst in der Welt des Mittelalters.* 2nd. impr. 1959. *reprint under consideration*
4. Thomas Aquinas, *Expositio super librum Boethii* De Trinitate. Ad fidem codicis autographi nec non ceterorum codicum manuscriptorum recensuit B. Decker. Repr. 1965. ISBN 90 04 02173 6
5. Koch, J. (Hrsg.). *Artes liberales.* Von der antiken Bildung zur Wissenschaft des Mittelalters. Repr. 1976. ISBN 90 04 04738 7
6. Meuthen, E. *Kirche und Heilsgeschichte bei Gerhoh von Reichersberg.* 1959. ISBN 90 04 02174 4
7. Nothdurft, K.-D. *Studien zum Einfluss Senecas auf die Philosophie und Theologie des 12. Jahrhunderts.* 1963. ISBN 90 04 02175 2
9. Zimmermann, A. (Hrsg.). *Verzeichnis ungedruckter Kommentare zur Metaphysik und Physik des Aristoteles aus der Zeit von etwa 1250-1350.* Band I. 1971. ISBN 90 04 02177 9
10. McCarthy, J. M. *Humanistic Emphases in the Educational Thought of Vincent of Beauvais.* 1976. ISBN 90 04 04375 6
11. William of Doncaster. *Explicatio Aphorismatum Philosophicorum.* Edited with Annotations by O. Weijers. 1976. ISBN 90 04 04403 5
12. Pseudo-Boèce. *De Disciplina Scolarium.* Édition critique, introduction et notes par O. Weijers. 1976. ISBN 90 04 04768 9
13. Jacobi, K. *Die Modalbegriffe in den logischen Schriften des Wilhelm von Shyreswood und in anderen Kompendien des 12. und 13. Jahrhunderts.* Funktionsbestimmung und Gebrauch in der logischen Analyse. 1980. ISBN 90 04 06048 0
14. Weijers, O. (Éd.). *Les questions de Craton et leurs commentaires.* Édition critique. 1981. ISBN 90 04 06340 4
15. Hermann of Carinthia. *De Essentiis.* A Critical Edition with Translation and Commentary by Ch. Burnett. 1982. ISBN 90 04 06534 2
17. John of Salisbury. *Entheticus Maior and Minor.* Edited by J. van Laarhoven. 1987. 3 vols. 1. Introduction, Texts, Translations; 2. Commentaries and Notes; 3. Bibliography, Dutch Translations, Indexes. 1987. ISBN 90 04 07811 8
18. Richard Brinkley. *Theory of Sentential Reference.* Edited and Translated with Introduction and Notes by M. J. Fitzgerald. 1987. ISBN 90 04 08430 4
19. Alfred of Sareshel. *Commentary on the* Metheora *of Aristotle.* Critical Edition, Introduction and Notes by J. K. Otte. 1988. ISBN 90 04 08453 3
20. Roger Bacon. *Compendium of the Study of Theology.* Edition and Translation with Introduction and Notes by T. S. Maloney. 1988. ISBN 90 04 08510 6
21. Aertsen, J. A. *Nature and Creature.* Thomas Aquinas's Way of Thought. 1988. ISBN 90 04 08451 7
22. Tachau, K. H. *Vision and Certitude in the Age of Ockham.* Optics, Epistemology and the Foundations of Semantics, 1250-1345. 1988. ISBN 90 04 08552 1
23. Frakes, J. C. *The Fate of Fortune in the Early Middle Ages.* The Boethian Tradition. 1988. ISBN 90 04 08544 0
24. Muralt, A. de. *L'Enjeu de la Philosophie Médiévale.* Études thomistes, scotistes, occamiennes et grégoriennes. Repr. 1993. ISBN 90 04 09254 4

25. Livesey, S. J. *Theology and Science in the Fourteenth Century*. Three Questions on the Unity and Subalternation of the Sciences from John of Reading's Commentary on the *Sentences*. Introduction and Critical Edition. 1989. ISBN 90 04 09023 1
26. Elders, L. J. *The Philosophical Theology of St Thomas Aquinas*. 1990. ISBN 90 04 09156 4
27. Wissink, J. B. (Ed.). *The Eternity of the World in the Thought of Thomas Aquinas and his Contemporaries*. 1990. ISBN 90 04 09183 1
28. Schneider, N. *Die Kosmologie des Franciscus de Marchia*. Texte, Quellen und Untersuchungen zur Naturphilosophie des 14. Jahrhunderts. 1991. ISBN 90 04 09280 3
29. Langholm, O. *Economics in the Medieval Schools*. Wealth, Exchange, Value, Money and Usury according to the Paris Theological Tradition, 1200-1350. 1992. ISBN 90 04 09422 9
30. Rijk, L. M. de. *Peter of Spain (Petrus Hispanus Portugalensis): Syncategoreumata*. First Critical Edition with an Introduction and Indexes. With an English Translation by Joke Spruyt. 1992. ISBN 90 04 09434 2
31. Resnick, I. M. *Divine Power and Possibility in St. Peter Damian's* De Divina Omnipotentia. 1992. ISBN 90 04 09572 1
32. O'Rourke, F. *Pseudo-Dionysius and the Metaphysics of Aquinas*. 1992. ISBN 90 04 09466 0
33. Hall, D. C. *The Trinity*. An Analysis of St. Thomas Aquinas' *Expositio* of the *De Trinitate* of Boethius. 1992. ISBN 90 04 09631 0
34. Elders, L. J. *The Metaphysics of Being of St. Thomas Aquinas in a Historical Perspective*. 1992. ISBN 90 04 09645 0
35. Westra, H. J. (Ed.). *From Athens to Chartres*. Neoplatonism and Medieval Thought. Studies in Honour of Edouard Jeauneau. 1992. ISBN 90 04 09649 3
36. Schulz, G. *Veritas est adæquatio intellectus et rei*. Untersuchungen zur Wahrheitslehre des Thomas von Aquin und zur Kritik Kants an einem überlieferten Wahrheitsbegriff. 1993. ISBN 90 04 09655 8
37. Kann, Ch. *Die Eigenschaften der Termini*. Eine Untersuchung zur *Perutilis logica* Alberts von Sachsen. 1994. ISBN 90 04 09619 1
38. Jacobi, K. (Hrsg.). *Argumentationstheorie*. Scholastische Forschungen zu den logischen und semantischen Regeln korrekten Folgerns. 1993. ISBN 90 04 09822 4
39. Butterworth, C. E., and B. A. Kessel (Eds.). *The Introduction of Arabic Philosophy into Europe*. 1994. ISBN 90 04 09842 9
40. Kaufmann, M. *Begriffe, Sätze, Dinge*. Referenz und Wahrheit bei Wilhelm von Ockham. 1994. ISBN 90 04 09889 5
41. Hülsen, C. R. *Zur Semantik anaphorischer Pronomina*. Untersuchungen scholastischer und moderner Theorien. 1994. ISBN 90 04 09832 1
42. Rijk, L. M. de (Ed. & Tr.). *Nicholas of Autrecourt*. His Correspondence with Master Giles and Bernard of Arezzo. A Critical Edition from the Two Parisian Manuscripts with an Introduction, English Translation, Explanatory Notes and Indexes. 1994. ISBN 90 04 09988 3
43. Schönberger, R. *Relation als Vergleich*. Die Relationstheorie des Johannes Buridan im Kontext seines Denkens und der Scholastik. 1994. ISBN 90 04 09854 2
44. Saarinen, R. *Weakness of the Will in Medieval Thought*. From Augustine to Buridan. 1994. ISBN 90 04 09994 8
45. Speer, A. *Die entdeckte Natur*. Untersuchungen zu Begründungsversuchen einer „scientia naturalis" im 12. Jahrhundert. 1995. ISBN 90 04 10345 7
46. Te Velde, R. A. *Participation and Substantiality in Thomas Aquinas*. 1995. ISBN 90 04 10381 3
47. Tuninetti, L. F. *„Per Se Notum"*. Die logische Beschaffenheit des Selbstverständlichen im Denken des Thomas von Aquin. 1996. ISBN 90 04 10368 6
48. Hoenen, M.J.F.M. und De Libera, A. (Hrsg.). *Albertus Magnus und der Albertismus*. Deutsche philosophische Kultur des Mittelalters. 1995. ISBN 90 04 10439 9
49. Bäck, A. *On Reduplication*. Logical Theories of Qualification. 1996. ISBN 90 04 10539 5

50. Etzkorn, G. J. *Iter Vaticanum Franciscanum*. A Description of Some One Hundred Manuscripts of the Vaticanus Latinus Collection. 1996. ISBN 90 04 10561 1
51. Sylwanowicz, M. *Contingent Causality and the Foundations of Duns Scotus' Metaphysics*. 1996. ISBN 90 04 10535 2
52. Aertsen, J.A. *Medieval Philosophy and the Transcendentals*. The Case of Thomas Aquinas. 1996. ISBN 90 04 10585 9
53. Honnefelder, L., R. Wood, M. Dreyer (Eds.). *John Duns Scotus*. Metaphysics and Ethics. 1996. ISBN 90 04 10357 0
54. Holopainen, T. J. *Dialectic and Theology in the Eleventh Century*. 1996. ISBN 90 04 10577 8
55. Synan, E.A. (Ed.). *Questions on the* De Anima *of Aristotle by Magister Adam Burley and Dominus Walter Burley* 1997. ISBN 90 04 10655 3
56. Schupp, F. (Hrsg.). *Abbo von Fleury:* De syllogismis hypotheticis. Textkritisch herausgegeben, übersetzt, eingeleitet und kommentiert. 1997. ISBN 90 04 10748 7
57. Hackett, J. (Ed.). *Roger Bacon and the Sciences*. Commemorative Essays. 1997. ISBN 90 04 10015 6
58. Hoenen, M.J.F.M. and Nauta, L. (Eds.). *Boethius in the Middle Ages*. Latin and Vernacular Traditions of the *Consolatio philosophiae*. 1997. ISBN 90 04 10831 9
59. Goris, W. *Einheit als Prinzip und Ziel*. Versuch über die Einheitsmetaphysik des *Opus tripartitum* Meister Eckharts. 1997. ISBN 90 04 10905 6
60. Rijk, L.M. de (Ed.). *Giraldus Odonis O.F.M.*: Opera Philosophica. *Vol. 1.: Logica*. Critical Edition from the Manuscripts. 1997. ISBN 90 04 10950 1
61. Kapriev, G. ...*ipsa vita et veritas*. Der "ontologische Gottesbeweis" und die Ideenwelt Anselms von Canterbury. 1998. ISBN 90 04 11097 6
62. Hentschel, F. (Hrsg.). *Musik – und die Geschichte der Philosophie und Naturwissenschaften im Mittelalter.* Fragen zur Wechselwirkung von 'musica' und 'philosophia' im Mittelalter. 1998. ISBN 90 04 11093 3
63. Evans, G.R. *Getting it wrong*. The Medieval Epistemology of Error. 1998. ISBN 90 04 11240 5
64. Enders, M. *Wahrheit und Notwendigkeit*. Die Theorie der Wahrheit bei Anselm von Canterbury im Gesamtzusammenhang seines Denkens und unter besonderer Berücksichtigung seiner Antiken Quellen (Aristoteles, Cicero, Augustinus, Boethius). 1999. ISBN 90 04 11264 2
65. Park, S.C. *Die Rezeption der mittelalterlichen Sprachphilosophie in der Theologie des Thomas von Aquin*. Mit besonderer Berücksichtigung der Analogie. 1999. ISBN 90 04 11272 3
66. Tellkamp, J.A. *Sinne, Gegenstände und Sensibilia*. Zur Wahrnehmungslehre des Thomas von Aquin. 1999. ISBN 90 04 11410 6
67. Davenport, A.A. *Measure of a Different Greatness*. The Intensive Infinite, 1250-1650. 1999. ISBN 90 04 11481 5
68. Kaldellis, A. *The Argument of Psellos'* Chronographia. 1999. ISBN 90 04 11494 7
69. Reynolds, P.L. *Food and the Body*. Some Peculiar Questions in High Medieval Theology. 1999. ISBN 90 04 11532 3
70. Lagerlund, H. *Modal Syllogistics in the Middle Ages*. 2000. ISBN 90 04 11626 5
71. Köhler, T.W. *Grundlagen des philosophisch-anthropologischen Diskurses im dreizehnten Jahrhundert*. Die Erkenntnisbemühung um den Menschen im zeitgenössischen Verständnis. 2000. ISBN 90 04 11623 0
72. Trifogli, C. *Oxford Physics in the Thirteenth Century (ca. 1250-1270)*. Motion, Infinity, Place and Time. 2000. ISBN 90 04 11657 5·
73. Koyama, C. (Ed.) *Nature in Medieval Thought*. Some Approaches East and West. 2000. ISBN 90 04 11966 3
74. Spruyt, J. (Ed.) *Matthew of Orléans:* Sophistaria sive Summa communium distinctionum circa sophismata accidentium. Edited with an introduction, notes and indices. 2001. ISBN 90 04 11897 7